Dieter Nohlen

Wahlrecht und Parteiensystem

Schriftenreihe Band 1470

Dieter Nohlen

Wahlrecht und Parteiensystem

Zur Theorie und Empirie der Wahlsysteme

7., überarbeitete und aktualisierte Auflage

bpb:
Bundeszentrale für politische Bildung

Prof. Dr. Dr. h.c. mult. Dieter Nohlen, geboren 1939, lehrte am Institut für Politische Wissenschaft der Universität Heidelberg.

Bonn 2014
Lizenzausgabe für die Bundeszentrale für politische Bildung
Adenauerallee 86, 53113 Bonn

Umschlaggestaltung:	Naumilkat – Agentur für Kommunikation und Design, Düsseldorf
Umschlagfoto:	© Paul A. Souders/CORBIS. Wähler vor Wahlplakaten, Port-au-Prince, Haiti, November 1987
Satz:	R+S, Redaktion und Satz Beate Glaubitz, Leverkusen
Druck:	Pustet, Regensburg

ISBN 978-3-8389-0470-2

www.bpb.de

Inhalt

Verzeichnis der Tabellen

Verzeichnis der Abbildungen

Vorwort

Dieses Buch handelt von nichts als Wahlsystemen, allerdings im Kontext jener Faktoren, die ihre Entstehung und Auswirkungen mitbestimmen. Der Theorie der Wahlsysteme wird ebenso viel Aufmerksamkeit zuteil wie ihrer Empirie, an der sie sich zu bewähren hat. Vielleicht liegt darin die Erfolgsgeschichte der Schrift begründet, die zuerst als kleines Bändchen 1986 erschien, in der ersten, erheblich erweiterten UTB-Ausgabe 1990. Sie wird nun zum siebten Mal aufgelegt.

Für diese Auflage wurde sie erneut aktualisiert, obwohl die Analyse des systematischen Zusammenhangs, der mit Wahlrecht und Parteiensystem thematisiert wird, nicht auf die jeweils neuesten Daten angewiesen ist. Viel wichtiger ist die Umsicht, mit der weltweite Daten aus Geschichte und Gegenwart herangezogen werden, um in den Aussagen jenen Grad an Differenzierung zu erreichen, der wissenschaftlich geboten ist – getreu der Maxime, dass wissenschaftliche Erkenntnis mit der Fähigkeit zu tun hat, Unterschiede zu markieren, die einen Unterschied machen. Auch wurden Fehler korrigiert, die sich in den Text eingeschlichen hatten. Nachdem für die dritte Auflage eine grundlegende Revision erfolgt war, in der fünften Auflage die Angaben über Wahlen und Wahlsysteme auf den neuesten Stand gebracht, neue Abschnitte zur jüngsten Entwicklung der Demokratie in der Welt und deren wissenschaftlicher Verarbeitung sowie ein neues Kapitel zum Wahlsystem des Europäischen Parlaments hinzu gefügt worden waren, hielt sich das Ausmaß der Überarbeitung wie zur vorher gehenden Auflage auch dieses Mal in Grenzen.

Eingeführt wird in den gesamten Gegenstandsbereich des Wahlrechts in der modernen Staatenwelt in den gebotenen sachlichen, begrifflich-systematischen und theoretischen Hinsichten. Im Mittelpunkt der Schrift steht der Zusammenhang zwischen Wahlsystem und Parteiensystem. Er hat die breite Öffentlichkeit und ebenso die Forscher am meisten interessiert. Von allen Bezügen, in die beide Erscheinungen, Parteiensystem und Wahlsystem, gestellt werden können, ist es jener, zu dem nicht nur die entschiedensten Vorstellungen herrschen, sondern der auch der politisch relevanteste ist. Wer geht nicht davon aus, dass Wahlsysteme bestimmte Wirkungen auf die Parteiensysteme und damit auf die Machtverteilung haben? Kann man die Auswirkungen bestimmter Wahlsysteme nicht gar voraussagen? Das Wahlsystem ist des Weiteren – so wird unverbrüchlich gemeint – ein leicht disponibles und zielsicheres Instrument, mit dem Struktur und Funktionsweise von Parteiensystemen gesteuert werden können. Und hängen folglich nicht stabile politische Verhältnisse und gute Politik von der Fähigkeit ab, diesen institutionellen Faktor durch geschickte Gestaltung zum Wohle eines Landes einzusetzen? Angesichts unterschiedlicher Antworten auf diese Annahmen entzünden sich immer wieder leidenschaftliche Kontroversen an der Wahlsystemfrage.

In der Tat ist der Zusammenhang von Wahlsystem und Parteiensystem komplexer, als gemeinhin angenommen wird. Haben wir es überhaupt mit einer linearen, uni-dimensionalen Beziehung zu tun? Bringen nicht auch spezifische Parteiensysteme bestimmte Wahlsysteme hervor? Liegt da nicht eine kausale Wechselbeziehung vor? Sodann: Wirken nicht auch andere Faktoren auf die Struktur eines Parteiensystems ein? Schließlich: Wie stark lassen sich Aussagen, die empirisch durch vergleichende Analyse einiger Fälle gewonnen wurden, verallgemeinern? Die öffentliche Debatte spielt sich häufig zwischen den Optionen Mehrheitswahl und Verhältniswahl ab. In der Praxis begegnen wir jedoch innerhalb der beiden Kategorien vielen unterschiedlichen Wahlsystemen, die sich bedauerlicherweise nicht von selbst in einer für Interessierte und Wissenschaftler praktischen Einteilung präsentieren. Um welchen Typ Wahlsystem handelt es sich überhaupt in diesem oder jenen Land? Die vergleichende Analyse steht somit vor erheblichen Klassifikationsproblemen.

Die vorliegende Schrift ordnet den Untersuchungsbereich neu, zieht vor allem eine mittlere Abstraktionsebene zwischen der Unmenge konkreter Wahlsysteme und den beiden Repräsentationsprinzipen von Mehrheitswahl und Verhältniswahl ein, die Ebene der Wahlsystemtypen. Auf dieser Ebene sind theoretische Aussagen darüber möglich, welche Auswirkungen Wahlsysteme für sich genommen haben. Vor allem aber lässt die Schrift die Kontextfaktoren nicht außer Acht, ja sie verortet sich eindeutig im historisch-empirischen Ansatz der neueren Institutionenlehre. Dem glücklichen Umstand der dritten Demokratisierungswelle ist es zu verdanken, dass wir heute über sehr viel mehr empirisches Anschauungsmaterial verfügen, um theoretische Fragen zu klären, die sich aus der Begegnung von Institutionen mit unterschiedlichen gesellschaftlichen Wirklichkeiten ergeben. Auch wenn sich durch die gewachsene Vielfalt die Ordnungsprobleme verschärft haben, wir wurden verstärkt auf jene gesellschaftlichen und politischen Faktoren aufmerksam gemacht, die in den Zusammenhang von Wahlsystem und Parteiensystem hineinspielen. Gleichzeitig ist im Zuge der Ausbreitung der Demokratie auf Gesellschaften, die von denen der westlichen Industrieländer in vielerlei Hinsicht verschieden sind, der Bedarf an Politikberatung in Wahlsystemfragen gestiegen. Und als Politikberater wird der Wissenschaftler nicht mehr umhin können, die gesellschaftlichen und politischen Bedingungen zu berücksichtigen, welche die Auswirkungen von Wahlsystemen beeinflussen und die darüber hinaus die Optionen in der Wahlsystemfrage begrenzen.

Kurzum: Der Gegenstandbereich dieser Schrift ist räumlich umfangreicher und konzeptionell vielfältiger geworden, und die alte Gewohnheit, Einfachheit und Eindeutigkeit zu bevorzugen, scheitert an der komplexen Wirklichkeit, wenn man diese ernst nimmt und Theorien als erklärende Aussagen über gesellschaftliche und politische Sachverhalte begreift. In meinem Verständnis von Politikwissenschaft geht es darum, das Wünschbare, Reduzierung von Komplexität, mit dem Notwendigen, Annäherung an die Komplexität, zu verbinden. Ich wünsche mir und den Benutzern des Studienbuchs, dass mir in dieser Hinsicht das richtige Mischverhältnis gelungen ist.

Die Schrift hat folgenden Aufbau. Zunächst werden Merkmale von Wahlen und Wahlrecht (im Sinne des Rechts, zu wählen und gewählt zu werden) behandelt. Sodann wird in die Fragestellungen und Ansätze zur Untersuchung von Wahlsystemen und Parteiensystemen eingeführt. Einen geschlossenen Corpus bilden die drei folgenden Kapitel, die mit Wahlsystematik I, II und III betitelt sind und vom Aufbau der Wahlsysteme (ihren einzelnen technischen Elementen), von den grundlegenden Konzepten und normativen Kriterien sowie schließlich von den Wahlsystemtypen, ihrer Unterteilung und ihren Auswirkungen handeln. Darauf folgt ein detailreicher Überblick über die Wahlsysteme in der Welt von heute, in den westlichen Industrieländern, Osteuropa, Lateinamerika, Afrika und Asien. Im nächsten Kapitel werden Analysen nationaler Wahlsysteme angestellt, wobei die Länderauswahl in etwa danach vorgenommen wurde, die wichtigsten Wahlsystemtypen in ihrer Entstehung, ihrer Funktionsweise und in ihren Auswirkungen beobachten zu können. Sodann wird mit dem Wahlrecht zum Europäischen Parlament ein supranationales, polyformes Wahlsystem behandelt. Im Schlusskapitel wird der Zusammenhang von Wahlsystem und Parteiensystem in den zentralen Hinsichten, die sporadisch in früheren Kapiteln bei der Erörterung technischer Details, regionaler Tendenzen oder einzelner Länderbeispiele bereits angesprochen wurden, systematisch aufgerollt. Wie entstehen Wahlsysteme? Welche normativen Vorstellungen spielen dabei eine Rolle? Welche Auswirkungen haben Wahlsysteme? Lassen diese sich in Gesetzesform ausdrücken? Von welchen gesellschaftlichen und politischen Faktoren sind die Auswirkungen von Wahlsystemen abhängig? Welche Optionen lassen sich empfehlen? Diese und andere Fragen begründen eine Perspektivenvielfalt, die am ehesten geeignet ist, die mit den Wahlsystemen verbundenen Erkenntnisprobleme komplexitätsgerecht in den Griff zu bekommen. Literaturverzeichnis, Personen- und Sachregister sowie ein Glossar zentraler wahlsystematischer und wahlsoziologischer Begriffe runden das Studienbuch ab.

Der grundlegende Ansatz der Schrift ist – wie gesagt – als historisch-empirisch zu bezeichnen. Er wird an geeigneter Stelle der Schrift gegen andere Ansätze abgegrenzt und im Laufe der Untersuchung exemplifiziert. Neben die exakte Beschreibung des Faktors Wahlsystem tritt seine Erforschung in der Wechselwirkung mit anderen Faktoren. Dieser spannende multidimensionale Zusammenhang entschädigt hoffentlich dafür, dass die Schrift von nichts als Wahlsystemen handelt.

Viele haben intellektuellen Anteil an der Schrift. Ich denke zunächst an meine Gesprächspartner und Freunde in den jungen Demokratien, mit denen ich in den Transitions- und Reformprozessen die jeweiligen nationalen Wahlsysteme und Reformalternativen diskutieren konnte. Die von ihnen veranstalteten Foren und die verschiedenen Beiträge, die von mir im Ausland zum auch dort heiß diskutierten Gegenstand erbeten wurden, haben meinen Forschungen sehr gedient. Ich denke aber auch an meine Heidelberger Schüler, namentlich Dr. Bernhard Thibaut, Dr. Michael Krennerich, Dr. Martín Lauga und Dr. Florian Grotz, mit denen ich über Jahre regen wissenschaftlichen Austausch zum Thema Wahlsysteme und Konsolidierung der Demokratie hatte. Gemeinsam haben wir weltweit Wahlen und Wahlsysteme untersucht, deren Ergebnisse in den bei Oxford University Press verlegten Bänden zu Elections in Africa (1999), Elections in Asia and the Pacific (2001) und Elections in the Americas (2005) publiziert wurden. Dr. Grotz ist mir zudem speziell bei der Erarbeitung der dritten Auflage dieser Schrift behilflich gewesen. Bei Recherchen und Texterfassung haben mir seinerzeit auch Claudia Zilla M.A. und Julia Leininger M.A. zugearbeitet. Bei der Vorbereitung früherer Auflagen hat mich freundlicherweise Philip Stöver M.A. unterstützt, mit dem ich bei Nomos Elections in Europe (2010) herausgeben konnte. Ihnen allen sei herzlich gedankt.

Heidelberg, im September 2013
Dieter Nohlen

1. Bedeutung, Begriff und Funktionen von Wahlen

In der modernen Staatenwelt gibt es kaum eine Erscheinung, die so weit verbreitet ist wie das Wählen. Aber es gibt zugleich wohl kaum eine andere politische Erscheinung, deren reale Bedeutung so unterschiedlich sein kann.

Allgemein wird mit Wahlen die Vorstellung einer demokratischen Entscheidung verbunden. Diesem Verständnis entspricht die folgende Definition: Die Wahl ist die *demokratische* Methode der Bestellung von Personen in Vertretungsorgane oder Führungspositionen. Sie wird als Methode besonders in solchen Bereichen des öffentlichen Lebens hoch geschätzt, in denen die unmittelbare Beteiligung der Menschen an der Beratung und Herbeiführung von Entscheidungen nicht möglich ist und demokratische Anforderungen an das Vertretungs- oder Führungspersonal gestellt werden. Dies ist zweifellos in großflächigen Staatsgebilden der Fall, für welche die Wahl als die demokratische Methode schlechthin gilt: Die Wahl „may well be the best possible approximation to popular control of government that can be achieved in modern, industrialized, mobile mass society“ (Milbrath 1972: 154).

Wenn nun aber die Wahl die demokratische Methode der Herrschaftsbestellung ist, wie kommt es dann, dass in allen möglichen Ländern gewählt wird, auch dort, wo keine Demokratie existiert, d.h., ihre Anwendung keine demokratische Lösung verheißt? Die Antwort lautet: Die Wahl ist eine *Technik*, eine Körperschaft zu bilden oder eine Person mit einer Führungsposition zu betrauen. Dieser Satz besagt, dass die Wahl statt anderer Techniken (Bestellung von Vertretern kraft Erbfolge, kraft Amtes, kraft Ernennung) angewandt werden kann, ohne einen demokratischen Inhalt zu haben. Als Technik beschränken sich Wahlen nicht nur auf Demokratien.

So wurde in den heutigen Demokratien bereits gewählt, als sich ein allgemeines Wahlrecht noch längst nicht durchgesetzt hatte. In ihrem Verständnis als demokratische Methode zur Bestellung repräsentativer Organe setzt die Wahl freilich die Existenz des allgemeinen Wahlrechts voraus. Nur dann ergibt sich im Definitorischen der Zusammenhang von Wahl und Herrschaftsform. Die Anwendung der Wahl nur als Technik konnte hingegen der Herausbildung moderner Demokratien weit vorauseilen.

So wurde und wird in politischen Systemen gewählt, die zwar das allgemeine Wahlrecht praktizieren, aber trotzdem nicht als Demokratien gelten, da die Demokratie neben dem allgemeinen Wahlrecht eine zweite Komponente kennt. Es ist die liberale Komponente, die ideengeschichtlich ursprünglich im Widerstreit mit der demokratischen gestanden hat, vom 19. auf das 20. Jahrhundert jedoch zu einer vitalen Verbindung mit ihr fand. Unter dieser Komponente ist in verfassungsrechtlicher Hinsicht die Gewährleistung von Meinungs-, Presse-, Versammlungs- und Vereinigungsfreiheit zu verstehen, in verfassungspolitischer Hinsicht der Pluralismus in Wettbewerb um die politische Mandate und Führungspositionen stehender politischer Parteien. Die Existenz dieser liberalen Rechte ist unabdingbar für die Anerkennung der unter Anwendung der demokratischen Methode zustande gekommenen politischen Machtverhältnisse als demokratisch legitim (wie andererseits nur die Demokratie in der Lage ist, die Freiheitsrechte voll zu gewährleisten; vgl. dazu Bobbio 1985; Held 1997).

Solche Wahlen ohne liberale Elemente fanden

- in den Ländern des ehemaligen Ostblocks statt, in denen die Herrschaft einer Partei in den Verfassungen festgeschrieben war. Mit exakter Regelmäßigkeit wurden bis 1989 in der UdSSR, Ungarn, Rumänien etc. mittels Wahlen die Vertretungsorgane erneuert, ohne dass damit liberal-demokratische Inhalte verbunden waren;
- solche Wahlen mit allenfalls geringen liberalen Elementen finden in autoritär regierten Ländern statt, in denen die Regierungsausübung durch die herrschende Gruppe nicht in Frage gestellt wird. Beispiele dafür sind das Portugal Salazars, das Paraguay Stroessners, das autoritäre System Mexikos bis in die 1980er Jahre oder das der Philippinen unter Marcos, das Mili-

tärregime Brasiliens bis Mitte der 1980er Jahre, der Irak des Diktators Saddam Hussein etc.

Aus der Anwendung von Wahlen in liberal-demokratischen, autoritären und totalitären politischen Systemen lässt sich folgern:

1. Der Begriff der Wahl variiert nach den politischen Systemen.
2. Die Bedeutung von Wahlen ist in verschiedenen politischen Systemen nicht die gleiche.
3. Die Funktionen von Wahlen sind je nach den politischen Systemen verschieden.

1.1 Wahlbegriffe

Wahlen in verschiedenen politischen Systemen sind bereits dem Begriff nach voneinander zu unterscheiden. Es macht einen kategorialen Unterschied, ob der Wähler zwischen mehreren Parteien auswählen und seine Entscheidung frei treffen kann, oder ob er seine Stimme nur einer einzigen Partei geben kann, da keine andere zur Kandidatur zugelassen ist.

Soll der Wähler im eigentlichen Sinne wählen können, so muss er Auswahlmöglichkeiten und Wahlfreiheit besitzen. Nur wer als Wähler eine Auswahl zwischen zumindest zwei Angeboten hat, kann wählen. Und er muss zwischen den Angeboten frei entscheiden können, sonst hätte er nicht die Wahl. Auswahlmöglichkeit und Wahlfreiheit dürfen aber nicht nur auf dem Papier stehen. Sie müssen rechtlich gesichert sein. Wir bezeichnen Wahlen, für die diese Voraussetzungen gelten, als *kompetitive Wahlen.*

Wird dem Wähler Auswahl und Wahlfreiheit prinzipiell verwehrt, sprechen wir von *nicht-kompetitiven Wahlen.* Bestehen Beschränkungen verschiedener Art, welche die Auswahl und die Wahlfreiheit begrenzen, ohne sie gänzlich aufzuheben, nennen wir solche Wahlen *semi-kompetitive Wahlen.*

Kompetitive Wahlen in liberal-demokratischen Verfassungsstaaten richten sich an verschiedenen formalisierten Prinzipien (Verfahren) aus, deren Gewährleistung die wesentliche Voraussetzung für die Anerkennung der durch Wahlen herbeigeführten Personal- und Sachentscheide von Seiten der an diese gebundenen

Wähler darstellt. Zu diesen Legitimation einbringenden Prinzipien, die zugleich normative Bedeutung für die liberal-pluralistische Demokratie genießen, gehören: 1. der Wahlvorschlag, der einerseits der Wahl gleichen Maßstäben unterliegt (Freiheit der Wahlbewerbung), der andererseits die Auswahlentscheidung der Wählerschaft nicht ersetzen kann; 2. der Wettbewerb der Kandidaten, der sich mit einer Konkurrenz zwischen politischen Positionen und Programmen verbindet; 3. die Chancengleichheit im Bereich der Wahlbewerbung (Kandidatur und Wahlkampf); 4. die Wahlfreiheit, die durch die geheime Stimmabgabe gesichert wird; 5. das Wahlsystem (Regeln der Stimmabgabe und der Umsetzung von Wählerstimmen in Mandate), das keine politisch anstößigen oder Demokratie gefährdenden Wahlergebnisse hervorbringen darf (etwa übergroße Mehrheiten); 6. die Wahlentscheidung auf Zeit, für eine Wahlperiode. Auswahl und Wahlfreiheit werden bei künftigen Wahlen nicht durch die früher getroffene Entscheidung eingeschränkt.

Bei diesem Kanon handelt es sich um normative Merkmale einer liberal-pluralistischen Demokratiekonzeption, denen die Wirklichkeit nicht unbedingt vollends entspricht, an denen sie jedoch zu messen ist. Es ist zu fragen, ob etwa der Konkurrenzcharakter von Wahlen in bürgerlichen Demokratien und die reale Chancengleichheit in Wettbewerb stehender politischer Grundpositionen diesen Postulaten gerecht werden. Angesichts der Parteien- und Wahlwirklichkeit in repräsentativen Demokratien wäre es nicht gut, die Augen vor dem empirischen Befund eines begrenzten Pluralismus, vermachteter Interessengruppen, reduzierter Öffentlichkeit, eines eingeschränkten politischen und sozialen Gehalts formalisierter kompetitiver Wahlen etc. zu verschließen. Es wäre jedoch ebenso verfehlt, angesichts dieser kritischen Befunde die kategoriale Differenz zwischen kompetitiven Wahlen in westlichen Demokratien und nicht-kompetitiven Wahlen in diktatorialen Systemen, in denen die politische Macht nicht zur Disposition steht, aus dem Blick zu verlieren.

Mit der Unterscheidung der Wahlen nach dem Grad des Wettbewerbs, den sie zulassen, besitzen wir eine Möglichkeit, von den Wahlen her Rückschlüsse auf die Struktur eines politischen Systems zu ziehen. Wir können grob die folgende Zuordnung treffen:

kompetitive Wahlen – liberal-demokratische Systeme
semi-kompetitive Wahlen – autoritäre Systeme
nicht-kompetitive Wahlen – totalitäre Systeme.

Mit dieser Unterscheidung systematisieren wir im Grunde nicht mehr als das, was den autoritärer oder totalitärer Herrschaft Unterworfenen in den verschiedensten historischen Zusammenhängen immer wieder gegenwärtig war und ist: dass die Systemdifferenz sich im Wahltypus manifestiert und der Systemsprung durch dessen Wechsel herbeigeführt werden kann. In Diktaturen forderten und fordern die Menschen nicht einfach Wahlen, sondern *freie* Wahlen (dazu D. Sternberger 1962). Diktatoriale Verhältnisse werden mit kompetitiven Wahlen, in denen die liberale Komponente gleichberechtigt neben die demokratische tritt, aufgebrochen. *Vice versa* gilt, das die Etablierung autokratischer Verhältnisse mit der Einschränkung des kompetitiven Gehalts von Wahlen einhergeht, wenn deren Abhaltung nicht ohnehin gänzlich unterbunden wird.

1.2 Bedeutung von Wahlen

Welche Bedeutung haben Wahlen in unterschiedlichen politischen Systemen?

1.2.1 Wahlen in pluralistischen Demokratien

Wahlen bilden die Grundlage des liberalen Demokratieverständnisses. Ihm zufolge hat die politische Führung eines Landes aus Wahlen hervorzugehen. Dieses Verständnis lebt von dem engen definitorischen Zusammenhang von Wahlen und Demokratie: ohne Wahlen, ohne den offenen Wettbewerb gesellschaftlicher Kräfte und politischer Gruppen um die politische Macht, keine Demokratie. Kompetitive Wahlen bilden „the distinctive feature of democracy and the one which allows us to distinguish the democracy from other political methods“ (Verba/Nie/Kim 1978: 4). Insbesondere im institutionell-prozeduralen Konzept der Demokratie bilden „Wahlen, offene, freie und faire Wahlen die Essenz der Demokratie, ihr unabdingbares *sine qua non*“ (Huntington 1991: 9).

Im Demokratieverständnis der Bürger legitimeren Wahlen die politische Führung. Eine Regierung, die aus allgemeinen und freien Wahlen hervorgegangen ist, wird als rechtmäßig und demokratisch anerkannt. Die legitimatorische Kraft von Wahlen reicht jedoch weiter. Kompetitive Wahlen legitimieren das politische System insgesamt, und zwar in doppelter Hinsicht: zum einen aufgrund des Legitimitätsanspruchs, den ein aus Wahlen hervorgegangenes Herrschaftssystem erheben kann, und zum anderen aufgrund des Legitimitätsglaubens, der in der Tat politischen Systemen zuwächst, deren politische Führung aus freien Wahlen hervorgeht.

Die aufgezeigte Bedeutung von kompetitiven Wahlen entspricht einem *liberalen* Konzept von Demokratie. Ihm zufolge kommt der Volkswille „nicht als ungeteilter unmittelbar zum Ausdruck, sondern bedient sich der vermittelnden Einschaltung von Repräsentanten", die aus Volkswahlen hervorgehen (Guggenberger 2010: 147). Zudem wird politische Herrschaft im liberalen Konzept der Demokratie nicht abgeschafft, sondern im Wege der Gewaltenteilung, der Geltung der Menschenrechte, des Rechts auf Opposition und ihrer Chance, selbst die politische Macht zu übernehmen, zu kontrollieren versucht.

Dieses Verständnis von Demokratie steht im Gegensatz zum *identitären* Demokratiekonzept. Ihm zufolge ist allein das Volk in unmittelbaren Entscheidungen befugt, Gesetze zu erlassen, soll die Herrschaft von Menschen über Menschen aufgehoben werden. Repräsentation durch Wahlen wird als „strukturfremdes Element wahrer Demokratie" zurückgewiesen. „Diese Rigidität beruht letztlich auf der empirisch nicht haltbaren Fiktion eines homogen gedachten Volkswillens. Nur im gemeinsamen Bezug auf ein *a priori* vorausgesetztes, gleichwohl nirgends belegbares Gemeinwohl sind Regierte und Regierende identisch, wird die Unterscheidung von Herrschenden und Beherrschten hinfällig, wie Rousseau dies fordert" (ebenda). Während das Konzept identitärer Demokratie die Probe seiner Realisierbarkeit historisch bisher nirgends bestanden hat, findet sich das liberale Demokratiekonzept – ausgehend von den westlichen Industriegesellschaften in verschiedenen Demokratisierungswellen – heute in vielen Ländern der Welt verwirklicht, so dass mit Fug und Recht die Ausbreitung der liberalen Demokratie als eines der hervorstechenden Kennzeichen der Moderne bezeichnen werden kann.

Liberale Demokratien schließen nicht aus, die Bürger direkt an politischen Entscheidungen nach dem Mehrheitsprinzip zu beteiligen. Volksabstimmungen bilden ein zusätzliches demokratisches Instrument, sollen und können in der repräsentativen Demokratie die politische Willensbildung über Repräsentanten, die mit einem freien Mandat ausgestattet sind, nicht ersetzen. Während in Wahlen viele politische Erwartungen bestehen können, weshalb Bürger diese oder jene Person bzw. Partei wählen, wird im Referendum der Bürger konkret befragt. Er hat sich in einer präzisen Frage zwischen Alternativen oder einfach zwischen einem Ja und einem Nein zu entscheiden, wobei vorab geregelt zu sein hat, ob die direktdemokratische Entscheidung für die repräsentativen Entscheidungsträger Hinweis gebend oder bindend ist.

In den liberalen Demokratien bilden Wahlen und Abstimmungen freilich nicht die einzigen Formen demokratischer Partizipation. Der Bürger kann sich vielfältig politisch engagieren, beispielsweise durch Mitgliedschaft in Parteien oder Gewerkschaften, durch Teilnahme an Demonstrationen, durch Beteiligung am politischen Diskurs. Wahlen kommt aber insofern besondere Bedeutung zu, als sie für die Masse der Bevölkerung die einzige Form der Teilnahme am politischen Prozess darstellen. Formen direkter Demokratie durch Volksbegehren und Volksentscheide (Referenden, Plebiszite) werden bereits in unterschiedlichem Umfang in liberalen Demokratien praktiziert (s. Butler/Ranney 1978; Caciagli/Uleri 1994; Thibaut 1998). Empirische Untersuchungen belegen jedoch, dass von dem im Prinzip gleichen Recht aller, intensiver politisch zu partizipieren und aktiver auf die politischen Auswahl- und Entscheidungsprozesse Einfluss zu nehmen, immer nur eine Minderheit Gebrauch macht. Die große Mehrheit der Bevölkerung ist – von Sondersituationen abgesehen – politisch apathisch. Die Minderheit, die partizipiert, entstammt zudem eher höheren Schichten. Hingegen ist „das Handicap der unteren sozioökonomischen Schichten (bei Wahlen) sehr viel geringer als bei den aufwendigeren Formen aktiver Partizipation“ (Scharpf 1975: 45), als da sind Parteimitgliedschaft, Beteiligung an Wahlkämpfen, Mitgliedschaft in Interessenverbänden oder in Bürgerinitiativen, Beteiligung an Demonstrationen, etc.

So ist zwar richtig, dass Wahlen nur eine Form der politischen Partizipation darstellen; dieser Hinweis ist aber nicht geeignet, die Bedeutung von Wahlen zu relativieren. Weil sie der Masse der Bevölkerung politische Partizipation einräumen, spricht vieles für die von Scharpf (ebenda) erhobene Forderung, „das Gewicht der Wahlentscheidung im politischen Prozess zu erhöhen“.

1.2.2 Wahlen in nicht-kompetitiven Systemen

Die ehemals sozialistischen Länder des aufgelösten Ostblocks sind das klassische historische Beispiel für politische Systeme nicht-kompetitiver Wahlen. Das Demokratieverständnis hatte hier ganz andere Wurzeln. Die Herrschaft der kommunistischen Partei, ihr Führungsanspruch, gründete sich nicht auf Wahlen; in ihnen ging es nicht um Legitimierung der Macht. Die Legitimität des Herrschaftssystems, die Machtausübung durch eine Partei, beruhte auf der historischen Mission, welche – den Erfordernissen der objektiven Gesetze der gesellschaftlichen Entwicklung folgend – der Arbeiterklasse und ihrer Partei im Marxismus-Leninismus zufällt. Wahlen waren hier Instrument der Herrschaftsausübung, nicht ihr Kriterium. Sie unterlagen der absoluten Kontrolle durch die Partei und die Staatsorgane. Opposition konnte sich nicht artikulieren.

1.2.3 Wahlen in autoritären Systemen

Auch in autoritären Systemen werden Wahlen veranstaltet, um die politischen Machtverhältnisse zu bestätigen. Ein Beispiel ist Mexiko: Bis in die 1980er Jahre war es undenkbar, dass die hegemoniale Partei des Landes, der *Partido Revolucionario Institucional* (PRI), die Präsidentschafts- oder Parlamentswahlen verlor. Die politische Macht stand niemals zur Disposition (Molinar Horcasitas 1991). Im Unterschied zu Wahlen in totalitären Systemen kann sich aber in autoritären Systemen politische Opposition artikulieren. So können Oppositionsparteien zugelassen sein, wie das auch in Mexiko seit den 1970er Jahren der Fall war. Politischer Dissens kann sich gegebenenfalls über die Wahlenthaltung oder über die Abgabe weißer Stimmzettel äußern. Insgesamt ist die Kontrolle über den Wahlprozess nicht perfekt. Wahlergebnisse, welche die Vorherrschaft der regimetreuen Partei (oder Parteien) nicht in Frage stellen, können trotzdem Auswirkungen auf die politische Führung haben, die vielfach sehr sensibel auf Veränderungen in den Prozenten an Zustimmung und Dissens reagiert.

Berücksichtigt werden muss auch, dass Wahlen in autoritären Systemen viel stärker als in totalitären Systemen der Konkurrenz durch demokratische Ideale, durch freie Wahlen ausgesetzt sind. Das zeigt sich auch daran, dass die Wahlgesetze oftmals reformiert werden, um der Bevölkerung den Eindruck zu geben, man bewege sich auf die Herstellung oder Wiederherstellung demokratischer Verhältnisse zu. Dafür ist Mexiko erneut ein beredtes Beispiel: Hier wurde seit den 1960er Jahren vor jeder Wahl das Wahlrecht reformiert. Erst mit den Reformen seit Anfang der 1990er Jahre begann tatsächlich eine politische Öffnung, und mit der Wahlreform von 1996 wurde die Transition zur Demokratie herbeigeführt.

Tabelle 1: Bedeutung und Funktion von Wahlen

	kompetitive Wahlen	semikompetitive Wahlen	Nicht-kompetitive Wahlen
Bedeutung im politischen Prozess	hoch	niedrig	gering
Auswahlmöglichkeit	hoch	begrenzt	keine
Wahlfreiheit	gesichert	eingeschränkt	aufgehoben
Wird Machtfrage gestellt?	ja	nein	nein
Legitimierung des politischen Systems	ja	wird kaum versucht	kaum oder gar nicht
Typ des politischen Systems	liberal-demokratisch	autoritär	totalitär

Im Zuge der dritten Welle der Demokratisierung ist die Verortung semi-kompetitiver Wahlen in der Kategorie autoritärer Systeme etwas verloren gegangen. Da nicht alle politischen Liberalisierungen, die unter dem Druck der Globalisierung begonnen wurden, zu demokratischen Öffnungen geführt haben, ist die Verwendung von Wahlen in autoritären Kontexten eine häufig geübte Praxis geblieben. Allerdings sind gelegentlich Missverständnisse in der Weise aufgetreten, das gemeint wurde, die Abhaltung von Wahlen verbürge bereits die Existenz demokratischer Verhältnisse. So wurden in Analysen über die universale Entwicklung der Demokratie unter der teleologischen Annahme, die Geschichte laufe auf die weltweite Realisierung der Demokratie zu, auch solche Systeme aufgenommen, die eigentlich aufgrund ihrer inneren Machtstruktur dieser Kategorie politischer Systeme noch nicht zugehörig hätten sein dürfen. Die Folge war, dass allerlei „hybride“ Demokratien ausfindig gemacht wurden und der Prozess der Demokratisierung angesichts häufig recht demokratiefremder Verhältnisse zu großer Ernüchterung und bei etlichen Kritikern aus dem demokratischen Lager zu einer Abwertung der Bedeutung von Wahlen geführt hat (s. Kapitel 2, Abschnitt 5) Juan J. Linz (2000: XL) hat zurecht auf die kategoriale Differenz zwischen Autoritarismus und Demokratie wieder aufmerksam gemacht und einen aufschlussreichen historischen Vergleich gezogen. Er schrieb: Bis in die 1970er Jahre „gab es viele „Demokratien“ mit Adjektiven wie „organische“, „Volks-“, „Basis-“ oder „bevormundete“, wobei es diese Demokratien selbst waren, deren Ideologen und Vorkämpfer, die diese Begriffe benutzten… Ab Mitte der 70er und dann in den 80er Jahren schälte sich ein relativ klarer Konsens darüber heraus, welche Regime als demokratisch bezeichnet werden können und welche nicht. In den 1990er Jahren entstand wieder Verwirrung, aber nun sind es die Demokraten, jene Autoren, die der Demokratie verpflichtet sind, denen man diesen Vorwurf machen muss. Sie sehen die Demokratie ständig voranschreiten, beachten nicht die Übergänge von autoritären und posttotalitären Herrschaftsformen und setzen ihre Hoffnungen auf demokratische Entwicklungen, die unterhalb des Staates ablaufen (Zivilgesellschaft). Mit neuen Adjektiven wird nun der Begriff Demokratie versehen, um diese nichtdemokratischen Regime zu beschreiben und einzuordnen: Schein- bzw. Pseudo, Semi-, nicht-liberale, elektorale oder delegative Demokratien“. Linz verwies auf Collier/Levitsky (1997), Merkel (1999), Collier/Adcock (1999). Die Reihe könnte man fortsetzen. Es mag genügen, auf die Bertelsmann Stiftung (2005) zu verweisen, deren Transformation Index 2006 den Untertitel trägt: Auf dem Wege zur marktwirtschaftlichen Demokratie. Zwar wird systematisch vergleichend über die Fortschritte der Länder berichtet, im Mittelpunkt stehen aber die „Defizite im Hinblick auf marktwirtschaftliche Demokratie“. Von der Finalität der Entwicklung her werden neben Demokratien und Autokratien hauptsächlich defekte und stark defekte Demokratien ausgemacht. Venezuela wird dann beispielsweise als defekte Demokratie geführt mit positiver

Tendenz zur Konsolidierung, während eigentlich ein autoritäres Regime errichtet wurde (s. Brewer-Carías 2002, Kornblith 2006). Es besteht auch die Gefahr, politische Stabilisierung mit demokratischer Konsolidierung zu verwechseln. Um Verwirrung zu vermeiden, schlug Linz (ebenda) vor, Adjektive eher vor Autoritarismus als vor Demokratie zu setzen, demnach lieber von „Wahlautoritarismus" (*electoral authoritarianism*), Mehrparteienautoritarismus (*multi-party-authoritarianism*) und „zentralstaatlicher Autoritarismus mit subnationaler Demokratie" (*center authoritarianism with subnational democracy*) zu sprechen". Es scheint sinnvoll, das Konzept des Autoritarismus wieder zu beleben, um insbesondere auch autoritäre Rückbildungen konzeptionell besser erfassen zu können, die andernfalls nur durch Differenzierungen innerhalb der Kategorie der Demokratie (von defizitär zu stark defizitär) auf beschönigende Art und Weise kenntlich gemacht werden. Der Begriff des *electoral authoritarianism* (so auch Schedler 2004) ist demnach dem der Wahldemokratie (s. Kapitel 2, Abschnitt 5) vorzuziehen. Entweder sind dann bereits die Wahlen nur semi-kompetitiv, d.h. nicht gänzlich frei und schon gar nicht fair, oder der gesamte machtpolitische Kontext schließt einen demokratischen Willensbildungsprozess, Rechtsstaatlichkeit und politische Kontrolle weitgehend aus, so dass auch die Abhaltung als relativ frei bewerteter Wahlen oder hohe Zustimmungsraten für die Machthaber keine Demokratie verheißen. Neuere Untersuchungen zu *electoral politics* und Wahltypen, die den Schwerpunkt wieder auf den Kontext legen (Croissant/Bruns/John 2002; Derichs/Heberer 2006), sind geeignet, an die frühere Konzeptualisierung des Untersuchungsfeldes wieder anzuknüpfen.

1.3 Funktionen von Wahlen

Es gibt eine große Fülle von Funktionen, die Wahlen ausüben können. Eine erste notwendige Unterscheidung ist die nach den drei Grundtypen politischer Systeme. Aber auch innerhalb demokratischer Systeme erfüllen Wahlen nicht stets die gleiche Funktion.

1.3.1 Funktionen kompetitiver Wahlen

Theoretisch gesehen ist entscheidend, welche demokratietheoretische Position eingenommen wird. Man kann die Wahl begreifen als einen Akt,

- durch den Vertrauen der Wähler in die Gewählten artikuliert wird,
- durch den die Bildung einer funktionsfähigen Repräsentation erfolgen soll,
- durch den Kontrolle über die Regierung ausgeübt werden soll,

oder als einen Akt von Alibi-Funktionen, Konkurrenz von Personen und Parteien vorzuspiegeln, gesellschaftliche Antagonismen zu verschleiern (Agnoli 1968) und eine Blanko-Vollmacht für Konsens unabhängiges Entscheiden auszustellen (Offe 1972). Es sind metatheoretische Prämissen über Staat und Gesellschaft, die die recht unterschiedlichen Funktionszuweisungen begründen, wobei den systemkritischen Positionen, die im 1968er Kontext ergriffen wurden, das Verdienst zukommt, die Diskussion institutioneller Probleme wieder an Fragen der gesamtgesellschaftlichen Entwicklung angebunden zu haben.

In der Praxis wird man nicht von einer einzigen Funktion, welche Wahlen erfüllen, ausgehen können. Vielmehr üben sie zugleich mehrere Funktionen aus, die nebeneinander bestehen und historisch in unterschiedlicher Mischung auftreten. Es findet also sowohl eine Übertragung von Vertrauen als auch die Bildung einer Repräsentation als auch politische Kontrolle statt, in Raum und Zeit in jeweils unterschiedlichem Maße und Mischverhältnis. Diese Variabilität in den erreichbaren Zielfunktionen ist sicherlich eine der Bedingungen, welche es der Wahl gestattet, sich den wechselhaften Umweltbedingungen und Systemanforderungen erfolgreich anzupassen.

Wichtigste Variablen für die spezifischen Funktionen von Wahlen bilden die gesellschaftlichen, institutionellen und politischen Bedingungen unterschiedlicher Länder. In gesellschaftlich fragmentierten Ländern werden Wahlen entweder die Funktion haben, den verschiedenen soziokulturellen Gruppen eine politische Repräsentation zu geben oder die Spaltung politisch durch Mehrheitsbildung zu überbrücken. In Malaysia etwa soll mittels Wahlen die Repräsentation aller ethnisch-religiösen Gruppen ermöglicht werden und zugleich die Bildung einer Mehrheit, welche die Regierung bildet. Dabei wird versucht, den Wettbewerb zwischen den Parteien einzuschränken.

In homogeneren Gesellschaften werden Wahlen sicherlich mehr die Funktion haben, einen Konkurrenzkampf zwischen den Parteien um die politische Führung herbeizuführen. Die Konkurrenz wird jedoch in der Regel lediglich dann eine solche um die Mehrheit sein, wenn das Parteiensystem nur aus wenigen Parteien besteht. Im Vielparteiensystem wird der Wettbewerb dagegen um Stimmenanteile entbrennen, deren Bedeutung freilich für die Frage der Regierungsbildung relativ ist.

Im Grunde sind es drei Strukturfaktoren, die die konkreten Wahlfunktionen bestimmen:

- Struktur der Gesellschaft: Gefragt wird nach Klassen, Schichten, Ethnien, Konfessionen, Interessengruppen und der Tiefe der gesellschaftlichen Antagonismen;
- Struktur des politischen Systems: Gefragt wird danach, ob ein Land parlamentarisch oder präsidentiell regiert wird, und, wenn parlamentarisch: ob mit Übergewicht des Parlaments oder der Regierung bzw. des Regierungschefs; ob ein Land unitarisch oder föderal regiert wird, ob das Konfliktschlichtungsmuster das der Konkurrenz oder der Konkordanz ist;
- Struktur des Parteiensystems: Gefragt wird nach der Zahl der Parteien (Fragmentierung), ihren ideologischen Entfernungsbeziehungen (Polarisierung), ihren Interaktionsmustern sowie nach dem Grad der Strukturiertheit (Institutionalisierung) des Parteiensystems (s. Kapitel 3, Abschnitt 3.2).

In relativ homogenen Gesellschaften ohne große/tiefe *cleavages* (Konfliktlinien), die ein parlamentarisches System vorweisen und deren Parteiensystem aus nur wenigen Parteien besteht, werden Wahlen folgende Funktionen haben können:

- Legitimierung des politischen Systems und der Regierung einer Partei oder Parteienkoalition;
- Übertragung von Vertrauen an Personen und Parteien;
- Rekrutierung der politischen Elite;
- Repräsentation von Meinungen und Interessen der Wahlbevölkerung;

- Verbindung der politischen Institutionen mit den Präferenzen der Wählerschaft;
- Mobilisierung der Wählerschaft für gesellschaftliche Werte, politische Ziele und Programme, parteipolitische Interessen;
- Hebung des politischen Bewusstseins der Bevölkerung durch Verdeutlichung der politischen Probleme und Alternativen;
- Kanalisierung politischer Konflikte in Verfahren zu ihrer friedlichen Beilegung;
- Integration des gesellschaftlichen Pluralismus und Bildung eines politisch aktionsfähigen Gemeinwillens;
- Herbeiführung eines Konkurrenzkampfes um politische Macht auf der Grundlage alternativer Sachprogramme;
- Herbeiführung einer Entscheidung über die Regierungsführung in Form der Bildung parlamentarischer Mehrheiten;
- Einsetzung einer kontrollfähigen Opposition;
- Bereithaltung des Machtwechsels.

In weniger homogenen Gesellschaften mit Vielparteiensystemen gelingt es bei Wahlen, nur einige der genannten Funktionen zu erfüllen. Beispielsweise wird dann über die Regierungsführung nicht in der Wahl selbst, sondern in den nachherigen Koalitionsverhandlungen entschieden.

Immer aber ist kompetitiven Wahlen eigen, die politische Machtausübung demokratisch zu legitimieren.

1.3.2 Funktionen nicht-kompetitiver Wahlen

Zwar entbehren Wahlen in nicht-kompetitiven Systemen sämtlicher Funktionen, die ihre Grundlage in der Auswahlmöglichkeit und Wahlfreiheit unter verschiedenen Bewerbern und Parteien haben. Es geht folglich auch nicht um die Legitimierung politischer Macht oder ihre Kontrolle. Nicht-kompetitive Wahlen sind deshalb jedoch nicht funktionslos. Sie sind vielmehr Instrument der Herrschaftsausübung, dienen der Stabilisierung der Herrschaftsverhältnisse, möglicherweise auch der Propagierung der Ziele gesellschaftlicher Entwicklung. Bestes Beispiel für die Funktion nicht-kompetitiver Wahlen bilden nach wie vor die Wahlen im ehemaligen sowjetischen Herrschaftsbereich. Sie dienten im Selbstverständnis der Marxisten-Leninisten Zielen der sozialistischen Weiterentwicklung:

- Mobilisierung aller gesellschaftlichen Kräfte;
- Verdeutlichung der Maßstäbe der kommunistischen Politik;
- Festigung der politisch-moralischen Einheit der Bevölkerung;
- Dokumentation der Geschlossenheit von Werktätigen und Partei in Höchstzahlen an Wahlbeteiligung und Zustimmung zu den Einheitslisten.

Nicht-kompetitiven Wahlen liegt folglich ein eigenes Funktionsverständnis zugrunde.

1.3.3 Funktionen semi-kompetitiver Wahlen

Semi-kompetitive Wahlen umfassen sehr unterschiedliche historische Situationen von Wahlen, die weder voll liberal-pluralistisch noch absolut repressiv gegenüber politischem Dissens sind. Ihr Funktionsverständnis ist mehr an kompetitiven als an den nicht-kompetitiven Wahlen orientiert – sie unterliegen auch stärker der Konkurrenz des demokratischen Ideals. Zwar werden in semi-kompetitiven Wahlen die Machtverhältnisse nicht in Frage gestellt. Die Machthaber suchen diese jedoch durch Wahlen zu legitimieren. Es soll der Anschein demokratischer Verhältnisse erweckt werden, weniger nach innen, wo sich die Opposition ihres begrenzten politischen Spielraums in der Regel durchaus bewusst ist und dem Legitimitätsanspruch des Systems permanent widerspricht, sondern nach außen gegenüber der internationalen Öffentlichkeit. Solche Wahlen können die innenpolitische Lage etwas entspannen, Opposition sichtbar machen und gegebenenfalls Rearrangements im Machtapparat auslösen. Semi-kompetitive Wahlen dienen folglich der Stabilisierung autoritärer Regime. Darin liegt ihre Hauptfunktion, gestützt auf die genannten Einzelfunktionen:

- Versuch der Legitimierung der bestehenden Machtverhältnisse;
- politische Entspannung nach innen;
- Reputationsgewinn nach außen;
- Sichtbarmachung (auch Teilintegrierung) von Opposition;
- systemstabilisierende Anpassung der Machtstruktur.

Wegen der jeweils höchst unterschiedlichen Problemlage in einzelnen Ländern müssen die Funktionen semi-kompetitiver Wahlen konkret land- und Regime bezogen untersucht werden.

1.4 Wahlen in Übergangsperioden

Mit den genannten drei Kategorien von Wahlen bzw. politischen Systemen können die meisten empirischen Fälle erfasst werden. Wichtige Ausnahmen bilden diejenigen Fälle, in denen die Struktur des politischen Systems im Widerspruch zu den Absichten und Konsequenzen stehen, die mit den Wahlen verbunden sind.

Hinsichtlich dieser Sonderfälle können zwei Situationen unterschieden werden: einerseits Wahlen in Demokratien, die eine Gefahr für die demokratische Ordnung darstellen, weil Parteien oder Bewegungen demokratische Institutionen für undemokratische Zwecke funktionalisieren, und andererseits Wahlen in autoritären Regimen, mit deren Hilfe die autoritäre politische Struktur aufgebrochen werden soll.

In der demokratietheoretischen Debatte wurde gelegentlich das Problem erörtert, ob die Demokratie sich selbst mittels demokratischer Methode abschaffen könne, indem demokratiefeindliche Parteien bei Wahlen eine Mehrheit erhielten und entsprechenden Demokratieabbau betrieben. Als moderne Beispiele können hierfür islamische bzw. islamistische Parteien angeführt werden, die sich an Wahlen beteiligen, ohne sich bei Machtgewinn an die Einhaltung demokratischer Spielregeln gebunden zu fühlen (s. dazu Kapitel 2, Abschnitt 6). Demokratietheoretisch ist der Weg von der Demokratie zur Diktatur, den ein Votum der Wählerschaft eröffnet, illegitim. Hier stoßen wir an die Grenzen der Gültigkeit des demokratischen Prinzips: keine Abschaffung des Prinzips durch das Demokratieprinzip selbst, Der Wähler ist nicht befugt, auf sein Recht, periodisch die Regierung des Landes zu wählen, zu verzichten. Eine demokratische Wahl setzt die Möglichkeit der Kontrolle der durch Wählervotum an die Regierung gelangten Parteien und Personen durch die Abwahl oder Bestätigung voraus, also die Revozierbarkeit der ergangenen Entscheidung bei nachfolgenden Wahlen. Dabei ist mit zu bedenken, dass der Wahlkörper sich laufend erneuert und seine temporäre Zusammensetzung nicht die nächste binden kann. Angesichts der Weimarer Erfahrungen mit verfassungsfeindlichen Parteien wurde in der Bundesrepublik die Theorie der „wehrhaften Demokratie“ entwickelt: Ihr zufolge können Parteien, die sich die Abschaffung der Demokratie zum Ziel gesetzt haben, verboten werden.

In autoritären Regimen können Wahlen die Funktion haben, das politische System zu öffnen. Als Beispiel für *opening elections* kann Lateinamerika in den 1980er Jahren angeführt werden, als dort in mehreren Ländern innerhalb autoritärer Strukturen Wahlen und Volksbefragungen stattfanden, die in der Geschichte des Subkontinents zum ersten Mal negativ für die jeweiligen Machthaber ausgingen (Uruguay 1981; Chile 1988; Nicaragua 1990). Das gleiche Ergebnis konnte man Anfang der 1990er Jahre auch in einigen afrikanischen Staaten beobachten (Zambia, Kenia). Von solchen „Öffnungswahlen" spricht man dann, wenn freie und faire Wahlen (*free and fair elections*) nach dem Vorbild westlicher Demokratien von autoritären Regierungen organisiert oder in einem Kontext abgehalten werden, der autoritär bzw. halb-autoritär bleibt. Öffnungswahlen begünstigen den Übergang zu einem demokratischen System.

Das sicherste Definitionskriterium für freie Öffnungswahlen ist der Wahlsieg der demokratischen Opposition über die gegenwärtigen Machthaber. In einem solchen Fall kann schwerlich behauptet werden, dass die Wahl nicht frei gewesen sei. Die Opposition zu den Sandinisten in Nicaragua wurde bei den politisch hoch dramatischen Wahlen von 1990 während der Wahlnacht von einem offiziellen Einspruch gegen die Gültigkeit der Wahl erst durch die Mitteilung abgehalten, dass sie die Wahlen gewonnen habe. Der Sieg der Opposition ist jedoch nicht das einzige Kriterium: Es kann nämlich auch die bis dato existierende Machtverteilung durch freie Wahlen bestätigt werden, d.h. die Machthaber können sich dadurch demokratisch legitimieren (Kap Verde 1991; Angola 1992; Kenia 1992; Paraguay 1993). Allerdings können freie Wahlen in einem autoritären Regime oder in einem politischen Kontext extremer Polarisierung zwischen Machthabern und oppositionellen Kräften die Funktion einer Öffnungswahl auch verlieren, und zwar dann, wenn erstens der Wahlsieg der Opposition nicht von den Machthabern akzeptiert wird (Panama 1988; Myanmar 1990; Algerien 1991; Haiti 1991) oder zweitens der Wahlsieg der Machthaber von der Opposition nicht anerkannt wird, wobei letztere die Wahlen lediglich als eine Strategie des Machterwerbs und nicht als einen demokratischen Wert an sich sieht (Nicaragua 1984; Angola 1992; Mozambique 1994).

2. Wahlrecht. Voraussetzungen, Verlauf und Folgen der Ausbreitung des demokratischen Wahlrechts

2.1 Wahlrecht und Demokratisierung

Die liberal-pluralistische Demokratie der westlichen Industriestaaten fußt auf der Anerkennung des allgemeinen, gleichen, direkten und geheimen Wahlrechts. Die demokratische Bestellung der verfassungsmäßig etablierten politischen Gewalten – insbesondere des Parlaments, in präsidentiellen Systemen auch des Präsidenten – gehört neben der Rede-, Versammlungs-, Vereinigungs- und Pressefreiheit zu den Grundvoraussetzungen der modernen Demokratie.

Die politischen Beteiligungsrechte des Staatsbürgers sind heute – normativ gesehen – unumstritten, mussten sich aber erst in einem langen historischen Prozess durchsetzen. Auch wenn das Recht zu wählen, periodisch zur politischen Erneuerung von Repräsentationsorganen unterschiedlicher Ebenen ausgeübt, die politischen Beteiligungsrechte nicht ausschöpft, so bleiben Wahlen doch – wie bereits betont wurde – die wichtigste Form institutionalisierter Partizipation und jene Partizipationsform, in der sozialstrukturelle Verzerrungen am geringsten zur Geltung kommen.

Im Folgenden interessiert vor allem der Prozess der Ausbreitung des allgemeinen und gleichen Wahlrechts, in dessen Verlauf das Niveau politischer Partizipation der Bevölkerung kontinuierlich erhöht wurde. Für die westlichen Industrieländer, denen wir uns zunächst zuwenden, hat dieser Diffusionsprozess nicht nur historiographische Bedeutung. Die gegenwärtigen Parteiensysteme der meisten Länder sind in der Phase der Ausdehnung des Wahlrechts von einer numerisch und sozialstrukturell eng begrenzten Wählerschaft auf potentiell die gesamte erwachsene Bevölkerung entstanden.

Verschiedene Prozesse stehen in einem komplexen Wirkungszusammenhang, den zu erforschen seit Stein Rokkans grundlegenden Untersuchungen als unabdingbar betrachtet wird für die Erklärung der Struktur des heutigen Parteienwettbewerbs in den westlichen Industrieländern (vgl. Rokkan 2000). Einerseits ist die Wahlrechtsausbreitung abhängige Variable und steht im ursächlichen Zusammenhang zweier Prozesse: erstens der industriellen Revolution, der Entfaltung der Produktivkräfte, der gesellschaftlichen Ausdifferenzierung (Mittelschichten, Arbeiterklasse) und der Forderung einer Arbeiterbewegung, die im Kampf um das Wahlrecht einen Schlüssel für eine neue und egalitärere Gesellschaft sah (Lipset 1983: 6); zweitens der sog. „nationalen Revolution" in Form des *nation-building* mittels Einbeziehung immer breiterer Bevölkerungskreise in die Einheit des Nationalstaates oder als Tausch für die nationale Inpflichtnahme der Bevölkerung gegen Bedrohung von außen. Andererseits wirkt die Wahlrechtsausbreitung (als unabhängige Variable) unter den je spezifischen historischen Bedingungen eines Landes auf die Struktur der im Entstehen begriffenen Parteiensysteme ein, wobei der Zeitpunkt der Ausdehnungsschritte im Bezug zum sozioökonomischen Wandel und die Flexibilität der Eliten in Antwort auf die wachsenden Partizipationsforderungen der unteren Schichten die wesentlichen Erklärungsfaktoren darstellen.

Vergleicht man die Entwicklung des Wahlrechts in den Industrieländern mit Demokratisierungsprozessen in Entwicklungsländern, ist es nützlich, zwischen der Demokratisierung des Wahlrechts und der Demokratisierung politischer Systeme zu unterscheiden. Dabei wird ein Sequenzunterschied sichtbar, der von nicht geringer Bedeutung ist für die Frage der Konsolidierung liberal-pluralistischer Demokratien. Die Durchsetzung des allgemeinen, gleichen, direkten und geheimen Wahlrechts (d.h. der Prozess Fundamentaldemokratisierung) bildete den Kern des Demokratisierungsprozesses in den Industrieländern, der sich schrittweise über ein Jahrhundert erstreckte. Während dieses langwierigen Prozesses fanden Wahlen nach beschränktem Wahlrecht in politischen Systemen statt, in denen die Gewaltenteilung zwischen Exekutive, Legislative und Judikative bereits vollendet war. Im allgemeinen wurde folglich die Demokratisierung des Wahlrechts in den Industrieländern später als die Gewaltenteilung, die Rechtsstaatlichkeit und der politische Pluralismus durchgesetzt.

Dem Vorbild der Industrieländer folgend wurde das demokratische Wahlrecht in etlichen Ländern der heutigen Dritten Welt etwa zeitgleich eingeführt, doch mit dem entscheidenden Unterschied, dass hier Gewaltenteilung, Rechtsstaatlichkeit und politischer Pluralismus mitunter noch nicht etabliert waren. In den gegenwärtigen Demokratisierungsprozessen in den Entwicklungsländern geht es dementsprechend nicht nur um Partizipation mittels Wahlen, sondern auch um den gewaltenteiligen und rechtsstaatlichen Ausbau der Demokratie bzw. um die (nach Dahl) pluralistische Dimension der Entwicklung der politischen Systeme zu stabilen Demokratien.

2.2 Wahlrechtsgrundsätze

Die Grundsätze des Wahlrechts haben rechtshistorisch und begrifflich einen Wandel durchgemacht. Zu berücksichtigen ist demnach nicht nur, ob das Wahlrecht allgemein war, sondern auch, was unter „allgemein" verstanden wurde. Im 19. Jahrhundert umschloss der Begriff des allgemeinen Wahlrechts nur das Wahlrecht für Männer. Heute bestehen für demokratische Wahlen vier Grundprinzipien, die klar definiert und mit den historischen Regelungen des Wahlrechts konfrontiert werden können. Die Grundprinzipien eines allgemeinen, gleichen, direkten und geheimen Wahlrechts haben in der Regel Verfassungsrang.

- *Allgemeines Wahlrecht.* Diese Rechtsform fordert, dass grundsätzlich alle Staatsbürger, unabhängig von Geschlecht, Rasse, Sprache, Einkommen oder Besitz, Beruf, Stand oder Klasse, Bildung, Konfession oder politischer Überzeugung Stimmrecht besitzen und wählbar sind. Gegen diesen Grundsatz verstößt nicht, dass einige unerlässliche Voraussetzungen gefordert werden wie ein bestimmtes Alter, Staatsbürgerschaft, Wohnsitznahme, Besitz der geistigen Kräfte und der bürgerlichen Ehrenrechte und volle rechtliche Handlungsfähigkeit.

Eingeschränkt war das Wahlrecht historisch durch im wesentlichen drei Formen: (1.) direkte Ausschließung bestimmter Bevölkerungsgruppen, etwa ethnische oder religiöse Minoritäten, im abhängigen Status befindliche Personen, Frauen etc.; (2.) Festsetzung eines

Zensus (Zensuswahlrecht) etwa in Form eines bestimmten Besitz-, Steuer- oder Einkommensnachweises; (3.) Forderung bestimmter Bildungsqualifikationen (Bildungszensus) in Form formeller Schulbildung oder Berufsausübung (Kapazitätenwahlrecht), minimalste Folge: Ausschluss der Analphabeten. Das Prinzip der allgemeinen Wahl kann auch durch die Altersbegrenzung tangiert werden, wenn wie in der Vergangenheit Volljährigkeitsalter und die Altersgrenze für das aktive Wahlrecht auseinanderklaffen. Heute wird hingegen diskutiert, das Wahlalter weiter zu senken. In Österreich und in einigen deutschen Ländern sind Jugendliche bereits ab dem 16. Lebensjahr wahlberechtigt. Bis in die Gegenwart war das Wahlrecht an den Wohnsitz gebunden. Vor allem seit den 1980er Jahren setzt sich das *external voting*, das Wahlrecht für sich im Ausland aufhaltende Staatsbürger durch (s. Nohlen/Grotz 2007).

- *Gleiches Wahlrecht.* Dieser Grundsatz erfordert, dass das Stimmgewicht der Wahlberechtigten gleich ist und nicht nach Besitz, Einkommen, Steuerleistung, Bildung, Religion, Rasse, Geschlecht oder politischer Einstellung differenziert wird. Postuliert wird die Zählwertgleichheit der Stimmen. Mit dem Gleichheitsgrundsatz nicht vereinbar sind alle Klassen-/Kurien- und Pluralwahlrechte: (1.) Beim Klassen- oder Kurienwahlrecht wird die Wählerschaft in zahlenmäßig stark voneinander abweichende Gruppen unterteilt, die eine fixierte Zahl von Abgeordneten wählen. (2.) Beim Pluralwahlrecht wird die Anzahl der den Wahlberechtigten zur Verfügung stehenden Stimmen durch Zusatzstimmen für bestimmte Personengruppen (Grundeigentümer, Familienväter etc.) differenziert.

Der Gleichheitsgrundsatz ist auch für die technische Gestaltung von Wahlen relevant, vor allem im Bereich der Wahlkreiseinteilung. Soll die Zählwertgleichheit der Stimmen garantiert bleiben, muss bei der Wahlkreiseinteilung für ein etwa gleiches Verhältnis von Bevölkerung (oder Wahlberechtigten) zur Zahl der zu wählenden Abgeordneten in Relation zum nationalen Größenverhältnis Sorge getragen werden (Repräsentationsschlüssel). Wie Karl-Heinz Seifert (1976: 50) richtig betonte, ist das Postulat der gleichen Wahl „heute der praktisch wichtigste aller Wahlrechtsgrundsätze“.

- *Geheimes Wahlrecht.* Dieser Grundsatz verlangt, dass die Entscheidung des Wählers in Form der Stimmabgabe (heute in der Regel mittels eines Stimmzettels) nicht von anderen erkennbar ist. Er steht im Gegensatz zu allen Formen der offenen (Stimmabgabe zur Niederschrift) oder öffentlichen Stimmabgabe (per Handzeichen oder Zuruf). Seine Verwirklichung obliegt heute der Wahlorganisation (Bereitstellung von Wahlzellen, amtlichen, verdeckbaren Stimmzetteln, versiegelten Wahlurnen etc.).
- *Direktes Wahlrecht.* Bei direkten, unmittelbaren Wahlen bestimmen die Wähler selbst die Mandatsträger, im Gegensatz zu indirekten, mittelbaren Wahlen, die Zwischengremien (Wahlmänner) vorsehen, die zwischen Wähler und Abgeordnete treten. Zu unterscheiden ist zwischen formal indirekten Wahlen (die Wahlmänner sind an das Votum der Urwähler gebunden) und substantiell indirekten Wahlen (die Wahlmänner sind ungebunden und wählen die Mandatsträger nach eigenem Gutdünken).

Gelegentlich findet sich in den Verfassungen auch das Adjektiv *frei* als weiterer Grundsatz des Wahlrechts. Es ist strittig, ob der Grundsatz noch mehr zum Ausdruck bringt als die anderen Prinzipien bereits aussagen. Man sollte ihn als Summe der anderen Grundsätze begreifen und als Freiheit der Wahl auf die Wahlen insgesamt beziehen. Misst man ihm in diesem Sinne Eigenwert zu, so bedeutet frei, wie es das Bundesverfassungsgericht formulierte, „dass der Akt der Stimmabgabe frei von Zwang und unzulässigem Druck bleibt" (BVerfGE 44: 125). Es ist der Sinn, der auch dem Postulat der freien Wahlen zugrunde liegt, dem die Forderung nach fairen Wahlen hinzugefügt wurde. Fairness bezieht sich dabei auf die gesellschaftlichen und politischen Umstände, unter denen Wahlen stattfinden, nimmt demnach das auf, was oben (in Kapitel 1, Abschnitt 2) unter dem Charakter von Wahlen in unterschiedlichen politischen Systemen diskutiert wurde. Der Terminus fair ersetzt kompetitiv.

2.3 Wahlhandlung und Ergebnisermittlung

Hat sich der Spielraum für die Ausgestaltung des aktiven Wahlrechts historisch-komparativ eingeengt, so gilt dies nicht für die Durchführung von Wahlhandlungen. Bis vor wenigen Jahrzehnten gab es nichts Anderes als die Stimmgabe im Wahllokal per Kreuzchen auf dem Stimmzettel. Heute besteht in vielen Ländern Briefwahl; nicht so in Frankreich, wo sie bereits 1953 gesetzlich ausgeschlossen wurde. Stattdessen wurde hier die Wahl durch Stellvertreter (*vote par procuration*) eingeführt, die nicht weit verbreitet ist und allgemein eher auf Bedenken stößt, obwohl sie möglicherweise eher den Anforderungen an freie Wahlen gerecht wird als die Briefwahl, denn ihre Ausübung ist einem strengen Bewilligungsverfahren unterworfen, in welchem die Gründe geprüft werden, die dem Antrag zugrunde liegen. Die Stimmabgabe im Wahllokal findet heute auch in einigen Ländern über Wahlgeräte statt, entweder mittels mechanischer Geräte oder per Computer. In Deutschland wurde der Einsatz von Wahlcomputern allerdings im Urteil des Bundesverfassungsgerichts vom 3. März 2009 für verfassungswidrig erklärt, weil die Transparenz nicht gewährleistet sei: „die wesentlichen Schritte der Wahlhandlung und der Ergebnisermittlung (müssten) vom Bürger zuverlässig und ohne besondere Sachkenntnis überprüfbar“ sein. In der Tat belegen empirische Erfahrungen in verschiedenen Ländern und insbesondere in den USA, dass weder die mechanische noch die elektronische Stimmabgabe fälschungssicher ist. Das hinderte freilich viele Länder, die eher an Effizienz (vor allem der Ergebnisermittlung) denn an Transparenz der Wahlhandlung interessiert sind, nicht daran, Wahlcomputer einzuführen.

In der politischen Diskussion repräsentativer Demokratien steht auch das *e-voting*, die Wahl bzw. Abstimmung per Internet von jedem beliebigen Computer aus. Sie kann auch per SMS mit personalisierter Simkarte erfolgen. Sie hat den gravierenden Nachteil, die Wählerschaft zu spalten in Bürger, die über die technischen Mittel und das technische *know how* verfügen, und solche, die entweder keinen Computer bzw. kein Handy haben oder nicht versiert genug sind, sie für diesen Zweck zu bedienen. In rechtlicher Hinsicht kann solche Wahlhandlung nur neben die herkömmlichen treten, diese nicht ersetzen.

Online-voting wird auch häufig in Verbindung mit neuartigen Demokratiekonzepten gesehen wie dem der *e-democracy* oder der *liquid democracy,* der *ad hoc*-Beteiligung der Bürger an der politischen Entscheidungsfällung (s. Gantert 2012; Guggenberger 2012). Welche Auswirkungen diese neuen Formen der Wahlhandlung auf die politische Willensbildung, die Parteien- und die Demokratieentwicklung haben, ist völlig ungewiss.

2.4 Der Prozess der Durchsetzung eines demokratischen Wahlrechts

Die Ausbreitung des allgemeinen und gleichen Wahlrechts (*one man, one vote, one value*) ist in den westlichen Industrieländern höchst unterschiedlich verlaufen. Der Prozess vollzog sich innerhalb von etwa 100 Jahren: Bestand vor 1848 noch in keinem Land das allgemeine Männerwahlrecht, so war unmittelbar nach dem II. Weltkrieg mit wenigen Ausnahmen (in der Schweiz blieben die Frauen bis 1971 vom Wahlrecht ausgeschlossen, im frankistischen Spanien herrschten bis 1975 organische Wahlrechtsvorstellungen, in Portugal wurde nicht demokratisch gewählt) überall das demokratische Wahlrecht verwirklicht. Im Vergleich (s. *Tabelle 2*) lassen sich Länder ausmachen, die bereits sehr früh das allgemeine Wahlrecht für Männer einführten (Frankreich, Deutschland, die Schweiz, zeitweilig Spanien, Neuseeland). Einige Länder (Australien, Finnland, Österreich) folgten noch bis zum I. Weltkrieg, die anderen noch während oder unmittelbar nach ihm, so dass in allen westlichen Industrieländern 1920 allgemeines Männerwahlrecht bestand. Die Frauen waren vor 1900 nur in Neuseeland wahlberechtigt, nach der Jahrhundertwende auch in Finnland und Norwegen. Im Gefolge des I. Weltkrieges führten die meisten Staaten (einige zeitgleich mit dem allgemeinen Männerwahlrecht) auch das Frauenwahlrecht ein. Nur in einer Reihe von romanischen, vorwiegend katholischen Ländern (Frankreich, Italien, Belgien, Portugal, Spanien; den Sonderfall Schweiz nannten wir bereits) dauerte es bis nach dem II. Weltkrieg, ehe die Frauen das Wahlrecht erhielten. In den USA wurde das allgemeine Männerwahlrecht zwar schon zu einem frühen Zeitpunkt eingeführt, aber nur

Weiße hatten das Recht zu wählen. Bis zum Bürgerkrieg blieb dies unverändert. Schwarzen wurde erst nach dem Bürgerkrieg per Verfassungsänderung das Wahlrecht zuteil. Die Weißen verstanden es jedoch, die Schwarzen durch verschiedene Formen der Manipulation an der Ausübung ihres Wahlrechts zu hindern. Diese Diskriminierung hielt noch bis in die 1960er Jahre an. Das Beispiel der USA verdeutlicht, wie wichtig es ist, bei der Analyse neben der formalen Demokratisierung des Wahlrechts auch immer die tatsächliche Wahlrechtspraxis zu beachten.

Der gradualistische Abbau der Beschränkungen des Wahlrechts umfasste in der Regel alle Wahlrechtsgrundsätze gleichzeitig, bis schließlich die Standards des demokratischen Wahlrechts erreicht waren. Markant waren die Abweichungen in Preußen, da hier in Form des Dreiklassenwahlrechts ein ungleiches, indirektes und offenes Wahlrecht zugleich mit dem allgemeinen Wahlrecht im Kaiserreich aufrechterhalten blieb, sowie auch in Belgien, wo mit der Ausdehnung des Wahlrechts zunächst die Ungleichheit im Stimmengewicht verstärkt wurde. Bis auf Preußen vermochte sich überall das direkte und geheime Wahlrecht bis zum I. Weltkrieg durchzusetzen. Dass es schließlich Großbritannien war, das als letztes Land mit der Aufhebung der Universitätswähler 1948 das ungleiche Wahlrecht abschaffte, überrascht nicht, wenn man die von Stein Rokkan (1970) herausgearbeiteten Modelle der Entwicklung zum demokratischen Wahlrecht berücksichtigt: „das englische Modell langsamer, schrittweiser Wahlrechtserweiterung ohne Umkehrungen, aber mit langen Perioden formeller Anerkennung von Ungleichheiten, und das französische Modell früher und plötzlicher Einführung universeller und gleicher Staatsbürgerrechte, aber mit häufigen Umkehrungen und mit Tendenzen zur plebiszitären Ausbeutung der Unterstützung durch die Massen“ (Kohl 1982: 487). Zwischen diesen beiden Extremen können die verschiedenen Länder verortet werden.

Tabelle 2: Die Demokratisierung des Wahlrechts in 22 OECD-Ländern[a]

	Allgemeines Wahlrecht für Männer	Allgemeines Wahlrecht für Frauen
Australien	1903	1908
Belgien	1919	1948
Dänemark	1915/18	1918
Deutschland/BRD	1869/71	1919
Finnland	1906	1906
Frankreich	1848	1946
Griechenland	1877	1952
Großbritannien	1918	1928
Irland	1918/22	1918/22
Island	1915	1915
Italien	1912/18	1946
Japan	1925	1947
Kanada	1920	1920
Luxemburg	1918/19	1919
Neuseeland	1889	1893
Niederlande	1917	1919
Norwegen	1897	1913
Österreich	1907	1918
Portugal	1911	1974
Schweden	1921	1921
Schweiz	1848/79	1971
Spanien	1869/1907	1869/1931

a Erste Einführung; nicht berücksichtigt sind erneute Außerkraftsetzungen des allgemeinen Wahlrechts (wie in Spanien 1936-76) und Restbestände beschränkten Wahlrechts wie in Australien in Bezug auf die Aborigenes, die erst 1962 das Wahlrecht erhielten.

(*Quelle*: Sternberger/Vogel/Nohlen 1969; Nohlen 1978)

In der Regel haben die Arbeiterparteien das allgemeine Wahlrecht gefordert und erfochten. Ausnahmen wie in Belgien, wo die Sozialisten lange gegen das Wahlrecht für Frauen votierten, weil sie deren konservative Wahlpräferenz fürchteten, sollten jedoch nicht unberücksichtigt bleiben. Die Demokratisierung des Wahlrechts mittels Referendum hat sich als nicht sehr funktional erwiesen. Hier zählt nicht nur das Beispiel der Schweiz mit wiederholt negativen Entscheidungen zum Wahlrecht für Frauen, sondern auch dasjenige Dänemarks, wo die Wahlbevölkerung sich 1969 gegen eine Herabsetzung des Wahlalters auf 18 Jahre aussprach, der erst zehn Jahre später in einem weiteren Referendum zugestimmt wurde.

Die tatsächlichen Ausdehnungsschritte lassen sich vergleichend am besten mittels quantitativ-empirischer Daten nachweisen, da die qualitativ-gesetzlichen Regelungen angesichts differenter Sozialstrukturen in den verschiedenen Ländern sehr unterschiedliche Partizipationsschübe bedeuten konnten (wie übrigens auch der Industrialisierungsprozess bei unveränderten ökonomischen Zensusbestimmungen den Wahlkörper reduzierende Auswirkungen haben konnte). Neben der Zahl der potentiellen Wähler in Prozent der erwachsenen Bevölkerung gilt die in *Tabelle 3* wiedergegebene Zahl abgegebener Stimmen in Prozent der Gesamtbevölkerung (die sog. *gross ratio of voting participation*) als wichtiger Indikator, der freilich die Wahlbeteiligung mit anzeigt. Für die Jahrzehnte seit 1945 werden die abgegebenen Stimmen auf die Bevölkerung im wahlfähigen Alter angegeben, so dass die unterschiedliche Bevölkerungsstruktur neutralisiert wird, was insbesondere für den Vergleich von Industrieländern und Entwicklungsländern (s. *Tabelle 4*) von Bedeutung ist. Entwicklungsländer haben aufgrund der höheren Wachstumsrate der Bevölkerung bekanntlich einen hohen Anteil junger Menschen an der Bevölkerung. Beim Datenvergleich ist zu berücksichtigen, dass in einigen Ländern (Belgien, Italien; bis 1970: Niederlande) eine Form der Wahlpflicht besteht (oder bestand) wie übrigens auch für sämtliche Länder Lateinamerikas. Zu beachten ist auch, dass je nach dem Grad sozialer und politischer Mobilisierung der Schichten, auf die das Wahlrecht ausgedehnt wurde, Wahlberechtigung und Wahlbeteiligung sich gegenläufig verhalten, d.h. bei potentiell höherer Wahlberechtigtenzahl sinkt die Wahlbeteiligung. Der berücksichtigte Indikator bringt deshalb am besten die „Teilnahme an Wahlen als Akt der politischen Partizipation„ und den „sowohl durch institutionelle Gegebenheiten wie durch individuelle Gewohnheiten bedingten Grad der politischen Mobilisierung" der Bevölkerung zum Ausdruck (Kohl 1982: 480).

Tabelle 3: Politische Partizipation bei Wahlen in 23 OECD-Ländern 1850-1999

	bis 1869[a]	1870-1890[a]	1891-1913[a]	1918-1930[a]	1931-1944[a]	1945-1959[d]	1960-1969[d]	1970-1979[d]	1980-1989[d]	1990-1999[de]
Australien						91,8	85,1	85,3	84,2	82,7
Belgien	1,7	1,8	22,1	27,8	28,5	89,3	88,0	89,9	94,3	84,1
Dänemark	5,3	10,7	12,7	40,4	50,9	82,1	88,0	87,7	86,3	81,1
Deutschland/BRD		15,7	18,3	53,7	54,0	87,6	86,9	88,7	81,0	72,7
Finnland				32,8	35,2	80,3	85,5	84,5	81,1	71,5
Frankreich	21,2	21,5	22,4	23,3	23,8	74,3	71,1	70,6	69,9	60,6
Griechenland	10,0	18,0	15,0	16,4	17,2	80,2	86,3	82,7	87,5	84,7
Großbritannien	5,5	12,1	12,1	47,6	47,2	81,6	75,1	77,9	75,2	72,4
Irland				39,6	45,1	92,3	89,4	89,4	92,3	70,2
Island			10,2	32,1	50,2	75,3	77,2	85,2	78,8	88,8
Italien	1,0	4,9	5,3	17,7		93,9	95,3	95,4	94,4	90,2
Japan						77,4	73,4	73,9	74,7	57,0
Kanada			19,6[c]	33,2	40,0	72,0	75,4	68,4	68,3	60,1
Luxemburg				47,8		75,0	72,5	73,7	66,8	60,5
Neuseeland						95,1	85,6	85,3	88,9	80,4
Niederlande	2,0	5,3	12,7	41,9	47,2	88,8	92,1	90,1	85,2	75,2
Norwegen	2,4	4,7	20,2	42,6	50,1	80,6	85,1	80,1	83,6	74,2
Österreich	0,5	1,0	17,7	55,0		89,7	90,3	89,5	87,1	79,6
Portugal	5,0	5,0	6,2	6,4	8,6	–	–	88,2	79,7	78,4
Schweden	1,0	2,2	10,9	38,8	46,4	82,0	77,3	86,6	88,6	83,2
Schweiz	5,0	12,7	12,1	21,2	22,1	66,0	53,5	45,9	40,8	37,7
Spanien	16,5[b]	3,9	15,8	13,4	36,7	–	–	81,2	83,2	79,0
USA			18,5	25,5	35,6	59,7	63,1	55,2	53,1	44,9

a abgegebene Stimmen in % der Bevölkerung, jeweils höchster Wert in der angegebenen Periode; b 1873; c 1917; d der Bevölkerung im wahlberechtigten Alter; [e] Mittelwert für die 1990er Jahre.

(*Quellen*: Sternberger/Vogel/Nohlen 1969; Vanhanen 1976; Nohlen 1978, 1981; International IDEA 1997a)

Hinsichtlich der Ausdehnung des Wahlrechts in den Entwicklungsländern ist es noch schwieriger, generalisierende Aussagen zu machen, da die Entwicklungsprozesse im Ländervergleich äußerst heterogen verliefen. Anstelle einer evolutionären Entwicklung hin zu einer pluralistischen Demokratie findet man häufig eine zyklische Entwicklung vor, die zwischen Demokratie und Diktatur oszilliert. Wir haben also zunächst die kategoriale Unterscheidung zwischen Autokratien und Demokratien zu treffen, was manchen Beobachtern schwer fällt, da auch in Autokratien gewählt wird. Während man in den Industrieländern einen bestimmten Grad einer einheitlichen liberal-demokratischen Entwicklung nach dem Dahlschen Konzept der Polyarchie (Dahl 1971) feststellen kann, welches ja die demokratische und die liberale Dimension umschließt, sind etliche Entwicklungsländer in einer oder beiden Hinsichten mehr oder weniger weit von diesem Ergebnis (nicht Endpunkt der Geschichte!) entfernt. Man findet sowohl Länder, die einen den westlichen Industrieländern ähnlichen Partizipations- und Wettbewerbsgrad aufweisen als auch solche Länder, deren demokratische und/oder liberale Entwicklung sehr zu wünschen übrig lässt. Beide Komponenten der modernen Demokratie haben sich häufig nicht gleichzeitig entwickelt, und mitunter wird vor allem die demokratische gegen die liberale ausgespielt, was dann die Unterscheidung zwischen Autokratien und begrenzt liberalen Demokratien wie bereits angedeutet zu einem Problem werden lässt.

Der Prozess der Ausdehnung des demokratischen Wahlrechts in den Entwicklungsländern begann insgesamt später als in den Industrieländern, bestand aus mehr Phasen und dauerte länger. Darüber hinaus hat der Prozess nicht dazu geführt, dass sich überall in der (damals so bezeichneten) Dritten Welt stabile und dauerhafte Demokratien etablieren konnten. Es ist eine offene Frage, ob die angesprochenen Unterschiede hinsichtlich der Ausbreitung des Wahlrechts zwischen Entwicklungs- und Industrieländern größer sind als diejenigen zwischen Ländern innerhalb der Dritten Welt. Jedenfalls sind generalisierende Aussagen über eine so heterogene Gruppe von Fällen nur schwer möglich.

In einigen Ländern wurde das allgemeine Männerwahlrecht zur selben Zeit eingeführt wie in den westlichen Industrieländern (z.B. in Argentinien und Uruguay); in anderen Ländern gibt es bis heute kein allgemeines Wahlrecht (etwa in patrimonial regierten islamischen Monarchien). Innerhalb der Dritten Welt ist zwischen Ländern, die bereits in der ersten Hälfte des 19. Jahrhunderts entkolonialisiert wurden, und solchen, die erst in der zweiten Hälfte des 20. Jahrhunderts unabhängig wurden, zu differenzieren. In der ersten Ländergruppe kann man klar unterschiedene Phasen der Wahlrechtsausbreitung ausmachen: zuerst allgemeines Männerwahlrecht, dann Frauenwahlrecht, Registrierung formal qualifizierter Wähler und schließlich Wahlrecht für Analphabeten. Abweichende Verlaufsmuster sind keineswegs rar. Vergleicht man z.B. zwei lateinamerikanische Länder mit demokratischer Tradition, so stellt man fest, dass das allgemeine Männerwahlrecht von 1916 in Uruguay bereits Analphabeten einschloss; in Chile dagegen erhielten Analphabeten erst 1970 das Wahlrecht, nachdem 1952 das Frauenwahlrecht eingeführt worden war. Darüber hinaus war die Registrierung der Wähler als notwendige formale Bedingung für die Stimmabgabe ein großes Hindernis für die Ausbreitung des Wahlrechts in den unteren Bevölkerungsschichten, insbesondere für die Bauern. In Chile beispielsweise betrug der Unterschied zwischen den gesetzlich qualifizierten Wählern und der effektiven Wählerschaft Anfang der 1960er Jahre 1,3 Mio., d.h. ein Drittel der geschätzten Wahlbevölkerung (zu weiteren Daten s. Nohlen 2005).

In den später dekolonisierten Ländern wurde dagegen das demokratische Wahlrecht in einem einzigen Schritt – im allgemeinen vor der politischen Unabhängigkeit – eingeführt. In den meisten Staaten der englischsprachigen Karibik wurde das allgemeine, gleiche, geheime und direkte Wahlrecht zu Beginn der 1950er Jahre eingeräumt – d.h. teils zehn, teils 20 oder sogar – im Falle von Antigua und Barbuda – 30 Jahre vor der Unabhängigkeit. In afrikanischen Ländern wurde allgemeines, direktes Wahlrecht unmittelbar vor der politischen Unabhängigkeit eingeführt: in den französischen Kolonien mit dem *Loi Cadre* von 1956 und in den britischen Kolonien im Zuge der Dekolonisierung ab Mitte der 1950er Jahre. In Rhodesien gab es bis 1971 ein ungleiches Wahlrecht, das auf Zensus und Hautfarbe basierte. Ein sehr restriktives Wahlrecht, das über zwei Drittel der Bevölkerung ausschloss, bestand bis 1994 in Südafrika. In einigen Ländern gab es durch rückläufige Entwicklungen auch Beschränkungen des allgemeinen Wahlrechts, wie z.B. auf Sri Lanka, wo die Tamilen nach der Unabhängigkeit das Wahlrecht verloren (zu weiteren Daten s. Nohlen/Krennerich/Thibaut 1999).

Tabelle 4: Politische Partizipation in der Dritten Welt (ausgesuchte Länder)[a]

	1945-1959	1960-1969	1970-1979	1980-1989	1990-1999[b]	1945-1997[d]
Argentinien	70,8	69,8	75,0	82,1	78,9	70,1 (4)
Bolivien	63,7	78,9	82,6	65,2	56,2	61,4 (8)
Brasilien	35,7	38,4	55,5	70,4	76,7	47,9 (14)
Chile	22,9	50,0	63,2	86,3	81,9	43,1 (17)
Costa Rica	50,0	71,5	75,6	79,0	84,6	68,0 (6)
Ecuador	30,7	31,1	42,4	66,9	66,3	42,1 (18)
Peru	26,4	36,3	–	64,8	57,3	48,0 (13)
Uruguay	54,3	66,9	88,2	96,9	96,1[c]	70,3 (3)
Venezuela	79,7	84,6	81,1	77,1	49,9[c]	72,2 (2)
Botswana	–	69,4	46,4	54,2	44,6	46,5 (17)
Ghana	34,6	42,1	37,1	–	49,0	42,2 (20)
Mauritius	–	–	84,4	91,5	79,8	82,8 (1)
Nigeria	43,5	–	41,1	58,2	–	47,6 (15)
Bangladesh	–	–	55,0	59,2	63,0	56,0 (11)
Indien	62,2	63,1	64,6	64,5	59,2	60,6 (9)
Nauru	–	38,0	42,3	46,6	49,7[c]	37,3 (21)
Nepal	42,2	–	–	60,4	71,2	63,7 (7)
Pakistan	–	–	46,9	42,9	39,8	41,8 (19)
Philippinen	–	55,9	78,6	78,2	76,7	69,9 (5)
Sri Lanka	51,5	65,9	76,8	58,1	74,1[c]	60,5 (10)
Thailand	51,0	48,3	48,1	54,7	62,5	47,4 (16)

a abgegebene Stimmen in % der wahlberechtigten Bevölkerung, jeweils höchster Wert in der angegebenen Periode; b Mittelwert für die 1990er Jahre; c nur eine Wahl; Mittelwerte; d Daten in Klammern: Ranking.

(*Quelle*: International IDEA 1997a)

Solche Fälle sind freilich selten; dennoch stellt die Durchsetzung des allgemeinen und gleichen Wahlrechts in beinahe allen ethnisch heterogenen Staaten ein großes Problem dar. Verwiesen sei hier beiläufig auf den Verlust des Wahlrechts, den ethnische Minderheiten in Osteuropa nach der politischen Unabhängigkeit erlitten. Bei den Gründungswahlen in Estland und Lettland wurden 40% bzw. 30% der Bevölkerung (Russen) vom Wahlrecht ausgeschlossen (Bungs 1993; Fitzmaurice 1993; Nohlen/Stöver 2010). Oftmals wird in der Wahlgesetzgebung versucht, die bestehenden

Machtrelationen zu erhalten, die im Laufe der Zeit durch demographische Entwicklungen herbeigeführte zahlenmäßige Veränderung der ethnischen Zusammensetzung der Bevölkerung bewusst nicht berücksichtigt (z.B. im Libanon oder auf den Fidji Inseln). Mitunter wird eine Volkszählung zu einer politischen Frage von höchster Brisanz, denn die genaue Ermittlung der ethnischen Zusammensetzung der Bevölkerung könnte Forderungen nach höchst umstrittenen Veränderungen in der Repräsentation der Volksgruppen nach sich ziehen (z.B. in Nigeria).

2.5 Ursachen und Konsequenzen der Wahlrechtsausbreitung

Die Zahl der Variablen, die für eine systematische Kausalanalyse der Ausbreitung des Wahlrechts in den Industrieländern berücksichtigt werden müsste, ist – wie oben angegeben – sehr hoch. Zu den relevanten Faktoren dürften zählen: Industrialisierungsgrad und -tempo, Veränderungen der Sozialstruktur, Migrationsprozesse, Verschiedenheiten der soziokulturellen Verhältnisse (Ethnien, Konfessionen), politische Traditionen (mehr repräsentative oder mehr absolutistische), Verfassungswandel (Parlamentarisierung), Anpassungsfähigkeit der Eliten sowie Sezessionsprozesse und Kriege. Bereits der Zusammenhang zwischen Industrialisierung und Wahlrechtsausbreitung ist nach Ländern recht verschieden; insbesondere treten Sequenzverschiebungen zwischen beiden Prozessen auf, die für die Form der Integration der Schichten, auf die das Wahlrecht ausgedehnt wurde, von großer Bedeutung sind. Da auch kein direkter Zusammenhang zwischen Industrialisierungsgrad und Stärke der Arbeiterbewegung bzw. der sozialistischen Partei auszumachen ist, lässt sich selbst für diesen begrenzten Bereich kausalrelevanter Faktoren der Wahlrechtsausbreitung kein allgemeines Muster entwickeln. Die Stärke der finnischen Sozialisten, die 1916 an die Regierung kamen, resultierte beispielsweise nicht aus Industrialisierungsgrad und -tempo oder der relativ frühen Einführung des allgemeinen Wahlrechts, sondern aus der fortwirkenden Konfliktformation der Vierstände-Gesellschaft des 19. Jahrhunderts. Auch das Verhältnis von Demokratisierung des Wahlrechts und Parlamentarisierung politischer Herrschaft, den beiden entscheidenden Wirkungslinien des Verfassungswandels in Europa seit der Französischen Revolution, ist nicht eindeutig. Eine unter beschränktem Wahlrecht in ihren gesellschaftlichen Interessen relativ homogene Repräsentation erkämpfte in Großbritannien die parlamentarische Verantwortlichkeit der Regierung. Abweichend von diesem Regelfall konnte die Parlamentarisierung politischer Herrschaft in Schweden und Deutschland erst nach der Demokratisierung des Wahlrechts durchgesetzt werden.

Die je spezifische historische Vermittlung dieser Faktoren im Prozess gesellschaftlichen und verfassungspolitischen Wandels (gleichzeitig, ungleichzeitig, Sequenz verschoben) hatte nachhaltige Konsequenzen für: 1. die Integrationsleistung des politischen Systems und die Anerkennung der dort gefällten Entscheidungen; 2. die Struktur des (partei-)politischen Wettbewerbs; 3. die ideologischen Distanzen zwischen den politischen Akteuren und das Modell der politischen Konfliktaustragung. Wo das allgemeine Wahlrecht durch eine bereits erstarkte Arbeiterbewegung hart erkämpft werden musste, sind die Arbeiterparteien radikal-klassenkämpferisch aufgetreten, während sie andernorts, wo sie einen leichteren Zugang zu den politischen Partizipationsrechten fanden, eher reformistisch zur Zusammenarbeit mit den bürgerlichen Parteien bereit waren. Seymour M. Lipset (1983: 9) belegt die zweite Entwicklungslinie vor allem am Beispiel der skandinavischen Länder (Dänemark, Norwegen, Schweden). Ein derartiger Integrationsprozess lässt sich auch an Großbritannien zeigen, wo unter den Bedingungen eines sich schrittweise ausdehnenden Wahlrechts (s. Kapitel 8, Abschnitt 2.2) und der relativen Mehrheitswahl die Liberalen zu Wahlabsprachen mit der Arbeiterbewegung (*Labour Representation Committee*) bereit waren, zumal ohnehin Teile der Arbeiterklasse (sog. *working class conservatives*) von Beginn an für die konservative bürgerliche Partei votierten. Im Deutschen Kaiserreich verband sich dagegen das allgemeine Wahlrecht mit strikter Repression gegenüber den Sozialisten, und das Wahlrecht wurde durch Bismarck im Sinne konservativ-agrarischer Interessen funktionalisiert, „indem man hoffte, einen als unmündig bzw. manipulierbar, mindestens aber als abhängig eingeschätzten Wähler auf dem Lande gegen die bürgerliche (im Sinne von industrieller Entwicklung, wenn man will auch progressive) Opposition mobilisieren zu können" (Schultze 1980: 129).

Wesentliche Konsequenz der Ausbreitung des Wahlrechts war der Aufstieg der Arbeiterparteien, mit dem aber nicht *the rule of capital* grundsätzlich in Frage gestellt wurde (Therborn 1977), sondern die Austragung des gesellschaftlichen Grundkonflikts in das politische System verlagert und dadurch entschärft wurde. Neben der soziostrukturellen wurde auch die soziokulturelle Konfliktlinie für die politische Repräsentation bedeutsam, zumal zur Abbildung der sozialen Struktur der Wählerschaft die politischen Parteien für eine Repräsentation nach Verhältniswahl optierten. Da die Integration der Arbeiterbewegung sich in den angelsächsischen Ländern anders vollzog, unterblieb hier zunächst die Forderung nach einem Wechsel des Wahlsystems. Unter diesen Bedingungen, allgemeines Wahlrecht und stabiles Repräsentationsprinzip, konnten am Ende des I. Weltkriegs die Strukturen der Parteiensysteme entlang den gesellschaftlichen Konfliktlinien für etliche Jahrzehnte „einfrieren" (Rokkan 1970).

Die Demokratisierung des Wahlrechts in den Entwicklungsländern stand nicht in dem für die Industrieländer aufgezeigten Zusammenhang von Industrialisierung und sozialem Wandel. Zum einen fand ein vergleichbar ähnlicher Industrialisierungsprozess nicht statt oder setzte erst viel später ein, ohne dass bislang – von wenigen Ausnahmen abgesehen – das Stadium der Unter-Industrialisierung verlassen werden konnte. Indem strukturell heterogene Ökonomien (Nohlen/Sturm 1982) entstanden, verfestigten sich zum anderen im Prozess nachholender Entwicklung gesellschaftliche Strukturen, welche die Bedeutung des allgemeinen Wahlrechts für die politische und gesellschaftliche Entwicklung relativierten. Angesichts der großen Ungleichheiten in der Gesellschaft und der fehlenden sozialen Partizipation breiter Bevölkerungsteile bewirkte die Einführung des allgemeinen Wahlrechts in den Entwicklungsländern keinen grundlegenden politischen Wandel. Die sozialen und politischen Kräfte aus den Mittelschichten, die die Ausbreitung des Wahlrechts unterstützten, waren nicht stark genug, um die Macht von den traditionell dominanten Oberschichten durch die Einbeziehung der Unterschichten in den politischen

Prozess zu übernehmen. Diese mögliche Konsequenz des allgemeinen Wahlrechts wurde in verschiedenen Ländern auch dadurch vermieden, dass die Demokratie als Staatsform abgeschafft wurde, insbesondere dort, wo die Chancen oligarchischer Gruppen, sich erfolgreich an Wahlen zu beteiligen, durch die Ausbreitung des Wahlrechts entscheidend verringert worden waren. Im Gegensatz zu den Entwicklungen, die zu stabilen westlichen Demokratien führten (s. Dahl 1971), verstärkten sich in den Entwicklungsländern Partizipation (*inclusion*) und Pluralismus (*competition*) nicht gegenseitig, sondern verhielten sich eher konfliktiv zueinander, so dass die Entwicklung der einen Dimension jene der anderen hemmte oder sogar unterbrach. Mit dem demokratischen Wahlrecht konnten die realen Machtverhältnisse nicht aufgebrochen werden. In den zentralamerikanischen Staaten außer Costa Rica etwa wurden die autoritären Strukturen in den politischen Systemen nicht substantiell verändert, als alle Bevölkerungsschichten an den Wahlen teilnehmen durften. Die Prinzipien des demokratischen Wahlrechts wurden nur *pro forma* anerkannt, da die Wahlen häufig von Korruption gekennzeichnet waren (Krennerich 1996). Administrative Mängel des Wahlprozesses und durch die Sozialstruktur erleichterte, illegale Einflussnahmen auf die Wähler minderten den demokratischen Gehalt von Wahlentscheidungen, so dass Wahlergebnisse fast immer angezweifelt wurden. In etlichen Ländern, in denen über Jahrzehnte demokratische Institutionen funktionierten, fand in den 1970er Jahren eine autoritäre Involution statt (etwa in Chile, Uruguay), als bisherige Strukturen in Wirtschaft und Gesellschaft grundlegend in Frage gestellt wurden. In den 1980er Jahren kehrten in Lateinamerika die unter autoritäre Herrschaft gefallenen Länder zur Demokratie zurück. Als Folge der autoritären Erfahrungen erfreut sich die Demokratie seither einer in den Meinungsumfragen ablesbaren Höherbewertung (s. Latinobarómetro 1996ff.), die ihrer Konsolidierung förderlich sein dürfte ebenso wie der durch die Globalisierung ausgeübte Druck auf die Länder der Region, ihre Demokratien aufrechtzuerhalten. Schutz der Menschenrechte, Demokratie, Rechtsstaat, *good governance* sind Werte, die zu Bedingungen internationaler Wettbewerbsfähigkeit aufgerückt sind. Internationale Vereinbarungen über Entwicklungshilfe und Handelserleichterungen werden an die Aufrechterhaltung der Demokratie geknüpft.

Ursachen und Folgen der Wahlrechtsausbreitung sind demnach in den Entwicklungsländern in weit ausgedehnten Bezügen aufzusuchen. Aber auch im engeren Feld der spezifischen Ursachenbündel und Folgeerscheinungen, wie wir sie aus den Industrieländern kennen, werden sie weniger sichtbar durch erstens die latente Infragestellung bzw. manifeste Aushöhlung der Demokratie als Herrschaftsform, zweitens die Unterentwicklung der liberalen Komponente der Demokratie und drittens die damit in Verbindung stehende Einschränkung der demokratischen Komponente in Form rechtsstaatlich bedenklicher Wahlpraktiken. In allen drei Hinsichten wurden in Wissenschaft und Politik Anstrengungen unternommen, dem Wahlrecht, mit anderen Worten der politischen Partizipation der Bevölkerung mehr Gewicht zu verleihen.

Die zentrale Sorge galt und gilt der Konsolidierung der Demokratie als Voraussetzung dafür, dass in freien Wahlen über die Besetzung der Regierungsämter entschieden werden kann (vgl. u.a. Asociación Civil Transparencia 2002; UNDP 2004). Welche Bedeutung institutionellen Fragen in diesem Prozess in Lateinamerika zukommt, ist hier seit der Redemokratisierung stärker denn je von Politik und Sozialwissenschaften aufgegriffen worden Sie war gemünzt erstens auf den politischen Systemtyp Präsidentialismus oder Parlamentarismus (vgl. u.a. Linz 1987; Riggs 1987; Nohlen/ Solari 1988; Nohlen/Fernández 1991; Shugart/Carey 1992; Linz/ Valenzuela 1994; Thibaut 1996; Nohlen/Fernández 1998; Arias/ Ramacciotti 2005), eine Frage, die nicht Gegenstand dieser Schrift ist; zweitens auf die Organisation des Wahlprozesses: d.h. Oberste Wahlbehörden, Wählerverzeichnisse, Wahldurchführung und Wahlkontrolle (vgl. u.a. Nohlen/Picado/Zovatto 1998; Instituto Interamericano de Derechos Humanos 2000; Nohlen 2005; Nohlen/Zovatto/Orozco/Thompson 2007), eine für freie Wahlen entscheidende Bedingung, auf die wir gleich noch zurückkommen werden; drittens auf die Wahlsysteme und deren Auswirkungen auf die Parteiensysteme und die Regierbarkeit (vgl. u.a. Nohlen 1981; Fundación Friedrich Ebert 1986; Trindade 1992; Jones 1995; Tuesta Soldevilla 1996; International IDEA 1997; Payne et al. 2002; Nohlen 2004; Zovatto/Orozco Henríquez 2008), die Thematik dieser

Schrift. Ehe wir dazu übergehen, sei noch kurz auf die Demokratieentwicklung in Übersee eingegangen, deren Einschätzung erhebliche empirische und konzeptionelle Schwierigkeiten bereitet.

2.6 Wahlen und Demokratieentwicklung

Im Zuge der Demokratieentwicklung seit der Dritten Welle der Demokratisierung ist das Verhältnis von Wahlen und Demokratie in mannigfacher Weise problematisiert worden. Im Wesentlichen liegen die Gründe dafür entweder in der Halbherzigkeit der demokratischen Reformen oder in den geringen Auswirkungen der demokratischen Legitimierung der politischen Machtverhältnisse auf die wirtschaftlichen, sozialen und politisch-kulturellen Kontexte, in denen sie eingebettet sind. Vielmehr kann man davon ausgehen, dass diese Kontexte die Demokratieentwicklung geprägt haben, ebenso deren Wahrnehmung und analytische Verarbeitung von Seiten der Sozialwissenschaften.

Auffallend ist das hohe Maß an Widersprüchlichkeit, das allenthalben den Prozess der Demokratieentwicklung kennzeichnet. Auf der Ebene der Wählerschaften signalisieren Umfragen in der Regel hohe Werte der Zustimmung für die Demokratie als Staatsform, jedoch eine niedrige Bewertung der Funktionsweise der realen Demokratien. Eine Mehrheit der Befragten bevorzugt jenen politischen Systemtyp, der ihre Lebensbedingungen zu verbessern vermag. In die Demokratie wurden dementsprechende Hoffnungen investiert, die teilweise recht überzogen waren und enttäuscht wurden bzw. enttäuscht werden mussten. Zudem wurden etwa zeitgleich die Gesellschaften in Übersee dem Druck der Globalisierung ausgesetzt. Das hat einerseits die Demokratisierung der politischen Systeme angetrieben, andererseits aber auch deren wirtschaftliche und soziale Herausforderungen erhöht. Fast nirgends wurden Parteien oder Präsidentschaftskandidaten mit neoliberalen Programmen an die Regierung gewählt, und doch setzten fast alle Machthaber neoliberale Programme ins Werk. Auch wenn diese in der Stabilisierung der Wirtschaften relativ erfolgreich waren, sie lösten die sozialen Probleme nicht bzw. gingen sie gar nicht erst zu lösen an. Dieses Versagen hat die Einstellung der Menschen zur realen Demokratie, ihren Institutionen und ihrer Funktionsweise nachhaltig beeinträchtigt.

Auf der Ebene des Demokratiekonzepts belegen die vorstehenden Ausführungen, dass unter den obwaltenden sozialen Verhältnissen die Demokratie nicht auf den politischen Bereich begrenzt bleibt, sondern auf den sozioökonomischen Bereich ausgedehnt wird, getreu der von etlichen Sozialwissenschaftlern propagierten Vorstellung, dass die erfolgreiche Bekämpfung von Armut und sozialer Ungleichheit ein definitorisches Merkmal der Demokratie sei. Sie nehmen die wirtschaftlichen und sozialen Defizite, die in den jungen Demokratien nicht zu bestreiten sind, als Beleg dafür, dass es sich bei diesen Ländern um Demokratien minderer Qualität handele, für deren Kennzeichnung dann abqualifizierende Adjektive eingesetzt werden (s. oben, Kapitel 1, Abschnitt 2.3).

In diesem Sinne wird beispielsweise der in sich widersprüchliche Begriff Wahldemokratie verwandt. Er wird zwar nicht einheitlich definiert, besagt aber so viel, dass Wahldemokratien nur dem Teil des Demokratiekonzepts entsprechen, der von den Wahlen eingenommen wird. Bei Dahl (1971) ist es freilich der entscheidende Teil. Ohne Wahlen keine Demokratie – wie wir oben betont haben. Im Demokratie kritischen Diskurs wird die Performanz der jungen Demokratie gerne an hehren idealen Maßstäben gemessen, welche die sozioökonomischen sowie auch die rechtsstaatlichen und politisch kulturellen Defizite schön aufzeigen, den entwicklungsgeschichtlichen Fortschritt in den einzelnen Ländern aber nicht erkennen lassen. So stellt beispielsweise der Bericht des United Nations Development Program über die Demokratieentwicklung in Lateinamerika (UNDP 2004) der „Wahldemokratie" die „Bürgerdemokratie" gegenüber. Die Realität in jungen Demokratien wird also nicht mit jener in den gestandenen Demokratien verglichen, sondern an einem sehr anspruchsvollen Konzept gemessen, von dem selbst die gestandenen Demokratien weit entfernt sind. So kann man demokratische Fortschritte, die unter schwierigen Bedingungen erzielt wurden, auch schlecht reden (zum idealistischen Diskurs *versus* Vergleich realer Verwirklichungsfortschritte siehe auch Sen 2010). Der Diskurs aber prägt die Wirklichkeit mit.

Erhebliche Fortschritte wurden im Felde der Wahlorganisation erzielt, die trefflich als Institution zur Gewährleistung von Regierbarkeit begriffen wurde (López-Pintor 2000). Aus eigener Anschauung kenne ich den Wandel in Lateinamerika, der nicht zuletzt dank großer, permanenter internationaler Bemühungen zustande kam, etwa des Interamerikanischen Instituts für Menschenrechte (IIDH) mit Sitz in Costa Rica, das mit CAPEL ein Zentrum für Wahlberatung und -ausbildung unterhält. Zu erwähnen sind auch die internationale Wahlhilfe (Beratertätigkeit und Wahlfinanzierung) des Entwicklungsprogramms der Vereinten Nationen (UNDP), der Organisation Amerikanischer Staaten (OAS), der Interamerikanischen Entwicklungsbank (BID), der International Foundation for Electoral Systems (IFES), des Carter Center, von International IDEA etc. und nicht zuletzt die Demokratie fördernden Aktivitäten deutscher politischer Stiftungen (s. Leininger 2007: 67ff.). Auch in Afrika und Asien wurden, was die Organisation von Wahlen anbelangt, unter überwiegend viel schwierigeren Bedingungen Fortschritte erzielt (zu Afrika s. Nohlen/Krennerich/Thibaut 1999; zu Asien Nohlen/Grotz/Hartmann 2001), freilich oft in einem Kontext, der nach wie vor stark autoritär bestimmt ist (Croissant/Bruns/John 2002; Derichs/Heberer 2006).

Derweil sind allerdings die Ansprüche an die Wahlorganisation kontinuierlich gestiegen: Ging es zunächst um die Sicherung freier Wahlen, die Bildung unabhängiger Wahlbehörden, die Anlage sauberer Wählerverzeichnisse, die Gewährleistung des aktiven und passiven Wahlrechts, die vertrauenswürdige Auszählung der Stimmen und die rechtsstaatliche Prüfung der zustande gekommenen Wahlergebnisse, so fokussieren die Reformen der zweiten Generation auf faire Wahlen, auf die Chancengleichheit der Akteure im politischen Wettbewerb. Das umschließt vor allem die Partei- und Wahlkampffinanzierung und den Zugang zu den Medien. Hier besteht ohne Zweifel Regelungsbedarf, und die Bemühungen gehen dahin, auch diesen politisch ungemein sensiblen Bereich ebenfalls der Kontrolle unabhängiger Instanzen zu unterwerfen. Diese Bemühungen, die Politik weiter zu justizialisieren, bergen aber den Nachteil, die als unabhängig gedachten Instanzen aufgrund ihrer Bedeutung für den politischen Prozess (wieder) zu politisieren, zum einen in der Weise, dass die Parteien (wieder) Einfluss auf sie gewinnen wollen, zum anderen dadurch, dass die allgemeine Aufmerksamkeit, die ihnen in der politischen Öffentlichkeit geschenkt wird, sie zu Akteuren im öffentlichen Meinungsstreit werden lässt. Diese Tendenz verbindet sich leicht mit einer Wahlkultur des Misstrauens und dessen Instrumentalisierung. Der Wahlverlierer verdächtigt den politischen Gegner und die Wahlbehörden des Wahlbetrugs, vor allem bei Vorliegen knapper Wahlergebnisse oder solcher, die von den Vorhersagen des mutmaßlichen Wahlausgangs von Seiten demoskopischer Institute abweichen. Dafür findet er in Lateinamerika bei der Bevölkerung offene Ohren, denn ohnehin geht im regionalen Mittelwert immer noch eine Mehrheit davon aus, dass die Wahlen gefälscht seien (Latinobarómetro 2006ff.). So kommt den internationalen Wahlbeobachtern, deren Anwesenheit dafür sorgen soll, dass alles mit rechten Dingen zugeht, immer mehr die Funktion zu, den rechtsstaatlichen Ablauf von Wahlen gegenüber Infragestellungen und Delegitimierungen von Seiten der Wahlverlierer und gegenüber einer misstrauischen Wählerschaft zu verteidigen.

Allerdings ist auch Wahlbeobachtung nicht unpolitisch, auch ihre Erhebungen und Bewertungen können politisch gefärbt sein. Häufig widersprechen auch die verschiedenen Berichte internationaler Beobachterkommissionen, die von regionalen Organisationen wie etwa der Organisation Amerikanischer Staaten (OAS) oder der Europäischen Union entsandt werden, denen nationaler oder internationaler zivilgesellschaftlicher Organisationen (NGOs). Während es erstere bei der Feststellung von Unregelmäßigkeiten belassen, monieren letztere Wahlfälschung. Wählen die Einen den Vergleich mit früheren Wahlen und heben Fortschritte hervor, messen die Anderen die Wahlwirklichkeit an den internationalen Standards freier und fairer Wahlen. Das Prinzip der Nichteinmischung in die inneren Angelegenheiten eines Landes spielt trotz aller regionaler Manifeste, welche die Demokratie zur obligatorischen Regierungsform erheben (etwa Demokratie-Charta der OAS), nach wie vor eine dominierende Rolle, hilft zu erklären, warum Beobachterkommissionen internationaler Organisation der Staaten eine weniger kritische Bewertung vornehmen. Politisch-ideologische und machtpolitische Erwägungen spielen ebenfalls in das Beobachtungswesen hinein. Sind Wahlbeobachter dem Regime bzw.

dem Wahlsieger eher wohlgesonnen, so fokussieren sie auf den Wahltag. Sind sie dem Regime gegenüber kritisch eingestellt, so neigen sie dazu, den gesamten Wahlprozess zu beleuchten.

In der Tat reichen möglicherweise festgestellte Unregelmäßigkeiten am Wahltag nicht aus, um eine Wahl als gefälscht zu bezeichnen. Unregelmäßigkeiten werden auch in gestandenen Demokratien vermerkt und geprüft. In Frankreich etwa wurden bei den Wahlen von 2012 die Ergebnisse in drei Wahlkreisen erfolgreich angefochten, und es fanden Nachwahlen statt. In Deutschland ist die Zahl der Einsprüche gegen den Wahlprozess nicht unerheblich. Sie werden in aller Regel zurückgewiesen, zumal als Letztkriterium gilt, ob der beanstandete Sachverhalt Auswirkungen auf den Wahlausgang insgesamt gehabt hätte. Das kann eigentlich immer verneint werden. Für die Bewertung der Wahlen an demokratischen Maßstäben ist inzwischen weniger relevant, was am Wahltag selbst kurzfristig beobachtet werden kann, sondern das, was sich langfristig im Vorfeld abgespielt hat. In der Bewertung geht es darum, ob die Wahlen fair gewesen sind.

Die Erhebung der dazu notwendigen Daten ist akribisch-mühsam. Sie muss bereits bei der Wahl- und Parteiengesetzgebung ansetzen, etwa bei der Parteienfinanzierung. Unfair ist, wenn es keine Parteien- und Wahlkampffinanzierung aus öffentlichen Geldern gibt, die Machthaber indes staatliche Mittel uneingeschränkt für ihre Propagandazwecke einsetzen können. Die Erhebung muss sich beim Zugang der Parteien zu den Medien fortsetzen. Sind Radio und Fernsehen überwiegend in staatlicher Hand, so dass die Machthaber uneingeschränkt über Sendezeiten verfügen? Werden die noch freien Medien geknebelt, werden sie als Folge ihrer freien Berichterstattung oder ihrer Oppositionshaltung gegenüber den Machthabern mit Lizenzentzug bedroht oder bestraft? Die Erhebung von Daten umschließt auch die Rechtsprechung in Wahlangelegenheiten, noch allgemeiner die Unabhängigkeit der Gerichte. Sind diese dem Regime treu ergeben, reicht bei der Rechtfertigung von demokratisch zweifelhafter Bevorzugung der Machthaber im Parteienwettbewerb die Abweisung von Einsprüchen durch die Obersten Verfassungsgerichte nicht aus, um zum Urteil fairer Wahlen zu gelangen. In Venezuela stimmte das Oberste Verfassungsgericht 2005 der verfassungswidrigen Auslegung des Wahlsystems zu. Der anschließende Boykott der Wahlen durch die Opposition war politisch unwirksam und wurde von den Wahlbeobachtern am Ende der Opposition selbst zur Last gelegt. In Argentinien entschied das Verfassungsgericht demokratiewidrig, indem es nach dem rechtspositivistischen Grundsatz, was in der Verfassung nicht verboten ist, ist erlaubt, die Scheinkandidatur (*candidatura testimonial*) von Amtsinhabern der dominierenden Partei auf den Spitzenplätzen der starren Listen zuließ. Die Wahl als Akt des Vertrauens in Personen wurde entwertet. In der Summe aller Erwägungen lautet die Frage, in welchem Kontext finden Wahlen statt, unter rechtsstaatlich-demokratischen oder unter rechtsstaatswidrigen-autoritären Bedingungen.

Eine relativ neue Hinterfragung der Wahl liegt dort vor, wo politische Akteure mit ihr gar keine demokratische Entwicklung des Landes anstreben, wo sich durch das Aufbrechen einer autoritären Situation eine demokratische Gelegenheitsstruktur, ein *window of opportunity* ergibt, das sich im nächsten Moment wieder schließen kann. Zu denken ist hier gegenwärtig an die Wahlen in der arabisch-islamischen Welt im Zuge des sog. „Arabischen Frühlings". In allen Ländern wurden freie Wahlen gefordert, in den meisten bereits abgehalten. Im Mittelpunkt standen Länder, in denen die Diktatoren gestürzt – vertrieben, getötet oder vor Gericht gestellt wurden: Tunesien, Libyen, Ägypten. Während die Revolutionen hauptsächlich von laizistisch gesinnten Kräften zum Erfolg geführt wurden, siegten bei den relativ freien und fairen Wahlen in Tunesien und Ägypten islamistisch orientierte Gruppen und ließen die demokratische Entwicklung der Länder in Frage geraten. Wie Guy Hermet (1989) treffend analysierte, kann sich das Volk auch gegen die Demokratie entscheiden – und zwar in freien und fairen Wahlen, obwohl dies, wie oben in Abschnitt 1.4 dargelegt, das Demokratieprinzip selbst nicht zulässt.

Den westlichen Beobachtern wird in diesem Zusammenhang gelegentlich vorgehalten, „die Demokratisierung der arabischen Länder zu fordern, aber abweisend auf Wahlergebnisse zu reagieren, die zugunsten islamistischer Gruppierungen ausfallen" (Álvarez-Ossorio/Zaccara 2009: 16). Diese Kritik verkennt, dass Wahlen im demokratischen Verständnis nicht nur an rechtsstaatlich-demokratische Bedingungen ihrer Abhaltung geknüpft sind, sondern auch an den Fortbestand der Werte, die der Demokratie im modernen Verfassungsstaat als unveräußerlich zugeschrieben werden: allgemeine Menschenrechte, grundlegende Freiheitsrechte, Bindung der staatlichen Gewalt an das Recht, periodische Erneuerung politischer Mandate, etc. Wie bereits in Kapitel 1, Abschnitt 4 dargelegt, ist die Wählerschaft bei einer Wahl nicht befugt, dem Volk das Recht auf zukünftige freie und faire Wahlen abzusprechen. Anders als bei den Wahlen von 1991 in Algerien, die von der islamistischen Heilsfront gewonnen wurden, deren Wahlsieg vom Militär aber nicht anerkannt wurde, haben gegenwärtig gemäßigt islamisch orientierten Parteien als Wahlsieger in Tunesien und Ägypten politische Verantwortung übernommen. Sie können zeigen, dass erstens der Wahlslogan der algerischen Heilsfront von 1989: „one man, one vote – and only once" (Torres Soriano 2010: 59) nicht (mehr) gilt, und zweitens, dass Wahlen, die in gestandenen Demokratien mit den Werten Menschenwürde, Geltung der Menschenrechte, Gleichheit der Geschlechter, Toleranz, politischer Pluralismus, rechtsstaatliche Kontrolle der Macht, etc. verbunden sind, in der arabisch-islamischen Welt im Ergebnis nicht zur Verschärfung der Einschränkung der Menschenrechte, der Ungleichheit der Geschlechter, der Verfolgung religiöser Minderheiten und politisch Andersdenkender führen.

3. Wahlsysteme und Parteiensysteme: Eine problemorientierte Einführung

3.1 Grundlegende Begriffe

Wahlsysteme können in einem engen und einem weiten Sinne konzeptualisiert werden. In vielen politischen Debatten über Wahlsysteme – vor allem in denjenigen Ländern, die über keine ausgeprägte Wahltradition verfügen – wird das Konzept sehr weit ausgedehnt, umfasst mitunter alles, was den Wahlprozess betrifft, einschließlich des Wahlrechts und der Wahlorganisation. Aus analytischen Gründen wird im Folgenden hingegen ein enges Konzept bevorzugt. Demgemäß beinhalten Wahlsysteme den Modus, nach welchem die Wähler ihre Partei- und/oder Kandidatenpräferenz in Stimmen ausdrücken und diese in Mandate übertragen werden. Mittels Wahlsystemen werden Stimmenergebnisse (*data of votes*) in spezifischer Weise (im Falle von Parlamentswahlen) in Mandatsergebnisse (*parliamentary seats*) übertragen. Wahlsysteme regeln diesen Prozess durch Festlegung der Wahlkreiseinteilung, der Wahlbewerbung, der Stimmgebung und der Stimmenverrechnung. Dieses enge Konzept hat größeren Nutzen sowohl für das Studium der politischen Auswirkungen von Wahlsystemen als auch für die politische Debatte um die Einführung oder Reform von Wahlsystemen.

Wahlsysteme bilden einen Ausschnitt des umfassenderen Begriffs Wahlrecht, der jedoch auch im engeren Sinne verstanden werden kann. Im engeren Verständnis beschränkt sich sein Inhalt auf die rechtlichen Voraussetzungen des Wählens und des Gewähltwerdens. Der Begriff Wahlrecht wird indes häufig auch für den Gegenstandsbereich verwendet, der mit Wahlsystem viel präziser und treffender bezeichnet werden kann.

Die grundlegende klassifikatorische Unterscheidung von Wahlsystemen ist die zwischen Mehrheitswahl und Verhältniswahl.

Diese Alternative hat die klassischen Debatten zur Wahlsystemfrage beherrscht, obwohl unhinterfragt blieb, welches die definitorischen Merkmale der Systeme seien bzw. auf welcher Ebene die Unterscheidung vorzunehmen sei. Mal wurden die technischen Regelungen, mal die Funktionen und politischen Intentionen von Wahlsystemen zu Unterscheidungsmerkmalen erhoben, mal beide zugleich und zwar in der Weise, dass die technischen Elemente für die eine, Intentionen und Funktionen für die andere Alternative definitorisch ins Spiel gebracht wurden. Davon wird Kapitel 5 handeln. Vorläufig kann gelten, dass die kategoriale Unterscheidung zwischen Mehrheitswahl und Verhältniswahl sich an Intentionen und Funktionen von Wahlsystemen festmacht. Diese Unterscheidung hat nichts an ihrer Berechtigung eingebüßt, auch wenn die mit ihr in einigen Schriften (u.a. Hermens 1941; Duverger 1959) verbundenen Aussagen über den Strukturierungseffekt, den die Grundtypen von Wahlsystemen auf die Parteiensysteme ausüben, in ihrer Abstraktheit heute kaum noch vertreten werden können.

Parteiensysteme werden nach ihrer Struktur analysiert „anhand solcher Merkmale wie Anzahl, Größe, Machtverteilung, Standort und strategische Konstellation der Parteien zueinander, was nicht ausschließt, in dynamischer Hinsicht die Veränderungen dieser Merkmale für sich oder in Relation zueinander im Zeitablauf zu untersuchen und womöglich strukturell zu erklären“ (E. Wiesendahl in: Nohlen/Schultze [3]1989: 667). Eine Variable zur Erklärung der Organisations- und Funktionseigenschaften von Parteiensystemen stellt das Wahlsystem dar.

3.2 Wahlsysteme: Grundfragen und Forschungsansätze

In der politischen und der wissenschaftlichen Debatte über Wahlsysteme und deren Verhältnis zu den Parteiensystemen sind es zunächst drei Grundfragen, die kontrovers diskutiert werden. Sie betreffen die Bedeutung der Wahlsysteme, ihre Wirkungsrichtung und die Bewertung ihrer möglichen Folgen. Dies sind die Dimensionen, die in der – international gesehen – immer aktuellen Diskussion über Wahlsysteme und Parteiensysteme je nach Forschungsansatz in unterschiedlicher Weise akzentuiert werden.

3.2.1 Wie bedeutend sind Wahlsysteme?

Über die Bedeutung des Faktors Wahlsystem für das Parteiensystem, das politische System und die politische Entwicklung eines Landes im Allgemeinen herrscht in Wissenschaft und Politik keine Einigkeit. Zum einen manifestiert sich die Kontroverse in der Frage, ob es sich beim Wahlsystem um eine unabhängige oder eine abhängige Variable handelt. Viele Forscher neigen geradezu dogmatisch (und nicht nur aus forschungsstrategischen Gründen) zur Parteinahme für die eine oder andere Position, derweil die Sowohl-als-auch-Annahme sicherlich wissenschaftlich angemessener und fruchtbarer ist. Zum anderen kommt der Widerstreit der Meinungen in der Bewertung des Faktors Wahlsystem im Vergleich mit anderen Faktoren, die auf die untersuchten abhängigen Variablen einwirken, und in Annahmen über die Reichweite seiner unterstellten Auswirkungen zum Ausdruck. Ist das Wahlsystem wichtiger als andere institutionelle Faktoren, wie beispielsweise das Regierungssystem (etwa das Verhältnis von Parlament und Regierung), wichtiger auch als soziopolitische Faktoren, etwa die Struktur der Gesellschaft oder vorherrschende Konfliktregelungsmuster?

Einige Wissenschaftler haben in der Vergangenheit dem Wahlsystem allergrößte Bedeutung beigemessen. Sie haben das Schicksal der Demokratie an die Frage geknüpft, welches Wahlsystem existiert. So wurde etwa der Untergang der Weimarer Republik auf die Verhältniswahl zurückzuführen versucht (Hermens 1941). Diese These ist wie die darin zum Ausdruck kommende Bedeutungszuweisung an das Wahlsystem sicherlich übertrieben. Sie verkennt, dass politische Entwicklung in der Regel Folge einer Vielzahl von (miteinander verwobenen) Faktoren unterschiedlicher Herkunft ist. Auf einen einzigen kausalen Faktor abhebende Erklärungen führen deshalb durchweg in die Irre.

Die ebenso häufig anzutreffende Gegenposition, die den Wahlsystemen letztendlich nur eine geringe Bedeutung zubilligt, ist jedoch ebenso wenig vertretbar. Gegen sie spricht eine immense Zahl empirischer Belege. Die wissenschaftliche Kontroverse um das (beste) Wahlsystem wäre kaum so lebhaft, die Bemühungen politischer Gruppen, Reformen des Wahlsystems herbeizuführen, kaum so permanent, wenn die Wahlsysteme nicht zählten. Wahlsysteme üben psychologische und mechanische Effekte aus, psychologische bei der Stimmabgabe auf den Wähler und mechanische bei der Übertragung von Stimmen in Mandate (s. Duverger 1959). Sie strukturieren die Wahlentscheidung des Wählers und die parteiliche Zusammensetzung des Parlaments. Am einfachsten ist es, den mechanischen Effekt nachzuweisen. Fragen wir nur mal danach, wie parlamentarische Mehrheitsbildungen zustande kommen. Die meisten parteilichen Mehrheitsbildungen sind Folge des Disproportions- oder mehrheitsbildenden Effekts von Wahlsystemen (s. Rae 1967). Wahlsysteme können aber auch die Regierungsübernahme durch die nach Wählerstimmen stärkste Partei in der Weise verhindern, dass sie der zweitstärksten Partei eine Mehrheit an Mandaten einräumen (s. unten Kapitel 4, Abschnitt 4). Der psychologische Effekt ist nicht weniger bedeutungsvoll, sein Nachweis allerdings komplizierter (s. Cox 1997). Hier sei nur auf die Wirkung von Sperrklauseln hingewiesen. Mechanisch haben diese zur Folge, dass Parteien, welche die Repräsentationshürde nicht überspringen, nicht an der Vergabe der Mandate beteiligt werden. Psychologisch bzw. wahlstrategisch bewirken sie, dass Wähler tendenziell die Stimmabgabe für Parteien meiden, die in Gefahr stehen, im Stimmenanteil die Prozenthürde der Klausel nicht zu passieren. Kurzum: *electoral systems matter*.

Diese These bleibt unberührt von meiner Bemühung, in der Politischen Wissenschaft Verständnis dafür zu gewinnen, dass die Wahlsysteme ihrerseits von gesellschaftlichen Kräften und politischen Machtkonstellationen abhängen; das Studium der Genesis und der Reformbewegungen von Wahlsystemen kann dies leicht nachweisen. Vertreter einer Forschungsrichtung, welche das Wahlsystem nur als unabhängige Variable zu betrachten bereit sind (s. Sartori 1994), unterstellen jedoch, mit der Frage nach den konstitutiven Bedingungen von Wahlsystemen werde die Relevanz des Faktors Wahlsystem untergraben. Es lässt sich aber zeigen, dass gerade im Prozess der Entstehung (des Kampfes um bzw. der Vereinbarung von Wahlsystemen) die politischen Akteure sich der Bedeutung des Faktors Wahlsystem ausgesprochen bewusst sind. Nicht anders beurteilt ein Ansatz die Relevanzfrage, der Wahlsysteme in enger Verknüpfung beider Wirkungsrichtungen als verursacht (abhängig) und verursachend (unabhängig) betrachtet.

Von international renommierten Experten in Wahlsystemfragen wurde in den 1990er Jahren im Kontext der Demokratisierung politischer Systeme in Lateinamerika, Osteuropa und anderswo den Wahlsystemen eine überragende Bedeutung zugeschrieben – so u.a. von Arend Lijphart und Giovanni Sartori. Dem Parteienforscher Sartori (1994: IX) zufolge ist das Wahlsystem „*a most essential part of the workings of political systems. Not only are electoral systems the most manipulative instrument of politics; they also shape the party system and affect the spectrum of representation*". Laut Sartori sind Wahlsysteme besonders geeignete Instrumente des *political engineering*, die bedeutsame politische Effekte erzielen. Lijphart (1994: 1) hob die Relevanz von Wahlsystemen sogar noch stärker hervor, als er feststellte, „*the electoral system is the most fundamental element of representative democracy*".

Im Gegensatz dazu herrscht jedoch in jungen Demokratien, die um ihre Konsolidierung oder demokratische Weiterentwicklung ringen, in der politisch interessierten Öffentlichkeit häufig die Meinung vor, Wahlsystemfragen seien nicht so wichtig. Die demokratische Qualität des etablierten politischen Systems sei in weit größerem Maße von anderen Faktoren abhängig, beispielsweise von Entwicklungsstand und Struktur der Gesellschaft, den *social cleavages*, von der politischen Kultur, den gesellschaftspolitischen Machtverhältnissen, den Parteien und ihrer (oligarchischen) Verfassung, von Mängeln des Wahlprozesses (Wahlmanipulationen) und korrupten Praktiken, die den gesamten politischen Prozess durchziehen. Im Zusammenhang von Wahlsystemreformdebatten wird angesichts solch gravierender Einwände auch häufig die Meinung vertreten, dass es wichtiger sei, jene Probleme anzugehen, welche die Demokratie pervertieren, zumal eine Reform des Wahlsystems an den kritisierten politischen Verhältnissen nichts ändern würde (zu diesem Argumentationsmuster im Falle Pakistan s. Nohlen 1995).

In der Tat relativieren in den jungen Demokratien grundlegende Probleme der Gesellschaftsentwicklung und -struktur, der politischen Kultur, der bestehenden und verfestigten Machtverhältnisse in der Gesellschaft, der Verhaltensmuster der politischen Eliten etc. die Bedeutung des Faktors Wahlsystem. Dies zeigt sich sehr anschaulich bereits im rein politisch-institutionellen Bereich:

Wenn keine fairen Wahlen garantiert sind, wenn Wahlergebnisse gefälscht werden können, dann spielt das Wahlsystem als unabhängige Variable nur eine unbedeutende Rolle; seine Relevanz ist erst recht dann gering, wenn gesellschaftliche Machtgruppen letztendlich bestimmen, wer die Wahlen gewinnt, wenn Kapital und Korruption das politische Verhalten von Volksvertretern lenken, etc.

Ganz allgemein lässt sich aber sagen, dass mit der Entwicklung der Demokratie in rechtsstaatlichem Sinne und im Sinne authentischer Partizipation der Bevölkerung die Bedeutung des Wahlsystems im politischen Prozess zunimmt. Und zu dieser Entwicklung können Wahlsysteme selbst einen wichtigen Beitrag leisten. Eine solche relative Bedeutungszuweisung steht im Gegensatz zu einer maximalistischen Position, die besagt, dass das Heil der Demokratie vom Wahlsystem abhängt bzw. mit einer Reform des Wahlsystems die Dinge grundlegend verändert und zum Guten gewendet werden können. Diese kontextlose Argumentation ist in konkreten Reformdebatten in den Entwicklungsländern und andernorts wenig glaubwürdig und einem effektiven *political engineering* eher hinderlich; sie birgt die Gefahr, die (wenn auch begrenzten) Möglichkeiten zu verkennen, die Wahlsystemreformen bieten, um etwa die Legitimität und Effizienz des politischen Systems zu erhöhen bzw. die Regierbarkeit (*governance*) eines Landes zu stärken.

Resümierend lässt sich feststellen: Wahlsysteme haben im politischen Willensbildungsprozess und für die Übertragung politischer Macht (typischerweise in Form von Parlamentsmandaten) eine beachtliche Bedeutung. Wahlsysteme gestalten Wählerwillen und Wahlergebnisse. Ihre Relevanz ist jedoch nicht gänzlich kontextunabhängig, und monokausale Annahmen führen in die Irre.

3.2.2 In welche Richtung wirken Wahlsysteme?

Viel ungewisser und letztlich viel umstrittener als die Frage nach der Relevanz der Wahlsysteme ist diejenige nach den konkreten politischen Auswirkungen von Wahlsystemen. Was sind die Folgen der Mehrheitswahl, welches die der Verhältniswahl für die Parteiensysteme und den politischen Prozess? Fördern oder hemmen Wahlsysteme die Integration der Wählerschaft, die Konzentration des Parteiensystems, die politische Stabilität, den Wechsel in der Regierungsausübung etc.?

Von der funktionalistischen, am britischen Parlamentarismus orientierten Literatur wurden politische, in Richtung auf Parteienkonzentration zielende Auswirkungen ausschließlich Mehrheitswahlsystemen, namentlich der relativen Mehrheitswahl in Einerwahlkreisen, zugeschrieben. Hingegen wurden Systeme der Verhältniswahl mit politischen Folgen wie Desintegration, Parteienzersplitterung, politische Instabilität etc. verbunden.

Wir stellen jedoch fest: Über die politischen Auswirkungen von Wahlsystemen bestehen weit mehr Annahmen als wissenschaftlich gesicherte Erkenntnisse. Besonders umstritten sind generalisierende Aussagen wie die gerade zitierten, weil sie sich in der beanspruchten Allgemeingültigkeit schwerlich bestätigen. Sie setzen *ceteris-paribus*-Bedingungen voraus, scheuen die Konfrontation mit der historischen Wirklichkeit höchst unterschiedlicher soziopolitischer Kontexte. Empirisch lässt sich nämlich nachweisen, dass Mehrheitswahlsysteme nicht immer die Integration oder den Regierungswechsel fördern. Es kommt sehr auf die konkreten gesellschaftlichen und politischen Bedingungen an, auf die Wahlsysteme treffen. Unter bestimmten soziopolitischen Verhältnissen kann ein Verhältniswahlsystem die von der Mehrheitswahl erwarteten Funktionen sogar besser erfüllen. Des weiteren ist Aufmerksamkeit dem Tatbestand zu schenken, dass Mehrheitswahl und Verhältniswahl zwei *cluster*-Kategorien sind, die jeweils sehr unterschiedliche Wahlsystemtypen mit weit voneinander abweichenden Funktionen und Wirkungen beherbergen. Es gilt demnach, Unterschiede zu erkennen, die einen Unterschied machen.

Das Forschungsfeld ist jedoch nicht derart von singulären Erscheinungen gekennzeichnet, dass keine Möglichkeit zu Generalisierungen und Bildung von Theorien bestünde. Diese werden freilich differenzierter als die zitierten Thesen ausfallen müssen. Da von der *ceteris non paribus*-Annahme auszugehen ist, werden soziopolitische Variablen bzw. Kontingenzen, also etwa der Sachverhalt, ob Gesellschaften relativ homogen oder heterogen sind, ebenso zu berücksichtigen sein wie der spezifische Wahlsystemtyp, der zur Anwendung gelangt bzw. bei Reformvorhaben gelangen soll.

Wir ersetzen somit an dieser Stelle bisherige Aussagen zu den Auswirkungen von Wahlsystemen auf die Parteiensysteme nicht vorbehaltlos durch andere. Wir verweisen vielmehr zunächst auf die methodischen Voraussetzungen zu einer wissenschaftlich angemessenen Beantwortung dieser Frage und betonen: Wahlsysteme wirken in einem komplexen Zusammenhang verschiedener Faktoren, der nach Ländern und Zeiten unterschiedlich sein kann. Diese weiteren Faktoren können Wirkungsrichtung und -intensität von Wahlsystemen entscheidend bestimmen. Wahlsysteme sind nicht nur unabhängige, sondern auch abhängige Variable. Theorien über die Auswirkungen von Wahlsystemen auf die Parteiensysteme und andere politische Phänomene müssen die jeweiligen historischen, soziopolitischen Bedingungen des Einzelfalls berücksichtigen. Im Laufe der Untersuchung werden wir den Theorietypus weiter begründen, der empirisch haltbare Aussagen über die Wirkungsrichtung von Wahlsystemen zulässt.

3.2.3 Wie sind die Auswirkungen von Wahlsystemen zu bewerten?

Auch wenn mehr historisch-empirische Kenntnisse über die Auswirkungen von Wahlsystemen bestehen, bleibt die Frage offen, wie diese Auswirkungen, etwa jene auf die Parteiensysteme, zu bewerten sind. Historisch hat sich als der wichtigste Bewertungsmaßstab die Interessenlage von Parteien herausgestellt. Wahlsystemfragen sind Machtfragen. Und folglich bewerten soziale Kräfte bzw. politische Gruppen Wahlsysteme danach, ob sie durch diese begünstigt oder benachteiligt werden. Eine strukturell kleine Partei – eine Partei also, die klein ist und klein bleiben wird, weil sie sich auf eine eng begrenzte soziale Schicht oder eine ethnisch/religiös bestimmte Minderheit stützt, die nicht beliebig vergrößert werden kann (etwa die Schwedische Partei der schwedischen Volksgruppe in Finnland) – wird die Auswirkungen von Wahlsystemen anders beurteilen als eine große (Volks-)Partei, die tendenziell die parlamentarische Mehrheit erreichen kann. Die kleine Partei wird den Maßstab einer „gerechten Repräsentation„ hochhalten (und das Kriterium der Gerechtigkeit für ihr Anliegen beanspruchen), die große Partei wahrscheinlich den der Regierungsstabilität durch parteiliche Mehrheitsbildung.

Es gibt neben den konkreten Parteiinteressen auch staatspolitische Erwägungen. Auf der Grundlage dieses hohen Maßstabes sind jedoch im Prinzip ebenfalls unterschiedliche Bewertungen möglich, zumal angesichts unterschiedlicher soziopolitischer Voraussetzungen nach Ländern und Zeiten.

Von diesen Bedingungen abstrahieren vor allem politische Theoretiker, die idealtypisch von einem besten Modell demokratischer Regierungsweise ausgehen und davon eine bestimmte Funktion des Wahlsystems ableiten. Maßstab der Bewertung eines Wahlsystems ist dann, in welchem Maße dieses die spezifischen Modellerwartungen erfüllt. Ein einziger funktionalistischer Maßstab kann möglicherweise der Bewertung der Wahlsysteme zugrunde liegen. Auf diese Weise wird auch die Frage nach dem besten Wahlsystem gestellt und kann eindeutig beantwortet werden.

Von solchen eindimensionalen Bewertungsmaßstäben halten wir uns im Folgenden fern, wenn wir betonen: Auch für die Bewertung der Auswirkungen von Wahlsystemen und damit die Favorisierung des einen oder anderen Wahlsystems gilt, dass die konkreten soziopolitischen Bedingungen zu berücksichtigen sind, die in verschiedenen Ländern zu verschiedenen Zeiten angetroffen werden. Die idealtypische Vorgehensweise geht diesen Erfordernissen aus dem Weg. Sie lässt die Forscher dazu neigen, die Bewertung von Wahlsystemen an einer einzigen Funktion festzumachen. In der Praxis haben Wahlsysteme in der Regel mehrere Funktionen zu erfüllen. Die Bewertung der Auswirkungen von Wahlsystemen hat demzufolge in verschiedenen funktionalen Hinsichten zu erfolgen, deren jeweilige Relevanz vom spezifischen soziopolitischen Kontext abhängig ist (s. Kapitel 5.7).

3.2.4 Forschungsansätze

Aus den bisherigen Überlegungen wird deutlich, dass es hinsichtlich der drei Schlüsselfragen zu Wahlsystemen viele Kontroversen gibt. In gewisser Weise spiegelt diese Situation die verschiedenen methodologischen Positionen in der Wahlsystemforschung wider.

Grosso modo kann man drei Ansätze unterscheiden, die sich zunächst nach ihrem hauptsächlich theoretischen oder empirischen Charakter differenzieren lassen. Die empirischen Perspektiven lassen sich hierauf nochmals unterteilen in einen empirisch-statistischen und einen historisch-empirischen Ansatz.

Den ersten Ansatz kann man als *normativ* bezeichnen. Im Rahmen dieses Ansatzes werden Wahlsysteme gemäß theoretischer, meist axiomatischer Überzeugungen analysiert und bewertet, welche mit Theorien der Demokratie oder guter Regierung in enger Verbindung stehen. So wird etwa die Option für die relative Mehrheitswahl damit begründet, dass nur dieses Wahlsystem der Essenz parlamentarischer Regierung oder der Demokratie mit voll zur Geltung gebrachter politischer Verantwortung der Gewählten entspreche. Ein gutes Beispiel für diesen Ansatz, der mehr als ein Jahrhundert – seit den großen Debatten zwischen John Stuart Mill und Walter Bagehot – in der Wahlsystemforschung vorherrschend war, lieferte Sir Karl Popper (The Economist, 23.4.1988): Er entwickelte seine Präferenz für ein bestimmtes Wahlsystem, indem er auf Begründungen aus der politischen Philosophie zurückgriff, ohne sich um die Empirie zu scheren – und dies, obwohl Popper nach seiner epistemologischen Lehre ein entschiedener Verfechter empirischer Überprüfung als wissenschaftlich zu geltender Aussagen war (*trial-and-error-Methode*). Der normative Ansatz impliziert im allgemeinen, dass seine Vertreter einem der beiden Repräsentationsprinzipien und dementsprechend dem jeweiligen Wahlsystem den Vorzug geben. Dieser Ansatz ist hinsichtlich seiner Aussagen über die Effekte und Vorteile eines bestimmten Wahlsystems leistungsfähig, allerdings nur auf Kosten der Vernachlässigung raum-zeitlicher Kontextbedingungen. Charakteristische Thesen für diesen Ansatz sind z.B. „Mehrheitswahl ist besser als Verhältniswahl„ oder „das Mehrheitswahlsystem (*first-past-the-post-system*) ist dasjenige, welches am besten mit dem Kern von Demokratie und mit der Essenz von parlamentarischer Regierung übereinstimmt" etc. Damit einhergehend wird bei empirischer Vorgehensweise oft von einem Fall auf viele weitere oder alle Fälle geschlossen, also extrapoliert. In normativer Hinsicht wird die These vertreten, dass das, was für einen Fall als günstig bzw. richtig erklärt wird, auch für andere bzw. alle anderen Fälle zu gelten habe. Diese Tendenz zeigt sich in Behauptungen, die in der Form von Gesetzesaussagen formuliert werden, wie z.B.: „Das Mehrheitswahlsystem bringt ein Zweiparteiensystem hervor."

Nichtsdestoweniger basiert das theoretische Studium von Wahlsystemen, von Vor- und Nachteilen der Repräsentationsprinzipien, ihrer Beziehung zu politischen Institutionen allgemein und zur Dynamik der politischen Prozesse, immer noch stark auf Arbeiten innerhalb des normativen Ansatzes. Die Stärke dieses Ansatzes liegt zweifellos in der Verknüpfung des Untersuchungsgegenstandes, der Wahlsysteme, mit Politik im Allgemeinen, wobei die forschungsleitenden Fragen auf die Wahlsysteme hin fokussiert werden und ein Verstehenshorizont gewählt wird, der auf politischer Theorie basiert. Häufig werden bewertende Aussagen über angenommene Kausalzusammenhänge getroffen. Andererseits ist es die große Schwäche dieses Ansatzes, dass weder das differenzierte Spektrum möglicher Beziehungen zwischen einzelnen Wahlsystemen und dem Grundmuster politischer Repräsentation noch die historische Kontingenz von Wahlsystemen in die Analyse einbezogen werden – alles Elemente, die in der Tat entscheidend für die Auswirkungen von Wahlsystemen und deren Bewertung sind.

Der zweite Ansatz ist *quantitativ vergleichend* und *empirisch-statistischer* Natur. Wegen der Funktionslogik der statistischen Methodologie, die eine große Anzahl von Fällen erfordert, um aussagekräftige Ergebnisse zu gewinnen, versucht dieser Ansatz, die größtmögliche Zahl von gestern und heute gültigen Wahlsystemen in die Analyse einzubeziehen. Im Vergleich zum normativen Ansatz differenziert der empirisch-statistische Ansatz auch besser zwischen den Komponenten von Wahlsystemen, d.h. er behandelt die einzelnen Komponenten (Wahlkreiseinteilung, Kandidaturformen, Verrechnungsverfahren, etc.) als Variablen in einem statistisch geprägten Forschungsdesign über multi-kausale Beziehungen. Die Fortschritte, die durch diesen Ansatz in der Erforschung der Wahlsysteme und ihrer Auswirkungen gemacht wurden, sind beträchtlich – wenn auch nicht so gewaltig, wie der Ansatz selbst vorgibt. Es sei auf die Pionierstudie von Douglas W. Rae (1967) und die große Untersuchung von Arend Lijphart (1994) verwiesen, die den empirisch-statistischen Ansatz am besten repräsentieren. Ein Vergleich zwischen beiden Studien lässt im Übrigen den Fortschritt erkennen, den der Ansatz selbst erlebt hat.

Kritikwürdig am empirisch-statistischen Ansatz ist, dass dieser um das zentriert ist, was gemessen werden kann, und dass er versucht, das historische Material in der Weise zu präparieren, dass es für eine statistische Analyse verwendet werden kann. Dieses Verfahren führt nicht immer zu befriedigenden, gelegentlich sogar zu fehlerhaften Ergebnissen, wie etwa im Fall der personalisierten Verhältniswahl der Bundesrepublik, deren mittlere Wahlkreisgröße bei Rae (1967: 46) auf den Wert zwei (2) fixiert wurde. Die gewünschte Information lässt sich nicht ohne begleitenden Kommentar auf eine für die statistische Analyse benötigte Ziffer reduzieren. In diesem Kommentar müsste deutlich werden, dass die Hälfte der Mandate in Einerwahlkreisen vergeben wird, die proportionale Verteilung sämtlicher Mandate in einem einzigen nationalen Wahlkreis erfolgt. Die Wahlkreisgröße eins der Einerwahlkreis lässt sich nicht mit dem nationalen Wahlkreis zu zwei addieren. Des Weiteren werden mitunter Veränderungen in der Konzeptualisierung vorgenommen: z.B. wird der Begriff des Wahlsystems bei Arend Lijphart (1994) durch die Einbeziehung eines weiteren messbaren Charakteristikums, konkret um die Größe der Parlamente ausgedehnt. Auch wird gelegentlich bei der Analyse empirischer Wahlsysteme eine reduktionistische Perspektive eingenommen, um eine Klassifizierung zu erleichtern (z.B. im Fall der personalisierten Verhältniswahlsysteme). Schließlich lenkt die tendenzielle Fokussierung der Forschung auf den messbaren Teil des Untersuchungsgegenstandes die Aufmerksamkeit des Wissenschaftlers auf den mathematisch formalisierten Bereich des Problemfeldes (z.B. Proportionalitätsindices), wodurch oft die politische Bedeutsamkeit solcher Formeln (z.B. die Bedeutung des Proportionalitätsgrades, den Wahlsysteme erreichen, für die Struktur von Parteiensystemen) überzeichnet wird und allgemeine Bewertungskriterien und Kontextfaktoren, die für die empirische, im eigentlichen Sinne politikwissenschaftliche Analyse notwendig sind, vernachlässigt werden (s. dazu auch Nohlen 2013a).

Der dritte Ansatz ist *qualitativ vergleichend* und *historisch-empirischer* Natur. Seinen methodologischen Ausgangspunkt besitzt er im Einzelfall orientierten Studium konkreter Wahlsysteme und der Analyse des soziopolitischen Kontextes, der das einzelne Wahlsystem umgibt. Diese Analyse wird als eine unabdingbare Voraussetzung für das Verständnis der Funktionsweise und Auswirkungen eines Wahlsystems begriffen. Im Vergleich zum empirisch-statistischen Ansatz ist der historisch-empirische Ansatz deskriptiv-individualisierend, wofür er von der statistisch orientierten Denkschule, die scharf zwischen (bloßer) Beschreibung und (mathematisch-statistischer) Analyse unterscheidet, kritisiert wird. Die methodologische Intention des empirisch-historischen Ansatzes ist jedoch komparativ im Sinne des qualitativen Vergleichs ausgesuchter, theoretisch fruchtbarer Fälle. Der Einzelfall ist deswegen wichtig, weil nur durch induktives Vorgehen zu einem theoretischen Verständnis zu gelangen ist, das auch empirisch fundiert ist. Über die beim Vergleichen wichtige Ausarbeitung von Hypothesen und Theorien hinaus legt dieser Ansatz besonderen Wert auf terminologische Präzision und systematische Klassifikation (vgl. Monsalve/Sottoli 1999; Ortiz Ortiz 2004, Zilla 2007). Freilich wird manchmal, in nationalen Studien, der für den empirisch-historischen Ansatz so entscheidende vergleichende Aspekt vernachlässigt. Gleichzeitig muss man sich vor Augen halten, dass dieser Ansatz im Vergleich zu den beiden anderen am meisten für die Politikberatung im Bereich der Wahlsysteme herangezogen wird. Im Zusammenhang mit dem Letztgesagten ist besonders hervorzuheben, dass der empirisch-historische Ansatz nicht einem bestimmten Wahlsystem den Vorzug gibt, ohne zuerst die Kontextfaktoren detailliert studiert zu haben.

3.3 Parteiensysteme

Im Folgenden geht es darum, in die Lehre von den Parteiensystemen in dem Maße einzuführen, wie dies für den in dieser Schrift behandelten Zusammenhang von Wahlrecht und Parteiensystem unabdingbar ist. Es werden die wesentlichen Forschungsansätze skizziert und Typologien von Parteiensystemen dargestellt. Schließlich wird nach Bewertungen der Typen von Parteiensystemen gefragt.

3.3.1 Begriff und Bedeutung

Zunächst: Was verstehen wir unter Parteiensystem? Die Definition bzw. die Definitionselemente sind nicht statisch, so dass wir eigentlich danach fragen, welche Elemente heute – aufgrund der wachsenden politikwissenschaftlichen Beschäftigung mit Parteiensystemen – für diese Erscheinung konstitutiv sind. Unter Parteiensystem ist das strukturelle Gefüge der Gesamtheit der politischen Parteien in einem Staat zu verstehen. Bei den angesprochenen Elementen bzw. Fragestellungen, welche die Parteiensystemforschung berücksichtigt, handelt es sich im Einzelnen um: a) die Zahl der Parteien, b) ihre Größenverhältnisse, c) ihre ideologischen Entfernungsbeziehungen, d) ihre Interaktionsmuster, e) ihre Beziehungen zur Gesellschaft bzw. zu gesellschaftlichen Gruppen, f) ihre Stellung zum politischen System, g) den Grad der Strukturiertheit des Parteiensystems.

Von den Parteiensystemen hat Leslie Lipson (1969: 499) gesagt, dass sie „in einem demokratischen Gemeinwesen den Schnittpunkt (bilden), auf den hin alle politischen Kräfte konvergieren; alles politisch Wichtige findet seinen Platz irgendwo innerhalb der Parteien und ihren Beziehungen zueinander". Rainer M. Lepsius (1980: 541) seinerseits hat die politische Bedeutung der Parteien vom Parteiensystem abhängig gemacht. Sie ergebe sich „nicht notwendigerweise aus ihrer Existenz und (der) relativen Größe (einer Partei), sondern aus der Funktion, die sie in einem konkreten Parteiensystem für die Herstellung von Koalitionen oder von Mehrheiten hat ... Auch das Wählerverhalten [erhalte] in dieser Konsequenz ein Gewicht erst durch die Struktur des Parteiensystems." In der Tat: Im Mittelpunkt der Beschäftigung mit Parteiensystemen steht die Frage nach ihrer Struktur und danach, worauf eine je spezifische Struktur des Parteiensystems, dessen Konstanz oder Wandel in der Zeit zurückzuführen ist.

3.3.2 Forschungsansätze und Typologien

Forschungsansätze zu Parteiensystemen lassen sich grob danach unterscheiden, worin die Ursachen für Struktur, Konstanz und Wandel von Parteiensystemen gesehen werden. Das Schwergewicht, manchmal auch die ausschließliche Betrachtung, liegt dann entweder auf den institutionellen oder den gesellschaftlichen Faktoren.

Die ersten Versuche, die Struktur von Parteiensystemen durch institutionelle Faktoren zu erklären, konzentrierten sich darauf, Ursachen für die unterschiedliche Anzahl von Parteien in den Parteiensystemen ausfindig zu machen, die anfänglich in Einpartei-, Zweiparteien- und Vielparteiensysteme unterschieden wurden. Maurice Duverger hat in den 1950er Jahren das Feld der Forscher angeführt, welche den Faktor Wahlsystem in den Mittelpunkt von Erklärungen der Struktur und Entwicklung von Parteiensystemen gestellt haben. Duverger ist frühzeitig von Vertretern des sozialstrukturellen Forschungsansatzes widersprochen worden (Lavau 1953; 1963).

Giovanni Sartori, Josep La Palombara und Myron Weiner (1966) haben die Struktur von Parteiensystemen als von mehr Variablen abhängig gesehen. Sie begannen damit, zwischen weiteren Typen von Parteiensystemen zu unterscheiden. Sartori ging es zunächst vor allem innerhalb der Vielparteiensysteme um die Differenzierung zwischen gemäßigtem und extremem Pluralismus (1966: 137). Indem er die Unterscheidung zwischen Fragmentierung (wie stark zersplittert sind Parteiensysteme?) und Polarisierung (wie weit finden sich Parteien ideologisch von einer gedachten Mitte entfernt?) ins Spiel brachte und nach der inneren Dynamik von Parteiensystemen (bewegen sich Parteien auf die Mitte zu oder von ihr weg?) fragte, entwickelte er die folgenden Merkmale dreier Typen von Parteiensystemen:

Parteiensystem/ Fragmentierung	Polarisierungsgrad	Dynamik
Zweiparteiensystem	null	zentripetal
Mehrparteiensystem	gering	zentripetal
Vielparteiensystem	stark	zentrifugal

Da Sartori zunächst Fragmentierung und Polarisierung als zwei miteinander in enger Verbindung auftretende Phänomene betrachtete, sah er ähnlich wie Duverger im Wahlsystem den Hebel, den Grad der Fragmentierung und damit die Polarisierung zu verringern: „... we should not accept ... the view that party arrangements and electoral systems only express the deeper determinants of the society and, in particular, we should reconsider the problem of proportional representation“ (1966: 167).

La Palombara/Weiner brachten in ihren Klassifikationsversuch von Parteiensystemen eine Reihe qualitativer Kriterien ein, zum einen die Unterscheidung zwischen Wettbewerbs- und Nichtwettbewerbssystem (*kompetitiv* vs. *non-kompetitiv*), zum anderen jene nach Grundmustern der Orientierung bzw. des Verhaltens von Parteien zwischen den Polen ideologisch und pragmatisch, schließlich die Unterscheidung nach dem Maßstab des Stärkeverhältnisses von Parteien, festgemacht an den Begriffen Alternieren (zwei Parteien sind etwa annähernd gleich stark und können sich bei Wahlen in der Regierung abwechseln) und Hegemonie (einer Partei). Im Bereich der kompetitiven Systeme unterschieden La Palombara/Weiner vier Subtypen von Parteiensystemen: 1. alternierend-ideologisch; 2. alternierend pragmatisch; 3. hegemonial-ideologisch; 4. hegemonial-pragmatisch.

Sartori hat dann in den 1970er Jahren seine Typologie ausgedehnt, und zwar in mehrfacher Hinsicht: Er hat den Untersuchungsraum über die bekannten Fälle hinaus erweitert, die Zahl der Typen erhöht und die Kriterien zur Bestimmung der Typen vervielfältigt. Grundlegendes Kriterium blieb das der Zahl der Parteien, aber Sartori nahm zur Bestimmung eines jeden Typs abwechselnd weitere Maßstäbe hinzu. Da er auch den dynamischen Aspekt des Wandels von Parteiensystemen betrachtete, ordnete Sartori die Typen auf einem Kontinuum an (in Klammern die von Sartori seinerzeit genannten Beispiele):

1. Einparteisystem (Sowjetunion)
2. Hegemoniales Parteiensystem (Mexiko)
3. Dominantes Parteiensystem (Indien, Japan)
4. Zweiparteiensystem (USA, Großbritannien)
5. Gemäßigter Pluralismus (Niederlande, Schweiz, Belgien, Bundesrepublik Deutschland)
6. Polarisierter Pluralismus (Chile bis 1973, Italien, Finnland).

Jenseits dieses letzten Typs sieht Sartori auf dem Kontinuum nur noch Situationen extremer Atomisierung der politischen Parteien.

Ohne Zweifel wird heute in der internationalen Parteiensystemforschung am meisten mit der Parteiensystemtypologie Sartoris gearbeitet. Sie scheint differenziert genug, um tatsächlich die sehr vielfältige Realität auf ein analytisch sinnvolles, d.h. für theoretische Aussagen brauchbares Maß zu reduzieren. Verbergen sich hinter einem Typ zu verschiedenartige Phänomene, wird diese Voraussetzung kaum erfüllt. Repräsentiert ein Typ jedoch nur einen einzigen historischen Fall, stellt sich die Frage nach der Möglichkeit von Generalisierungen. Auf dieses Problem stoßen wir partiell auch dann, wenn die Definitionen der Parteiensystemtypen sehr idealiter erfolgen oder sehr eng an eine konkrete Wirklichkeit angelehnt sind. Im Falle der Definition des Zweiparteiensystems steht gelegentlich das britische Parteiensystem in einer bestimmten Phase seiner Entwicklung Pate: Leslie Lipson (1969: 502) hat folgende Kriterien genannt: „1. Bei jeder beliebigen Wahl teilen sich zwei – und nicht mehr als zwei – Parteien die Chance, an die Macht zu kommen. 2. Eine der beiden Parteien ist in der Lage, die Regierung allein, ohne die Unterstützung einer dritten Partei, zu bilden. 3. Es besteht die reale Möglichkeit, dass die Regierungspartei durch die Oppositionspartei abgelöst wird". Diese Definition, bereits so strikt, dass die Fälle von Zweiparteiensystemen extrem rar sind, erfasst dennoch nur die Situation auf der Parlamentsebene. Wird die Wählerebene hinzugenommen und das Vorliegen eines Zweiparteiensystems bei relativer Mehrheitswahl von folgenden Bedingungen abhängig gemacht: 1. Es bewerben sich weniger als drei Kandidaten pro Wahlkreis. 2. Die beiden großen Parteien erzielen einen Stimmenanteil von zusammen rund 90% und darüber. 3. Eine Partei gewinnt die parlamentarische Mehrheit (auch wenn keine Partei eine parlamentarische Mehrheit erzielt, werden Einparteiregierungen gebildet), dann sind die Grenzen noch enger gezogen, innerhalb derer von einem Zweiparteiensystem gesprochen werden kann. Dann scheitert ein Satz wie „Die relative Mehrheitswahl führt zu Zweiparteiensystemen" bereits empirisch an der Tatsache, dass es in Wirklichkeit kaum (oder keine) Zweiparteiensysteme (mehr) gibt. Dem Diktum Klaus von Beymes: „Zweiparteiensysteme stellen mehr eine Abstraktion als eine Realität dar" (1984: 320), ist da nichts mehr hinzuzufügen. Die Forschung selbst problematisiert im Übrigen die Merkmale bzw. die Zuordnung von Merkmalen zu den einzelnen Parteiensystemtypen. Darin liegt ein guter Teil des wissenschaftlichen Fortschritts, der in den 1970er und 1980er Jahren in der Lehre von den Parteiensystemen erzielt werden konnte. So haben Untersuchungen von Giovanni Sartori in Verbindung mit Giacomo Sani (Sani/Sartori 1984) die enge Verknüpfung von Fragmentierung und Polarisierung fragwürdig werden lassen. Seither muss im Prinzip davon ausgegangen werden, dass ein höherer Grad ideologischer Entfernung und zugleich stärkere zentripetale Dynamik in Parteiensystemen auftreten können, die eine vergleichsweise geringe Zahl von Parteien aufweisen. Dieser Befund ist wichtig für die Frage der Bewertung von Parteiensystemen, auf die wir noch eingehen werden. Klaus von Beyme (1984: 322f.) hat im übrigen angemerkt, dass der „Typ des polarisierten Pluralismus ... kaum mehr säuberlich vom gemäßigten Pluralismus zu trennen" sei. Er hat angesichts empirischer Entwicklungen in einigen Ländern die Bildung von Untertypen des polarisierten Pluralismus vorgeschlagen: 1. Untertyp mit Fundamentalopposition (wie in Weimar und in der II. Spanischen Republik), 2. Untertyp mit regierungsfähigen Mittelparteien (wie in Frankreich, Israel, Italien und Spanien nach 1976). Solche empirienahe Ausdifferenzierung ist mit Blick auf die grundlegende Fragestellung der vorliegenden Schrift insofern wichtig, als sie die Vorstellung abschwächt, die von Sartori herausgestellten Typen wiesen – möglicherweise durch das Wahlsystem bedingte – ähnliche Interaktionsmuster und Funktionsweisen auf, die statisch seien (angesichts unveränderter Wahlsysteme). Auch wurde verschiedentlich auf die Bedeutung kleiner Parteien für die Interaktion in Parteiensystemen hingewiesen, wenn angesichts der Notwendigkeit, Koalitionen zu bilden, kleine Parteien eine Scharnierfunktion zwischen den (beiden) größeren Parteien der Koalition, deren Verhältnis konfliktiver ist, herstellen können. Schließlich wurde der Funktionsweise von Parteiensystemen mehr Beachtung geschenkt, insbesondere der Art und Weise, wie die Regierungen gebildet werden und einander ablösen.

Im Zuge der Demokratisierungen der 1980er und 1990er Jahre ist ein weiteres Kriterium der Analyse von Parteiensystemen hinzugetreten. Es handelt sich um den Grad der Institutionalisierung von Parteiensystemen, für deren Bestimmung verschiedene Kriterien vorgeschlagen wurden (Bendel 1993, 1996: 52f.), von denen in unserem Zusammenhang die folgenden die wichtigsten sind: 1. Die dominierende Rolle der Parteien im politischen Willensbildungs- und Entscheidungsprozess. Parteien und Parteiorientierungen prägen das Wählerverhalten. 2. Eine gewisse gesellschaftliche Verwurzelung der Parteien mit der Folge, dass sie in der Tat gesellschaftliche Interessen artikulieren und eine relativ stabile politische Loyalität von Wählern und Wählergruppen auslösen. Der Umfang der Volatilität (s. Glossar) ist dafür ein recht guter Indikator. 3. Eine gewisse Stabilität des Strukturtyps des zwischenparteilichen Wettbewerbs. Der Institutionalisierungsgrad ist für die Analyse der Auswirkungen von Wahlsystemen insofern wichtig, als er entscheidend sein kann für die Auswirkungsrichtung von Wahlsystemen. In wenig strukturierten Parteiensystemen verlieren Mehrheitswahlsysteme beispielsweise ihre Parteien konzentrierende und mehrheitsbildende Wirkung, die ihnen im Prinzip in strukturierten Parteiensystemen bescheinigt werden kann.

Die sozialstrukturelle Erklärung der Entstehung, Struktur und Konstanz von Parteiensystemen geht auf Seymour M. Lipset und Stein Rokkan (1967) zurück. Sie versuchten, die Entwicklung der Parteiensysteme in Europa von bestimmten gesellschaftlichen Konfliktlinien her zu verstehen. Diese sozialen Spannungen lassen sich – Lipset/Rokkan zufolge – auf Probleme zurückführen, die die Folge zweier Prozesse sind, der Nationswerdung (nationale Revolution) und der Industrialisierung (industrielle Revolution). Konzeptionell werden die beiden grundlegenden sozialen Konfliktlinien in ein zweidimensionales Schema übertragen, das eine funktionale und eine territoriale Dimension hat. Die sich somit ergebenden vier Konfliktlinien sind: 1. die Spannung zwischen Zentrum und Peripherie (zwischen dominanter Kultur und unterworfener Kultur); 2. die Spannung zwischen Staat und Kirche; 3. die Spannung zwischen Bodenbesitzern und Handels- und Unternehmergruppen (zwischen Agrar- und Industrieinteressen); 4. die Spannung zwischen Produktionsmittelbesitzern und Arbeitnehmern (zwischen Kapital und Arbeit).

Eine erste These von Lipset/Rokkan ist nun, dass die Struktur der verschiedenen nationalen Parteiensysteme Ergebnis der je spezifischen Entwicklung dieser sozialen Spannungen ist. Eine zweite These besteht darin, dass die Art, wie die herrschende Elite jeweils Gebrauch von ihren Wahlmöglichkeiten (*choices*) machte, bestimmte Koalitionen sozialer Gruppen zu bilden, die länderspezifische Konfiguration der Parteiensysteme geprägt habe. Eine dritte These besagt schließlich, dass die westeuropäischen Parteiensysteme in der Zeit nach dem I. Weltkrieg, seit der Parlamentarisierung der politischen Systeme und der Demokratisierung des Wahlrechts (s. oben Kapitel 2, Abschnitt 1.2), eingefroren seien, da die bei der ersten Mobilisierung eingegangenen Koalitionen dauerhaft seien. Lipset/Rokkan zufolge sind die Parteiensysteme in der Sozialstruktur verankert, die Institutionen (u.a. das Wahlsystem) sind eingefügt in den Rahmen des bestehenden Konfliktsystems. Sieht man die Struktur des Parteiensystems abhängig vom Konfliktsystem, so entsprechen die vereinbarten Institutionensysteme mehr oder weniger den sozialstrukturell fundierten Parteiensystemen. Anders ausgedrückt: In der untersuchten Kausalbeziehung Wahlsystem – Parteiensystem kommt dem Parteiensystem die Funktion einer unabhängigen Variablen zu.

Nun wird man jedoch gut daran tun, die Struktur von Parteiensystemen nicht linear und deterministisch zu erklären. Die Kausalität ist zirkulär oder kreisförmig, d.h. Wirkungen wirken auf Verursacher zurück, und sie ist relativ in dem Sinne, dass in einem konkreten Kausalverhältnis (die Struktur eines Parteiensystems in einem Land in einer bestimmten Epoche) die Anteile der in Beziehung zueinander gesetzten Faktoren (Parteiensystem, Wahlsystem, Gesellschaftsstruktur) an dem, was Ursache und dem, was Wirkung in der Wechselbeziehung ist, unterschiedlich sind. Vor dem Hintergrund dieser allgemeinen erkenntnistheoretischen Überlegungen befriedigen die beiden Forschungsansätze je für sich allein nicht. Ihre Erklärungsleistungen sind nur partiell und zudem der Gefahr ausgesetzt, linear und monokausal erbracht worden zu sein. Will man diese Mängel vermeiden, scheint die Kombinierung von Erklärungsargumenten aus beiden Forschungsansätzen der einzig gangbare Weg.

3.3.3 Bewertungen

Parteiensysteme werden unter verschiedenen Gesichtspunkten bewertet. Im Vordergrund steht meistens das Kriterium der Vereinbarkeit des Parteiensystemtyps mit den Anforderungen und Erwartungen an die politische Repräsentation und das demokratische System. Hier kommen Gesichtspunkte ins Spiel, die bereits in der Frage der Bewertung der Auswirkungen von Wahlsystemen vorgebracht wurden (s. Kapitel 3, Abschnitt 2.3). „Gerechte" Repräsentation und

Funktionsfähigkeit der Demokratie bilden Maßstäbe, von denen ausgehend *a priori* eine größere oder geringere Zahl von Parteien für angemessen gehalten wird. Das britische, konkurrenzdemokratische Verständnis von Demokratie ist mit dem Zweiparteiensystem verknüpft (s. Kapitel 10, Abschnitte 1 und 2), das seine Vertreter in der Regel unabhängig von Raum und Zeit verfechten. Ein als Konkordanz (Kompromiss)-Demokratie bezeichnetes Verständnis demokratischer Institutionen und Prozesse bewertet Parteiensysteme nach anderen Funktionen (s. Kapitel 10, Abschnitt 1).

Die Bewertung von Parteiensystemen in Forschung und Politik ist freilich noch von viel allgemeineren Grundeinstellungen abhängig. Diese sind das Ergebnis quasi-philosophischer, allgemeingültiger Annahmen über ein vorgegebenes Prinzip, welches die Struktur soziopolitischer Phänomene und das Verhalten sozialer und politischer Akteure formt, zumindest die Erscheinungen kategorial zu ordnen zulässt. Solchen Grundeinstellungen entsprechend wird die untersuchte Erscheinungswelt als dualistisch oder dreigeteilt (triadisch) strukturiert, als von einer Mitte bestimmt oder von einem Punkt Null beginnend erfahren.

Die Vorstellung von einem natürlichen politischen Dualismus wurde unter den Parteiensystemforschern vor allem von Maurice Duverger vertreten. „Die natürliche Bewegung der Gesellschaft neigt zum Dualismus der Parteien" (Duverger 1959: 231). „Das soll nichts anderes heißen, als dass die politischen Möglichkeiten sich meist in dualistischer Form darbieten (...) jede Politik bedingt eine Alternative zwischen zwei Lösungen, denn die vermittelnden Lösungen lehnen sich an die eine oder andere an. Das besagt nichts anderes, als dass es in der Politik keine Mitte gibt. Es mag wohl eine Partei der Mitte geben, aber keine „Richtung" der Mitte, keine Ideologie der Mitte" (ebda. 229). Duverger erkannte auch „in den politisch scheinbar buntscheckigen Ländern eine Grundtendenz des Dualismus" (ebda. 230). In politisch-ideologischer Hinsicht hat Norberto Bobbio (1994) in seiner rechts-links-Vermessung des politischen Raums die dualistische Sicht der Dinge erneuert. Klaus von Beyme hingegen wandte sich gegen das dichotome Denken und erkannte in verschiedenen historischen Situationen eher ein „rudimentäres Fünfparteiensystem", etwa in der englischen Revolution den Gegensatz von Digger, Leveller, Klassischen Republikanern, Royalisten und Anhängern des *divine right of the king*, in der französischen Revolution den Gegensatz zwischen Babeuvisten, Jakobinern, Girondisten, aristokratischen Konstitutionalisten und Anhängern des Ancien Règime (Beyme 1984: 313). Er beobachtete auch die Herausbildung eines Zentrums in verschiedenen Parteiensystemen als Gegentrend zur Dualismusthese, die in der Parteiensystem- und Wahlsystemforschung zur Bewertung der konkreten Parteiensysteme nach ihrer Nähe zum idealisierten (natürlichen) Dualismus und zur „Mystik des Zweiparteiensystems" (Beyme 1984: 317) beigetragen hat. In der internationalen Parteiensystemforschung hat die *a priori*-Bewertung von Parteiensystemen an Boden verloren. Robert Dahl (1971: 225) stellte fest: „Whether in any given country the number of parties optimal for the expression and aggregation of preferences is two, three, four or more cannot be answered even approximately without examining the cleavage system of the particular country". Seymor M. Lipset betonte zu Recht: „Es gibt (...) Bedingungen, unter denen ein Zweiparteiensystem weniger geeignet ist, die demokratische Ordnung zu erhalten als ein Vielparteiensystem (...) Wo die Solidaritätsstruktur durch Klasse, Rasse oder Religion polarisiert wird und die politischen Kraftlinien mit denen des gesellschaftlichen Konflikts parallel laufen, dort kann ein Zweiparteiensystem den inneren Konflikt noch verschärfen, statt die Integration der Gesellschaft zu fördern (Lipset 1969: 463).

3.4 Die vergleichende Analyse von Wahlsystemen: Zu Aufgaben allgemein und Ansatz der Schrift

Aus den vorangegangenen Ausführungen wird bereits deutlich, was die Aufgaben der vergleichenden Analyse von Wahlsystemen sind und welcher Ansatz in dieser Schrift verfolgt wird. Die Aufgaben sind im Einzelnen diese:

1. Erfassung der mannigfachen technischen Regelungen der Wahlkreiseinteilung, der Wahlbewerbung, des Stimmgebungsverfahrens und des Modus der Stimmenverrechnung zur Umsetzung von Wählerstimmen in Mandate. Dabei geht es nicht nur um ei-

ne positivistische Bestandsaufnahme, sondern um die Funktionsweise von Wahlsystemen (*how the electoral systems work*) und um die Bedeutung einzelner Elemente für die Auswirkungen von Wahlsystemen.
2. Systematisierung der Materie mittels Explikation grundlegender Konzepte, wie Mehrheitswahl und Verhältniswahl, Etablierung verschiedener Typen von Wahlsystemen und Zuordnung der empirischen Wahlsysteme.
3. Hypothesenbildung und -überprüfung zu den Auswirkungen unterschiedlichster Wahlsysteme auf das Wählerverhalten (psychologische Effekte), auf die politische Repräsentation (Proportionalität von Stimmen und Mandaten), auf die Parteiensysteme (u.a. Anzahl der Parteien und deren Interaktionsmuster) und auf das politische System insgesamt (Bestand, demokratische Qualität und Funktionstüchtigkeit) auf der Basis konkreter Einzel- und vergleichender Untersuchungen. Eine spezielle Analyseform bilden hypothetische Studien, welche die Frage zu beantworten suchen, wie das Wahlergebnis gelautet hätte, wenn ein anderes Wahlsystem angewandt worden wäre (kontrafaktische Analysen).

Diesen Aufgaben stellt sich die vorliegende Schrift u.a. in der Absicht, die Frage der Bewertung von Wahlsystemen zu diskutieren. Diese Diskussion mündet freilich nicht in der Herausstellung (und Propagierung) eines Wahlsystems als des besten. Der *best-system-approach*, dem auch von empirisch-quantitativ orientierten Forschern häufig implizit immer wieder gehuldigt wird (s. etwa Lijphart 1984: 207ff. und 2008: IX), wird als wissenschaftlich unangemessen betrachtet. Es werden vielmehr die Kriterien für die wissenschaftlich begründete Beurteilung von Wahlsystemen ausgebreitet, Theoreme einander gegenübergestellt und mit der Empirie konfrontiert, d.h. als valide erhärtet oder falsifiziert.

Natürlich wird damit auch die Frage berührt, was die Lehre von den Wahlsystemen wissenschaftlich zu leisten vermag. Hierin liegen die vielen methodologischen und theoretischen Überlegungen und Anregungen der Schrift begründet, welche die Information über die Wahlsystematik und über empirische Wahlsysteme begleiten. Sie legen die Unzulänglichkeiten der tradierten Theorien innerhalb der Lehre von den Wahlsystemen – speziell zum Verhältnis von Wahlsystem und Parteiensystem – offen. Sie entkräften auch die Kritik, die jüngst von Giovanni Sartori (1994) an der Wahlsystemforschung des historisch-empirischen Ansatzes erhoben worden ist – unter merkwürdiger Verkennung insbesondere seiner Politik beratenden Kompetenz.

Die wichtigste Forderung lautet, die verallgemeinernden oder theoretischen Aussagen stärker an die Empirie, an die konkreten gesellschaftlichen und politischen Kontexte und Bedingungen anzubinden. Daraus folgt, dass Theorien mittlerer Reichweite die Theorien eines in der Regel nicht näher bezeichneten, jedoch implizit universaleren Anspruchs, denen wir bisher in der Lehre von den Wahlsystemen allenthalben begegnen, ablösen sollten. Die historische Orientierung, der Raum-Zeit-Bezug, hat insofern Bedeutung, als ohne Kenntnis des soziopolitischen Kontextes weder die Auswirkungen von Wahlsystemen bestimmt noch die realen Optionsmöglichkeiten politischer Akteure, welches Wahlsystem zu bevorzugen sei, erfasst werden können. Dieser historisch-empirische Ansatz ist gerade für normative Fragestellungen, also für Fragen danach, ob und in welcher Wirkungsrichtung bestehende Wahlsysteme reformiert werden sollen, unabdingbar.

4. Wahlsystematik I: Technische Elemente von Wahlsystemen

Wir unterteilen den Gegenstand, der als Lehre von den Wahlsystemen bezeichnet wird, in drei Teile. Ein erster Teil behandelt hauptsächlich die technischen Elemente von Wahlsystemen und deren Auswirkungen. Es ist jener Bereich der Wahlsystemlehre, der weitgehend wissenschaftlich unumstritten ist, sowohl in der Terminologie als auch in der Funktions- und Wirkungsweise der untersuchten Phänomene. Da diese sich in der Regel mathematisch-formal analysieren lassen, hat sich der *mainstream* der politikwissenschaftlichen Wahlsystemforschung angesichts seiner methodischen Orientierung auf die Erlangung von Gewissheiten neuerdings vorzugsweise mit ihnen beschäftigt und weitestgehend das bestätigt, was durch weniger aufwendige Verfahren in den zwei Jahrhunderten vorher bereits in Erfahrung gebracht werden konnte. Die wissenschaftlichen Kontroversen beschränken sich allein auf die Bewertungen, welche den einzelnen Elementen zuteilwerden.

Dies verweist auf den Sachverhalt, dass es sich bei den technischen Elementen auch um politische Gegenstände handelt. Sonst könnte man das Feld vollends den Mathematikern überlassen, die sich in der Tat immer wieder gerne mit Verrechnungsverfahren und deren Auswirkungen beschäftigen (s. Kopfermann 1991; Niemeyer 1998; Pukelsheim 2000). Besondere Bedeutung kommt den technischen Elementen auch deshalb zu, weil sie es sind, mit denen der Wähler bei der Stimmabgabe unmittelbar konfrontiert ist. Die technischen Elemente, also der Typ des Wahlkreises, der Liste, des Stimmgebungsverfahrens etc., strukturieren seine Wahl, transformieren seine politische Präferenz in eine Stimme, deren politische Bedeutung durch sie mitbestimmt wird. Diese technischen Elemente sind zugleich die Bausteine von Wahlsystemen. Will man die Funktionsweise von Wahlsystemen verstehen, kommt man nicht umhin, ihre technischen Elemente zu studieren. Wir fügen deren Beschreibungen stets kurze Bewertungen an und verweisen auf ihre weltweite Verbreitung.

Der zweite Teil der Wahlsystematik behandelt das weite Feld der in der klassischen Debatte über die Wahlsysteme vorherrschenden Frage danach, welches Wahlsystem vorzuziehen sei. Das Terrain umschließt die grundlegenden Alternativen Mehrheitswahl und Verhältniswahl, deren Definition und klassifikatorische Funktion sowie entscheidende konzeptuelle Fragen der vergleichenden Wahlsystemforschung, die im Plädoyer für die Aufrechterhaltung der Repräsentationsprinzipien von Mehrheitswahl und Verhältniswahl als dem antithetischen Ordnungssystem münden. Darüber hinaus wird konkret etwa die Frage beantwortet, was Mehrheitswahl ist, welche Vorzüge ihr zugeschrieben werden, welchen Anwendungsproblemen sie gegebenenfalls begegnet. Schließlich werden die wesentlichen Funktionsanforderungen an ein Wahlsystem formuliert, die als Maßstäbe für die Leistungsfähigkeit von Wahlsystemen gelten können.

Der dritte Teil der Wahlsystematik etabliert zwischen den Grundtypen von Mehrheitswahl und Verhältniswahl einerseits und der Masse einzelner Wahlsysteme andererseits die Ebene der Wahlsystemtypen, auf der empirienäher die Auswirkungen von Wahlsystemen bestimmt werden können. Es wird eine Typologie der Wahlsysteme erarbeitet, und die Wahlsystemtypen werden hinsichtlich ihrer Ausformung und Auswirkungen verschiedenen Vergleichen unterworfen. Dabei schält sich Schritt für Schritt das analytische Verfahren heraus, in welchem die Bewertung eines Wahlsystems im Vergleich zu anderen und im historischen Kontext gelingt und damit praxisorientiert die Optionsfrage entschieden werden kann.

Wahlsysteme sind komplexe Gebilde. Sie bestehen aus einer Vielzahl verschiedener Elemente, die fast beliebig miteinander kombiniert werden können.

Die Einzelregelungen, die in Wahlsystemen getroffen werden, können in vier Bereiche unterteilt werden. Es sind dies die Wahlkreiseinteilung, die Wahlbewerbung, die Stimmgebung und die Stimmenverrechnung. Innerhalb der Bereiche gibt es eine Vielzahl von Gestaltungsmöglichkeiten. Des Weiteren lassen sich die verschiedenen technischen Regelungen eines Bereichs mit denen anderer Bereiche vielfältig kombinieren. Von den einzelnen Elementen gehen sehr unterschiedliche Wirkungen auf das Wahlergebnis aus. Entscheidend dabei ist, dass die Auswirkungen der einzelnen technischen Elemente durch Kombination mit anderen Elementen verstärkt, kompensiert oder neutralisiert werden können.

Die politischen Auswirkungen von Wahlsystemen hängen in den seltensten Fällen von nur einem Element ab. Meistens ist es die Kombination von verschiedenen Elementen, die zu bestimmten politischen Auswirkungen eines Wahlsystems führt.

4.1 Die Wahlkreiseinteilung

Von allergrößter Bedeutung für die Wahlchancen der politischen Parteien ist die Wahlkreiseinteilung. Nicht umsonst gehört die Wahlkreiseinteilung zu den politisch umstrittensten Fragen bei der Ausarbeitung und der Beurteilung eines Wahlsystems.

Immer wieder hat sich die Kritik am Wahlsystem von Seiten der politischen Opposition an der Wahlkreiseinteilung festgemacht. So resultierte etwa die Benachteiligung der deutschen Sozialdemokratie bei den Wahlen im Kaiserreich aus der Wahlkreiseinteilung, die nicht den demographischen Veränderungen angepasst wurde, so dass in den urbanen Gebieten, in denen die Sozialdemokratie besonders stark war, eine wesentlich höhere Bevölkerungszahl auf ein Mandat entfiel als auf dem (konservativ wählenden) Lande. Deshalb kämpfte die deutsche Sozialdemokratie für die Verhältniswahl, die unter der Weimarer Republik so ausgestaltet wurde, dass der Wahlkreiseinteilung für die Mandatsverteilung letztendlich gar keine Bedeutung mehr beikam. Für 60.000 Stimmen erhielt jede Partei ein Mandat (s. Kapitel 8, Abschnitt 4.1).

Besonders wichtig ist, dass man die Wahlkreiseinteilung nicht ein-für-alle-Mal regeln kann. Migrationsprozesse verlangen eine stete Anpassung der Wahlkreise an veränderte Verhältnisse, entweder (im Falle von Einerwahlkreisen) durch die geographische Neufestlegung der Wahlkreisgrenzen oder (im Falle von Mehrpersonenwahlkreisen) durch Modifikation der Zahl der Mandate, die auf die Wahlkreise entfallen. Die Kritik an der Wahlkreiseinteilung hat somit zwei Ausgangspunkte: zum einen die Manipulation in aktiver Weise zugunsten einer Partei oder politischen Strömung, zum anderen die Unterlassung von notwendigen Reformen.

4.1.1 Gleiche oder ungleiche Repräsentation

Die politische Repräsentation kann zugunsten von Landstrichen, Bevölkerungsteilen oder politischen Parteien gesteuert werden. Die unterschiedliche Repräsentation, das *malapportionment* (wie der englische Begriff lautet), insbesondere die zulasten der Stadt und zugunsten des Landes, hat in fast allen Ländern Tradition. Die sog. Bauernklausel des 19. Jahrhunderts in Norwegen besagte etwa, dass die Mitglieder des Parlaments zu zwei Dritteln vom Lande und zu einem Drittel aus der Stadt kommen müssten.

Der demokratische Grundsatz lautet indes: Jede Stimme soll den gleichen Zählwert haben. Diese Gleichheit der Stimmen – ein Wahlrechtsgrundsatz, der eng mit der Ausbreitung des allgemeinen Wahlrechts verknüpft ist – wird erreicht, wenn im ganzen Wahlgebiet einheitlich auf einen bestimmten Anteil der Bevölkerung (oder der Wahlberechtigten, seltener der abgegebenen gültigen Stimmen) ein Mandat entfällt, also der gleiche Repräsentationsschlüssel angewandt wird. Für das Problem gleicher Repräsentation sind auch andere Gesichtspunkte der Wahlkreiseinteilung von Bedeutung. Gibt es nur einen einzigen nationalen Wahlkreis (wie etwa in Israel oder Namibia), tritt kein *malapportionment* auf. Im Falle von Mehrpersonenwahlkreisen kann sich das Problem stellen, vor allem jedoch bei kleinen und Einerwahlkreisen. Eine Linderung kann eintreten, wenn etwa neben den Einerwahlkreisen nationale Wahlkreise bestehen, in denen entweder (wie in der Bundesrepublik Deutschland bis 2009) die Gesamtverteilung der Mandate auf die Parteien erfolgt oder zusätzliche Mandate vergeben werden, bei denen *malappartionment* ausgeschlossen ist. Ohne hier weiter ins Detail zu gehen: Andere Elemente eines Wahlsystems bestimmen im Einzelfall mit, wie rechtlich und politisch gravierend Abweichungen vom Repräsentationsschlüssel sind. Das muss bei quantitativ vergleichenden *malapportionment*-Studien bedacht werden.

Es gibt jedoch politische Argumente, die als rechtens anerkannt werden und die es folglich gestatten, vom Gleichheitsgrundsatz abzuweichen. So ist im Mutterland der parlamentarischen Demokratie die Repräsentation nach den vier Landesteilen (England, Schottland, Wales und Nordirland) gewichtet (s. Kapitel 8, Abschnitt 2.1). Meistens soll der rückständigen ländlichen Bevölkerung eine ihren Bevölkerungsanteil übersteigende Repräsentation eingeräumt werden, um ihren Einfluss auf die nationalen Entscheidungsträger im Sinne der Verbesserung ihrer Lage zu verstärken. Doch ist dieses Argument oft nur ein vorgeschobenes, und die wahren Motive liegen in der erhofften parteipolitischen Begünstigung durch die ungleiche Repräsentation. Das Argument ist auch insofern wenig stichhaltig, als die begünstigten Landstriche in der Regel politische Vertreter in das Parlament entsenden, die den gesellschaftlichen *status quo* verteidigen und grundlegende Reformen eher blockieren.

Ein institutionelles Strukturproblem kann sich in präsidentiellen Systemen ergeben, in denen Präsident und Parlament volksgewählt sind und die Verzerrungen in der Repräsentation zu einer im Vergleich zur Präsidentenwahl unterschiedlichen politischen Orientierung des Kollegialorgans führen.

Das *malapportionment* ist empirisch betrachtet ein ganz normales Phänomen (überzeugend Reynoso 2002). Entscheidend ist sein Ausmaß. Die Toleranzgrenzen der Abweichungen vom Gleichheitsgebot werden oftmals so weit überschritten, dass von einem gleichen Wahlrecht nicht mehr die Rede sein kann. Das Wahlergebnis ist dann im Grunde manipuliert. Nur gelegentlich wird explizit von unfairen Wahlen gesprochen (s. Snyder/Samuels 2001).

Tabelle 5: Zahl der Bevölkerung/Wahlberechtigte pro Mandat in einigen ausgesuchten Ländern

Land		Ein Mandat auf Extreme	Wahlkreistyp [a]
Brasilien	1962	2.100 – 535.000	Mehrpersonenwahlkreise
Brasilien	1986	4.663 – 499.800	Mehrpersonenwahlkreise
Chile	1969	28.000 – 296.000	Mehrpersonenwahlkreise
Deutsches Kaiserreich	1907	18.800 – 220.000	Einerwahlkreise
Dominikanische Rep.	1986	9.139 – 68.016	Mehrpersonenwahlkreise
Frankreich	1973	9.520 – 60.000	Einerwahlkreise
Spanien	1977	35.500 – 141.200	Mehrpersonenwahlkreise

a Anmerkung: Einerwahlkreise = es ist nur ein Mandat im Wahlkreis zu vergeben; Mehrpersonenwahlkreise = es sind mehrere Mandate im Wahlkreis zu vergeben.

(*Quelle*: Nohlen 1978; Nohlen (Hrsg.) 1993)

Soll der Gleichheitsgrundsatz angewandt werden und wird folglich eine Bevölkerungszahl (Mittelwert) festgelegt, auf die ein Mandat entfallen soll, so gibt es zwei Verfahrensmöglichkeiten. Entweder werden Wahlkreise gebildet, die in etwa eine Bevölkerung aufweisen, der proportional ein Mandat zusteht. Dies ist hauptsächlich bei einer Einteilung des Landes in Einerwahlkreise der Fall, deren Grenzen dann dauernd den Bevölkerungsverschiebungen angeglichen werden müssen. Oder es wird errechnet, wie viele Mandate einem Wahlkreis aufgrund seiner Bevölkerung (oder auch Bevölkerungsbruchteile) proportional zustehen. Diese Methode ist bei Mehrpersonenwahlkreisen die gebräuchlichste. Die Zahl der Mandate eines bestimmten Wahlkreises kann/wird sich dann als Folge von Migrationen ändern.

Die Bezugsgröße kann auch die Zahl der Wahlberechtigten sein. So schreibt etwa die portugiesische Verfassung von 1976 vor, dass die Mandate auf die Mehrpersonenwahlkreise proportional zu den eingeschriebenen Wahlberechtigten verteilt werden müssen. Die Bezugsgrößen können einen Unterschied hervorrufen, wenn ein Land starke Entwicklungsdifferenzen aufweist. So ist in Brasilien umstritten, ob die Bevölkerung oder die Wahlberechtigtenanzahl als Grundlage für die Verteilung der Mandate auf die Wahlkreise dienen soll.

Wird der Gleichheitsgrundsatz zu verwirklichen versucht, sind parteiunabhängige Kommissionen nützlich, welche die Entwicklung der Relation Bevölkerung pro Mandat beobachten und Reformen vorschlagen. In Großbritannien ist die Einrichtung von *Boundary Commissions* (die erste 1917 ad hoc; seit 1944 vier permanente für England, Schottland, Wales und Nordirland) eng mit der Verwirklichung eines annäherungsweise gleichen Wahlrechts verbunden gewesen. Hier gilt die Zahl der Wahlberechtigten im Wahlkreis als Maßstab.

4.1.2 Gerrymandering

Eine andere Form, die Wahlkreiseinteilung vorzunehmen, ist das sog. *gerrymandering*. Darunter ist die nach politischen Gesichtspunkten vorgenommene Ziehung der Wahlkreisgrenzen zu verstehen. Die Wahlkreiseinteilung wird bewusst politisch manipuliert. Ausgenutzt wird die unterschiedliche geographische Streuung der Wählerschaft der politischen Parteien. Benannt wird diese Manipulation nach Elbridge Gerry, Gouverneur von Massachusetts, der bei den Wahlen von 1812 aus der Stadt Boston einen sicheren Wahlkreis für sich herausschnitt, der einem Salamander glich. Die politischen Zielsetzungen, die das *gerrymandering* motivieren, sind jedoch verschieden. Zum einen kann der sichere Wahlerfolg für einen Kandidaten gesucht werden (der Fall des Mr. Gerry). Zum anderen kann versucht werden, die politische Repräsentation einer sozialen Gruppe oder Partei zu erhöhen oder zu begrenzen.

Beispiel:

a) In einem Wahlgebiet, in welchem eine städtische industrielle Agglomeration von einem ländlich-agrarisch bestimmten Umfeld eingeschlossen ist, dominiert in der Stadt eindeutig die sozial fortschrittliche Partei A, auf dem Lande hat die konservative Partei B ein leichtes Übergewicht. Bildet die Stadt einen Einerwahlkreis für sich und wird das Land in mehrere weitere Einerwahlkreise aufgeteilt, so ist folgendes Ergebnis zu erwarten: Die Partei A erhält das Mandat in der Stadt, die Partei B die Mandate in den ländlichen Wahlkreisen. Werden die Wahlkreise so gebildet, dass eine Mischung der Wählerschaften von Stadt und Land erfolgt, die ländlichen Wahlkreise in die städtischen Wahlgebiete hineinragen, so kann möglicherweise die Partei A mehr als ein Mandat erringen. Sie steht aber auch in der Gefahr, ihr einziges Mandat zu verlieren.

Dazu das folgende Zahlenbeispiel. Zu vergeben sind vier Mandate in vier Einerwahlkreisen. Es werden entweder ein städtischer (S) und drei ländliche Wahlkreise (L) gebildet oder vier urban-ländlich gemischte Wahlkreise (LS).

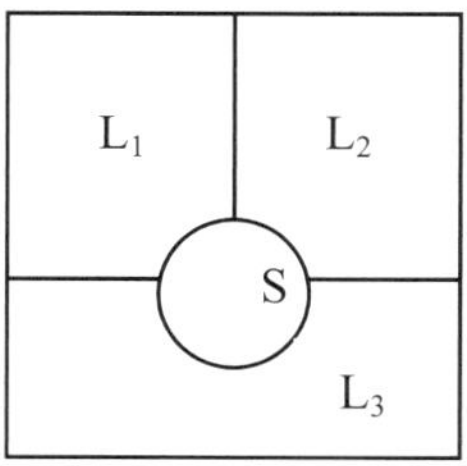

1. Modell

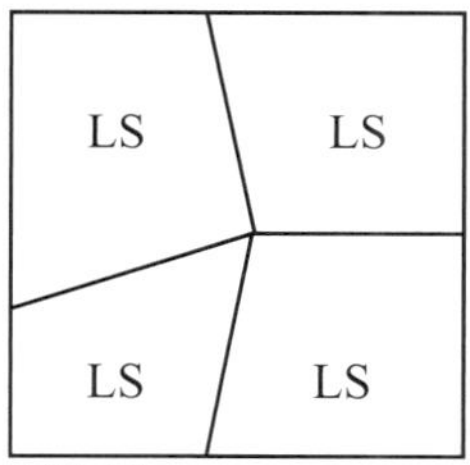

2. Modell

Unseren Annahmen entsprechend wird das Wahlergebnis nach den Modellen wie folgt lauten:

1. Modell	2. Modell
Partei A 1 Mandat	Partei A 0 Mandate
Partei B 3 Mandate	Partei B 4 Mandate

b) Das zweite Beispiel gleicht dem Fall des Mr. Gerry. Doch ist die Intention eine andere. Die Mandatsgewinne einer Partei sollen durch Hochburgenbildung in einem einzigen oder so wenig Wahlkreisen als möglich begrenzt werden. Denn überschüssige Stimmen bringen nichts ein; sie gehen der dort siegreichen Partei verloren. Dabei wird freilich von der Annahme ausgegangen, dass es der Partei A – um bei unserem obigen Zahlenbeispiel zu bleiben – gelingen könnte, unter Anwendung des 2. Modells der Wahlkreiseinteilung ebenso viele Mandate zu gewinnen wie Partei B. Zur Eingrenzung der Mandatszahl der gegnerischen Partei ist dann eine Wahlkreiseinteilung nach dem 1. Modell von Vorteil.

Die beiden Beispiele vereinfachen natürlich die Dinge sehr. Unterstellen wir die Existenz von Mehrpersonenwahlkreisen und nehmen wir zudem an, dass auf Stadt und Land etwa gleich viele Mandate entfallen, so wird das *gerrymandering* komplizierter und in seinen Auswirkungen schwerer zu berechnen. Dessen ungeachtet können wir feststellen: Es gibt zwei *Gerrymandering*-Strategien, um das gegnerische Wählerpotential zu neutralisieren: die Mischung der Wählerschaften oder die Hochburgenbildung.

Beide Strategien wurden zu Beginn der V. Republik in Frankreich angewandt, als Charles de Gaulle die politische Repräsentation der Kommunisten so niedrig wie möglich halten wollte. Wo die Mischung städtischer und ländlicher Gebiete nicht erfolgreich zu handhaben war, um die kommunistischen Wählerstimmen zu neutralisieren, wurde die Methode der Hochburgenbildung, die in Frankreich bereits Tradition hatte, zur Eingrenzung der kommunistischen Mandatsgewinne aufrechterhalten. Aus ungleicher Repräsentation von Stadt und Land und *gerrymandering* wurde die gaullistische Mehrheit geboren (s. Kapitel 8, Abschnitt 3.3). 1986 setzte sich die regierende Koalition wiederum dem Vorwurf der willkürlichen Wahlkreiseinteilung aus, als sie bei Wiedereinführung der absoluten Mehrheitswahl die Wahlkreiseinteilung von 1958 reformierte (Le Monde, 30.10.1986), diesmal allerdings mit weniger Erfolg (s. Wahlergebnis vom 5. und 12. Juni 1988).

Gerrymandering zielt also auf eine Manipulation des Wahlergebnisses. In der Form, wie Mr. Gerry seinen Wahlkreis zurechtschnitt, ist es zwar politisch anstößig. Aber in subtilerer Form wird es nach wie vor angewandt, um die geographische Streuung der Wählerschaft parteipolitisch auszunutzen.

4.1.3 Wahlkreisgröße und Proporzeffekt

Unter Wahlkreisgröße verstehen wir nicht die territoriale Ausdehnung eines Wahlkreises, sondern die Zahl der Mandate im Wahlkreis. Wie viele Abgeordnete im Wahlkreis zu wählen sind, kann gegebenenfalls die Auswirkungen eines Wahlsystems entscheidend bestimmen. Von der Wahlkreisgröße hängt der Proporzeffekt eines Wahlsystems ab.

Das Kriterium der Größe lässt uns zunächst zwei Wahlkreistypen unterscheiden:

– den Einerwahlkreis (uninominal)
– den Mehrpersonenwahlkreis (plurinominal).

Im Einerwahlkreis ist nur die Entscheidung nach dem Majorz (relative oder absolute Mehrheit) möglich; im Mehrpersonenwahlkreis hingegen kann auch die Proporzregel angewandt werden.

Die Kategorie Mehrpersonenwahlkreise ist jedoch noch sehr grob, denn darunter fallen ja alle Wahlkreise mit mehr als einem Abgeordneten. In der Praxis finden wir alle möglichen Größen von Mehrpersonenwahlkreisen, Zweier-, Dreier-, Vierer-, Fünfer etc. Wahlkreise bis zu Größen, die alle zur Wahl stehenden Mandate eines Parlaments umfassen, so dass das Staatsgebiet einen einzigen Wahlkreis bildet.

Zur Bestimmung der Auswirkungen von Mehrpersonenwahlkreisen ist es notwendig, sie nach ihrer Gestalt zu unterscheiden. Eine erste Unterscheidung ist die zwischen homogenen Typen (das ganze Land ist in entweder Zweier-, oder Dreier-, Vierer-, Fünfer- etc.-Wahlkreise eingeteilt) und inhomogenen Typen, in denen die Wahlkreisgrößen variabel sind. Während die homogenen Typen für Mehrheitswahlsysteme charakteristisch sind, sind es die variablen für Verhältniswahlsysteme. Das nationale Staatsgebiet wird im Falle von Proporzsystemen in der Regel entsprechend der administrativen Gliederung des Landes in Wahlkreise eingeteilt, denen dann Mandate in einer Anzahl zugewiesen werden, die dem angewandten Repräsentationsschlüssel oder anderen Kriterien entsprechen. In kombinierten Wahlsystemen treten homogener und inhomogener Wahlkreistypus nebeneinander oder nacheinander auf. Reine Verhältniswahl fußt häufig auf dem Typ des nationalen Wahlkreises.

Hinsichtlich der Auswirkungen variabler Mehrpersonenwahlkreise ist die wichtigste Unterscheidung die zwischen kleinen Wahlkreisen, Wahlkreisen mittlerer Größe und großen Wahlkreisen. Ohne sie lässt sich nicht abschätzen, welche Effekte etwa ein Verhältniswahlsystem hat.

Die verschiedenen Wahlkreistypen weisen folgende Größe auf:

Zahl der Mandate im Wahlkreis	Subtypen von Mehrpersonenwahlkreisen
2-5	kleine Wahlkreise
6-9	Wahlkreise mittlerer Größe
10 und mehr	große Wahlkreise

Im Prinzip gilt folgende Regel: Je kleiner der Wahlkreis, desto geringer der Proporzeffekt des Wahlsystems, d.h. desto geringer die Chancen kleiner Parteien. Zu beachten sind nur die Unterschiede im Proporzeffekt, die durch gerade und ungerade Mandatszahlen im Wahlkreis hervorgerufen werden, worauf wir noch zurückkommen werden.

Im Dreierwahlkreis liegt der Anteil an Stimmen, den eine Partei erreichen muss, um an der Mandatsvergabe beteiligt zu sein, bei 18%. In einem Wahlkreis mit neun zu wählenden Abgeordneten hat bereits eine Partei mit weniger als 9% Stimmenanteil die Chance, ein Mandat zu gewinnen. Die Angaben entsprechen Erfahrungswerten. Die Höhe der Werte zur Erreichung eines Parlamentsmandats ist faktisch vom Grad der Fragmentierung eines Parteiensystems abhängig. Auch hier lässt sich eine grobe Regel aufstellen: Je höher der Fragmentierungsgrad, desto niedriger kann die natürliche Prozenthürde ausfallen, die übersprungen werden muss, um ein Wahlkreismandat zu erhalten.

In Abbildung 1 wird deutlich, dass Wahlkreisgröße und Proporzeffekt in einer direkten Beziehung zueinander stehen:

Abbildung 1: Prozenthürde und Wahlkreisgröße

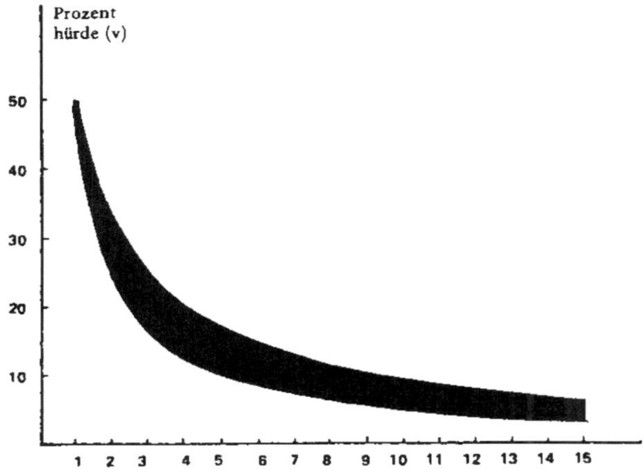

(*Quelle*: Nohlen 1978: 65.)

Nach unterschiedlichen Formeln berechnet gibt der schwarz markierte Bereich eine untere und eine obere Linie an, die faktisch Prozenthürden darstellen, die sich mit der Erhöhung der Zahl der in einem Wahlkreis zu wählenden Abgeordneten kontinuierlich verringern.

Zwischen Wahlkreisgröße, Prozenthürde und Proporzeffekt besteht die folgende Beziehung:

Wahlkreisgröße	Prozenthürde	Proporzeffekt
kleine Wahlkreise	hoch	gering
mittelgroße Wahlkreise	mittelhoch	mittelstark
große Wahlkreise	gering	stark

Werden die Wahlkreisgrößen verringert, so wird damit die Disproportion zwischen Stimmen und Mandaten vergrößert. Umgekehrt wird der Proporzeffekt eines Wahlsystems gestärkt, wenn die Wahlkreisgrößen zunehmen.

Damit kann innerhalb der Verhältniswahl die Auswirkung eines Wahlsystems ganz entscheidend verändert werden. Ja, es ist sogar denkbar, dass nur durch Veränderung der Wahlkreisgrößen ein Wahlsystem von einem Grundtyp in den anderen übergeht: Die

Wahl in Dreierwahlkreisen ist Mehrheitswahl (s. dazu die Typologie der Wahlsysteme in Kapitel 6, Abschnitt 1).

Beispiele:

a) Wahl in kleinen Wahlkreisen
Das beste Beispiel für die Wahl in kleinen Wahlkreisen ist das irische Wahlsystem. Es wird meistens als britischer Typ von Verhältniswahl unter einem anderen Gesichtspunkt betrachtet, nämlich dem der Stimmgebung, der übertragbaren Einzelstimmgebung (*single transferable vote*). Bezeichnet wird es häufig als „Verhältniswahl in kleinen Wahlkreisen". Durch die Wahlgesetzgebung seit 1923 wurde bis 1969 die Zahl der Wahlkreise erhöht und ihre Größe verringert, bis nur noch Dreier-, Vierer- und Fünferwahlkreise verblieben. Innerhalb der kleinen Wahlkreise verstärkte sich die Zahl der Dreierwahlkreise, ehe nach 1969 ein etwa ausgewogenes Verhältnis von Dreier-, Vierer- und Fünferwahlkreisen hergestellt wurde (s. *Tabelle 54*). Zwar begünstigt das *single transferable vote*-System die Wahl von Unabhängigen, die Wahlkreiseinteilung lässt jedoch keine Parteienzersplitterung zu. In den kleinen Wahlkreisen haben nur bis zu drei Parteien Chancen, Parlamentsmandate zu gewinnen (vgl. Gallagher/Weeks 2010).

Die Stabilität des irischen Parteiensystems aus Fianna Fáil, Fine Gael und Labour bestätigt diese Regel. Die stärkste Partei kann unter gegebenen Umständen mit weniger als 46% der Stimmen eine Mehrheit der Mandate auf sich vereinigen. Das Wahlsystem wirkt also mehrheitsfördernd. Freilich kann dieser Effekt durch Wahlabsprachen der Parteien unterlaufen werden (s. dazu weiter unten Kapitel 8, Abschnitt 7).

b) Wahl in Wahlkreisen verschiedener Größe
Wird in Mehrpersonenwahlkreisen gewählt, so sieht die Wahlkreiseinteilung in den meisten Ländern Wahlkreise unterschiedlicher Größe vor. Es treten also zugleich kleine, mittlere und große Wahlkreise auf. Die Spannweiten in den Wahlkreisgrößen sind erheblich. Tabelle 6 zeigt sie für einige Länder auf.

Abbildung 2: Mandatsverteilung nach dem Entscheidungsmaßstab der Verhältniswahl (d'Hondt) in Wahlkreisen unterschiedlicher Größe

	Partei A 450 Stimmen (= 45,0 %)		**Partei B 350 Stimmen (= 35,0%)**		**Partei C 200 Stimmen (=20,0%)**	
	Gewählt sind die Kandidaten der Parteien					
		in %		in %		in %
1er Wahlkreis	👤	100	–	–	–	–
2er Wahlkreis	👤	50	👤	50	–	–
3er Wahlkreis	👤 👤	66,6	👤	33,3	–	–
4er Wahlkreis	👤 👤	50	👤	25	👤	25
5er Wahlkreis	👤 👤	40	👤 👤	40	👤	20
7er Wahlkreis	👤 👤 👤	42,8	👤 👤 👤	42,8	👤	14,3
9er Wahlkreis	👤 👤 👤 👤	44,4	👤 👤 👤	33,3	👤 👤	22
15er Wahlkreis	👤 👤 👤 👤 👤 👤	46,6	👤 👤 👤 👤 👤	33,3	👤 👤 👤	20
32er Wahlkreis	👤 👤 👤 👤 👤 👤 👤 👤 👤 👤 👤 👤 👤 👤 👤	46,8	👤 👤 👤 👤 👤 👤 👤 👤 👤 👤 👤	34,4	👤 👤 👤 👤 👤 👤	18,8

Zunächst hat die Mischung von Wahlkreisgrößen den Effekt, dass auf nationaler Ebene ein begrenzter Proporz eintritt: Weder eine sehr proportionale Vertretung, sie wird durch die kleinen und mittelgroßen Wahlkreise verhindert, noch eine sehr Parteien konzentrierende Wirkung, die durch die großen Wahlkreise unterminiert wird, in denen kleine Parteien kaum benachteiligt werden.

Tabelle 6: Spannweite von Wahlkreisgößen[a]

Land	kleinster Wahlkreis	größter Wahlkreis	Mittelwerte
Argentinien	2	70	10,7
Belgien	4	24	13,6
Brasilien	8	70	19,0
Costa Rica	4	21	8,1
Dominikanische Republik	2	31	4,0
Finnland	1	33	13,3
Griechenland	1	42	5,1
Luxemburg	7	23	15,0
Österreich	7	36	- [b]
Polen	7	19	11,2
Portugal	2	48	10,5
Rumänien	4	28	7,9
Schweden	2	35	10,7
Spanien	2	33	7,0
Tschechien	5	25	14,2
Uruguay	2	45	5,2

a In Geschichte (Lateinamerika) und Gegenwart (Europa).
b Eine Mittelwertberechnung macht wegen des dreistufigen Wahlsystems wenig Sinn. Für den Hinweis danke ich Uwe Wagschal.

(*Quelle*: Nohlen/Grotz/Krennerich/Thibaut 2000, Nohlen/Stöver 2010)

Die verschiedenen Wahlkreisgrößen im Rahmen eines Wahlsystems schaffen unterschiedliche Bedingungen für die Repräsentation politischer Gruppen. Kleine Parteien haben wenig Aussicht, in kleinen bis mittelgroßen Wahlkreisen Mandate zu erringen. Sie konzentrieren folglich ihre Aktivitäten auf die großen Wahlkreise, es sei denn, es besteht ein zweites Stimmenverrechnungsverfahren auf nationaler Ebene. Der Wähler ist geneigt, sich in seinem Wahlverhalten nach den Chancen von Parteien zu richten, an der Mandatsvergabe beteiligt sein zu können. Da diese Chance nach Wahlkreisgrößen variiert, verringern sich die Wählerstimmen für kleine Parteien in kleinen Wahlkreisen im Vergleich zu großen Wahlkreisen. Erneut kann auch die regionale Streuung der Wählerstimmen einer Partei das Wahlergebnis entscheidend beeinflussen.

Besonderer Erwähnung bedarf bei den kleinen Wahlkreisen der Unterschied zwischen Wahlkreisen gerader und ungerader Mandatszahl. In Zweierwahlkreisen ist das Ergebnis in der Regel so, dass sich die beiden stärksten Parteien die zur Verfügung stehenden Mandate teilen. Die zweitstärkste Partei sieht sich erheblich begünstigt. Im Dreierwahlkreis ergibt sich bei einer 2:1 Verteilung häufig ein Vorteil für die stärkste Partei; er wird hinfällig, wenn eine dritte Partei an der Mandatsvergabe beteiligt ist und sich eine 1:1:1 Verteilung einstellt. Tendenziell begünstigen kleine Wahlkreise gerader Mandatszahl die stimmenmäßig unterlegene, Wahlkreise ungerader Mandatszahl die stimmenmäßig überlegene Partei. Je größer der Wahlkreis, desto mehr verliert sich der unterschiedliche Effekt von geraden und ungeraden Wahlkreisen. Festzuhalten bleibt, dass in Wahlsystemen unterschiedlicher Wahlkreisgröße somit der Mixtur und der regionalen Streuung der Wahlkreisgrößen erhebliche politische Bedeutung zukommt. Wahlsysteme, die nur aus kleinen Wahlkreisen ein- und derselben Größe bestehen, bilden spezifische Wahlsystemtypen, wie das Zweierwahlkreissystem und das Dreierwahlkreissystem (s. dazu Kapitel 6, Abschnitt 1).

4.1.4 Ebenen der Wahlkreiseinteilung

Nachdem wir zwischen Typen von Wahlkreisen unterschieden haben, gilt es nun, nach Ebenen der Wahlkreiseinteilung zu differenzieren. Es geht dabei um Wahlkreise, die unter dem Gesichtspunkt der Zuteilung der Mandate in einer ersten Phase der Mandatsverteilung bestehen, und solchen, die für eine zweite oder spätere Phase eingerichtet wurden. Unter dem Gesichtspunkt der Stimmgebung können Wahlkreise existieren, die für die Abgabe der Erststimme gelten, und Wahlkreise, auf die sich die Zweitstimme bezieht.

Die Existenz von mehr als einer Ebene, auf welcher Stimmen abgegeben und Mandate verrechnet werden, zieht meistens die Anwendung unterschiedlicher Verrechnungsverfahren nach sich. Sie kann aber auch gerade darin begründet liegen, dass unterschiedliche Entscheidungsregeln zur Geltung kommen sollen. So wird bei Anwendung der Wahlzahl nach Hare auf der ersten Wahlkreisebene meistens auf der zweiten Ebene ein solches Verrechnungsverfahren bevorzugt, das die Vergabe aller Mandate ohne Zurhilfenahme eines Überrestverfahrens gewährleistet. Als Beispiel kann Österreich dienen: die Mandatsvergabe erfolgt auf drei Ebenen: Zunächst in 43 Regionalwahlkreisen, dann in neun mit den Bundesländern identischen Landeswahlkreisen und schließlich auf nationaler Ebene. Auf den ersten beiden Ebenen wird Hare/Niemeyer, auf der dritten Ebene d'Hondt angewandt. Auf unterschiedlichen Wahlkreisebenen ergeben sich durch die verschiedenen Wahlkreisgrößen unterschiedliche natürliche Sperrklauseln, und auch künstliche Sperrklauseln können nach den Ebenen differieren. In kombinierten Wahlsystemen werden die Entscheidungsregeln verändert: Majorz in den Einerwahlkreisen der ersten Ebene, Proporz in den Mehrpersonenwahlkreisen der zweiten oder weiteren Ebene. Zu den Effekten der Mehrebenenwahlkreise siehe weiter unten (Abschnitt 4.5.6).

4.1.5 Regionale Verteilung der Wahlkreisgrößen

Auch wenn der Repräsentationsschlüssel gerecht angewandt wird, können sich teilweise erhebliche Verzerrungen in der politischen Repräsentation ergeben, die ihren Grund in der Wahlkreiseinteilung haben. Sie sind zufälliger Natur und resultieren aus der Verteilung der unterschiedlichen Wahlkreisgrößen auf das Staatsgebiet. Voraussetzung dafür ist eine unterschiedliche Siedlungsdichte, die wir in fast allen Ländern vorfinden. Sie verstärkt sich durch Migrationsprozesse vom Land in die Stadt.

Werden nicht einheitlich große Wahlkreise gebildet (was die Regel ist, wenn es nicht zu Einerwahlkreisen kommt), sondern folgen die Wahlkreisgrenzen der Verwaltungseinteilung (etwa jede Provinz bildet einen Wahlkreis), so ergibt sich, dass die Ballungszentren große Wahlkreise bilden, in den ländlichen Gebieten jedoch kleine bis mittelgroße Wahlkreise vorherrschen.

Das hat folgende Konsequenz: In den Ballungsgebieten führt die Anwendung der Proporzregel in großen Wahlkreisen zu einer fast proportionalen Repräsentation (die zweit-, dritt- und viertstärksten Parteien erhalten einen Mandatsanteil, der ihrem Anteil an den Stimmen in etwa entspricht), während im ländlichen Bereich die Proporzregel in den kleinen bis mittelgroßen Wahlkreisen nicht zu einer verhältnismäßigen Repräsentation führen kann, und die größte Partei begünstigt wird.

Gehen wir nun von der realistischen Annahme aus, dass in den urban-industriellen Gebieten die progressive Partei ihre Hochburg hat, im ländlichen Bereich hingegen die konservativere (das lässt sich in vielen Ländern beobachten), so ergibt sich eine ziemlich deutliche Begünstigung für die Konservativen: In ihren Hochburgen profitieren sie von den kleinen bis mittelgroßen Wahlkreisen und erzielen einen im Vergleich zum Stimmenanteil höheren Mandatsanteil, während sie in den Gebieten, wo die gegnerische Partei ihre Hochburgen besitzt, an einer ziemlich proportionalen Verteilung der Mandate teilhaben, da die Wahlkreise hier groß sind.

Das folgende Schema enthält die wesentlichen Argumentationsschritte zweier verschiedener Ausgangspunkte: die unterschiedliche Siedlungsdichte. Man kann sie von links nach rechts nachvollziehen:

Demographische Struktur	Wahlkreise	Proporzeffekt	Hochburgen	relative Begünstigung
Ballungsgebiete	grosse	hoch	progressive Partei	konservative Partei
ländliche Gebiete	kleine bis mittlere	gering	konservative Partei	konservative Partei

In Ballungsgebieten, in denen große Wahlkreise gebildet werden, ist der Proporzeffekt folglich hoch. Dort haben in der Regel die progressiven Parteien ihre Hochburgen, dort schneiden die konservativen Parteien wegen des hohen Proporzeffekts relativ vorteilhaft ab. Begünstigt werden sie erst recht, wenn der demographische Ausgangspunkt ländliche Gebiete sind.

Im Wahlergebnis wirkt sich diese Verzerrung so aus, dass die in den urbanen Gebieten dominierende Partei für eine gleiche Anzahl von Mandaten einen höheren Anteil von Stimmen braucht als die auf dem Lande dominierende Partei. Wir können die Konsequenz einer ungleichen Verteilung der Wahlkreisgrößen – die, wie gesagt, zufällig ist, die man natürlich aber auch ausgleichen kann – auch so ausdrücken, dass bei gleichem Stimmenanteil eine Partei, die konservative, mehr Mandate erhält als die andere, progressive.

Also entweder		
Partei	Stimmen	Mandate
A	37%	40%
B	32%	40%

Oder		
Partei	Stimmen	Mandate
A	34,5%	43
B	34,5%	37

Beispiele:

a) Island:
Hier wurden 1915 in den städtischen Zentren, in denen die *Independent Party* (IP) dominierte, Mehrpersonenwahlkreise eingerichtet, wohingegen auf dem Lande, wo die agrarisch-genossenschaftliche *Progressive Party* (PP) ihre Hauptwählerschaft besaß, die Einerwahlkreise aufrecht erhalten blieben. Das hatte zur Folge, dass die PP fast alle Einerwahlkreise gewann und in der Hauptstadt Reykjavik an den Mandaten proportional beteiligt wurde. Der politische Effekt lässt sich am Stimmen-Mandate-Verhältnis ablesen:

Wahljahre	1931		1934		1937	
	PP	IP	PP	IP	PP	IP
Stimmen in %	35	45	22	42	25	41
Mandate in %	54	35	30	41	39	34

(*Quelle*: Sternberger/Vogel (Hrsg.) 1969)

Die IP wurde schwer benachteiligt, die PP konnte 1931 und 1937 mit bedeutend weniger Stimmen als die IP diese an Mandaten weit überflügeln. Mehrere Reformen hatten das Ziel, die Verzerrung zu beheben. U.a. wurde ein Mandatsausgleich geschaffen. Doch erst durch die Angleichung der Wahlkreisgrößen wurden die Mängel in der politischen Repräsentation behoben (vgl. Hardarson/Kristinsson 2010).

b) Spanien:
Mit dem Wahlgesetz von 1977 wurden die Wahlkreise der territorialen Gliederung des Landes in Provinzen folgend eingerichtet. In den Ballungsräumen Madrid und Barcelona wurden Wahlkreise mit mehr als 30 Mandaten gebildet, während etliche Wahlkreise auf dem Lande im kleinen bis mittelgroßen Bereich verblieben. Dabei wurden die kleinen Wahlkreise durch die Bestimmung begünstigt, dass jeder Wahlkreis zumindest drei Mandate aufweisen soll und zuzüglich dieser Grundmandatszahl die Verteilung der weiteren Mandate nach dem Anteil der Wahlkreise an der Bevölkerung erfolgt.

Beide Regelungen zielen politisch in die gleiche Richtung der Begünstigung der Partei, die auf dem wenig besiedelten Lande vergleichsweise mehr Stimmen gewinnt als andere. Die Wirkung ist kumulativ. Die ungleiche Repräsentation begünstigt das Land und damit die konservativere Partei, und die kleineren Wahlkreise auf dem Lande im Vergleich zu den Ballungsgebieten mit großen Wahlkreisen begünstigen ebenfalls die konservative Partei (s. Kapitel 8, Abschnitt 6.2). Bei den ersten Wahlen nach der Demokratisierung konnte die *Unión de Centro Democrático* (UCD) ein wesentlich günstigeres Verhältnis von Stimmen und Mandaten erzielen als der *Partido Socialista Obrero Español* (PSOE).

Wahljahre	1977		1979	
	UCD	PSOE	UCD	PSOE
Stimmen in %	34,8	29,4	35,3	30,8
Mandate in %	47,1	33,7	47,7	34,6

(*Quelle*: Nohlen/Schultze 1982)

4.1.6 Wahlkreisgröße und das Verhältnis zwischen Wählern und Abgeordneten

Die Wahlkreisgröße beeinflusst nicht nur das Verhältnis zwischen Stimmen und Mandaten, sondern auch das zwischen Wählern und Gewählten. Oft wird die Meinung vertreten, dass in einem Einerwahlkreis eine Persönlichkeit, der Kandidat einer Partei ist, gewählt wird, während in großen Mehrpersonenwahlkreisen der Wähler eine Parteiliste wählt, die verschiedene Kandidaten enthält, die möglicherweise dem Wähler anonym bleiben. Die Unterscheidung zwischen Personenwahl und Listenwahl wird somit an der Wahlkreisgröße festgemacht, was freilich nur im Fall starrer Listen zutrifft (s. weiter unten Abschnitt 4.2). Dennoch wird der Einerwahlkreis als das wichtigste funktionale Element dafür begriffen, dass der Wähler die Auswahl zwischen verschiedenen Persönlichkeiten hat, was wiederum eine Beziehung zwischen Wählern und Abgeordneten ermöglicht, die sich in persönlicher Bekanntschaft, Vertrauen (*trust*) und Verantwortung (*accountability*) ausdrückt. Ebenso wird häufig die These vertreten, dass ein persönlich (direkt) gewählter Kandidat gegenüber seiner Partei unabhängiger sei. Da eine direkte Beziehung zwischen Abgeordneten und Wählern in großen Mehrpersonenwahlkreisen kaum möglich ist, gilt der auf einer starren Liste gewählte Abgeordnete nicht als Vertreter des Wahlkreises, sondern der Partei, die ihn aufgestellt hat.

Wenn also die Beziehung zwischen Wählern und Gewählten durch Personenwahl verbessert werden soll, so bietet der Einerwahlkreis eine Alternative zur lose gebundenen bzw. freien Liste. Es ist allerdings zu bedenken, dass der Wähler im Einerwahlkreis sich gleichwohl zwischen Parteien entscheidet und nicht die Auswahl unter mehreren Kandidaten innerhalb seiner politischen, d.h. Partei-Präferenz hat. Im Vergleich zwischen Einerwahlkreis und lose gebundener oder freier Liste als den Alternativen, die eine Personenwahl ermöglichen, betont und stärkt deshalb der Einerwahlkreis die Rolle der Partei im Willensbildungsprozess. Lose gebundene und freie Listen wirken in die entgegen gesetzte Richtung. Diese unterschiedlichen Effekte vermögen zu begründen, weshalb kombinierte Wahlsysteme, in denen mit Einerwahlkreisen gearbeitet wird (s. dazu Kapitel 6, Abschnitt 4), an Verbreitung zugenommen haben.

4.2 Wahlbewerbung

Bei der Wahlbewerbung ist die grundlegende Unterscheidung die zwischen Einzelkandidatur und Liste. Aber entgegen vielen Annahmen kann die Persönlichkeit des Bewerbers bei der Listenkandidatur stärker im Vordergrund stehen als bei der Einzelkandidatur. Unterschiedliche Formen der Liste und der Stimmgebung gestatten dem Wähler nämlich einen mehr oder weniger großen Einfluss auf die Auswahl der Bewerber. Die Auswahl kann hier unter den Bewerbern der Partei erfolgen, die der Wähler bevorzugt, und zugleich zwischen den Parteien. Das hängt von der Form der Liste ab, die im übrigen als Parteilisten zu begreifen sind. Dies ist eine zwingende Voraussetzung für die präzise Unterscheidung der Listenformen in der Analyse von Wahlsystemen, worauf ich noch zurückkommen werde.

4.2.1 Listenformen

Die *starre Liste* lässt dem Wähler nur die Stimmabgabe *en bloc* für eine Partei. Parteigremien entscheiden über die Reihenfolge der Kandidaten. Der Wähler kann diese nicht ändern; er ist an den Vorschlag gebunden. Starre Listen erhöhen die Abhängigkeit der Abgeordneten von den politischen Parteien. Andererseits können die Parteien die Zusammensetzung der Fraktionen planen, Stichwörter: Experten, Repräsentation verschiedener Interessengruppen, Frauen.

Die *lose gebundene Liste* überlässt dem Wähler die Entscheidung darüber, wer für die Partei ins Parlament einziehen soll. Diese Entscheidung wird durch die Parteigremien nur vorstrukturiert. Der Abgeordnete weiß sich nicht nur getragen von seiner Partei, sondern auch persönlich und politisch von den Wählern, die seinen Namen auf der Parteiliste angekreuzt haben. Er fühlt sich deshalb unabhängiger von seiner Partei.

Die *freie Liste* gibt dem Wähler die Möglichkeit, die Parteigrenzen zu überschreiten und – in Verbindung mit der Mehrstimmgebung – eine eigene Liste aus Personen unterschiedlicher politischer Couleur zusammenzustellen. Die Liste der Parteien hat dann nur noch die Bedeutung eines unverbindlichen Vorschlags.

Aus dieser kurzen Darstellung wird deutlich: Die Listenformen betreffen hauptsächlich das Verhältnis von Wähler zu Kandidat und Abgeordnetem sowie das Verhältnis von Kandidat bzw. Abgeordnetem zu seiner Partei. Von Maurice Duverger (1959) und Giovanni Sartori (1976) ist angenommen worden, dass Wahlsysteme in der Alternative Mehrheitswahl und Verhältniswahl unterschiedlichen Einfluss auf den Faktionalismus, die Herausbildung von innerparteilichen Gruppierungen hätten. Jedoch können sowohl die Konzentration fördernde als auch den Proporz begünstigende Wahlsysteme entsprechende Auswirkungen haben (s. Trefs 2007). In konkreten Einzelfällen sind es am ehesten die Listenformen, vor allem die Präferenzstimmgebung, die die Tendenz zum Faktionalismus stärken kann, auch wenn diese im wesentlichen auf andere Faktoren zurückzuführen ist (s. Köllner/Basedau/Erdmann 2006). Hingegen hat die Form der Wahlbewerbung weniger Bedeutung für die Stärkeverhältnisse der Parteien. Nutzen und Nachteil verteilen sich auf die Parteien etwa gleich – unabhängig von ihrer Größe.

Unstimmigkeiten in der deskriptiven Erfassung von Wahlsystemen ergeben sich, wenn die Kategorien zur Unterscheidung der Listenformen auf einer Ebene unterhalb der Parteiliste angewandt werden. So heißt es beispielsweise im uruguayischen Wahlgesetz, die Listen seien starr. Doch mit der Liste sind nicht die Lemas (=Parteilisten) der Parteien gemeint, sondern die Sublemas (wenn diese keine Unterlisten enthalten) oder die Unterlisten der Sublemas, auf denen der Wähler sein Kreuzchen anbringt (s. Zilla 2006). Da der

Wähler unter verschiedenen Unterlisten ein- und derselben Partei auswählen kann, sind die Listen in Uruguay bei Anwendung einer einheitlichen komparativen Begrifflichkeit lose gebundene Listen. Ähnlich missverständlich war das kolumbianische Wahlgesetz von 1993. Auch hier hieß es, die Listen seien starr. Die Aussage bezog sich auf die Einzellisten von Kandidatengruppen, die in großer Zahl auftraten, sich zu dieser oder jener Partei bekannten und folglich dem Wähler eine enorm große Auswahl unter den Kandidaten einer Partei gestatteten. Diese Listenform wurde 2003 abgeschafft.

Was die internationale Verbreitung der Kandidaturformen anbelangt (s. *Tabelle 7),* so sind die Einzelkandidatur und die starre Liste führend. Es fällt jedoch auf, dass inzwischen in vielen Wahlsystemen eine Verbindung von Einzelkandidatur und starrer Liste hergestellt wurde. Gelegentlich treten auch Einzelkandidatur und lose gebundene Liste gemeinsam auf, wobei ja diese Listenform, die in einer beachtlichen Zahl von Ländern angewandt wird, ohnehin eine personelle Auswahl gestattet.

Die Einschätzung der Listenformen durch die Parteien ist unterschiedlich und im wesentlichen historisch bedingt: Massenintegrationsparteien neigen eher zur starren Liste, während Parteien, die in ihrem Selbstverständnis viel von der Honoratiorenpartei des 19. Jahrhunderts bewahrt haben, eher die lose gebundene Liste favorisieren. In wenig gefestigten Demokratien wird die Kritik am Parteienstaat, an der politischen Repräsentation, an der Qualität der Abgeordneten, häufig zugleich mit der Forderung artikuliert, die bestehende starre Liste durch die lose gebundene Liste zu ersetzen. Diese Forderung kommt, bezogen auf diese Länder, der Losung gleich, den Beelzebub mit dem Teufel auszutreiben (s. dazu weiter unten Abschnitt 4.4).

Tabelle 7: Kandidaturformen weltweit

Individuelle Kandidatur		starre Liste		lose gebundene Liste	freie Liste
Albanien*	Lesotho	Albanien	Mazedonien	Belgien	Ecuador
Armenien	Mazedonien*	Argentinien	Madagaskar	Brasilien	Irland
Australien	Madagaskar*	Armenien	Mali	Chile	Luxemburg
Belgien*	Malawi	Benin	Mexiko	Dänemark	Malta
Bolivien*	Malaysia	Bolivien	Moldova	Estland	Schweiz
Botswana	Malta*	Bosnien	Mozambique	Finnland	
Burkina Faso*	Mauritius	Burkina Faso	Namibia	Griechenland	
				Island	
Chile*	Mexiko*	Costa Rica	Niederlande	Italien	
Deutschland*	Nepal	Djibouti	Neuseeland	Lettland	
Elfenbeinküste	Neuseeland*	Dominik. Rep.	Niger	Libanon	
Frankreich	Niger*	El Salvador		Litauen	
Gabun	Pakistan	Georgien	Paraguay	Norwegen	
Gambia	Panama*	Guatemala	Philippinen	Panama	
Georgien*	Philippinen*	Guinea	Portugal	Peru	
Ghana		Guinea	Rumänien	Polen	
		Bissau			
Guinea*	Taiwan*	Honduras	Russland	Slowakei	
Kamerun*	Tansania	Island	Senegal	Slowenien	
Kanada	Thaliand	Indonesien	Südafrika	Sri Lanka	
Kroatien*	Togo	Japan	Südkorea	Schweden	
Indien	Trinidad u. T.	Kamerun	Taiwan	Tschechien	
Irland*	Ukraine*	Laos	Türkei	Uruguay	
Italien*	Ungarn*	Liberia	Ukraine		
Jamaica	USA		Venezuela		
Japan*	Uzbekistan*				
Kenia	Venezuela*				
Litauen*	Zambia				
	Zimbabwe				

* Länder, die neben der individuellen Kandidatur auch die Listenbewerbung praktizieren.
Stand: um 2005.

4.2.2 Listenverbindung

Wenn zwei oder mehr Listen eine gemeinsame Liste bilden, spricht man von Listenverbindung oder auch von *apparentment*, ein französischer Terminus, der sich mangels einer angemessenen Übersetzung auch im Englischen durchgesetzt hat. In Deutschland wird als Listenverbindung die Vereinigung von zwei oder mehreren Länderlisten ein- und derselben Partei verstanden. Die Verbindung von Landeslisten verschiedener Parteien, die in keinem Bundesland nebeneinander kandidieren, wurde vom Bundesverfassungsgericht 1990 für verfassungswidrig erklärt, weil sie gegen den Grundsatz der Wahl- und Chancengleichheit verstoße.

Die Listenverbindung verschiedener Parteien dient unter wahlsystematischen Gesichtspunkten der Verringerung jener Zahl von Stimmen kleiner Parteien, die verloren gingen, wenn diese Parteien die natürliche Hürde, die jedes Wahlsystem enthält, nicht überspringen. Unter parteistrategischen Gesichtspunkten nutzt sie kleinen Parteien und insbesondere solchen, die listenfähig sind – das sind in der Regel eher gemäßigte Parteien –, eine parlamentarische Vertretung zu erreichen. Listenverbindungen können bewirken, dass der Wähler eine geringere Auswahlchance hat, als aufgrund der Parteienvielfalt im Parlament angenommen werden kann. Bei Listenverbindung lässt sich das Format des Parteiensystems auf der Parlamentsebene wenig steuern. Die Wahlgeschichte Chiles liefert hier schöne Beispiele. In den 1950er Jahren wurde durch das Verbot der Listenverbindung der Atomismus des Parteiensystems überwunden. 1989 bestand die demokratische Opposition zum Pinochet-Regime auf der Einführung der Listenverbindung in das bestehende Zweierwahlkreissystem. Seither ist es für die Parteien zwingend, Listenverbindungen einzugehen, wenn sie eine Chance aufrechterhalten wollen, ins Parlament einzuziehen. Dem Wähler bieten sich nur wenige Alternativen, während auf Parlamentsebene eine Vielzahl von Parteien präsent ist. Zu unterscheiden sind nationale und regionale, d.h. nach Wahlkreisen abschließbare Listenverbindungen. Letztere sind beispielsweise in Brasilien gebräuchlich und führen dort zu einer verwirrenden Vielfalt unterschiedlicher regionaler Listenverbindungen. Ein nationales Wahlergebnis zu erstellen, dass die Stimmen ausweist, die eine Partei national erhalten hat, wird dann zu einem erheblichen statistischen Problem, das sich auf die Beantwortung aller analytischen Fragen, etwa den Vergleich von Stimmen- und Mandatsanteil, negativ auswirkt. Um der latenten Fragmentierung des Parteiensystems auf Parlamentsebene, die durch die Listenverbindung entstehen konnte, entgegenzuwirken, wurden in einigen osteuropäischen Ländern gestaffelte Sperrklauseln eingeführt (s. dazu Kapitel 4, Abschnitt 5.1).

Nicht zu Unrecht zählt Arend Lijphart (1994: 15) die Listenverbindung von Parteien zu den vier wichtigsten Variablen, welche die Auswirkungen von Wahlsystemen bestimmen. Die Effekte lassen sich mit ihm wie folgt zusammenfassen: Listenverbindungen verringern die Disproportionalität, sie erhöhen die effektive Zahl der Parlamentsparteien und sie reduzieren die Häufigkeit von künstlichen Mehrheiten, solchen absoluten Parlamentsmehrheiten für eine Partei, denen keine absolute Mehrheit der Wählerstimmen entspricht.

4.3 Stimmgebung

Die Verfahren der Stimmgebung hängen oft eng mit der Form der Liste zusammen. *Tabelle 8* hält diesen Zusammenhang fest. Auf Seite 107 werden die verschiedenen Stimmgebungsverfahren vorgestellt. Die einfachste Form ist die Einzelstimmgebung. Bei den von ihr abweichenden Verfahren geht es letztlich um ein gewichtetes Wählervotum – ursprüngliche Zielsetzung der Verhältniswahltheoretiker (s. Nohlen 1978: 54ff.).

Tabelle 8: Die Kombination von Listenform und Stimmgebung

Listenform	Stimmgebung
starre Liste: Die Reihenfolge der Kandidaten auf der Liste kann nicht geändert werden	Der Wähler hat eine Stimme. Er wählt die Liste als Ganze.
lose gebundene Liste: Die Reihenfolge der Kandidaten auf der Liste kann geändert werden, entweder durch Präferenzstimmen oder durch neue Reihung.	Der Wähler hat entweder eine Präferenzstimme oder zumindest zwei Stimmen (eine Listenstimme und eine Kandidatenstimme) oder so viele Stimmen, wie Abgeordnete zu wählen sind. Der Wähler kann gegebenenfalls mehrere Stimmen auf einen Kandidaten abgeben (*Kumulieren*).
freie Liste: freie Veränderungen innerhalb und zwischen den Listen.	Der Wähler hat mehrere Stimmen und kann „seine" Liste aus den Vorschlägen der Parteien zusammenstellen (*Panaschieren*).

Am entschiedensten ist diese Absicht in der listenlosen Verhältniswahl mit übertragbarer Einzelstimmgebung verwirklicht, dem sog. *single transferable vote*, das in Irland angewandt wird (s. dazu weiter unten 8. Kapitel, Abschnitt 7). In diesem Fall zeigen sich durchaus Auswirkungen des Stimmgebungsverfahrens auf das Parteiensystem und die politischen Mehrheitsverhältnisse. Die zweit- und die drittstärkste Partei können durch Wahlempfehlungen an die Wählerschaft die Präferenzstimmgebung derart beeinflussen, dass beide Parteien zusammen die stärkste Partei an Mandaten überflügeln können.

Stimmgebungsverfahren

- *Einzelstimmgebung*: Jeder Wähler hat eine Stimme.
- *Präferenzstimmgebung*: Der Wähler kann mit seiner Stimme eine Präferenz für einen Kandidaten zum Ausdruck bringen.
- *Mehrstimmgebung*: Jeder Wähler hat mehrere Stimmen oder soviel Stimmen, wie Abgeordnete im Wahlkreis zu wählen sind.
- *Beschränkte Mehrstimmengebung*: Der Wähler hat weniger Stimmen, als Abgeordnete im Wahlkreis zu wählen sind.
- *Alternativstimmgebung*: Der Wähler kann Zweit-, Dritt- oder Viertpräferenzen angeben.
- *Kumulieren*: Der Wähler kann mehrere Stimmen für einen Kandidaten abgeben.
- *Panaschieren*: Der Wähler kann auf Kandidaten verschiedener Listen seine Stimme verteilen.
- *Zweistimmensystem*: Der Wähler hat zwei Stimmen: eine für den Kandidaten einer Partei im Wahlkreis und eine für die Parteiliste auf Wahlkreisverbandsebene.

Die Erfahrungen etlicher Länder (Finnland, Niederlande, Österreich etc.) zeigen, dass entweder der Wähler wenig Gebrauch von der Präferenzstimmgebung macht oder die Hürden, Veränderungen zu bewirken, letztendlich so hoch sind, dass die Auswirkungen von lose gebundener oder freier Liste auf die Parteizusammensetzung der Parlamente gering sind. Sie spielt eher eine Rolle als Mittel in der Hand des Wählers, auf die Kandidatenauswahl seiner Partei und damit auf die personelle Zusammensetzung des Parlaments Einfluss zu nehmen – theoretisch möglich in großen Wahlkreisen –, indem er die Reihenfolge der Kandidaten auf den Parteilisten durch seine Präferenzstimmen modifizieren kann. Die Präferenzstimme kann ebenfalls wichtig werden im innerparteilichen Wettbewerb und diesen, soweit er strukturell angelegt ist, d.h. hauptsächlich in Parteien mit starken, quasi institutionalisierten Flügelkämpfen, beeinflussen. So kam es zum Beispiel in Italien dazu, dass die DC, deren Fraktionen oft Merkmale von Parteien in der Partei annahmen, bei den Europawahlen 1984 in einem Wahlkreis eine Liste mit bedeutend mehr Kandidaten aufstellte, als sie realistischerweise an Sitzen dort erwarten konnte, da sie intern keine Einigung über die Kandidatenaufstellung hatte erzielen können. Sie überließ in diesem Fall dem Wähler, den Präferenzstimmen, die Entscheidung im innerparteilichen Machtkampf (Bardi 1985: 309).

Das Zwei-Stimmen-System der Bundesrepublik Deutschland schließlich gibt dem Wähler die Möglichkeit zu einem persönlichkeitsorientierten Votum, das allerdings keinen Einfluss auf die Zahl der Mandate der Partei des von ihm gewählten Wahlkreiskandidaten hat (Ausnahme: Überhangmandate). Es wird erfolgreich zu taktischem Wahlverhalten genutzt (s. dazu 8. Kapitel, Abschnitt 5.4).

4.4 Bewertung der verschiedenen Formen von Wahlbewerbung und Stimmgebung

Die politischen Parteien bewerten die Formen von Parteilisten in unterschiedlicher Weise, was in erster Linie auf historische Entwicklungstendenzen zurückzuführen ist. Die Massenintegrationspartei verteidigt üblicherweise starre Listen, während Parteien, die sich vom *Selfimage* der Honoratiorenparteien des 19. Jahrhunderts distanziert haben, tendenziell für Präferenzstimmgebung eintreten.

Innerhalb der Demokratietheorie gibt es ebenfalls unterschiedliche Positionen. Die partizipatorische Demokratietheorie legt bei ihrer Kritik an der repräsentativen Demokratie und besonders an den Parteien das Schwergewicht auf den anonymen Charakter der starren Listen. Sie moniert das Monopol der Parteien bei der Kandidatenaufstellung und das Defizit an Repräsentativität, da der Wähler seinen Vertreter nicht kennen und auch kein Vertrauensverhältnis zu ihm aufbauen kann.

In der funktionalistischen Demokratietheorie liegt der Schwerpunkt der Argumentation auf der Rolle der Parteien innerhalb der parlamentarischen Demokratie und auf deren Funktion, durch Bildung von Mehrheiten die Handlungsfähigkeit des Parlaments zu gewährleisten. Demnach verteidigt diese Theorierichtung die Monopolstellung der Parteien bei der Auswahl der Kandidaten und eine unveränderbare Reihenfolge auf den Listen, die dem Wähler vorgelegt werden.

Hinsichtlich des politischen Wettbewerbs besteht die entscheidende Frage darin, ob es ein Konkurrenzverhältnis nur zwischen den Parteien oder auch gleichzeitig innerhalb der jeweiligen Parteien zwischen den Kandidaten geben soll. Erfahrungen in Ländern wie Finnland, Österreich oder die Niederlande zeigen, dass entweder die Wähler zu wenig Gebrauch von der Präferenzstimmgebung machen oder die Hürden für tatsächliche Veränderungen so hoch sind, dass dies nur negative Auswirkungen auf die Wähler hat. Insgesamt sind die Effekte von Präferenzstimmen innerhalb einer Liste oder das Panaschieren zwischen Listen gering (vgl. Ortega 2004).

Deswegen ist die Konzentration des politischen Wettbewerbs auf die Parteienkonkurrenz das Resultat des Wählerverhaltens. Andere Erfahrungen in Ländern wie Italien, Japan (bei *single non transferable vote,* SNTV) und Peru zeigen, dass innerparteilicher Wettbewerb bei Parlamentswahlen zwar wichtig aber mit etlichen Nachteilen verbunden ist: exzessive Wahlkampfspenden, Veruntreuung von Geldern, Klientelismus und Korruption. Zu berücksichtigen ist auch, dass die Listen hinsichtlich ihres Komplexitätsgrades dem Leistungsvermögen der Wähler (im zeitlich knapp bemessenen Akt der Stimmabgabe) und der Wahladministration angepasst sein sollten. Die starre Liste ist am einfachsten zu handhaben, während für freie Listen das Gegenteil gilt. Der Wähler kann bei der Stimmabgabe Schwierigkeiten haben, wenn er Dinge tun soll, die eine gewisse Auffassungsgabe, Erfahrung und manchmal ein genaues Studium voraussetzen. In ähnlicher Weise könnte die Wahladministration Probleme damit haben, dass der Wähler genügend Zeit hat, in Ruhe zu wählen, da die Stimmabgabe mit freien Listen viel länger dauert. Das kann kritisch werden in Ländern, in denen ein Defizit an administrativer Erfahrung vorliegt oder wo Zweifel an der Fairness von Wahlen bestehen – Faktoren, die die Legitimität der Wahlen als Basis des demokratischen Systems unterminieren können. All diese Faktoren haben praktische Bedeutung bei Listenwahlen.

Insgesamt hängt die Bewertung der Listenformen von drei Kriterien ab:

1. der historischen Erfahrung mit freien Wahlen und Demokratie;
2. der Ebene des politischen Systems (zentralstaatliche bzw. föderale Ebene; Region; Gemeinde);
3. der Stellung, die Parteien für das Funktionieren des politischen Systems eingeräumt wird, und der adäquaten Lösung von gesellschaftlichen Forderungen und Problemen (z.B. soziale Re-

präsentation, nationale Integration im Falle starker sozialer, ethnischer, sprachlicher oder religiöser Heterogenität).

Im Hinblick auf diese drei Kriterien können wir folgenden Schluss ziehen: Je weniger Erfahrung die Bürger mit Wahlen und Demokratie haben, je höher die Ebene des politischen Systems und je wichtiger die Rolle der politischen Parteien für die nationale Integration, für die soziale Repräsentation, für die Konsolidierung der Demokratie und für die adäquate Lösung politischer und wirtschaftlicher Probleme, desto vorteilhafter und empfehlenswerter scheinen starre Listen. Je größer dagegen die demokratische Erfahrung, je niedriger die politische Systemebene und je geringer die Rolle der Parteien ist (auf der kommunalen Ebene stehen sie meist in Konkurrenz zu gesellschaftlichen Vereinigungen oder Bürgerinitiativen), desto eher kommen lose gebundene bzw. freie Listen in Betracht.

4.5 Stimmenverrechnung

Nach der Wahlkreiseinteilung ist die Stimmenverrechnung das zweitwichtigste Instrument zur Gestaltung des Wahlergebnisses bei gegebener Stimmenverteilung. Von den Regelungen der Stimmenverrechnung gehen oftmals entscheidende politische Wirkungen aus. Denken wir nur an die Sperrklauseln, welche die Beteiligung von Parteien an der Mandatsvergabe beschränken, oder daran, dass in einigen Wahlsystemen die Verrechnung der Stimmen mehrstufig erfolgt, mit weitreichenden Möglichkeiten, bestimmte Parteien zu begünstigen und andere zu benachteiligen. Man kann durchaus behaupten: Das Wahlergebnis hängt wesentlich vom Verfahren der Stimmenverrechnung ab.

Dabei ist eine doppelte Auswirkung zu berücksichtigen:

1. Effekte auf das Stimmverhalten der Wähler,
2. Effekte bei der Übertragung von Stimmen in Mandate.

Beispiel: Eine kleine Partei, die in der Gefahr steht, die Prozenthürde der Sperrklausel nicht mehr überspringen zu können, wird nicht nur faktisch durch die Sperrklausel benachteiligt, sondern auch psychologisch: Der Wähler befürchtet, seine Stimme zu verlieren. Er möchte, dass seine Stimme zählt und stimmt folglich für eine andere Partei.

4.5.1 Sperrklauseln

Sperrklauseln machen die Teilnahme der Parteien an der Mandatsvergabe von der Auflage abhängig, eine bestimmte Anzahl von Stimmen (in Prozent der abgegebenen gültigen Stimmen) oder Direktmandaten zu erreichen. Im Gegensatz zu den faktischen Hürden, die in unterschiedlichen Wahlkreisgrößen bestehen, sind Sperrklauseln per Gesetz erlassene Hürden.

In der Höhe schwanken die Sperrklauseln zwischen 0,67% und 15%, wobei 5% der geläufigste Wert ist (s. Tabelle 9). Des Weiteren ist wichtig, zwischen Sperrklauseln zu unterscheiden, die sich auf das gesamte Wahlgebiet beziehen (eine Partei muss soundsoviel Prozent der Stimmen im gesamten Land erhalten) und solchen, die auf Wahlkreisebene gelten. Von Bedeutung ist auch, in welcher Phase des Zuteilungsverfahrens die Sperrklausel zur Anwendung kommt: im ersten, zweiten oder in weiteren Zuteilungsverfahren. Davon hängen nämlich die Auswirkungen der Sperrklausel ab. Regional konzentrierte kleine Parteien haben bei einer nationalen Sperrklausel nur geringe Chancen, ein Parlamentsmandat zu erhalten, im Falle von regionalen Sperrklauseln hingegen können sie relativ proportional abschneiden. Ein schönes Beispiel bietet Spanien: Die dreiprozentige Wahlkreis-Sperrklausel verhindert den Einzug regionaler Parteien ins Parlament nicht. Selbst die viel höher liegende natürliche Sperrklausel wird von den kleinen Parteien, deren Wählerschaft regional konzentriert ist, leicht übersprungen (s. Kapitel 8, Abschnitt 6). Schließlich gibt es noch gestaffelte Sperrklauseln, eine Neuerung, die im osteuropäischen Demokratisierungsprozess erfolgte. Treten Parteien in Wahlbündnissen an, steigt der geforderte Stimmenanteil. Durch gestaffelte Sperrklauseln wird verhindert, dass kleine Parteien die Repräsentationshürde durch Bildung von Wahlallianzen bzw. Listenverbindungen (s. oben Abschnitt 2.2) unterlaufen.

Tabelle 9: Sperrklauseln weltweit

Höhe in % oder spezifiziert	Anwendungsgebiet National	Im Wahlkreis	Nur Restmandate oder nationale Liste
50% Hare Quota		Kolumbien	
0,67	Niederlande		
1,5	Israel		
2,0	Dänemark, Mexiko		
3,0	Bolivien, Griechenland, Japan, Ukraine	Argentinien, Marokko, Spanien	
4,0	Bulgarien, Moldawien, Neuseeland, Österreich Schweden, Serbien,Slowenien		Norwegen
5,0	Armenien, Deutschland, Georgien, Island, Kroatien, Lettland, Luxemburg, Marokko, Mozambique, Peru, Sierra Leone	Algerien, Belgien, Bosnien, Mazedonien, Sri Lanka,	Estland
7.0	Russland		
8,0	Azerbaidjan, Liechtenstein		
10,0	Türkei		
12,0		Schweden	

Gestaffelt nach Zahl der Parteien im Wahlbündnis	
2,5 – 4	Albanien
3 – 4 - 8	Moldawien
4 (2) – 10	Italien
5 – 7 – 10	Slowakei
5 –7	Litauen,
5 – 8	Polen
5 – 8 – 10	Rumänien
5 – 10 – 15	Ungarn
10 – 15 – 20	Tschechien

Stand: um 2012, Doppelnennungen bei nach Anwendungsgebiet unterschiedlichen Sperrklauseln.

Höhe und Anwendungsformen der Sperrklauseln haben gewisse Bedeutung für die Zuordnung von Wahlsystemen zu den Typen von Verhältniswahlsystemen (s. Kapitel 6, Abschnitt 1). Die politischen Auswirkungen von Sperrklauseln differieren in Abhängigkeit von deren formaler Struktur, aber auch von den kontextuellen Bedingungen des Parteienwettbewerbs.

In der Bundesrepublik ist die Sperrklausel von einiger Bedeutung gewesen, da sie zusätzlich zum Konzentrationsprozess auf die großen Parteien die Repräsentationschance kleiner Parteien und auch die Chancen von Neugründungen, einen politischen Durchbruch zu erzielen, verringert hat. Sie hat zur Verfestigung des bestehenden Parteiensystems beigetragen (s. Kapitel 8, Abschnitt 5.3). Ähnliches gilt auch für die Prozenthürden in den jungen Demokratien Polens und der Slowakei (s. Grotz 2000).

In Spanien dagegen ist die faktische Begrenzung der proportionalen Vertretung durch die Wahlkreiseinteilung wesentlich bedeutungsvoller als die Sperrklausel, die ohnehin nur in den großen Wahlkreisen Wirkungen zeigen kann (s. Kapitel 8, Abschnitt 6.2). In den Niederlanden und in Israel sind die Sperrklauseln sehr niedrig, ihre Auswirkungen sind minimal.

Es sei noch angemerkt, dass es die portugiesische Verfassung von 1976 in Art. 155,2 verbietet, den Zugang der Parteien zum Parlament von einer Sperrklausel abhängig zu machen. Aber auch ohne Sperrklausel hat sich dort ein Konzentrationsprozess im Parteiensystem vollzogen.

4.5.2 Entscheidungsregeln

Bei der Stimmenverrechnung ist zunächst zwischen den beiden Entscheidungsregeln Majorz und Proporz zu unterscheiden (s. dazu weiter unten, Kapitel 5, Abschnitt 2).

Beim Majorz führt das Erfordernis der absoluten Mehrheit zur Notwendigkeit, ein Verfahren für den Fall vorzusehen, dass kein Bewerber die geforderte Mehrheit der Stimmen erreicht: Oft wird die Stichwahl auf die zwei stimmstärksten Kandidaten beschränkt. In Ersatz einer Stichwahl kann auch das *alternative vote* angewandt werden, in welchem das Mehrheitserfordernis durch die Angabe von Zweit-, Dritt- und wenn nötig weitere Präferenzen eingelöst wird (s. Glossar).

Abbildung 3: Entscheidungsregeln

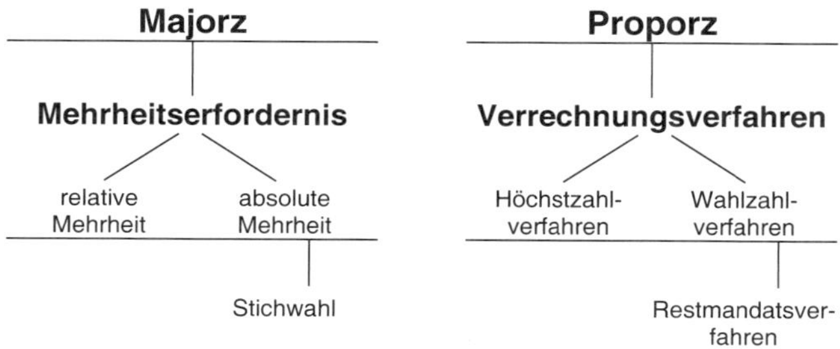

Die politischen Folgen der Stichwahl liegen in der Bedeutung, die kleine Parteien erhalten. Sie können für die großen Parteien, die um die Mehrheit im Wahlkreis ringen, interessant werden und in Wahlbündnissen versuchen, einige Direktmandate im Austausch gegen die Unterstützung der Kandidaten einer der großen Parteien in den anderen Wahlkreisen zu erhalten.

4.5.3 Höchstzahlverfahren

Werden die Mandate nach der Proporzregel verteilt, so ist ein Verrechnungsverfahren notwendig. Davon gibt es eine ganze Reihe. Die meisten von ihnen kann man zwei Grundtypen zuordnen. Es sind entweder Höchstzahl- oder Wahlzahlverfahren.

Die Höchstzahlverfahren werden auch Divisorenverfahren genannt. Das Typische an ihnen ist, dass durch Division der Stimmenzahlen, welche die Parteien erhielten, mittels Divisorenreihen für jede Partei der Größe nach abnehmende Zahlenreihen entstehen. Die Zuteilung der Mandate erfolgt nach den Höchstzahlen oder höchsten Quotienten. Das bekannteste Höchstzahlverfahren ist das d'Hondtsche Verfahren oder die Methode d'Hondt, benannt nach dem belgischen Professor für Zivil- und Steuerrecht Viktor d'Hondt (1841-1901), der 1882 dieses Verrechnungsverfahren entwickelte. Das Besondere an diesem Verfahren ist die Divisorenreihe. Sie lautet: 1, 2, 3, 4, 5 etc. Die Stimmenzahlen der Parteien werden also durch diese Divisorenreihe dividiert.

Beispiel:
In einem Wahlkreis sind zehn Abgeordnete zu wählen. Von den 10000 Stimmen entfallen auf die Partei A: 4160, auf die Partei B: 3380, auf die Partei C: 2460. Teilt man diese Zahlen der Reihe nach durch eins, zwei, drei und so fort, dann entstehen folgende Reihen:

Partei A		Partei B		Partei C	
:1	4160 (1)	:1	3380 (2)	:1	2460 (3)
:2	2080 (4)	:2	1690 (5)	:2	1230 (7)
:3	1386 (6)	:3	1126 (8)	:3	820
:4	1040 (9)	:4	845 (10)	:4	615
:5	832	:5	676	:5	492

(Zahlenbeispiel nach W. Jellinek: Verfassung und Verwaltung des Reichs und der Länder, Leipzig/Berlin 1925)

Die höchsten Quotienten (Höchstzahlen) werden für die Vergabe der Mandate an die Parteien berücksichtigt, so dass die Partei A das 1., 4., 6. und 9. Mandat erhält, die Partei B das 2., 5., 8. und 10. und die Partei C das 3. und 7. Mandat (entsprechend den in Klammern gesetzten Zahlen hinter den Quotienten).

Dass der Proporz in unserem Beispiel relativ ungenau ausfällt (Partei A und B erhalten gleich viele Mandate; Partei A vereinigte aber 41,6%, Partei B 33,8% der Stimmen auf sich), liegt weniger an der Methode d'Hondt als an der Zahl der Mandate im Wahlkreis. Partei B erhielt das letzte (10.) Mandat, Partei A hätte das 11. bekommen, wenn mehr Mandate zur Verfügung gestanden hätten (s. dazu oben Kapitel 4, Abschnitt 1.3).

Die Methode d'Hondt zählt insofern, als sie eine bestimmte Divisorenreihe aufweist. Denn es gibt andere Divisorenreihen, die bekannteste ist nach dem französischen Professor für Mathematik André Sainte-Laguë benannt:

1, 3, 5, 7, 9 etc. (Methode Sainte-Laguë) oder
1.4, 3, 5, 7, 9 etc. (Ausgeglichene Methode).

Die Divisorenreihen haben Auswirkungen darauf, wie exakt proportional das Verhältnis von Stimmen und Mandaten ist.

Die Unterschiede sind im Einzelfall minimal; es kann im Wahlkreis höchstens ein Mandat statt einer Partei einer anderen zufallen. Und es ist nicht immer die gleiche Partei, etwa immer die größte, die den möglichen Vorteil einheimst. Vergleichen wir etwa die Auswirkungen der Divisorenreihe d'Hondt mit der Ausgeglichenen Methode, so ergibt sich, dass bei Anwendung von d'Hondt möglicherweise eine größere Partei ein Mandat mehr erhält zu Lasten einer kleineren Partei. Welche Partei welcher Größenordnung das sein wird, ist ungewiss. Es kann sowohl die zweitkleinste Partei ein Mandat mehr bekommen als auch die größte Partei, und sowohl die kleinste Partei ein Mandat einbüßen als auch die zweitstärkste Partei.

Wir heben diese Details hervor, weil in der Wahlsystemdiskussion in einigen Ländern (etwa in Spanien) immer wieder die Methode d'Hondt für Verzerrungen der politischen Repräsentation verantwortlich gemacht wird. Manchmal wird ganz personifiziert einem Monsieur d'Hondt die Schuld daran gegeben, dass eine Partei kein Mandat erhielt. Oder es wird gemeint, die Methode d'Hondt begünstige die Existenz großer Parteien. Das ist alles nicht richtig. Wir brauchen über die Auswirkungen der Methode d'Hondt viel weniger zu rätseln als über die Auswirkungen anderer Elemente des Wahlsystems. Die richtige Antwort gibt uns die Mathematik.

Tabelle 10: Höchstzahlverfahren weltweit

d'Hondt		Sainte-Laguë	Ausgeglichene Methode
Angola	Moldawien	Bosnien	Norwegen
Argentinien	Montenegro	Lettland	Polen
Bulgarien	Mozambique	Litauen[a]	Schweden
Dänemark	Niederlande	Neuseeland	
Dominikanische	Österreich[a]		
Rep.	Paraguay		
Ecuador	Peru		
Estland[a]	Polen		
Finnland	Portugal		
Guatemala	Rumänien[a]		
Guinea Bissau	Spanien		
Island	Tschechien		
Israel	Türkei		
Japan	Serbien		
Kroatien	Ungarn[a]		
Liechtenstein[a]	Uruguay		
Mazedonien	Venezuela[a]		

Stand: um 2012. a Auf der zweiten oder dritten Ebene der Mandatszuteilung.
(*Quelle*: Nohlen/Grotz/Krennerich/Thibaut 2000, Nohlen/Stöver 2010, ergänzt)

Die Vorteile von Höchstzahlverfahren liegen in ihrer Einfachheit (insbesondere die Divisorenreihe von d'Hondt ist sehr einfach zu handhaben) und darin, dass sogleich in einem Gang alle Mandate vergeben werden können – im Gegensatz zu den Wahlzahlverfahren.

Die Methode d'Hondt ist das meist angewandte Verfahren der Stimmenverrechnung und Mandatszuteilung. In drei skandinavischen Ländern wurde sie durch die Ausgeglichene Methode, in der Bundesrepublik 1985 durch das System Hare/Niemeyer ersetzt, eine Variante des Verfahrens der größten Überreste, das zu den Wahlzahlverfahren gehört.

4.5.4 Wahlzahlverfahren

Bei *Wahlzahlverfahren* (auch Divisor- und Quotaverfahren genannt) wird eine Wahlzahl gebildet. Erreicht eine Partei eine Stimmenzahl, die so hoch ist wie die Wahlzahl, so erhält sie ein Mandat. Den Parteien stehen so viele Mandate zu, wie die Wahlzahl in ihrer jeweiligen Stimmenzahl enthalten ist.

Die Wahlzahl selbst entsteht durch Division, wobei der Dividend (fast) immer gleich ist, nämlich die Zahl der abgegebenen gültigen Stimmen, wohingegen der Divisor wechseln kann: Ist er identisch mit der Zahl der zu vergebenden Mandate, so sprechen wir vom einfachen Wahlzahlverfahren. Dem Engländer Thomas Hare (1806-1891) wird diese Wahlzahl zugeschrieben, nach ihm wird sie auch Hare-Quota benannt. Wird der Divisor gebildet aus der Zahl der zu vergebenden Mandate plus eins, so liegt das Verfahren Hagenbach-Bischoff vor, das von dem Schweizer Professor für Physik Eduard Hagenbach-Bischoff (1833-1910) vorgeschlagen und nach ihm so benannt wurde. Die Wahlzahl nach Hagenbach-Bischoff ist im übrigen identisch mit der Droop-Quota, die im englischen Sprachraum (nach dem Engländer Henry Droop benannt) gebräuchlich ist. Man kann die Berechnung der Wahlzahl noch weiter verändern, so dass wir insgesamt folgende Gleichungen erhalten:

$$\frac{\text{abgegebene gültige Stimmen}}{\text{Zahl der Mandate im Wahlkreis}} = \text{Wahlzahl}$$ (einfaches Wahlzahlverfahren oder Hare-Quota)

$$\frac{\text{abgegebene gültige Stimmen}}{\text{Zahl der Mandate im Wahlkreis} + 1} = \text{Wahlzahl}$$ (Methode Hagenbach-Bischoff oder Droop-Quota)

$$\frac{\text{abgegebene gültige Stimmen}}{\text{Zahl der Mandate im Wahlkreis} + 1} + 1 = \text{Wahlzahl}$$ (STV-Droop-Quota)

$$\frac{\text{abgegebene gültige Stimmen}}{\text{Zahl der Mandate im Wahlkreis} + 2} = \text{Wahlzahl}$$ (modifiziertes Wahlzahlverfahren)

Welchen Effekt haben die verschiedenen Divisoren? Ganz sicherlich den, dass je größer der Divisor, desto kleiner die Wahlzahl. Da, wie wir schon feststellten, Wahlzahlverfahren die Eigenschaft haben, in der Regel die zur Verfügung stehenden Mandate nicht in einem Verfahrensgang zu vergeben, kann mit der Größe des Divisors die Zahl der Restmandate, die in einem zweiten Zuteilungsverfahren vergeben werden müssen, gesteuert werden.

Beispiel:
In einem Wahlkreis sind fünf Mandate zu vergeben. Es werden 1000 gültige Stimmen abgegeben. Auf die Parteien entfielen: A 350, B 90, C 180, D 220, E 160 Stimmen.

	Partei	A	D	C	E	B	Restmandate
	Stimmen	350	220	180	160	90	
Wahlzahl							
$\frac{1000}{5}$	=200	1	1				3
$\frac{1000}{5+1}$	=166	2	1	1			1
$\frac{1000}{5+2}$	=142	2	1	1	1		0

Das einfache Wahlzahlverfahren und die Methode Hagenbach-Bischoff führen in unserem Beispiel nicht zur vollständigen Vergabe der Mandate.

Nun stellen Restmandate kein Problem dar, sondern werden in der Regel genutzt, um die Proportionalität von Stimmen und Mandaten zu verbessern oder um diese zu begrenzen. Bilden beispielsweise die Wahlkreisgrößen eine Begrenzung für den Proporz (s. Kap. 4, Abschnitt 1.3), so können die Restmandate auf einer anderen Ebene, auf der Ebene von Wahlkreisverbänden oder auf nationaler Ebene, addiert und zum Zwecke des Verhältnisausgleichs verwandt werden. Die Funktion dieser Restmandate hängt vom Zuteilungsverfahren ab und auch davon, ob alle Parteien an der Vergabe der Restmandate beteiligt werden, oder nur solche, die bereits im ersten Zuteilungsverfahren ein Mandat erringen konnten.

Ein wesentlicher Unterschied ist, ob alle Stimmen, die auf die Parteien entfielen, welche am zweiten Zuteilungsverfahren beteiligt sind, wieder in die Berechnung einfließen oder nur die Reststimmen oder überschießenden Stimmen.

Aber es gibt natürlich auch die Möglichkeit, die Restmandate auf Wahlkreisebene zu vergeben. Folgende Methoden sind zu unterscheiden:

- Methode des größten Überrestes;
- Methode des kleinsten Überrestes;
- Restteilungsverfahren (Bildung von Höchstzahlen) per Division durch 1, 2, 3 etc. wie bei Methode d'Hondt;
- Methode des größten Durchschnitts (Division der Reststimmen durch die um eins erhöhte Zahl der bereits erhaltenen Mandate).

Wenn wir die unterschiedlichen Zuteilungsverfahren für die Restmandate auf unser Beispiel anwenden, werden die Differenzen in den Ergebnissen sofort sichtbar.

Keine Partei erhält stets eines der drei Restmandate. Jede kann aber ein Restmandat gewinnen, je nachdem, welches Verfahren angewandt wird. Allgemein lässt sich formulieren: Die Methoden des größten Überrestes und größten Durchschnitts begünstigen eher die kleinen Parteien, die Methode des kleinsten Überrestes eher die großen Parteien.

Rechenbeispiel:

	A	D	C	E	B
Stimmen	350	220	180	160	90
Wahlzahl	:200	:200	*	*	*
Reststimmen	150	20	180	160	90
Methode des größten Überrestes Mandate	1		1	1	
Methode des kleinsten Überrestes Mandate	1	1			1
Restteilungs-	150	20	180	160	90
Verfahren	75	10	90	80	45
	50	6,6	60	53,3	30
Mandate	1		1	1	
Methode des	150	20	180	160	90
größten Durchschnitts	=75	=10	=180	=160	=90
	1 + 1	1 + 1	0 + 1	0 + 1	0 + 1
Mandate			1	1	1

* Stimmenzahl kleiner als Wahlzahl

Tabelle 11: Wahlzahlverfahren weltweit

Hare plus größter Überrest		Hare plus größter Durchschnitt	Hare plus andere Verfahren	Hagenbach-Bischoff oder Droop
Albanien Costa Rica	Mexiko	Benin	Algerien	Irland (STV-Droop)
El Salvador Griechenland	Niger	Brasilien	Belgien[a]	Liechtenstein
Guinea	Rumänien[a]	Burkina Faso Nicaragua Niederlande	Estland Liechtenstein	Luxemburg
Guyana	Russland	Tunesien	Österreich Zypern	Malta (STV-Droop) Nicaragua
Honduras	Senegal Sierra Leone			Schweiz[a] Slowakei Slowenien[a]
Indonesien	Südkorea			Südafrika (STV-Droop)
Liberia	Ukraine Uruguay[a]			Ungarn[a]
Litauen[a]	Türkei			

Stand: um 2010; [a] plus d'Hondt für nationale oder Restmandate.
(Quelle: Nohlen/Grotz/Krennerich/Thibaut 2000, Nohlen/Stöver 2010b, ergänzt)

Wahlzahlverfahren finden wir angewandt in Verhältniswahlsystemen, die in der Regel einen ziemlich exakten Proporz anstreben, soweit dies andere Variablen zulassen. Wie *Tabelle 11* aufweist, ist das Verfahren Hare plus größter Überrest das gebräuchlichste. Es sei noch erwähnt, dass es im angelsächsischen Bereich als Verfahren der größten Reste (*largest remainder*) geführt wird.

4.5.5 Hare/Niemeyer und Sainte-Laguë/Schepers

Neben den herkömmlichen, international gebräuchlichen Verrechnungsverfahren haben in der Bundesrepublik Deutschland zwei Verfahren Anwendung gefunden, die sich als mathematisch bessere Lösungen für einige Probleme der Mandatszuteilung ausgewiesen haben: zunächst das Verfahren Hare/Niemeyer, sodann das Verfahren Sainte-Laguë/Schepers. Hare/Niemeyer wurde erstmals 1985, Sainte-Laguë/Schepers erstmals 2009 bei Bundestagswahlen angewandt.

Die Verhältniswahl, verstanden als Entscheidungsregel (s. Kapitel 5.2) mit dem Anspruch, einen möglichst exakten Proporz herzustellen, sieht sich technisch-mathematisch mit verschiedenen Problemen konfrontiert (vgl. Lübbers 2009). Da ist zunächst die geforderte Neutralität gegenüber den Parteigrößen. An ihr macht sich in der Regel der Proportionalitätsgrad der verschiedenen Verfahren fest. Die Methode d'Hondt begünstigt bekanntlich die größten Parteien, Hare/Niemeyer ist demgegenüber parteigrößenneutral. Als nächstes Problem gilt die sogenannte Mehrheitstreue der Verfahren. Eine Partei, die über eine absolute Mehrheit bei den Stimmen verfügt, soll sie bei den Mandaten nicht einbüßen müssen. Dies konnte Hare/Niemeyer nicht gewährleisten. Das Bundeswahlgesetz schreibt in §6 (3) aber Mehrheitstreue vor. Des Weiteren soll ausgeschlossen sein, dass bei Erhöhung der Zahl der Parlamentsmandate eine Partei weniger Sitze erhält (sog. Alabama-Paradoxon, s. Kopfermann 1991: 134). Schließlich soll Konsistenz bzw. Kohärenz herrschen: Gewinnt eine Partei im Vergleich mit einer anderen Partei Stimmen hinzu, soll sie keinesfalls Mandate an diese Partei verlieren. Auch darf das Stärkeverhältnis zweier Parteien nicht vom Abschneiden einer dritten Partei tangiert werden. Diese mathematische Seite der Verhältniswahl ist so alt wie die Idee der Verhältniswahl selbst, Condorcet und Mirabeau sind Zeitgenossen der zweiten Hälfte des 18. Jahrhunderts.

Das vom deutschen Mathematiker Horst O. Niemeyer wieder in die Debatte gebrachte System mathematischer Proportionen, in Puerto Rico seit 1952 angewandt, sieht vor, dass die für die einzeln Parteien abgegebenen gültigen Stimmen jeweils mit der Zahl der zu vergebenden Mandate multipliziert werden und das Ergebnis durch die Gesamtzahl der abgegebenen Stimmen dividiert wird. Die Parteien erhalten so viele Mandate, wie ganze Zahlen entstehen. Die Restmandate werden nach der Höhe der resultierenden Zahlenbruchteile hinter dem Komma vergeben. Das Verfahren Hare/Niemeyer ist in seinen Auswirkungen identisch mit dem Wahlzahlverfahren Hare plus größtem Überrest. Es ist für kleine Parteien günstiger als das d'Hondtsche Verfahren. *Tabelle 12* weist diesen Sachverhalt nach.

Im Zahlenbeispiel werden jedoch auch die Schwächen des Hare/Niemeyerschen Verfahrens deutlich. Es hat den Nachteil logischer Sprünge (s. DAS PARLAMENT vom 28.3.1981, Nr. 13: 26). Eine Partei kann möglicherweise bei gleichem Stimmenanteil mit der Erhöhung der Zahl der zu vergebenden Sitze ein Mandat einbüßen. In Grenzfällen kann das System mathematischer Proportionen dazu führen, „dass eine absolute Stimmenmehrheit nicht eine absolute Sitzmehrheit zur Folge hat". Dem wird durch die Zusatzbestimmung vorgebeugt, der folgend die Partei mit der absoluten Mehrheit der Stimmen zunächst das zum Erhalt der absoluten Mehrheit der Mandate erforderliche Restmandat zugesprochen bekommt.

Das Verfahren Sainte-Laguë/Schepers geht auf den Physiker Hans Schepers vom Wissenschaftlichen Dienst des Deutschen Bundestages zurück und lässt sich als Höchstzahlverfahren, als Divisorverfahren und als Rangmaßzahlverfahren darstellen. Alle drei Darstellungsweisen führen, wie die Wahlmathematiker versichern, zu einer identischen Sitzverteilung (Kopfermann 1991; Pukelsheim 2000; Lübbert 2009). Als Höchstzahlverfahren nach Sainte-Laguë dargestellt, werden die Stimmenzahlen durch die Zahlenreihe 0,5; 1,5; 2,5 und so fort dividiert und wie bei der Methode d'Hondt die Mandate in der Reihenfolge der entstandenen Höchstzahlen vergeben. Im Gegensatz zum d'Hondt'schen Verfahren, dass die größten Parteien bevorzugt, wirkt das Sainte-Laguë'sche Höchstzahlverfahren parteigrößenneutral.

Tabelle 12: Die Verfahren d'Hondt und Hare/Niemeyer im Vergleich

D'Hondt					Mathematisches Proportionssystem (Hare/Niemeyer)			
Sitzzahl	CDU/ CSU	SPD	FDP	Die Grünen	CDU/ CSU	SPD	FDP	Die Grünen
1	1	0	0	0	1	0	0	0
2	1	1	0	0	1	1	0	0
3	2	1	0	0	2	1	0	0
4	2	2	0	0	2	2	0	0
5	3	2	0	0	3	2	0	0
6	3	3	0	0	3	2	1	0
7	4	3	0	0	3	3	1	0
8	5	3	0	0	4	3	1	0
9	5	4	0	0	4	4	1	0
10	6	4	0	0	5	4	1	0
11	6	5	0	0	5	4	1	1
12	7	5	0	0	6	5	1	0!
13	7	5	1	0	6	5	1	1
14	7	6	1	0	7	5	1	1
15	8	6	1	0	7	6	1	1
16	8	7	1	0	8	6	1	1
17	9	7	1	0	8	7	1	1
18	9	7	1	1	9	7	1	1
19	10	7	1	1	9	8	1	1
20	10	8	1	1	10	8	1	1
21	11	8	1	1	10	8	2	1
22	11	9	1	1	11	9	1!	1
23	12	9	1	1	11	9	2	1
24	12	10	1	1	12	9	2	1
25	13	10	1	1	12	10	2	1

Den Berechnungen wurden die Stimmenergebnisse bei den Bundestagswahlen von 1983 zugrundegelegt. Die Tabelle zeigt deutlich die günstigeren Ergebnisse des d'Hondtschen Verfahrens für die größeren Parteien. Zur besseren Lesbarkeit wurden die Spalten, in denen d'Hondt und Hare/Niemeyer unterschiedliche Ergebnisse erbringen, durch Schattierung der Felder bei Hare/Niemeyer hervorgehoben. Die logischen Sprünge oder Ungereimtheiten des Systems mathematischer Proportionen sind mit einem Ausrufezeichen versehen.

(*Quelle*: Hübner 1984: 34)

Als Divisorverfahren dargestellt, steht die Berechnung des Divisors im Vordergrund, der die pro Mandat erforderliche Stimmenzahl benennt. Er ergibt sich zunächst aus der Division der Gesamtzahl der Stimmen durch die Gesamtzahl der Mandat, wird im Divisorverfahren jedoch variabel gehandhabt, ebenso wie die Rundungsregel, nach der die Nachkommazahlen zu ganzen Zahlen entweder auf- oder abgewertet werden. Stimmt die Summe aller vergebenen Mandate nicht mit der Gesamtzahl der zur Verfügung stehenden Mandate überein, so wird der Divisor solange verändert (entweder vergrößert oder verkleinert, je nachdem, ob zu viele oder zu wenige Mandate berechnet wurden), bis die Summe der als zu vergeben berechneten Mandate mit der Zahl der zur Verfügung stehenden Mandate übereinstimmt. Da das Divisorverfahren Konsistenz bzw. Kohärenz gewährleistet, treten keine logischen Sprünge (wie bei Hare/Niemeyer) oder Anomalien nach Art des Alabama Paradoxons auf.

Als Rangmaßzahlverfahren wurde das Verfahren Sainte-Laguë von Hans Schepers dargestellt. Beim Rangmaßzahlverfahren nach Sainte-Laguë/Schepers werden die Kehrwerte der Höchstzahlen durch umgekehrte Division der Zahlenreihe (0,5; 1,5; 2,5 usf.) durch die Stimmenzahlen der einzelnen Parteien berechnet. Durch jeweilige Multiplikation mit der Gesamtstimmenzahl ergeben sich Rangmaßzahlen. Die Sitze werden aufsteigend in der Reihenfolge der kleinsten Rangmaßzahlen, das heißt nach dem bislang geringsten Erfolgswert vergeben. Der deutsche Gesetzgeber hat sich jedoch für die Darstellung des Verfahrens Sainte-Laguë/Schepers als Divisorverfahren mit Standardabrundung entschieden.

4.5.6 Ebenen der Stimmenverrechnung

Werden nicht alle Mandate im Wahlkreis der untersten Ebene vergeben, können auf einer zweiten (oder dritten) Ebene die restlichen (oder weiteren) Mandate verteilt werden. Die Stimmenverrechnung erfolgt dann in einem mehrstufigen Verfahren. Möglicherweise bestehen Wahlkreise, in denen Direktmandate vergeben werden, neben Wahlkreisverbänden, zu denen mehrere Wahlkreise zusammengeschlossen werden, und neben einem nationalen Wahlkreis, der die oberste Stufe eines Mehrebenen-Wahlkreissystems bildet.

Graphisch lässt sich die Struktur wie folgt darstellen:

3. Ebene	Nationaler Wahlkreis
2. Ebene	Wahlkreisverbände
1. Ebene	Wahlkreise

Auf allen Ebenen werden Mandate zugeteilt. Auf der ersten Ebene kann die Wahl individueller Kandidaten die Auswahlchance erhöhen oder die stärkere Anbindung der Abgeordneten an den Wahlkreis bewirken. Die Funktion der Ebenen zwei und drei kann jedoch sehr verschieden sein: Auf diesen Ebenen kann der Proporz (durch Rest-, Zusatz- oder Ausgleichsmandate) verstärkt oder (durch Beschränkung der Parteienbeteiligung an der Mandatsvergabe etwa durch Sperrklauseln oder Mandatsklauseln) abgeschwächt werden.

Theoretischer ausgedrückt könnte man auch sagen, dass mit der Mandatsvergabe auf einer zweiten und/oder dritten Ebene versucht wird, die Ergebnisse, die auf der ersten Ebene erzielt werden, mit der politischen Repräsentationsvorstellung in Übereinstimmung zu bringen, welche dem Gesetzgeber vorgeschwebt hat. Doch bedarf es der Abstimmung der technischen Elemente aufeinander, um dieser Intention gerecht werden zu können. Möglicher Nachteil dieser Feinsteuerung der politischen Repräsentation ist die erhöhte Komplexität der Wahlsysteme.

Beispiele:

a) Dänemark
Der Proporz, der in den Wahlkreisen (135 Mandate) unterschiedlicher Größe (2-16 Mandate) nicht vollkommen ist, wird durch 40 Zusatzmandate verfeinert, die proportional zum Stimmenanteil im ganzen Land vergeben werden. Allerdings wird die Beteiligung an der Vergabe der Zusatzmandate vom Erwerb eines Wahlkreismandats oder von 2% aller Stimmen im Land abhängig gemacht. Als Berechnungsgrundlage für die Zuteilung der nationalen Zusatzsitze fungiert indes eine (hypothetische) proportionale Verteilung der 175 Gesamtmandate: die Sitze, die eine Partei in den subnationalen Mehrpersonenwahlkreisen gewonnen hat, werden von ihrem (hypothetischen) Gesamtmandatsanteil abgezogen; der Rest sind die Zusatzsitze, die die entsprechende Partei erhält (s. Elklit 2010). Da hierdurch ein ziemlich exaktes Verhältnis von Stimmen und Mandaten erzielt wird, erfüllen die Zusatzmandate die Funktion von Ausgleichsmandaten.

b) Venezuela
Die Verhältniswahl in Wahlkreisen unterschiedlicher Größe führte zur Begünstigung großer und Benachteiligung kleiner Parteien.

Die Verfassung von 1961 schrieb Verhältniswahl mit Minderheitenvertretung vor. Nach dem bis 1989 gültigen Wahlsystem wurden Zusatzmandate (bis zu vier Mandate pro Partei) an die Parteien vergeben, die bei nationaler Verrechnung der Stimmen nach dem einfachen Wahlzahlverfahren Anspruch auf Parlamentsmandate hatten. 1958 wurden sechs, 1963 dreizehn und bei den nachfolgenden Wahlen siebzehn (1983 achtzehn) Zusatzmandate vergeben. In den Genuss dieser Mandate kamen 1958: 2 (0), 1963: 6 (2), 1968: 9 (3), 1973: 8 (4), 1978: 9 (5), 1983: 7 (5) und 1988: 9 (6) Parteien (in Klammern Zahl der Parteien, die in den Wahlkreisen keine Mandate errungen hatten). Von den Zusatzmandaten blieb die Disproportion zugunsten der stimmstärksten Partei unberührt. So gewann etwa die AD 1973 mit 44,4% der Stimmen 55,7% der Mandate (vgl. Martello 1987; Nohlen 2005).

c) Griechenland

In der sog. verstärkten Verhältniswahl wurde nach dem Wahlgesetz von 1951 nicht der Proporz, sondern die Mehrheitsbildung verstärkt. Das Instrument dazu bildete das dreistufige Zuteilungsverfahren, wobei die Beteiligung am 2. und 3. Zuteilungsverfahren von hohen Barrieren (15% Wahlkreisverbandsebene, 25% nationale Ebene) abhängig gemacht wurde. Der Disproportionseffekt des Wahlsystems war erheblich. 1977 gewann die politische Rechte mit 41,8% der Stimmen 57,8% der Mandate, 1985 die politische Linke mit 45,8% der Stimmen 53,6% der Mandate (s. Seferiades 1986). In der Reform von 1989 wurde in Griechenland „die proportionalste Verhältniswahl eingeführt, die [das Land] je kannte“ (Pantelis/Koutsoubinas 1998: 322), mit dem Ergebnis, dass bei den folgenden Wahlen zweimal keine parteiliche Mehrheitsbildung zustande kam und einmal nur eine hauchdünne Mehrheit von einem Mandat erzielt wurde. 1990 wurde deshalb wieder ein System der Verhältniswahl mit stark disproportionalen Effekten eingeführt, und die politische Linke gewann bei den Wahlen von 1993 mit 46,9% der Stimmen 56,7% der Mandate (vgl. Pantelis et al. 2010).

d) Estland

Nach der Wahlreform von 1995 bestehen elf Mehrpersonenwahlkreise mit zwischen sieben und zwölf Mandaten (Mittelwert 9,2), in denen nach lose gebundenen Listen mit Personalstimmgebung gewählt wird. Die Stimmenverrechnung erfolgt zunächst auf der Wahlkreisebene nach Hare: Jeder Kandidat, der die einfache Wahlzahl erreicht, ist gewählt (individuelles Mandat). Daraufhin werden die Reststimmen nach Parteilisten bzw. Wahlbündnissen in den Wahlkreisen addiert; übertrifft eine Liste die Wahlzahl, ist der Kandidat gewählt, der die meisten Stimmen zu der betreffenden Liste beigetragen hat (Wahlkreismandat). Die restlichen Stimmen werden in einem dritten Schritt auf nationaler Ebene addiert; für die Vergabe dieser Mandate (nationale Listenmandate) nach starren Parteilisten wird das modifizierte d'Hondtsche Verfahren angewandt. An der Verteilung der nationalen Listenmandate werden nur solche Parteien beteiligt, die mindestens 5% der im ganzen Land abgegebenen Stimmen oder drei individuelle Mandate haben gewinnen können (vgl Sikk 2010).

Die Tücken des Wahlsystems liegen darin, dass einige technische Elemente in der Wahlpraxis in Widerspruch zu den Intentionen des Wahlsystems treten. Der Wähler verfügt über eine Personalstimme, was signalisiert, dass er eine Auswahl unter den Kandidaten nicht nur verschiedener, sondern auch ein und derselben Partei vornehmen kann. In Mehrpersonenwahlkreisen erhalten die Kandidaten ein personelles Mandat zugesprochen, die mehr Stimmen als die einfache Wahlzahl aufweisen. Eine Partei steigert die Chance, einen ihrer Kandidaten individuell gewählt zu sehen, wenn sich die Personalstimmen auf einen oder wenige Kandidaten konzentrieren. Um möglichst viele Wahlkreismandate zu erhalten, ist es hingegen sinnvoll, dass sich viele Kandidaten bewerben, die alle ihr Scherflein zur Reststimmenakkumulation beitragen. Das konnte dann dazu führen, dass Wahlkreismandate an Bewerber vergeben wurden, die individuell nur wenige Stimmen auf sich vereinigten, was die Reform von 1995 ausschloss Die Zersplitterung der Kandidaturen freilich bewirkt, dass viele Reststimmen verbleiben bzw. viele Mandate in den bisherigen zwei Verfahren nicht zugeteilt werden konnten. Diese Mandate werden im landesweiten Wahlkreis nach Parteilisten vergeben, die allerdings starr sind. Kurzum: Je intensiver der Wähler von seiner Personalstimme im Sinne eines unbegrenzten Pluralismus Gebrauch macht, desto mehr grenzt er seine Auswahlchance ein, da sich die Zahl der nach starrer Liste vergebenen Mandate erhöht. Da auf dieser Ebene auch noch eine Sperrklausel gilt, bleibt ein hoher Anteil der Stimmen unberücksichtigt. Das Wahlsystem unterstellt eine hohe Partizipationschance. Je mehr der Wähler sie ergreift, desto weniger Auswahl der Abgeordneten hat er und desto höher wird die Erfolgswertungleichheit der Stimmen. Nimmt man das Prinzip der Verhältniswahl ernst, dass sich Zählwert und Erfolgswert der Stimmen einigermaßen entsprechen sollten, so stellt sich das Wahlsystem als Verhältniswahl selbst in Frage.

Zu einem weiteren Beispiel s. Ungarn, Kapitel 8, Abschnitt 9.

4.6 Zusammenfassung und Schlussfolgerungen für die Analyse von Wahlsystemen und ihrer Auswirkungen

In Wahlsystemen ist eine Vielzahl von technischen Einzelheiten geregelt. Die wichtigsten Festlegungen betreffen die Wahlkreiseinteilung, die Wahlbewerbung, die Stimmgebung und die Stimmenverrechnung. Fast alle einzelnen Regelungen haben mehr oder weniger großen Einfluss auf das Wahlergebnis.

Grundsätzlich zu unterscheiden sind solche Regelungen, die politisch gezielt die Begünstigung bestimmter Parteien oder Bewerber bewirken und deshalb getroffen wurden (etwa die ungleiche Repräsentation und das *gerrymandering*) von solchen Regelungen, die repräsentationstheoretisch und wahlsystematisch begründet Parteien oder Bewerber begünstigen, andere benachteiligen (etwa die Erschwernis für kleine Parteien, in kleinen Wahlkreisen ein Mandat zu erhalten, oder die Begünstigung kleiner Parteien bei Restvergabe von Mandaten nach dem größten Überrest).

Verfolgt man die Entwicklung der Wahlsysteme auf der Welt, so kann man einen verstärkten Gebrauch vielfältiger Kombinationen der behandelten Elemente feststellen. Aus diesem Grund muss mehr Anstrengung auf die Analyse und Klassifizierung des jeweiligen Wahlsystems verwendet werden.

Für die Analyse von Wahlsystemen sind folgende Schritte wichtig:

1. Schritt: Analyse der einzelnen Regelungen und ihrer Auswirkungen.
2. Schritt: Analyse der einzelnen Regelungen im systemischen Zusammenhang und Feststellung, welche Elemente die Auswirkungen des Wahlsystems insgesamt bestimmen.

3. Schritt: Analyse von Variablen des historischen Kontextes und der jeweiligen soziopolitischen Variablen, welche die Auswirkungen von Wahlsystemen mitbestimmen können.

Um die Notwendigkeit, diese drei Analyseschritte vorzunehmen, noch einmal einsichtig zu machen, erinnern wir an die folgende Konfiguration einzelner Variablen im Wirkungsgeschehen eines Wahlsystems:

1. Technische Variablen: Das Stimmenverrechnungsverfahren garantiert ein ziemlich proportionales Verhältnis von Stimmen und Mandaten. Die Wahlkreiseinteilung gestattet keine Proportionalität von Stimmen und Mandaten.
2. Systemische Variable: Der Effekt der Wahlkreiseinteilung setzt sich gegenüber dem der Stimmenverrechnung durch und droht, eine hohe Disproportion hervorzurufen.
3. Verhaltensvariablen: Die politischen Parteien unterlaufen durch Wahlabsprachen den Disproportionseffekt des Wahlsystems. Die Wähler verhalten sich strategisch, indem sie bevorzugt jene Parteien wählen, die ihnen den Erfolgswert ihrer Stimmen sichern, was möglicherweise den Disproportionseffekt des Wahlsystems verringert.

Die Auswirkungen von Wahlsystemen sind erst dann bestimmbar, wenn diese drei Dimensionen, die technischen Details, ihr Zusammenwirken im System sowie das Verhalten der politischen Kräfte und das Wählerverhalten erfasst werden.

An dieser Stelle sei bereits darauf aufmerksam gemacht, dass die bisherigen Ausführungen der Frage gegolten haben, welche Auswirkungen die technischen Elemente eines Wahlsystems und deren Handhabung durch den Wähler auf die Stimmen-Mandate-Relation haben. Damit sind vor allem die Effekte von Wahlsystemen hinsichtlich des Proportionalitätsgrades angesprochen. In diesem Bereich kann die Kenntnis der Wahlsystematik zu guten wissenschaftlichen Ergebnissen führen. Ein anderer, schwerer zu erfassender Bereich ist jener, der die Auswirkungen von Wahlsystemen auf die Parteien und Parteiensysteme zum Gegenstand hat. Vielfach wurden die beiden Bereiche nicht auseinander gehalten, ja man kann sogar feststellen, dass die klassischen Thesen zu den Auswirkungen von Wahlsystemen des normativen Ansatzes diese notwendige Trennung systematisch negieren. Sie schließen nämlich von durchaus prognostizierbaren Effekten im ersten Bereich (etwa proportionale Wahlergebnisse) auf die Struktur des Parteiensystems (etwa Vielparteiensystem), die damit keineswegs korrelieren muss. Für Analysen, die den zweiten Bereich betreffen, sind mehr als nur technisch-institutionelle Variablen zu berücksichtigen. Diese weiteren akteurszentrierten und kontextbestimmten Variablen entziehen sich dem leichten generalisierenden Zugriff. Darauf werden wir in Kapitel 10 zurückkommen, wenn es um die Beziehung zwischen Wahlsystemen und Parteiensystemen gehen wird.

Weiterhin sei angemerkt, dass die Auswirkungen von Wahlsystemen auf das Wählerverhalten in der Wahlsystemforschung seit Maurice Duvergers Unterscheidung zwischen mechanischen und psychologischen Effekten zwar stets mitbedacht wurden, aber erst in den letzten Jahren, ausgehend von Gary W. Cox (1997), gezielte Anstrengungen unternommen wurden, den wissenschaftlichen Kenntnisstand zu vertiefen, unter anderem von Seiten der Mannheimer Forschungsgruppe um Franz Urban Pappi (s. Pappi/Shikano 2007, s. auch Norris 2008 und das Comparative Study of Electoral Systems-Projekt/CSES).

Wir wenden uns im Folgenden aber nun der großen Alternative von Mehrheitswahl und Verhältniswahl zu und entwickeln die ordnungstheoretischen Grundlagen sowie die Bewertungskriterien für die empirische Analyse der Wahlsysteme.

5. Wahlsystematik II: Mehrheitswahl und Verhältniswahl. Klassifikation und Bewertung von Wahlsystemen

Wir wenden uns im Folgenden aber nun der großen Alternative von Mehrheitswahl und Verhältniswahl zu und entwickeln die ordnungstheoretischen Grundlagen sowie die Bewertungskriterien für die empirische Analyse der Wahlsysteme.

5.1 Definitions- und Klassifikationsprobleme

Zwar gibt es die Grundunterscheidung von Mehrheitswahl und Verhältniswahl, aber bereits was unter den beiden Termini verstanden werden soll, ist unklar. Zudem wird noch die Kategorie sog. Mischwahlsysteme (oder Mischsysteme) geführt, eine Residualkategorie, die alle nicht unter Mehrheitswahl oder Verhältniswahl klassifizierten Systeme umfasst. Was es mit dieser Kategorie auf sich hat, ist noch weniger klar. Macht es überhaupt Sinn, die dichotome Struktur des Ordnungssystems zugunsten einer Triade aufzugeben? Versuche, zwischen wirklichen und so genannten Mischwahlsystemen zu unterscheiden (s. Sartori 1994), vollziehen diesen Schritt, verweisen jedoch zugleich auf bislang kaum beachtete interne Differenzierungsprobleme. Für die international vergleichende Analyse kommt erschwerend hinzu, dass der Untersuchungsgegenstand nach Land, Kultur und Sprache eine verschiedenartige Bezeichnung erfährt, mit der unterschiedliche Assoziationen einhergehen, die jeweils nationale Besonderheiten und Erfahrungen widerspiegeln. Im Englischen etwa besteht die große wahlsystematische Alternative zwischen *plurality (first-past-the-post) system* und *proportional representation*. Diese Begrifflichkeit entspricht jedoch nicht der im Deutschen geläufigen Unterscheidung zwischen Mehrheitswahl und Verhältniswahl: Der englische Begriff *plurality system* ist enger gefasst als der deutsche Begriff Mehrheitswahl, da letzterem nicht die Art der Mehrheit entnommen werden kann (absolute oder relative Mehrheit). Eine wörtliche Übersetzung von *plurality system* ins Deutsche wäre aus historischen Gründen missverständlich, da man mit *Pluralwahl* ein ungleiches, nach sozialen Klassen gestaffeltes Wahlsystem assoziiert, wie es im 19. Jahrhundert zur Anwendung gekommen ist (s. oben Kapitel 2, Abschnitt 2). Auch hinsichtlich der Verhältniswahl sind historisch und kulturell begründete Verständnisdifferenzen festzustellen. Erneut liegt in Großbritannien ein engeres Verständnis vor, bedingt durch die starke Assoziation der Verhältniswahl mit einem konkreten Wahlsystem, dem *single transferable vote* (s. unten Kapitel 8, Abschnitt 7). Die personalisierte Verhältniswahl wird hingegen auf der Insel unter dem Begriff *additional member system* geführt, womit zum Ausdruck gebracht wird, das zusätzlich zu den Mandaten, die in Einerwahlkreisen vergeben werden, noch weitere Mandate hinzutreten (s. Irvine 1984: 167). Die britische Perspektive ergibt sich aus dem Vergleich mit dem *first-past-the post-System*. Das Grundcharakteristikum des deutschen Wahlsystems, nämlich die Verhältniswahl, wird damit bereits durch die Bezeichnungsweise verfehlt (zu den analytischen Folgen s. Kapitel 8, Abschnitt 1).

Traditionellerweise werden Mehrheitswahl und Verhältniswahl wie folgt definiert: Mehrheitswahl ist, wenn der Kandidat siegt, der die (absolute oder relative) Mehrheit erzielt. Verhältniswahl ist, wenn die politische Repräsentation möglichst exakt die Verteilung der Stimmen auf die Parteien widerspiegelt (so jüngst wieder Gallagher/Mitchell 2008). Beide Definitionen sind für sich genommen durchaus richtig, aber sie sind nicht symmetrisch (s. Nohlen 1969; 1978), ein Sachverhalt, den inzwischen auch Sartori (1994: 4) hervorhebt. Bei der Definition der Mehrheitswahl wird auf die Entscheidungsregel abgehoben, bei der Definition der Verhältniswahl auf die parteipolitische Zusammensetzung des Parlaments, auf das Repräsentationsmodell. Eine solche Differenz in den Definitionskriterien erschwert den systematischen Vergleich. Für Komparatisten ist sie nicht hinnehmbar. Eine erste konzeptionelle Aufgabe besteht also darin, die Definitionen von Mehrheitswahl und Verhältniswahl symmetrisch aufeinander zu beziehen. Nur so kann die Ordnungsfunktion der beiden Grundtypen für das gesamte Universum der Wahlsysteme gewährleistet werden.

Die Asymmetrie der geläufigen Definitionen für Mehrheitswahl und Verhältniswahl wirft allerdings die Frage nach der geeigneten Definitionsstrategie auf. Sollen die beiden Grundtypen nach den technischen Elementen, nach dem Repräsentationsziel oder gar nach den empirischen Auswirkungen definiert werden (vgl. Vallés/Bosch 1997: 194f.). Einiges spricht dafür, die technischen Elemente zum Definitionsmerkmal zu erheben. Ihr Vorteil besteht darin, dass sie sich präzise bestimmen und relativ exakt in ihren Auswirkungen berechnen lassen. Da der Wahlkreis hinsichtlich seiner Größe die wichtigste Variable ist, von der die Auswirkungen von Wahlsystemen abhängen, liegt es nahe, ihn als Definitionsmerkmal anderen technischen Elementen vorzuziehen. Jean Blondel (1969) verfuhr so, und andere folgten ihm, wie beispielsweise Ferrer/Russo: „In Mehrheitswahlsystemen wird nur ein Abgeordneter pro Wahlkreis gewählt, während in Verhältniswahlsystemen mehr als ein Abgeordneter pro Wahlkreis gewählt wird“ (Ferrer/Russo 1984: 142). Ähnlich definierte Sartori (1994: 4): „An electoral system is majoritarian if the voting occurs in constituencies (usually single-member ones) in which the winner takes all. ...Conversely, any electoral system in which the voting occurs in two-or-more member constituencies and produces two-or-more winners elected on a ‘highest votes’ basis, is a proportional system“. Sartori fügte allerdings die Entscheidungsregel hinzu, nach der die Mandate vergeben werden, ähnlich wie Werner Kaltefleiter (1967), der Mehrheitswahl und Verhältniswahl allein an den Zähltechniken festmachte: bei Mehrheitswahl werden die Stimmen im Wahlkreis gezählt, bei Verhältniswahl im ganzen Land. Er hatte wohl ausschließlich die personalisierte Verhältniswahl im Blick. Denn was ist mit Wahlsystemen, in denen der Proporz in kleinen Wahlkreisen angewandt wird, oder mit Wahlsystemen, in denen die Wähler in Mehrpersonenwahlkreisen so viele Stimmen haben, wie Abgeordnete zu wählen sind? Das Dreierwahlkreissystem wird der Mehrheitswahl zugerechnet, ebenso wie die Wahl in *more member constituencies,* in denen die Mandate nach der Mehrheit vergeben werden (*at-large-plurality*).

Indem Vertreter solcher Definitionen Mehrheitswahl mit dem Einerwahlkreis und Verhältniswahl mit allen anderen Wahlkreistypen gleichsetzen, beschränken sie zudem den möglichen Vorteil einer an technischen Kriterien orientierten Definition der Wahlsystemgrundtypen, nämlich Präzision und Berechenbarkeit der Auswirkungen, auf nur eine Seite des Definitionsfeldes, die Mehrheitswahl. Für die Verhältniswahl sind definitorisch alle anderen Wahlkreisgrößen zwischen zwei und der Gesamtzahl der Mandate eines Parlaments eingeschlossen, was angesichts der enorm unterschiedlichen Auswirkungen, welche verschiedene Wahlkreistypen haben, äußerst unbefriedigend ist.

Das technische Definitionskriterium führt somit zu unterkomplexen Lösungen. Es widerspricht dem Tatbestand mannigfacher Gestaltungsmöglichkeiten von Wahlsystemen, was die Kombination technischer Elemente einschließt, die – sollten sie die ihnen zugedachte Ordnungsfunktion erfüllen – als dichotom begriffen werden müssten. Beispielsweise tritt der Einerwahlkreis sehr wohl in Wahlsystemen auf (etwa in kombinierten Wahlsystemen wie dem der Bundesrepublik Deutschland), die korrekt als Verhältniswahlsysteme beschrieben und eingeordnet werden. Mehrpersonenwahlkreise kommen ihrerseits in Wahlsystemen vor, die der Kategorie der Mehrheitswahl zugerechnet werden. Denken wir nur an die historische Entwicklung des britischen Wahlsystems. Hier setzte sich der Einerwahlkreis vollends erst 1948 durch (s. Kapitel 8, Abschnitt 2). Niemand wird für das 19. Jahrhundert, als der Einerwahlkreis noch in der Minderheit war, behaupten, das britische Wahlsystem sei ein Verhältniswahlsystem gewesen. Auch die Wahlsysteme mit beschränkter Stimmgebung (etwa in Spanien im 19. Jahrhundert und unter der dortigen II. Republik angewandt), die auf dem Mehrpersonenwahlkreis fußen, sind Mehrheitswahlsysteme mit dem zusätzlichen Charakteristikum, dass sie eine Minderheitsvertretung garantieren.

Kurzum: An der wichtigsten technischen Variable, dem Wahlkreis, zeigt sich, dass einzelne technische Elemente für die Definition der großen Wahlsystemalternativen im Prinzip untauglich sind. Dieses Urteil spricht nicht gegen ein gründliches Studium der technischen Elemente als unabdingbarer Voraussetzung der wissenschaftlichen Beschäftigung mit Wahlsystemen, wohl aber gegen ihre Verwendung als zentralen Klassifikationskriterien. Sie spricht auch gegen neuere Versuche im Rahmen des empirisch statistischen Ansatzes (s. etwa Cook und Ramsden 1997), die Lehre von den Wahlsystemen erneut auf die technischen Elemente zu gründen. Nur nachgeordnet, auf der Ebene von Wahlsystemtypen, also auf einer unteren Ebene des Ordnungssystems (s. dazu weiter unten Kapitel 6) können technische Elemente definitorische Bedeutung erlangen und klassifikatorische Funktionen erfüllen. So bildet etwa das britische *first-past-the-post-system* im Deutschen durch die präzise Angabe der technischen Elemente, nämlich relative Mehrheit und Einerwahlkreise, durch die es sich von anderen Mehrheitswahlsystemen unterscheidet (s. Kapitel 8, Abschnitt 2), einen spezifischen Wahlsystemtypus.

Für die Definition und Klassifikation der Wahlsysteme ließen sich auch deren Auswirkungen heranziehen. Ein Vorteil bestünde erneut in der Exaktheit. Man könnte entweder die unter bestimmten Annahmen errechnete oder die konkret erzielte Proportionalität von Stimmen und Mandaten zum Kriterium ihrer definitorischen Festlegung und systematischen Verortung machen, ähnlich dem Vorschlag von Giovanni Sartori (zuerst 1984, erneuert 1994), zwischen Wahlsystemen zu unterscheiden, welche die Relation von Stimmen und Mandaten gar nicht, etwas oder stark tangieren. Auf diesen Vorschlag werde ich gleich in anderem Zusammenhang noch intensiver zu sprechen kommen. Das Problem hinsichtlich dieses Kriteriums ist jedoch, dass es ein rein abstrakt-mathematisches bleiben müsste, wenn es exakt sein soll. Denn in der Praxis hängt der Proportionalitätsgrad, den Wahlsysteme erzielen, von etlichen kontingenten Faktoren ab, etwa vom Fragmentierungsgrad eines Parteiensystems und von den Verhaltensmustern politischer Akteure. Und selbst für die Berechnung der Mandate, die eine Partei bei gleicher Gesamtstimmenzahl und gleicher Gesamtmandatszahl für die auf sie entfallenen Stimmen erhält, regiert Kontingenz, denn das Ergebnis schwankt nach der Stimmenverteilung der weiteren Parteien. So ist unter relativer Mehrheitswahl ein höherer Proportionalitätsgrad möglich als unter Systemen der Verhältniswahl. Zudem erschöpfen sich die Auswirkungen von Wahlsystemen nicht in dieser einen Auswirkung, deren Messung im Übrigen durch unterschiedliche Proportionalitätsindices (s. Glossar) zu differenten Ergebnissen führt. Ja, ein und dasselbe Wahlsystem kann bei Anwendung desselben Proportionalitätsindexes bei unterschiedlichen Wahlen veränderte Ergebnisse zeitigen. Man vergleiche nur die verschiedenen Werte für die personalisierte Verhältniswahl der Bundesrepublik in den verschiedenen Auflagen des International Almanac of Electoral History (Mackie/Rose 1974; 1982; 1991).

Der Proportionalitätsgrad ist auch kein sicherer Indikator für den Fragmentierungsgrad eines Parteiensystems, auf den die Wahlsysteme nicht nur über das Mehr oder Weniger an Proportionalität einwirken (vgl. Rae 1967; Lijphart 1994). Die messbaren tatsächlichen Disproportionen in den Wahlergebnissen taugen nicht zu Definitions- und Klassifikationszwecken von Wahlsystemen.

In der Definitionsfrage der Grundtypen entscheiden wir uns folglich dafür, die Funktion des Systems, das Systemziel, zum Kern der kategorialen Unterscheidung zu machen. Die auf diesem Merkmal fußende Dichotomie zwischen den Repräsentationsprinzipien Mehrheitswahl und Verhältniswahl ist insofern deutlicher, als der Gegensatz von Prinzipien stärker ist als der von Techniken und von hochgradig kontextabhängigen Auswirkungen. Prinzipien lassen sich nicht mischen (s. dazu Nohlen 1984). Auch sind im Widerstreit der Prinzipien stets Werte involviert. In der Tat ging es in der Debatte um Wahlsysteme um Werte, weniger um Techniken. Die positive Bewertung des einen implizierte notwendigerweise die negative Bewertung des anderen. Aufgrund der politischen Natur der Kontroverse erlangte die dichotome Struktur des Ordnungssystems sogar eine stark wertende Bedeutung.

Mit dieser Definitionsentscheidung, die wir später noch weiter begründen werden, lassen sich bisherige Schwierigkeiten lösen, die in der Klassifikation von Wahlsystemen bestehen und ihren Ausgangspunkt in der Orientierung des grundlegenden Ordnungssystems an der technischen Ausgestaltung der Wahlsysteme haben. Solche Schwierigkeiten treten vor allem dann auf, wenn Wahlsysteme in der Sicht der an technischen Elementen orientierten Wahlsystemlehre aus „widersprüchlichen" Elementen bestehen, wenn also der Mehrheitswahl zugedachte Elemente (etwa der Einerwahlkreis) irgendwie zusammengefügt sind mit Elementen, die als solche der Verhältniswahl zugehörig perzipiert werden (etwa der Vergabe von Mandaten nach Listen). Hierfür bietet die Bundesrepublik das bekannteste Beispiel (s. Kapitel 8, Abschnitt 5). Die personalisierte Verhältniswahl ist aber kein singulärer Fall. Ähnlich „widersprüchlich" konstruiert sind Wahlsysteme, in denen die Mandate in vielen kleinen Wahlkreisen nach Proporz vergeben werden. Infolge der Anwendung dieses Vergabeprinzips werden solche Wahlsysteme in der Regel als Verhältniswahl bezeichnet. Die faktische natürliche Hürde ist in kleinen Wahlkreisen jedoch so hoch, dass kleine Parteien sie nicht überspringen können, mit der Folge, dass entweder kleine Parteien weniger gewählt werden, oder dass, wenn tatsächlich viele Stimmen auf solche kleinen Parteien entfallen, eine erhebliche Disproportionalität zwischen Stimmen und Mandaten entsteht. Der Konzentrationseffekt der so genannten „Wahl in kleinen Wahlkreisen", ebenfalls ein Wahlsystemtypus, spricht hier für die klassifikatorische Zuordnung zur Mehrheitswahl. Es sind also nicht die einzelnen technischen Elemente selbst, sondern die den Intentionen der Mehrheitswahl oder der Verhältniswahl nahen Effekte, die sie möglicherweise einzeln oder im systemischen Zusammenhang mit anderen Elementen auslösen, welche die Klassifikationsfrage entscheiden.

Ziemliche Unklarheit herrscht auch hinsichtlich der Vereinbarkeit einzelner Elemente von Wahlsystemen mit dem einen oder anderen Grundtyp. Ist die 5%-Sperrklausel im Wahlsystem der Bundesrepublik *„strongly non-proportional"*, das technische Element damit für ein Wahlsystem, das als Verhältniswahl klassifiziert wird, bedenklich, wie Giovanni Sartori (1984: 16) meinte. Oder ist die Sperrklausel im deutschen Wahlsystem ein funktionales Äquivalent für die (fehlende) Wahlkreiseinteilung (die Vergabe der Mandate an die Parteien erfolgt ja auf nationaler Ebene) und mit dem Prinzip der Verhältniswahl durchaus vereinbar? Welche disproportionalen Elemente, wie viel Disproportionseffekt ist für Verhältniswahlsysteme zulässig? Diese Fragen beschäftigen Politik, Wissenschaft und Verfassungsgerichte und bedürfen zu ihrer Lösung klarer Unterscheidungen.

Die Definitions- und Klassifikationsfragen regen immer wieder zu Versuchen an, mit neuen Terminologien und Sichtweisen der Probleme Herr zu werden. So hat Giovanni Sartori (1984, erneuert 1994) das klassische Begriffspaar Mehrheitswahl und Verhältniswahl durch die Unterscheidung zwischen „starken" und „schwachen" Wahlsystemen zu ersetzen versucht. Im Vergleich zu technischen Definitionskriterien ist gewiss positiv, dass sich die neue Klassifikation eindeutig an den intendierten Auswirkungen der Wahlsysteme orientiert, problematisch hingegen, dass das gewählte Wortpaar aus zwei ungleich konnotierten Begriffen besteht, „schwach" eher negativ, „stark" eher positiv bewertet wird. Sartori unterscheidet die Wahlsysteme nach ihrer manipulativen Wirkung auf den Wähler, die entweder *constraining* oder *unconstraining* sein könne. „An electoral system that unquestionably exerts a manipulative influence, will be classified as being a *strong* electoral system. Conversely if an electoral system exerts no such influence or exerts it only minimally, I propose to class it as a *feeble* electoral system“ (1984: 16). Mehrheitswahl gehört demnach zur Klasse der „starken“ Wahlsysteme, Verhältniswahl im Allgemeinen zur Klasse der „schwachen“ Wahlsysteme, „a pure PR system is a no-effect system“ (ebenda). Mit der Wortwahl „*strong versus feeble*“ verwendet Sartori, um in der Terminologie zu bleiben, für die These einen starken und die Antithese einen schwachen Begriff, wodurch letztere in ihrer Bedeutung abgewertet wird. Hinsichtlich der Auswirkungen von Wahlsystemen, die Sartori konstatiert, ist weiterhin seine Grundannahme wichtig, dass alle Wahlsysteme im Allgemeinen einen reduzierenden Effekt auf die Anzahl der Parteien haben. Nur im Vergleich mit den Mehrheitswahlsystemen begründe sich die Aussage, dass Verhältniswahlsysteme die Zahl der Parteien erhöhen. Sie sei ihrerseits jedoch eine optische Täuschung. Höchst bemerkenswert ist hier Sartoris Feststellung, „that the multiplying effect of PR is an optical illusion prompted by the historical sequencing of electoral systems“ (1984: 21). Mit der Einführung des neuen Begriffspaares wird somit die bisherige Vorstellung aufgegeben, dass Verhältniswahlsysteme etwas bewirken, nämlich möglicherweise die Fragmentierung von Parteiensystemen. Als „schwache Wahlsysteme“ haben Verhältniswahlsysteme keinen Effekt.

Mit der Sicht eines die Zahl der Parteien reduzierenden Effekts aller Wahlsysteme greift Sartori die Vorstellung eines unipolaren Kontinuums, auf dem alle Wahlsysteme entsprechend der Stärke dieses Effekts abgetragen werden können, wieder auf, die in der europäischen Wahlsystemdiskussion von Wildenmann/Kaltefleiter/Schleth (1965) und Meyer (1973, erneuert 1987) vertreten wurde. Ihr zufolge ist die exakte proportionale Repräsentation der Ausgangspunkt (Nullpunkt), von dem sich alle nicht reinen Verhältniswahlsysteme wegbewegen. Am weitesten entfernt von diesem Nullpunkt des Kontinuums sind die Mehrheitswahlsysteme. Bei Hans Meyer (1973: 189) liest sich das so: „Der Einfluss der Wahlsysteme auf die Chancen der Parteien geht in einer mehr oder weniger kontinuierlichen Reihe von der denkbar genauesten Proportion zwischen den erreichten Stimmengewinnen und dem Anteil an Parlamentssitzen über eine zunehmende Restriktion gegenüber den Chancen der jeweils kleineren Parteien ... bis zu einem Zustand, der praktisch nur noch zwei Parteien die Chance lässt, Parlamentssitze zu gewinnen".

Die wesentliche Differenzierung der Wahlsysteme ist demnach die zwischen einerseits reiner Verhältniswahl und andererseits allen anderen Wahlsystemen. Diese anderen Wahlsysteme sind bei Sartori noch einmal zweigeteilt in „strong electoral systems" und „strong-feeble electoral systems", letztere eine Mischkategorie, die nicht ganz proportionale oder schwach-proportionale Wahlsysteme enthält.

Der kritische Punkt dieser Konzeptualisierung ist nun, dass die Grundkategorien der Klassifikation nur an einer Funktion festgemacht werden, nämlich an der Abweichung vom gedachten Nullpunkt eines exakten Proporzes von Stimmen und Mandaten, ausgelöst durch den *constraining effect* auf den Wähler oder (was Sartori zu Recht streng auseinander hält) durch den *reductive effect* auf die Zahl der Parteien (1984: 17). Da für *ein* Repräsentationsprinzip, nämlich die Verhältniswahl, die Annahme gilt, dass es keine Auswirkungen habe, wird die Betrachtung und Bewertung des ganzen Spektrums unter das Kriterium der Abweichung von der Situation gestellt, in der Wahlsysteme angeblich keine Wirkungen zeigen. Diese Vorentscheidung führt logisch zu einer eindimensionalen Bewertung: Je stärker die Abweichung vom Nullpunkt, desto *stronger* das Wahlsystem, d.h. desto stärker wird das der gesamten Konzeptualisierung normativ zugrunde gelegte Kriterium erfüllt, desto stärker sind auch die gestalterischen Fähigkeiten eines Wahlsystems. Verändert man jedoch die Zielfunktion der Konzeptualisierung und richtet sie auf den Effekt der Verhältniswahl aus, die Stimmen einigermaßen proportional in Mandate zu übertragen, dann sind auf einmal die Verhältniswahlsysteme die starken und die Mehrheitswahlsysteme die schwachen Wahlsysteme. Man sieht also, welch hohe wertende Bedeutung dem Klassifizierungsvorschlag von Sartori innewohnt.

Die Kontinuum-Annahme ist hilfreich und angemessen. In der Tat lassen sich alle Wahlsysteme auf einer gedachten Linie nach Proportionalitätsgraden abtragen. Was spricht aber für die Annahme, dass das Kontinuum unipolar sei? Unbestritten gibt es doch zwei Repräsentationsprinzipien: Mehrheitswahl und Verhältniswahl.

Beide Begriffe stehen sich, wie ich gleich zeigen werde, ideengeschichtlich, politisch und systematisch als zwei antithetische Prinzipien politischer Repräsentation gegenüber. Deshalb ist es sinnvoll, von einem zweipoligen Kontinuum-Modell auszugehen. Der Gegensatz zu Sartori liegt damit nicht in der Zurückweisung der Kontinuum-Vorstellung, wie Rein Taagepera and Matthew S. Shugart (1989) mutmaßen, sondern in der Ein- oder Zweipoligkeit des Modells.*

In ideengeschichtlicher Hinsicht ist festzustellen, dass die Prinzipien der Repräsentation bereits kontrovers diskutiert wurden, als praktikable Wahlsysteme zu ihrer Anwendung in Wahlen zu Vertretungsorganen noch kaum entwickelt waren. Ich betone dies insbesondere für die Verhältniswahl, deren Entwicklung von zwei Grundideen getragen wurde, die gegen die Mehrheitswahl gerichtet waren: zum einen von der Mirabeau'schen Vorstellung vom Spiegel der Nation (Oeuvres Complêtes 1834, Bd. 1: 7), zum anderen von der Vorstellung der besten Wahl, mit der die Methode der Mehrheit als Entscheidung nach den Erstpräferenzen in Frage gestellt wurde. Die abgestufte präferentielle Wahl sollte der Ermittlung des *véritable voeu de la nation* (des wirklichen Mehrheitswillens) dienen. Sie wurde von den französischen Rationalisten des 18. Jahrhunderts vertreten. In den großen Wahlsystemdebatten des 19. Jahrhunderts ging es vorrangig um die Repräsentationsprinzipien, auch als gegen dessen Ende Systeme erfunden wurden, die sie einigermaßen befriedigend in die Praxis umzusetzen vermochten.

In politischer (und verfassungspolitischer) Hinsicht gilt es, an die Infragestellung des Mehrheitsprinzips und die Durchsetzung des Repräsentationsprinzips der Verhältniswahl zu erinnern. Die Forderung nach Verhältniswahl als Antithese zum bestehenden Repräsentationsprinzip wurde im Zusammenhang mit dem gesellschaftlichen Wandel, dem Aufstieg der Arbeiterparteien und der Ausbreitung des allgemeinen Wahlrechts erhoben. Arbeiterparteien schrieben die Einführung der Verhältniswahl in ihr Programm, konservative Parteien übernahmen diese Forderung, als sie im Zuge des allgemeinen Wahlrechts in die politische Minderheit gerie-

* Es handelt sich im Übrigen bei der Kontroverse um ein unipolares oder bipolares Modell nicht um einen Streit nach den Kategorien richtig oder falsch, sondern darum, ob die eine oder andere Vorstellung für die vergleichende Wahlsystemanalyse nützlicher ist.

ten. Verhältniswahl ist demnach historisch niemals als wirkungsloses Phänomen, als *no-effect-system* betrachtet worden, sondern als ein effizientes politisches Instrument zur besseren Durchsetzung oder Verteidigung gesellschaftlicher Interessen.

Hinsichtlich der wahlsystematischen Notwendigkeit, Mehrheitswahl und Verhältniswahl als antithetische Prinzipien zu begreifen, an denen die Funktionen von Wahlsystemen ausgerichtet bzw. bewertet werden können, werde ich im Folgenden weiter ausholen. Damit komme ich zum konstruktiven Teil meiner Untersuchung, deren Programm ja bereits angekündigt wurde: Die Entwicklung einer Wahlsystemlehre, basierend auf der fundamentalen Unterscheidung zwischen zwei antithetischen Repräsentationsprinzipien einerseits – davon wurde bereits gehandelt – und zwei alternativen Methoden der Übertragung von Stimmen in Mandate (Majorzregel versus Proporzregel) andererseits. Mit dieser Differenzierung zwischen Repräsentationsprinzip und Entscheidungsregel können gravierende Missverständnisse in der Analyse von Wahlsystemen vermieden und notorische Klassifikationsprobleme von Wahlsystemen elegant gelöst werden.

5.2 Über Entscheidungsregeln und Repräsentationsprinzipien

In der politischen Realität gibt es eine schier unübersehbare Fülle von Wahlsystemen. Die Möglichkeiten kreativer Weiterentwicklungen sind fast unbegrenzt. Wie gerade die Wahlsystem-Optionen in jungen Demokratien (Osteuropa, Asien, Afrika) zeigen, kommen ständig neue, ja neuartige Wahlsysteme hinzu. Ein Blick auf die immense Vielfalt eigentümlicher Wahlsysteme auf substaatlicher Ebene (Gemeinden, Regionen, Bundesländer) verstärkt den Eindruck wachsender Unübersichtlichkeit. Dennoch lassen sich alle empirischen Wahlsysteme auf zwei Grundtypen zurückführen, die ein dichotomes Ordnungssystem bilden: Mehrheitswahl und Verhältniswahl.

Die beiden Grundtypen können jedoch unterschiedlich definiert werden. Systematisch betrachtet sind es zwei Kriterien, nach denen die Definition erfolgen kann: nach dem Repräsentationsprinzip oder nach der Entscheidungsregel. Dabei gilt es zu beachten, dass wir die beiden Aspekte, Repräsentation und Entscheidung, mit zwei unterschiedlichen Begriffen verbinden, mit Prinzip und Regel. In der Anwendung von Prinzipien kann man abwägen, wie weit man ihnen folgt, zumal wenn andere Prinzipien, die man ebenfalls wertschätzt, eventuell in Mitleidenschaft gezogen werden. Prinzipien ermöglichen bzw. erfordern Abwägung. Ein solches Verfahren macht den Kern des Proporzprinzips aus, wie es in der Rechtswissenschaft im Falle der Kollision von Prinzipien vertreten wird (vgl. Alexy 1994). Im Gegensatz dazu kann man Regeln nur anwenden oder nicht anwenden, aber wenn man sie anwendet, können sie nur exakt nach der Vorschrift angewendet werden. Nehmen wir ein Beispiel aus dem Fußball: die Abseitsregel. Ein Stürmer mag ein Bisschen abseits stehen. Die Frage ist, was hat der Schiedsrichter gesehen und wendet er die Regel an. Wenn er sie anwendet, kann er sie nicht ein Bisschen anwenden. Er pfeift abseits, oder eben nicht. Regeln verlangen Unterwerfung. Betrachten wir nun zuerst das Kriterium der Entscheidungsregel.

Bei Mehrheitswahl als Entscheidungsregel wird die Vergabe der Mandate davon abhängig gemacht, dass ein Kandidat oder eine Partei die geforderte Mehrheit der Stimmen auf sich vereinigt. Es heißt in den Wahlgesetzen: Gewählt ist der Kandidat oder die Partei, die die relative oder die absolute Mehrheit der in einem Wahlkreis abgegebenen Stimmen auf sich vereint.

Bei Verhältniswahl als Entscheidungsregel erfolgt die Mandatsvergabe durchweg nach dem Anteil der Stimmen, die verschiedene Kandidaten oder Parteien erzielen konnten. Gewählt sind die Bewerber oder Parteien, die eine bestimmte Wahlzahl oder Höchstzahl erreichen konnten. Eine Partei erhält so viele Mandate zugesprochen, wie die entsprechende Wahlzahl in der von ihr erreichten Stimmenzahl enthalten ist, oder wie viele Höchstzahlen sie vorweisen kann.

Wir definieren folglich: Die Entscheidungsregel beinhaltet die Methode der Übertragung von Stimmen in Mandate, nach der bei einer Wahl über Sieger und Besiegte entschieden wird. Diese Entscheidung betrifft die disaggregierte Situation in den Wahlkreisen, auf den Listen, etc. Im Gegensatz dazu zielt das Repräsentationsprinzip, auf das wir gleich zu sprechen kommen, auf die nationalen Ergebnisse einer Wahl.

Bei der Mehrheitswahl als Entscheidungsregel besteht eine interne Auswahl im spezifischen Mehrheitserfordernis. Absolute Mehrheit bedeutet, dass der Kandidat oder die Partei, welche(r) mehr Stimmen als die Gegenkandidaten oder die rivalisierenden Parteien zusammen erzielt, das Mandat erhält. Relative Mehrheit bedeutet, dass der Kandidat oder die Partei, welche(r) mehr Stimmen als der zweitstärkste Gegenkandidat oder Partei erzielt, das Mandat erhält. Bei Verhältniswahl als Entscheidungsprinzip, demzufolge die Anzahl der jeder Partei zustehenden Mandate in etwa (je nach Verrechnungsmethode variierend) dem erzielten Stimmenanteil entspricht, besteht die interne Ausdifferenzierung in unterschiedlichen mathematischen Verfahren der Mandatszuteilung (s. dazu oben Kapitel 4, Abschnitte 5.2-5.5).

Betrachten wir nun die Repräsentationsprinzipien Mehrheitswahl und Verhältniswahl. Bei der Definition der Repräsentationsprinzipien stellt sich die Frage nach den politischen Zielen politischer Repräsentation auf der Ebene der aggregierten, nationalen Wahlergebnisse mit Blick auf die parteipolitische Zusammensetzung des Parlaments.

Was ist die politische Zielvorstellung der Mehrheitswahl? In Mehrheitswahlsystemen wird die parlamentarische Mehrheit für eine Partei oder ein Parteienbündnis angestrebt. Dabei geht es im Wesentlichen darum, eine Partei (ein Parteienbündnis), die (das) in Stimmen nicht die absolute Mehrheit erhalten hat, nach Mandaten zur parteilichen Mehrheit zu befähigen. So räumt auch Hans Meyer (1987: 261) ein: Der Zweck der Mehrheitswahl „liegt heute nicht primär darin, die (relative) Wählermehrheit einer Partei in einem Wahlkreis in ein Mandat umzusetzen, sondern darin, die Mandatsmehrheit einer Partei im Parlament zu ermöglichen, und zwar gerade dann, wenn keine Wählermehrheit vorhanden ist". Das angestrebte politische Ziel des Repräsentationsprinzips der Mehrheitswahl ist: Eine Ein-Partei-Regierung, unabhängig davon, ob sie sich auf eine Stimmenmehrheit stützen kann. Die Hauptfunktion (und der Bewertungsmaßstab) eines Mehrheitswahlsystems ist seine Fähigkeit, eine (parteiliche) Regierungsmehrheit hervorzubringen.

Was ist die politische Zielvorstellung der Verhältniswahl? In Verhältniswahlsystemen wird im Prinzip die möglichst getreue Wiedergabe der in der Bevölkerung bestehenden sozialen Kräfte und politischen Gruppen angestrebt. Stimmenanteile und Mandatsanteile sollen sich in etwa entsprechen. Dies ist die Hauptfunktion des Repräsentationsprinzips der Verhältniswahl und das vorrangige Kriterium der Zuordnung von Wahlsystemen zur Verhältniswahl. Als weiteres Ziel der Verhältniswahl wird gemeinhin verstanden, dass Zählwert und Erfolgswert der Stimmen sich in etwa entsprechen.

5.3 Was ist Mehrheitswahl, was Verhältniswahl?

Ehe wir nach den politischen Auswirkungen von Entscheidungsregeln und Repräsentationsprinzipien fragen, wollen wir nun klären, wonach die Wahlsystemgrundtypen definiert werden. Denn nur eine klare Definition erlaubt, die politischen Auswirkungen von Mehrheitswahl und Verhältniswahl vergleichend zu analysieren.

Wir haben (zusammengefasst) die folgende Situation:

Grundtyp	Entscheidungsregel	Repräsentationsziel
Mehrheitswahl	Mehrheit siegt	Mehrheitsbildung
Verhältniswahl	Anteil entscheidet	Abbild der Wählerschaft

Wir können nun entweder die Entscheidungsregel oder das Repräsentationsziel zum Definitionskriterium erheben, aber die Kriterien nicht mischen, wie das oft in der Literatur geschieht, d.h. für einen Grundtyp dieses Kriterium, für den anderen jenes nehmen. Wir müssen zu einer symmetrischen Definition von Mehrheitswahl und Verhältniswahl gelangen.

Ich habe die Frage nach dem Gesichtspunkt der Relevanz entschieden. Politisch größere Bedeutung hat unzweifelhaft das Repräsentationsprinzip, oder: weniger die Regel, nach der entschieden wird, als das Ergebnis, welches angestrebt wird bzw. idealiter zu erwarten ist. Über ihren instrumentellen Wert hinaus haftet den Repräsentationsprinzipien eine normative Dimension an, die einen grundlegenden Unterschied macht, wie die historische Debatte über Mehrheits- und Verhältniswahl zu belegen vermag. In ihr geht es um Fragen der Stabilität und Legitimität eines politischen

Systems, was man von Wahlkreisgrößen oder Verrrechnungsverfahren wahrlich nicht behaupten kann.

Die Klassifikation der Wahlsysteme erfolgt somit nach den Repräsentationsprinzipien. Die Entscheidungsregeln sind nachgeordnet und kommen als Grundkategorien in der Klassifikation von Wahlsystemen nicht in Frage. Repräsentationsprinzipien und Entscheidungsregeln verhalten sich zueinander wie Ziele und Mittel, wobei in den Mitteln eine große Variationsvielfalt besteht – das haben wir bei der Behandlung der technischen Elemente von Wahlsystemen in Kapitel 4 gesehen –, in den Zielen jedoch nur die Dichotomie zwischen Mehrheitswahl und Verhältniswahl.

Die Feststellung, dass die Grundtypen Mehrheitswahl und Verhältniswahl sich nach den Repräsentationsprinzipien unterscheiden, hat umso größere Berechtigung, als Entscheidungsregel und Repräsentationsziel kombiniert werden können, sich also etwa die Entscheidungsregel Majorz mit dem Repräsentationsprinzip der Verhältniswahl verbinden kann. Die Einzelkandidatur (wie etwa in Deutschland, Neuseeland und Bolivien), bzw. die Entscheidung nach der Mehrheit, kann deshalb kombiniert mit anderen Elementen in Verhältniswahlsystemen auftreten. Andererseits können die Mandate nach Proporz, einer Quote wie im *single transferable vote,* vergeben werden, der Gesamteffekt des Wahlsystems aber doch auf das Repräsentationsziel Mehrheitswahl hin orientiert sein.

In den Wahlsystemen, die ich als die klassischen Wahlsysteme bezeichnen möchte, entsprechen sich Entscheidungsregel und Repräsentationsprinzip: Bei relativer Mehrheitswahl in Einerwahlkreisen wird nach Majorz entschieden und die Repräsentationsvorstellung der Mehrheitswahl angestrebt. Bei Verhältniswahl in großen Wahlkreisen wird nach Proporz entschieden und eine proportionale Vertretung der politischen Parteien im Parlament anvisiert. Diejenigen Wahlsysteme, in denen sich Repräsentationsprinzip und Entscheidungsregel nicht entsprechen, also etwa die Entscheidungsregel der Mehrheit mit dem Repräsentationsprinzip der Verhältniswahl verbunden wird, bezeichne ich als kombinierte Wahlsysteme (s. Kapitel 6.1). In diesen sind die Auswirkungen von der Kombination der einzelnen Elemente abhängig, und folglich ist es auch die Zuordnung dieser Wahlsysteme zu Mehrheitswahl oder Verhältniswahl. In einigen kombinierten Wahlsystemen schlägt dabei die angewandte Entscheidungsregel nicht auf die Art der Repräsentation durch. Also: Entscheidungsregel Majorz führt unter bestimmten weiteren Konstruktionsbedingungen des Wahlsystems nicht zum Repräsentationsziel Mehrheitswahl, sondern zum antithetischen Repräsentationsziel der Verhältniswahl. Ebenso führt die Entscheidungsregel Proporz unter bestimmten weiteren Konstruktionsbedingungen nicht zum Repräsentationsziel der Verhältniswahl, sondern zu dem der Mehrheitswahl.

Bei „Verhältniswahl in kleinen Wahlkreisen" stoßen wir auf solche bestimmten Bedingungen. In den kleinen Wahlkreisen gelingt die anteilsmäßige Berücksichtigung aller politischen Parteien an den Mandaten nur unvollständig. Da in den Wahlkreisen nur wenige Mandate zu vergeben sind, werden die großen Parteien stark begünstigt, so dass auf das ganze Land bezogen erhebliche Differenzen zwischen Stimmenanteil und Mandatsanteil zu Lasten der kleinen Parteien auftreten können. Die Entscheidungsregel Proporz, in kleinen Wahlkreisen angewandt, führt demnach nicht zum Repräsentationsziel der Verhältniswahl, sondern zu dem der Mehrheitswahl.

Die beiden Prinzipien Mehrheitswahl und Verhältniswahl lassen sich nicht mischen; sie stehen sich – wie gesagt – antithetisch gegenüber. Folglich gibt es auf der Ebene der Repräsentationsprinzipien auch keine „Mischsysteme" oder „Mischwahlsysteme". Insofern ist eine Klassifikation der Wahlsysteme in Mehrheitswahl, Verhältniswahl und Mischwahlsysteme (*mixed systems*) fehlerhaft. Auf der Ebene der konkreten Wahlsysteme freilich erfolgen die gerade angesprochenen Kombinationen verschiedener bzw. unterschiedlicher Elemente. Auf dieser Ebene gibt es eine Vielzahl von Wahlsystemen, darunter verschiedene kombinierte Wahlsysteme und eines, das man möglicherweise als wirkliches Mischsystem (*truly mixed system*) bezeichnen könnte, wie Sartori (1994: 74) vorschlägt, nämlich das segmentierte Wahlsystem, auch Parallelsystem genannt, in der Bundesrepublik als Grabensystem bekannt (s. dazu mehr in Kapitel 6, Abschnitt 1 und 4).

Welche allgemeinen Auswirkungen diese kombinierten Wahlsysteme haben, wird mit ihrer Zuordnung zu entweder Mehrheitswahl oder Verhältniswahl angegeben. Unbenommen bleibt, dass es kombinierte Wahlsysteme gibt, die dem jeweiligen Repräsentationsprinzip mehr entsprechen, und solche, die es weniger erfüllen.

Ein weiteres pragmatisches Argument – neben dem der Nützlichkeit – für diese Konzeptualisierung ist, dass die Verfassungen oft das Repräsentationsprinzip festlegen. Diese Frage hat also Verfassungsrang, während die Detailregelungen, wie das Wahlsystem hinsichtlich einzelner Elemente aussehen soll, meistens Ausführungsgesetzen, also den Wahlgesetzen, überlassen bleiben. Manchmal werden auch bereits in der Verfassung Rahmenbedingungen gesetzt, etwa ob bestimmte administrative Einheiten als Wahlkreise zu dienen haben oder ob die Beteiligung der Parteien an der Mandatsvergabe vom Erreichen eines bestimmten Prozentanteils an den Wählerstimmen (Sperrklausel) abhängig gemacht wird. Die grundlegende Entscheidung ist freilich diejenige, welche das Repräsentationsprinzip betrifft. Mit ihr wird ein bestimmtes soziales und/oder funktionales Verständnis der nationalen Repräsentation zum Ausdruck gebracht, das entweder historisch überkommen ist oder das die Verfassungsväter dem politischen System unterlegt haben.

Tabelle 13: Repräsentationsprinzip und Wahlsystem. Verfassungsrechtliche und gesetzliche Grundlagen in 18 westeuropäischen Ländern

Länder mit verfassungsrechtlicher Festlegung des Repräsentationsprinzips	Verfassungsartikel	Länder mit wahlgesetzlicher Bestimmung des Wahlsystems
Belgien	62, Abs. 2	Bundesrepublik Deutschland
Dänemark	31, Abs. 2	Finnland
Irland	16, Abs. 2	Frankreich
Island	31, Abs. 1	Griechenland
Luxemburg	51, Abs. 5 und 6	Großbritannien
Niederlande	92, Abs. 2	Italien
Norwegen	59, Abs. 3	Schweden
Österreich	26, Abs. 1	
Portugal	151-154	
Schweiz	73	
Spanien	68, Abs. 3	

5.4 Über die politischen Auswirkungen der Entscheidungsregeln

5.4.1 Politische Auswirkungen der Mehrheitsregel

Die Anwendung der Mehrheits- oder Majorzregel zieht einerseits nach sich, dass nur die Stimmen des siegreichen Kandidaten politisch zählen. Die für die unterlegenen Bewerber abgegebenen Stimmen fallen unter den Tisch. Man sagt deshalb, das Mehrheitsprinzip führe zu einem unterschiedlichen Erfolgswert der Stimmen: Nur die auf den siegreichen Kandidaten abgegebenen Stimmen führen zum Erfolg.

Das kann politisch die Konsequenz haben, dass in Wahlkreisen, in denen eine Partei absolut dominierend ist, bei Anwendung der Mehrheitsregel die politische Opposition entmutigt wird, an den Wahlen teilzunehmen. In Parteihochburgen besteht die Gefahr der Verödung der politischen Landschaft und der Abnahme der Wahlbeteiligung.

Andererseits bringen die Stimmen, die ein Kandidat oder eine Partei erreicht und die über die geforderte Mehrheit hinausgehen, nichts ein. Das „Übersoll an Stimmen“, das erneut für die Hochburgen der Parteien typisch ist, hat politisch die Konsequenz, dass Parteien hinsichtlich der nationalen Gesamtrechnung Stimmen vergeuden. Das kann sich zum Nachteil einer Partei auswirken, deren Wählerschaft nicht gleichmäßig über das Land verstreut, sondern in Hochburgen konzentriert ist.

Für die Mehrheit als Entscheidungsregel sprechen die klare Entscheidungssituation, vor der der Wähler steht, und der unmittelbar erkennbare Zusammenhang zwischen Stimmabgabe und Wahlergebnis. Des Weiteren wird die Mehrheitsregel zumeist mit kleinen oder Einerwahlkreisen kombiniert, was dazu führt, dass der Wähler seine Stimme für eine Person abgibt, die er kennen kann und der er sein Vertrauen ausspricht.

5.4.2 Politische Auswirkungen der Proporzregel

Die politischen Auswirkungen der Proporzregel liegen im Unterschied zur Mehrheitsregel in Wahlergebnissen, in denen die politischen Parteien entsprechend ihrem Verhältnis an den Wählerstimmen bei der Vergabe der Mandate berücksichtigt werden. Auch die nach Stimmen unterlegene Partei hat in der Regel Anteil an den Mandaten. Die Erfolgswertgleichheit der Stimmen ist hergestellt – in dem Maße, wie sie überhaupt nur gewährleistet werden kann; strategisches Wahlverhalten wirkt hier ambivalent. Häufig wird der Forderung nach oder der Verteidigung der Proporzregel mit dem Argument Nachdruck verliehen, dass nur sie dem Gleichheitsgrundsatz des Wahlrechts gerecht werde. Der Grundsatz des gleichen Wahlrechts bezieht sich jedoch nur auf den Zählwert und nicht auf den Erfolgswert der Stimmen, was in Deutschland strittig ist (s. Nohlen 2013b). Richtig ist, dass bei Anwendung der Proporzregel ein bedeutend größerer Anteil der Wählerschaft seine Beteiligung an der Wahl von Erfolg gekrönt sieht, insofern die Stimmen tatsächlich zum Wahlerfolg (d.h. Mandatsgewinn) einer Partei beigetragen haben. Auf jede Stimme kann es in der Endabrechnung ankommen, so dass es sich von Seiten der Parteien auch lohnt, um jede Stimme zu kämpfen. Das kann zu höherer Wahlbeteiligung führen (s. Kapitel 10, Abschnitt 1.2).

Die Anwendung der Proporzregel erfordert die Festsetzung von mathematischen Verfahren, die Wahlzahlen oder Höchstzahlen zu berechnen zulassen, von deren Erreichen die Erlangung eines Mandats abhängt. Historisch gesehen hat es fast einhundert Jahre bedurft, um von der Idee des Proporzes (Ausgang des 18. Jahrhunderts) zu einigermaßen praktikablen Stimmenverrechnungsverfahren (Ausgang des 19. Jahrhunderts) zu kommen. Heute gibt es eine große Vielfalt von Verrechnungsverfahren (s. Kapitel 4, Abschnitt 5), die teilweise recht kompliziert sind und es dem Wähler ausgesprochen schwer machen nachzuhalten, was eigentlich mit seiner Stimme geschieht.

Ein wesentlicher Teil der politischen Konsequenzen der Anwendung der Proporzregel liegt jedoch in der Gestaltung der Verhältniswahl im Einzelnen. Während die Majorzregel nur zwei Subtypen (relatives und absolutes Mehr) kennt, gibt es im Bereich des Proporzes eine ganze Bandbreite von Instrumenten zur Ausgestaltung der Proporzregel. Die politischen Auswirkungen sind dann jeweils andere, weshalb es notwendig ist, die Varianten innerhalb der Proporzregel detailliert zu untersuchen. Darüber hinaus wird die Proporzregel meist mit Vielpersonenwahlkreisen bzw. häufig mit starren Listen kombiniert, so dass der Wähler hierbei für eine Parteiliste stimmt, was häufig als ein Nachteil der Proporzregel angesehen wird.

5.4.3 Die politischen Auswirkungen von Mehrheit und Proporz als Entscheidungsregeln im Vergleich

In der Mehrheit und Proporz vergleichenden Literatur wurde sehr stark auf den Gegensatz von *Personenwahl* und *Listenwahl* abgehoben und die Mehrheitsregel (und mitgedachten Einerwahlkreisen) mit der Wahl von „Persönlichkeiten“ (früher „Honoratioren“) verbunden, der Proporz hingegen mit der „unpersönlichen“ Liste verknüpft.

Mehrheitswahl = Personenwahl
Verhältniswahl = Listenwahl

Diese scharfe Gegenüberstellung ist aber nicht richtig. Zum einen verkennt sie (wahlsystematisch gesehen), dass es Formen der Liste gibt, welche dem Wähler die Möglichkeit geben, Präferenzen unter den Kandidaten der von ihm gewählten Partei auszudrücken – eine Möglichkeit, die bei der Mehrheitsregel in der herkömmlichen Verbindung mit Einerwahlkreisen nicht gegeben ist. Ist der Wähler bei relativer Mehrheitswahl mit dem von seiner Partei präsentierten Kandidaten nicht einverstanden, muss er entweder trotzdem für ihn stimmen, wenn er seine Partei wählen will, oder gleich die Partei wechseln, wenn er dem Kandidaten seiner Partei die Stimme verweigern will. Auch kann er natürlich gar nicht zur Wahl gehen.

Zum anderen verkennt die scharfe Gegenüberstellung von Personenwahl und Listenwahl, dass sich (wahlsoziologisch gesehen) die Parteizugehörigkeit des Kandidaten in dem Maße, wie die Parteiensysteme sich strukturell verfestigen konnten, als immer wesentlicher für das Stimmverhalten der Wähler herausgestellt hat. Die Personen sind im Prinzip sekundär, wenn die Auswahl zwischen ihnen zugleich die Entscheidung zwischen zwei oder mehreren Parteien bedeutet. Allein auf nationaler Ebene haben die Personen, die führenden Politiker als Aushängeschilder ihrer Parteien, ihr Image, die ihnen zugeschriebene Problemlösungskompetenz, etc. eine Wahl entscheidende Bedeutung, in der Regel jedoch nicht mehr die „Persönlichkeit“ des Wahlkreisbewerbers.

Ein weiterer Unterschied wird häufig an dem unterschiedlichen Gewicht festgemacht, welches Partei und Abgeordneter unter der Mehrheitsregel und Proporz haben. Bei der Mehrheitsregel sei die Bindung des Abgeordneten an den Wahlkreis bzw. diejenige zwischen Wähler und Gewählten größer. Der Abgeordnete sei unabhängiger von seiner Partei als im Falle der Wahl durch Proporz, d.h. über eine Liste, auf deren Aufstellung die Parteien bestimmenden Einfluss hätten. Der über eine Liste gewählte „Partei"-Abgeordnete sei stärker von der Partei abhängig.

Das Mehr oder Weniger an Unabhängigkeit eines Abgeordneten von seiner Partei lässt sich zwar in Verbindung mit den beiden Entscheidungsprinzipien bringen, wohl kaum aber ausschließlich auf sie zurückführen. Hier gilt es, weitere Faktoren unter anderem des politischen Systems, der Binnenstruktur der politischen Parteien, der allgemeinen Repräsentationsvorstellungen und der Rolle der politischen Parteien im politischen Willensbildungsprozess zu berücksichtigen. Doch ist richtig, dass unter gegebenen Voraussetzungen der Einfluss der Partei auf die Kandidatenauswahl durch die Proporzregel größer ist bzw. verstärkt werden kann. Dabei wird unterstellt, dass bei Anwendung der Mehrheitsregel dasjenige Gremium einer Partei über die Kandidatur entscheidet, das auf der gleichen Ebene angesiedelt ist, auf der die Entscheidung zu treffen ist, also in einem Wahlkreis der Wahlkreisverband einer Partei. Dieses Verfahren ist aber nur dort gewährleistet, wo die Parteien eine entsprechende Organisationsstruktur aufweisen und die entsprechenden Kompetenzen derart zugeordnet haben. In vielen Ländern werden jedoch die Wahlkreiskandidaten vom Machtzentrum aus der Hauptstadt bestimmt. Diesem Diktat unterwerfen sich die unteren Entscheidungsgremien der Parteien nicht einmal widerwillig, wenn durch die von oben designierte Person eine Wahlkreisrepräsentation sichergestellt werden kann, die Vorteile für den Wahlkreis verspricht, etwa dadurch, dass ein führendes Mitglied der Fraktion oder gar der Regierung den Wahlkreis übernimmt. Für diesen Fall ist es offensichtlich, dass es keinen großen Unterschied macht, welche der Entscheidungsregeln angewandt wird.

Liegen hingegen die Voraussetzungen vor, dass die beiden Entscheidungsregeln die besagten Auswirkungen hinsichtlich des Mehr oder Weniger an Unabhängigkeit des Abgeordneten von seiner Partei erzielen können, dann ergibt sich die Frage, welcher der Vorzug einzuräumen ist. Eine Antwort darauf ist abhängig von allgemeinen Repräsentationsvorstellungen und von der spezifischen Funktion der Parteien im politischen System.

In parlamentarischen Regierungssystemen, in denen parlamentarische Mehrheitsbildung für die Regierungsführung notwendig ist, wird die Bedeutung der Partei, d.h. die Orientierung der Abgeordneten an Programm und Führung, größer sein als in präsidentiellen Regierungssystemen. Hier ist an Walter Bagehot zu erinnern, von dem der Satz stammt: *Parliamentary government is obedience to leaders* (The English Constitution, 1867). Bei gleichem Wahlsystemtypus (Entscheidung nach relativer Mehrheit im Einerwahlkreis) sind die Beziehungsmuster zwischen Abgeordneten, Wahlkreis und Partei in Großbritannien und in den USA recht unterschiedlich. Der politische Systemtyp allein erklärt den Unterschied sicherlich nicht. Empirisch muss nämlich im Bezug auf präsidentielle Regierungssysteme über den Fall USA mit loser Parteiorganisation und Parteibindung des Repräsentanten hinausgesehen werden. In Lateinamerika, wo die Demokratien traditioneller Weise eine präsidentielle Struktur haben, sind die Abgeordneten in der Regel abhängig von der Partei, der sie angehören, mehr noch von der Parteispitze um den Präsidenten bzw. Präsidentschaftskandidaten herum. In Lateinamerika wird sehr häufig nach Verhältniswahl gewählt (s. Kapitel 7, Abschnitt 3.3).

Verhältniswahlsysteme mit starren Listen fördern die Abhängigkeit der Abgeordneten von der Partei, so dass in der Reformdebatte, in der die „Repräsentativität der Repräsentation„ und eine Verantwortung der Gewählten gegenüber ihren Wählern eingeklagt wird, die Kritik sich (statt an den Parteien) am Wahlsystem festmacht. Zweifellos sind Praktiken wie das *„voto de arrastre"* in Lateinamerika bedenklich, bei dem der Wähler mit nur einem Kreuzchen auf dem Stimmzettel zugleich bei der Stimmabgabe für einen Präsidentschaftskandidaten, den Senat, das Abgeordnetenhaus, die Gemeindevertretung etc. wählt. In der Dominikanischen Republik kam es 1986 sogar dazu, dass nach dem Wahlgang die Kandidatenlisten der Parteien in einigen Wahlkreisen von diesen noch ausgetauscht wurden. Der Wähler weiß also nicht, wen er wählt. Doch stärkt die starre Liste in Lateinamerika die im Vergleich zu anderen Machtfaktoren schwachen Parteien, die auch hier Fundamente der Demokratie sind. Starre Listen können ebenso ein Bollwerk gegen Caudillismo (lokale und regionale Bosse) und den klassischen Klientelismus (asymmetrischen Abhängigkeitsverhältnissen zwischen Patron und Klient) bilden. (Freilich gibt es inzwischen in vielen südlichen – auch südeuropäischen – Ländern den sog. – eher symmetrischen – Parteiklientelismus, s. Zuckerman

1979; Cazorla 1995.) In so unterschiedlichen Kontexten wie dem britischen, von Bagehot ins Auge gefassten, verfassungspolitischen und dem lateinamerikanischen, soziopolitischen, sprechen normativ demnach triftige Gründe eher für die dominierende Rolle der Partei im Verhältnis zum Abgeordneten.

Diese Konsequenz wurde in Sri Lanka bei der Verfassungsreform von 1979 gezogen, durch die bestimmt wurde, dass Abgeordnete, die aus ihrer Partei austreten und die Fraktion wechseln wollen, ihr Mandat verlieren. Im Parteiengesetz von 1999 ist Bolivien diesem Beispiel gefolgt. Demgegenüber zeigt die britische Tradition, dass ein Repräsentationsverständnis, das nach wie vor auf der Vorstellung vom „freien Mandat" ruht, durchaus vereinbar ist mit *party government.*

Wir fassen zusammen. Mehrheit und Proporz sind Entscheidungsregeln, die sich hauptsächlich danach unterscheiden, ob Mehrheit oder verhältnismäßiger Anteil das Wahlergebnis im Wahlkreis bestimmen sollen.

Die politischen Auswirkungen der unterschiedlichen Entscheidungsregeln liegen vor allem in den folgenden Bereichen mit den angegebenen Tendenzen:

Auswirkungen hinsichtlich	Mehrheit	Proporz
Erfolgswert der Stimmen	ungleich	gleich
Zuordnung Stimmabgabe-Wahlergebnis	einfach	schwierig
Hochburgenanfälligkeit	hoch	gering
Unabhängigkeit des Abgeordneten	bedingt größer	bedingt niedriger
Interne Variationsbreite der Wahlsysteme	geringer	höher

Diese Auswirkungen verknüpfen sich mit jenen, die von den Repräsentationsprinzipien Mehrheitswahl und Verhältniswahl ausgehen, denen für politische Machtfragen erheblich mehr Gewicht zukommt.

5.5 Die Repräsentationsprinzipien Mehrheitswahl und Verhältniswahl und ihre unmittelbare Auswirkungen

Nach unseren Ausführungen zu den Repräsentationsprinzipien soll Mehrheitswahl zur Mehrheitsbildung durch eine Partei oder Parteigruppe verhelfen, Verhältniswahl hingegen zur möglichst exakten, spiegelbildlichen Repräsentation der gesellschaftlichen Kräfte.

Empirisch lässt sich diese gewollte, definitorisch zugewiesene Wirkung am besten an der Stimmen-Mandate-Relation belegen. Typische Wahlergebnisse nach Mehrheitswahl sind solche, in denen eine große Disproportion zwischen Stimmen und Mandaten der verschiedenen Parteien zu verzeichnen ist. Eine Partei, die nur etwa 35% der Stimmen auf sich vereinigt, kann vielleicht die absolute Mehrheit der Mandate erzielen, während eine andere Partei, die immerhin 15 bis 20% der Stimmen erreicht, wenige oder möglicherweise gar keine Mandate erringt. Hingegen ist es bei Verhältniswahl möglich, dass eine kleine Partei, die vielleicht 3% der Stimmen erhält, noch ins Parlament einzieht, während eine große Partei, welche die absolute Mehrheit der Stimmen nur um wenige Prozentpunkte verfehlt, unterhalb der absoluten Mandatsmehrheit verbleibt. Treffen solche Ergebnisse ein, sind die Auswirkungen von Mehrheitswahl und Verhältniswahl natürlich politisch höchst bedeutsam.

Tabelle 14: Stimmen-Mandate-Relation in ausgesuchten Fällen

Land	Jahr	Wahlsystem[a]	Partei	Stimmen in %	Mandate in %
Großbritannien	1983	MW	Konservative	42,4	61,6
Kanada	1984	MW	Konservative	50,0	74,8
Sri Lanka	1970	MW	SLFP	36,9	60,2
Türkei	1954	MW	Republikaner	36,4	5,7
Großbritannien	1983	MW	Allianz aus Liberalen und SDP	25,4	3,5
Kanada	1984	MW	Liberale	28,0	14,2
Bundesrepublik Deutschland	1983	VW	CDU/CSU	48,8	49,0
Italien	1983	VW	Sardinische Aktionspartei	0,2	0,2
Niederlande	1982	VW	Evangelische Volkspartei	0,7	0,7
Schweiz	1983	VW	Autonome Sozialistische Partei	0,5	0,5

a MW = Mehrheitswahl; VW = Verhältniswahl

Zur Kennziffer solcher Auswirkungen wurde der Proportionalitätsgrad, den Wahlsysteme hinsichtlich der Stimmen-Mandate-Relation erzielen. In der Tat verzeichnet die empirisch-statistische

Wahlsystemforschung ihre in den letzten Jahrzehnten erzielten Fortschritte hauptsächlich in den quasi-gesetzmäßigen Auswirkungen der Wahlsysteme auf die Proportionalität von Wahlergebnissen. Dabei entfernte sich freilich das politikwissenschaftliche Forschungsinteresse weg von den großen Kontroversen hinsichtlich der Auswirkungen der Repräsentationsprinzipien und diesen zuordnungsfähigen Wahlsystemtypen auf die vor allem interessierenden Variablen wie Parteiensystem, politisches System und Demokratie hin zu den unmittelbar messbaren und statistisch ausdrückbaren Relationen zwischen den technischen Elementen von Wahlsystemen und den Proportionalitätsgraden.

5.6 Die politischen Auswirkungen von Mehrheitswahl und Verhältniswahl im Vergleich

Die Frage, der wir uns nun zuwenden, ist Gegenstand der gesamten weiteren Programms dieser Schrift. Wir werden zunächst die Debatten um die (positiv oder negativ konnotierten) Auswirkungen der Grundtypen im Rahmen des normativen Ansatzes nachvollziehen und sodann dem historisch-empirischen Ansatz folgend Bewertungskriterien darlegen, die Ebene der Wahlsystemtypen einziehen, auf der sich die Auswirkungen von Wahlsystemen empirienäher beschreiben und bewerten lassen, und sodann etliche Länder- und Regionen bezogene Einzelstudien unternehmen, ehe systematische Antworten auf einzelne Dimensionen, nach denen man die Frage nach den Auswirkungen der Repräsentationsprinzipien auf die Parteiensysteme untergliedern kann, gegeben werden.

Bekanntlich werden, ausgehend von den unmittelbaren Auswirkungen verschiedener Wahlsysteme auf die Stimmen-Mandate-Relation, Annahmen über die politischen Konsequenzen von Wahlsystemen formuliert, welche die politische Willensbildung, die Struktur des Parteienwettbewerbs, das Parteiensystem und das politische System im allgemeinen betreffen. Diese politischen Konsequenzen von Wahlsystemen, die als solche strittig sind und von den verschiedenen gesellschaftlichen und politischen Gruppen unterschiedlich bewertet werden, bilden den Kern der politischen Debatte über das Wahlsystem.

Hinsichtlich dieser Debatte sind zwei Beobachtungen von Bedeutung:

1. Es gibt in Wahlsystemfragen so etwas wie einen *conventional wisdom*, der geprägt ist von Annahmen über quasi-kausale Beziehungen zwischen Wahlsystemen, Parteiensystemen und weiteren politischen Erscheinungen (Stabilität des politischen Systems, Konsolidierung der Demokratie, etc.). Dieser *conventional wisdom* wird im wesentlichen gestützt durch den normativen Ansatz, während er von den empirischen Ansätzen in Frage gestellt und in einigen Hinsichten als irrig betrachtet wird. Es ist für einen Kenner der Materie relativ einfach, bei Kenntnis konkreter Kontextbedingungen die Beziehung zwischen Stimmen- und Sitzanteilen und damit den Proportionalitätsgrad eines Wahlsystems zu bestimmen und vorherzusagen. Hingegen ist es sehr schwierig, kausale Beziehungen zwischen dem Wahlsystem und dem Format des Parteiensystems herzustellen, ganz zu schweigen von anderen Zusammenhängen (Wahlsystem und Stabilität des politischen Systems, Konsolidierung der Demokratie etc.), die früher als vom Wahlsystem determiniert begriffen wurden. Der Proportionalitätsgrad eines Wahlsystems ist kein Indikator für das Parteiensystemformat oder für die anderen genannten Variablen (s. auch Kapitel 10, Abschnitt 2.3).
2. Die Argumente, die in die Debatte eingebracht werden, unterscheiden sich je nach den Forschungsansätzen (s. Kapitel 3, Abschnitt 2.4): So beherrschen die Debatte innerhalb des normativen Ansatzes Interpretationen und Kontroversen, die oft in idealtypischer Weise vorgetragen werden, d.h. unter einer reduktionistischen Perspektive, in der mit Abstraktionen und deduktiven Verfahren gearbeitet und so die historische Kontingenz der jeweiligen Wahlsysteme tendenziell zu wenig berücksichtigt wird.

Deswegen werden wir im Folgenden nach der Darstellung der idealtypischen Argumente des normativen Ansatzes auf Bewertungskriterien von Wahlsystemen eingehen, die der historisch-empirischen Perspektive entstammen.

5.6.1 Die Vorzüge von Mehrheitswahl und Verhältniswahl nach dem normativen Ansatz

Im Folgenden führen wir die innerhalb des normativen Ansatzes von den jeweiligen Anhängern von Mehrheitswahl und Verhältniswahl erwarteten politischen Auswirkungen der beiden Grundtypen von Wahlsystemen auf, die in der Sicht der beiden Schulen jeweils als Vorzüge des einen oder des anderen Wahlsystems erscheinen.

Vorzüge der Mehrheitswahl:

1. Verhütung der Parteienzersplitterung: Kleine Parteien haben geringe Chancen, Parlamentsmandate zu erreichen.
2. Förderung der Parteienkonzentration in Richtung auf die Herausbildung eines Zweiparteiensystems.
3. Förderung stabiler Regierungen in Form parteilicher Mehrheitsregierungen.
4. Förderung politischer Mäßigung, da die politischen Parteien, die miteinander konkurrieren, um die gemäßigte Wählerschaft der Mitte kämpfen, die sie sich gegenseitig streitig machen müssen, und mit einem Wahlsieg auch die politische Verantwortung übernehmen müssen. Die Parteien müssen also ihr Programm an der gemäßigten Wählerschaft und an dem Machbaren ausrichten.
5. Förderung des Wechsels in der Regierungsausübung, da geringe Veränderungen in den Stärkeverhältnissen der Parteien nach Wählerstimmen große Veränderungen nach Mandaten auslösen können.
6. Herbeiführung der Entscheidung über die Regierungsführung direkt durch den Wähler in der Wahl und nicht durch die Parteien in Koalitionsverhandlungen nach der Wahl.

Vorzüge der Verhältniswahl:

1. Repräsentation möglichst aller Meinungen und Interessen im Parlament im Verhältnis ihrer Stärke unter der Wählerschaft.
2. Verhinderung allzu künstlicher politischer Mehrheiten, denen keine wirkliche Mehrheit in der Wählerschaft entspricht und die nur das Ergebnis institutioneller Eingriffe in den politischen Willensbildungsprozess darstellen.
3. Förderung vereinbarter Mehrheiten durch Aushandeln und Kompromisse, an denen verschiedene gesellschaftliche Kräfte, ethnische/religiöse Gruppen beteiligt sind.

4. Verhinderung extremer politischer Umschwünge, die weniger das Ergebnis grundlegender Veränderungen der politischen Einstellungen der Wählerschaft sind als vielmehr Folge des „Verzerrungseffekts" eines Wahlsystems.
5. Berücksichtigung gesellschaftlicher Wandlungen und neuer politischer Strömungen, parlamentarische Vertretung zu erlangen.
6. Verhinderung eines Kartells etablierter Parteien oder sog. dominanter Parteiensysteme, in denen eine Partei ihre dominierende Position im Wesentlichen dem Wahlsystem verdankt und ein demokratischer Wechsel erschwert, wenn nicht gar verhindert wird.

Abbildung 4: Mehrheitswahl und Verhältniswahl: idealtypische Auswirkungen im Vergleich

Tendenzielle Auswirkungen	Mehrheitswahl	Verhältniswahl
Zweiparteiensystem	ja	nein
Parteiliche Mehrheitsbildung	ja	nein
Stabile Regierungen	ja	nein
Koalitionsregierungen	nein	ja
Eindeutige Zurechnungsfähigkeit der politischen Verantwortung	ja	nein
Gerechte Repräsentation	nein	ja
Chancen für neue politische Strömungen	nein	ja

Die Vorzüge von Mehrheitswahl und Verhältniswahl werden vielfach bereits auf dem Boden des Vergleichs der beiden Wahlsystemgrundtypen bestimmt. Da die beiden Grundtypen eine Antithese bilden, werden die Vorzüge des einen im Prinzip als Nachteile des anderen begriffen. *Abbildung 4* stellt einige der erwarteten, tendenziellen Auswirkungen von Mehrheitswahl und Verhältniswahl einander gegenüber. Sie werden positiv oder negativ konnotiert, und zwar in der Weise, dass, wenn einem Grundtyp eine positive Auswirkung zugeschrieben wird, dem anderen quasi notwendigerweise eine negative. Diese Bewertung ist freilich nicht Teil der Beschreibung des antithetischen Ordnungssystems, sondern gegensätzlichen Werturteilen geschuldet, die über die Effekte der Grundtypen und damit über diese selbst bestehen. Was als Vorzug eines Wahlsystems gilt, wird nicht von allen als Vorzug begriffen. In die Bewertungsfrage spielen verschiedene demokratietheoretische und machtpolitische Erwägungen hinein. Bereits die genannten Konzepte Zweiparteiensystem, stabile Regierungen, gerechte Repräsentation werden unterschiedlich verstanden und insbesondere kontrovers bewertet.

5.6.2 Vorzüge und Nachteile von Mehrheitswahl und Verhältniswahl nach dem historisch-empirischen Ansatz

Ob die genannten theoretischen Vorzüge tatsächlich als Vorzüge begriffen werden, unterliegt somit politischen Maßstäben, die je nach historisch-politischem Kontext variieren. Ganz allgemein gesprochen gibt es gute Argumente sowohl für die Mehrheitswahl als auch für die Verhältniswahl. Die Kontroverse zwischen denen, die für Mehrheitswahl plädieren, und jenen, die der Verhältniswahl anhängen, wird deshalb niemals enden.

Die Argumente liegen zum einen auf der demokratietheoretischen Ebene. Auf ihr ist nicht zu entscheiden, ob der Befähigung einer Partei zur Mehrheit (und der damit gleichgesetzten Herbeiführung stabiler, alternierender Regierungen) Vorrang eingeräumt werden soll gegenüber der politischen Repräsentation möglichst aller gesellschaftlich relevanten Kräfte. Die funktionale Demokratietheorie favorisiert eindeutig die Mehrheitswahl, die partizipatorische Demokratietheorie hält an der Verhältniswahl fest (von Alemann 1973).

Die Argumente für oder gegen die Repräsentationsprinzipien liegen zum anderen auf der machtpolitischen Ebene. Diese Gründe werden oft genug dadurch zu verschleiern versucht, dass auf demokratietheoretische Begründungen zurückgegriffen wird. Die Entscheidung zugunsten eines Wahlsystemgrundtyps erfolgt jedoch aus der konkreten Interessenlage einer Partei heraus.

Ein wesentlicher Gesichtspunkt ist die Größe einer Partei. Eine kleine Partei wird sich selten den Luxus erlauben können, für Mehrheitswahl zu sein, denn sie wird in der Regel von ihr aus dem politischen Leben ausgeschaltet oder so dezimiert, dass sie praktisch keine Bedeutung mehr hat. Ausnahmen bestätigen hier die Regel: In Sri Lanka konnten die kleinen kommunistischen Parteien 1970 einen höheren Mandatsanteil als Stimmenanteil erhalten, weil sie ein Bündnis mit der SLFP von Frau Bandaranaike eingehen konnten, das ihnen einige Wahlkreise überließ (s. unter Beispiele im nachfolgenden Abschnitt). Neben wahlgeographischer

Konzentration der Wählerstimmen einer kleinen Partei sind Wahlbündnisse die einzige Chance, die wahlsystematischen Barrieren der Mehrheitswahl zu überspringen.

Große Parteien, die mittels Mehrheitswahl die Aussicht haben, eine parlamentarische Mehrheit zu gewinnen oder, in der Regierung, die politische Macht besser verteidigen zu können, optieren eher für die Mehrheitswahl. Auch hier gibt es Ausnahmen. In einigen skandinavischen Ländern waren die sozialdemokratischen Mehrheitsparteien bereit, den Proporz innerhalb bestehender Verhältniswahlsysteme so weit zu verfeinern, dass sie am Ende die Fähigkeit verloren, trotz Stimmeneinbußen eine parlamentarische Mehrheit aufrechtzuerhalten. Wer den Vorzug eines Wahlsystems in bestimmten parteipolitischen Auswirkungen sieht, legt der Bewertung der Wahlsystemgrundtypen machtpolitische Maßstäbe zugrunde.

Der historisch-empirische Ansatz bewertet Wahlsysteme unter den Gegebenheiten von Raum und Zeit. Da nun die den Wahlsystemgrundtypen zugeschriebenen Auswirkungen aufgrund von Kontextfaktoren nur bedingt eintreffen, ergibt sich geradezu zwingend, die Bewertung der Vorzüge (und Nachteile) von Mehrheitswahl und Verhältniswahl nicht länger ausschließlich auf der prinzipiellen und allgemeinen Ebene vorzunehmen, sondern vornehmlich auf der Grundlage breiter historischer Erfahrungen, in denen die Kontextverschiedenheit vieler Fälle berücksichtigt wird. Wenn unter oder trotz Verhältniswahl in einer Reihe von Ländern Zwei- oder Zweieinhalb-Parteiensysteme bestehen, die stabile Regierungen zulassen, so wird, indem für diese Länder nicht mehr behauptet werden kann, die Verhältniswahl führe zu politischer Instabilität, auch generell diese These nicht mehr aufrechterhalten werden können. Diese Erwägung bringt die ganze Struktur der Bewertungsdyade von Mehrheitswahl und Verhältniswahl des normativen Ansatzes zum Einsturz. Die Vorzüge der Mehrheitswahl können dann nicht mehr an etwas festgemacht werden, was auch unter Verhältniswahl gewährleistet sein kann. Dann sprechen nämlich für die Verhältniswahl zum einen ihr eigener Vorzug, die höhere Proportionalität. Für sie spricht zum anderen die Neutralisierung des Vorzugs der Mehrheitswahl.

Angesichts der Kontextabhängigkeit der Auswirkungen der Wahlsysteme kann die Bewertung der Wahlsysteme nicht umhin, stets die konkreten gesellschaftlichen und politischen Bedingungen eines Landes in Betracht zu ziehen. Es ist danach zu fragen, welche in einem weiteren Sinne politischen Folgen die unterstellten Vorzüge der Wahlsysteme unter den obwaltenden spezifischen gesellschaftlichen und politischen Bedingungen haben. „Gerechte Repräsentation“ wird generell als positiver Wert begriffen. Führen Verhältniswahlsysteme, welche ein hohes Maß an „gerechter Repräsentation“ bewerkstelligen, in spezifischen gesellschaftlichen und politischen Kontexten zur Unregierbarkeit? Die Konzentration im Parteiensystem wird auf der prinzipiellen Ebene in der Regel positiv konnotiert. Führt sie in dem zur Diskussion stehenden Land zu Polarisierung (und Bürgerkrieg)? Gibt es gesellschaftliche und politische Voraussetzungen für die erfolgreiche Anwendung der Repräsentationsprinzipien?

5.6.3 Begrenzungen des Mehrheits- und des Proporzprinzips

In der Debatte über Mehrheit und Proporz werden die vorher entwickelten strengen begrifflichen Unterscheidungen zwischen Prinzip und Regel nicht durchgängig eingehalten, da sie sich nicht nur auf das Wahlsysteme bezieht, sondern auch auf Modelle der Herbeiführung politischer Entscheidung ganz allgemein. Traditionell wird beispielsweise vom Mehrheitsprinzip gesprochen, obwohl eigentlich die Mehrheitsregel gemeint ist. Es wäre hier völlig fehl am Platze, entgegen der Sprachpraxis die ganze Debatte unter terminologischer Stringenz wiederzugeben. Es erschließt sich durchaus, ob in der konkreten Aussage Mehrheit und Proporz eher als Prinzip oder als Regel verstanden wird.

Bereits *Alexis de Tocqueville* verwies Mitte des 19. Jahrhunderts neben anderen politischen Faktoren auf die Homogenität einer Gesellschaft als notwendige Vorbedingung für die erfolgreiche Anwendung des Mehrheitsprinzips. Er nannte drei Voraussetzungen für das Funktionieren der Mehrheitsregel:

1. die weitgehende Gleichheit der Lebensumstände oder eine recht homogene Gesellschaft;
2. den politischen Grundkonsens der Bevölkerung in die Mehrheitsregel;
3. die Möglichkeit, dass die Minderheit selbst einmal Mehrheit wird (Oeuvres Complêtes, 1951, Band 1: 257ff.).

Die von Tocqueville formulierten drei Voraussetzungen haben sich in der modernen Verfassungswelt als richtig erwiesen. Für eine gut funktionierende Mehrheitswahl bedarf es homogener gesellschaftlicher Verhältnisse. Zum ersten müssen die gesellschaftlichen Antagonismen klar und eindeutig einer oder höchstens zwei Konfliktdimensionen zuzuordnen sein. Voraussetzung ist also die Abwesenheit sog. *cross-cutting cleavages*, wie ethnischer, religiöser, sprachlicher Konflikte. Zur Voraussetzung sozioökonomischer Homogenität gehört auch die Abwesenheit zu starker innerstaatlicher ökonomisch-industrieller Entwicklungsunterschiede.

Eine solche klare Scheidung entlang einer Konfliktdimension bildete zum Beispiel in Großbritannien die Grundlage für die bipolare Struktur in Wählerverhalten und Parteiensystemen von *working class* und *middle class*. Diese Bipolarität führte – angesichts der sich in der gesellschaftlichen Wirklichkeit herstellenden wahlgeographischen Verteilung von *working class* und *middle class* – zu einer großen Mehrheit (für eine der beiden großen Parteien) sicherer Wahlkreise und zu einer Vielzahl von Hochburgen. Um einen Wechsel auf nationaler Ebene erreichen zu können, bedarf es dann einer bestimmten, wenn auch geringen Zahl von sog. *marginal seats*, Wahlkreisen, in denen eine sozialstrukturell relativ homogene Wählerschaft lebt. Der Homogenitätsforderung von Tocqueville muss zumindest in diesen wenigen Wahlkreisen entsprochen werden, die dadurch eine enorme politische Bedeutung erlangen. In ihnen entscheidet sich die Wahl. Auf sie konzentrieren die Parteien ihre Anstrengungen.

Beide Homogenitätsanforderungen sind in ethnisch fragmentierten Gesellschaften nicht gegeben. Ihre Erfüllung ist auch in Ländern mit erheblichen, territorial verankerten Entwicklungsdisparitäten nicht zu erwarten. In politischen Systemen, in denen der sozioökonomische Gegensatz zwischen Zentrum und Peripherie oder zwischen ethnisch/religiös definierten Gruppen eine wichtige Rolle spielt, verschärfen Mehrheitswahlsysteme die zentrifugalen bzw. die desintegrierenden Kräfte. Meistens fehlt dann von vorneherein der Grundkonsens der Bevölkerung in die Mehrheitsregel. Bleibt er aufrechterhalten wie im Falle Kanadas oder Nigerias, so sind die politischen Wirkungen völlig unähnlich denen, welche die Mehrheitsregel in homogenen Ländern erzielt. Während in Kanada die britische politische Kultur die fehlende Homogenität ersetzt, endete das Experiment der Mehrheitswahl in Nigeria im Bürgerkrieg. Im ethnisch heterogenen Malaysia wird der Anwendung der Mehrheitsregel ein Prozess des Aushandelns und der proportionalen Vertretung vorgeschaltet und damit die politische Sprengkraft des Mehrheitsprinzips entschärft. In Sri Lanka wurde die relative Mehrheitswahl, von der ehemaligen Kolonialmacht ererbt, als Folge der erheblichen Disproportionen in der parlamentarischen Repräsentation, die sie hervorrief, 1977 aufgehoben. Schauen wir uns drei Fälle näher an, in denen wir auf die Grenzen des Mehrheitsprinzips stoßen bzw. seinen Folgen auszuweichen versucht wurde.

Beispiele:

a) Auswirkungen der relativen Mehrheitswahl in Nigeria
In Nigeria traf nach Erlangung der Unabhängigkeit die relative Mehrheitswahl in Einerwahlkreisen auf eine äußerst komplexe ethnische Struktur. Die politischen Parteien bildeten sich auf der Basis der ethnischen Großgruppen (Haussa, Yoruba, Ibo) und dominierten jeweils in den entsprechenden Siedlungsgebieten. Da das Wahlsystem den ethnisch-politischen Minderheiten kaum eine Chance der Repräsentation gab, entstanden so praktisch in den drei Regionen stabile Einpartei-Systeme. Auf bundesstaatlicher Ebene begegneten sich regionalistische Parteien, die kein an nationalen Fragen orientiertes Parteiensystem bilden konnten. Obwohl nur wenige Parteien Parlamentsmandate errangen, fand keine nationale Integration statt. Vielmehr wirkte das Wahlsystem zentrifugal.

Seine Auswirkungen trugen mit zum Bürgerkrieg (1967-70) bei. Für die Zeit nach der ersten Militärherrschaft (1966-79) und in späteren Redemokratisierungen wurden Vorkehrungen getroffen, um die erneute Ausrichtung der Parteien an ethnischen Kriterien zu verhindern (Erhöhung der Zahl der Bundesländer, Erfordernis einer multi-ethnischen Struktur der Parteien und landesweiter Kandidatur, etc.). Die Mehrheitswahl in Einerwahlkreisen wurde jedoch beibehalten (s. Nohlen/Krennerich/Thibaut 1999: 697ff.; Hartmann 1999).

b) Proporzmechanismen im Mehrheitswahlsystem Malaysias
Im Wahlsystem der Föderativen Republik Malaysia werden die natürlichen Auswirkungen der relativen Mehrheitswahl in Einerwahlkreisen durch Vereinbarung über eine proportionale Auftei-

lung der Mandate unter den Ethnien (Malaien, Chinesen, Inder) bzw. deren politischen Parteien unterlaufen. Die ethnischen Gegensätze werden in den Wahlen demnach nicht durch offene Parteienkonkurrenz unter der Mehrheitsregel ausgetragen, sondern durch die Bildung eines interkommunalen Parteibündnisses (der Allianz, seit 1974 der Nationalen Front) aufzufangen versucht. In den Einerwahlkreisen kandidiert dann nur ein aussichtsreicher, wenn nicht überhaupt nur ein einziger Kandidat. Das Bündnis gewinnt die Wahlen meist mit über 55% der Stimmen und mit über 80% der Mandate (s. Tan 2001). An diesen eingefrorenen Machtverhältnissen ist häufig Kritik geübt worden (s. Crouch 1996). Gewiss hat das Wahlsystem der Herrschaftssicherung der dominierenden Partei innerhalb der Bündnisses, der United Malays National Organization (UMNO) gedient. Die Verknüpfung von proportionalem Machtanteil und Mehrheitsentscheidung scheint jedoch eine wesentliche Voraussetzung für ein friedliches Zusammenleben der Bevölkerungsgruppen in einer pluriethnischen Gesellschaft zu sein (s. Lim 2002).

c) Auswirkungen der relativen Mehrheitswahl in Sri Lanka

In Sri Lanka hat die relative Mehrheitswahl in Einerwahlkreisen extreme Verzerrungen der politischen Repräsentation herbeigeführt. Bei den Wahlen von 1970 verlor die stimmstärkste Partei gegen die nach Stimmen zweitstärkste Partei. Die SLFP (Sri Lanka Freedom Party) hatte mit den kleinen kommunistischen Parteien LSSP und CP Wahlabsprachen getroffen und landete einen Erdrutsch-Sieg gegen die UNP (United National Party), die mit 37,9% der Stimmen nur 11,3% der Mandate erhielt.

Bei den Wahlen von 1977 gewann die UNP mit 50,9% der Stimmen über 3/4 der Mandate, während die Opposition dezimiert wurde. Zwar erfolgte ein Wechsel in der Regierungsausübung, doch in extremen Ausmaßen.

Tabelle 15: Stimmen-Mandate-Relation in Sri Lanka 1965-1977

Parteien	1965			1970			1977		
	Stimmen in %	Mandate abs.	Mandate in %	Stimmen in %	Mandate abs.	Mandate in %	Stimmen in %	Mandate abs.	Mandate in %
UNP	39,3	66	43,7	37,9	17	11,3	50,9	140	83,3
SLFP	30,2	41	27,2	36,9	91	60,3	29,7	8	4,8
LSSP	7,5	10	6,6	8,7	19	12,6	3,6	–	–
FP/TULF	5,4	14	9,3	4,9	13	8,6	6,4	18	10,7
CCP	2,7	4	2,6	3,4	6	4,0	3,1	–	–
Andere	14,9	16	10,7	8,2	5	3,3	6,3	2	1,2
Insgesamt	100,0	151	100,0	100,0	151	100,0	100,0	168	100,0

(*Quelle*: Wagner 2001)

Die Vorbehalte gegenüber dem Mehrheitsprinzip sind so alt wie die Regel selbst. Die Geschichte dieses Prinzips (s. Gierke 1913; Heinberg 1926; Nohlen 1978) gleicht dem unentwegten Versuch, die Regel in ihrer Natur zu erfassen sowie auf ihre Gültigkeit, Anwendbarkeit und Ersetzbarkeit zu überprüfen. Jüngere Hinterfragungen knüpfen an altes Unbehagen an. Freilich musste sich die Mehrheitsregel erst einmal durchsetzen. Indem sie das Erfordernis der Einmütigkeit (auch Einstimmigkeit: *unanimitas*) aller Teilnehmer erfolgreich ablöste, erleichterte sie wesentlich die Entscheidungsfindung. Ist kein vollständiger Konsens erreichbar, wird gleichwohl eine Entscheidung ermöglicht. Ein Teilkonsens ersetzt die volle Zustimmung. Der Wille aller wird durch den Willen des Teils einer Gruppe, ihrer Mehrheit, substituiert.

Die Qualität einer Entscheidung nach der numerischen Mehrheit ist stets hinterfragt geblieben. In dem Maße, wie es die Entscheidung von einem quantitativen Faktor abhängig mache, wohne dem Mehrheitsprinzip ein nicht reduzierbar Teil an Willkür inne (Gérard 1993). Diese Einschätzung wäre sehr ernst zu nehmen, wenn man nicht wüsste, dass eigentlich allen Wahlverfahren etwas Willkürliches anhaftet, das durch die Berücksichtigung des Anwendungsbereichs und der jeweils geltenden Anforderungen etwas gemildert werden kann. Mitunter kann sogar kein anderes Verfahren als der Mehrheitsentscheid Anwendung finden. Historisch wurden die Kriterien Quantität und Qualität gerne gegeneinander ins Feld geführt, im früh-neuzeitlichen Diskurs mit *maior* und *va-*

lentior pars identifiziert. Es fragt sich freilich, ob das Kriterium der Qualität mit weniger Willkür gehandhabt werden kann. Eine Versöhnung beider Konzepte mit einander wurde mit der (heute demokratisch fragwürdigen) Differenzierung der Wählerschaft nach qualitativen Kriterien (nach Ständen, später nach Besitz- und/ oder Einkommenszensus, gelegentlich auch nach Bildungszensus) herbeigeführt. Der Anpassung an reale Gegebenheiten diente das Argument, wenn eine große Mehrheit für eine Sache stimme, dann sei ihr doch Wahrheit zu unterstellen. Dem Wahrheitsanspruch entsprechend hatte die Minderheit ursprünglich nicht nur den Mehrheitsentscheid hinzunehmen, sondern ihren inhaltlichen Widerspruch zur Mehrheit aufzugeben (Leclercq 1971). Die Mehrheitsregel sah sich in der Folge mit der Forderung nach Anerkennung der Minderheit als Minderheit konfrontiert. Dem hielt freilich Jean Jacques Rousseau im Contrat Social (1762) die Richtigkeit des nur *einen* Gemeinwillens entgegen. Der normativ vorab festgelegte Wille der Gemeinschaft, die *volonté generale,* ließ begrifflich kein Verharren in der Differenz zum Gemeinwillen, im Irrtum zu. Rousseau räumte zwar die quantitative Ermittlung des Gemeinwillens ein, band aber den nach Mehrheitsentscheid abstimmenden Bürger an bestimmte sittliche Voraussetzungen. Letztlich zielte die vom Gemeinwillen ausgehende Theorie erneut auf die Herstellung von Einstimmigkeit, forderte sie auch für Grundentscheidungen (vgl. Contrat socal IV, 2) und wandte sich gegen das Mehrheitsprinzip (Scheuner 1973: 43 f.).

Die nächste Infragestellung betraf die Mehrheit als Mehrheit. In der französischen Aufklärung genügte die schlichte numerische Mehrheit nicht mehr den Anforderungen an Wahrheit und Gerechtigkeit. Auf der Suche nach einem quantitativ ermittlungsfähigen „*véritable voeu de la pluralité*" wurde unter Verwendung der damals entwickelten naturwissenschaftlich-mathematischen Methoden die Mehrheitsnatur des Prinzip überprüft. Mit einem adäquateren Wahlsystem sollte die Untrügbarkeit der *volonté generale* gesichert werden. Die streng mathematische Beweisführung gab den Überlegungen die dem Zeitgeist gemäße wissenschaftliche Weihe. Jean-Charles de Borda ging bei seinem aus dem Jahre 1770 datierenden Wahlsystemvorschlag (de Borda 1784) von der Voraussetzung aus, dass das Ergebnis der relativen Mehrheitswahl durchaus nicht immer dem wahren Wunsch der Wähler entsprechen müsse, zumal dann, wenn sich mehr als zwei Bewerber um ein Mandat bemühten. Sein Gedanke der Wahl „*par ordre de mérite*“ entsprach der graduierten Stimmgebung. Der Wähler sollte sich zum Verhältnis sämtlicher Kandidaten zueinander äußern (Rangziffernordnung). Das System war jedoch mit schweren Mängeln behaftet. Möglicherweise konnte ein Kandidat siegen, der von keinem Wähler an erster Stelle genannt worden war (s. Tecklenburg 1911, 47ff.; Braunias 1932, II, 205ff.). Es war für allgemeine Wahlen alles andere als praktikabel.* Auch Nicolas Marquis de Condorcet (1785) verstand das Wahlsystem „als Annäherungsverfahren an die Wahrheit, die abzulesen ist aus dem Willen der Mehrheit“ (Misch 1974: 22). Auf ihn gehen verschiedene Wahlsystemvorschläge zurück. Der Vorschlag paarweisen Vergleichs der Kandidaten, um denjenigen als Sieger zu küren, der jeden dieser Zweikämpfe gewinnt (sog. Condorcet-Sieger), stieß auf das von ihm selbst erkannte Problem, dass sich möglicherweise kein Sieger im Paarvergleich ergeben würde.** Die Technik des proportionalen Ins-Verhältnis-Setzens der Kandidaten nach den auf sie entfallenden graduierten Stimmen verhieß mehr Anwendbarkeit. Condorcet erfand auch die beschränkte Stimmgebung und die Eventualstimmgebung. Alle Vorschläge dienten noch vollkommen der Mehrheitsfindung und standen weiterhin unter der wahrscheinlichkeitstheoretischen Prämisse, es bestehe eine positive Korrelation zwischen dem Grad der Mehrheit und der Annäherung an die Wahrheit. Von der Mehrheitswahl mit Eventualstimmgebung war freilich der Weg zu einem System der Verhältniswahl nicht mehr weit, wie er später im *single transferable vote-system* beschritten wurde (s. Kapitel 8, Abschnitt 7). Die Vorschläge zur Korrektur der Mehrheitswahl bildeten somit den Nährboden der Verhältniswahl, die sich zunächst in der Theorie als präferiertes System, dann auch vielerorts

---

* In weniger massenhaften Entscheidungsprozessen wird es heute in abgewandelter Form gerne angewandt, etwa beim European Song Contest. Die Rangfolge nach Stimmen wird in Punkte übertragen, wobei der Sieger in der Punktzahl begünstigt wird, möglicherweise auch der Zweite und der Dritte gegenüber allen weiteren Kandidaten, die nur die Punktzahl erhalten, die ihrem Platz nach Stimmen entsprechen. Die höchste Summe aller Punkte ergibt den Gesamtsieger.

** Als Condorcet-Paradoxon wird die folgende Inkonsistenz bei einer paarweisen Abstimmung bezeichnet: A erhält mehr Stimmen als B, ebenso B mehr Stimmen als C, aber C siegt in der Abstimmung gegen A.

in der Praxis in verschiedenen Varianten durchsetzte (s. Kapitel 7, Abschnitt 1).

Ungeachtet dieser Entwicklung, die zweifellos auch eine Folge zunehmender gesellschaftlicher Differenzierung und eines erhöhten Komplexitätsgrades politischer Entscheidungsaufgaben war, wurden im demokratietheoretischen Diskurs weiter mögliche Begrenzungen des Mehrheitsprinzips thematisiert. Norberto Bobbio (1984) ging es dabei zunächst um die Relativierung der Mehrheitsregel. Es sei nur eines der Elemente, die für das Funktionieren der Demokratie in Frage kämen. Er wandte sich vor allem gegen die Vorstellung, dass die Demokratie auf der Mehrheitsregel Fuße. Diese legitimatorische Bedeutung maß er allein dem allgemeinen Wahlrecht bei. Die Mehrheitsregel als Technik stellte er zudem in Gegensatz zum Kompromiss, dem er mehr Relevanz für die Existenz einer Demokratie einräumte. Dessen Überlegenheit gegenüber der Mehrheitsregel begründete er damit, dass alle Partner nach freiem Verhandeln etwas gewännen. In der politischen Praxis der Entscheidungsfindung konnten entsprechend diesem Kalkül Verfahren des Aushandelns und des Kompromisses in den verschiedensten Bereichen Fuß fassen: zwischen den Verfassungsorganen, zwischen den verschiedenen politischen Systemebenen, im Verhältnis der politischen Parteien zueinander, zwischen Regierungen und organisierten Interessen, kurzum in all dem, was unter den Begriffen Konkordanzdemokratie, Politikverflechtung (Entscheidungen im Verbund verschiedener Systemebenen per Verhandlung und Kompromiss) und Korporatismus (Beteiligung gesellschaftlicher Großgruppen an der politischen Entscheidungsfindung) diskutiert wird (Lijphart 1968; Scharpf u.a.1976; Schmitter 1974). Grenzen der Gültigkeit der Mehrheitsregel sah Bobbio darin, dass mit ihr die Abschaffung des Mehrheitsprinzips selbst ausgeschlossen ist. Grenzen der Anwendung machte er im Falle der Menschen- und Bürgerrechte aus, die nicht durch kollektive Mehrheitsentscheidungen eingeschränkt oder gar aufgehoben werden könnten. Schließlich stellte Bobbio die politische Seite des Mehrheitsprinzips heraus. Es bevorteilt Gruppen, die über die Mehrheit verfügen.

Robert A. Dahl griff die Tocqueville'sche These in abstrakterer Form wieder auf, die Anwendung des Mehrheitsprinzips sei an gewisse Voraussetzungen gebunden, die es zudem selbst nicht bewerkstelligen könne: „The majority principle itself depends on prior assumptions about the unit… weather the scope and domain of majority rule are appropriate in a particular unit depends on assumptions that the majority principle itself can do nothing to justify“ (Dahl 1989: 204) Ähnlich sind die Grenzen des Mehrheitsprinzips auch im Zusammenhang mit Entscheidungen in gesellschaftlichen Problemlagen erörtert worden, denen irreversibler Charakter zugesprochen wird (Kernenergie, Gentechnologie, Waffentechnologie, Datenerfassung usw.). Anknüpfend an Locke und andere liberale Vertragstheoretiker wurde von den Vertretern der neuen sozialen Bewegungen, aber auch von sozialwissenschaftlichen Gesellschaftskritikern (Guggenberger [2]1984; Guggenberger/ Offe 1984) hervorgehoben, dass es sich bei Überlebensfragen um politische Entscheidungen handele, die von der vertragstheoretischen Begründung des Mehrheitsprinzips nicht gedeckt seien.

Die am Weitesten gehende Infragestellung des Mehrheitsprinzips erfolgte jedoch auf der Ebene der Demokratiemodelle von Seiten des Konzepts der deliberativen Demokratie (Elster 1998; Habermas 1999; Gutmann/Thomson 2004). Der Mehrheitsentscheid besage ja nur, dass eine Option mehr Stimmen habe als eine andere, aber nicht, welche vernünftiger sei. Bereits im 19. Jahrhundert ist die Demokratie idealiter als „democracy by discussion“ (Walter Bagehot) konzipiert worden. Kernpunkt der deliberativen Demokratievorstellung ist eine gegenüber dem liberalen Demokratiemodell andere Idee von der Natur des Willensbildungsprozesses und demokratischer Legitimität. Politische Freiheitsrechte der Bürger dienen nicht nur – wie dort – mittels Wahlen und Abstimmungen der politischen Legitimität. Sie verwirklichen sich positiv erst in der „Gewährleistung eines inklusiven Meinungs- und Willensbildungsprozesses, in dem sich freie und gleiche Bürger darüber verständigen, welche Ziele und Normen im gemeinsamen Interesse aller liegen“ (Habermas 1999: 280). Die deliberative Demokratie unterstreicht die Bedeutung der Kommunikation und Beratung gegenüber jener der Entscheidung und setzt folglich auf die Institutionalisierung entsprechender Verfahren für „eine mehr oder weniger rationale Meinungs- und Willensbildung über gesamtgesellschaftlich relevante Themen und regelungsbedürftige Themen“, (ehe diese) in institutionalisierte Wahlentscheidungen und legislative Beschlüsse (mündet)“ (ebenda: 288). Ziel der Deliberation ist die Herstellung von Einmütigkeit (historisch der Ausgangspunkt zur Entwicklung des Mehrheitsprinzips). Bleibt sie in der Praxis aufgrund unterschiedlicher Interessen und Werte nur angestrebtes Ideal, sollen möglichst viele Bürger die Übereinkünfte tragen können (ähnlich dem früheren (Wahrheits-)Argument der größeren Zahl). Hilfsweise kommen dann Mehrheitsentscheidungen in Betracht, die allerdings nur akzeptabel sind, wenn ihnen eine freie und vernünftige Deliberation unter Gleichen vorausgegangen ist. Damit verschiebt sich die Quelle demokratischer Legitimation auf die Deliberation (vgl. Cohen 1989).

Was die konkrete Anwendung des Mehrheitsprinzips als demokratisches Prinzip anbelangt, so gilt in den modernen Verfassungsstaaten, dass einige Entscheidungen, genauer Entscheidungen über einige Sachfragen, vom demokratischen Mehrheitsprinzip ausgeschlossen sind. Diese Vorsorge gilt einerseits den Menschenrechten und Grundrechten, andererseits der demokratischen Verfassung, die ein allgemeines Gut ist und kein Instrument, mit dessen Hilfe sich die Mehrheit an der Macht hält, sei es durch Einschränkung oder Abschaffung der Grundrechte oder durch Benachteiligung, Unterdrückung oder Ausschaltung der oppositionellen Minderheit, also Abschaffung der Demokratie. Verfassungsgerichte übernehmen Entscheidungen, die solche grundlegenden Fragen tangieren. Sie können sogar Entscheidungen, die von Seiten politischer Organe nach dem Mehrheitsprinzip getroffen wurden, aufheben. In dem kleinen Gremium der Verfassungsrichter sind Argumente gefragt, zumal bei Entscheidungen, für die eine Verfassung keine eindeutigen Entscheidungsgrundlagen liefert, es also gilt, zwischen verschiedenen, möglicherweise sogar gleichwertigen Interessen und Werten abzuwägen. Regierung durch Richter ist ein viel diskutierter *topos* geworden (s. Sweet Stone 2000; Robertson 2010; Rosanvallon 2010). Allerdings ist die Einschränkung des Mehrheitsprinzips durch Verfassungsrichter nicht unproblematisch, denn das abgewogene Ergebnis kommt mitunter aufgrund einer Entscheidung zustande, die ebenfalls nach der Mehrheit getroffen wurde. Das Urteil entspricht nur der Position, die am meisten von den Richtern geteilt wird. Von der Anwendung der Mehrheitsregel zeugen besonders Minderheitsvoten, seit sie publik gemacht werden können. Darüber hinaus wird die Entscheidung von einem Gremium getroffen, das nicht demokratisch gewählt ist, also nicht dem Erfordernis demokratischer Kontrolle durch die Wählerschaft unterliegt. Insofern stellt die richterliche Entscheidung das Demokratieprinzip in Frage. Erneut gilt es, zwischen Prinzipien abzuwägen.

Diese mehrheitskritischen Überlegungen sollte nicht als grundsätzliche Verwerfung des Mehrheitsprinzips gedeutet und damit missverstanden werden; sie plädieren vielmehr für eine differenzierte, reflexive Anwendung des Mehrheitsprinzips und damit implizit für seine fortdauernde Geltung.

Hinsichtlich des Proporzprinzips bestehen die Einwände – sieht man von den klassischen Vorbehalten gegenüber der Verhältniswahl ab (s. Kapitel 5, Abschnitt 6.2) – hauptsächlich gegen ein allzu striktes Verständnis des Proporzkriteriums, wie es in Beiträgen vorherrscht, die abstrakt Gleichheits- und Gerechtigkeitsideen verfolgen und sich weniger an Verwirklichungsgesichtspunkten orientieren. Die Bedenken sind teils politiktheoretischer, teils empirisch-komparativer Natur und schließen wahlsoziologische Argumente mit ein.

Erstens ist Verhältniswahl nicht nur als Prinzip im Sinne eines Repräsentationsprinzips zu verstehen, sondern – wie in den beiden ersten Abschnitten dieses Kapitels dargelegt – auch als Entscheidungsregel. Ist Verhältniswahl nicht als Repräsentationsprinzip in der Verfassung festgeschrieben, kann sie auch einfach als Regel fungieren, nach der die Mandate entsprechend dem Anteil an den Stimmen vergeben werden. Das ist beispielsweise bei der Verhältniswahl in Mehrpersonenwahlkreisen der Fall, zumal wenn kein nationaler Proporzausgleich besteht. Die Geltung der Verhältniswahl als Entscheidungsegel wird extrem sichtbar unter der Bedingung kleiner Wahlkreise.

Zweitens ist Verhältniswahl als Prinzip nicht als mathematische Größe bzw. als exakt definierte Regel zu begreifen, sondern nur als allgemeine Orientierung der politischen Repräsentation: „the proportionality principle should not be cast in stone as an exact mathematical requisite ... It should rather serve as a general guideline with multifarious possible applications in different contexts" (Brighouse/Fleurbaey, 2010: 145). Bereits einer der Erfinder anwendungsfähiger Verhältniswahlsysteme hatte vor allzu rigider Handhabung des Proporzprinzips gewarnt: „il faut…renoncer à cette rigeur absolue qui mène à l'absurde, pour ne plus conserver qu'une rigeur rélative, en harmonie avec la pratique et la réalité" (d'Hondt 1882: 13f.).* Dieses relativierende Verständnis des Proporzgebots spiegelt sich empirisch in Verhältniswahlsystemen wider, die das Verhältnis von Stimmen und Mandaten einander annähern, aber keineswegs exakt proportional gestalten. Das ist bei den meisten Verhältniswahlsystemen der Fall (vgl. Nohlen/Stöver, 2010).

Drittens bedeutet das „Möglichst" in der Beschreibung des Proporzprinzips, der Anteil der Mandate einer Partei solle möglichst ihrem Anteil an Stimmen entsprechen, keine Aufforderung zu dessen strikter (maximaler) Realisierung, sondern eine Relativierung des Prinzips. Das „Möglichst" verweist auf gesellschaftliche und politische Bedingungen sowie funktionale Erwartungen an das Wahlsystem, die es zu berücksichtigen gilt und die die Verwirklichung des Prinzips einschränken können.

Viertens ist in Wahlsystemfragen die Vorstellung fragwürdig, es gehe um die Durchsetzung eines einzigen Prinzips. Vielmehr gilt es zu erkennen, dass mit Wahlsystemen verschiedene Zielsetzungen verfolgt werden können, die in einem gewissen Konflikt (*trade-off*) zueinander stehen, so dass es zwischen ihnen abzuwägen gilt, auch und gerade wenn die Verhältniswahl als Repräsentationsprinzip dominiert (s. dazu den nachfolgenden Abschnitt 8). Angebracht ist demnach, nicht in Entweder-oder, sondern in Sowohl-als-auch-Kategorien zu denken. Verschiedene Zielfunktionen gleichzeitig zu verwirklichen, kann nur gelingen, wenn keine von ihnen maximal zu erschöpfen angestrebt wird. Allgemein lässt die Vielfalt der Verhältniswahlsysteme in der Welt auf die Tendenz schließen, die jeweils nationale Balance zwischen den Funktionen zu finden, was ihrerseits auf die Gültigkeit der Multifunktionalität von Verhältniswahlsystemen verweist.

Fünftens lässt sich strikte Proportionalität im Sinne Erfolgswertgleichheit der Stimmen nicht per Gesetz herstellen. Das Maß an Erfolgswertgleichheit ist empirisch vom Parteiensystem und vom Wählerverhalten abhängig. Hier ist ein paradoxer Zusammenhang zu beobachten. Je mehr exakter Proporz gesetzlich ermöglicht wird, desto geringer die Erfolgswertgleichheit, da der

* Man muss auf eine absolute Rigorosität verzichten, die ins Absurde führt, und nur eine relative Rigorosität bewahren, in Übereinstimmung mit der Praxis und der Wirklichkeit.

Wähler darin irrt, nun habe jede noch so kleine Partei eine Chance, ins Parlament einzuziehen, was aber auch bei reinem Proporz einfach mathematisch nicht der Fall ist mit der Folge, dass viele Stimmen nicht zählen. Dies lehrt der Vergleich von Wahlergebnissen bei Verhältniswahl mit und ohne Sperrklausel.

Sechstens ist das Proporzprinzip politisch nicht neutral. Hinter ihm verbergen sich machtpolitische Interessen, die auch der Einführung der Verhältniswahl zugrunde lagen (s. dazu Kapitel 7, Abschnitt 2). Die Forderung nach exaktem Proporz wird in der Regel von kleinen oder Minderheitsparteien erhoben, die zudem gerne das Gerechtigkeitsargument ins Spiel bringen, so als sei nur der exakte Proporz gerecht. Dieses Argument fokussiert jedoch nur auf die parlamentarische Vertretung, für die es leicht zu überzeugen vermag. Es wird erst in seiner Verkürzung erkannt, wenn man den Proporzgedanken auf das Regierungssystem insgesamt ausdehnt. Ist es gerecht, muss man fragen, wenn kleine Parteien in Koalitionsregierungen, die eine geradezu notwendige Konsequenz von Verhältniswahl mit hohem Grad an Proporz sind, einen Einfluss auf die politischen Entscheidungen zu Gunsten ihrer Klientel gewinnen, die ihr reales Gewicht in der Wählerschaft gewaltig übersteigt?

Schließlich wird in Parlamentswahlen nicht nur die Volksvertretung gewählt, sondern zugleich auch die Regierung – wenn das Parteiensystem es zulässt. Je strikter der Proporz, desto mehr Parteienfragmentierung, desto weniger Chance der Wähler, zwischen Kanzlerkandidaten bzw. Regierungsmannschaften direkt auszuwählen. Über Regierungskoalitionen wird dann nach der Wahl durch die Parteien entschieden. Je mehr Proporz bzw. Erfolgswertgleichheit, die sich in Berücksichtigung jeder einzelnen Wählerstimme niederschlägt, desto geringer die Macht aller Wähler zusammengenommen.

Alle vorgebrachten Bedenken wenden sich nicht schlechthin gegen das Proporzprinzip, zumal wenn der Gesetzgeber sich verfassungsrechtlich oder wahlgesetzlich für Verhältniswahl ausgesprochen hat. Sie verweisen nur darauf, das Proporzprinzip im Design und in der Bewertung von Wahlsystemen nicht auf die Spitze zu treiben, sondern abwägend und maßvoll zu handhaben.

5.6.4 Folgerungen für Bewertung und Analyse von Wahlsystemen

Die hier vorgetragene Konzeptualisierung des Untersuchungsfeldes, die ich eingehend in einer früheren Publikation begründet habe (Nohlen 1978: 57ff.), hat die Bewertung von Wahlsystemen auf eine andere Grundlage gestellt. Da die Wahlsysteme an zwei klar voneinander unterschiedenen Repräsentationsprinzipien orientiert werden, ergibt sich auf diese Weise zunächst die Klärung der Frage, ob es sich im konkreten Fall um ein System der Mehrheitswahl oder Verhältniswahl handelt. Darüber ist sich häufig die Literatur nicht einig. Gelegentlich hat man den Eindruck, dass ein Wahlsystem so oder anders klassifiziert wird, um die jeweils vertretene Theorie über die Auswirkungen von Wahlsystemen zu retten. Dies betrifft vor allem die wachsende Zahl kombinierter Wahlsysteme. Passen deren Auswirkungen nicht zur Theorie, kann man sie einfach anders klassifizieren. Sodann erfolgt die Bewertung von Mehrheitswahl und Verhältniswahl nicht mehr nach einem einzigen Kriterium, sondern zunächst und primär nach dem je eigenen eines Wahlsystems. Die Bewertung der Verhältniswahl geschieht demnach nicht mehr allein oder vorrangig nach dem der Mehrheitswahl (etwa: „Die Verhältniswahl leistet keinen Beitrag zur parlamentarischen Mehrheitsbildung"), die der Mehrheitswahl nicht mehr nach dem der Verhältniswahl (etwa: „Die Mehrheitswahl bringt keine gerechte Repräsentation zustande").

Die Anwendung der jeweils dem entgegen gesetzten Repräsentationsprinzip eigenen Maßstäbe bringt ja in der Tat angesichts der antithetischen Struktur des Ordnungssystems, in welchem notwendig auch die Bewertungen antithetisch sind, wenig signifikante Ergebnisse hervor. Es ist zu erwarten, dass etwa ein System der Verhältniswahl die Funktionserwartungen, die an ein System der Mehrheitswahl gestellt werden, weniger gut erfüllt. Im *constraining* oder *reductive effect* sind Mehrheitswahlsysteme den Verhältniswahlsystemen in aller Regel überlegen. Sie sind darin (im Begriff der basalen Dichotomie stark vs. schwach von Sartori) „stärker". Aber sie sind nicht „stärker", wenn das (verfassungsmäßig) vorgegebene Ziel proportionale Repräsentation lautet. Dann haben in der Regel Verhältniswahlsysteme das bessere Ende für sich. Im Rahmen der Debatte über Mehrheitswahl und Verhältniswahl ergeben sich daraus zwei Konsequenzen:

1. Wahlsysteme sollten zuallererst (aber keineswegs allein) danach bewertet werden, inwieweit sie den ihnen aufgegebenen Repräsentationsprinzipien gerecht werden, und nicht primär oder gar ausschließlich danach, ob sie Funktionen des konkurrierenden und antithetischen Repräsentationsprinzips erfüllen. Natürlich besteht dabei auch Raum für eine vergleichende Betrachtung weiterer relevanter Dimensionen, aber eine ausschließliche Bewertung von Wahlsystemen am falschen Maßstab sollte sich verbieten.

Ich plädiere demnach für die Prüfung von konkreten Wahlsystemen an den verfassungsrechtlichen, gesetzlichen und auch den definitorisch-klassifikatorischen Vorgaben. Inwieweit entsprechen etwa die als Verhältniswahlsysteme geführten Wahlsysteme der Verhältniswahl als Prinzip? In Prüfung dieser Frage ergibt sich, dass die bestehenden Verhältniswahlsysteme dem Repräsentationsziel (Proportionalität von Stimmen und Mandaten/gleicher Erfolgswert der Stimmen) nur höchst unterschiedlich gerecht werden. Von daher besteht analytisch die Notwendigkeit, zwischen unterschiedlichen Typen von Verhältniswahl zu unterscheiden (s. Kapitel 6, Abschnitt 1). Es schließt sich die Frage an, ob bestimmte, als Verhältniswahl bezeichnete Wahlsysteme dem Repräsentationsziel überhaupt noch entsprechen. Im Falle von Griechenland („verbesserte Verhältniswahl“) und Irland (*single transferable vote* in kleinen Wahlkreisen) waren bzw. sind zumindest Zweifel angebracht. Etliche Autoren rechnen die „Verhältniswahlsysteme“ dieser Länder zur Mehrheitswahl. Implizit wird also zunächst danach gefragt, ob und in welchem Umfang die konkreten Wahlsysteme den ihnen qua Zuordnung zu einem Repräsentationsprinzip zugedachten Stärken entsprechen. Sodann wird gefragt, wie es um die ihnen zugeschriebenen Schwächen steht. Diese Frage ist sinnvollerweise bereits vergleichend anzugehen, etwa indem erforscht wird, inwiefern ein konkretes Verhältniswahlsystem (etwa die personalisierte Verhältniswahl) die Stärken des Gegenmodells der Mehrheitswahl (etwa der relativen Mehrheitswahl in Einerwahlkreisen) ausgleichen, kompensieren bzw. annäherungsweise erreichen kann. Der Vergleich hat demnach verschiedene Dimensionen; in der Analyse empfiehlt sich eine bestimmte Reihenfolge ihrer Betrachtung, in der Bewertung schließlich eine bestimmte Rangfolge der Kriterien. Die Nützlichkeit des vorgeschlagenen Vorgehens erhellt besonders, wenn bedacht wird, dass grundlegende Wahlsystemreformen nicht nur Ergebnis des Wandels der Repräsentationsvorstellungen sind, sondern auch der Infragestellung der Leistungsfähigkeit des bestehenden Wahlsystems gemessen an den Stärken des jeweiligen Repräsentationsprinzips. Ein gelungenes Beispiel bietet der Vergleich zwischen den genannten Wahlsystemen durch die neuseeländische Royal Commission on the Electoral System (1986, Auszug Kapitel 6, Abschnitt 6).

Im Rahmen des verfassungsrechtlich oder wahlgesetzlich etablierten Repräsentationsprinzips lassen sich dann auch fruchtbare Diskussionen über einzelne technische Elemente und deren Auswirkungen führen, wie etwa die über Sperrklauseln in Verhältniswahlsystemen, ob sie generell oder ab einer bestimmten Höhe das Repräsentationsprinzip der Verhältniswahl in rechtlich bedenklicher Form beeinträchtigen, abstrakter ausgedrückt, ob Wahlsysteme das vorgegebene Repräsentationsprinzip einhalten bzw. in sich schlüssig einzuhalten haben.

Das deutsche Bundesverfassungsgericht hat etwa die Frage geprüft, ob die im deutschen Wahlsystem enthaltene Sperrklausel noch mit dem Repräsentationsprinzip Verhältniswahl vereinbar ist. Es hat die Frage bejaht, aber die jetzige Lösung, die Fünfprozentklausel, als oberste Grenze statuiert, so dass Reformen des Wahlsystems, die den *constraining effect* verstärken würden, nicht mehr mit dem Repräsentationsprinzip Verhältniswahl vereinbar und damit verfassungswidrig wären. Der Gesetzgeber müsste sich demnach erst für das andere Repräsentationsprinzip aussprechen und hätte dann freie Hand für stärker mehrheitsbildende Elemente im Wahlsystem (vgl. BVerfG, E 1, 208: 246-248; kritisch dazu Meyer 1987: 258ff.). War die grundsätzliche Einschränkung des Proporzprinzips im deutschen Wahlsystem einmal anerkannt, konnten auch Versuche abgewehrt werden, die Verfassungskonformität anderer, den reinen Proporz begrenzender Elemente wie der Überhangmandate bis jüngst zu verneinen (dazu Kapitel 8, Abschnitte 5.5 und 5.6)

2. Die Diskussion über die Repräsentationsprinzipien sollte demokratietheoretisch angebunden und realitätsnah geführt werden, die jeweiligen historisch-soziopolitischen Verhältnisse berücksichtigen. Zumal für die anwendungsorientierte Wissenschaft ist es wenig sinnvoll, völlig unabhängig von diesen beiden Bezügen über Vor- und Nachteile von Wahlsystemen zu debattieren. Bewertun-

gen sind ja abhängig vom demokratietheoretischen Standpunkt des Betrachters und im Zusammenhang mit praktischem Entscheiden abhängig von Raum und Zeit. Die Debatte auf der normativen Ebene der Repräsentationsprinzipien, die intellektuell höchst interessant sein mag, vernachlässigt hingegen häufig diese Bezüge, blendet sie bewusst oder unbewusst aus.

5.7 Bewertungskriterien von Wahlsystemen

Bisher haben wir uns hinsichtlich der Bewertung von Wahlsystemen fast ausschließlich in der vom normativen Ansatz vorgegebenen Antithese von Mehrheitswahl und Verhältniswahl bewegt. Es scheint jedoch sinnvoll, konkrete Wahlsysteme, denen das Hauptaugenmerk des historisch-empirischen Ansatzes gilt, nicht primär mittelbar über ihre Zuordnung zu Mehrheitswahl oder Verhältniswahl zu bewerten, sondern über einen Funktionskatalog, der die Funktionserwartungen an Wahlsysteme festhält. Die Bewertung von Wahlsystemen ist dann weniger präformiert durch die positive oder negative Konnotation, der die Grundtypen auf der normativen Ebene aufgrund der ihnen unterstellten Auswirkungen unterliegen, sondern Ergebnis der empirischen Analyse, in welcher Weise Wahlsysteme in gegebenen Kontexten verschiedene Funktionserwartungen erfüllen, denen eine im Prinzip gleichrangige Wertigkeit zugeschrieben wird.

Zunächst gilt es, zu einigen Annahmen Stellung zu nehmen, die häufig in die Bewertungsfrage von Wahlsystemen hineinspielen, die gänzlich anderer Natur sind als jene, die wir bislang behandelt haben, sowie einige Hinweise zu geben.

Erstens: Eine häufig vertretene Annahme ist, dass es ein ideales Wahlsystem gibt. Die Recherchen und Erwägungen der Wissenschaftler laufen dann darauf hinaus, dieses Wahlsystem ausfindig zu machen (s. Lijphart/Grofman 1984). Die Suche gilt dem *best system*. Es gibt aber kein ideales Wahlsystem, das immer und in jedem Falle den Vorzug genießt. Die Auswirkungen eines Wahlsystems hängen immer von bestimmten Kontextfaktoren ab, etwa von der Konfliktstruktur einer Gesellschaft, der wahlgeographischen Verteilung der Wählerstimmen, dem Grad der Fragmentierung und/oder der Polarisierung eines Parteiensystems, den Verhaltensmustern der politischen Eliten, etc. Solche determinierenden Faktoren, die nach Raum und Zeit variieren, müssen berücksichtigt werden und halten die Frage offen, welches Wahlsystem den funktionalen Anforderungen und kollektiven Erwartungen am besten gerecht wird.

Zweitens: Häufig wird Wahlsystemen eine einzige Zielfunktion aufgegeben. Es gibt jedoch verschiedene funktionale Anforderungen, die an ein Wahlsystem zu stellen sind. Die zentralen Anforderungen sind (faire) Repräsentation, Effizienz (im Hinblick auf die Funktionsweise des politischen Systems) und Verantwortlichkeit (in der Wähler-Abgeordneten-Beziehung). Darauf kommen wir gleich zurück. Eine Theorie der Wahlsysteme bzw. eine konkrete Entscheidung zugunsten eines Wahlsystems, die sich nur auf eine dieser Anforderungen gründet, greift entschieden zu kurz.

Drittens: Die Wahlsystemdebatte ist davon gekennzeichnet, dass ihre Teilnehmer grundsätzlich einer Funktion vor anderen (so diese anderen überhaupt thematisiert werden) absoluten Vorrang einräumen. Die jeweilige Gewichtung der Anforderungen, die an ein Wahlsystem zu stellen sind, steht nicht *a priori* fest, sondern hängt vom demokratietheoretischen Standpunkt des Beobachters bzw. von den machtpolitischen Zielvorstellungen der politischen Parteien ab. Historisch-empirisch betrachtet sind es die jeweiligen Kontextfaktoren insbesondere gesellschaftliche Faktoren wie die von Tocqueville thematisierten sozialen Heterogenitäten, die entscheidende Bedeutung in der Frage der wissenschaftlichen Gewichtung der Anforderungen an Wahlsysteme haben.

Viertens: Wahlsysteme können nicht alle verschiedenen Anforderungen zugleich optimal erfüllen. Es besteht ein gewisser *trade-off* zwischen den Funktionen: Die höhere Leistungsfähigkeit eines Wahlsystems in einer bestimmten Hinsicht korrespondiert notwendigerweise mit einer verminderten Leistungsfähigkeit in einer anderen Hinsicht. Die suboptimale Erfüllung einer Anforderung ist keineswegs negativ zu sehen, sie gibt gegebenenfalls Raum für die Berücksichtigung anderer Funktionen.

Fünftens: Die Entscheidung für ein bestimmtes Wahlsystem bringt in jedem Falle zum Ausdruck, welche Anforderungen jeweils als bedeutsam und welche als weniger wichtig angesehen werden. In ihnen drücken sich auch länderspezifische historische Erfahrungen aus, die möglicherweise den allgemeinen Erwägungen über Wahlsysteme nicht entsprechen. Diese unterschiedlichen Erfahrungen sind mitunter das entscheidende Kriterium für die nationale Bewertung eines Wahlsystems. Manchmal sind wahlsystematische Entscheidungen aber auch das beste Zeugnis dafür, dass den beteiligten Akteuren das für eine gute Wahl notwendige Wissen fehlt. Sie belegen, dass es beispielsweise an der Einsicht mangelt, dass die Steigerung der Leistungsfähigkeit eines Wahlsystems in einer Hinsicht in der Regel andere Funktionen negativ beeinflusst.

Sechstens: Wahlsysteme, die versuchen, unterschiedlichen Anforderungen Rechnung zu tragen, sind im allgemeinen aus einer großen Zahl verschiedener (oft widersprüchlicher) wahlsystematischer Elemente in einer komplexen Konstruktion zusammengesetzt. Oft sind deshalb die Funktionsweise und die Elemente solcher Wahlsysteme nicht einfach zu verstehen.

Gerade der zuletzt aufgeführte Punkt zeigt deutlich, wie schwierig die Erwartungen hinsichtlich der Funktionsweise eines Wahlsystems von diesem zu erfüllen sind. Oft wird beispielsweise von einem Wahlsystem erwartet, dass es einen hohen Grad an Partizipation ermöglicht und zugleich zur Stabilisierung des politischen Systems beiträgt. Gerade in einem solchen Fall kann es durchaus möglich sein, dass der Anspruch, das Wahlsystem selbst möge leicht verständlich und die Auswirkungen der individuell abgegebenen Stimmen sollten von den Wählern unschwer nachvollziehbar sein, nicht erfüllt werden kann. Diese Art von Widersprüchlichkeiten ist in den Wahlsystemdebatten häufig zu finden. Wer einfachen Lösungen den Vorzug gibt, bezieht zumeist Stellung in der Weise, dass er seiner Argumentation eine einzige Funktionsanforderung als allgemeingültiges Bewertungskriterium des Wahlsystems zugrunde legt. Radikale Empiristen, die häufig recht reduktionistisch analysieren, fordern gelegentlich eine Reform des bundesdeutschen Wahlsystems mit der Begründung, dass die personalisierte Verhältniswahl nicht für jeden Wähler gleichermaßen verständlich sei: Eine solche Forderung lässt jedoch außer Acht, dass die Vereinfachung eines Wahlsystems häufig nur um den Preis einer schlechteren Erfüllung anderer Anforderungen an das Wahlsystem zu haben ist.

Welches sind nun wichtige Anforderungen an ein Wahlsystem? Verfolgt man die internationale Wahlsystemdebatte, so sind es im

Grunde drei Kernfunktionen und zwei weitere Anforderungen, die sie begleiten.

Erstens: *Repräsentation* – und zwar in zweierlei Hinsicht: zum einen im Sinne einer Vertretung aller relevanten gesellschaftlichen Gruppen, einschließlich von Minderheiten und Frauen, in den gewählten Vertretungsorganen; zum anderen im Sinne einer fairen Repräsentation, d.h. einer annähernd spiegelbildlichen Repräsentation der gesellschaftlichen Interessen und politischen Meinungen im Parlament. Parameter einer angemessenen Repräsentation ist der Grad der Proportionalität von Stimmen und Mandaten. Allzu große Abweichungen von der Proportionalität werden häufig als problematisch begriffen.

Zweitens: *Konzentration* – im Sinne einer Aggregation gesellschaftlicher Interessen und politischer Meinungen zum Zwecke politischer Entscheidungsfindung und Handlungsfähigkeit des Gemeinwesens. Wahlen werden als Akt der politischen Willensbildung verstanden, nicht als Abbildung der in der Wählerschaft vorherrschenden Meinungen. Parameter der angemessenen Konzentrationsleistung eines Wahlsystems sind zum einen die Zahl bzw. die Reduzierung der Zahl der Parteien, die Parlamentsmandate erhalten, zum anderen die Bildung stabiler parteilicher oder Koalitionsmehrheiten im Parlament. Instabile Regierungsverhältnisse infolge von Vielparteiensystemen werden häufig als problematisch begriffen. Das Kriterium der Konzentration schließt in gewisser Weise das der Effektivität eines Wahlsystems ein. Die Effektivität bestimmt sich vorrangig danach, ob ein Wahlsystem die Stabilität des politischen Systems befördert oder ob es dies nicht tut. Häufig wird befürchtet, dass eine Reform des Wahlsystems in Richtung Verhältniswahl eine Destabilisierung der politischen Verhältnisse hervorruft. Das muss aber nicht sein. Die Einführung von Proporzelementen in bestehende Wahlsysteme kann so gestaltet sein, dass nicht nur die Regierungsstabilität nicht gemindert wird, sondern dass mit einer solchen Reform die Legitimität der politischen Repräsentation erhöht und damit die politische Stabilität in Form der Systemstabilität, der Stabilität der Demokratie gesteigert wird. Wie dem auch sei: Regierungsstabilität ist ein hoher Wert. Sicherlich sind nicht alle stabilen Regierungen gute Regierungen, aber es kann als höchst unwahrscheinlich gelten, dass unter den Bedingungen politischer Instabilität gute Regierungsführung *(good governance)* besteht.

Drittens: *Partizipation*. Hier geht es nicht um Partizipation im allgemeinen Sinne – denn Wahlen stellen ja für sich bereits einen Akt politischer Partizipation dar –, sondern um mehr oder minder große Möglichkeiten des Wählers, seinen politischen Willen zum Ausdruck zu bringen. Konkret geht es um die Alternative Personenwahl versus Parteienwahl/Listenwahl. Parameter der angemessenen Partizipation in diesem engeren Sinne ist die Frage, ob und (wenn ja) inwieweit ein Wahlsystem die Personalstimmgebung ermöglicht. Ist sie gänzlich ausgeschlossen, etwa in Form der starren Liste, wird dies häufig als problematisch begriffen.

Viertens: *Einfachheit*. Diese funktionale Anforderung hat den Charakter einer Richtlinie, da Wahlsysteme, die versuchen, den Kriterien Repräsentation, Konzentration und Partizipation gleichzeitig gerecht zu werden, sich, wie bereits ausgeführt, unweigerlich komplizierter darstellen als Wahlsysteme, die nur eines der Kriterien zu erfüllen versuchen. Dennoch ist es erstrebenswert, dass der Wähler die Funktionsweise des Wahlsystems versteht und nachhalten kann, was mit seiner Stimme geschieht. Das beginnt mit dem Stimmzettel, der übersichtlich genug angelegt sein sollte, um von jedem Wähler gleich welchen Bildungsstandes gehandhabt werden zu können. Selten wird die Frage gestellt, ob nicht möglicherweise auch die Kompliziertheit der Stimmgebung Wähler von der Wahlbeteiligung abhält. In Entwicklungsländern gesellt sich zum Kriterium der Einfachheit das der Transparenz hinzu, da die dortige Wahlgeschichte voller Wahlmissbrauch ist. Es bezieht sich auf den gesamten Wahlprozess.

Fünftens: *Legitimität*. Dieses Kriterium schließt insofern alle anderen ein, als es sich auf die allgemeine Akzeptanz der Wahlergebnisse und des Wahlsystems bezieht – und damit auf die Zustimmung zu den Spielregeln des demokratischen Regierungssystems. Die Frage, ob das Wahlsystem eine Gesellschaft eint (oder aber teilt), dient hier als spezifischer Parameter.

In den Medien und von Seiten einiger Wahlrechtsexperten wird oft der Prozentanteil der Wahlenthaltung als Gradmesser für die Legitimität eines demokratischen politischen Systems bzw. dessen Institutionen angesehen. Allerdings ist dieser scheinbar valide Indikator „Wahlenthaltung“ weniger aussagekräftig als man zunächst meinen könnte: Erstens gibt es keinen signifikanten Zusammenhang zwischen der Wahlbeteiligung und der Legitimität des demokratischen Systems, sonst müssten einige gestandene Demokratien (wie die Schweiz und die USA) sich in einer dauerhaften Legitimitätskrise befinden, und zweitens kann ein Wahlsystem allenfalls sehr begrenzt auf die Wahlbeteiligung einwirken (s. dazu Kapitel 10, Abschnitt 2.3).

Ein weiterer möglicher Indikator für die Legitimität eines Wahlsystems ist die Art und Stoßrichtung von Kritik, die es in der öffentlichen Diskussion erfährt. Hierbei kann man zuweilen eine tiefe Kluft zwischen der technischen Qualität eines Wahlsystems einerseits und dessen kritischer Bewertung in der Öffentlichkeit konstatieren. Man wird also gut daran tun, zwischen zwei Arten von Legitimität zu unterscheiden: Zwischen dem Legitimitätsanspruch, den Institutionen aufgrund ihrer Übereinstimmung mit den demokratischen Werten und ihrer Funktionstüchtigkeit erheben können, und dem Legitimitätsglauben, den sie bei den politischen Akteuren und bei den Herrschaftsunterworfenen finden. In *Venezuela* z.B. sprachen sich in den 1980er Jahren beinahe alle Wahlsystemspezialisten für die bestehende Verhältniswahl in Wahlkreisen mit Minderheitenrepräsentation aus (für viele Torres 1984), die veröffentlichte Meinung forderte hingegen eine Reform des Wahlsystems. Schließlich richteten die Präsidentschaftskandidaten ihren Wahlkampf an diesem *issue* der Wahlsystemreform aus. Die siegreiche Partei COPEI war die treibende Kraft, die AD musste erst für die Reform gewonnen werden, an dessen Bemühen ich mich seinerzeit beteiligen konnte. Die Parteien stimmten letztendlich einer Änderung des Wahlrechts zu. Ein anderes Beispiel in diesem Zusammenhang ist Neuseeland. 1984 vertrat Arend Lijphart die These, dass das neuseeländische Mehrheitswahlsystem mit Minderheitenwahlkreisen relativ nahe einem idealen Kompromiss zwischen majoritärer und proportionaler Repräsentation komme (Lijphart/Grofman 1984: 213). Ein Jahrzehnt später stimmten die Neuseeländer in einem Referendum gegen dieses „nahe am Idealen" liegende Wahlsystem. Obwohl es also wenig harte Kriterien für die Legitimität eines Wahlsystems gibt, können wir dennoch folgende Tendenz feststellen: Wenn ein Wahlsystem wenig oder gar nicht öffentlich kritisiert wird, kann man davon ausgehen, dass eine gewisse Zufriedenheit mit dem in Gebrauch befindlichen Wahlsystem vorherrscht bzw. dass es einen hohen Grad an Legitimität besitzt.

Schließlich kann versucht werden, die Legitimität eines Wahlsystems über Meinungsumfragen herauszufinden. Auch die Aussagekraft dieses Indikators wirft einige Probleme auf, insbesondere wenn die Befragten schlecht über das zur Debatte stehende Wahlsystem bzw. über mögliche Alternativen informiert sind. Im Allgemeinen nimmt das Wissen über das gültige Wahlsystem zu, je näher der Wahltermin rückt. Dies bedeutet wiederum, dass vor anstehenden Wahlen das allgemeine Wissen über das Wahlsystem schlecht eruiert werden kann, da hier die Meinungen der Wähler stärker als sonst von ihrem politischen Standpunkt geprägt sind, d.h. sie werden das Wahlsystem eher danach beurteilen, ob es günstige oder ungünstige Auswirkungen für die eigene Partei hat. Somit besteht eine Kluft zwischen der objektiv feststellbaren Funktionsweise eines Wahlsystems und den auf einer geringen Informationsgrundlage basierenden subjektiven Meinungen über dieses System. Ein gutes Beispiel stellt dafür *Bolivien* dar: Obwohl dort das Wahlsystem effektiv zur Regierungsstabilität beitrug, wurde es in Meinungsumfragen überwiegend abgelehnt. In den Umfragen dieses und anderer lateinamerikanischer Länder kommt hinzu, dass die Frage nach dem Wahlsystem selbst mehrdeutig ist. Wird darunter die Art und Weise verstanden, wie die Wahlen durchgeführt werden, oder welche Ergebnisse zuletzt erzielt wurden, oder welchen Vorteil man persönlich aus dem letzten Wahlausgang gezogen hat? Es ist nicht ausgeschlossen, dass die eine oder andere Konnotation das Umfrageergebnis nachhaltig beeinflusst. In Großbritannien sprach sich Ende der 1990er Jahre eine Mehrheit der Befragten für eine Wahlreform aus. Als die Frage jedoch mit Informationen über die wahrscheinlichen Auswirkungen des bevorzugten kombinierten Wahlsystems verbunden wurde, änderte sich das Befragungsergebnis. Eine Mehrheit plädierte nun für die Beibehaltung der relativen Mehrheitswahl. Obwohl also die Anforderung der Legitimität offensichtlich für die Bewertung eines Wahlsystems von zentraler Bedeutung ist, ist es sehr schwierig, verallgemeinerbare und verlässliche Indikatoren dafür anzugeben.

Zusammenfassend lässt sich feststellen, dass von den genannten fünf Funktionen die ersten drei die wichtigsten sind, die beiden restlichen gegebenenfalls jedoch eine Bedeutung erlangen können, die zu Reformen des Wahlsystems zwingt. Gewarnt werden muss allerdings vor der Annahme, mit dem Fünferkatalog hätte man nun

Gütekriterien an der Hand, mit deren Hilfe man Wahlsysteme definitiv benoten könnte, ohne Berücksichtigung des Kontextes, in welchem sie vereinbart wurden und wirken. Bei der Bewertung von Wahlsystemen kommt es gewiss darauf an, in welcher Weise diese ein Gleichgewicht in der Erfüllung der verschiedenen Funktionen erzielen. Nicht das optimale Erreichen der einen oder der anderen Funktion ist primär erstrebenswert, sondern die Balance zwischen den Funktionen, so dass gegenläufige Wirkungen (infolge nicht beachteter psychologischer Effekte statt mehr am Ende weniger Proporz), *trade-offs* zwischen den Funktionen (mehr Partizipation, aber weniger Effizienz) und unerwünschte Nebeneffekte hinsichtlich weiterer Phänomene (etwa auf die politische Kultur) vermieden werden können. Die Balance ihrerseits ist aber kein statisches Etwas. Je nach Kontexten wird die eine oder andere Funktion durchaus stärker betont werden können. Der Homogenitäts- bzw. Heterogenitätsgrad einer Gesellschaft ist sicherlich die wichtigste Variable, die es zu berücksichtigen gilt. Ein hoher Grad an Heterogenität macht wahrscheinlich eine stärkere Betonung der Repräsentationsfunktion zu Lasten anderer Funktionen erforderlich. Das anzustrebende Gleichgewicht ist folglich kontextabhängig und relativ. Welche Wahlsysteme erfüllen am ehesten das Balancegebot? Damit werden wir uns unter anderem im folgenden Kapitel und auch im Kapitel 10 befassen.

6. Wahlsystematik III: Wahlsystemtypen, Auswirkungen und vergleichende Bewertung

Wie wir bereits ausgeführt haben, gibt es infolge der vielen Kombinationsmöglichkeiten technischer Art eine immens große Anzahl verschiedener Wahlsysteme auf der Welt. Mit dieser Vielfalt korrespondieren höchst unterschiedliche politische Auswirkungen. Vor diesem Hintergrund ist es angebracht, es in der Lehre von den Wahlsystemen nicht bei der bloßen Unterscheidung zwischen Mehrheitswahl und Verhältniswahl zu belassen. Sie ist nach wie vor wichtig, wie wir gleich erneut sehen werden, zumal die Argumentationsstruktur in der Wahlsystemdebatte unverändert auf ihr fußt. Sie vermag aber nur dem normativen Ansatz vollends zu genügen. Für die empirisch-komparative Analyse von Wahlsystemen empfiehlt es sich, auf einer Ebene unterhalb der (nach wie vor gültigen) Repräsentationsprinzipien zwischen Typen von Wahlsystemen zu differenzieren, um eine näher an die politisch-institutionellen Phänomene heranführende und diese präziser erfassende Begrifflichkeit für die systematische Kausalanalyse und die vergleichende Bewertung konkreter Wahlsysteme zur Hand zu haben.

Der methodologische Hintergrund, vor dem eine solche Differenzierung von Wahlsystemen nach Typen vonnöten erscheint, ist von Giovanni Sartori (1991: 246) in folgende Formel gefasst worden: „the smaller the number of classes yielded by a classification, the higher its intra-class variation, that is to say, each class include very different sames". Verhältniswahl und Mehrheitswahl bilden solche *cluster*, innerhalb derer *very different sames*, sehr unterschiedliche Wahlsysteme mit von einander stark abweichenden Auswirkungen auftreten. Dies lässt die Bewertung von Wahlsystemen unter den dualen *labels* häufig zu einem Verwirrspiel geraten. In der Kontroverse zwischen Mehrheitswahl und Verhältniswahl suchen sich die Verfechter der Pro- oder Contrapositionen jenen empirischen Fall, der ihre Thesen zu belegen vermag, unter Ausblendung der möglicherweise großen Zahl von Gegenbeispielen. Angesichts der Heterogenität der Wahlsysteme, die unter die Ordnungsbegriffe Mehrheitswahl und Verhältniswahl subsumiert werden, zählen in der Bewertungsfrage jedoch die im jeweiligen Fall zutreffenden, empirisch belegbaren Vor- und Nachteile des zur Debatte stehenden Wahlsystems und viel weniger jene Argumente, die generalisierend ausschließlich auf der sehr abstrakten Ebene der beiden Grundkategorien hin- und her geschoben werden. Um nun nicht bei einer rein historischen Beschreibung des Einzelfalls stehen zu bleiben, muss die enorme Vielfalt und Komplexität der empirischen Wahlsysteme auf ein sinnvolles Abstraktionsniveau gebracht werden.

Die folgenden Ausführungen gelten dementsprechend der Klassifikation von Wahlsystemtypen. Sie sind sicherlich nicht leicht nachzuvollziehen, jedoch aus zweierlei Gründen unabdingbar. Erstens können kausale Aussagen über den Zusammenhang von Wahlsystem und Parteiensystem nicht recht gelingen, wenn empirische Fälle, auf die sie sich stützen oder an denen sie sich bewähren sollten, falsch klassifiziert werden. Wenn ein konkretes Wahlsystem zur Verhältniswahl gehört, aber als Mischwahlsystem klassifiziert wird, bringt dies das kausale Aussagesystem zu den Wahlsystemen *á la* Duverger in Verwirrung. Zweitens kann man sich eine Klassifikation von Wahlsystemen nicht einfach ausdenken und propagieren. Man muss sie schon begründen, und das heißt, man muss sie mit bestehenden, expliziten oder impliziten Klassifikationsschemata konfrontieren und ihre höhere wissenschaftliche Fruchtbarkeit aufzeigen.

Es gibt im Grunde zwei Ansätze, der wissenschaftlich erforderlichen Differenzierung der Wahlsysteme zu entsprechen. Zum einen ist es der empirisch-statistische Ansatz, der Variablen orientiert die Wahlsysteme unter feiner Ausdifferenzierung ihrer technischen Elemente in einer möglichst großen Zahl von gleichzeitig untersuchten Fällen auf ihre Auswirkungen hin analysiert. Für diesen Ansatz ist die Vielzahl unterschiedlicher Wahlsysteme kein Problem, sondern die entscheidende Ressource. Die Variation in den technischen Elementen erhöht die Fallzahl der Wahlsysteme, wodurch sich bessere Voraussetzungen für die erfolgreiche Anwendung der statistischen Methode ergeben. Beispielhaft ist die Studie von Arend Lijphart (1994), in der die Fallzahl der Wahlsysteme sogar künstlich dadurch erhöht wird, dass technische Modifikationen in untersuchten Wahlsystemen auf ihre mathematisch berechneten Wirkungsänderungen hin analysiert werden. Bei Überschreiten eines bestimmten Grenzwerts wird dann angenommen, dass es sich um ein neues Wahlsystem handelt. Zur Bewertung von Wahlsystemen entwickelt der empirisch-statistische Ansatz ebenfalls einen neuen Zugang. Die bisherige Alternative zwischen Mehrheitswahl und Verhältniswahl wird durch die Verschiedenheit technischer Elemente, deren Auswirkungen im Einzelnen im quantitativ messbaren Bereich mathematisch etabliert werden, ersetzt. Es geht auch nicht mehr um die Wahl zwischen Wahlsystemen, vor der Politik und Wissenschaft stehen. Vielmehr wird der Vorstellung gehuldigt, dass Wahlsysteme gestaltet werden. Der Begriff *design* löst den des *choice* ab. Die Wahlsystemfrage artikuliert sich in der Strukturierung eines Wahlsystems auf der Grundlage der Auswahl einzelner technischer Elemente und ihrer Zusammenfügung zu einem Wahlsystem. Es ist dann das *design*, das *ex post* hinsichtlich verschiedener und in der Literatur unterschiedlich gewichteter Maßstäbe als gelungen, misslungen oder zwischen diesen Extremen schattierend bewertet wird.

Zum anderen ist es der historisch-empirische Ansatz, der die aus kausalanalytischen und wertenden Gründen notwendige Differenzierung in ganz anderer Weise angeht. Er versucht, Fall orientiert die Wahlsysteme auf einer Ebene unterhalb der Grundtypen Mehrheitswahl und Verhältniswahl nach Typen zu unterscheiden und durch die damit verbundene Klassifizierung zugleich die fast unüberschaubare Vielzahl von Wahlsystemen in den Griff zu bekommen. Es dürfte möglich sein, die Zahl der Wahlsystemtypen, denen wir in Geschichte und Gegenwart begegnen, auf etwa 20 zu beschränken. Die Zahl der historisch vorfindbaren Wahlsystemtypen hat sich durch den technisch-politischen Erfindungsreichtum im Laufe der Zeit erhöht. Da jedoch Wahlsystemtypen auch außer Gebrauch geraten, dürfte die Zahl der zu einem gegebenen Zeitpunkt anzutreffenden Typen geringer sein als ihre Gesamtzahl. Diese Überlegungen verweisen bereits darauf, dass das Untersuchungsfeld keineswegs in eine einmal festgelegte Zahl von Typen unterteilt werden kann. Die Ausdifferenzierung erfolgt aufgrund von Erfahrung, ist pragmatisch orientiert und dem Raisonnement über ihre empirische Tragfähigkeit und wissenschaftliche Nützlichkeit offen. Eingedenk dieser Hinweise könnte eine Typologie von einem Dutzend Wahlsystemtypen gegenwärtig ausreichen, um die genannten Funktionen zu erfüllen.

Innerhalb der Wahlsystemtypen kann dann weiter differenziert und nach Varianten unterschieden werden, so dass auch die Ebene konkreter Wahlsysteme erreicht wird, ohne dass die Gefahr besteht, dass sich die Betrachtung des Gegenstands vollends in einzelne Fälle auflöst. Es ist deshalb sinnvoll, weitere Ordnungsgesichtspunkte in Betracht zu ziehen. Da die Wahlsystemtypen, wie gesagt, unterhalb der Ebene der Grundtypen angesiedelt sind, kann danach gefragt werden, ob sie dem Repräsentationsprinzip der Mehrheitswahl oder dem der Verhältniswahl zugeordnet werden können. Auf diese Weise wird trotz entscheidender Weiterdifferenzierung die griffige dyadische Ordnung genutzt. Unterschieden werden kann auch nach klassischen und kombinierten Wahlsystemtypen, eine Differenzierung, die u.a. auch deshalb nützlich erscheint, weil die Kategorie der kombinierten Wahlsysteme in sich recht heterogen ist. Innerhalb dieser Untergruppen kann für die erstrebenswerte Ordnung wiederum eine Unterscheidung nach Mehrheitswahl und Verhältniswahl sorgen. Beispielsweise bildet die personalisierte Verhältniswahl ein Wahlsystem kombinierten Typs, das zur Gruppe der Verhältniswahl gehört, während segmentierte Wahlsysteme konkret auf ihre in spezifischen Kontexten erzielten Effekte hin zu untersuchen sind, ehe die Zuordnungsfrage beantwortet werden kann. Die Bewertung von Wahlsystemen fokussiert auf die Wahlsystemtypen, deren Auswirkungen relativ abstrakt formuliert werden können, ohne realitätsfern zu sein, da für die Wahlsystemtypen anders als für die Grundtypen die wahrscheinlichen Effekte, die sie erzielen, bereits konstitutive Maßstäbe ihrer Konstruktion sind. Die technischen Elemente zählen nur, insofern sie für die klassifizierungsrelevanten Auswirkungen von Bedeutung sind.

Ehe wir nun zu den Wahlsystemtypen im einzelnen kommen, seien am Beispiel der personalisierten Verhältniswahl der Bundesrepublik Deutschland die unterschiedlichen Implikationen und Ergebnisse der beiden skizzierten Ansätze kurz aufgezeigt. In der Studie von Arend Lijphart (1994), die dem empirisch-statistischen Ansatz folgt, werden die Auswirkungen mathematisch berechnet, welche den verschiedenen Reformen des bundesdeutschen Wahlsystems seit 1949 statistisch zuzuschreiben sind. Da die Grenzwerte der Wirkungsvarianz, die abstrakt für ein und dasselbe Wahlsystem etabliert wurden, durch die Wahlreformen dreimal überschritten wurden, kommt Lijphart zu dem Ergebnis, dass in der Bundesrepublik seit 1949 nach vier verschiedenen Wahlsystemen gewählt wurde. Dem historisch-empirischen Ansatz zufolge hat der Wähler in der Bundesrepublik Deutschland jedoch nur nach einem einzigen Wahlsystem, nämlich der personalisierten Verhältniswahl gewählt. Dieser Wahlsystemtypus wurde gegen alle Reformbestrebungen (vor allem in den 1950 und 1960er Jahren, s. Kapitel 8, Abschnitt 5) aufrechterhalten. Die Reformen, die vereinbart werden konnten, haben den Wahlsystemtypus nicht gesprengt, im Gegenteil: Die meisten von ihnen haben der entschiedeneren Hervorhebung seiner charakteristischen Merkmale gedient.

Im Folgenden wollen wir eine Typologie der Wahlsysteme erarbeiten. Eine Typologie ist etwas anderes als eine Systematik. Letztere sollte möglichst alle Wahlsysteme, die bekannten und auch solche, die konstruiert werden können, in eine systematische Ordnung bringen. Ein solches Unterfangen würde zweifellos auch interessant sein. Theoretisch läge der größte Gewinn darin, dass sich jedes Wahlsystem in der Ordnung wiederfinden ließe. Praktisch sprechen jedoch gegen einen solchen Plan die riesige Detailvielfalt und der unterschiedliche Komplexitätsgrad der Wahlsysteme. Es entstünde eine eher verwirrende Szenerie: Einige Wahlsysteme, vor allem die klassischen Mehrheitswahlsysteme, können mit wenigen Merkmalen adäquat beschrieben werden, für andere sind weitere Differenzierungen vonnöten, gegebenenfalls (vor allem bei den Verhältniswahlsystemen) nimmt die Verästelung enorme Ausmaße an. Grundsätzlicher ist das Bedenken, dass eine solche Systematik auf der Basis technischer Unterschiede die theorierelevanten Merkmale nicht mehr erkennen lassen würde. Der Bezug zu unserer Hauptfrage, welche Wirkung Wahlsysteme entfalten, orientiert an den antithetischen Repräsentationsprinzipien, ginge vollkommen verloren.

Ein Beispiel für eine Systematik der Wahlsysteme auf der Grundlage technischer Elemente lässt sich bei Vernon Bogdanor/David Butler (1983) finden. Dieser Klassifikationsversuch beschränkt sich jedoch nur auf einige technische Elemente. Die Wahlkreistypen etwa werden nicht berücksichtigt. Darüber hinaus führten die Autoren in ihrer Konzentration auf die Listen nur deren verschiedene Formen auf, ordneten diese aber ausdifferenzierend nicht mehr einzeln zu. Würde man dies leisten wollen, hörte die Übersichtlichkeit auf. Ein jüngeres Beispiel für die Klassifizierung der Wahlsysteme nach den technischen Elementen bieten André Blais und Louis Massicotte (1996). Sie entwarfen verschiedene, nach Grundtypen und Wahlsystemtypen getrennte Tableaus, um die Ausdifferenzierung im Einzelnen nachzuhalten. Ihnen gelingt zumindest, einen treffenden Eindruck von der Vielfalt der Wahlsysteme zu vermitteln.

Im Gegensatz zu einer logisch-taxonomisch erarbeiteten Systematik erhebt eine Typologie nicht den Anspruch der Vollständigkeit. Auf der Typenebene wird gewiss auch nach den technischen Elementen gefragt. Die Differenzierung wird indes nur so weit vorangetrieben, wie sie politiktheoretisch ergiebig ist. Dazu ist hilfreich, dass Typen in den herangezogenen Merkmalen ihrer Beschreibung variieren können. Es geht um die markanten, von anderen Typen abweichenden Eigenschaften von wirkungsrelevanter Bedeutung. Eine Typologie von Wahlsystemen strebt ein mittleres Abstraktionsniveau an, kann jedoch nicht umhin, auch Realtypen zu verwenden.

6.1 Eine Typologie der Wahlsysteme

Eine Typologie von Wahlsystemen zu entwickeln, die den eben skizzierten Erwartungen Rechnung trägt, ist alles andere als einfach. Dies erklärt auch, warum es in der bisherigen politikwissenschaftlichen Wahlsystemforschung keine solche wirklich leistungsfähige Typologie gibt. Normalerweise wird eine Einteilung von Wahlsystemen anhand der Trias „Mehrheitswahlsysteme, Verhältniswahlsysteme und Mischwahlsysteme“ vorgenommen. Ich möchte zusammenfassend wiederholen, warum diese Klassifikation untauglich ist: Erstens wird hierbei nicht zwischen verschiedenen Wahlsystemtypen innerhalb von Mehrheitswahl und Verhältniswahl unterschieden, was für eine vergleichende Wirkungsanalyse von Wahlsystemen unerlässlich ist. Zweitens bilden die so genannten Mischwahlsysteme nur eine Residualkategorie, die suggeriert, dass die ihr zugeordneten, höchst unterschiedlichen Wahlsysteme weder Mehrheitswahl noch Verhältniswahl seien. In Wirklichkeit variieren die Auswirkungen dieser Wahlsysteme zwischen majoritär und proportional, d.h. sie haben entweder mehr Mehrheitswahl- oder mehr Verhältniswahlcharakter, weshalb auf die fragwürdige Kategorie der Mischwahlsysteme verzichtet werden kann.

An unsere Typologie wird also die Anforderung gestellt, auf der Ebene der Grundtypen die Wahlsysteme antithetisch zu ordnen und auf der Ebene der Wahlsystemtypen ausreichend differenziert zu sein, um deren markante unterschiedliche Wirkungsintentionen und Auswirkungsunterschiede erfassen zu können. Es geht danach um die Lösung von fünf Problemen:

- Erstens um die Unterscheidung von drei Ebenen: jener der Repräsentationsprinzipien bzw. Grundtypen, der Wahlsystemtypen und der Wahlsysteme.
- Zweitens um die Zahl der Grundtypen: Dyade oder Trias;
- drittens um die Ausdifferenzierung von Wahlsystemtypen;
- viertens um die Zuordnung einzelner Wahlsysteme zu den Wahlsystemtypen;
- fünftens um die Zuordnung der Wahlsystemtypen zur Dyade der Grundtypen.

Abbildung 5: Repräsentationsprinzipien, Wahlsystemtypen und konkrete Wahlsysteme

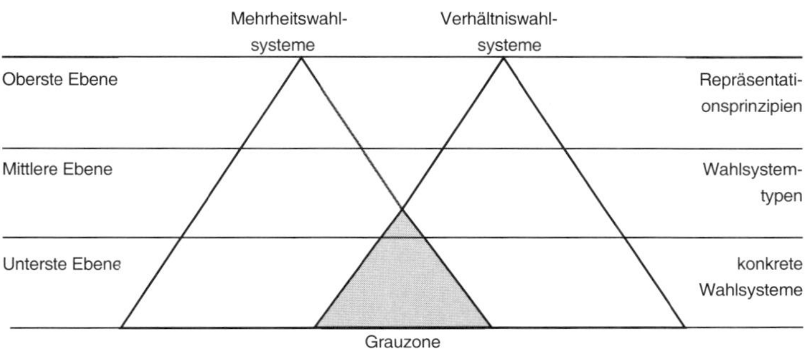

Zur graphischen Verdeutlichung der verfolgten Konzeptualisierung sei ein Blick auf *Abbildung 5* geworfen, in der in pyramidaler Weise die angesprochenen Ebenen ausgewiesen werden. Auf der obersten Ebene, an der Spitze zweier Pyramiden, befinden sich die Repräsentationsprinzipien bzw. die Grundtypen Mehrheitswahl und Verhältniswahl, auf der untersten Ebene, im Sockelbereich der Pyramiden, sind die realen Wahlsysteme, so wie wir sie in Geschichte und Gegenwart antreffen, lokalisiert. In der Mitte nun wird die Ebene der Wahlsystemtypen eingezogen, denen einzelne Wahlsysteme zugeordnet werden können, sei es in der Weise, dass diese Wahlsystemtypen Abstraktionen der Wirklichkeit sind oder selbst Realtypen entsprechen (wie etwa im Falle der relativen Mehrheitswahl in Einerwahlkreisen). Ihrerseits können die Wahlsystemtypen wieder den Repräsentationsprinzipien zugeordnet werden. Die Überlappung der Pyramiden im Sockelbereich, die sich noch etwas in den mittleren Bereich hin ausdehnt, macht auf den Tatbestand einer Grauzone aufmerksam, in welcher die Entscheidung über die Zuordnung von Wahlsystemen und in geringerem Maß von Wahlsystemtypen zu den Repräsentationsprinzipien schwierig ist, ähnlich wie im Falle der Dämmerung, die schwerlich eindeutig dem Tag oder der Nacht zuzuweisen ist.

International IDEA (1997) hat in seinem weit verbreiteten Handbuch Electoral System Design eine Typologie der Wahlsysteme vorgelegt. Sie verbleibt bei einer Trias der Grundtypen und nimmt eine Unterteilung in Mehrheitswahlsysteme, Verhältniswahlsysteme und semi-proportionale Wahlsysteme vor. Unterhalb dieser Ebene werden neun Wahlsystemtypen differenziert. Es sind dies:

- die absolute Mehrheitswahl in Einerwahlkreisen (*two round system*, TRS),
- die absolute Mehrheitswahl mit alternativer Stimmgebung (das *alternativ vote*),
- die relative Mehrheitswahl in Einerwahlkreisen (*first-past the post*, FPTP),
- die relative Mehrheitswahl in Mehrpersonenwahlkreisen (mit *block vote*, BV),
- die Verhältniswahl nach Listen (*List* PR),
- die personalisierte Verhältniswahl (*mixed member proportional*, MMP),

- das System der übertragbaren Einzelstimmgebung *(single transferable vote,* STV),
- das System der nicht übertragbaren Einzelstimmgebung *(single non-transferable vote,* SNTV),
- das Grabensystem (segmentiertes oder Parallelsystem).

Die ersten vier genannten Wahlsysteme werden der Mehrheitswahl, die nächsten drei der Verhältniswahl und die restlichen zwei den semi-proportionalen Wahlsystemen zugeordnet. In der zweiten Auflage des Handbuchs (2005) werden die semi-proportionalen zu *mixed systems* (zu denen dann wieder mal fälschlicherweise das deutsche Wahlsystem gerechnet wird), und es wird eine weitere Kategorie aufgemacht, die Wahlsysteme enthält, die sich in die genannte Trias nicht einordnen lassen. Dieses Klassifikationsschema übernahmen R.W. Soudriette und A. Ellis (2006). Neben dem Sachverhalt, dass die grundlegende Ordnung nicht nach den antithetischen Repräsentationsprinzipien erfolgt, ist an dem Vorschlag bedenklich, dass der Grad der Ausdifferenzierung sehr uneinheitlich ist. So werden bei den Mehrheitswahlsystemen Varianten der absoluten und der relativen Mehrheitswahl, nämlich das *alternative vote* und die relative Mehrheitswahl in Mehrpersonenwahlkreisen (und Blockstimme), zu Wahlsystemtypen erhoben, deren Auswirkungen auf die Stimmen-Mandate-Relation ähnlich disproportional sind, während bei den Verhältniswahlsystemen mit Listen keine weitere Unterscheidung erfolgt, obwohl durch die differierenden Wahlkreisgrößen dieser Systeme erheblich unterschiedliche Effekte zustande kommen. Das Kriterium der Liste wird unglücklicherweise demjenigen der Wahlkreisgröße vorgezogen, obwohl letzteres für das Ermessen der Auswirkungen eines Wahlsystems und folglich für die Zuordnung von Wahlsystemen zu Wahlsystemtypen viel wertvoller ist. Wenn Chile mit einem Zweierwahlkreissystem und Israel mit einer proportionalen Verteilung aller Mandate in einem einzigen nationalen Wahlkreis ein und demselben Wahlsystemtypus, dem *List PR*, zugeordnet werden (müssen), dann gewinnt man nicht den Eindruck, dass diese Typologie sehr leistungsstark ist. Einige Mängel der Zuordnung in den International IDEA-Publikationen können sicherlich fehlender Kenntnis der Funktionsweise der jeweiligen Wahlsysteme zugeschrieben werden. Wenn aber (wie auch bei Soudriette/Ellis 2006) die Bundesrepublik Deutschland, Italien, Mexiko, Neuseeland, Ungarn in ein und derselben Kategorie der personalisierten Verhältniswahl (MMP) geführt werden, dann scheinen dem auch Differenzierungsmängel der Typologie zugrunde zu liegen. Fehlerhafte typologische Zuordnungen begrenzen den Wert der schönen schematischen Überblicke über die Verteilung von Wahlsystemtypen in der Welt, die in den IDEA-Handbüchern zu finden sind (es wird sogar darüber informiert, wie sich die Weltbevölkerung auf die Wahlsystemtypen aufteilt). Sie machen auch komparative Forschungsergebnisse fraglich, in welchen den institutionellen Faktoren als unabhängigen Variablen bestimmte Auswirkungen zugeschrieben werden, beispielsweise den Wahlsystemtypen unterschiedliche Wahlbeteiligungen (s. International IDEA 1997a).

Im Folgenden beschreiben wir Typen von Wahlsystemen, die Realtypen nahe kommen oder sogar mit ihnen zusammenfallen. Einteilungskriterien sind in erster Linie die in Richtung der Repräsentationsprinzipien intendierten Effekte, die ein Wahlsystem hinsichtlich der Stimmen-Mandate-Relation in Verbindung mit bestimmten Aspekten der Kombination wahlsystematischer Elemente aufweist. Die grundsätzliche Absicht unserer typologischen Unterteilung des Untersuchungsgegenstandes ist, Erfahrung zu ordnen und eine handhabbare systematische Differenzierung anzubieten. Die folgende Typologie kann demnach als ein Analyseraster fungieren, wohl wissend dass die historische Wirklichkeit noch weitaus vielfältiger ist und sich in ständigem Wandel befindet. Insofern wird auch versucht, die vielfältigen vorhandenen oder denkbaren Variationen innerhalb der auf die Zahl von zehn ausgelegten Wahlsystemtypen zu berücksichtigen.

Innerhalb des Repräsentationsprinzips der Mehrheitswahl unterscheiden wir zunächst drei Typen:

Der erste Typ ist die relative Mehrheitswahl in Einerwahlkreisen. Hierbei handelt es sich um das „klassische System" der Mehrheitswahl. Es wird in Großbritannien und in Teilen der Welt mit angelsächsischem Einfluss angewandt, z.B. in der Karibik (*West-Indies*), in vielen afrikanischen Staaten, in Indien und bis jüngst in Pakistan. Der Disproportionseffekt dieses Wahlsystems begünstigt die Partei mit den meisten Stimmen. Als Varianten dieses Typs seien die relative Mehrheitswahl in Mehrpersonenwahlkreisen und die relative Mehrheitswahl in gemischter Wahlkreiseinteilung von

Einer- und Mehrpersonenwahlkreisen genannt. Es sind die historischen Vorläufer der relativen Mehrheitswahl in Einerwahlkreisen. Die relative Mehrheitswahl in Einer- und Mehrpersonenwahlkreisen wird heutzutage noch in einigen afrikanischen Ländern angewandt.

Der zweite Typ ist die absolute Mehrheitswahl in Einerwahlkreisen. Erreicht kein Kandidat die geforderte Mehrheit, findet ein zweiter Wahlgang statt, bei der die relative Mehrheit genügt, oder eine Stichwahl zwischen den beiden stimmstärksten Kandidaten. Von dorther wird das System auch unter dem Namen *two ballot system* geführt. Einst historisch bedeutsam, wird nach diesem Wahlsystem heute in den westlichen Industrieländern nur noch in Frankreich gewählt. Sein Disproportionseffekt begünstigt die Partei oder das Parteienbündnis mit den meisten Stimmen. Eine Variante des Systems ist das sog. *alternative vote*, das in Australien angewandt wird und für polyethnische Gesellschaften vorgeschlagen wurde, weil es zu einem *vote-pooling* über ethnische Grenzen hinweg führt (Horowitz 1991: 148ff.). Indem die Zweit-, Dritt- und gegebenenfalls weitere Präferenzen berücksichtigt werden, entfällt ein zweiter Wahlgang. Das ist sicherlich von Bedeutung für die Wahlstrategie der Parteien und das Wahlverhalten, nicht aber für die Zuordnung des Wahlsystems.

Der dritte Typ ist die Mehrheitswahl in kleinen Wahlkreisen: Wahlsysteme, welche die Entscheidungsregel des Proporz in kleinen Mehrpersonenwahlkreisen (bis zu fünf Mandaten) anwenden. Dieser Typ wurde aufgrund der Disproportionseffekte der kleinen Wahlkreise als mehrheitsbildendes Wahlsystem bezeichnet. Varianten ergeben sich hier als Folge der Wahlkreistypen. Sind sie homogen-ungeradzahlig (alles Dreier- oder Fünferwahlkreise) oder sind die Größen gemischt, so sind die Effekte ähnlich mehrheitsbildend. Sind die Wahlkreistypen hingegen homogen-geradzahlig (alles Zweier- oder Viererwahlkreise), so ist der Effekt ein gänzlich anderer. Vor allem das Zweierwahlkreissystem begünstigt nicht die stärkste, sondern die zweitstärkste Partei und muss demnach aus der Gruppe der Mehrheitswahl in kleinen Wahlkreisen ausscheiden. Es bildet im Grunde einen eigenen Wahlsystemtypus und ist ein Beispiel dafür, dass man den Dekalog von zehn Wahlsystemtypen leicht erweitern kann, indem einzelne historische Wahlsysteme zu Typen erhoben werden.

Unter den Verhältniswahlsystemen unterscheiden wir zunächst ebenfalls zwischen drei Typen. Wir zählen fort:

Der vierte Typ ist die Verhältniswahl in variablen Mehrpersonenwahlkreisen. Hier wird die Entscheidungsregel des Proporzes in unterschiedlichen großen Mehrpersonenwahlkreisen angewandt. Dieses System kann abhängig von den jeweiligen Wahlkreisgrößen eine beachtliche Disproportion zwischen Stimmen und Mandaten hervorbringen. Deshalb wird dieser Typ oft auch als „unreine" Verhältniswahl bezeichnet. Als empirische Beispiele für diesen Typus können Spanien und Portugal angeführt werden. Seine interne Ausdifferenzierung kann nach mittleren und großen Wahlkreisgrößen erfolgen. Der Mittelwert der Wahlkreisgröße eines Wahlsystems ist hier als Differenzierungsmarke zu betrachten.

Der fünfte Typ ist die reine Verhältniswahl. Hierbei handelt es sich um Wahlsysteme, die keine oder nur extrem niedrige natürliche (Wahlkreisgröße) oder künstliche Hürden (Sperrklausel) enthalten und eine möglichst hohe Stimmen-Mandate-Proportionalität anstreben. Typisch für reine Verhältniswahl sind: erstens ein einziger landesweiter Wahlkreis, oder zweitens eine mehrstufige Vergabe der Mandate, wobei zweite oder dritte Vergabeverfahren auf höheren Wahlkreisebenen die in den Mehrpersonenwahlkreisen der ersten Ebene entstandenen Disproportionen auszugleichen versuchen. Beispiele für nationale Wahlkreise bzw. für landesweite Verrechnungen der Stimmen ohne signifikante Sperrklauseln sind Israel und die Niederlande.

Der sechste Typ ist die Verhältniswahl mit gesetzlicher Sperrklausel auf nationaler Ebene. Dieses System schließt kleine Parteien aus, welche den erforderlichen Stimmenanteil für die Beteiligung an der Mandatsvergabe nicht erreichen, und verteilt die Sitze daraufhin proportional unter den verbliebenen Parteien. Als Beispiele können die Wahlsysteme einiger osteuropäischer Länder und seit 2005 auch Russlands dienen (s. Tabelle 25a). Übrigens wird technisch in der Bundesrepublik Deutschland (nationale Gesamtverrechnung der Stimmen plus Sperrklausel) ähnlich verfahren.

Bei einem Vergleich dieser ersten sechs Typen von Wahlsystemen kann man ersehen, wie wichtig die Wahlkreise als Unterscheidungskriterium sind:

- Die ersten beiden Typen basieren auf Einerwahlkreisen, unterscheiden sich aber hinsichtlich der Entscheidungsregel (was wiederum bestimmte Auswirkungen auf die Struktur der jeweiligen Parteiensysteme hat).
- Die nächsten beiden Typen haben Mehrpersonenwahlkreise gemeinsam; der Unterschied liegt in der Wahlkreisgröße (klein vs. mittel/groß).
- Die letzten beiden Typen sind einander ähnlich im Hinblick auf das Ziel, die Bedeutung der Wahlkreise für die Stimmen-Mandate-Relation zu minimieren; sie unterscheiden sich dadurch, wie sie dieses Ziel zu erreichen suchen: Der eine Typ eliminiert den Einfluss von Wahlkreisen, indem die Mandate in einem einzigen Wahlkreis auf nationaler Ebene vergeben werden; der andere Typus ersetzt die „natürliche" Hürde von Wahlkreisen durch eine gesetzlich festgelegte, landesweite Sperrklausel, die in mechanischer Hinsicht einschneidende Wirkung haben könnte, ihren möglichen disproportionalen Effekt jedoch weitestgehend durch ihre psychologische Wirkung auf den Wähler einbüßen kann, der Parteien zu wählen meidet, welche möglicherweise die Sperrklausel nicht überspringen können. Die Konzentration im Wählerverhalten stärkt den entsprechenden Effekt auf das Parteiensystem.

Daher kann man sagen, dass – mit Ausnahme der ersten beiden Typen – der Wahlkreis (d.h. sein Format, seine Funktion bzw. die Art seiner Substituierung) das den bisher klassifizierten Typen zugrunde liegende Einteilungskriterium ist.

Bekanntlich ist ein wichtiger Maßstab für die Nützlichkeit einer Typologie, dass sie die empirische Wirklichkeit möglichst genau erfasst (s. Nohlen/Schultze 2005: 1043f.). Die sechsteilige Typologie von Wahlsystemen trifft die historische Realität bereits besser als die gängige triadische Einteilung von Wahlsystemen entsprechend der Grundtypenlehre. Dennoch ist der dritte Typus innerhalb der Mehrheitswahlsysteme eine Residualkategorie, obwohl er – sieht man vom Zweierwahlkreissystem ab – trotz der angewandten Entscheidungsregel der Verhältniswahl unzweifelhaft den Mehrheitswahlsystemen zugehört. Was den Typus der Verhältniswahl mit gesetzlicher Sperrklausel anbetrifft, so scheint die Sperrklausel zwar ein wichtiger Faktor für die politischen Auswirkungen des Wahlsystems zu sein, sie ist offensichtlich aber kein hinreichendes Kriterium für eine

Typologie, da inzwischen sehr verschiedenartige Wahlsysteme eine Sperrklausel enthalten, mit ihr demnach keine ausreichende Differenzierung zwischen den empirisch vorkommenden Verhältniswahlsystemen zu leisten ist.

Aus diesen Überlegungen ziehen wir zur Konstruktion unserer Typologie noch weitere Differenzierungskriterien hinzu, insbesondere diejenigen technischen Elemente, die nicht nur das Stimmen-Mandate-Verhältnis, sondern auch die Beziehung zwischen Wählern und Abgeordneten beeinflussen. Das Postulat der Empirienähe und die Aufstockung der Unterscheidungsmerkmale verhelfen uns zu einer weiteren Differenzierung von Wahlsystemtypen. Hinsichtlich der Mehrheitswahlsysteme können wir weiterhin zwei Typen unterscheiden:

Erstens die Mehrheitswahl mit Minderheitenrepräsentation in Mehrpersonenwahlkreisen. Klassisches Beispiel ist hier das System der beschränkten Mehrstimmgebung, bei der der Wähler in Mehrpersonenwahlkreisen weniger Stimmen hat, als Abgeordnete zu wählen sind. Es ist, historisch gesehen, ein Wahlsystem im Übergang von der Mehrheitswahl zur Verhältniswahl, häufig in der Weise missverstanden, dass gemeint wird, es gelange bereits das Prinzip der Verhältniswahl zur Anwendung. Es wird jedoch nur eine Minderheitenrepräsentation sichergestellt.

Eine Variante dieses Systems stellt das *single non-transferable vote* (SNTV) dar, in welchem der Wähler in Mehrpersonenwahlkreisen nur über eine einzige Stimme verfügt. Japan hat in den 1940er Jahren den Übergang von einer Mehrheitswahl mit beschränkter Stimmgebung zu einem SNTV vollzogen. 1946 besaß jeder Wähler zwei Stimmen in Wahlkreisen zwischen vier und zehn Mandaten, drei Stimmen in Wahlkreisen mit elf und mehr Mandaten. Mit der Reform von 1947 wurden einheitlich Viererwahlkreise eingeführt, der Wähler hatte nur eine Stimme.

Haupttyp und Variante mit einander zu vergleichen ist hier besonders bedeutungsvoll, weil wir einen ersten Fall vor uns haben, bei dem sich eine graduelle Veränderung im Repräsentationsprinzip ergeben kann, so wie es Lijphart (1994: 40) beschrieben hat: „The more limited the number of votes each voter has, and the larger the number of seats at stake, the more LV (= *limited vote system*) tends to deviate from plurality and the more it resembles PR (= *proportional representation*)".

Zweitens die Mehrheitswahl mit proportionaler Zusatzliste. Bei diesem Wahlsystem wird ein Großteil der Mandate in Einerwahlkreisen vergeben und getrennt hiervon oder auch in Verrechnung mit diesen noch eine bestimmte Anzahl an Zusatzmandaten über Parteilisten nach der Entscheidungsregel des Proporz. Das System kann verschiedene Funktionen haben, etwa den Oppositionsparteien oder Minderheiten eine gewisse Repräsentation (vor allem in dominanten Parteiensystemen) einzuräumen oder den Effekten der Einerwahlkreise in Bezug auf die Unabhängigkeit des Abgeordneten von seiner Partei insofern entgegenzusteuern, als Parteien durch die Etablierung zusätzlicher Parteilisten gestärkt werden. Dieser Wahlsystemtypus regt ebenfalls zu Missverständnissen an, zumal in der Literatur keine einheitliche Terminologie existiert. Im Gegenteil: Die Verwirrung ist komplett, wenn berücksichtigt wird, dass im Englischen der am ehesten korrespondierende Begriff *additional member system* (AMS) zur Bezeichnung der personalisierten Verhältniswahl verwandt wird (dazu Nohlen, in Rose 2000). Hier jedoch bezieht er sich auf ein Wahlsystem, in welchem durch die Hinzufügung einer im Verhältnis zur Gesamtmandatszahl geringen Zahl proportional auf alle oder auch nur auf die Minderheitsparteien vergebener Mandate das Repräsentationsziel der Mehrheitswahl nicht ernstlich tangiert wird. Der Reformvorschlag für Großbritannien, den die Jenkins-Kommission 1998 erarbeitete (s. Kapitel 7, Abschnitt 1.3), der 15 bis 20% Proporzmandate vorsah, ist ein schönes Beispiel für diesen Wahlsystemtyp.

Als eine Variante der Mehrheitswahl mit Zusatzliste kann das segmentierte Wahlsystem bezeichnet werden, mit dem wir uns später noch ausführlicher beschäftigen werden. Hier ist jedoch interessant, dass erneut (wie im Falle der Mehrheitswahl mit beschränkter Stimmgebung) der Disproportionalitätsgrad des Wahlsystems graduell durch Erhöhung der Zahl der Zusatzmandate im Verhältnis zu den in Einerwahlkreisen vergebenen Mandaten derart reduziert werden kann, dass sich die Frage der Zuordnung des Wahlsystems zu Mehrheitswahl oder Verhältniswahl stellt.

Hinsichtlich der Verhältniswahl können, ja müssen wir ebenfalls weitere Wahlsystemtypen unterscheiden. Im Grunde öffnen wir im Folgenden die *black box* der schlecht so benannten Mischwahlsysteme, denen bislang wenig analytische Aufmerksamkeit zuteil wurde. Es ist unzutreffend, wenn den Wahlsystemen dieser fragwürdigen Kategorie unterstellt wird, sie könnten weder als Mehrheits- noch als Verhältniswahlsysteme begriffen werden. Freilich fällt gelegentlich die Zuordnung schwerer und erfordert sehr viel mehr Fachwissen, da es sich um Wahlsysteme handelt, die teilweise als antithetisch begriffene technische Elemente miteinander kombinieren. Von dorther schlage ich vor, sie kombinierte Wahlsysteme zu nennen. Ihr Urtyp ist möglicherweise die personalisierte Verhältniswahl, also Verhältniswahl, von dem ausgehend sich Varianten gebildet haben, die es typologisch zu unterscheiden gilt. Diese Varianten entfernen sich mehr oder weniger von der Verhältniswahl als Repräsentationsprinzip. Zu fragen ist folglich nach dem jeweiligen Verhältnis von majoritären und proportionalen Funktionselementen der kombinierten Wahlsysteme.

Ihren Ursprung haben diese Wahlsystemtypen in der Suche nach einer „Verbindung von Mehrheitswahl und Verhältniswahl". Sie begann in jenen Jahrzehnten, in denen in Europa in verschiedenen Ländern die Verhältniswahl eingeführt wurde. Ihre einfachste Form fand die Kombination in der Aufrechterhaltung der bisherigen Stimmabgabe für Kandidaten in Einerwahlkreisen, der Summierung der Stimmen im ganzen Land, der Vergabe der Mandate an die Parteien nach Proporz, und anschließend der an die Parteien vergebenen Mandate an die Kandidaten, welche die meisten Stimmen auf sich vereinigten. In einem solchen System ist freilich die Mehrheitswahl nur vorgetäuscht, die Einerwahlkreise haben nur die Funktion von Aufstellungskreisen. Ausschließliches Vergabekriterium, das für die Stimmen-Mandate-Relation zählt, ist der Proporz; die Mehrheit entscheidet zwischen den Kandidaten nur ein und derselben Partei im Vergleich der Stimmenergebnisse nach Aufstellungskreisen. Auf diese Weise wurde 1918 in Dänemark mit der Verbindung von Personenwahl und Verhältniswahl begonnen.

Eine anspruchsvollere Form eines kombinierten Wahlsystems wurde von Siegfried Geyerhahn (1902) in seiner Schrift „Das Problem der verhältnismäßigen Vertretung" entwickelt. Er schlug vor, nur halb so viele Wahlkreise einzurichten, wie Abgeordnete zu wählen seien. Die erste Hälfte der Mandate sollte nach absoluter Mehrheitswahl mit Stichwahl vergeben werden, die zweite Hälfte in Form von Ausgleichsmandaten im Verhältnis der Stimmenzahlen, welche die Parteien im gesamten Wahlgebiet aufweisen, wobei die Kandidaten zum Zuge kommen sollten, die in den Wahlkreisen nicht erfolgreich waren, in der Reihenfolge der von ihnen erhaltenen Stimmen. Im Falle dieser Kombination behielten Mehrheitsentscheid und Einerwahlkreis eine wichtige Funktion, nicht aber für das Stimmen-Mandate-Verhältnis, das nach Verhältniswahl gestaltet wurde. Mit Fug und Recht kann man folglich Geyerhahn als Stammvater der kombinierten Wahlsysteme ansehen.

Über die Klassifikation dieser Wahlsysteme hat anfänglich die Einerwahl entschieden. Karl Braunias (1932: 240) sprach von „proportionierter Mehrheitswahl", von „Verfahren reiner Mehrheitswahlen in Einerwahlkreisen, die eine Annäherung an die Verhältnismäßigkeit aufweisen". Erst später wurde mit dem Begriff der personalisierten Verhältniswahl die angemessene Zuordnung herbeigeführt.* Heute ist es erforderlich, zwischen verschiedenen Varianten kombinierter Wahlsysteme zu unterscheiden, wobei sich erneut die Frage nach Mehrheitswahl oder Verhältniswahl stellt, d.h. kombinierte Wahlsysteme entweder der Mehrheitswahl oder der Verhältniswahl zugehören oder im Grauzonenbereich sich eher dem einen oder dem anderen Repräsentationsprinzip annähern. Typisch für kombinierte Wahlsysteme ist die Verbindung von Einerwahlkreisen und damit des Entscheidungsprinzips des Majorzes und (nationalen) Listenmandaten. Die Einerwahlkreise heben sie von jenen Verhältniswahlsystemen ab, in denen auf mehr als einer Wahlkreisebene verschiedene Typen von Mehrpersonenwahlkreisen existieren und stets der Entscheidungsmaßstab der Verhältniswahl angewandt wird.

Unter den kombinierten Wahlsystemen unterscheiden wir:

Erstens die personalisierte Verhältniswahl. Dieses Wahlsystem kombiniert die Vergabe einer bestimmten Zahl von (Direkt-)Mandaten in Einerwahlkreisen und nach der Mehrheit mit dem Repräsentationsprinzip der Verhältniswahl. Der Mandatsanteil jeder Partei richtet sich (abgesehen von etwaigen „Überhangmandaten") ausschließlich nach dem proportionalen Stimmenanteil auf natio-

* Schon Braunias (1932: 240) bemängelte, dass bei der „proportionalisierten Mehrheitswahl" „eine Partei bereits in den Wahlkreisen mehr Sitze erhalten (kann), als ihr nach der verhältnismäßigen Aufteilung zukämen". Zum Problem der später so benannten Überhangmandate (s. Glossar) fügte er hinzu: „Dies bedeutet eine Störung der Verhältnismäßigkeit".

naler Ebene. Die Zahl der im Einerwahlkreis erzielten Mandate wird der jeweiligen Partei von dem ihr nach Proporz zustehenden Mandatsanteil abgezogen. (Erlangt sie mehr Direktmandate, als ihr proportional zustehen, entstehen sog. Überhangmandate, die unausgeglichen bleiben oder ausgeglichen werden können). Die Proportionalität zwischen Stimmen und Mandaten ist – nach Ausscheiden derjenigen Kleinparteien, die aufgrund einer Sperrklausel bei der Mandatsverteilung nicht berücksichtigt werden – sehr hoch. Beispiele für die personalisierte Verhältniswahl mit nationalem Wahlkreis und Sperrklausel bilden die Bundesrepublik Deutschland (siehe dazu Kapitel 8, Abschnitt 5) und Neuseeland. Eine Variante der personalisierten Verhältniswahl entsteht durch die Aufrechterhaltung der Wahlkreiseinteilung in Mehrpersonenwahlkreise, so dass die Einerwahlkreise innerhalb der bestehenden Mehrpersonenwahlkreise eingerichtet werden. Diese Art von Reformen wurde in Venezuela (1989) und Bolivien (1998) durchgeführt. Der Disproportionseffekt der Verhältniswahl in Mehrpersonenwahlkreisen wird durch die Personalisierung der Wahl in Einerwahlkreisen verstärkt.

Zweitens die kompensatorische Verhältniswahl. Bei diesem Wahlsystem wird in einer ersten Stufe der Stimmenverrechnung eine bestimmte Zahl an Mandaten in Einerwahlkreisen nach Majorz vergeben. In einer zweiten (oder dritten) Stufe der Stimmenverrechnung wird der aus den Einerwahlkreisen resultierende Disproportionseffekt durch die Vergabe von Listenmandaten nach Proporz zumindest annähernd kompensiert. Zu diesem Zweck werden in der Regel die (großen) Parteien, die in den Einerwahlkreisen erfolgreich waren, auf den weiteren Stufen der Stimmenverrechnung (gegenüber den kleineren Parteien) in der einen oder anderen Weise benachteiligt oder gar von weiteren Mandatsgewinnen ausgeschlossen. Mitunter bestehen Sperrklauseln, welche allzu kleinen Parteien den Mandatserwerb erschweren bzw. verwehren.

Drittens der von mir so genannte Typus segmentierter Wahlsysteme, in Deutschland traditionell Grabenwahlsysteme, international auch *parallel systems* genannt. Diese Systeme kombinieren die Mehrheitswahl in Einerwahlkreisen und die Verhältniswahl nach Parteilisten als getrennte Einheiten in einem Wahlsystem. Einfacher ausgedrückt: Ein Teil der Abgeordneten wird nach Mehrheitswahl, ein anderer nach Verhältniswahl gewählt, und diese von einander völlig getrennten Teilwahlergebnisse werden zu einem Gesamtwahlergebnis addiert. Entscheidend für die Zuordnung dieses Typus zu den beiden Repräsentationsprinzipien ist der jeweilige verhältnismäßige Anteil der Mandate, der nach Mehrheits- bzw. nach Verhältniswahl vergeben wird. Je höher der Anteil der Mehrheitswahlmandate des Wahlsystems, desto stärker der mehrheitsbildende Effekt des Wahlsystems, desto identischer aber auch das segmentierte Wahlsystem mit dem Typus der Mehrheitswahlsysteme mit proportionaler Zusatzliste. Freilich finden wir gegenwärtig, nachdem Mexiko dieses Wahlsystem 1977 einführte, in den inzwischen weiteren 13 Ländern mit segmentiertem Wahlsystem ein relativ ausgeglichenes Verhältnis von Majorz- und Proporzmandaten. Im Rahmen der Betrachtung kombinierter Wahlsysteme kann das segmentierte System als Wahlsystemtypus durchaus Eigenständigkeit beanspruchen. Im breiteren Fokus scheint es aber sinnvoll, es unter den Typus der Mehrheitswahlsysteme mit proportionalen Zusatzmandaten zu subsumieren (s. auch Nohlen et al. in Rose 2000: 354ff.).

Ergänzend zu den bisherigen neun Wahlsystemtypen, die wir in unsere Typologie aufnehmen wollen, fügen wir noch das *single transferable vote system* (das System übertragbarer Einzelstimmgebung) an. Hierbei handelt es sich um das klassische Verhältniswahlsystem angelsächsischen Typs (s. das Beispiel Irland in Kapitel 8, Abschnitt 7). Da dieses System – nicht zuletzt aufgrund seiner Kompliziertheit – vorwiegend in kleinen Wahlkreisen angewandt wird, kann der Disproportionseffekt für Verhältniswahlsysteme vergleichsweise groß ausfallen. In der Regel wirkt aber die Mischug geradzahliger und ungeradzahliger Wahlkreisgrößen und die übertragbare Einzelstimme in die entgegengesetzte Richtung.

Somit ergeben die obigen Überlegungen eine Typologie von Wahlsystemen mit insgesamt zehn Wahlsystemtypen, von denen die eine Hälfte dem Repräsentationsprinzip der Mehrheitswahl und die andere dem der Verhältniswahl zugeordnet werden kann:

Tabelle 16: Typologie von Wahlsystemen

Mehrheitswahlsysteme	Verhältniswahlsysteme
– relative Mehrheitswahl in Einerwahlkreisen	– Verhältniswahl in Mehrpersonenwahlkreisen
– absolute Mehrheitswahl in Einerwahlkreisen	– kompensatorische Verhältniswahl mit Sperrklausel
– Mehrheitswahl mit Minderheitenvertretung (u.a. SNTV)	– personalisierte Verhältniswahl mit Sperrklausel
– Verhältniswahl in kleinen Wahlkreisen	– übertragbare Einzelstimmgebung (STV)
– Mehrheitswahl mit proportionaler Zusatzliste (inklusive segmentiertes Wahlsystem)	– reine Verhältniswahl

Es sei erneut angemerkt, dass keineswegs alle existenten und konstruierbaren Wahlsysteme ohne weiteres den aufgeführten Typen zugeordnet werden können. Es muss jeweils geprüft werden, ob es sich um Varianten der zehn Wahlsystemtypen handelt oder um eigenständige Typen. Beispielsweise ist das Zweierwahlkreissystem ein solcher eigenständiger Typ. Seine Beschreibung und die Charakterisierung seiner Auswirkungen gelingen gerade in Abgrenzung zu den vorgestellten Typen.

Nun wenden wir uns dem Vergleich der Auswirkungen der verschiedenen Wahlsystemtypen zu, wobei wir in den darauf folgenden vier Versuchen jeweils einen anderen Fokus wählen und mit spezifischen Fragestellungen verknüpfen. Zunächst werden wir alle zu einem historischen Zeitpunkt (Anfang der 1990er Jahre) in den westlichen Industrieländern gültigen Wahlsysteme auf die Proportionalität der unter ihnen erzielten Wahlergebnisse hin überprüfen, also hinsichtlich einer einzigen abhängigen Variablen, die allerdings mit zwei der den Wahlsystemen zugeschriebenen Funktionen, Repräsentation und Konzentration, in Verbindung gebracht werden kann. Sodann werden wir drei Typen von Verhältniswahl hinsichtlich fünf spezifischer Auswirkungen befragen, die wesentliche Dimensionen der Beziehungen zwischen Wahlsystem und Parteiensystem operationalisieren. Des Weiteren werden wir uns ausschließlich mit den Typen kombinierter Wahlsysteme näher beschäftigen und vergleichend die Zuordnungsfrage zu den Grundtypen klären. Für den darauf folgenden Vergleich werden wir den

Fokus wieder erweitern und sechs Vertreter unserer Typologie hinsichtlich der Erfüllung von vier Funktionen befragen: Repräsentation, Konzentration, Partizipation und Einfachheit. Zuletzt werden wir im abschließenden Abschnitt einen binären Vergleich zwischen der relativen Mehrheitswahl und der personalisierten Verhältniswahl nachvollziehen.

6.2 Wahlsystemtypen und Proportionalität

Unser erster Vergleich bildet zugleich eine erste Prüfung für die Nützlichkeit der eben konstruierten Typologie, die auf der Basis der den Repräsentationsprinzipen zugedachten Effekte erfolgte und damit weder die technischen Elemente noch die messbaren Auswirkungen von Wahlsystemen zur Grundlage hat. Auf diese letztere Abgrenzung ist besonderer Wert zu legen, denn es machte ja keinen Sinn, Wahlsystemtypen, die vom erreichten Proportionalitätsgrad her definiert und klassifiziert werden (wir erinnern uns an den Vorschlag von Giovanni Sartori, Wahlsysteme nach der Distanz zum gedachten Nullpunkt eines *no-effect* auf einem Kontinuum einzuordnen, s. oben Kapitel 5), eben an dem gleichen Maßstab zu überprüfen. Wir vergleichen die empirischen Wahlsysteme, die unter einen gemeinsamen Typus fallen, im Hinblick auf den Proportionalitätsgrad ihrer Wahlergebnisse miteinander und mit solchen, die anderen Typen zugeordnet sind. Auf diese Weise kann man sehen, wie konsistent die Wahlsystemtypen in den ihnen zuzuordnenden empirischen Wahlsystemen hinsichtlich der ihnen zugeschriebenen Effekte sind und inwiefern sich die Typen voneinander in ihren tatsächlichen Auswirkungen ohne Berücksichtigung spezifischer Kontextfaktoren signifikant unterscheiden. Das Kriterium der Proportionalität ist dem Prinzip der Verhältniswahl eigen. Seine Verwendung erfolgt hier nicht bewertend. Es geht allein um eine empirische Messung des Disproportioneffekts von Wahlsystemen anhand konkreter Wahlergebnisse, wofür wir uns zunächst des Proportionalitätsindex bedienen, wie er von Thomas T. Mackie/Richard Rose (1991) erstellt wurde. Anhand dieser Daten kann eine gewisse Korrespondenz zwischen den sechs ursprünglichen Typen (also unter Einschluss des Typs Verhältniswahl mit gesetzlicher Sperrklausel), denen konkrete Wahlsysteme zugeordnet werden konnten, und den jeweiligen Proportionalitätsgraden festgestellt werden, wodurch die obige, an den Repräsentationsprinzipien von Wahlsystemen orientierte Typologie eine empirische Bestätigung erfährt (vgl. *Tabelle 16*).

In der Gruppe mit geringer Proportionalität (Indexwerte <90) finden wir sechs von acht Fällen, die zu den Mehrheitswahlsystemen gezählt werden (Typ 1, 2 und 3); in der Gruppe mit mittlerer Proportionalität (Indexwerte 91-94) korrespondieren fünf von acht Fällen mit dem Typ 4 („unreine Verhältniswahl"); in der Gruppe mit hoher Proportionalität (Indexwerte 95-100) finden wir in vier von acht Fällen Repräsentanten der Typen 5 und 6 vor.

Auffällig ist, dass die zwei Fälle des Typs 6 (Deutschland und Schweden) auf dem dritten bzw. vierten Platz der Rangliste zu finden sind. Hier zeigt sich, dass eine Differenzierung nach natürlichen und künstlichen Sperrklauseln Sinn macht, so dass wir gut daran tun, bei der Unterscheidung zwischen unterschiedlichen kombinierten Wahlsystemen das Merkmal Art der Sperrklausel aufrechtzuerhalten.

Freilich ist die Korrelation zwischen Wahlsystemtypen und dem Proportionalitätsgrad nicht exakt. Wir betonen ja immer wieder, dass Kontextvariablen auf diesen Zusammenhang und mehr noch auf die Struktur der Parteiensysteme einwirken. Immerhin geben Differenzen zwischen erwarteter und tatsächlicher Disproportionalität Anlass dazu, nach den zusätzlichen wirkungsrelevanten technischen Elementen des Einzelfalls zu fragen, die in der Typologie nicht erfasst werden konnten, nach den mechanischen und psychologischen Auswirkungen der Wahlsysteme, deren Zusammenspiel ebenfalls variiert, und nach den Kontextfaktoren, die sich im Proportionalitätsgrad von Stimmen und Mandaten niederschlagen. Unterschiede haben demnach heuristische Bedeutung.

Tabelle 17: Proportionalitätsindex und Anzahl der Parteien im Parlament

Land	Jahr	Index	Zahl der Parteien im Parlament[a]	Stärkste Partei nach Stimmen in %	Stärkste Partei nach Sitzen in %	Typ Wahlsystem
Australien	1996	84	4	38,7	50,7	abs. MW (AV)
Belgien	1995	92	11	17,2	19,3	VW in WK
Dänemark	1994	99	8	34,6	35,4	VW in WK+Komp. M
Deutschland	1994	96	5[b]	41,5	43,7	pers. VW
Finnland	1995	92	9	28,3	31,5	VW in WK
Frankeich	1993	59	5	19,7	45,0	abs. MW
Griechenland	1993	89	4	46,7	56,7	VW in WK
Großbritannien	1992	83	8	41,9	51,6	rel. MW
Irland	1992	93	6	39,1	41,0	STV
Island	1995	97	6	37,1	39,7	VW in WK+Zusatzliste
Israel	1996	96	11	26,8	28,3	reine VW
Italien	1994	84	22	21,1	23,3	komp. WS
Japan	1993	95	9	36,6	43,6	SNTV
Kanada	1993	77	5	41,3	60,0	rel. MW
Luxemburg	1994	92	5	30,3	35,0	VW in WK
Malta	1992	98	2	51,8	52,3	STV
Neuseeland	1993	74	4	35,0	50,5	rel. MW
Niederlande	1994	97	11	24,0	24,7	reine MW
Norwegen	1993	95	8	36,9	40,6	VW in WK+Komp. M
Österreich	1995	98	5	38,1	38,8	VW in WK
Portugal	1995	94	4	44,6	48,6	VW in WK
Schweiz	1995	91	14	21,8	27,0	VW in WK
Schweden	1994	97	7	44,6	46,1	VW in WK+Komp. M
Spanien	1996	92	11	39,2	44,6	VW in WK
USA	1996	99	2	52,8	52,9	rel. MW
Mittelwert	–	91	7,3	35,4	41,0	–

MW = Mehrheitswahl, VW = Verhältniswahl
a ohne nicht weiter aufgeschlüsselte Andere; b CDU/CSU zusammengezählt.
(*Quelle*: Mackie/Rose 1997; Rose 2000)

Unsere Typologie ist also in der Weise nützlich, dass von ihr ausgehend diejenigen Faktoren zu bestimmen versucht werden, welche die spezifischen Variationen in der Korrelation erklären können. Als solche Faktoren schälen sich heraus:

Erstens die Konstruktion des Wahlsystems selbst, wenn z.B. – wie bei Wahlsystemen in kleinen Wahlkreisen – geradzahlige (2 bzw. 4) mit ungeradzahligen Wahlkreisen (3 bzw. 5) gemischt auftreten; ein solches System weist nicht notwendig einen hohen Disproportionalitätsgrad auf, da die Effekte der unterschiedlichen Wahlkreisgrößen sich gegenseitig kompensieren: Wie oben bereits beschrieben, begünstigen die Dreier- und Fünferwahlkreise die Partei mit den meisten Stimmen, während die Zweier- und Viererwahlkreise die größte Minderheit begünstigen (dieser Faktor erklärt u.a. die Position von Irland in der obigen Rangliste).

Tabelle 18: Wahlsystemtypen und Disproportionalität. Indexwerte nach Rae, Gallagher und Loosemore-Hanby bei Wahlen in der Periode 1979-1989

Land	Wahlsystemtyp[a]	Rae	Gallagher	Loosemore-Hanby
Niederlande	reine VW	0,4	1,4	2,7
Deutschland	personalisierte VW	0,5	1,0	1,4
Dänemark	VW in kleinen, mittleren und großen MPWK mit kompensatorischen Sitzen	0,6	1,8	3,4
Israel	reine VW	0,6	3,3	5,7
Italien	VW in MPWK	0,7	2,7	4,8
Österreich	VW in mittleren und großen MPWK	0,8	1,5	2,3
Schweden	VW in mittleren MPWK	0,8	1,9	2,9
Schweiz	VW in MPWK (mit 5 EWK)	0,8	3,5	6,8
Finnland	VW in mittleren und großen MPWK	1,3	3,3	6,5
Belgien	VW in kleinen, mittleren und großen MPWK	1,1	3,9	8,2
Irland	STV in kleinen MPWK	1,4	3,3	4,7
Portugal	VW in mittleren und großen MPWK	1,6	4,3	6,6
Griechenland	VW in MPWK mit nationaler Zusatzliste	2,0	4,2	5,8
Spanien	VW in MPWK (mit 2 EWK)	2,2	9,7	15,4
Japan	SNTV in ViererWK	2,3	5,7	8,3
Kanada	rel. MW in EWK	5,8	13,0	16,0
Australien	abs. MW in EWK	5,9	9,4	13,2
Frankreich	abs. MW in EWK	5,9	14,3	19,6
Großbritannien	rel. MW in EWK	7,0	16,6	20,0
Neuseeland	rel. MW in EWK	9,2	14,0	17,1
Durchschnittswert		2,5	5,9	8,5

a zur Zeit der Erhebung der Daten.
(*Quelle*: Gallagher 1991: 46, ergänzt.)

Zweitens die Struktur des Parteiensystems, insbesondere der Fragmentierungsgrad: Zweiparteiensysteme und Vielparteiensysteme beeinflussen in unterschiedlicher Weise den Proportionalitätsgrad von Wahlsystemen (s. Kapitel 10, Abschnitt 2.3).

Drittens die Wahlgeographie, d.h. die regionale Verteilung der Wählerschaft nach politischen Präferenzen (relative Gleichverteilung oder „Hochburgen").

Viertens die variable Kombination all dieser Faktoren. Mit diesen Gedanken betonen wir nochmals die multikausale Verursachung, die auch das Stimmen-Mandate-Verhältnis charakterisiert.

Bei Anwendung anderer Indexverfahren sind die Ergebnisse hinsichtlich der Grundtypen Mehrheitswahl und Verhältniswahl ähnlich. Abweichungen ergeben sich freilich im Ranking der Länder, wenn wir die Wahlsystemtypen betrachten. *Tabelle 18* gibt den Proportionalitätsgrad der Wahlsysteme für 20 Länder unter Anwendung der Index-Verfahren nach Rae, Loosemore-Hanby und Gallagher für die Wahlen in der Periode 1979 bis 1989 an (zu den Proportionalitätsindices s. das entsprechende Stichwort im Glossar). Beispielsweise übertrifft die personalisierte Verhältniswahl der Bundesrepublik Deutschland im Proportionalitätsgrad der erzielten Wahlergebnisse die reine Verhältniswahl der Niederlande und Israels, wenn wir den Gallagher- oder den Loosemore-Hanby-Index anwenden.

6.3 Verhältniswahltypen und politische Auswirkungen

Freilich kann die Analyse der Effekte verschiedener Wahlsystemtypen nicht auf Proportionalitätsindexwerte beschränkt bleiben. Zieht man gerade die erhebliche Variation von Wahlsystemtypen in der Gruppe von Wahlsystemen mit höherer Proportionalität (Indexwerte 92-100) in Betracht, also im wesentlichen Verhältniswahlsysteme, so muss man die Funktionen der jeweiligen Wahlsysteme und deren politische Auswirkungen jenseits der Proportionalitätsfrage gründlicher analysieren. Denn die Proportionalitat der Wahlergebnisse schließt weder alle wichtigen Effekte von Wahlsystemen ein, noch ist sie für diese indikativ. Dieser näheren Analyse dient unser zweiter Vergleich. Um diese Wirkungsunterschiede der Wahlsystemtypen in dem Bereich der Verhältniswahl zu verdeutlichen, bedienen wir uns fünf konkret messbarer Funktionen, die Wahlsysteme erfüllen können:

– Ausschluss kleiner Parteien,
– Vorteile für große Parteien,
– Vorteile für die größte Partei,
– Konzentrationseffekt hinsichtlich des Parteiensystems,
– mehrheitsbildender Effekt.

Tabelle 19: Funktionen und Auswirkungen dreier Verhältniswahltypen in sechs Ländern

Funktion/ Auswirkung[a]	1	2	3	4	5	Wahlsystemtypen
	Ausschluss kleiner Parteien	Vorteile für große Parteien	Vorteile für die größte Partei	Konzentrationseffekt hinsichtlich des Parteiensystems	mehrheitsbildender Effekt	
Niederlande	nein	nein	nein	nein	nein	reine VW
Israel	nein	nein	nein	nein	nein	reine VW
Spanien	ja[b]	ja[b]	ja	ja[b]	ja	VW in Wahlkreisen
Portugal	ja	ja	ja	ja	ja	VW in Wahlkreisen
Deutschland	ja	nein	nein	ja	nein	person. VW mit nationaler Sperrklausel
Schweden	ja	nein	nein	ja	nein	VW in Wahlkreisen u. mit nationaler Sperrklausel

a Die Bedeutung des Wahlsystems als Ursache der dargestellten Effekte nimmt stetig ab (von 1 nach 5). Der Ausschluss kleiner Parteien ist eine Funktion und gleichzeitig eine Auswirkung des „Wahlsystems" (mit natürlicher oder gesetzlicher Sperrklausel).
b Im Falle Spanien wird die allgemeine Tendenz der Wirkungen des Wahlsystems, die der Portugals gleich ist, durch die Regionalparteien durchbrochen. Diese Parteien, obwohl klein, werden durch das Wahlsystem weder ausgeschlossen (1) noch benachteiligt (2). Der Konzentrationseffekt des Wahlsystems auf das Parteiensystem beschränkt sich auf die kleinen gesamtspanischen Parteien.

Wir wählen dafür jeweils zwei Länder aus, die repräsentativ sind für Verhältniswahlsysteme in der Unterscheidung von reiner Verhältniswahl, Verhältniswahl in variablen mittleren und großen Wahlkreisen sowie Verhältniswahl mit Sperrklausel (personalisierte Verhältniswahl/Deutschland und Verhältniswahl in Wahlkreisen mit proportionaler nationaler Liste, jeweils mit Sperrklausel/Schweden).

Anhand der *Tabelle 19* kann man die verschiedenen, ja sogar gegenläufigen Effekte ersehen, welche die drei Typen von Verhältniswahlsystemen ausüben. Im Falle der reinen Verhältniswahl wird keine der aufgeführten Funktionen erfüllt, im Falle der Verhältniswahl in Mehrpersonenwahlkreisen kommen hingegen alle zum Zuge. Bei der Verhältniswahl mit Sperrklausel, sei es bei der personalisierten Verhältniswahl oder der Verhältniswahl in Wahlkreisen und nationaler Liste mit Sperrklausel auf beiden Vergabeebenen, werden zwei der genannten Funktionen erfüllt, drei nicht. Nach diesem Ergebnis bedarf es keiner weiteren Begründung mehr für die Notwendigkeit einer typologischen Ausdifferenzierung der Verhältniswahlsysteme.

6.4 Kombinierte Wahlsysteme. Struktur und Effekte

Wenn wir nun für unseren dritten Vergleich einen noch kleineren Ausschnitt wählen und die Auswirkungen der kombinierten Wahlsysteme mit Blick auch auf die Zuordnung dieser Wahlsystemtypen zu Mehrheitswahl und Verhältniswahl betrachten, so ist auch hier die technische Ausgestaltung nicht ohne Belang. Im Gegenteil: Während wir bei den klassischen Wahlsystemen die technische Ausstattung eigentlich bereits automatisch mit den jeweiligen Bezeichnungen assoziieren (etwa bei der relativen Mehrheitswahl in Einerwahlkreisen die damit bereits festgelegte Entscheidungsregel und den Wahlkreistyp), so ist dies bei den kombinierten Wahlsystemen in der Denomination nicht ohne weiteres der Fall, zumal nicht hinsichtlich der technischen Detailgestaltung, von der viel abhängt.

Eine erste Variation ergibt sich aus der Anzahl der Einerwahlkreise im Verhältnis zur Gesamtzahl der zu vergebenden Sitze. Im Falle von kompensatorischen und segmentierten Wahlsystemen kann durch diese Relation der Proportionalitätsgrad zwischen Stimmen und Sitzen beeinflusst werden, so dass gegebenenfalls die klassifikatorische Zuordnung eines solchen Wahlsystems davon abhängen kann. Weniger bedeutend ist das zahlenmäßige Verhältnis von Einerwahlkreis- und Listenmandaten bei der personalisierten Verhältniswahl; und doch werden in Deutschland und Neuseeland je 50% der Mandate direkt in den Einerwahlkreisen vergeben, in Venezuela und Bolivien sogar über 50%. Auch in den segmentierten Wahlsystemen überwiegen gelegentlich die Direktmandate die Zahl der Listenmandate (z.B. in Mexiko), häufig kommt es jedoch zu einer hälftigen Aufteilung (vgl. *Tabelle 20*). In den wenigen kompensatorischen Wahlsystemen sind die Direktmandate eindeutig favorisiert, in Italien (1993-2005) erreichten sie drei Viertel der Parlamentsmandate insgesamt. Je größer die Anzahl der Direktmandate in segmentierten und kompensatorischen Wahlsystemen, desto schwieriger wird die Zuordnung zu Mehrheitswahl oder Verhältniswahl. Im Fall von Italien war es beispielsweise eine gängige Meinung, dass das neue Wahlsystem von 1993 aufgrund der hohen Zahl von Einerwahlkreismandaten ein Mehrheitswahlsystem sei. Ein Wahlsystem muss als ganzes betrachtet werden, damit die spezifische Kombination der Einerwahlkreise mit anderen wahlsystematischen Elementen ersichtlich wird.* Erst als sich in der Praxis in Italien ein Wahlergebnis einstellte, das stark proportionale Züge aufwies, wurde man sich der Tatsache bewusst, dass die kompensatorischen Listenmandate ausreichten, um den Mehrheitswahlcharakter, der durch die Einerwahlkreise erhofft war, in der Stimmen-Mandate-Relation zunichte zu machen.

Eine zweite Variation ergibt sich folglich daraus, wie die Teile nach Majorz und Proporz miteinander verknüpft sind. Dies ist sogar für die interne typologische Unterscheidung der kombinierten Wahlsysteme der entscheidende Gesichtspunkt. Er verweist auf die Schlüsselfrage hinsichtlich der Auswirkungen dieser Systeme. Sie lautet: In welchem Ausmaß beeinflusst oder determiniert der Parameter der majoritären Entscheidungsregel in den Einerwahlkreisen oder der nach Proporz vergebenen Mandate das gesamte Wahlergebnis, d.h. das Stimmen-Mandate-Verhältnis auf der nationalen Ebene?

---

* Bereits Walter Jellinek (1926: 71) hat gemeint, dass eine Erhöhung der Zahl der Mandate um 25% gegenüber den in den Einerwahlkreisen vergebenen in der Regel ausreichen müsste, um bei Vergabe dieser Mandate im Ausgleichsverfahren die Überrepräsentation einer Partei auszuschließen.

Tabelle 20: Kombinationsformen personalisierter Wahlsysteme

	Sitze insgesamt	Einerwahl-kreise	Listen-mandate	Sperr-klausel	Grundtyp Wahlsystem
Armenien	190	150	40	5%	segmentiertes WS
Bolivien (bis 2009)	130	68	62	–	personalisierte VW
Deutschland	598	299	299[a]	5%	personalisierte VW
Georgien	235	85	150	5%	segmentiertes WS
Guinea	114	38	76	–	segmentiertes WS
Italien (bis 2005)	630	475	155	4%	kompensatorisches WS
Japan	500	300	200	2%	segmentiertes WS
Kroatien (bis 1995)	108	28	80	5/8/11%	segmentiertes WS
Litauen	141	71	70	5/7%	segmentiertes WS
Mexiko	500	300	200	2%	segmentiertes WS
Neuseeland	120	65	55[a]	5%	personalisierte VW
Phillippinen	260	208	52	2%	segmentiertes WS
Russland (bis 2005)	450	225	225	5%	segmentiertes WS
Südkorea	299	253	46	5%	segmentiertes WS
Taiwan	164	128	36	5%	segmentiertes WS
Ukraine (bis 2004)	450	225	225	4%	segmentiertes WS
Ungarn	386	176	210+58 [b]	5%	kompensatorisches WS
Venezuela (bis 2005)	182	92	90	–	personalisierte VW

a Verrechnung sämtlicher Mandate auf nationaler Ebene; b 58 kompensatorische Mandate
Stand: um 2010

Im Fall der personalisierten Verhältniswahl gibt es keine signifikante Veränderung der Proportionalität durch die Einerwahlkreise. Der größte Unterschied zwischen den gegenwärtigen Systemen personalisierter Verhältniswahl liegt in der Art, auf welcher Ebene die Zweitstimmen verrechnet werden. Während Neuseeland dem nationalen Verrechnungsmodus der Bundesrepublik folgte, wurde der Einerwahlkreis in Venezuela und in Bolivien in ein System der Verhältniswahl in Wahlkreisen eingebaut. Die bestehenden Mehrpersonenwahlkreise bestimmen folglich den Disproportionseffekt des Systems. Im Fall des kompensatorischen Wahlsystems wird die durch die Einerwahlkreise erzeugte Disproportionalität ausgeglichen – in dem Maße, in dem dies durch die Zahl der dafür zur Verfügung stehenden Mandate möglich ist. Die Wahlergebnisse dürften im Prinzip proportionaler ausfallen als in Verhältniswahlsystemen in mittleren und großen Wahlkreisen. Der Fall Ungarn zeigt jedoch, dass dieser Effekt stark von der Wettbewerbsstruktur des Parteiensystems und vom Wählerverhalten abhängig ist (s. Kapitel 8, Abschnitt 9). Im Fall des segmentierten Wahlsystems kommt das Gesamtergebnis durch zwei voneinander unabhängige

Teilergebnisse zustande. Der nach Majorz vergebene Teil ist dabei eher disproportional, der nach Proporz vergebene eher proportional; dass dies keineswegs automatisch der Fall ist, zeigt das Beispiel Russland (s. Kapitel 8, Abschnitt 8). Dieser Wahlsystemtypus etabliert sich in der Grauzone zwischen Mehrheitswahl und Verhältniswahl, tendiert mehr zur Mehrheitswahl, ist aber *a priori* nicht eindeutig zuzuordnen. Es bedarf der Einzelanalyse der technischen Gestaltung eines solchen Wahlsystems und der dem Wandel unterworfenen Kontextfaktoren, welche seine Auswirkungen beeinflussen, um den Effekt des Systems in den Dimensionen der Grundtypen näherungsweise bestimmen zu können. Sicher ist, dass segmentierte Wahlsysteme weniger mehrheitsbildend sind als die „klassischen" Mehrheitswahlsysteme, aber im Vergleich zu den Verhältniswahlsystemen in ihren Auswirkungen auf das Stimmen-Mandate-Verhältnis um vieles weniger proportional. *Tabelle 21* lässt jedoch unschwer erkennen, dass hier und jetzt nicht in Betracht gezogene Kontextfaktoren berücksichtigt werden müssen, wenn Erklärungen der nach Ländern erheblichen Unterschiede im Disproportionseffekt der kombinierten Wahlsysteme gefragt sind.

Tabelle 21: Stimmen und Mandate in kombinierten Wahlsystemen

Land	Rose-Index	Stärkste Partei	
		Stimmen in %[a]	Mandate in %
Armenien	66,9	42,7	33,2
Bolivien	91,8	22,3	24,6
Deutschland	94,0	40,9	44,5
Georgien	59,2	23,7	45,5
Guinea	91,0	53,5	62,2
Italien	89,8	21,1	24,8
Kroatien	86,0	45,2	58,3
Litauen	75,5	29,8	49,6
Japan	81,6	32,8	47,8
Mexiko	90,1	40,0	47,6
Neuseeland	92,4	33,8	36,7
Philippinen	87,8	42,4	48,9
Südkorea	86,4	34,5	46,5
Russland	74,8	22,3	34,9
Taiwan	94,2	46,1	54,7
Ukraine	90,8	24,7	27,3
Ungarn	83,5	32,9	38,3
Venezuela	83,7	21,7	29,4

a Stimmen in % nur für die Listenmandate.
Stand: Wahlergebnisse Ende der 1990er Jahre

6.5 Wahlsystemtypen und mehrdimensionale Funktionen

Wenn wir nun wieder den Fokus erweitern und aus der obigen Typologie die wichtigsten Vertreter von Mehrheitswahl und Verhältniswahl aufrufen für unseren vierten Vergleich, so wollen wir dies primär anhand der drei Funktionserwartungen tun, die wir im vorhergehenden Kapitel 5, Abschnitt 7, dargestellt haben. Wir prüfen die Wahlsystemtypen auf ihre Fähigkeit, die Funktion der Repräsentation, der Konzentration und der Partizipation zu erfüllen. Nebenbei fragen wir noch danach, ob sie einfach zu handhaben sind.

1. Die relative Mehrheitswahl in Einerwahlkreisen wird besser als alle anderen Wahlsysteme der Konzentrationsfunktion gerecht. Sie erleichtert nachweislich die Bildung einer absoluten Parlamentsmehrheit für eine Partei. Ein Großteil absoluter Parlamentsmehrheiten resultiert aus der Disproportionalität zwischen Stimmen und Mandaten, welche die relative Mehrheitswahl in Einerwahlkreisen hervorbringt. Die andere Seite der Medaille ist jedoch, dass dieses Wahlsystem nur in höchst ungenügender Weise der Repräsentationsfunktion Genüge tut. Kleine Parteien (ohne Wählerhochburgen) wird die Möglichkeit einer parlamentarischen Repräsentation versagt. Mitunter bleiben selbst Parteien, die 20% der Stimmen erhalten haben, ohne parlamentarische Vertretung. Bezüglich des Kriteriums der Partizipation wiederum wird das Wahlsystem insofern positiv bewertet, als der Wähler in seinem Wahlkreis eine Individuum bezogene Entscheidung trifft. Freilich weisen wahlsoziologische Erkenntnisse darauf hin, dass sich in gut strukturierten Parteiensystemen auch in Einerwahlkreisen die Wahlentscheidung vielfach eher nach der Partei als nach der Person richtet. Die Funktionsweise des Wahlsystems ist leicht zu verstehen. Seine Legitimität beruht auf politischer Tradition und einem am britischen Parlamentarismus orientierten demokratietheoretischen Verständnis. Allerdings stößt in vielen Ländern die mangelhafte Repräsentationsleistung des Wahlsystems auf scharfe Kritik. Zweifel sind angebracht, ob die relative Mehrheitswahl in Einerwahlkreisen, die in vielen Ländern Afrikas und Asiens durch die einstige Kolonialmacht Großbritannien „importiert“ wurde, von der Wählerschaft wirklich gewollt würde, wenn sie über andere Wahlsysteme und

ihre Auswirkungen informiert wäre und unter den Alternativen – etwa bei einem Referendum – auswählen könnte.

2. Die absolute Mehrheitswahl in Einerwahlkreisen teilt viele Charakteristika des erstgenannten Typs der Mehrheitswahl, unterscheidet sich aber in einigen wesentlichen Punkten. Das Wahlsystem kann zwar auch eine hohe Disproportionalität zwischen Stimmen und Mandaten erzeugen. Doch zielt der Verzerrungseffekt des Wahlsystems weniger darauf ab, dass eine Partei eine absolute Parlamentsmehrheit gewinnt, als vielmehr darauf, dass sich mehrere Parteien vor einem etwaigen zweiten Wahlgang zu einem Parteienbündnis zusammenschließen, um die Stichwahl (*ballotage*) zu gewinnen. Das Wahlsystem eliminiert also nicht kleine Parteien, sondern schützt diese durch ihre Bedeutung im Rahmen von Parteiallianzen beim zweiten Wahlgang. Insofern solche Allianzen nicht nur aus rein wahlstrategischen Gründen, sondern auch zum Zwecke der parlamentarischen Zusammenarbeit gebildet werden, übt die absolute Mehrheitswahl in Einerwahlkreisen einen Konzentrationseffekt aus. Das Wahlsystem ist einfach zu verstehen und zu handhaben, auch wenn es häufig eines zweiten Wahlgangs bedarf. Freilich ist hervorzuheben, dass gegenwärtig die absolute Mehrheitswahl in Einerwahlkreisen bei Parlamentswahlen kaum zur Anwendung kommt und im Rahmen von Wahlsystemreformen zumeist nicht als Alternative gehandelt wird, was gewisse Rückschlüsse auf eine eher negative Bewertung des Wahlsystems zulässt. In der gegenwärtigen internationalen Reformdebatte haben sich jedoch bedeutende Apologeten des *two-ballot-system* zu Wort gemeldet (u.a. Sartori 1994).

3. Eher selten sind auch Wahlsysteme, welche die Entscheidungsregel des Proporzes in kleinen Wahlkreisen anwenden. Der zentrale Unterschied zwischen diesem und den beiden vorangegangenen Typen der Mehrheitswahl ist, dass der jeweilige Wahlkreis im Parlament von Abgeordneten unterschiedlicher Parteien repräsentiert wird – d.h. von Abgeordneten sowohl der Mehrheitspartei als auch der Minderheitspartei(en). Die Stimmen-Mandate-Disproportionalität kann bei diesem System geringer sein, doch hängt dies letztlich von einer Reihe weiterer Faktoren ab, wie z.B. der Größe der Wahlkreise (variierend, gerade oder ungerade Mandatszahl pro Wahlkreis etc.). Wahlsysteme dieses Typs stellen sich im allgemeinen als einfach dar, es sei denn, dass anspruchsvollere Formen der Kandidatur-

und der Stimmgebungsform verwandt werden, wie in Irland oder Malta.

4. Die Verhältniswahl in Mehrpersonenwahlkreisen wird sehr häufig angewandt. Gewöhnlich bringt sie keine faire Repräsentation im Sinne einer hohen Proportionalität zwischen Stimmen und Mandate hervor. Sie übt insofern einen Konzentrationseffekt auf das Parteiensystem aus, als die Wahlkreisgröße eine natürliche Hürde für kleine Parteien darstellt. In der Regel folgt die Wahlkreisgrenzziehung der politisch-administrativen Einteilung des Landes und ist daher zumeist weniger konfliktiv als etwa bei Mehrheitswahl in Einerwahlkreisen, die eine ständige Reform der Wahlkreise erfordert und mehr Spielräume für eine aktive Manipulation der Wahlkreiseinteilung (*gerrymandering*) zulässt. Etwaige Ungleichheiten im Verhältnis von Wähler und Abgeordneten zugunsten kleiner Wahlkreise können freilich Anstoß der Kritik sein. Auch an den starren Parteilisten, die bei der Verhältniswahl in Mehrpersonenwahlkreisen gewöhnlich verwandt werden, macht sich mitunter Kritik fest, da diese Listenform keine Personen orientierte Stimmabgabe zulässt. Alles in allem funktionieren Wahlsysteme dieses Typs jedoch recht gut, obwohl sie die Repräsentationsfunktion nur unzureichend erfüllen und der Forderung nach Partizipation im obigen Sinne nicht genügen. Missverständnisse über seine Auswirkungen führen zum Teil jedoch zu delegitimierender Kritik an diesem Wahlsystemtypus.

5. Die reine Verhältniswahl erfüllt am konsequentesten die Forderung nach fairer Repräsentation. Doch geht dies auf Kosten der Konzentrationsfunktion und, da normalerweise starre Listen verwandt werden, auch auf Kosten der Partizipationsfunktion des Wahlsystems. Demgemäß richtet sich die Hauptkritik an diesem Wahlsystemtypus darauf, dass es die Zersplitterung des Parteiensystems befördert und der Wählerstimme einen anonymen Charakter verleiht. In diesem Zusammenhang ist zu betonen, dass die Stimmenverrechnung häufig auf nationaler Ebene erfolgt und somit andere Listenformen als die starre Liste praktisch nicht anwendbar sind. Die Legitimität der reinen Verhältniswahl wurde insbesondere durch die historischen Erfahrungen in Westeuropa mit instabilen Regierungen und mit dem Zusammenbruch von Demokratien in Frage gestellt (vgl. Kapitel 8, Abschnitt 4: Weimarer Republik).

Doch ist diese negative Einschätzung der reinen Verhältniswahl nicht ohne Weiteres auf andere Länder und Regionen zu übertragen. In Ländern mit einer ausgeprägten gesellschaftlichen Heterogenität und tiefen gesellschaftlichen Konflikten kann der Repräsentationsfunktion eine herausgehobene Bedeutung zukommen, welche die Anwendung der reinen Verhältniswahl als sinnvoll erscheinen lässt.

6. Die personalisierte Verhältniswahl mit legaler Sperrklausel ist ein intermediäres Wahlsystem, das unterschiedlichen Funktionsanforderungen gerecht wird: Sie erfüllt die Repräsentationsfunktion durch die proportionale parlamentarische Vertretung all der Parteien, welche die Sperrklausel überwunden haben. Dabei ist die Höhe der Sperrklausel noch mit dem Repräsentationsprinzip der Verhältniswahl vereinbar. Sie genügt der Konzentrationsfunktion, indem sie sehr kleine Parteien vom Parlament ausschließt und damit die Bildung parlamentarischer Mehrheiten erleichtert, die gemeinhin als Grundlage stabiler Regierungen in parlamentarischen Regierungssystemen gelten. Doch fördert dieser Wahlsystemtypus nicht die parlamentarische Mehrheitsbildung für eine Partei. Die Regierungen stützen sich gewöhnlich auf Koalitionsmehrheiten, die nicht künstlich über den Disproportionseffekt des Wahlsystems zustande kommen, sondern die tatsächlich die Mehrheit der Wählerstimmen auf sich vereinen. Der Partizipationsfunktion genügt die personalisierte Verhältniswahl insofern, als sie Elemente der Personalstimmgebung beinhaltet. Die Wähler wählen immerhin einen Teil der Abgeordneten in Einerwahlkreisen – ohne dass dadurch (abgesehen von den Überhangmandaten) der jeweilige Mandatsanteil einer Partei verändert wird, der auf nationaler und regionaler Ebene nach Proporz berechnet werden kann. Die personalisierte Verhältniswahl wird zwar verschiedentlich aufgrund ihrer vermeintlichen Kompliziertheit kritisiert, doch angesichts ihrer Multifunktionalität stellt sie sich noch als vergleichsweise einfach dar.

Tabelle 22 vergleicht zusammenfassend die sechs Wahlsystemtypen hinsichtlich der drei zentralen Funktionsanforderungen Repräsentation, Konzentration und Partizipation. Wie sich zeigt, sind alle Wahlsystemtypen fähig, eine oder zwei der Funktionen zu erfüllen, aber lediglich die personalisierte Verhältniswahl ist in der Lage, allen drei Funktionsanforderungen gleichzeitig gerecht zu werden:

Tabelle 22: Die Erfüllung von Funktionsanforderungen in verschiedenen Wahlsystemtypen

Wahlsystem	Repräsentation	Konzentration	Partizipation
– relative Mehrheitswahl	negativ	positiv	positiv
– absolute Mehrheitswahl	negativ	positiv	positiv
– Verhältniswahl in kleinen Wahlkreisen	negativ	positiv	Positiv
– Verhältniswahl in Mehrpersonenwahlkreisen	negativ	positiv	negativ[a]
– reine Verhältniswahl	positiv	negativ	negativ[a]
– personalisierte Verhältniswahl	positiv	positiv	positiv

a im Falle starrer Listen

Bezeichnenderweise lässt sich in der internationalen Wahlsystementwicklung eine Tendenz erkennen, die von den „klassischen“ Wahlsystemen wegführt, die vorrangig auf einzelne Funktionen (unter Vernachlässigung anderer) abheben, hin zu kombinierten (personalisierten) Wahlsystemen, die ein ausgewogeneres Verhältnis zwischen den unterschiedlichen Funktionen herzustellen versuchen. Gerade die personalisierte Verhältniswahl, wie sie in der Bundesrepublik Deutschland angewandt wird, schlägt einen guten Mittelweg zwischen den oben genannten Funktionsanforderungen ein. Sie ist in diesem Sinne zu einem Modellwahlsystem geworden. Die große Bandbreite an Kombinationen zwischen der Personenwahl in Einerwahlkreisen einerseits und der Listenwahl nach Proporz andererseits ermöglicht es, dass diese Typen von kombinierten Wahlsystemen in Ländern mit sehr unterschiedlichen gesellschaftspolitischen Bedingungen zur Anwendung kommen können. Belegt wird dies durch die „Attraktivität“ personalisierter Wahlsysteme im Rahmen jüngster Wahlsystemreformdebatten in ganz unterschiedlichen Teilen der Erde.

Freilich darf der Vergleich von Wahlsystemtypen nicht auf diesem allgemeinen Niveau stehen bleiben, wenn eine konkrete Entscheidung über verschiedene wahlsystematische Optionen ansteht; vielmehr bedarf es dann der genauen multidimensionalen Analyse anhand des jeweiligen Einzelfalles. Zur Illustration wird im Folgenden noch ein Beispiel angeführt.

6.6 Ein binärer Vergleich von Wahlsystemtypen am Beispiel Neuseelands

In den vorangegangenen Ausführungen haben wir eine vergleichende Bewertung von sechs Wahlsystemtypen vorgenommen, ohne uns auf einen konkreten Fall zu beziehen. Im Folgenden wollen wir eine Bewertung wahlsystematischer Alternativen am Beispiel eines bestimmten Landes vorstellen. Diese Vorgehensweise eines systematisch orientierten, zugleich auf den Einzelfall ausgerichteten Vergleichs ist die angemessene Art, eine wissenschaftliche Begründung für das eine oder andere Wahlsystem zu geben.

Im Laufe einer wahlsystematischen Untersuchung in *Neuseeland* verglich die für Wahlreformen zuständige dortige *Royal Commission on Electoral Reform* die damals bestehende relative Mehrheitswahl in Einerwahlkreisen mit der personalisierten Verhältniswahl *(mixed member proportional system* [MMP]) mit gesetzlicher Sperrklausel (von 4%). Da in verschiedenen Ländern Afrikas und Asiens, die das Mehrheitswahlsystem anwenden, Wahlsystemreformen debattiert werden, scheint das Vorgehen der neuseeländischen Kommission, das klassische Mehrheitswahlsystem mit einem modernen Typ von Verhältniswahlsystemen zu vergleichen, einen exemplarischen Charakter zu besitzen und für Politikwissenschaftler und Gesetzgeber in den entsprechenden Ländern von besonderem Interesse zu sein. Des Weiteren ist dieser binäre Vergleich auch ein gutes Beispiel dafür, wie Wahlsysteme im Hinblick auf die oben dargestellten Anforderungen komparativ bewertet werden sollten.

Deswegen geben wir den Bericht der neuseeländischen Kommission im Folgenden wieder. Es heißt dort (Report: 63f.):

"In those areas where plurality (plurality = relative Mehrheitswahl in Einerwahlkreisen) has major weakness, MMP (MMP = Mixed Member Proportional system = personalisierte Verhältniswahl) results in substantial improvement. It ensures *fairness between political parties* because there is a distinct party vote and seats are distributed in proportion to the level of nationwide support for each party. There is no bias against minor parties so long as they cross the 4% threshold. There are no accidental advantages or disadvantages to parties depending upon how their support is spread through the country. In terms of *voter participation*, MMP represents a significant improvement over plurality in that the 2 votes allow voters to concentrate their attention on electing a Government as well as choosing the best constituency representative. Moreover, in terms of the overall result most votes do count and are clearly seen to count. In the key area of *Maori representation*, where plurality is clearly deficient, MMP offers to Maori both the ability to exercise real influence through a common roll with no seperate Maori roll and the opportunity to elect through the lists candidates who reflect the Maori viewpoint. The national lists are also likely to provide more *effective representation of*, and *influence* for, other *minority and special interest groups* than does plurality. Finally, in terms of *legitimacy* MMP is, and will be seen to be, much fairer than plurality in giving representation to parties and other groups or interests. This, we believe, is significant in terms of preserving confidence in our electoral process in a more diverse society.

In those areas where plurality is commonly regarded as having strengths we consider that MMP has comparable, though sometimes different, advantages. Thus in terms of *effective government*, we see MMP introducing changes because coalition or minority Governments may become more likely, though by no means inevitable. The evidence from other democracies with proportional systems indicates that where there is a reasonable threshold which prevents the proliferation of minor parties, governments remain at least as effective, and possibly more so if proportionality results in the adoption of more consistent, consultative and broadly supported policies. Likewise, in terms of *effective representation of constituents*, MMP retains single-member constituencies and we do not see either system as clearly preferable. Similar considerations apply to the ability of both systems to assist political integration, though we incline to the view that changes in New Zealand society render MMP preferable to plurality in that all significant sections of the community have an effective part in the political process, and parties with a reasonable degree of voter support have the opportunity to obtain representation. Simply because it fails to reflect the diversity in our society, plurality may in the long term be less integrative. In relation to *effective parties*, we believe the systems are comparable, though MMP has an advantage because of the assistance the list gives in obtaining a balance between interests requiring representation. Finally, we consider MMP probably has an advantage over plurality in terms of assisting an *effective Parliament* because it encourages election of members who may choose to concentrate on policy issues. Overall, then, we consider MMP to be the best voting system for New Zealand's present and future needs."

Die neuseeländische Wahlreform-Kommission hat den Vergleich der beiden Wahlsystemtypen auf ihre eigenen nationalen Bedürfnisse hin angelegt. Wird ein solcher Vergleich bezogen auf andere Länder vorgenommen, so sind die kontextbedingten Anforderungen an ein Wahlsystem möglicherweise jeweils verschieden, so dass die Bewertungen und die Folgerungen in der Optionsfrage unterschiedlich ausfallen können. Dessen ungeachtet sticht die Differenz in der Herangehensweise der neuseeländischen Kommission zu den steten Versuchen hervor, eine Antwort auf die Frage nach dem besten Wahlsystem zu finden, an denen sich auch Maurice Duverger (1984), Arend Lijphart (1991) und Giovanni Sartori (1994) beteiligten. Es geht ihr nämlich nicht um eine grundsätzliche, Zeit und Raum übergreifende Empfehlung, sondern um die konkrete Option für Neuseeland.

Wichtig erscheinen deshalb zwei verallgemeinerbare Konsequenzen, die sich aus dem angestellten Vergleich zwischen den zwei Wahlsystemtypen ergeben:

1. Wenn im Prozess von Wahlreformen zwischen Wahlsystemen entschieden werden soll, müssen die spezifischen, kontextbedingten Bedürfnisse eines Landes (oder einer Gruppe von Ländern) hinsichtlich des Wahlsystems mit in die Überlegungen einbezogen werden.
2. Die modernen Formen der Kombinationen von Einerwahlkreisen mit Komponenten proportionaler Repräsentation sind bei möglichen Reformen bestehender Wahlsysteme von besonderem Interesse.

7. Die Wahlsysteme im intraregionalen Vergleich

Im Folgenden soll ein Überblick über die Verbreitung von Mehrheitswahl und Verhältniswahl sowie der Wahlsystemtypen gegeben werden. Wir halten auch die Gestaltung der Wahlsysteme hinsichtlich einzelner technischer Elemente nach, skizzieren die Reformdebatten und nehmen zu ihnen Stellung. Die Unterteilung nach Regionen liegt nicht nur aus darstellungstechnischen bzw. pragmatischen Gründen nahe. Sie empfiehlt sich auch unter dem Gesichtspunkt, dass regional der Kontext in gewisser, für die Wahlsystemforschung wichtiger Hinsicht homogen ist. In den westlichen Industrieländern mit langer Wahltradition sind die Parteiensysteme allgemein relativ gut institutionalisiert. Im Gegensatz dazu ist das Parteiengefüge in etlichen mittel- und osteuropäischen Ländern nach erst wenigen freien Wahlen und im Zusammenhang eines diffizilen gesellschaftlichen Transformationsprozesses noch wenig fest strukturiert. Der Grad der Institutionalisierung der Parteiensysteme ist eine ganz wesentliche Kontextvariable im Studium der Auswirkungen von Wahlsystemen. In Lateinamerika stößt, ähnlich wie in einigen mittel- und osteuropäischen Ländern, der Typ des politischen Systems, hier der Präsidentialismus, als weitere einflussreiche Variable hinzu. Für Afrika und Asien ergeben sich in den jungen Demokratien zusätzliche Schwierigkeiten in der Analyse der Auswirkungen von Wahlsystemen dadurch, dass jeweils nur wenige Wahlen vorliegen, so dass nur die mechanischen, nicht aber die psychologischen Effekte der Wahlsysteme voll erfasst werden können. Zudem ist die Forschung hier nach wir vor stark auf den normativen Ansatz fixiert, weniger auf die realen gesellschaftlichen Bedingungen, welche den Prozess der Herausbildung eines Wahlsystems und dessen Auswirkungen bestimmen.

7.1 Wahlsysteme in westlichen Industrieländern

Mitte der 1980er Jahre konnte man meinen, die Wahlsystemfrage sei hinsichtlich des Repräsentationsprinzips in den westlichen Industrieländern zur Ruhe gekommen. Es schien so, als seien nicht nur die Parteiensysteme (nach der These von Stein Rokkan) „eingefroren“, sondern auch die Wahlsystemgrundtypen. Anfang der 1990er Jahre wurden jedoch in drei Ländern weitreichende Wahlreformen durchgeführt. Neuseeland ging 1993 von der relativen Mehrheitswahl in Einerwahlkreisen ab und entschied sich per Referendum für die Einführung der personalisierten Verhältniswahl. Italien vollzog 1993 im Verständnis vieler einen umgekehrten Schritt von einem System der Verhältniswahl zur Mehrheitswahl (u.a. D'Alimonte 2001); richtig ist jedoch, dass Italien ein kombiniertes, präziser ein kompensatorisches Wahlsystem einführte, das im Erscheinungsbild stark von den Einerwahlkreisen, in den Auswirkungen von Proporzelementen geprägt war. Im Jahr 2005 kehrte Italien scheinbar wieder zur Verhältniswahl zurück, implementierte allerdings ein Prämienwahlsystem, das der nach Stimmen relativen Mehrheit eine absolute Parlamentsmehrheit garantiert. Japan überwand sein *single non-transferable vote*-System in Viererwahlkreisen und wählt seit 1994 nach einem kombinierten Wahlsystem, genauer nach einem Grabensystem, das dort Parallelsystem genannt wird.

7.1.1 Mehrheitswahlsysteme

In sechs von 25 westlichen Industrieländern wird gegenwärtig ein System der Mehrheitswahl angewandt. In drei Ländern (Großbritannien, Kanada, USA) wird nach relativer Mehrheitswahl in Einerwahlkreisen gewählt. Das britische Wahlsystem, das sich übrigens in Großbritannien erst 1950 vollends durchsetzte, insofern als die letzten Mehrpersonenwahlkreise beseitigt wurden (s. dazu Kapitel 8, Abschnitt 2), hat sich in den westlichen Demokratien außerhalb des angloamerikanischen Bereichs nicht zu halten vermocht. Hier blieb es bis auf den Fall Neuseeland bestehen, sogar in einem Land, in welchem die relative Mehrheitswahl nicht die Funktionserwartung parteilicher Mehrheitsbildung erfüllt und gesellschaftliche Konflikte nicht mehr mehrheitlich zu regeln sind – der Fall Kanada.

Australien bevorzugt ein absolutes Mehrheitswahlsystem. Es ging 1918 von der relativen Mehrheitswahl in Einerwahlkreisen zur absoluten Mehrheitswahl mit alternativer Stimmgebung (*alternative vote*) über, welche einen zweiten Wahlgang für den Fall erspart, dass kein Kandidat die absolute Mehrheit der Stimmen erreicht. Mit der Reform wurde die Rettung der kleineren dritten Partei bezweckt und erreicht; deren stete Koalition mit der zweitstärksten Partei lässt das Dreiparteiensystem wie ein Zweiparteiensystem funktionieren. Frankreich, das im Wahlsystem nie die geheiligte Spielregel der Demokratie, sondern ein probates Mittel im politischen Machtkampf gesehen hat, wählt seit Beginn der V. Republik ebenfalls nach der absoluten Mehrheitswahl in Einerwahlkreisen. Die Reform von 1985, mit der Frankreich zur Verhältniswahl überging, stellte dabei nur ein kurzes Zwischenspiel dar: Schon 1986 kehrte man zur absoluten Mehrheitswahl zurück (s. Kapitel 8, Abschnitt 3.4).

Einen Sonderfall bildet Irland mit dem *single transferable vote*-System (s. dazu Kapitel 8, Abschnitt 7). Es kann der Mehrheitswahl zugerechnet werden, obwohl in den Mehrpersonenwahlkreisen die Mandate nach Proporz vergeben werden. Die Wahlkreise sind jedoch so klein gehalten, dass Mehrheitsbildung intentional der Repräsentation zugrunde liegt. Einen weiteren Sonderfall bildet Italien, denn das dort 2005 eingeführte Prämienwahlsystem gehört zu den Mehrheitswahlsystemen.

7.1.2 Verhältniswahlsysteme

In der Mehrzahl der westlichen Industrieländer (16) wird heute nach Verhältniswahl gewählt. Die repräsentationstheoretischen Imperative für den Übergang von der Mehrheitswahl zur Verhältniswahl lagen in den verschiedenen Ländern durchaus ähnlich. Den Reformern ging es um eine „gerechte“, d.h. den realen Kräfteverhältnissen in der Wählerschaft in etwa entsprechende Vertretung der Parteien im Parlament. Dass damit auch jeweils spezifische parteipolitische Perspektiven verknüpft waren, liegt auf der Hand: Einerseits verstärkte der gesellschaftliche Wandel in Verbindung mit der Ausbreitung des Wahlrechts den politischen Pluralismus, und es verlangten mehr Parteien nach politischer Repräsentation, andererseits rückten ehedem dominierende Parteien wie v.a. die Liberalen in Minderheitspositionen, in denen die Aufrechterhaltung der Mehrheitswahl sie zu dezimieren drohte (s. Rokkan 1970). Die Verhältniswahl wurde aber auch ganz allgemein als das der demokratischen Entwicklung korrespondierende Wahlsystem begriffen, so dass häufig die Einführung des allgemeinen Wahlrechts fast zeitgleich mit der Einführung der Verhältniswahl zusammenfiel.

In den Ländern des segmentierten Pluralismus (Belgien, Niederlande, Schweiz) ging die Verhältniswahl eine besonders enge Verbindung mit dem vorherrschenden Demokratiekonzept ein. Nicht die Mehrheit, sondern der Proporz und das Aushandeln entwickelten sich hier zu Strategien der Regierungsbildung und der Konfliktschlichtung (vgl. Lijphart 1968; Lehmbruch 1967). Aber auch in gesellschaftlich homogeneren Ländern wie etwa den skandinavischen reduzierte sich die Debatte über das Wahlsystem und mögliche Reformen auf Varianten der Verhältniswahl.

Grob gesehen lassen sich zwei Reformtrends ausmachen: ein Trend in Richtung auf Verfeinerung des Proporzes, so in Belgien und in den skandinavischen Ländern (außer Finnland), in denen der erreichte Proportionalitätsgrad als nicht ausreichend empfunden wurde; und ein gegenläufiger Reformtrend in Richtung auf „Verbesserung" der Verhältniswahl, d.h. eine Begrenzung des Proporzeffektes in der Absicht, die Parteizersplitterung zu verhindern oder zu reduzieren, orientiert an Funktionserfordernissen parlamentarischer Regierung. Hierfür steht u.a. das Beispiel Bundesrepublik Deutschland, da aus dem Scheitern der Weimarer Republik – insofern es institutionell begründet wurde – Lehren für die Wahlgesetzgebung gezogen wurden (s. dazu unten Kapitel 8, Abschnitte 4 und 5). Aber auch in Griechenland (1951), Schweden (1970) und Spanien (1976; s. dazu unten Kapitel 8, Abschnitt 6) machten sich die Gesetzgeber funktionalistische Kriterien zu Eigen und „verbesserten" die Verhältniswahl, in Griechenland allerdings 1990 derart, dass ein Bonuswahlsystem dabei herauskam.

Kein Verhältniswahlsystem gleicht dem anderen. Unterschiedliche nationale gesellschaftliche Strukturen, historische Erfahrungen, politische Bedingungen und Intentionen ließen jeweils eigene Wahlsysteme entstehen. Als Verhältniswahlsysteme zielen sie zwar auf eine proportionale Repräsentation, erreichen diese jedoch in unterschiedlichem Umfang. Einige Verhältniswahlsysteme liegen hinsichtlich des Disproportionseffekts an der Grenze dessen, was vom verfassungsrechtlich verankerten Repräsentationsprinzip noch toleriert werden kann.

In den Verhältniswahlsystemen dominiert der Mehrpersonenwahlkreis mittleren bis großen Umfangs, wobei in der Regel Wahlkreise unterschiedlicher Größe gemischt werden. Nicht selten gibt es zugleich Einerwahlkreise und Wahlkreise mit mehr als 30 Mandaten. Die Mittelwerte der Wahlkreisgröße nach Ländern bieten nur einen sehr groben Vergleichsmaßstab, da gerade die unterschiedlichen Wahlkreisgrößen Bedeutung haben und im Zusammenspiel mit anderen Faktoren, wie etwa der geographischen Verteilung der Wählerstimmen (Hochburgensituationen), der Stimmenrelation zwischen den Parteien etc. das Wahlergebnis beeinflussen. Es zeigt sich auch, dass die Mittelwerte der Wahlkreisgröße bei reiner Verhältniswahl keineswegs höher ausfallen als bei Verhältniswahl mit unvollkommenem Proporz. Die Niederlande bilden einen nationalen Wahlkreis; die 18 Aufstellungsringe haben nur für die Wahlbewerbung Bedeutung. Auch in der Bundesrepublik, wo nach der Vereinigung zunächst 328 Einerwahlkreise bestanden, seit 2002 299 bestehen, werden die Mandatsrelationen zwischen den Parteien auf Bundesebene nach dem Zweitstimmenergebnis ermittelt (s. Kapitel 8, Abschnitt 5.1). Irland ist ein umstrittener Fall, den wir entsprechend unserer Definition von Verhältniswahl bereits nicht mehr zur Verhältniswahl zählen, da in kleinen Wahlkreisen gewählt wird (s. Kapitel 8, Abschnitt 7).

Tabelle 23: Wahlsysteme der westlichen Industrieländer

Land	Typ Wahlsystem	Sitze	Wahlkreise			Kandidatur/ Listen	Stimmgebung	Ebenen der Stimmenverrechnung	Mandatszuteilung
			Zahl	Größe	Mittelwert				
Australien	abs. MW in EWK (Alternative Vote)	148	148	1		Individuell	Ranking aller Kanndidaten	EWK	abs. M [a]
Belgien	VW in kleinen, mittleren und großen MPWK	150	20	4-24	7,5	lose geb. L	Einzelst. Präf. mögl.	MPWK provinz. Ebene (für Restmandate)	einfache WZ; Restmandate werden auf provinz. Ebene nach d'Hondt zugeteilt; Sperrklausel : 5% im Wahlkreis[b]; .s. Trefs 2010.
Dänemark	VW in kleinen, mittleren und großen MPWK mit kompensatorischen Sitzen	175 [c]: 135 40	10 1	2-16 40	7.9	lose geb. MPWK L	Einzelst. Präf. mögl.	MPWK nat. MPWK	D'Hondt, nat. Zuteilung aller 175 Sitze; Sperrklausel: 2% von nat. Stimmen.; auf MPWK-Ebene gewonnene Sitze werden von den Sitzen abgezogen, die einer Partei nach nat. Proporz zustehen, Der Unterschied entspricht den Parteienanteilen an den 40 kompensatorischen Sitzen [d].s. Elklit 2010.

Deutsch-land	personalisierte VW	598 [e]: 299 299	 299 1	 1 299		 individuell reg. starre L	zwei Stimmen: Personalst. Listenst.	 EWK Länder-Ebene	EWK: rel. M.; MPWK (Länder): Proporz; Zuteilung von 598 Sitzen an die Parteien nach dem nat. Zweitstimmenanteil (Oberverteilung), danach an die Parteilisten (Unterverteilung); Zuteilung jeweils nach Sainte-Laguë/ Schepers; nat. Sperrklausel von 5%; EWK-Sitze werden von den Parteisitzen abgezogen; Überhangmandate werden (seit 2013) ausgeglichen.
Finnland	VW in mittleren und großen MPWK	200	14	7-30 [f]	14,3	lose geb. L	Einzelst. Präferenzst.	MPWK	d'Hondt; s. Anckar/Anckar 2010.
Frankreich	abs. MW in EWK	577 [g]	577	1		Individuell	Einzelst.	EWK	abs. MW in Einerwahlkreisen; 2. Wahlgang: rel. M [h];s. Nohlen 2010/b.
Griechen-land	VW in MPWK mit nat. Zusatzliste, Bonuswahlsystem	300: 288 12	 57 1	 1-42 12	 5,1	 lose geb. MPWK L starre L	 1-4 Präferenzst. (abhängig von WK-Größe) Einzelst.	EWK/MPWK; reg.-und nat. Ebene (für Restmandate) MPWK	EWK: rel. M; MPWK: Hare plus größter Überrest; nat. Sperrklausel von 3%; verbleibende Restmandate werden den stärksten Parteien auf nat. Ebene zugeteilt, einfache WZ; ebenso für 12 nat. Sitze; die Partei oder Parteienallianz mit den meisten Stimmen erhält 50 Bonussitze.; s. Pantelis etc. 2010.
Großbri-tannien	rel. MW in EWK	659	659	1		Individuell	Einzelst.	EWK	rel. MW in Einerwahlkreisen; s. Rose/Munro 2010.
Irland	STV	166	41	3-5	4,0	lose geb. L	Einzelst. [i]	MPWK	Hagenbach-Bischoff (Droop STV); s. Gallagher/Weeks 2010.

Land	Typ Wahlsystem	Sitze	Wahlkreise			Kandidatur/ Listen	Stimmgebung	Ebenen der Stimmenverrechnung	Mandatszuteilung
			Zahl	Größe	Mittelwert				
Island	VW in mittleren und großen MPWK mit nat. Zusatzliste	63: 50 13	 8 1	 5-19 13	 6,3	starre L MPWK	Einzelst.	 MPWK nat. MPWK	einfache WZ zugeteilt; größter Überrest (MPWK-Sperrklausel: 2/3 von einfacher WZ); d'Hondt; s. Hardarson/Kristinssen 2010.
Israel	reine VW	120	1	120		starre L	Einzelst.	nat. MPWK	Sperrklausel: 1.5% von nat. Stimmen; d'Hondt
Italien	Prämienwahlsystem	617 plus 12	26			starre L	Parteist..	MPWK [1]	Sperrklausel: 4% für Parteien außerhalb von Koalitionen, 2% für solche innerhalb; WZ. Die Partei oder Koalition, die die rel. M. der Stimmen erzielt, erhält zumindest 340 Sitze; 12 Abg. werden von Italienern im Ausland bestellt; s. Caciagli 2010.
Japan	segmentiertes Wahlsystem	500: 300 200	 300 11	 1 7-33	 18,2	individuell starre L	zwei Stimmen: Personalst. Listenst.	EWK MPWK	rel. M d'Hondt
Kanada	rel. MW in EWK	301	301	1		Individuell	Einzelst.	EWK	rel. M
Luxemburg	VW in mittleren und großen MPWK	60	4	7-23	15,0	freie Parteilisten	Mehrfachst.	MPWK	Hagenbach-Bischoff; größter Durchschnitt; s. Thiltgen 2010.

Malta	STV	65+[k]	13	5		lose geb. Partei- listen	Einzelst.[l]	MPWK	Hagenbach-Bischoff; s. Schwehm 2010.
Nieder- lande	reine VW	150	1	150		reg. lose geb. Par- teilisten	Einzelst.	nat. MPWK	Sperrklausel: 0,67% von nat. Stimmen; d'Hondt; s. Andeweg etc. 2010.
Neusee- land	personalisierte VW	120: 65 [m] 55	 65 1	 1 55		 individuell starre Par- teilisten	zwei Stim- men: Personalst. Listenst.	 EWK nat. MPWK	Zuteilung von 120 Sitzen auf nat. Ebene nach St. Laguë; Sperrklau- sel: 5%; EWK: rel. M (Parteien- EWK-Sitze werden von den Lis- tensitzen abgezogen)
Norwegen	VW in kleinen, mittleren und großen MPWK mit kompensa- torischen Sit- zen	165: 157 8	 19 1	 4-15 8	 8,3	 starre L	 Einzelst.	 MPWK nat. MPWK	 modifizierte Sainte Laguë (keine legale Sperrklausel) nat. Sitze werden an Listen verge- ben, die nach der Zuteilung von MPWK Sitzen den größten Über- rest aufweisen;; Sperrklausel: 4% von nat. Stimmen; s. Larsen Ca- doret 2010.
Österreich	VW in mittleren und großen MPWK	183	43	7-35	4,2	lose geb. L	Einzelst. Präfe- renzst.	reg. MPWK 9 Landes- MPWK nat. MPWK	Sperrklausel: 4% auf nat. Ebene; 1. u. 2. Ebene: Hare-Niemeyer nat. Ebene: d´Hondt; s. Poier 2010.
Portugal	VW in kleinen, mittleren und großen MPWK	230	22[n]	2-50	10,5	starre L	Einzelst.	MPWK	d'Hondt; s. Tavares de Almeida 2010.
Spanien	VW in MPWK (mit 2 EWK)	350: 348 2	 50 2	 2-34 1	 7,0	 starre L individuell	 Einzelst.	 MPWK EWK	 Sperrklausel: 3% von WK-Stimmen; MPWK: d'Hondt; EWK: rel. M.; s. Vallés/Nohlen 2010.

Land	Typ Wahlsystem	Sitze	Wahlkreise			Kandidatur/ Listen	Stimmgebung	Ebenen der Stimmenverrechnung	Mandatszuteilung
			Zahl	Größe	Mittelwert				
Schweden	VW in kleinen, mittleren und großen MPWK mit kompensatorischen Sitzen	349: 310 39	29 1	2-34 39	10,7	lose geb. L	Einzelst. Präf. mögl.	MPWK nat. MPWK	MPWK: Sperrklausel: 4% von nat. Stimmen oder mind. 12% von WK-Stimmen, modifizierte Sainte Laguë; Sperrklausel 4% von nat. Stimmen.; modifizierte Sainte Laguë; s. Widfeldt 2010.
Schweiz	VW in MPWK (mit 5 EWK)	200 195 5	21 5	2-34 ° 1	3,3	freie L individuell	Mehrfachst. Einzelst.	EWK MPWK	EWK: rel. M; MPWK: Hagenbach-Bischoff; Restmandate: divisor method rel. M; s. Linder etc. 2010.
USA	rel. MW in EWK	435	435	1		Individuell	Einzelst.	EWK	rel. M

Stand: um 2012

a In Australien, wenn keiner der Kandidaten die absolute Mehrheit der ersten Präferenzstimmen erreicht, wird der Kandidat mit dem geringsten Stimmenanteil ausgeschlossen. Seine Stimmen werden dann unter den übrigen Kandidaten verteilt auf der Basis der zweiten Präferenz der Wähler. Diese Prozedur wird wiederholt, bis ein Kandidat die absolute Mehrheit erreicht.

b In Belgien werden die Mandate, die auf der Wahlkreisebene nicht zugeteilt wurden, unter den „Parteikartellen" verteilt, die aus den Parteilisten der jeweiligen Provinzen gebildet werden. Nur diejenigen Parteien, die mindestens 2/3 der Hare Quota in einem der Wahlkreise in einer Provinz erreicht haben, dürfen an der Zuteilung der Restmandate in einer Provinz teilnehmen (s. Trefs 2010).

c Zuzüglich zu den 175 Mandaten wählen Grönland und die Faröer Inseln jeweils zwei Abgeordnete.

d In Dänemark gibt es folgende Alternativen zu der 2%-Sperrklausel: ein oder mehrere Sitze in den10 MPWK oder ein so hoher Stimmenanteil, wie er im Durchschnitt in mindestens zwei der drei dänischen Regionen vorliegt, d.h. mathematisch wird eine Hare-Formel angewandt. Die Mandate aus dem Parteianteil an den 40 kompensatorischen Sitzen, der seinerseits auf nationaler Ebene berechnet wird, werden erst unter den drei Regionen nach d'Hondt) aufgeteilt (s. Elklit 2010).

e Zusätzlich zu den gewählten Sitzen können Überhangmandate entstehen: Parteien, die mehr Stimmen im EWK erhalten als ihnen durch die VW-Formel im entsprechenden Bundesland zukommen, behalten alle Mandate, bis 2009 ohne Kompensationsleistung für die anderen Parteien (s. Kapitel 8.5.5 und Tabelle 51). Überhangmandate werden seit 2013 ausgeglichen.

f Es gibt einen EWK in Finnland (Aland).

g Die Zahl 577 beinhaltet 15 Verwaltungsgebiete und 7 Gebieten und *collectivités territoriales* in Übersee.

h Wenn in Frankreich kein Kandidat eine absolute Mehrheit in der ersten Runde erhält, wird eine zweite Runde zwischen den Kandidaten abgehalten, die mindestens 12,5 % der Stimmen der eingeschriebenen Wähler erhielten. Wenn nur ein Kandidat diese Bedingung erfüllt, kann der Zweitplatzierte der ersten Runde ebenfalls an der zweiten Runde teilnehmen (s. Nohlen 2010a).

i Irische Wähler können ihre Präferenz durch ein Kandidaten-Ranking auf einer Liste angeben (s. Kapitel 8.7.1).

j In Italien werden MPWK-Sitze auf nationaler Ebene folgendermaßen ermittelt: Parteien, die Mandate im EWK erreichen, werden die erfolgreichen EWK Stimmen (mindestens 25% der totalen Stimmabgabe im entsprechenden EWK) von ihrer Liste subtrahiert. Durch diese Vorgehensweise erhält das Wahlsystem ein kompensatorisches Element, weil erst nach dieser Subtraktion die einfache WZ berechnet wird, um die MPW Mandate zu ermitteln (s. Caciagli 2010).

k Um in Malta abzusichern, dass eine Partei, die mehr als 50% der nationalen Stimmen erhält, die absolute Mehrheit der Mandate bekommt, werden der führenden Partei zusätzliche (Bonus-) Sitze zugeteilt bis sie 50 % plus einen der parlamentarischen Sitz hat.

l Wähler können ihre Präferenz durch ein Kandidaten-Ranking auf einer Liste angeben.

m Die 65 im EWK gewählten Sitze beinhalten 5 aus Maori-Bezirken, um so die Repräsentation der indigenen Bevölkerung zu gewährleisten.

n Unter den 22 MPWK sind 2 ZWK für die im Ausland lebenden Portugiesen (der eine für europäische, der andere für nicht-europäische Länder).

o Die Wahlkreise entsprechen den Kantonen und Halbkantonen; ihre Größe variiert mit der Einwohnerzahl der einzelnen Kantone. Jeder Wahlkreis hat aber zumindest einen Sitze. Zur Ermittlung der Restmandate werden die Stimmen, die eine Partei erhalten hat, durch die von ihr bereits erreichte Mandatsanzahl dividiert und mit eins addiert. Die Partei mit dem höchsten Quotienten erhält das erste der Restmandate. Diese Vorgehensweise wird wiederholt, bis alle Restmandate vergeben sind (s. Linder et al. 2010).

Hinsichtlich der Wahlbewerbung dominieren in den Verhältniswahlsystemen Listen, aber auch die Einzelkandidatur ist anzutreffen. So sind die Einerwahlkreise in der Bundesrepublik als Einbau der Einzelkandidatur in ein System der Verhältniswahl zu verstehen. Im dänischen Wahlsystem treffen verschiedene Formen der Kandidatur, Einzelbewerbung und Listen aufeinander. (Im irischen Fall wird die listenlose Einzelkandidatur im Mehrpersonenwahlkreis verknüpft mit der Vergabe der Mandate nach Proporz.) Die Auswahlmöglichkeit des Wählers unter Kandidaten seiner Parteipräferenz ist bei Einzelkandidatur und bei starren Listen gleich Null. Starre Listen existieren jedoch nur in Portugal und Spanien sowie in der Bundesrepublik (Landeslisten der Parteien). Es überwiegt die lose gebundene Form der Liste; die Schweiz, Luxemburg und Finnland praktizieren die freie Liste. Mittels der verschiedenen Formen der Kandidatur nimmt der Wähler jedoch kaum effektiven Einfluss auf die Auswahl der Gewählten. Einzige Ausnahme bildet Irland, wo die Mehrheitsbildung und das Alternieren in der Regierungsausübung in hohem Maße davon abhängen, in welcher Weise die Wähler von der Präferenzstimmgebung Gebrauch machen (s. dazu Kapitel 8, Abschnitt 7).

Die Stimmgebungssysteme sind oft mit der Wahlbewerbungsregelung gekoppelt. In Mehrpersonenwahlkreisen hat der Wähler bei starren Listen nur eine Stimme (Zweitstimmenregelung Bundesrepublik, Portugal, Spanien), bei lose gebundenen Listen neben einer Listenstimme eine begrenzte Anzahl von Vorzugsstimmen zur Veränderung der Reihenfolge der Bewerber auf den Listen (Belgien, Österreich u.a.). Im Rahmen der freien Liste existieren in Finnland sehr komplizierte Detailregelungen; in Luxemburg und in der Schweiz hat der Wähler so viele Stimmen, wie Mandate im Wahlkreis zu vergeben sind.

Große Bedeutung für das Wahlergebnis besitzt das Stimmverrechnungsverfahren vor allem in Kombination mit der Wahlkreiseinteilung. Die Methode *d'Hondt* ist nach wie vor das gebräuchlichste System. Mit Hilfe der ausgeglichenen Methode (modifizierte *Sainte Laguë*) wurde in einigen skandinavischen Ländern versucht, den Disproportionseffekt, den die mittelgroßen Wahlkreise bei Anwendung von *d'Hondt* hervorrufen, geringer zu halten. Dadurch wurde die parteiliche Mehrheitsbildung erheblich erschwert. In sieben Ländern wird das Wahlzahlverfahren, wozu auch die *Methode Hagenbach-Bischoff* zählt, angewandt. Die Bundesrepublik ist mit der seit 1987 erfolgenden Anwendung des *Hare/Niemeyer-Verfahrens* ebenso wie mit der Einführung des *Sainte Laguë/Schepers Verfahrens* seit 2005 bislang allein geblieben, sieht man von Österreich ab, das *Hare/Niemeyer* auf (Bezirks-)Wahlkreisebene und Landesebene anwendet, auf nationaler Ebene hingegen d'Hondt. In Wahlzahlverfahren lässt sich der Disproportionseffekt durch Zahl und Vergabeverfahren der notwendig auftretenden Restmandate steuern. Die *Methode des größten Überrestes,* welche die kleinen Parteien begünstigt, wird in keinem der betrachteten Länder angewandt. Praktiziert werden Verfahren, die dem des größten Durchschnitts entsprechen oder in seiner Auswirkung gleichkommen. Der Disproportionseffekt des Wahlsystems kann dadurch erhöht werden, dass bei mehrstufiger Mandatsvergabe im zweiten und dritten Ermittlungsverfahren nur Parteien beteiligt sind, die bereits in den Wahlkreisen der ersten Stufe Mandate erringen konnten. Eine ähnliche Wirkung wird erzielt durch den Einbau von Sperrklauseln (Niederlande, Dänemark, Griechenland, Spanien, Österreich, Schweden, Belgien, Deutschland; siehe Tabelle 9). Diese schränken – wie an anderer Stelle bereits ausgeführt: s. Kapitel 4, Abschnitt 5.1 – das Proporzprinzip zugunsten politischer und funktionaler Kriterien, wie der Arbeits- und Funktionsfähigkeit von Parlamenten, ein, indem sie der Wahl von Splitterparteien vorbeugen.

7.1.3 Wahlreformen und Reformdebatten

Die schier unentwegte Debatte über die Wahlsysteme, ihre Vor- und Nachteile, suggeriert eine relativ große Optionsfreiheit für politische Entscheidungsträger. Demgegenüber lehrt jedoch die nähere Beschäftigung mit den Wahlsystemen, dass ihre Entwicklung und die Ausbreitung der verschiedenen Wahlsystemgrundtypen und Varianten eng verbunden sind mit der soziopolitischen und politisch-institutionellen Entwicklung westlicher Demokratien. Wahlsysteme sind Ausdruck politischer Machtverhältnisse, ihre Einführung und ihre Reform hängen in erster Linie von machtpolitischen Konstellationen ab. Es ist irrig anzunehmen, Wahlsysteme könnten sozialtechnologisch verordnet oder primär nach (funktional-)staatstheoretischen Gesichtspunkten eingeführt oder reformiert werden.

In den vielen Fällen, die wir untersucht haben, waren sie das (oftmals unentwegt in Frage gestellte) Ergebnis von Auseinandersetzungen zwischen politischen Gruppen im Prozess ihrer Entwicklung und des Wandels ihrer Ziele, Werte, Ideologien.

Beginnen wir mit einem historischen Rückblick. Von den modernen Parteiensystemen in den gestandenen Demokratien wurde behauptet, dass sie sich in einer bestimmten Epoche, in der Zeit der Durchsetzung von *mass politics,* herausgebildet und seither kaum verändert haben (Lipset/Rokkan 1967; Rose/Urwin 1970). Das gleiche kann auch im Prinzip für die Wahlsysteme festgestellt werden. In den westlichen Industrieländern sind sie das Ergebnis grundlegender gesellschaftlicher Wandlungsprozesse, die ihrerseits von der Demokratisierung der politischen Systeme begleitet wurden. Unter diesen Voraussetzungen wurden in den meisten Ländern der betrachteten Gruppe jene Wahlreformen herbeigeführt, die einen Übergang vom Repräsentationsprinzip der Mehrheitswahl zu dem der Verhältniswahl beinhalteten. Die seinerzeit vereinbarten Wahlsysteme waren, vom Repräsentationsprinzip und vom Wahlsystemtyp her betrachtet, in den folgenden Jahrzehnten relativ stabil. Erst in den 1990er Jahren kam neue Bewegung in die Wahlsystemszene der gestandenen Demokratien, nicht nur durch die bereits erwähnten grundlegenden Wahlreformen in Italien, Japan und Neuseeland, sondern auch durch intensivere Reformbemühungen in weiteren Ländern.

Für die seinerzeitige Etablierung von Verhältniswahlsystemen (freilich verschiedenen Typs), die sich dann als ausgesprochen stabil erwiesen, lässt sich eine verallgemeinerungsfähige Ursache angeben. Die Einführung von Verhältniswahlsystemen erfolgte zeitlich im Zusammenhang mit der Ausbreitung des allgemeinen Wahlrechts (s. Kapitel 2), mit dem Aufstieg der Arbeiterparteien und der damit verbundenen Umstrukturierung der traditionellen Parteiensysteme (Konservative vs. Liberale), also im Zuge des gleichen grundlegenden politischen Wandels, der für die politischen Konfliktlinien und die Parteiensysteme festgestellt wurde. Die Verhältniswahl als Repräsentationsprinzip war funktional sowohl für die aufstrebenden Parteien, die bislang durch Wahlrecht und/oder Wahlsystem benachteiligt waren, als auch für die schwächeren der bereits etablierten Parteien, die durch den Aufstieg der neuen Parteien dezimiert zu werden drohten. Jürgen Kohl (1982: 497) hat sehr treffend von der funktionalen Ambivalenz der Verhältniswahl für aufstrebende wie für defensive Minderheiten gesprochen, eine Eigenschaft, die den Kompromiss der soziopolitischen Kräfte in ein System der Verhältniswahl erleichtert hat.

Tabelle 24: Allgemeines Wahlrecht und Verhältniswahl – Zeitpunkte der Einführung

	Allg. Wahlrecht	Verhältniswahl
Belgien	1893/1919[a]	1898/1919
Dänemark	1918	1920
Finnland	1906	1906
Italien	1918[a]	1919
Luxemburg	1918	1919
Niederlande	1917[a]	1917
Norwegen	1913	1919
Österreich	1907[a]	1919
Schweden	1921	1909

a nur für Männer

(*Quelle:* Nohlen 1978)

Von der Grundthese relativer Stabilität der Wahlsystemoption gab es in früheren Jahrzehnten bereits einige Ausnahmen. Sie lassen sich vor allem mit einschneidenden Brüchen in der historisch-politischen Entwicklung einzelner Länder erklären. Länder, in denen der Faschismus an die Macht kam oder in denen ebenfalls die demokratische Regierungsweise unterbrochen wurde, fanden erst später zu *ihrem* Wahlsystem. Dabei knüpften Italien, Österreich und die Bundesrepublik Deutschland nach dem II. Weltkrieg an den Grundtyp Verhältniswahl, der in diesen Ländern bereits 1919 eingeführt worden war, wieder an; im Falle der Bundesrepublik Deutschland wurde jedoch der Systemtyp der Verhältniswahl gewechselt. Nach langen Jahrzehnten autoritärer Regime rückten mit der Errichtung demokratischer Systeme Spanien und Portugal in den 1970er Jahren von ihren traditionellen Wahlsystemen (Mehrheitswahl mit beschränkter Stimmgebung) ab und führten Verhältniswahl in Mehrpersonenwahlkreisen ein. Einziger wirklicher Sonderfall jener Epoche ist Frankreich mit den grundlegenden Wahlreformen von 1958 (Wiedereinführung der absoluten Mehrheitswahl), von 1985 (Rückkehr zur Verhältniswahl) und von 1986 (erneute Einführung der absoluten Mehrheitswahl).

Wahlreformen in den anderen Ländern verblieben in den darauf folgenden Jahrzehnten innerhalb des bestehenden Grundtyps, wobei fünf Länder (Belgien, Dänemark, Finnland, Luxemburg und die Schweiz) praktisch keine das Wahlsystem im Kern tangierenden Reformen durchgeführt haben. In der überwiegenden Zahl der Fälle zielten die Reformen auf eine Verbesserung der proportionalen Repräsentation hin, etwa durch eine Reform der Wahlkreiseinteilung (Island) oder durch eine Reform des Stimmenverrechnungsverfahrens (statt der Methode d'Hondt wurde die Ausgeglichene Methode eingeführt, oder es wurde der Divisor im Wahlzahlverfahren geändert oder die Methode der Reststimmenverwertung). Hier sind die Fälle Griechenland 1977, 1985 und 1989, Island 1959, Italien 1956, Norwegen 1953, Schweden 1949 zu nennen. Die gegenläufige Tendenz, eine Verringerung des Proporzes bzw. gegen die Splitterparteien gerichtete Wahlreformen setzte sich in der Bundesrepublik Deutschland 1953, 1956, in Griechenland 1974, 1990, in Irland 1936, 1947, 1969, in den Niederlanden 1921, 1923 sowie in Schweden 1971 durch. Diese Effekte wurden primär durch die Wahlkreisneueinteilung und/oder Reformen der Reststimmenverwertung erzielt, insbesondere aber durch die Einrichtung von Sperrklauseln (Bundesrepublik Deutschland, Schweden; im Übrigen auch Spanien 1977, Frankreich 1985 und Belgien 2002).

Die beobachtete Zurückhaltung der politischen Parteien in Fragen grundlegender Wahlreformen kann verschiedenen Gründen zugeschrieben werden. Sie kann einerseits mit der verfassungsrechtlichen Verankerung des Repräsentationsprinzips (in 11 von 18 westeuropäischen Ländern) zu tun haben (s. oben Kapitel 5, Abschnitt 3). Eine Reform bedarf demnach qualifizierter Mehrheiten, in der Regel einer Absprache zwischen Regierung und Opposition. Andererseits kann besagte Zurückhaltung Ergebnis der Tatsache sein, dass sich das Verhaltensmuster politischer Parteien zu Fragen von Vor- und Nachteilen von Wahlsystemen wandelte. Nachteile werden zwar von den politischen Parteien, die davon bei Wahlen unmittelbar betroffen sind, gebrandmarkt. Sie bilden den Stimulus für die öffentliche Debatte über Wahlsysteme. Da Vor- und Nachteile jedoch strukturell nicht bestimmten Parteien zugeschrieben sind, sondern nach Stimmenverteilung wechseln können, nehmen ehemals benachteiligte Parteien, wenn sie Wahlen gewinnen, die konjunkturellen Vorteile gerne an, ohne die in der Opposition propagierten Reformpläne zu verwirklichen. Da parteiliche Mehrheiten in den Parlamenten sehr häufig durch die Disproportionseffekte von Wahlsystemen zustande kommen (s. Kapitel 10, Abschnitt 2.1), sind die Regierungsparteien, die auf diese Weise eine Parlamentsmehrheit erreicht haben, an Wahlreformen in der Regel wenig interessiert. Auch kommt dem Wechsel der Parlamentsmehrheiten zwischen bürgerlichen und sozialistischen Parteien angesichts der Integration der sozialistischen Parteien in das gesellschaftliche und politische System nicht mehr die System sprengende Bedeutung zu, die während des Aufstiegs der Arbeiterparteien vermutet bzw. befürchtet wurde, so dass die Reformen nicht mehr von derart vitalen Interessen getragen werden.

In den 1990er Jahren begünstigten jedoch krisenhafte Entwicklungen der politischen Systeme in Italien und Japan grundlegende Wahlreformen. Dabei gilt es für Italien in Erinnerung zu rufen, dass dort die Reform des Wahlsystems bereits seit zehn Jahren intensiv diskutiert wurde, im Parlament aber kein Konsens zu erreichen war, weil die Vorstellungen über das Reformziel zu weit auseinander gingen (s. die erste Auflage dieser Schrift, S. 253ff.). Schließlich war auch nur über den durch Referendum ausgeübten Druck der Gesellschaft auf die politische Klasse eine Wahlreform zu erreichen. In Neuseeland hingegen waren gewandelte Vorstellungen von der Qualität politischer Repräsentation der entscheidende Hintergrund. Als auslösendes Moment kamen Probleme parlamentarischer Mehrheitsbildung hinzu, also das Nachlassen der relativen Mehrheitswahl in der ihr zugeschriebenen Eigenschaft, für stabile Regierungsverhältnisse zu sorgen (Lösche 2004). Aber obwohl diese Reform gründlich wissenschaftlich vorbereitet wurde (s. Report of the Royal Commission 1986), waren es in Neuseeland eher zufällige Begebenheiten und letztendlich zwei Referenden, die die Reform ermöglichten, nachdem auch hier die politische Klasse sich nicht für sie hatte entscheiden können (s. Richter 1999).

Vielleicht verdient auch Griechenland hervorgehoben zu werden. Hier fand zwar kein Wechsel des Repräsentationsprinzips, aber ein zweifacher Wechsel des Wahlsystemtyps statt. Zunächst wurde der Disproportionseffekt des Wahlsystems durch kleinere Reformen verringert, der innerhalb der sog. verstärkten Verhältniswahl solche Ausmaße annahm, dass das System kaum mehr als Verhältniswahl klassifiziert werden konnte. Die Panhellenistische

Sozialistische Bewegung (PASOK) führte 1989 ein sehr proportionales Verhältniswahlsystem ein, wobei ihr unterstellt werden konnte, am Beispiel Frankreich 1985 orientiert die in der Wählergunst in Front liegende Oppositionspartei Neue Demokratie (ND) daran zu hindern, eine satte absolute Mehrheit der Parlamentsmandate zu erringen. In der Tat erreichte ND in den drei aufeinanderfolgenden Wahlen 1989/1, 1989/2 und 1990 mit zwischen 44,3 und 46,9% der Stimmen keine absolute Parlamentsmehrheit, und es gelang ihr erst 1990, mit einem kleinen Partner eine Mehrheitsregierung zu bilden, die dann gegen den Willen der PASOK eine Reform des Wahlsystems in Richtung einer verstärkten Verhältniswahl herbeiführte. Das neue Wahlsystem kam freilich zunächst der PASOK zugute. Sie gewann die darauf folgenden Wahlen und erzielte mit 46,9% der Stimmen 56,7% der Mandate. 2004 reichten dann der ND 45,4% der Stimmen für 52% der Mandate, der PASOK 2009 43,9% der Stimmen für 53,3% der Mandate.

Ende der 1990er Jahre wurden erneut in Italien und Großbritannien und des Weiteren in Portugal Wahlreformen intensiv diskutiert. Der Fall Italien ist besonders interessant, denn hier ergaben sich etliche Fehleinschätzungen und Frustrationen. Zunächst wurde davon ausgegangen, dass in Italien ein Mehrheitswahlsystem eingeführt werden sollte bzw. eingeführt worden sei. Man sprach vom „Ende der Verhältniswahl in Italien“ (Warner/Gambetta 1994) und von der „Mehrheitswahl als Ausweg“ aus der Krise“ (Weber 1995). Stets wurde betont, dass drei Viertel der Abgeordneten (475) und Senatoren (232) nun in Einerwahlkreisen nach relativer Mehrheit gewählt werden. Dass ein Viertel nach Proporz zu wählender Mandate in beiden Kammern hinzukam, wurde weniger beachtet, insbesondere nicht, wie die Mandatsanteile der Parteien auf Landesebene berechnet wurden. Ein Viertel Proporzmandate kann den Disproportionseffekt der Mehrheitswahl bereits etwas abschwächen. Diese Abschwächung fällt stärker aus, wenn die Proporzmandate kompensatorisch vergeben werden, denn dann werden die Stimmen der Parteien, auf die bereits Mandate in den Einerwahlkreisen entfallen sind, in der proportionalen Verteilung der Proporzmandate auf regionaler Wahlkreisverbandsebene nicht mehr berücksichtigt. Es findet also ein proportionaler Mandatsausgleich statt. Er wurde bei der Senatswahl (83 Proporzmandate) voll durchgeführt *(scorporo totale),* bei der Wahl des Abgeordnetenhauses (155 Mandate) nur partiell *(scorporo partiale),* denn es wurden der im Wahlkreis siegreichen Partei nicht alle auf ihren Kandidaten abgegeben Stimmen von den Proportionalstimmen (jeder Wähler hat zwei Stimmen) abgezogen, sondern nur die Zahl der auf den zweitstärksten Kandidaten entfallenen Stimmen plus eins. Der proportionale Ausgleich war hier etwas geringer, da die stärkste Partei ihre für den Wahlsieg im Einerwahlkreis nicht benötigten Stimmen belassen erhielt. Neben diesen mechanischen Proporzeffekt trat ein wahlstrategischer, der durch die Gewährung von Listenverbindungen ermöglicht wurde. Die Parteien unterliefen durch Wahlbündnisse den normalen mehrheitsbildenden Effekt der relativen Mehrheitswahl. Da in den Wahlkreisen stets nur eine Partei eines Bündnisses einen Kandidaten nominierte und auch die kleinsten Bündnisparteien Wahlkreise zugewiesen erhielten, überlebten sie parlamentarisch mit Hilfe der Stimmen aller im Wahlbündnis vereinigten Parteien. „It is clear, that the vast majority of small and medium parties owe their existence and survival to the electoral alliances and the sharing of constituencies in the majoritarian system" (D'Alimonte/Bartolini 1997: 120).

Mit dem Wahlsystemwechsel wurden folgende Ziele verbunden: Verringerung der Parteienfragmentierung, Schaffung stabiler Regierungsmehrheiten, Alternieren in der Regierungsausübung, Abbau der *partitocrazia,* kurzum die Überwindung jener Phänomene, welche das italienische politische System seit Jahrzehnten kennzeichneten. Die Wahlergebnisse wiesen entgegen den mit dem Wahlsystem (als Mehrheitswahl) gehegten Erwartungen einen relativ hohen Grad proportionaler Entsprechung von Stimmen und Mandaten auf. Die erhoffte Konzentration im Parteiensystem blieb aus. 1994 gelangten 24, 1996 21 Parteien ins Parlament. Unter dieser Voraussetzung kamen keine stabilen Regierungsmehrheiten zustande. Von den Zielsetzungen wurde allein das Alternieren in der Regierungsausübung erreicht, freilich weniger als Folge des Wahlsystems, sondern aufgrund des Wandels der kommunistischen PCI zur sozialdemokratischen PDS. Zudem ließ sich eine bipolare Entwicklungstendenz des Parteiensystems ausmachen (s. Newell/Bull 1997: 105). Hingegen gelang die Stärkung der Persönlichkeit des Politikers gegenüber der Partei (der *partitocrazia)* nicht. Insgesamt fielen die Ergebnisse der Wahlreform mager aus. Die Reform der Reform bzw. die Einführung eines stärker mehrheitsbildenden

Wahlsystems wurde zur Parole, so dass in Italien die Reform des Wahlsystems weiterhin die Gemüter erhitzte. Kritik wurde vor allem an den Proporzmandaten geübt, obwohl die Praxis der Wahlbündnisse den deutlich stärkeren Fragmentierungseffekt zeitigte, also bereits bei den nach Mehrheitswahl vergebenen Mandaten der Konzentrationseffekt des Systems unterlaufen wurde. Der damalige Regierungschef D'Alema favorisierte eine Streichung der Proporzmandate, d.h. die Einführung der relativen Mehrheitswahl. Eine der genannten Optionen war die absolute Mehrheitswahl; sie wurde besonders intensiv von Giovanni Sartori (1994: 74ff.) vertreten. Die Wahlsystemreform von 2005 wurde von der Regierung Berlusconi gegen den Willen der Opposition durchgedrückt. Die Einerwahlkreise wurden abgeschafft und erneut die traditionellen Mehrpersonenwahlkreise eingeführt, in denen die Mandate nach Verhältniswahl vergeben werden (s. Caciagli 2010). Das hat zu der allgemeinen, vor allem in den Medien verbreiteten Ansicht geführt, Italien kehre von der Mehrheitswahl zur Verhältniswahl zurück. Aber wie ich bereits erläutert habe, war 1993 ein kombiniertes Wahlsystem mit Proporzauswirkungen eingeführt worden, und 2005 ergänzte die Regierung die Verhältniswahlelemente des Wahlsystems mit dem Zusatz, dass jene Listenverbindung, welche national die relative Mehrheit der Stimmen auf sich vereinigt, die absolute Mehrheit der Parlamentsmandate zugesprochen erhält. Mit dieser Prämienregelung knüpfte man teils an undemokratische (faschistisches Wahlgesetz von 1923, s. Sternberger/Vogel 1969: 723f.) und heiß umstrittene Traditionen (Betrugsgesetz – *legge truffa* von 1953, ebda: 735f.) an, teils an die Wahlpraxis auf kommunaler Ebene an (s. Council of Europe 1998: 33). Die Prämie kam freilich bei den Wahlen von 2006 nicht den Protagonisten der Reform zugute, sondern – ähnlich wie in Griechenland 1994 – ihren erbitterten Gegnern. Zusätzlich war zu vermerken, dass Berlusconi in seiner machtpolitischen Befangenheit mit dem Innenministerium seiner eigenen Regierung, das die Wahlen organisierte, haderte und zunächst das Wahlergebnis nicht anzuerkennen bereit war.

In Großbritannien hatte die Wahlreformdebatte gegen Ende der 1990er Jahre wieder an Fahrt gewonnen. Sie war in den Jahren der Thatcher und Major-Regierungen verstummt, nachdem Anfang der 1970er Jahre das Ausbleiben klarer Mehrheiten für die stärkste Partei *(hung parliaments)* einerseits und die Benachteiligung der

Liberalen Partei andererseits ihr mächtige Schubkraft verliehen hatten (s. Kapitel 8, Abschnitt 2.6) sowie angesichts der Unzufriedenheit mit der Reformpolitik und des verbreiteten Pessimismus hinsichtlich der wirtschaftlichen Entwicklung die Zeit für eine institutionelle Reform reif schien (vgl. Butler 1984). In den Oppositionsjahren hatte sich die Labour Party verpflichtet, im Falle eines Wahlsiegs die Wahlsystemfrage wieder auf die Tagesordnung zu setzen, und in der Tat richtete sie nach ihrem überwältigenden Wahlsieg von 1997 eine „Independent Commission on the Voting System (Jenkins Commission)" ein, deren Zielvorgaben wie folgt definiert wurden: „The Commission shall observe the requirement for broad proportionality, the need for stable Government, an extension of voter choice and the maintenance of a link between MP's and geographical constituencies" (Jenkins Commision 1998). Diese multidimensionalen Vorgaben mussten nicht nur auf eine Alternative zur relativen Mehrheitswahl hinauslaufen, sondern auf ein kombiniertes Wahlsystem. Im vorgelegten Entwurf eines *additional member* system (AMS) wurden alle Vorgaben zu berücksichtigen versucht, freilich in unterschiedlichem Umfang (s. auch McLean 1999). Am wenigsten wurde der Proportionalitätsidee entsprochen. Damit wich die für Großbritannien vorgeschlagene Alternative eines AMS entscheidend von der personalisierten Verhältniswahl ab, die in der englischsprachigen Welt ebenfalls als *additional member system* geführt wird (s. Nohlen 2000: 5f.). Der stark mehrheitsbildende Charakter des Wahlsystems erfüllt die Erwartung stabiler Regierungsmehrheiten, in dem Maße, wie die Entwicklung des Parteiensystems dies zulässt. Besonders entwickelt wurde die Auswahlchance des Wählers durch die Propagierung des *alternative vote.* Die Wahl im Einerwahlkreis als solche, die vor allem in Deutschland mit der Personenwahl schlechthin identifiziert wird, wurde damit als nicht ausreichend betrachtet. Schließlich blieben MP's lokal angebunden, da über 80% der Mandate weiterhin in Einerwahlkreisen vergeben und die proportionalen Mandate in vielen kleinen regionalen Wahlkreisen (82 an der Zahl) zugeteilt werde sollten.

Die Vorgaben an die Kommission sahen vor, dass der Entwurf einem Referendum unterworfen werden sollte, und die Kommission empfahl, vorab dieses Entscheids die Wählerschaft in einer breiten, öffentlich finanzierten Kampagne über die Optionen aufzuklären. Ob das Ergebnis der Referendums bindenden Charakter haben sollte, stand nicht fest. Des weiteren schlug die Kommission vor, im Falle einer Reform nach zwei erfolgten Unterhauswahlen eine Überprüfung des neuen Systems vorzunehmen. Dementsprechend wurde erwartet, dass die Wahlsystemfrage noch längere Zeit in der intensiven öffentlichen Debatte verbleiben, zumal mit den Verhältniswahlsystemen (neben Nordirland nun auch auf europäischer Ebene bei den Wahlen zum Europäischen Parlament, s. Kapitel 9) und den kombinierten Wahlsystemen für die neu eingerichteten Regionalparlamente Schottlands und Wales reichhaltige Erfahrungen gesammelt würden. Weit gefehlt! Mit den überwältigenden Wahlsiegen von Tony Blair legte die Labour Party das Thema der Wahlreform wieder *ad acta*. Erst die Koalitionsregierung unter David Cameron griff das Vorhaben einer Wahlreform wieder auf, nachdem die Liberalen ihre Regierungsbeteiligung davon abhängig gemacht hatten. Freilich wurde nun die Einführung der absoluten Mehrheitswahl mit Alternativstimmgebung *(alternative vote)* betrieben. Die Reform scheiterte jedoch im Referendum vom 5. Mai 1911, als sich 68% der Abstimmenden gegen sie aussprachen.

In Portugal wurde in den Reformbemühungen sofort auf die Einführung der personalisierten Verhältniswahl zugesteuert. Die Initiative ging 1997 von der sozialistisch geführten Regierung aus, und die Kampagne zu ihrer Unterstützung lief unter dem Slogan: die Demokratie näher an das Volk heranbringen. Als ein solches Mittel wurde die Einführung der Direktwahl von Abgeordneten in Einerwahlkreisen verstanden. Der Reformentwurf sah eine dreistufige Vergabe von insgesamt 350 Mandaten vor: in etwa 94 Einerwahlkreisen, in denen nach relativer Mehrheit entschieden wird, in regionalen Wahlkreisen nach d'Hondt, auf die weitere 94 Sitze verteilt werden und in denen ein erster Proporzausgleich erfolgt, und in einem nationalen Wahlkreis mit 35 Mandaten ebenfalls nach d'Hondt, der erneut proportionalen Zielsetzungen dient: Er wirkt dadurch kompensatorisch, dass auf dieser Ebene die möglichen Überhangmandate verrechnet werden, so dass sie die Gesamtproportionalität des Wahlergebnisses nicht stören. Ursprünglich war vorgesehen, dass der Wähler mit einer einzigen Stimme sowohl den Wahlkreiskandidaten als auch die regionale Liste und schließlich noch die nationale Liste wählt. Der personalisierende

Effekt wäre doch gering geblieben. Von dieser sehr vorsichtigen Lösung wurde dann aufgrund meiner Empfehlung (s. Público, 17.12.1997) Abstand genommen und ein Zweistimmensystem vorgeschlagen. Die Reformvorlage fand die Zustimmung beider großen Parteien. Sie scheiterte im Parlament jedoch an einer Frage, die eigentlich zweitrangig und lösbar war, nämlich die Beibehaltung der Mitgliederzahl des Abgeordnetenhauses oder ihre Erhöhung auf das verfassungsrechtliche Maximum. Die Reformbefürworter sahen das Vorhaben keineswegs als endgültig gescheitert an, doch verschwand es effektiv von der politischen Tagesordnung.

Resümieren wir die hier näher betrachteten Reformen und Reformdebatten (im anschließenden Kapitel 8 wird in den dort einzeln behandelten Ländern auf den Gegenstand ebenfalls eingegangen), so sind die Ausgangslagen in den westlichen Industrieländern recht verschieden. In Italien mündete die tiefe Krise des politischen Systems in dem von der Bevölkerung in Referenden artikulierten Wunsch nach Abstreifung der bisherigen Systemcharakteristika, was sich in der Wahlsystemreform konkretisierte. In Großbritannien hingegen lag die Krise in der mangelnden Funktionserfüllung des bestehenden Wahlsystems zu Beginn der 1970er Jahre. Das Land hatte sie ohne Reform überstanden und das Thema aus dem Auge verloren, als es in der Folge von Zusagen, für die sich *Labour* in den langen Jahren der Opposition stark gemacht hatte, wieder auf die politische Tagesordnung gesetzt wurde. In Griechenland war eher ein machtpolitisches Spiel für die erste Reform verantwortlich, ehe Regierbarkeitsprobleme eine zweite Reform motivierten. In Portugal hingegen wird man gewandelte Repräsentationsvorstellungen in den Mittelpunkt des Begründungszusammenhangs stellen. Neben unterschiedlichen Ausgangslagen bzw. wohl als deren Folge zeigt sich beim Reformenvergleich auch keine eindeutige allgemeine Reformrichtung. Extrem gegensätzlich waren diesbezüglich Italien und Großbritannien, hier die Bemühung um die Einführung eines der klassischen Mehrheitswahlsysteme, dort gerade Abkehr davon. Griechenland und Portugal verblieben in ihren Reformen bzw. Reformabsichten im Rahmen des Repräsentationsprinzips der Verhältniswahl, wobei Portugal ähnlich wie die Jenkins-Commission ein Wahlsystem neueren Typs favorisierte, allerdings mit dem Unterschied, dass in Großbritannien der mehrheitsbildende Effekt dominierte. Unterschiedlich war auch der Anteil von Elitensteuerung und Referendumsantrieb des Reformprozesses. Wurde in Griechenland die Wahlreform von der jeweiligen Mehrheitsregierung herbeigeführt, so wurde in Portugal aufgrund der Notwendigkeit qualifizierter Mehrheiten der Konsens zwischen Regierung und Opposition gesucht. Referenden können – wie im Falle Italiens 1993/94 – Reformen initiieren, vorantreiben und Blockaden auf der politischen Ebene brechen, eine Erfahrung, die auch in Neuseeland gemacht wurde. In Großbritannien kam es aber erst gar nicht zu dem im Reformentwurf vorgesehenen Referendum. Kurzum, alles deutet freilich darauf hin, dass Wahlsystemreformen in den westlichen Industrieländern auch in Zukunft in Begründung, Zielsetzung, Ausrichtung, *Timing*, Verfahren und Schicksal offen bleiben werden, mit anderen Worten der Kontingenz unterliegen.

7.2 Wahlsysteme in Mittel- und Osteuropa

Es mag verwundern, dass die Wahlsysteme Mittel- und Osteuropas getrennt von denen Westeuropas behandelt werden. Es geschieht aus forschungsstrategischen Gründen. Erstens konnten in keiner Zeit vorher derart gehäuft Wahlsystemwechsel beobachtet werden. Zweitens war es zwingend, das Augenmerk auf den Entstehungsprozess der Wahlsysteme zu legen. Das hieß, das Wahlsystem nicht wie herkömmlich in der Wahlsystemforschung als unabhängige, sondern als abhängige Variable zu betrachten. Drittens ließ sich komparativ bewerten, welchen Beitrag die Wissenschaft im *design* und in der kritischen Analyse der Wahlsysteme zu leisten vermochte.

In Mittel- und Osteuropa war der politische Transitionsprozess identisch mit der Ablösung nicht-kompetitiver Wahlen durch kompetitive Wahlen. In diesem Prozess spielten Wahlrechtsfragen eine wichtige Rolle. In den meisten Ländern wurden Reformen des Wahlsystems herbeigeführt, deren Begründungen keineswegs uniform waren. Nur in wenigen Ländern (Lettland, Tschechoslovakei) wurde bewusst an vorautoritäre Traditionen angeknüpft, in anderen (Polen, Ungarn) wurde primär eine Abgrenzung gegenüber der kommunistischen Wahlpraxis und eine Orientierung an den westlichen Demokratien gesucht, in wieder anderen (GUS-Länder) wurden einige der Errungenschaften des kommunistischen Wahlrechts (etwa das Erfordernis einer bestimmten Wahlbeteiligung) aufrechterhalten. Mit Mirjana Kasapović habe ich zeigen können (Nohlen/Kasapović 1996), dass die Entscheidung über das Wahlsystem eng mit dem Typ des Systemwechsels (*transformation, transplacement, replacement*; s. Huntington 1991) in Verbindung gestanden hat. Im Falle des Transformations-Modells manifestierten sich die Machtverhältnisse und Interessenlagen in der Regel in den alten kommunistischen Parlamenten. Das bisherige Wahlsystem, die absolute Mehrheitswahl, wurde aufrechterhalten. Bei den *transplacement*-Übergängen zeigte sich der Aushandlungscharakter der Transition idealtypischerweise in der Institutionalisierung der Runden Tische. Es wurden vorzugsweise kombinierte Wahlsysteme mit starker Verhältniswahltendenz eingeführt. Beim *replacement*-Übergang hatten Institutionen bzw. Quasi-Institutionen, obwohl vorhanden, gemäß der Logik dieses Systemwechseltyps die geringste Bedeutung für die Entscheidung über das künftige Wahlsystem: Verhältniswahl in Wahlkreisen war die bevorzugte Option. Im Zuge der Konsolidierung der Demokratien begann sich die Wahlsystemfrage entsprechend dem veränderten Kontext neu zu stellen (s. Grotz 2005; Nohlen/Stöver 2010).

7.2.1 Absolute Mehrheitswahl

Die Aufrechterhaltung der absoluten Mehrheitswahl war in erster Linie machtpolitisch motiviert: Die alten Herrschaftseliten begriffen sie als institutionellen Mechanismus ihrer Machterhaltung. Dass dieses politische Kalkül häufig nicht aufging, steht auf einem anderen Blatt: „It is ironical that the preservation of the Soviet imposed highly majoritarian electoral rules helped to turn Communist defeat into debacle"(Taagepera 1990: 306). Die absolute Mehrheitswahl erbrachte lediglich in drei von acht Ländern den Wahlsieg der alten kommunistischen Eliten und erfüllte so nur teilweise die politische Intention ihrer Befürworter.

Vor diesem Hintergrund ist es nicht verwunderlich, dass bei den Gründungswahlen* die Verhältniswahl dominierte: Sie wurde in

* Im Kontext des Systemwechsels in Osteuropa müssen zwei Typen von Wahlen unterschieden werden: die Vorgründungs- und die Gründungswahlen. Nur fünf der gegenwärtigen 19 mittel- und osteuropäischen Staaten entsprechen den alten Nationalstaaten, wie sie vor Beginn des Systemwechsels Ende der 1980er Jahre bestanden. Die neuen Nationalstaaten wurden häufig als unmittelbare politische Folge der Vorgründungswahlen gebildet. In den ersten kompetitiven Wahlen gewannen meist die politischen Kräfte, die für die Staatsunab-

neun von 18 Fällen angewandt. Sie wurde aufgrund zweierlei Umständen eingeführt: durch die faktische Kapitulation der kommunistischen Herrschaftseliten in den alten Nationalstaaten, in Folge derer die ganze Institutionenbildung der neuen Elite überlassen wurde, oder durch den Wahlsieg der großen oppositionellen „Transitionsakteure" in den Vorgründungswahlen, die nach der staatlichen Unabhängigkeit in der Regel eine Zersplitterung erlitten und deshalb die politischen und organisatorischen Voraussetzungen für die Mehrheitswahloption einbüßten.

Der Trend weg von der absoluten Mehrheitswahl hin zu Verhältniswahlsystemen bzw. kombinierten Wahlsystemen setzte sich nach den Gründungswahlen fort: Nur das autoritär regierte Weißrussland, dessen Wahlen laut Bewertung durch internationale Wahlbeobachter nicht frei sind, blieb davon ausgenommen

7.2.2 Verhältniswahl in Wahlkreisen variabler Größe

Die Verhältniswahlsysteme in Mittel- und Osteuropa sind typologisch betrachtet relativ uniform. Gegenwärtig gibt es in der Tat keine reine Verhältniswahl, kein *single transferable vote*, keine personalisierte Verhältniswahl nach deutschem Muster. Von diesen Wahlsystemtypen wurde nur das *single transferable vote system* in den Vorgründungswahlen in Estland angewandt. Auch wenn die Mannigfaltigkeit im Detail groß ist (s. *Tabelle 25*), so teilen die Verhältniswahlsysteme doch einige Merkmale. Verhältniswahl in einem landesweiten Wahlkreis wurde nur in Moldova, Bulgarien und der Slowakei eingeführt (und einmalig 1990 in Montenegro angewandt). Die späteren Wahlreformen in der Ukraine (2004, s. Birch 2010) und in Russland (2005, s. White 2010) erweiterten diese Ländergruppe, während Bulgarien ausscherte und Verhältniswahl in Wahlkreisen einführte. Zum meist verwandten Wahlsystemtyp wurde in der Tat Verhältniswahl in Wahlkreisen, d.h. in mittleren bis großen Mehrpersonenwahlkreisen. In systematischer Sicht besteht auffällige Übereinstimmung weiterhin in zwei technischen Elementen:

Erstens wurde die Verrechnung der Stimmen auf Wahlkreisebene fast überall so gestaltet, dass Restmandate übrig bleiben, die

hängigkeit der Mitgliedsländer der ehemaligen osteuropäischen Föderationen optierten, eine legitime politische Grundlage für die Verwirklichung ihrer politischen Ziele.

dann auf nationaler Ebene vergeben werden. Auf diese Weise wurde eine nationale Liste etabliert, die es den Parteien gestattet, ihre nationalen Führungen dem Wählervotum auf Wahlkreisebene zu entziehen und im Falle der lose gebundenen Liste nicht zu gefährden. In der Tat wird vergleichsweise häufiger als in westlichen Systemen der Verhältniswahl in Wahlkreisen die lose gebundene Liste praktiziert, während die nationale Liste starr ist. Die Zahl der nationalen Mandate ist flexibel und abhängig vom Wahlergebnis in den Wahlkreisen, d.h. der dort nicht vergebenen Mandate. Nur in Polen wurde die Mandatszahl der nationalen Liste mit 69 gesetzlich fixiert.

Zweitens wurde überall eine Sperrklausel eingeführt, freilich in unterschiedlicher Höhe, von 2,5% bis 5% variierend. Damit wurde der natürlichen Hürde misstraut, welche die Wahlkreise bilden, deren Größe im Mittelwert zwischen 2,3 und 15 Mandaten schwankt, insgesamt für Osteuropa aber als moderat bezeichnet werden muss. Hier mag die Erinnerung an die Erfahrungen mit der Verhältniswahl in Wahlkreisen in den Zwischenkriegsjahren eine Rolle gespielt haben, als die Wahlkreise kein Bollwerk gegen Parteienzersplitterung bildeten. Und die neuen Erfahrungen in Polen 1991 besagten, dass bei extremer Zersplitterung die Wahlkreise als Hürden versagen und eine Sperrklausel nur für die Beteiligung an der nationalen Liste nicht ausreicht, um die Realimentation der Fragmentierung durch die Verhältniswahl zu unterbinden. Insofern war die Reform in Polen von 1993 nur konsequent, auch für die Wahlkreismandate eine Sperrklausel einzuführen, ebenso wie es konsequent war, durch Staffelung der Höhe der Sperrklausel nach Parteien und Wahlbündnissen den Versuch zu bannen, die Sperrklausel zu unterlaufen. Diese Differenzierung der Sperrklausel (also höhere Sperrklauseln für Wahlbündnisse als für Parteien) ist in der Literatur als schöpferischer Beitrag Osteuropas zur Wahlsystematik hervorgehoben worden.

Tabelle 25a: Die Wahlsysteme in Mittel- und Osteuropa in den 1990er Jahren*

Land	Typ Wahlsystem	Sitze	Wahlkreise			Kandidatur/ Listen	Stimmgebung	Ebenen der Stimmenverrechnung	Mandatszuteilung
			Zahl	Größe	Mittelwert				
Albanien	kompensatorisches System	140 100 40	 100 1	 1 40		 individuell starre L	zwei Stimmen: Personalst. Listenst.	 EWK nat. MPWK [a]	EWK: abs. M (Stichwahl zwischen den zwei stärksten Kandidaten) MPWK: Sperrklausel: 2% der nat. Stimmen; Hare-Niemeyer getrennt angewandt für die zwei stärksten und den Rest der Parteien; s. de Nève 2010.
Bosnien	Kompensatorisches System	42 30 12	 8 [b] 2	 3-6 5 u. 7	 3,75 6	individuell o. lose geb. L. starre L.	Mehrfachst.	MPWK MPWK auf Ebene Staatseinheiten	Sainte-Laguë auf beiden Ebenen; Sperrklausel von 5% auf Wahlkreisebene; kompensatorische Mandate: errechnete Mandate auf Ebene der territorialen Staatseinheit minus Anzahl der in den MPWK erzielten Mandate, s. Kasapović 2010.
Bulgarien	VW in einem MPWK	240	1	240		starre reg. L	Einzelst.	nat. MPWK	Berechnung der Sitzverteilung auf nat. Ebene nach d'Hondt; Sperrklausel: 4% der nat. Stimmen; s.Todorov 2010.

Estland	VW in mittleren und großen Wahlkreisen	101	11	6-12	9,2	individuell o. freie L.; starre nat. L.	Einzelst.	MPWK Nat. Ebene (für Restmandate)	einfache WZ auf MPWK-Ebene (angewandt zunächst für Kandidaten; danach für MPWK-L); Restmandate: modifizierte d'Hondt auf nat. Ebene mit 5%-Sperrklausel; s. Sikk 2010.
Kroatien	VW in großen MPWK	140[d]:	10	14	14.0	Individuell starre L	Einzelst.	MPWK	Sperrklausel: 5% von WK-Stimmen; d'Hondt; s. Kasapović 2010.
Lettland	VW in großen MPWK	100	5	14-27	20,0	lose geb. L	eine Präferenzst.	MPWK	Sperrklausel: 5% auf nat. Ebene; Sainte-Laguë; s. Pabriks 2010.
Litauen	segmentiertes Wahlsystem	141: 71 70	71 1	1 70		individuell lose geb. L	zwei Stimmen: Personalst. Listenst. (Präf. mögl.)	EWK [e] nat. MPWK	abs. M (Stichwahl zwischen den zwei stärksten Kandidaten) Sperrklausel: 5% / 7% (WA) auf nat. Ebene; einfache WZ; größter Überrest; s. Clark/Jakniūnaité 2010.
Mazedonien	VW in großen MPWK	120	6	20	20	starre L	Einzelst.	MPWK	D'Hondt
Moldawien	VW in einem MPWK	101	1	101		starre L	Einzelst.	nat. MPWK	Sperrklausel: 3% (unabh. Kandidaten), 6% (Parteien), 9% (WA von 2 Parteien, 12% (WA von mehr als 2 Parteien); d'Hondt; s.Neukirch 2010

Land	Typ Wahlsystem	Sitze	Wahlkreise			Kandidatur/ Listen	Stimmgebung	Ebenen der Stimmenverrechnung	Mandatszuteilung
			Zahl	Größe	Mittelwert				
Polen	VW in mittleren und großen MPWK	460	41	7-19	11.2	lose geb. L.	Präferenzst.	MPWK	Sperrklausel: 5% / 8% (WA) der nat. Stimmen; modifiz.Sainte- Laguë Sperrklausel: 7% der nat. Stimmen; s. Materska 2010.
Rumänien	VW in kleinen, mittleren und großen MPWK	343	42	4-29	8,2	starre L	Einzelst.	MPWK Nat. Ebene (für Restmandate)	Sperrklausel: 5% / 10% (WA) auf nat. Ebene; einfache WZ; d'Hondt; für nat. Minderheiten zumindest ein Mandat; s. de Nève 2010.
Russland	segmentiertes Wahlsystem	450: 225 225	225 1	1 225		individuell starre L	zwei Stimmen: Personalst. Listenst.	EWK nat. MPWK	rel. M Sperrklausel: 5% auf nat. Ebene; einfache WZ; größter Überrest; s.White 2010.
Serbien u. Montenegro	rel. M in EWK und VW in kleinen MPWK	126 [c]	27	1-5	5.1	starre L	Einzelst.	MPWK	Sperrklausel: 5% von WK-Stimmen; d'Hondt; s. Kasapović 2010 und Stöver/Gallenkamp 2010.

Slowakei	VW in einem MPWK	150	1	150		lose geb. L	bis 4 Präferenzst.	nat. MPWK	Sperrklausel: 5% der nat. Stimmen (für WA für jede Partei getrennt angewandt); Hagenbach-Bischoff; größter Überrest; s. Rybar 2010
Slowenien	VW in großen MPWK (mit 2 Minderheits-EWK)	90: 88 2	 8 2	 11 1		lose geb. L individuell	Einzelst. mit proportionaler Präf. EWK	MPWK Nat. Ebene (für Restmandate) EWK	einfache WZ; Restmandate: d'Hondt auf Nat. Ebene (Sperrklausel: 4 MPWK Sitze); rel. M s.Gallenkamp/Krassner 2010.
Tschechische Republik	VW in großen MPWK	200	14	[g]	14.3	lose geb. L	bis 4 Präferenz-st.[h]	MPWK	Sperrklausel: 5%/7% (2 WA)/ 9% (3 WA)/11% (4+ WA) der Nationalstimmen; d'Hondt; s Lebeda 2010.
Ukraine	VW in einem MPWK	450:	1	450		Individuell starre L.	Listenst.	MPWK	Sperrklausel: 3% der Nationalstimmen; einfache WZ; größter Überrest; s. Birch 2010.
Ungarn	kompensatorisches System	386: 176 152 58	 176 20 1	 1 4-28 58	7,6	EWK: individuell starre MPWK-L starre nat. L	zwei Stimmen: Personalst. Listenst. in MPWK	EWK reg. MPWK nat. MPWK	EWK: abs. M (Stichwahl zwischen den Kandidaten mit 15%+ von gültigen Stimmen) MPWK: Sperrklausel: 5%/10% (2 WA)/15% (3+ WA) der Nationalstimmen; Hagenbach-Bischoff; größter Überrest; nat. MPWK: Sperrklausel identisch wie reg. MPWK; d'Hondt; s. Grotz/Hubai 2010.
Weißrussland	abs. M in EWK	260	260[i]	1		Individuell	Einzelst.	EWK	abs. M (Stichwahl zwischen den zwei stärksten Kandidaten); s. Sahm 2010.

* Aus Gründen des Forschungsinteresses erfasst die Tabelle die Wahlsysteme im Transitionsprozess und Reformen bis etwa 2000. Für spätere Wahlsystemreformen siehe die Länderbeiträge in Nohlen/Stöver 2010. Stand der Reformen in den EU-Staaten Mittel- und Osteuropas (Stand 2013) werden in Grotz/ Müller-Rommel 2013 und in Grotz 2013 dokumentiert; siehe Tabelle 25-1.

a In Albanien wurden die 40 kompensatorischen Sitze separat zugeordnet: 10 Sitze für die zwei stärksten Parteien und 30 Sitze für andere Parteien, die mindestens zwei Prozent der nationalen Stimmen erhalten hatten. Da die zwei stärksten Parteien gewöhnlich mehr als 25 % der Stimmen erhalten, werden die schwächeren Parteien durch die Verteilung der nationalen Sitze bevorzugt. Solange sie begünstigt werden, weist das Wahlsystem ein kompensatorisches Element auf.

b Die zwei Wahlkreise in Bosnien bilden zwei territoriale Staatseinheiten: die Serbische Republik-14 Mandate; die Föderation von Bosnien und Herzegowina-28 Mandate. Innerhalb jedes Wahlkreises wurde VW angewandt.

c Die zwei Mitglieder der Jugoslawischen Föderation bildeten getrennte Wahlgebiete: 108 Sitze wurden in 29 serbischen MPWK und 30 Sitze in 14 montenegrinischen MPWK verteilt.

d Zuzüglich insgesamt fünf Mandate für ethnische Minderheiten (davon eins für Serben), für die alternativ zur Wahl in den 14 MPWK in einem nationalen Wahlkreis gestimmt werden konnte, sowie flexible Anzahl von Mandaten für Kroaten, die im Ausland leben.

e In Litauen beträgt die Mindestpartizipationsrate in den EWK 40% und landesweit 25% (für Sitze der Nationalliste).

f In den makedonischen EWK beträgt die Mindestpartizipationsrate 33% .

g In der Tschechischen Republik ist die Größe der Wahlkreise nach der folgenden Formel *ex post factum* bestimmt: "Zahl der gültigen Stimmen in den jeweiligen Wahlkreisen" durch "Gesamtzahl der gültigen Stimmen auf Nationalebene" multipliziert mit der "Gesamtzahl der zu vergebenden Mandate". Die Zahl der in einem Wahlkreis zu vergebenden Mandate hängt seinerseits nicht nur von der Wählerschaft, sondern auch von den Unterschieden in der Wahlbeteiligung in den Wahlkreisen ab. 1998 wurden drei Mandate Wahlkreisen zugeteilt, die sonst – gemessen an ihrer Wählerschaft – über diese Mandate nicht verfügt hätten.

h Die Präferenzstimmen werden für eine Liste nur dann berücksichtigt, wenn mindestens 10% der Wähler die Möglichkeit der Präferenzstimme für diese Liste genutzt haben. Innerhalb jeder Liste gelangen nur diejenigen Kandidaten an die Spitze der Liste, die mindestens 10% der Listenstimmen als Präferenzstimmen bekommen haben.

i 1995 wurden in Weißrussland nur 199 Mandate zugeteilt, weil die Mindestpartizipationsrate (50% der eingetragenen Wähler im jeweiligen Wahlkreis) in einigen Wahlkreisen nicht erreicht wurde.

(*Quelle*: Nohlen/Grotz/Krennerich/Thibaut 2000, ergänzt

Tabelle 25b: Wahlsysteme der mittel- und osteuropäischen EU-Staaten 2013*

Land	Typ Wahlsystem	Sitze	Ebene	Wahlkreise Zahl	Größe Min	Größe Max	Größe Mittel	Kandidatur-/ Listenform	Verrechnungsformel	Sperrklausel
Bulgarien	Kombiniert	240	1	31	1	1	1,0	individuell	rel. MW	–
			2	31	4	14	209,0[a]	starre L.	Hare-Niemeyer	4,0%
Estland	VW in mittleren und großen MPWK	101	1	11	7	12	9,2	lose geb. L.	Hare[b]	–
			2	Restvergabe auf nat. Ebene				starre L.	d'Hondt	5,0%
Lettland	VW in großen MPWK	100	1	5	13	30	20,0	lose geb. L.	Saint-Laguë	5,0%
Litauen	Kombiniert	141	1	71	1	1	1,0	individuell	abs. MW	–
			2	1	70	70	70,0	lose geb. L.	Hare	5,0%[c]
Polen	VW in mittleren und großen MPWK	460	1	41	7	19	11,2	lose geb. L.	d'Hondt	5,0%[d]
Rumänien	Kombiniert[e]	334[f]	1	316	1	1	1,0	individuell	abs. MW	–
			2	43	4	29	7,3	individuell	Hare	5,0%[g]
			3	Restvergabe auf nat. Ebene				individuell	HB	5,0%[g]
Slowakei	VW in einem landesweitem MPWK	150	1	1	150	150	150,0	lose geb. L.	HB	5,0%[h]
Slowenien	VW in großen MPWK	90[i]	1	8	11	11	11,0	lose geb. L.	HB	4,0%
			2	Restvergabe auf nationaler Ebene				starre L.	d'Hondt	
Tschechien	VW in großen MPWK	200	1	14	5	25	14,3	lose geb. L.	d'Hondt	5,0%[j]
Ungarn	Kombiniert[k]	199	1	106	1	1	1,0	individuell	rel. MW	–
			2	1	93	93	93,0	starre L.	d'Hondt[l]	5,0%

* Stand: 01.02.2013; Abkürzungen: HB = Hagenbach-Bischoff; WA = Wahlallianz.

a Die Stimmenverrechnung für die 209 Verhältniswahlmandate erfolgt auf nat. Ebene, erst die Mandatszuteilung auf Parteilisten findet in 31 subnationalen WK statt. Daher ist die mittlere Wahlkreisgröße mit 209 angegeben.

b In den Wahlkreisen erhalten zunächst Einzelkandidaten, die die einfache Wahlzahl (Hare-Quota) erreichen, ein Mandat; danach werden die WK-Mandate nach Listengesamtstimmen nach ganzen Hare-Quotas vergeben. Alle nicht vergebenen Mandate werden dann auf nat. Ebene nach d'Hondt verteilt.

c Sperrklausel für WA: 7%.

d Sperrklausel für WA: 8%.

e Erreichen die EWK-Kandidaten nicht die absolute Mehrheit, werden die Mandate in regionalen WK nach Hare-Quota vergeben (Restvergabe auf nat. Ebene).

f Davon sind insgesamt 18 Mandate für nat. Minderheiten reserviert.

g Alternativ: sechs „Direktmandate". Gestaffelte Sperrklausel für WA: 8% (2er WA)/9% (3er WA)/10% (4+WA).

h Sperrklausel gilt für jede Partei auch innerhalb von Wahlallianzen.

i Zu den 88 regulären Sitzen, die in acht 11er WK vergeben werden, kommen zwei weitere Sitze für die ungarische bzw. italienische Minderheit, die nach relativer MW in Einerwahlkreisen gewählt werden.

j Gestaffelte Sperrklausel für WA: 7% (2er WA)/9% (3er WA)/11% (4+ WA).

k Wahlsystem vom Dezember 2011, das erstmals 2014 zur Anwendung kommen soll.

l Die 93 Verhältniswahlmandate werden nach Zweitstimmen und den sog. „Reststimmen" (Erststimmen der unterlegenen Kandidaten sowie „nicht benötigte" Stimmen der siegreichen Kandidaten) vergeben. Dadurch erhält das Wahlsystem eine kompensatorische Komponente.

(*Quelle*: Grotz 2013, adaptiert.)

7.2.3 Kombinierte Wahlsysteme

Kombinierte Wahlsysteme wurden bei den Gründungswahlen in sechs von 18 Fällen angewandt. Sie wurden ebenso auf zweierlei Wiese eingeführt: erstens durch Kompromiss im Prozess des ausgehandelten Systemwechsels in den alten Nationalstaaten, zwischen alten und neuen politischen Eliten; zweitens als Folge des Wahlsiegs der oppositionellen politischen Parteien in den Vorgründungswahlen, aber auch jenes der alten kommunistischen Parteien oder ihrer Nachfolgeorganisationen in neuen Staaten. Beide Elitengruppen fühlten sich nicht mehr „stark" genug für die klassischen Systeme der Mehrheitswahl (also relative Mehrheitswahl oder absolute Mehrheitswahl) und noch nicht zu „schwach" für Systeme der Verhältniswahl, die einen möglichst exakten Proporz anstreben. Kombinierte Wahlsysteme eröffneten ihnen ein breites Feld für verschiedene institutionelle Kombinationen zur Erzielung der erwünschten politischen Ergebnisse.

Tabelle 26: Kombinierte Wahlsysteme in den 1990er Jahren

Land	Jahr	Typ	Relation EWK/Liste	Mehrheitsregel	Mehrpersonen WK	Sperrklausel
Albanien	1992	VW [a]	100 : 40	absolut	landesweit	4%
	1996	segm. WS	115:125	absolut	landesweit	4% [c]
	1997	segm. WS mit kompensat. Element	115:40	absolut	landesweit	2%
Bulgarien	1990	segm. WS	200 : 200	absolut	28 MPWK	4%
Kroatien	1992	segm. WS	64 : 60	relativ	landesweit	3%
	1995	segm. WS	28 : 80	relativ	landesweit	5% /8% /11%
Litauen	1992 1996	segm. WS	71 : 70	absolut	landesweit	4% 5% /7%
Russland	1993/95/1999	segm. WS	225 : 225	relativ	landesweit	5%
Ungarn	1990 1994/98	segm. WS mit kompensat. Element	176 : 210 [b]	absolut	20 MPWK	4% 5% /10% /15%

a Mehrheitswahl in Einerwahlkreisen mit komplettem Verhältniswahlausgleich. b davon virtuell 152 nach Verhältniswahl in 20 Mehrpersonenwahlkreisen und 58 kompensatorisch. c plus 4% pro Partei eines Wahlbündnisses.

Tabelle 26 zeigt die starke Vertretung des segmentierten Systems in Mittel- und Osteuropa, wobei die einzelnen kombinierten Wahlsysteme in den technischen Details variieren. Das Verhältnis von Einerwahlkreisen und Listenmandaten ist nicht immer ausgewogen, die Mehrheitsregel in den Einerwahlkreisen ist mal die relative, mal die absolute (letztere mit den negativen Konsequenzen, die das für die Bildung strukturierter Parteiensysteme hat), der Wahlkreis, in dem Verhältniswahl angewandt wird, ist meistens landesweit, in zwei Fällen wurden Mehrpersonenwahlkreise eingerichtet. Schließlich sind bis auf einen Fall (Litauen) Sperrklauseln üblich, deren Höhe zwischen 4% und 5% schwankt; in zwei Fällen werden gestaffelte Sperrklauseln angewandt. Das eigenwilligste kombinierte Wahlsystem ist das ungarische mit der Verbindung des Parallel- und des kompensatorischen Moments, das bis 2010 angewandt wurde (s. Kapitel 8, Abschnitt 9).

Die kombinierten Wahlsysteme, insbesondere die Grabensysteme, eröffneten die Möglichkeit, nach den Auswirkungen ihrer grundlegenden Bestandteile, nämlich der Mehrheitswahl in Einerwahlkreisen und der Verhältniswahl in Mehrpersonenwahlkreisen, bei ein- und derselben Wahl zu fragen. *Tabelle 27* zeigt für sechs Länder und 14 Wahlen, wie viele Parteien jeweils über Mehrheitswahl und Verhältniswahl ins Parlament gekommen sind. Das Ergebnis bestätigt die Fragwürdigkeit des *conventional wisdom*: Nicht in einem einzigen Fall gelangten über Verhältniswahl mehr Parteien ins Parlament als über Mehrheitswahl, nur in einem Land (und in zwei Wahlen) war die Zahl identisch. Da nicht stets die gleichen Parteien in den „parallelen" Wahlen erfolgreich waren, ist die Beobachtung gemacht worden, dass die Addition beider Teilergebnisse die Fragmentierung im Parlament erhöht (Moser 1995). Demgegenüber steht natürlich die Funktion der Verhältniswahl, die Disproportionen im Stimmen-Mandate-Verhältnis, die sich in den Einerwahlkreisen ergeben, abzumildern. Hier zeigt sich nun, dass die Auswirkungen der beiden Segmente des Grabensystems ausgesprochen kontextabhängig sind. Diese Abhängigkeit von der Struktur des Parteiensystems, vom Grad der Strukturiertheit der Parteien, von der Wahlgeographie und vom Wählerverhalten ist derart groß, dass Ergebnisse zustande kommen können, die den allgemeinen Vorstellungen über die Auswirkungen von Mehrheitswahl und Verhältniswahl vollends zuwiderlaufen. So ließ die Verhältniswahl in Russland bei den Wahlen von 1995 höchst disproportionale bzw. konzentrierende Effekte zugunsten aller großen Gruppierungen zu, darin eingeschlossen die konservativen (nationalistischen und kommunistischen) Parteien, während sich unter der Mehrheitswahl die proportionalen Verzerrungen etwas verringerten (s. Kapitel 8, Abschnitt 8).

Tabelle 27: Fragmentierung in kombinierten Wahlsystemen nach Mehrheitswahl und Verhältniswahl

	Mehrheitswahl im EWK	Verhältniswahl in MPWK	Kompensationsmandate in MPWK
Bulgarien			
1990	6	4	–
Kroatien			
1992	5	5	–
1995	5	5	–
Litauen			
1992	8 [a]	5	–
1996	13 [b]	5	–
Mazedonien			
1998	8	5	–
Russland			
1993	11 [c]	8	–
1995	11 [d]	4	–
1999	13	6	–
Ukraine			
1998	19 [e]	8	–
Ungarn			
1990	7	6	6
1994	7	6	6
1998	5	5	5

a Plus 1 unabhängiger Kandidat; b plus 4 unabhängige Kandidaten; c plus weitere 155 Abgeordnete Parteien oder unabhängige Kandidate; d plus weitere 94 Abgeordnete verschiedener Parteien; e plus 98 unabhängige Kandidaten.

EWK = Einerwahlkreis; MPWK = Mehrpersonenwahlkreis

7.2.4 Kritik und Reform

Bevor wir uns mit der Kritik an den mittel- und osteuropäischen Wahlsystemen beschäftigen, die häufig in der Feststellung eines *poor design* mündete, sei auf das funktionale Grundmuster der neuen Wahlsysteme aufmerksam gemacht, welches durchaus zu überzeugen vermag. Es besteht in der Zweiteilung der Mandate in einerseits Einer- oder Mehrpersonenwahlkreise und andererseits einen landesweiten Wahlkreis. Die Variante der Verhältniswahl in Wahlkreisen mit nationaler Zusatzliste und die kombinierten Wahlsysteme statten die Parteien mit nationalen Listen aus und ermöglichen damit deren Führungseliten, sich auf starren Listen ihre (Wieder-)Wahl zu sichern. Die Funktion eines Verhältnisausgleichs oder besseren Proporzes tritt demgegenüber zurück, da die Beteiligung an den Listenmandaten in der Regel von Sperrklauseln abhängig ist, die gegen die Fragmentierung des Parteiensystems gerichtet sind und folglich die Erfolgswertgleichheit der Stimmen eher verringern als erhöhen. Auf diese Weise stellt sich eine Ähnlichkeit zwischen Verhältniswahl in Wahlkreisen mit nationaler Liste und den kombinierten Wahlsystemen mittels funktionaler Äquivalenz ihrer an sich unterschiedlichen Bauelemente ein.

Die Kritik an den mittel- und osteuropäischen Wahlsystemen hat sich vor allem an der starken Fragmentierung der Parteiensysteme festgemacht, für die sie als ursächlich betrachtet wurden. Die meisten Beobachter forderten mehr konzentrationsfördernde Elemente. Die Analyse der osteuropäischen Wahlsysteme und ihrer Auswirkungen ergibt jedoch, dass die politischen Effekte der Wahlsysteme mit den herkömmlichen Erwartungen an sie nicht übereinstimmten. Unter den gegebenen embryonalen Parteienverhältnissen ist die Mehrheitswahl mit mehr Fragmentierung der Parteienlandschaft verbunden als die Verhältniswahl. Es wäre demnach sehr unvernünftig, bei Koinzidenz von Verhältniswahl und Vielparteiensystem im gegebenen Kontext nach der Mehrheitswahl zu rufen. Zudem muss der Überwindung der Fragmentierung eine Stabilisierung der Parteien als Organisationen vorausgehen. Der Beitrag der Mehrheitswahl zum Prozess der Parteienbildung ist aber als gering einzuschätzen. Im Gegenteil: Mehrheitswahl dürfte diesen Prozess verzögern. Erst bei Existenz einigermaßen gut strukturierter Parteien und Parteiensysteme kann erwartet werden, dass die Wahlsysteme in der Weise wirken, wie es die neueren empirischen Untersuchungen für die Demokratien der westlichen Industrieländer aufweisen. Dann könnten auch in Mittel- und Osteuropa Systeme der Mehrheitswahl jene Effekte zeitigen, wegen derer sie von ihren Verfechtern favorisiert werden. Gegenwärtig jedoch leisten Verhältniswahlsysteme und kombinierte Systeme aufgrund ihrer Verhältniswahlelemente sehr viel mehr. In zersplitterten, ja amorphen Parteiensystemen sind Sperrklauseln weitaus effektivere Instrumente gegen das Überhandnehmen der Fragmentierung als Einerwahlkreise. Das Listenelement in Verhältniswahlsystemen und Grabensystemen trägt zum Parteibildungsprozess bei. Die Wirksamkeit dieser Elemente kann darüber hinaus inkrementalistisch an die Notwendigkeit eines jeden Landes in einer jeden Phase seiner historischen Entwicklung angepasst werden. Die Kritik an den mittel- und osteuropäischen Wahlsystemen, die sich als Kritik an der Verhältniswahl schlechthin herausstellt, war demnach wenig gerechtfertigt.

Ebenso wenig überzeugte jene Kritik, welche die Sperrklauseln „nur als schwachen Sperrmechanismus" und als nicht ausreichend gegen die Parteienzersplitterung und die politische Instabilität in Mittel- und Osteuropa betrachtete. Wenn trotz Sperrklauseln der Fragmentierungsgrad der Parteiensysteme auf Parlamentsebene hoch ist, dann ist zwar verständlich, dass das angewandte Instrumentarium als ungenügend hinterfragt wird. Die Frage muss allerdings gestellt werden, welche Alternative denn überhaupt bleibt, wenn Mehrheitswahl erst recht nicht in Betracht kommt. Die Steuerung der politischen Repräsentation über die Größe der Wahlkreise – an sich, wie wir aus der Wahlsystemlehre wissen, das effektivste Instrument – hat sich in Mittel- und Osteuropa bisher als nur begrenzt tauglich herausgestellt, wie der polnische Fall (Senatswahlen und Sejmwahlen, d.h. Zweierwahlkreise und Mehrpersonenwahlkreise mittlerer Größe) zeigt. Nicht von ungefähr haben die mittel- und osteuropäischen Gesetzgeber auf die Sperrklausel gesetzt, weshalb wir sie in allen Ländern finden. Dass sie effektiv ist, natürlich in Abhängigkeit von ihrer Höhe und Anwendungsform, hat sie in allen Fällen demonstriert, gerade auch in Polen, wo die Fragmentierung extreme Formen angenommen hatte und am lautesten beklagt wurde, in den Wahlen von 1993.

Die Kritik der mittel- und osteuropäischen Wahlsysteme machte sich nicht allein an der Fragmentierung fest. Die entschiedensten Verfechter der Verhältniswahl schreckt ohnehin die Fragmentierung nicht so sehr, und sie wenden sich gegen ihre Bekämpfung, wenn damit zugleich eine Einbuße an Repräsentation verbunden ist. So meinte denn Kimmo Kuusela (1994: 148) „Hungary, Czechoslowakia and Bulgaria needed perhaps to consider striving for a closer approximation to perfect PR – although such changes could make the parliamentary situation more unstable". Eine solche Reformempfehlung lässt die Balance zwischen den verschiedenen Zielen verloren gehen, die Wahlsysteme gleichzeitig anstreben sollten. Die Differenzen zwischen Stimmen und Mandaten waren, wie etwa die Listenwahlergebnisse in Russland 1995 zeigen, der extremen Zersplitterung geschuldet und nicht dem Wahlsystem an sich. Der gleiche Autor wandte sich an gleicher Stelle auch gegen die „mixed system(s) of majority and proportional rules in order to give voters more influence on the choice of persons than is possible in a pure closed party-list PR" und schlug stattdessen die „finnische" Lösung vor: die Stimmabgabe für einen Kandidaten, die zugleich für die Partei zählt, für die der Kandidat nominiert wurde. Sicherlich hat Finnland gute Erfahrungen mit dem Wahlsystem gemacht. In anderen Ländern hingegen haben Formen der Wahlbewerbung, die einen innerparteilichen Wettbewerb zulassen (*single transferable vote,* freie und lose gebundene Listen) zu erheblichen Problemen (Klientelismus, Korruption etc.) geführt, weshalb auch diese Reformempfehlung mit größter Zurückhaltung betrachtet wurde.

In den kombinierten Wahlsystemen wurde vor allem der kumulierte Effekt der Fragmentierung herausgestellt, die sich durch die Addition der Teilergebnisse nach Mehrheitswahl und Verhältniswahl ergibt. Dieser Effekt ist in der Tat systembedingt, aber in hohem Maße abhängig von der Struktur des Parteiensystems. Die Argumentation läuft im übrigen Gefahr, die Frage der Fragmentierung der Parteiensystems absolut zu setzen. Das ist zum einen unangebracht, weil ein *moderate pluralism* (Sartori), also eine gewisse Fragmentierung, wie wir aus der Parteiensystemlehre wissen, im Grunde kein Problem darstellt, wenn sich Fragmentierung nicht mit Polarisierung verbindet. Man hat ohnehin oft den Eindruck, dass in der Geißelung der Fragmentierung bei etlichen Autoren die Polarisierung als konsubstantiell mitgedacht wird, obwohl zwischen beiden Phänomenen unterschieden werden muss und in Parteiensystemen mit geringerer Fragmentierung mehr Polarisierung vorliegen kann als in Parteiensystemen mit hoher Fragmentierung. Zum anderen zählen auch noch weitere Werte, wie beispielsweise die Repräsentation. Kombinierte Wahlsysteme zeichnen sich ja gerade durch den Versuch aus, die verschiedenen Anforderungen an ein Wahlsystem in etwa ausgewogen zu erfüllen. Eine Kritik, die ausschließlich auf einem Kriterium fußt, greift dann eindeutig zu kurz.

Schließlich wurde häufig die Komplexität der mittel- und osteuropäischen Wahlsysteme kritisiert. Ich meine damit nicht jene implizite Kritik, die bereits aus der Scheu vieler Autoren spricht, die Wahlsysteme in ihren technischen Elementen darzustellen, die sich damit begnügen mitzuteilen, dass die Wahlsysteme einfach zu kompliziert seien. Zu den Bewertungskriterien von Wahlsystemen zählt auch die Einfachheit, wie wir in Kapitel 5, Abschnitt 7 begründet haben. Dieses Kriterium wird in der Tat durch einige Wahlsysteme verletzt. Zu nennen sind hier vor allem das ungarische und das estnische Wahlsystem. Die Detailregelungen sind derart kompliziert, dass Dolf Sternbergers Vermutung, der Wähler wisse nicht, was er tue, gerechtfertigt ist. Sternberger äußerte seine dem berühmten James-Dean-Filmtitel nachempfundenen Bedenken gegenüber dem deutschen personalisierten Verhältniswahlsystem, das um ein Vielfaches einfacher ist als das ungarische. Im Vergleich mit allen anderen kritischen Äußerungen zu den mittel- und osteuropäischen Wahlsystemen lässt sich das Komplexitätsargument wohl am ehesten mit dem *poorly-designed*-Argument verknüpfen. Allerdings enthält das Komplexitätsargument eher die Beurteilung eines historisch zustande gekommenen Ergebnisses, während das *poorly-designed*-Argument sich auf den Prozess des *institution building* bezieht und als solches nicht nachhält, wie die Wahlsysteme in Mittel- und Osteuropa entstanden sind: Eben nicht auf dem Reißbrett (s. Krennerich/Lauga 1996), sondern in Verhandlungen und als Kompromiss. In keinem Fall ist ja, wie wir bereits feststellten, ein erprobtes Wahlsystem einfach auf ein osteuropäisches Land übertragen worden. Und je mehr Interessenlagen und Machtpositionen um des Konsenses willen zu berücksichtigen waren, desto komplizierter fielen die Wahlsysteme aus. Auch die Verhältniswahl in Wahlkreisen, an sich ein recht einfaches Verhältniswahlsystem (bei ausschließlicher Vergabe der Mandate in den Wahlkreisen nach der Methode d'Hondt und starren Listen) wurde anfänglich nirgends in Mittel- und Osteuropa in dieser einfachen Form realisiert und erst später in Polen und der Tschechischen Republik eingeführt. Das *poorly-designed*-Argument verkennt also die Entstehungsbedingungen der pluralistischen Demokratien in Mittel- und Osteuropa. Wenn allerdings Einfachheit ein wesentliches Kriterium für Wahlsysteme ist, und allzu große Komplexität nach Reform verlangt, dann sollte berücksichtigt werden, welche mittel- und osteuropäischen Wahlsysteme seinerzeit in der Literatur die besten Noten erhielten. Das zweifelsfrei kompliziertteste Wahlsystem von ihnen, das ungarische, ist fast einhellig als das funktionalste, das mit den besten Ergebnissen auf der Ebene des Parteiensystems und der Stabilität der politischen Verhältnisse eingeschätzt worden. Einfache(re) Lösungen sind offensichtlich nicht die besten (besseren) Lösungen, und die besten (besseren) Lösungen sind offensichtlich nicht die einfachen (einfacheren).

Einige Wahlsysteme sind jedoch unnütz kompliziert; die angepeilten Ziele ließen sich zweifelsohne auch durch einfachere Regelungen erreichen. Besonders kritikwürdig sind solche Wahlsysteme, in denen einzelne technische Elemente oder einzelne Teilsysteme in Widerspruch zueinander treten. Beispielsweise unterstellt das estnische Wahlsystem eine hohe Partizipationschance des Wählers (s. dazu Kapitel 4.5.6). Je mehr er sie ergreift, desto weniger Einfluss hat er auf die Auswahl der Abgeordneten und desto höher wird die Erfolgswertungleichheit der Stimmen. Im Grunde wird – nimmt man das Prinzip der Verhältniswahl ernst, dass sich Zählwert und Erfolgswert der Stimmen einigermaßen entsprechen sollten – die Verhältniswahl selbst in Frage gestellt.

So stimme ich mit verschiedenen Wahlsystemforschern (Lijphart 1992; Kuusela 1994; Taagepera 1995) überein, dass Reformen einige Wahlsysteme vereinfachen sollten. In wieweit dabei westliche Modelle helfen können, mag dahingestellt sein. Wenn die nationale Liste als wesentliches Element in den neuen Wahlsystemen Mittel- und Osteuropas begriffen wird, dann sind Orientierungen an westlichen Wahlsystemen, die die Liste nicht kennen, möglicherweise deplaziert. Nun stehen allerdings auch die nationalen Listen in der Kritik. Rein Taagepera (1995: 329) berichtete, dass in der Öffentlichkeit kritisiert wurde, die nationale Liste ermögliche, „that politicians appoint themselves regardless of the election results". In Polen und Tschechien wurden sie später abgeschafft. Es ist sicher richtig, als Motiv für die Einrichtung nationaler Listen zu unterstellen, dass „die Führer aller politischen Gruppen ... darauf erpicht waren, sich selbst Parlamentmandate zu sichern" (Loewenberg 1993: 447). Die nationale Liste ist jedoch, insbesondere in Systemen mit Personalstimme oder lose gebundener Liste in Wahlkreisen, als wichtiges Instrument zu begreifen, um die Bildung und Verfestigung politischer Parteien voranzutreiben. Nicht von ungefähr haben die Ukraine (2004) und Russland (2006) Verhältniswahl in einem nationalen Wahlkreis eingeführt. Eine gegen die Parteien gerichtete Wahlreformpolitik dürfte sich politisch mit Blick auf die Konsolidierung der Demokratien nicht auszahlen. James McGregor (1993: 15) hat als einen Mangel der Verhältniswahlsysteme hervorgehoben, dass viele Wähler sich nicht wirklich repräsentiert fühlen: Wegen der Verrechnungsverfahren und der Sperrklauseln fielen nämlich zu viele Stimmen unter den Tisch. Der empirische Tatbestand ist nicht zu leugnen; die hohe Vergeudung von Stimmen dürfte freilich in dem Maße abnehmen, wie Parteien und Wähler mehr Erfahrungen mit dem jeweiligen Wahlsystem gewinnen. Die Sperrklauseln ins Reformvisier zu nehmen, würde ebenfalls mit Blick auf die Stabilisierung der Parteiensysteme wenig Sinn machen.

Zusammenfassend ergibt sich für die Kritik an den mittel- und osteuropäischen Wahlsystemen, dass wenig Weizen unter der Spreu zu finden ist. Es fragt sich stets, ob die Kritik kontextbezogen ist, oder ob sich hinter ihr nicht unangemessene szientistische Prämissen oder Optionen in der Wahlsystemfrage verbergen, ob nicht Beobachter die Schwierigkeit der Wahlentwicklung in der Transitionsphase von Wirtschaft und Gesellschaft dazu nutzen wollten, um ihr theoretisches Steckenpferd zu reiten. Selbst die angesichts der hochgradigen Komplexität einiger Wahlsysteme triftigste Kritik begegnet in Theorie und Praxis gewichtigen Gegenargumenten. Eine solche kontroverse Einschätzung verhindert in der Regel, zumal in den inklusiven politischen Systemen, institutionelle Reformen, die nur über große Mehrheiten zu verabschieden sind – sei dies nun verfassungsrechtlich vorgeschrieben oder nicht. Auch im Falle von Reformen sind es politische Variablen, welche den Ausschlag geben, und nicht Fragen rationaler Gestaltung des Institutionenfeldes.

7.3 Wahlsysteme in Lateinamerika

Für Lateinamerika gilt es zunächst festzustellen, dass die politischen Systeme präsidentieller Natur sind. Die wichtigeren Volkswahlen sind die Präsidentschaftswahlen, die ihrerseits erheblichen Einfluss auf die Parlamentswahlen und vor allem die Entwicklung und Struktur der Parteiensysteme nehmen können. Arend Lijphart (1994: 131ff.) hat den Präsidentialismus als eine seiner vier wesentlichen Variablen untersucht, welche die Auswirkungen von Wahlsystemen bestimmen.

7.3.1 Präsidentialismus, Wahlsysteme und Parteiensysteme

Für den Zusammenhang der drei Variablen (s. dazu auch Nohlen 1989) hängt viel davon ab, in welchem Maße simultan Präsidentschaftswahlen und Parlamentswahlen abgehalten werden. Zu unterscheiden sind drei Grade der Simultanität: Wahlen am gleichen Tag, mit dem gleichen Stimmzettel, mit einer einzigen Stimme. In zwei Drittel der 18 betrachteten Fälle finden die Präsidentschafts- und die Parlamentswahlen am gleichen Tag statt, in weniger als einem Drittel der Fälle (5) mit dem gleichen Stimmzettel, in vier Fällen mit der gleichen Stimme. Je höher der Grad der Simultaneität, desto größer die Einflussnahme der Entscheidung in der Präsidentenwahl auf das Ergebnis der Parlamentswahlen. Eine Ausnahme von dieser Regel bildete Uruguay, insofern als hier in einem höchst komplizierten Wahlsystem (*doble voto simultáneo*, s. Nohlen/Rial 1987; Lauga 1998; Nohlen 2005) die Parlamentswahlen über die Besetzung des Präsidentenamtes entschieden, d.h. der Stimmenanteil der Parteien, die hier *Lemas* bezeichnet werden, und innerhalb dieser *Lemas* der Stimmenanteil der *Sublemas*, also von Flügeln der Partei. Reformen, die den Grad der Simultanität verändern, sind bedeutende Reformen; so etwa die Reform in Uruguay von 1997, mit der der Grad höchster Simultanität auf den niedrigsten gesenkt wurde. Seither wird der Präsident nach absoluter Mehrheitswahl mit Stichwahl gewählt, was wesentliche Auswirkungen auf das Interaktionsmuster der Parteien hatte. Im damaligen uruguayischen Dreiparteiensystem dreier etwa gleich starker Parteien entschied in den unmittelbar darauf folgenden Wahlen die Bündnispolitik über den Wahlerfolg. Sie war von großer Bedeutung für die parlamentarische Mehrheitsbildung durch Colorados und Blancos bzw. die Koalitionsbildung im Präsidentialismus. Bei den Wahlen von 2004 gelang freilich der Linken, sowohl den Präsidenten zu stellen als auch eine absolute Mehrheit der Stimmen bei den Parlamentswahlen zu erringen, was einer Partei zuletzt 1954 gelungen war (s. Nohlen 2005, Bd.2: 508ff.).

Es ist zu Recht argumentiert worden, dass das Wahlsystem für die Präsidentschaftswahlen auf die Struktur des Parteiensystems einwirkt (Shugart/Carey 1992; Lijphart 1994; Jones 1995). Die Überlegung schließt an das Hauptargument an, dass kleine Parteien bei Präsidentschaftswahlen keine Chance haben, ihren Bewerber durchzubringen, die großen Parteien aus ihrem Vorteil bei den Präsidentschaftswahlen Nutzen für die Parlamentswahlen ziehen können (Shugart/Carey 1992: 206ff.), woraus Arend Lijphart (1994: 15) den weitgehenden Schluss zog: „presidentialism tends to discourage multipartism". Das theoretisch vollkommen einsichtige Argument gibt aber keine empirische Regelmäßigkeit wieder. Parteipolitische *Outsider* haben in der Geschichte der Präsidentschaftswahlen in Lateinamerika immer wieder eine große Rolle gespielt. Als Führer kleiner, teils unmittelbar vor den Präsidentschaftswahlen gegründeter Parteien setzten sie sich gegen die Bewerber etablierter Parteien durch. Für die 1990er Wahlen sei nur an die Wahlsiege von Alberto Fujimori in Peru, Collor de Mello in Brasilien und Hugo Chávez in Venezuela erinnert. In diesen Fällen haben die Präsidentschaftswahlen eine tief greifende Umstrukturierung der Parteiensysteme ausgelöst. Ehemals kleine wurden in zwei Fällen zu dominierenden Parteien. Eine weiter gehende These ist auf die Wirkungen unterschiedlicher Wahlsysteme bei Präsidentschaftswahlen auf die Parteiensysteme gerichtet. Sie besagt, dass die relative Mehrheitswahl (in Lateinamerika existieren fünf Fälle unter Einschluss jener Länder, die eine Mindestmehrheit von 40 oder 45% der Stimmen fordern) im Vergleich zur absoluten Mehrheitswahl (13 Fälle) eher konzentrierende Auswirkung auf das Parteiensystem hat. Bei Lijphart (1994: 15) wird dabei von den Erfahrungen weniger Fälle ausgegangen, allein von denen der USA und Costa Ricas. Diese Basis scheint mir viel zu schmal. Ein in gleicher Weise einzelner Fall kann einer solchen Generalisierung bereits widersprechen, so etwa in Form von Uruguay. Das dortige gut strukturierte Dreiparteiensystem ließ eher von der absoluten Mehrheitswahl den politischen Konzentrationseffekt erwarten, da sie zur Bündnispolitik zwingt. Und in der Tat haben die Wahlen seit Einführung der absoluten Mehrheitswahl bei Präsidentschaftswahlen die diesbezüglichen

Erwartungen bestätigt. Generalisierende Annahmen erscheinen auch angesichts der Vielzahl weiterer Faktoren, die auf Entwicklung und Struktur der Parteiensysteme in Lateinamerika einwirken (s. Bendel 1996), als gewagt. Gleichwohl lässt sich argumentieren, dass bei absoluter Mehrheitswahl auch kleine Parteien Präsidentschaftskandidaten aufstellen, die dann im ersten Wahlgang im Rahmen eines sehr Personen orientierten Wählerverhaltens ihren Parteien, die sich gleichzeitig um Parlamentsmandate bewerben, Stimmen zuführen. Erst der zweite Wahlgang übt in der Stichwahl die gewünschte Konzentration der Stimmen für die Präsidentschaftswahlen aus, berührt aber nicht mehr das Ergebnis der Parlamentswahlen. Payne et al. (2002: 74) haben ausgezählt, dass seit der Redemokratisierung bei relativer Mehrheitswahl der siegreiche Kandidat im Mittelwert 49,5% der Stimmen erzielte, 41,0% bei absoluter Mehrheitswahl im ersten Wahlgang und 49,1% bei relativer Mehrheitswahl mit einem zusätzlichen Stimmenerfordernis von zumindest 40,0%, andernfalls Stichwahl stattzufinden hat. Die Zahl effektiver Parteien auf Parlamentsebene berechneten sie für 36 Wahlen nach relativer Mehrheitswahl im Mittelwert mit 2,72, für 35 Wahlen nach absoluter Mehrheitswahl mit Stichwahl im Mittelwert mit 4,37 und für elf Wahlen nach relativer Mehrheitswahl mit Mindeststimmenerfordernis im Mittelwert mit 2,74. Demnach scheint dieses letztgenannte Wahlsystem am besten die Konzentrationsleistung zugleich bei Präsidentschafts- und Parlamentswahlen zu erfüllen. Payne et al. (2002: 71) lenken richtiger Weise die Aufmerksamkeit darauf, dass die Wahl von Präsidentschaftswahlsystemen von der Struktur der Parteiensysteme abhängig ist: „countries where many parties typically compete and present presidential candidates are precisely the ones that are most likely to adopt a majority runoff system“.

7.3.2 Zweierwahlkreissystem und segmentiertes Wahlsystem

Für die Wahl des Abgeordnetenhauses wird in Lateinamerika allgemein Verhältniswahl angewandt. Davon weichen nur drei Länder ab: Chile mit dem Zweierwahlkreissystem (*sistema binominal*), Mexiko mit einem segmentierten Wahlsystem, das mehrheitsbildenden Charakter hat und Ecuador mit multipler Stimmgebung in Mehrpersonenwahlkreisen (dazu Abschnitt 3.3).

Das Zweierwahlkreissystem mit lose gebundener Liste und Einzelstimmgebung wurde in Chile unter dem Pinochet-Regime eingeführt. Da die politische Rechte annahm, in allgemeinen Wahlen nicht siegen zu können, wurde beabsichtigt, die zweitstärkste politische Gruppierung zu begünstigen, was ja in der Tat der Effekt des Systems ist, ganz im Gegensatz zu seiner Katalogisierung als Mehrheitswahlsystem. Die demokratische Opposition lief deshalb gegen das neue Wahlsystem Sturm (für viele Fernández 1989). Als sie jedoch die Wahlen von 1990 gewann, entdeckte sie die Vorzüge des *sistema binominal*, welches den Parteienpluralismus bändigt und zur Blockbildung anregt, d.h. einen bipolaren Parteienpluralismus von Regierungsmehrheit und Opposition hervorbringt (s. Walker 1996), wie wir ihn von der absoluten Mehrheitswahl für Frankreich kennen. Die Nachteile, die im Elitenkartell vereinbarte Aufteilung der Kandidaturen in den Wahlkreisen, der folglich geringe Einfluss der Wähler, ja der Zwang, Kandidaten nicht der eigenen Partei wählen zu müssen, um dem Block zum Sieg zu verhelfen, führen jedoch zur Entfremdung der Wähler von der Politik. Hinzu kam Kritik an dem ausschließenden Charakter des Wahlsystems (*sistema proporcional excluyente*), da die Kommunistische Partei mit etwa 7% der nationalen Stimmen keine Aussicht hat, im binominalen System Parlamentsmandate zu erringen (s. Auth 2006).

In Mexiko ist das segmentierte System das Ergebnis eines lange währenden Reformprozesses, der in den 1960er Jahren begann und seinen Ausgangspunkt hatte in der relativen Mehrheitswahl in Einerwahlkreisen einerseits und in der dominanten Stellung des Partido Revolucionario Institucional (PRI) andererseits, die sich auch darin manifestierte, dass die Wahlen gegebenenfalls, wenn es denn nötig war, gefälscht wurden. Orientiert am falsch verstandenen deutschen Wahlsystem, wurden Zusatzlisten nach Verhältniswahl eingeführt, um der Opposition eine Repräsentation zu ermöglichen, die über die bisher gewährten fixen Minderheitsmandate hinausging. Im Zuge der Öffnung des politischen Systems, der Reform der Wahlorganisation, die faire Wahlen durchzuführen gestattet, vereinbarten die PRI-Regierung und die Oppositionsparteien ein segmentiertes Wahlsystem, in welchem mit der Reform von 1996 (s. González Roura et al. 1997) der mechanische Mehrheitseffekt des Wahlsystems sogar auf acht Prozentpunkte begrenzt wurde. Nur wenn die Mehrheitspartei mehr als 42% der Stimmen erreicht, behält sie, wenn der Disproportionseffekt so groß sein sollte, die absolute Mehrheit der Mandate.

Von den zehn Ländern Lateinamerikas mit Zweikammersystem wird zur Wahl des Senats Mehrheitswahl in sechs Fällen angewandt, zumeist Mehrheitswahl mit beschränkter Stimmgebung. In der Dominikanischen Republik wird der Senat nach relativer Mehrheitswahl in Einerwahlkreisen gewählt (der einizige Anwendungsfall dieses Wahlsystems in Lateinamerika), in Chile nach dem Zweierwahlkreissystem.

7.3.3 Verhältniswahlsysteme

Innerhalb der Verhältniswahl finden wir in Lateinamerika die reine Verhältniswahl, die Verhältniswahl in Wahlkreisen und die personalisierte Verhältniswahl vor. An Häufigkeit obsiegt die Wahl in variablen Mehrpersonenwahlkreisen (elf Fälle). Allerdings fallen die Wahlkreise überwiegend klein aus; wenige große Wahlkreise heben den Mittelwert an. Panama mischt 28 Einerwahlkreise mit zwölf Mehrpersonenwahlkreisen. In der Dominikanischen Republik entsenden 16 von 30 Wahlkreisen zwei Repräsentanten. In Guatemala haben 20 der 23 Wahlkreise nur bis zu fünf Mandate. Nach reiner Verhältniswahl wählten bis 2000 drei Länder: Nicaragua und Uruguay mittels eines nationalen proportionalen Ausgleichs sowie Peru mit Vergabe der Mandate in einem einzigen nationalen Wahlkreis. (Dieses Wahlsystem herrscht in Kolumbien und Paraguay für die Wahl des Senats vor.) Nicaragua hob 2000 den nationalen Proporzausgleich auf, Peru kehrte 2001 zur traditionellen Verhältniswahl in Mehrpersonenwahlkreisen unterschiedlicher Größe zurück (s. Tuesta Soldevilla 2005). Venezuela und Bolivien führten die personalisierte Verhältniswahl in Mehrpersonenwahlkreisen ein. Der Disproportionseffekt der personalisierten Verhältniswahl erwies sich in beiden Ländern – ähnlich dem der Wahl in Wahlkreisen – im Wesentlichen von den Wahlkreisgrößen abhängig. In dieser Hinsicht gleichen sich also die beiden Typen von Verhältniswahlsystemen. Nach der Machtübernahme durch Hugo Chávez wurde das nach wie vor als personalisierte Verhältniswahl geführte Wahlsystem allerdings in einer trickreichen Weise angewandt, die ihrer Grundidee zuwiderläuft. Die Bewegung zur Unterstützung des Präsidenten teilte sich in zwei Gruppierungen auf:

Die Bewegung V. Republik (MVR) bewarb sich nur um die Listenmandate, die Union der Wahlsieger (UVE) kandidierte nur in den Einerwahlkreisen (s. Molina 2005). Somit umgingen die Machthaber eine proportionale Zuteilung der Mandate, missachteten das Prinzip der Verhältniswahl, die neben der Personalisierung von der 1999er Verfassung in Art. 15 vorgeschrieben ist, und lösten auf ihre Weise das durch den angeblich interpretationsoffenen Verfassungstext selbst aufgeworfene Problem, ob das Wahlsystem als personalisierte Verhältniswahl oder als segmentiertes System zu gestalten sei. Die Opposition legte gegen diese manipulative Wahlpraxis Einspruch beim Nationalen Wahlrat (Consejo Nacional Electoral) und beim Obersten Gerichtshof (Tribunal Supremo de Justicia) ein, wurde aber von beiden Instanzen, die mehrheitlich von Chavistas besetzt sind, abgewiesen (s. Nohlen/Nohlen 2007). Sie boykottierte daraufhin die Wahlen von 2005 mit dem Ergebnis, dass das Parlament ausschließlich mit Anhängern des Präsidenten besetzt wurde. In der pervertierten Form funktioniert das venezolanische Wahlsystem scheinbar wie ein segmentiertes Wahlsystem; beide Elemente haben jedoch mehrheitsbildende Auswirkung. In der Wahlreform von 2010 wurde das Wahlgesetz an die an sich verfassungswidrige Praxis angepasst und dabei die Zahl der direkt nach der Mehrheit vergebenen Mandate von 87 auf 110 Abgeordnete (von insgesamt 165) erhöht.

Technisch-politische Probleme bestehen hinsichtlich der Wahlkreiseinteilung, die in vielen Ländern die Zählwertgleichheit der Stimmen verletzt. Die Gründe dafür sind vielfältig. Zu nennen sind erstens verfassungsrechtliche Vorgaben, denen zufolge weniger bevölkerte Wahlkreise, die identisch mit politischen oder administrativen Einheiten des Landes sind, ein Anrecht auf eine feste Zahl von Repräsentanten haben, zweitens rasche demographische Entwicklungen und drittens die einfache Vernachlässigung des Gleichheitsgrundsatzes, dessen Verwirklichung politischen Willen und technische Fähigkeiten voraussetzt.

Die Listen sind in der Regel starr. Nur Brasilien und Panama mit lose gebundenen Listen sowie Peru mit fakultativer doppelter Präferenzstimme weichen vom Grundmuster ab. Ob die Listen tatsächlich starr sind, ist jedoch gegebenenfalls ein analytisches Problem. In Uruguay etwa werden im Wahlgesetz die Listen als starr bezeichnet. Der Wähler kreuzt aber innerhalb der *Lemas* (sprich

Parteien) *Sublemas* oder innerhalb der *Sublemas* Listen an. Nur diese einzelnen Listen sind starr. In ähnlicher Weise wählte der Wähler in Kolumbien zwischen 1993 und 2006 nicht starr die Liberale oder die Konservative Partei, sondern Dreierkandidatenlisten, die sich frei bewarben und erklärten, zum Lager der Liberalen oder Konservativen zu gehören. Der Wähler besaß eine Riesenauswahl unter den Bewerberlisten einer Partei, die ihrerseits allerdings starr waren. Diese Wahlfreiheit, von der eine verheerende Wirkung auf den Zusammenhalt der Parteien ausging, wurde in der kolumbianischen Wahlreform von 2004 aufgehoben (s. Hoskin/García Sánchez 2006; Zovatto/Orozco 2008).

In der lateinamerikanischen Reformdebatte (s. dazu auch weiter unten) wird vor allem an den starren Listen Kritik geübt. Die darauf platzierten Kandidaten seien von der Parteiführung bestimmt und blieben für die Wähler anonym. Zu berücksichtigen ist jedoch, dass die Wahlkreise überwiegend klein sind, so dass die kritisierten Verhältnisse technisch gesehen nicht so sein müssten, wie sie sind. Die Reform der Parteien ist hier gefragt. Die Kritik nährt sich jedoch auch aus überzogenen klientelistischen Erwartungen an die Mandatsträger und aus einer Unterbewertung der Funktion der politischen Parteien, verallgemeinerbare bzw. nationale Interessen zu vertreten. Deshalb werden unentwegt Formen der Personalisierung der Wahl diskutiert. Die Einführung der personalisierten Verhältniswahl in Venezuela und Bolivien sowie der freien Liste mit multipler Stimmgebung in Ecuador, was hier faktisch den Wechsel zur Mehrheitswahl bedeutete, können als Versuche begriffen werden, die Repräsentation durch mehr Partizipation zu verbessern. Im Falle Ecuadors missglückte der Personalisierungsversuch über die frei Liste angesichts eines wenig institutionalisierten Parteiensystems. Simon Pachano (1998) sprach von der „chaotischen Repräsentation“: Die Reform stabilisierte die Instabilität. In Bolivien erhöhte die Einführung von Direktmandaten zwar den Bekanntheitsgrad der Abgeordneten, da die Parteien orts- oder landesbekannte Personen aufstellten, die sich außerhalb der Politik (als Schauspieler, als Sänger etc.) einen Namen gemacht hatten. Aber die Abhängigkeit dieser Abgeordneten von der Parteiführung stellte sich als wesentlich stärker heraus als jene der Listenabgeordneten, deren langjährige politische Erfahrung ihnen im internen Willensbildungsprozess Gewicht verlieh. Nach der Machtübernahme durch Evo

Morales 2009 und der Verabschiedung einer neuen Verfassung 2009 wurde der Typ des Wahlsystems aufgegeben, was verborgen bleibt, wenn man den Terminus Mischwahlsystem verwendet: Die personalisierte Verhältniswahl wurde durch ein segmentiertes Wahlsystem ersetzt. 70 Abgeordnete werden in Einerwahlkreisen, 35 über Provinzlisten nach Proporz gewählt. Für die proportionale Zuteilung der Listenmandate gilt der Stimmenanteil, der auf die Präsidentschaftskandidaten entfallen ist, was einen erheblichen Konzentrationseffekt bewirkt. Zudem büßten die Wahlen an Fairness ein.

Auffallend ist, dass bislang in Lateinamerika kaum von der künstlichen Sperrklausel Gebrauch gemacht wird. Man trifft sie nur in Argentinien (3% im Wahlkreis), in Bolivien (3% nationaler Stimmenanteil), in Mexiko (2% für die Vergabe der Proporzmandate) und seit 2004 in Kolumbien (Hälfte der Wahlzahl an abgegebenen Stimmen) an. Weitere Details können *Tabelle 28* entnommen werden.

7.3.4 Parteiensysteme

Im Falle Lateinamerikas zeigt sich, dass man in Anbetracht der Funktionsvielfalt der technischen Elemente eines Wahlsystems schon sehr gut über die tatsächliche Funktionsweise eines Wahlsystems informiert sein muss, um es angemessen beschreiben zu können. Ähnliches gilt für den Zusammenhang von Wahlsystem und Parteiensystem.

Ein allgemeiner historischer Überblick (Daten in Nohlen 2005) lässt erkennen, dass Lateinamerika alle Typen von Parteiensystemen der Typologie Sartoris vorweisen kann. Die Frage ist nur, ob mit den Kriterien dieser Typologie, nämlich der Fragmentierung und der Polarisierung, das Entscheidende über die jeweiligen Parteiensysteme ausgesagt ist (s. Bendel 1996). In zwei Ländern, Kolumbien und Uruguay, bestand bis jüngst trotz extrem partizipationsfreundlicher Verhältniswahlsysteme ein Zwei- bzw. Dreiparteiensystem. Die Zahl der Parteien ist jedoch ein recht vordergründiges Merkmal der Politik. Entscheidend war in den genannten Ländern vielmehr die Struktur der Parteien, die interne Ausdifferenzierung und Wettbewerbssituation, das Verhältnis von Mandatsträgern und Partei, schließlich das Repräsentationsverständnis der Volksvertreter.

Von der Polarisierung wird wohl zu sagen sein, dass ihr Grad von allergrößter Bedeutung ist für die Regierbarkeit, gleichviel ob es sich um ein parlamentarisches oder ein präsidentielles System handelt. Historisch ist für Lateinamerika jedoch keineswegs nachweisbar, dass sich geringe Fragmentierung mit einem geringen Grad der Polarisierung paarte, was in der Verteidigung mehrheitsbildender Wahlsysteme häufig unterstellt wird. Kolumbien mit der Erfahrung der *violencia* im Zweiparteiensystem von Liberalen und Konservativen, Argentinien mit seinem funktionsunfähigen Zweiparteiensystem von Bürgerlich-Radikalen und Peronisten (und den Militärs als dritter Partei), Chile mit seiner Überwindung der Fragmentierung und Zuspitzung der Polarisierung im Zweilagerkonflikt unter Salvador Allende sowie andere bürgerkriegsähnliche Situationen, die mit politischem Dualismus einhergingen, verweisen auf einen unübersehbaren Zusammenhang. Solcher historischen Ergebnisse könnten sich wiederum auch die Gegner der Verhältniswahl bedienen, die bekanntlich diesem Repräsentationsprinzip den verbissenen Kampf um jede Stimme zuschreiben, denn in den erwähnten Fällen wurde nach Verhältniswahl gewählt. Das hieße aber, Ursache und Wirkung zu vertauschen. Die Verhältniswahl wurde in Lateinamerika eingeführt, um Dominanzverhältnisse abzubauen. Auf sie gestützte Konkordanzverfahren haben sich in einigen wenigen Fällen bewährt (Uruguay, Kolumbien). In anderen Fällen haben sie den Konflikt nicht zu entschärfen vermocht. Die zeitliche Koinzidenz sollte auf keinen Fall kausal ausgelegt werden.

Nach der Redemokratisierung der 1980er Jahre jedoch schien sich die Tendenz zu einer bipolaren Struktur des Parteienwettbewerbs zu verstärken und mit Entpolarisierungserscheinungen einherzugehen. Auf der einen Seite gibt es in Lateinamerika wesentlich mehr Zweiparteiensysteme, als gemeinhin angenommen wird. Wenn wir als empirische Basis die letzten Parlamentswahlen des 20. Jahrhunderts nehmen, so betrug der Anteil der zwei stärksten Parteien an der Gesamtzahl der Mandate in der zweiten Kammer (bzw. der einzigen Kammer) 100% in Paraguay, 95,3% in Honduras, 93,2 in Kolumbien, 89,5% in Costa Rica, 88,6% in der Dominikanischen Republik, 88,5% in Guatemala. Auf der anderen Seite, wenn die Zahl der Parlamentsparteien nicht ebenso gering ist und die Konzentration der Mandate auf die beiden größten Parteien nicht so hoch ist, drückt sich die neue Bipolarität in zweipoligen

Parteiensystemen aus. Die Pole können jeweils aus mehreren Parteien bestehen wie im Falle von Chile, Nicaragua und Panama, oder aus einem Pol, den eine einzige Partei einnimmt, und aus einem zweiten, der von mehreren Parteien gebildet wird, wie im Falle Argentiniens. Selbst in Systemen des *moderate pluralism* wie seinerzeit in Bolivien nahm der Parteienwettbewerb bipolare Züge an, insofern als hier, durch das Wahlsystem zum Präsidentenamt angeregt, politische Pakte geschlossen bzw. Koalitionsregierungen gebildet wurden. Es ist wichtig, Bipolarität nicht mit (Bi)-Polarisierung zu verwechseln, ein Konzept, das bekanntlich für die Zuspitzung des ideologischen Konflikts steht. Das Gegenteil war nach der Redemokratisierung in Lateinamerika der Fall. Die Politik zeichnete sich im Vergleich zur vorautoritären Zeit durch größeren Pragmatismus aus. Die Parteien verfochten ähnliche Programme, führten ähnliche neoliberale Politiken durch und stritten auch in Lateinamerika darum, wer dazu die größere Kompetenz vorwies.

Mangelnde wirtschaftliche und soziale Politikerfolge haben in einigen Ländern zur Rückkehr scharfer politischer Gegensätze geführt. Die Krise erschütterte zunächst die Fähigkeit der Parteiensysteme, parteiliche Mehrheiten zwecks Unterstützung des gewählten Präsidenten hervorzubringen. In einigen Ländern erreichten die stärksten Parteien kaum mehr 30% der Wählerstimmen. Diese Entwicklungen waren verbunden mit einer wachsenden Kritik an der liberalen Demokratie, der als „neoliberaler Demokratie" die sozialen Missstände angelastet wurden. Als Folge sahen sich die gegen die repräsentativ-demokratischen Institutionen und gegen die Parteien agierenden politischen Kräfte gestärkt. Sie bedienten sich des Konzepts der partizipativen Demokratie, das von der Zivilgesellschaft favorisiert wird, und deuteten es populistisch um als Herrschaft eines sich auf das Volk berufenden Führers. Diese versuchten ihrerseits, über Massenproteste und Blockaden des öffentlichen Lebens Druck auf die politischen Institutionen auszuüben. In diesem Kontext offenbarten jedoch die neun Ergebnisse der Präsidentschaftswahlen im Superwahljahr 2006 ein erstaunliches Maß an Kontinuität. In fünf Wahlen (Brasilien, Chile, Kolumbien, Mexiko und Venezuela) konnten die Machtinhaber bzw. die Parteien an der Macht die direkte Wiederwahl erlangen, in drei weiteren Wahlen (Costa Rica, Nicaragua und Peru) setzte sich ein früherer

Präsident durch. In zwei Ländern (Bolivien und Ecuador) war ohnehin ein Übergangspräsident abzulösen. Nur in einem einzigen Fall entschied sich somit die Wählerschaft für einen Oppositionskandidaten (Honduras). In den Parlamentswahlen nach 2009 verfestigten sich Zweiparteiensysteme in der Dominikanischen Republik und Honduras, Uruguay entwickelte sich weiter in diese Richtung, während sich Costa Rica eher entfernte. Venezuela, Bolivien, Nicaragua und Ecuador gingen zu einem bipolaren Parteiensystem mit einer dominanten Partei und einer zersplitterten und heterogenen Opposition über, die sich bei Wahlen zu Allianzen zusammenschließt, der Regimepartei aber auch aufgrund ungleicher Wettbewerbsbedingungen bislang nicht das Wasser reichen konnte. Mehrparteiensysteme behaupteten sich in Brasilien (extremes Vielparteiensystem), Chile und Kolumbien (mehr als fünf Parteien, Chile mit bipolarer Struktur), Argentinien, Guatemala (zwischen vier und fünf Parteien, Argentinien mit dominanter Partei), El Salvador, Mexiko, Panama, Peru (zwischen drei und vier Parteien).

Was im Übrigen die Rolle der Parlamente in Lateinamerika betrifft, so ist die allgemeine Auffassung die, dass sie wenig Einfluss auf die Politik ausüben, den Exekutiven machtpolitisch weit unterlegen sind, und dass die Aufwertung der Parlamente reformpolitisch dringend erforderlich sei. Es wird jedoch verkannt, dass Parlamentarier in Lateinamerika wenig staatspolitisch und Gemeinwohl orientiert denken und handeln, sondern eher populistischen und klientelistischen Neigungen erliegen. Sie streiten für Partikularinteressen, den Vorteil des „Kirchtums“ *(parochialism)*. Die Verantwortung für das Ganze überlassen sie der Exekutive. Die Auswirkungen der Wahlsysteme auf diese Politikzusammenhänge sind bislang noch wenig erforscht. Vor allem interessiert die Frage, welchen Unterschied Wahlsysteme in diesen Fragen machen, ob folglich Reformen der Wahlsysteme, die häufig damit begründet werden, die kritisierten Verhältnisse überwinden zu helfen, tatsächlich etwas ändern können. Dabei ist zu berücksichtigen, dass solche Reformen von den Parlamenten verabschiedet werden müssen, deren Mitglieder die ihnen gewährten Vorteile der bestehenden Verhältnisse nicht gerne einbüßen möchten.

7.3.5 Reformdebatte

In Lateinamerika kreist die Wahlreformdebatte im allgemeinen um zwei der drei wesentlichen Funktionen von Wahlsystemen: zum einen um die bereits angesprochene Partizipation im Sinne von mehr Einfluss der Wähler auf die personelle Zusammensetzung der Parlamente bzw. die Auswahl der politischen Personals, mit der die Zielvorstellung einer besseren Repräsentation und einer höheren Verantwortlichkeit (*accountability*) der Abgeordneten gegenüber ihren Wählern einhergeht. Zum andern um die Regierbarkeit (*gobernabilidad*), die sich in den politischen Debatten definiert als die Chance der Exekutive, im Parlament über eine absolute Mehrheit zu verfügen.

Hinsichtlich der Partizipation, einer intensiven Forderung der Zivilgesellschaft, ist zu sagen, dass in einigen Ländern die institutionellen Möglichkeiten weitest gehend ausgeschöpft wurden, ohne dass sich die damit verbundenen Erwartungen, etwa einer höheren Legitimität der Demokratie, einstellten. In Kolumbien beispielsweise, das neben Ecuador die Partizipationschancen am weitesten ausdehnte, wurde zudem davon in der Praxis, gemessen an der Wahlbeteiligung und am Öffnungsgrad der traditionellen Parteiensysteme, kaum Gebrauch gemacht. Trotzdem hält der Partizipationsdiskurs an. Das mag mit der Vermengung zweier Verständnisse von Partizipation zu tun haben, einem politischen und einem sozioökonomischen Verständnis, die so gegensätzlich, wie man meinen möchte, nicht sind, da im Rahmen der klientelistischen politischen Kultur Lateinamerikas die Masse der Wähler von Wahlen mehr erwartet als Ergebnisse, die sich in Stimmen und Mandaten ausdrücken, nämlich Beteiligung an Gütern (zur Befriedigung der Grundbedürfnisse), Jobs, soziale Aufstiegschancen. Des weiteren wird gelegentlich Legitimität einseitig am partizipatorischen *input* festgemacht und verkannt, dass der *output,* die Politikergebnisse, angesichts von Armut und gesellschaftlicher Ungleichheit eine ebensolche wenn nicht noch höhere Bedeutung für den Erhalt bzw. Ausbau der Legitimität der Demokratie in Lateinamerika hat, was Umfrageergebnisse eindeutig belegen (s. Latinobarómetro, Jahrgänge seit 1996).

Tabelle 28: Wahlsysteme in Lateinamerika

Land	Typ Wahlsystem	Sitze	Wahlkreise			Kandidatur/ Listen	Stimmgebung	Ebenen der Stimmenverrechnung	Mandatszuteilung
			Zahl	Größe	Mittelwert				
Argentinien	VW in kleinen, mittleren und großen MPWK	257	24	5-25	10,7	starre L	Einzelst.	MPWK	d'Hondt; Sperrklausel: 3% im WK. Halberneuerung der Mandate, so dass sich jeweils die Hälfte auf 24 WK verteilt
Bolivien	Segmentiertes Wahlsystem	130: 70 53	 70 9	 1 1-13	 5,0	 individuell starre L	zwei Stimmen: Personalst. Listenst.	 EWK MPWK	EWK: rel. M; Vergabe der Mandate in den MPWK (=Departements) nach den Stimmen, die auf die Präsidentschaftskandidaten entfallen sind. 7 Mandate an indigene Bevölkerung
Brasilien	VW in mittleren und großen MPWK	513	27	8-71	19,0	lose geb. L	eine Präferenzst.	MPWK	einfache WZ; größter Durchschnitt
Chile	binominales System	120	60	2	2,0	lose geb. L	eine Präferenzst.	ZWK	rel. M Liste bekommt den 1. Sitz, den 2. nur im Falle, dass ihr Anteil doppelt so hoch ist wie der der zweitbesten Liste (identisch d'Hondt)
Costa Rica	VW in mittleren und großen MPWK	57	7	4-21	8,1	starre L	Einzelst.	MPWK	einfache WZ; größter Überrest [a]

Dominikan. Republik	VW in MPWK + nat. Zusatzliste	183	30… …5	2-31	4,0	Lose geb. L	Einzelst.	MPWK	d'Hondt; an nat. Zusatzmandaten nur Parteien mit mehr als 1% Stimmenanteil beteiligt
Ecuador	Mehrheitswahl in MPWK	124	24		5,1	freie L.	Mehrfachst, nicht übertragb. Personalst.	MPWK	Rel. Mehrheit, gemäß Reihenfolge der Kandidaten; im Zweierwahlkreis muss der Zweitplatzierte mindestens 35% der Stimmen erzielen, sonst fällt das zweite Mandat an die Mehrheitsliste
El Salvador	VW in MPWK mit nat. Zusatzliste	84: 64 20	 14 1	 3-25 20	 4.5	lose geb. L	Einzelst.	 MPWK nat. MPWK	auf beiden Ebenen: einfache WZ; größter Überrest
Guatemala	VW in kleinen und mittleren MPWK mit nat. Zusatzliste[d]	158 127 31	 24 1	 [d] 31	 5,0	 starre L starre L	zwei Stimmen: reg. Listenst. nat. Listenst. [d]	EWK/MPWK nat. MPWK	d'Hondt auf beiden Ebenen
Guyana	reine VW	53	1	53		starre L	Einzelst.	nat. MPWK	einfache WZ; größter Überrest
Haiti	abs. M in EWK	83	83	1		individuell	Einzelst.	EWK	abs. M (Stichwahl zwischen den zwei stärksten Kandidaten)
Honduras	VW in MPWK	128	18	k.A.	7,1	starre L	Einzelst.	MPWK	einfache WZ; größter Überrest
Jamaica	rel. M in EWK	60	60	1		individuell	Einzelst.	EWK	rel. M

Land	Typ Wahlsystem	Sitze	Wahlkreise			Kandidatur/ Listen	Stimmgebung	Ebenen der Stimmenverrechnung	Mandatszuteilung
Kolumbien	VW in einem MPWK	166[b]	33	k.A.	5,0	Starre oder lose geb. L, Parteien entscheiden[c]	Einzelst. ; optional Präferenzst.	MPWK	D'Hondt; Sperrklausel 50% der WZ
Mexiko	segmentiertes Wahlsystem	500: 300 200	 300 1	 1 200		 individuell starre L	zwei Stimmen: Personalst. Listenst.	 EWK nat. MPWK	 rel. M einfache WZ; Sperrklausel: 2% der Nationalstimmen; größter Überrest
Nicaragua	VW in MPWK mit nat. Zusatzliste	91+[e]: 70 20	 17 1	 1-19 20	 4.2	starre L auf beiden Ebenen	zwei Stimmen: Personalst. Listenst.	 MPWK nat. MPWK	einfache WZ; Restmandate auf nat. Ebene durch die folgende Quota zugeteilt: Summe der Reststimmen durch die Summe der Restmandate; Restmandate durch eine Quota zugeteilt, die dem Mittelwert von 4 reg. Wahlquota entspricht.
Panama	rel. M in EWK und VW in kleinen und mittleren MPWK	71 26 45	 26 13	 1 2-7	 3,5	EWK: individuell; MPWK: lose geb. L	Mehrfachst. (optional in MPWK)[f]	EWK/MPWK	EWK: rel. M; MPWK: 3 Schritte: einfache WZ; halbe einfache WZ und höchste Zahl der Personalst.

Paraguay	VW in kleinen, mittleren und großen MPWK	80	18	1-14	4,4	starre L	Einzelst.	EWK/MPWK	d'Hondt
Peru	VW in kleinen, mittleren und großen MPWK	130	26	1-36	5,0	lose geb. L	zwei Präferenzstimmen (optional)	MPWK	d'Hondt ('cifra repartidora'); Sperrklausel: 5% oder 6 Sitze über mehr als einen Wk verstreut
Uruguay	reine VW	99	19	2-45	5,2	lose geb. L [g]	Einzelst.	MPWK Nat. Ebene	Parteianteil von 99 Sitzen auf nat. Ebene nach d'Hondt berechnet; reg. MPWK Sitze zunächst durch einfache WZ (auf der MPWK-Ebene) zugeteilt und danach möglicherweise zwischen reg. MPWK umverteilt zur Erreichung der durch die d'Hondt Methode resultierenden nat. Proportionalität.
Venezuela [h]	Segmentiertes Wahlsystem EWK MPWK Zusatzmandate	165 110 52 3	 87 19 1	 1-4 2-3 1	 2,7	 Individuell starre L	Zwei Stimmen Personalst. Listenst. Einzelst.	 EWK+MPWK MPWK	 rel. M. d'Hondt. EWK für indigene Bevölkerung; rel. M;

Stand: um 2012

a In Costa Rica werden Restmandate nur den Parteien zugeteilt, die zumindest die Hälfte der einfachen Wahlzahl erreicht haben.

b In Kolumbien werden 161 Mandate auf die MPWK verteilt, mindestens 2 pro WK. Zusätzlich können max. fünf Mandate in besonderen Minderheitswahlkreisen vergeben werden: zwei für Schwarze, je einer für Indigene, für im Ausland wohnhafte Kolumbianer und für politische Minderheiten.

c Streng genommen gibt es in Kolumbien keine Parteilisten, sondern Kandidatenlisten, die sich für eine Partei aussprechen.

d In Guatemala dient die nationale Listenstimme gleichzeitig auch als Stimme für einen Präsidentschaftskandidaten. MPWK teilen sich wie folgt auf: 15 (1-5), 6 (6-10, 3 über 10).

e Zusätzlich zu den 90 Mandaten erhalten alle erfolglosen Präsidentschaftskandidaten, deren Stimmenzahl der Quote für die Sitze der verbleibenden nationalen Liste der Parlamentswahlen entspricht oder sie übersteigt, einen Sitz im Parlament. 1996 erfüllten drei Kandidaten dieses Kriterium; somit hatte das Parlament 93 Mitglieder.

f MPWK-Kandidaten können in Panama auf unterschiedlichen Parteilisten kandidieren.

g Strikt genommen wählen uruguayische Wähler starre Listen.

h Der Wähler hat so viele Personalstimmen, wie Abgeordnete im MPWK zu wählen sind. Vergabe dieser „nominalen" Mandate nach rel. M., ebenso der Mandate für indigene Repräsentation Die Größe der Wahlkreise wird vor jeder Wahl neu bestimmt. MPWK 2012: 14 Zweier und 4 Dreierwahlkreise.

(*Quellen*: Nohlen/Grotz/Krennerich/Thibaut 2000; Nohlen 2005; Alcántara 2013)

Hinsichtlich der Regierbarkeit ist zunächst nachzuhalten, dass wir uns im Kontext von präsidentiellen Systemen bewegen, diese aber gerade wegen der Neigung zu Blockaden zwischen Präsident und politisch anders gefärbter Parlamentsmehrheit (*divided government*) in die Kritik gerieten (s. Linz/Valenzuela 1994; relativierend Thibaut 1996). Des Weiteren ist zu bemerken, dass die Forderung nach mehr institutioneller Vorsorge für die Gewährleistung von *gobernabilidad* in gewissem Gegensatz zu jener nach mehr Partizipation steht. Nirgends wurden denn auch in den 1990er Jahren Wahlreformen herbeigeführt, die mehr *gobernabilidad* verbürgten. Kolumbien vollzog freilich mit der Wahlreform von 2004 eine Wende, stellte die Funktionsfähigkeit der Parteien und des Parteiensystems in den Mittelpunkt der Reformabsicht (Hoskin/García Sánchez 2006). In Chile wurde zudem ein Wahlsystem aufrechterhalten, dass trotz aller berechtigter Kritik ein Mehr an Regierbarkeit gewährleistet. Mario Fernández (2000) hat aufgezeigt, wie sich die politische und akademische Welt in Chile in gewissem Rhythmus stets wieder neu mit dem Zweierwahlkreissystem beschäftigt, ohne dass die traditionellen Missverständnisse des Systems überwunden wurden noch tatsächliche Reformalternativen reiften. Nach der Debatte erlosch das Interesse am Thema wieder. Im Zusammenhang des Wahlkampfes um die Präsidentschaft des Landes 2005 setzte die gewählte Präsidentin Michelle Bachelet eine Reform des binominalen Systems auf ihre politische Agenda, ohne Erfolg. Eine solche Reform dürfte nur gelingen, wenn die Mystifizierungen des Systems von Seiten seiner feurigen Verfechter und hartnäckigen Gegner überwunden werden. Im Rahmen der Bachelet-Initiative habe ich für eine Reform geworben, die den bestehenden Zweierwahlkreisen eine Liste nach Verhältniswahl hinzufügt, über die u.a. Kandidaten ins Parlament einziehen können, die in den Zweierwahlkreisen über mehr individuell auf sie abgegebene Stimmen verfügen als jene Kandidaten, denen ein Mandat zugesprochen wurde, weil die Listenstimmen so entschieden. Für weitere Details ist hier kein Platz (s. Nohlen 2006a), wohl aber für die allgemeine Bemerkung, dass es der Wahlsystemdebatte in einzelnen Ländern Lateinamerikas häufig an komparativer Erfahrung mangelt. So werden Elemente des Wahlsystems verteufelt (beispielsweise die Personalstimmgebung), die in verschiedenen Ländern auf der Wunschliste der Reformer stehen, andere herbeigesehnt (beispielsweise die starre Liste), die andernorts als das verwerflichste aller Elemente des bestehenden Wahlsystems betrachtet werden, das in El Salvador 210 sogar vom Verfassungsgericht als verfassungswidrig erklärt wurde.

Die Frage des Wahlsystems ist 2000 ins regionale Problembewusstsein vorgedrungen, als die Interamerikanische Entwicklungsbank (BID) auf ihrer Jahrestagung in New Orleans den Zusammenhang von politischen Institutionen und Regierbarkeit diskutierte, ihr Mandat ausdehnte und eine Initiative zur Untersuchung der Beziehungen zwischen Wahlsystemen, Wahlreformen und Regierbarkeit in Lateinamerika ergriff. Die im Jahr 2002 erschienene Untersuchung (Payne et al. 2002) ist ein Meilenstein in der Analyse politischer Institutionen und ihrer Reform. Im ersten Jahrzehnt unseres Jahrhunderts hat sich freilich im Zuge der autoritären Entwicklung einiger Länder das Blatt gewendet: In Venezuela und Bolivien wurden die Systeme personalisierter Verhältniswahl zugunsten segmentierter Systeme mit stark mehrheitsbildendem Charakter aufgegeben. Durchgeführte Reformen verstehen sich seither weniger im Zusammenhang der Frage nach der Regierbarkeit, sondern jener nach der Fairness der Wahlen bzw. der Qualität der Demokratie.

7.4 Wahlsysteme in Afrika

Afrika ist sicherlich keine Region, in der Regelmäßigkeiten in den Auswirkungen von Wahlsystemen leicht zu entdecken sind. Das einzig Regelmäßige sind bislang Unregelmäßigkeiten, sei es hinsichtlich der Abhaltung von Wahlen überhaupt, sei es in ihrer rechtsstaatlichen Durchführung. Auch im Hinblick auf die Kontextvariablen, welche auf die den Wahlsystemen zugeschriebenen Auswirkungen verstärkend, abschwächend oder diese umkehrend einwirken, finden wir so ziemlich alle präsent, so dass für die vergleichende Analyse in Afrika wirklich zutrifft, was häufig als charakteristische Forschungslage für die Anwendung der vergleichende Methode beschrieben worden ist: viele Variablen, wenig (kontexthomogene) Fälle.

Nichtsdestoweniger ist der Blick auf Afrika für die Wahlsystemforschung wichtig (s. dazu Nohlen/Krennerich/Thibaut 1999), weil durch die Analyse einzelner Fälle in derart heterogenen Kontexten aufgezeigt werden kann, wie verschiedenartig Wahlsysteme wirken können, so dass sich die Forscher der Tatsache stärker bewusst werden, dass die Regelmäßigkeiten in den Auswirkungen von Wahlsystemen, auf die wir in anderen Weltregionen stoßen, in gewissem Maße der relativ ausgeprägten Kontexthomogenität geschuldet sind. Des Weiteren ergibt sich, dass angesichts der grundlegenden Hindernisse, die der Einführung und Konsolidierung der Demokratie in Afrika entgegenstehen, die Funktionsanforderungen an die Wahlsysteme in Afrika spezifisch andere sind, und folglich ist es auch die Bewertung unterschiedlicher Wahlsysteme. Neben Armut, Unwissenheit, Klassenprivilegierung etc. (s. Nohlen/Nuscheler 1992-1995) ist die politische Ethnizität in den ethnisch zerklüfteten Gesellschaften sicherlich das größte soziopolitische Problem, vor dem die Länder südlich der Sahara stehen. Normativ betrachtet ist die politische Partizipation in zwei Formen, erstens der Repräsentation des ethnischen Kaleidoskops, das in hohem Maße identisch ist mit dem politischen Pluralismus, sowie zweitens – wenn eben möglich – der Beteiligung an der politischen Entscheidungsfällung, das wesentliche Element eines auf Interessenausgleich angelegten Politikstils, der institutionell nicht aufgezwungen oder erzwungen, aber doch angeregt und gefördert werden kann.

Es liegt auf der Hand, dass Wahlsysteme, welche die Repräsentationsfunktion betonen, in Afrika eher gefragt sein sollten als solche Wahlsysteme, welche der Mehrheitsidee huldigen. Trotzdem wurden fast allen subsaharischen Ländern Afrikas von den Kolonialmächten Mehrheitswahlsysteme hinterlassen. Es wäre allerdings vollkommen verfehlt, in dieser Entscheidung die Wurzel des afrikanischen Demokratieproblems zu erblicken, das zutreffenderweise in der Abwesenheit von Demokratie gesehen wurde. Die Masse der Länder Afrikas dürften an sich Fälle sein, die der Länderkategorie zuzurechnen sind, für die nach Robert A. Dahl (1996) die Gestaltung der Institutionen keine große Bedeutung für die Etablierung und Stabilisierung der Demokratie hat. Sie wird wohl geringer als jene des sozioökonomischen Enwicklungsstandes, des Politiserungsgrades des ethnischen Konflikts, der politischen Zurückhaltung des Militärs sowie des Konfliktverhaltens und der Problemlösungskapazität der politischen Eliten einzuschätzen sein (s. Hartmann 1999; Basedau 2003). Demgegenüber hat Shaheen Mozaffar (1995: 54) betont: „The form, intensity, and outcome of ethnic politics have varied with variations in the institutional configurations in these countries.“ Und Donald L. Horowitz (1991: 163) hat, bezogen auf Schwarzafrika, das Wahlsystem als „the most powerful lever of constitutional engineering for accomodation and harmony in severely divided societies“ angesehen. Institutionelles Umdenken zeigte sich, als in Namibia und in der Republik Südafrika Verhältniswahlsysteme eingeführt wurden, allerdings unter Bedingungen hegemonialer Parteiensysteme. Die intensive Wahlsystemdebatte in der Republik Südafrika Mitte der 1990er Jahre (s. Krennerich/de Ville 1997; Faure 1998) signalisiert, dass dem institutionellen Faktor dort hohe Bedeutung beigemessen wurde.

Bemerkenswert für Afrika ist die starke Ausdifferenzierung der Wahlsystemtypen *(Tabelle 29).* Die relative Mehrheitswahl wird beispielsweise neben ihrer klassischen Form (in Einerwahlkreisen; 12 von 40 Fällen) in jener der Verbindung von Einer- und Mehrpersonenwahlkreisen angewandt, wobei in den Mehrpersonenwahlkreisen entweder nach Mehrheit (Blocksystem) oder nach Proporz entschieden wird. Daneben ist noch nach der Stimmgebung zu unterscheiden. Bei der relativen Mehrheitswahl in Mehrpersonenwahlkreisen hat der Wähler entweder nur eine Stimme (Blocksystem) oder so viele, wie Abgeordnete zu wählen sind. Fast drei Viertel der Wahlsysteme Afrikas lassen sich der Mehrheitswahl zurechnen. Damit weicht dieser Kontinent weit von den Optionen in den westlichen Industriestaaten, in Mittel- und Osteuropa und in Lateinamerika ab. Die Verhältniswahlsysteme Afrikas gliedern sich auf in Verhältniswahl in Wahlkreisen (4), Verhältniswahl in Wahlkreisen mit nationaler Zusatzliste (3) und reine Verhältniswahl (4 Fälle). In Lesotho wurde 2002 der relativen Mehrheitswahl (80 Mandate) eine nationale Liste nach Verhältniswahl (40 Mandate) beigegeben und damit die Entwicklung zur personalisierten Verhältniswahl geöffnet.

Tabelle 29: Wahlsysteme in Afrika

Land	Typ Wahlsystem	Sitze	Wahl kreise			Kandidatur/ Listen	Stimmgebung	Ebenen der Stimmenverrechnung	Mandatszuteilung
			Zahl	Größe	Mittelwert				
Ägypten	abs. M in ZWK	444 44 lokal	200	2		individuell	zwei Stimmen	ZWK	abs. M (Stichwahl zwischen den vier stärksten Kandidaten)
Algerien	VW in kleinen, mittleren und großen MPWK	381	48	4-32	7,9	starre L	Einzelst.	MPWK	Sperrklausel: 5% auf WK-Ebene; einfache WZ; größter Überrest
Angola	VW in mittleren MPWK mit nat. Zusatzliste	220: 90 130	18 1	5 130		starre L	Einzelst.	reg. MPWK nat. MPWK	d'Hondt einfache WZ; größter Überrest
Äthiopien	rel. M in EWK	547	547	1		individuell	Einzelst.	EWK	rel. M
Benin	VW in kleinen und mittleren MPWK	83	18	3-6	5,3	starre L	Einzelst.	MPWK	einfache WZ; größter Durchschnitt
Botswana	rel. M in EWK	57	57	1		individuell	Einzelst.	EWK	rel. M
Burkina Faso	rel. M in EWK und VW in kleinen, mittleren und großen MPWK	111	45	1-11	2,5	EWK: individuell; MPWK: starre L	Einzelst.	EWK/MPWK	EWK: rel. M; MPWK: einfache WZ; größter Durchschnitt
Djibouti	rel. M in MPWK	65	5	4-37	13,0	starre L	Einzelst.	MPWK	rel. M (die stärkste L bekommt alle Mandate)

Land	Typ Wahlsystem	Sitze	Wahlkreise			Kandidatur/ Listen	Stimmgebung	Ebenen der Stimmenverrechnung	Mandatszuteilung
			Zahl	Größe	Mittelwert				
Elfenbeinküste	rel. M in EWK und MPWK	225 154 71	154 20	 2-4		EWK: individuell; MPWK: starre L	Einzelst.	EWK MPWK	rel. M einfache WZ. größter Überrest
Gabun	abs. M in EWK	120	120	1		individuell	Einzelst.	EWK	abs. M (Stichwahl zwischen den zwei stärksten Kandidaten)
Gambia	rel. M in EWK	48	48	1		individuell	Einzelst.	EWK	rel. M
Ghana	rel. M in EWK	200	200	1		individuell	Einzelst.	WK	rel. M
Guinea	segmentiertes Wahlsystem	114: 38 76	38 1	1 76		individuell starre L	zwei Stimmen: Personalst. Listenst.	EWK nat. MPWK	rel. M einfache WZ; größter Überrest
Guinea - Bissau	VW in kleinen und mittleren MPWK	102	29	1-6	3,5	starre L (individuell in EWK)	Einzelst.	EWK/MPWK	d'Hondt (rel. M in EWK)
Kamerun	rel. M in EWK und MPWK	180: 73 107	73 k.A.	1 2-7	k.A.	EWK: individuell; MPWK: starre L	Einzelst.	EWK MPWK	EWK: rel. M MPWK: abs. M oder VW mit Bonus für die stärkste Partei [a]; Sperrklausel 5%
Kenya	rel. M in EWK	210	210	1		individuell	Einzelst.	EWK	rel. M
Kongo	rel. M in EWK	129	129	1		individuell	Einzelst.	EWK	abs. M

Lesotho	segmentiertes WS	120: 80 40	80 1	1 40		Individuell Starre L.	zwei Stimmen: Einzelst. Listenst.	EWK nat. MPWK	rel. M einfache WZ, größter Überrest
Liberia	reine VW	64	1	64		starre L	Einzelst.	nat. MPWK	Sperrklausel: 1,56% der nat. Stimmen; einfache WZ; größter Überrest
Madagas-kar	rel. M in EWK und VW in ZWK	150: 82 68 neu 160	82 34	1 2	1,2	EWK: indivi-duell, ZWK: starre L	Einzelst. Einzelst.	EWK ZWK	EWK: rel. M ZWK: einfache WZ; größter Überrest
Malawi	rel. M in EWK	194	194	1		individuell	Einzelst.	EWK	rel. M
Mali	abs. M in EWK u. MPWK	160	55	1-7.	2,9	starre L	Einzelst.	MPWK	abs. M (Stichwahl zwischen den zwei stärksten Kandidaten / L)
Marokko	MW mit nat. Zusatzliste	325 295 30	91 1	2-5 30		starre L starre L	Zwei Stimmen	MPWK Nat. MPWK	Sperrklausel: 3% auf WK- und auf nat. Ebene; jeweils einfache WZ; größter Überrest
Mauretani-en	Abs. M in EWK u. ZWK, VW in Drei MPWK	81	45	1-11	1,8	EWK:individu ell, ZWK u. MPWK: Starre L	Einzelst.	EWK/ZWK/ MPWK	EWK und ZWK: abs. M (Stichwahl zwi-schen den zwei stärksten Kandidaten bzw. Listen); MPWK: einfache WZ, größ-ter Überrest rel. M 'best losers'; Sperrklausel 10% in ZWK
Mauritius	Rel. M in MPWK	70: 62 8	21	2-3	3,0	individuell	Mehrfache Stimmen	MPWK Gemein-de/Partei Ebene	Rel..M ´best losers`; Sperrklausel 10% in ZWK
Mozam-bique	VW in großen MPWK	250	11	11-54	22,7	starre L	Einzelst.	MPWK	d'Hondt; Sperrklausel: 5% der nat. Stimmen

Land	Typ Wahlsystem	Sitze	Wahlkreise Zahl	Größe	Mittelwert	Kandidatur/ Listen	Stimmgebung	Ebenen der Stimmenverrechnung	Mandatszuteilung
Namibia	reine VW	72	1	72		starre L	Einzelst.	nat. MPWK	einfache WZ; größter Überrest
Niger	VW in kleinen, mittleren und großen MPWK (mit 8 EWK)	83: 75 8	8 8	4-14 1	9.4	starre L individuell	Einzelst.	EWK/MPWK	einfache WZ; größter Überrest rel. M
Nigeria	rel. M in EWK	360	360	1		individuell	Einzelst.	EWK	rel. M
Senegal	Segmentiertes WS	140: 70 70	30 1	1-3 70		individuell starre L	Einzelst. Listenst.	EWK+MPWK MPWK	EWK: rel. M; MPWK: einfache WZ; größter Überrest nat. Sitze: einfache WZ; größter Überrest
Sierra Leone	VW in MPWK	112	14			starre L	Einzelst.	MPWK	Sperrklausel: 12,5% der Stimmen im WK; einfache WZ; größter Überrest
Südafrika	reine VW	400: 200 200	9 1	4-43 200		starre Provinz- und /oder Nationallisten	Einzelst.	EWK Nationalebene	Parteianteil von 400 Sitzen auf nat. Ebene berrechnet; Parteiensitze werden nach MPWK-L verteilt; WZ für beide Prozeduren: STV-Droop-Verfahren; größter Überrest
Sudan	keine Parteien, alle Mitgl. des Parlaments ernannt	450		1					)
Swaziland	keine Parteien rel. M in EWK	55	55	1		individuell (keine Parteienkandidatur)	Einzelst.	EWK	rel. M

Tanzania	rel. M in EWK	236	236	1		individuell	Einzelst.	EWK	rel. M
Togo	abs. M in EWK	81	81	1		individuell	Einzelst.	EWK	Abs. M (Stichwahl zwischen den zwei stärksten Kandidaten)
Tschad	abs. M in EWK und MPWK	125 neu 155	 91 25	 1 2-4	2,1	 EWK: individuell; MPWK: starre L	 Einzelst.	 EWK MPWK	 EWK: abs. M (Stichwahl zwischen den zwei stärksten Kandidaten); MPWK: abs. M oder VW mit d'Hondt [b]
Tunesien	Mehrheitswahl in MPWK mit kompensatorischer nat. Zusatzsliste	182 148 32 neu 189	 25 1	 2-10 34	 5.8	starre L auf beiden Ebenen	Einzelst.	 WK nat. MPWK	 rel. M (die stärkste L bekommt alle Mandate) einfache WZ, größter Durchschnitt
Uganda	keine Parteien rel. M in EWK	214	214	1		individuell (keine Parteienkandidatur)	Einzelst.	EWK	rel. M
Zambia	rel. M in EWK	150	150	1		individuell	Einzelst.	EWK	rel. M
Zentralafrikanische Republik	abs. M in EWK	109 neu 105	109	1		individuell	Einzelst.	EWK	Abs. M (Stichwahl zwischen den Kandidaten mit mehr als 10%; rel. M)
Zimbabwe	rel. M in EWK	120	120	1		individuell	Einzelst.	EWK	rel. M

Stand: um 2005

a Wenn eine Liste in einem Mehrpersonenwahlkreis die absolute Mehrheit der Stimmen erreicht hat, erhält sie alle Mandate; ansonsten bekommt die stärkste Partei 50% + 1 der Mandate und der Rest der Mandate des Wahlkreises wird den anderen Parteilisten, die die 5%-Sperrklausel übersprungen haben, nach der einfachen Wahlzahl und nach dem größten Überrest zugeteilt.

b Wenn eine Liste in einem Mehrpersonenwahlkreis in Tschad die absolute Mehrheit der Stimmen erreicht hat, erhält sie alle Mandate, sonst werden die Mandate nach d´Hondt zugeteilt.

(*Quelle*: Nohlen/Krennerich/Thibaut 1999, aktualisiert)

Tabelle 30: Ausgewählte Wahlsysteme in Afrika: Theoretische Effekte und tatsächliche Merkmale der Parteiensysteme

Typ Wahlsystem	Land	Jahr(e)	Idealtypischer theoretischer Effekt auf das Parteiensystem	Tatsächlicher Fragmentierungsgrad des Parteiensystems	"Effektive" Parteien im Durchschitt	Wahrscheinlicher Grund für Abweichung Spalte 5 von 4
Reine VW	Liberia	1997	Hohe Fragmentierung	Hohe Konzentration	1,5	Postbürger-kriegs-konflikt
	Namibia	Ab 1989	Hohe Fragmentierung	(Hohe) Konzentration	1,9	Posttransitionskonflikt
	Südafrika	Ab 1994	Hohe Fragmentierung	Hohe Konzentration	1,8	Posttransitionskonflikt
VW in großen und mittleren MPWK	Angola	1992	Fragmentierung	Konzentration	2,2	Postbürger-kriegs-konflikt
	Mosambique	Ab 1994	Fragmentierung	Konzentration	2,2	Postbürger-kriegs-konflikt
	Niger	1993-1995	Fragmentierung	Fragmentierung	4,2	–
VW in kleinen MPWK	Benin	Seit 1995	Moderate Konzentration	Hohe Fragmentierung	6,4	Ethno-regionale Konfliktlinie (personalistisch gebrochen)
	Burundi	1993	Moderate Konzentration	Hohe Konzentration	1,5	Ethnische Konfliktlinie
	Kap Verde	Ab 1991	Moderate Konzentration	(Hohe) Konzentration	1,9	–
Absolute MW in MPWK	Mali	Ab 1992	Konzentration	(Hohe) Konzentration	2,3	Posttransitionskonflikt?
Relative MW in EPWK	Botswana	Ab 1965	Hohe Konzentration	Hohe bis extreme Konzentration	1,4	–
	Lesotho	1993-1998	Hohe Konzentration	Extreme Konzentration	1,1	–
	Malawi	Ab 1994	Hohe Konzentration	Konzentration	2,7	Ethno-regionale Konfliktlinien
	Zambia	2001	Hohe Konzentration	Moderate Fragmentierung	3,0	Ethno-regionale Konfliktlinien?

(*Quelle*: Basedau 2003a: 321)

Was nun die Auswirkungen der Wahlsysteme auf die Parteiensysteme anbelangt, so zeigt ein Blick auf die Wahlergebnisse in den 1990er Jahren, dass ihre Bestimmung nicht nur in Folge der geringen Wahlerfahrung der Länder, sondern auch wegen der überwiegend dominanten oder hegemonialen Parteiensysteme schwer fällt. In 32 Wahlen in ebenso vielen schwarzafrikanischen Ländern zwischen 1993 und 1998 erreichte 23 mal die stimmenstärkste Partei bereits eine absolute Stimmenmehrheit, zudem in vier weiteren Fällen mit Hilfe des Wahlsystems die absolute Mehrheit der Mandate, so dass nur in fünf von 32 Wahlen keine absolute Mandatsmehrheit für eine Partei zustande kam. 18 mal wurde eine parteiliche Zweidrittel Mehrheit erzielt, sechs mal eine Mandatsmehrheit von mehr als 90%. An diesem Zahlenmaterial (sämtlich aus Nohlen/Krennerich/Thibaut 1999) wird deutlich, dass für Afrika südlich der Sahara nicht die parteiliche Mehrheitsbildung, sondern die übergroße Mehrheit das Problem ist, mit anderen Worten die asymmetrische Struktur des Parteienwettbewerbs, vielfach gegründet auf ethnische Gegebenheiten und/oder auf systematische Behinderung der politische Opposition.

Für die Aufrechterhaltung der relativen Mehrheitswahl können folgende Gründe ins Feld geführt werden: Die Begünstigung der lokal dominierenden Machtgruppe gegenüber der typischerweise zersplitterten Opposition; die größere Möglichkeit der politischen Kooptation individueller Abgeordneter im Falle einer parlamentarischen Minderheitssituation für den Präsidenten oder die stärkste Partei. Die relative Mehrheitswahl hält ihrerseits die Bedingungen aufrecht, die Voraussetzungen der genannten Effekte sind: die kontinuierliche Zersplitterung der Opposition und den geringen Grad der Institutionalisierung des Parteiensystems. Shaheen Mozaffar (1997) hat in einer ersten vergleichenden Analyse der afrikanischen Kontextfaktoren, welche die Auswirkungen der Wahlsysteme beeinflussen, vier Beobachtungen gemacht: 1. Politisierte ethnoregionale Konfliktlinien, die ein geschlossenes Abstimmungsverhalten ethnischer Gruppen hervorrufen, begünstigen mehr Proportionalität im Stimmen-Mandate-Verhältnis als fragmentierter Pluralismus, und zwar unabhängig vom Wahlsystem. 2. Die Vielzahl sich bewerbender Parteien, Folge der Wahlunerfahrenheit der Kandidaten, verstärkt die Disproportionalität, so dass sich die These von Lijphart (1994) bestätigt findet, *multipartism increases disproportionality, disproportionality increases multipartism.* 3. Der Vorteil, den in der Regierung befindliche Parteien gegenüber einer zersplitterten Opposition haben, vor allem bei relativer Mehrheitswahl in Einerwahlkreisen. In Verhältniswahlsystemen schwindet dieser Vorteil. 4. Die kontextbedingten Auswirkungen der Wahlsysteme begünstigen ihre Stabilisierung. Infolge der hohen Kosten einer Wahlreform ziehen die politischen Akteure vor, ihr Verhalten den etablierten Systemen anzupassen. Matthias Basedau (2003a: 323f.) hat dem die weitere Beobachtung hinzugefügt, dass die theoretisch erwarteten Effekte der Wahlsystemtypen auf Fragmentierungs- und Polarisierungsgrad der Parteiensysteme nicht ohne weiteres empirisch eintreffen. Tabelle 30 gibt darüber für ausgewählte Länder skizzenhaft Auskunft. Basedau sieht darin den kontextsensiblen Institutionalismus der vorliegenden Schrift bestätigt.

7.5 Wahlsysteme im arabisch-islamischen Raum

Eine besondere Betrachtung verdient der arabisch-islamische Raum, der Nordafrika und den Vorderen Orient umschließt, in welchem mit dem sog. Arabischen Frühling die Wahlsysteme in Bewegung gerieten. Es gilt dabei zunächst festzuhalten, dass vor den politischen Umstürzen fast überall gewählt wurde, aber eben nicht frei und fair. Der Wahlprozess wurde vom jeweiligen Regime auf das gewünschte Wahlergebnis hin gelenkt. Das betraf auch die Relevanz der Wahlsysteme: die Frage, nach welchem Wahlsystem gewählt wurde, erfasst einfach nicht den Zusammenhang, in welchem Liberalisierungen standen, auch wenn Reformen je nach Regimetyp (Monarchie oder Einparteiregime) einen Unterschied machten (vgl. Lust-Okar/Jamal 2002). Wurden die Partizipationsrechte und der Wettbewerbscharakter der Wahlen formal ausgedehnt, nahmen zugleich mehr oder weniger kompensatorisch die administrativen Hürden zu, die den demokratischen Gehalt der Wahlen wieder einschränkten, etwa indem die Einschreibung in die Wählerlisten erschwert oder behindert wurde. An der Verortung der politischen Regime als autoritär änderten die Liberalisierungen folglich nichts (s. Brownlee 2007, Schlumberger 2008, Álvarez-Ossorio/Zaccara 2009).

Werfen wir einen Blick auf die Wahlsysteme vor dem Arabischen Frühling, so fällt der sehr hohe Anteil der Mehrheitswahlsysteme auf, die untereinander nach verschiedenen Wahlkreisgrößen variierten. Die relative Mehrheitswahl in Einerwahlkreisen bestand im Jemen und in Marokko (bis 2002, danach mit nationaler Zusatzliste, s. Tabelle 29), in Zweierwahlkreisen in Kuweit, in Einer- und Zweierwahlkreisen kombiniert im Oman, in Mehrpersonenwahlkreisen im Irak unter Saddam Hussein, in Syrien (hier im Rahmen einer Parteien-Blockwahl) sowie in Tunesien (hier kombiniert mit zusätzlichen Proporzmandaten). In den Mehrpersonenwahlkreisen (Jordanien, Kuwait, Libanon, Palestina), hatten die Wähler so viele Stimmen, wie Abgeordnete zu wählen waren (*at-large plurality systems*). Die absolute Mehrheitswahl wurde in Ägypten und in Bahrein angewandt. Sie galt auch 1991 in Algerien. Nach Proporz wurde in Ägypten bei den Wahlen von 1984 und 1987, in Algerien bei den Wahlen seit 1997 gewählt (s. Tabelle 29). Eine Besonderheit bildete Jordanien, wo seit 1993 das System nichtübertragbarer Einzelstimmgebung angewandt wurde.

Ein Merkmal der Wahlsysteme betraf zunächst ihre Genesis: Mit Ausnahme des Libanon wurden die Wahlsysteme nicht vereinbart, sondern von oben erlassen, ohne dass bei den Wahlen die Herrschaft der Machthaber (mit der Ausnahme Algeriens 1991) in Frage stand (vgl. Pripstein Posusney 2002). Ein weiteres Merkmal bestand in den Methoden, die angewandt wurden, um die Machtverhältnisse durch Wahlen nicht zu gefährden, vor allem angesichts der Herausforderung von Seiten (gemäßigt) islamischer oder (fundamentalistisch) islamistischer Gruppierungen (s. Kirchenbauer 2008; s. auch Kapitel 2, Abschnitt 5). Als wichtigstes Mittel wurde neben der gezielten Beschränkung des Wahlrechts die Wahlkreiseinteilung eingesetzt. Das *gerrymandering* (s. Kapitel 4, Abschnitt 1.2) wurde fast überall praktiziert, was durch die Mehrheitswahl in kleinen Wahlkreisen erleichtert wurde. Algerien (1991) und Marokko bilden gute Beispiele (s. Axtmann 2007). Insbesondere in multiethnischen und multireligiösen Gesellschaften wurde mit *gerrymandering* ein tentatives Gleichgewicht in der Repräsentation zu erreichen versucht, um die Stabilität des politischen Regimes nicht zu gefährden, im Vorderen Orient zum Beispiel im Libanon und in Jordanien. Im letztgenannten Land entfiel beispielsweise bei den Wahlen von 1997 im Wahlkreis Amman, in welchem die palästinensische Bevölkerung überwiegt, ein Abgeordneter auf 127.000 Einwohner, im bevölkerungsarmen Wahlkreis Karak ein Abgeordneter hingegen auf 18.500 Einwohner (Dieterich 2001: 146).

Auf ähnliche Weise wurde auch das Stimmgebungsverfahren zur Machtsicherung genutzt. Als 1989 in Jordanien erstmals wieder gewählt wurde, waren Parteien noch nicht zugelassen. Die Kandidaten gaben aber ihre politische Zugehörigkeit preis, vor allem im Falle islamistischer Orientierung. Bei diesen ersten Wahlen wurde in 20 Mehrpersonenwahlkreisen kleiner und mittlerer Größe gewählt. Jeder Wähler hatte so viele Stimmen, wie Abgeordnete zu wählen waren, was den Wählern ermöglichte, sowohl Stimmen für Kandidaten ihres Stammes oder ihres Clans als auch für Kandidaten islamistischer Orientierung abzugeben. Als 1992 die Parteien legalisiert wurden, konnte die Islamische Aktionsfront sogar die Wahlen gewinnen. Die institutionelle Antwort des Monarchen ließ nicht lange auf sich warten. Er führte das System nicht übertragbarer Einzelstimmgebung (SNTV) ein. Die Wähler zogen nun die Kandidaten ihres Stammes oder Clans vor. In der Literatur wurde von einer Retribalisierung der Politik gesprochen.

Im Zuge des Arabischen Frühlings wurden die Wahlsysteme erneuert. In den Ländern des politischen Umsturzes gingen sie nun aus Verhandlungen der politischen Gruppierungen hervor. Zudem zeigte sich, dass die politischen Akteure, die machtpolitisch etwa gleich stark eingeschätzt wurden, nun Verhältniswahl oder kombinierte Wahlsysteme bevorzugten, eine Erfahrung in Transitionsprozessen, die bereits in Mittel- und Osteuropa gemacht wurde (s. Nohlen/Kasapović 1996; ebenso Kapitel 7, Abschnitt 2). Freilich ermittelten die Wahlen eindeutige Mehrheitsverhältnisse, auch wenn sich viele Gruppen an den Wahlen beteiligten und etliche von ihnen Parlamentsmandate erringen konnten. Dafür zeigte vor allem die Wahlkreisgröße verantwortlich. In der Regel wurden kleine bis mittelgroße Wahlkreise gebildet. Ein weiteres Merkmal der Reformen war, dass die Genderfrage angegangen wurde: Den Frauen wurden feste Mandate reserviert.

In Tunesien wurde zur Wahl der Verfassunggebenden Versammlung (Oktober 2011) Verhältniswahl in Wahlkreisen eingeführt. Ein Abgeordneter sollte auf 60.000 Einwohner entfallen. Das Abgeordnetenhaus sollte 217 Sitze plus 18 Sitze für im Ausland lebende Tunesier umfassen. Das Land wurde in 27 Wahlkreise eingeteilt, deren Größe zwischen sechs und zehn Mandaten schwankte. Hinzu kamen sechs Wahlkreise im Ausland (Marseille, Paris, Italien, Deutschland, Kanada und Abu Dhabi). Die Listen waren starr, Männer und Frauen hatten sich in der Reihung abzuwechseln. Die Mandate wurden nach Hare und größtem Überrest vergeben. Es siegte die islamistische Ennahda mit 37,0% der Stimmen und 41,0% der Mandate, weit vor der zweitstärksten Partei (CPR) mit 8,7% der Stimmen und 13,4% der Mandate, die in besonderem Maße von der disproportionalen Wirkung der kleinen bis mittelgroßen Wahlkreisen profitierte. 27% der Mandate entfielen auf Frauen (Carter Center 2011).

In Libyen wurde die Kombination der Einzelelemente des Wahlsystems mehrfach neu justiert. Schließlich wurden 120 Direktmandate in insgesamt 69 Wahlkreisen, 80 Listenmandate in 20 Wahlkreisen vergeben, wobei sich hier mit der Wahlkreiseinteilung die Frage verband, ob sich nur unabhängige Kandidaten oder auch Parteilisten bewerben konnten; Parteienwettbewerb wurde nur für die Listenmandate zugelassen. Wichtig war auch die Verteilung der Mandate auf die Regionen: 102 entfielen auf den Westen, 60 auf den Osten, 29 auf den Süden und neun auf die Mitte des Landes. In Libyen erwies sich die laizistische „Allianz der nationalen Kräfte" mit 48,1% der Stimmen als weitaus stärkste Partei.

In Ägypten wurde zu den Wahlen von 2011/12 ein segmentiertes Wahlsystem (Grabensystem) eingeführt: 166 der insgesamt 508 Abgeordneten (davon 498 gewählt) wurden nach absoluter Mehrheitswahl, 332 nach Verhältniswahl gewählt. Die islamisch/islamistischen Parteien konnten zusammen mehr als 70% der Stimmen auf sich vereinigen. Als stärkste Partei stellte sich die Muslimbruderschaft mit 37,0% der Stimmen und 45,7% der Sitze heraus, weit vor der zweitstärksten Partei, der radikal-islamistischen Partei des Lichts.

Auch in den Ländern, die durch politische Reformen einem Umsturz zuvor kommen wollten, ergab sich ein Trend zu mehr Proporzelementen in den Wahlsystemen. Marokko hatte schon 2002 eine gewisse Öffnung eingeleitet, und zwar durch Einführung eines Zweistimmensystems und einer zusätzlichen Proporzliste von 30 Mandaten, die alle für Frauen reserviert wurden (s. Aixelà 2009; über Genderquoten im Vergleich s. Krennerich

2009). Diese Reformlinie, die Verbindung von Proporz und Gender-Repräsentation, wurde 2011 fortgesetzt, indem die Zahl der zusätzlichen Listenmandate auf 90 (von insgesamt 395 Parlamentsmandaten) erhöht wurde, von denen 60 den Frauen und 30 jungen Bewerbern unter 30 Jahren vorbehalten wurden. Jordanien ging einen ähnlichen Reformweg, freilich begrenzteren Umfangs. Hier wurde das System nicht übertragbarer Einzelstimmgebung aufgegeben und 2012 ebenfalls das Zweistimmensystem eingeführt. Neben 123 Direktmandate traten 27 Proporzmandate nach nationaler Listenwahl. 15 Mandate wurden für Frauen, neun für Christen und drei für Minderheiten reserviert. Die Reform wurde allerdings wie in Marokko vom König durchgesetzt, der die Listenmandate auf 18% der Gesamtzahl der Mandate begrenzt halten wollte, was den Boykott der Wahlen durch die Islamische Aktionsfront auslöste.

7.6 Wahlsysteme in Asien

Hinsichtlich der Grundstruktur politischer Systeme ist der Großraum Asien weit heterogener als die Ländergruppe Afrika oder Lateinamerika (Nohlen/Grotz/Hartmann 2001; Merkel 2003). Im Unterschied zu allen anderen Weltregionen finden sich hier etliche Staaten, in denen noch nie direkte Wahlen zu nationalen Repräsentativorganen stattgefunden haben. Zu dieser Gruppe autokratischer Regime zählen neben einigen arabischen Ländern (Katar, Oman, Saudi-Arabien und die Vereinigten Arabischen Emirate) auch das Königreich Bhutan sowie die Volksrepublik China. Andere Staaten wie Bahrain oder Myanmar (Burma) verfügen zwar über eine gewisse, teils weit zurückreichende Wahltradition; die gegenwärtig amtierenden Regime führen jedoch erst seit 2010 wieder Parlamentswahlen durch, denen es aber an Fairness fehlt und die deshalb von der Opposition boykottiert wurden. Mehrheitswahl ist hier die Regel. Nach Wiederzulassung der Oppositionspartei NLD in Myanmar und von ihr erfolgreich gestalteter Nachwahlen 2012 (von 45 der insgesamt 664 Parlamentssitze) ist viel von einem politischen Frühling die Rede. In Afghanistan wurde 2005 und 2010 parteilos nach dem System nicht übertragbarer Einzelstimmgebung gewählt.

Für einen qualitativ-vergleichenden Überblick über die asiatischen Wahlsysteme ist weiterhin zu beachten, dass Asien von der „dritten Demokratisierungswelle" (Huntington 1991) weit weniger erfasst wurde als die zuvor behandelten Kontinente. Dies erklärt sich wiederum aus der historisch-politischen Heterogenität dieser Großregion. So gibt es einerseits „gestandene" Demokratien wie Indien, Israel und Japan, die seit Ende der 1940er Jahre kontinuierlich kompetitive Wahlen durchführen. Andererseits finden sich sowohl im Nahen Osten als auch in Südostasien nach wie vor zahlreiche autoritäre Regime, in denen die nationalen Parlamente zwar direkt gewählt werden, die entsprechenden Wahlen jedoch nur semi-kompetitiven bzw. nicht-kompetitiven Charakter haben. In den betreffenden Staaten (Iran, Syrien, Nordkorea, Laos, Vietnam) kann der Form der (Mehrheits-) Wahlsysteme daher nur eine marginale Bedeutung für die Strukturierung des politischen Prozesses zugeschrieben werden. Im Irak, der unter der Diktatur Sadam Husseins ebenfalls zu dieser Ländergruppe gehörte, fanden 2005 und 2010 Wahlen nach Verhältniswahl statt (für 2005 s. Hartmann 2007).

Betrachtet man nun die in *Tabelle 31* aufgeführten Wahlsysteme Asiens, so fällt zunächst auf, dass ähnlich wie in Afrika Mehrheitswahlsysteme eindeutig überwiegen. Gleichwohl lassen sich hinsichtlich der gegenwärtigen Verteilung der Wahlsystemtypen gewisse regionale Muster erkennen. In den ehemals britischen Kolonialgebieten Südasiens überwiegt die relative Mehrheitswahl in Einerwahlkreisen, die nach der Unabhängigkeit der betreffenden Staaten (Indien, Nepal, Pakistan Bangladesh), Sri Lanka unverändert fortbestand. Erster Abweichler war Sri Lanka, das in den 1980er Jahren die Mehrheitswahl britischen Typs durch ein Verhältniswahlsystem ersetzte. Pakistan folgte zu Beginn des 21. Jahrhunderts, als entsprechend den Reformempfehlungen (Nohlen 1995; Waseem 2002) die relative Mehrheitswahl um Listenmandate nach Proporz erweitert und damit einem neuen Wahlsystemtyp Platz machte.

Tabelle 31: Wahlsysteme in Asien

Land	Typ Wahlsystem	Sitze	Wahlkreise			Kandidatur/ Listen	Stimmgebung	Ebenen der Stimmenverrechnung	Mandatszuteilung
			Zahl	Größe	Mittelwert				
Azerbaidschan	rel. M in EWK	125	125	1		Individuell	Einzelst.	ZWK	rel. M
Bangladesh	rel. M in EWK	345[a]	345	1		Individuell	Einzelst.	EWK	rel. M
Fidschi	rel. M in EWK und kleinen MPWK	71[b] 25 direkt gewählt	25	1-3	1,3	Individuell	Einzelst.	EWK/ MPWK	rel. M
Georgien	Segmentiertes System[c]	235: 85 150	85 10	13,6		individuel starre L.	Zwei Stimmen: Personalst. Listenst..	EWK MPWK (nat. Ebene (Für Restmandate)	abs. M (zweiter Wahlgang zwischen den Kandidatenb mit mehr als 33%; rel. M.) Sperrklausel 5% der nat. Stimmen; einfache WZ, Restmandate auf nat. Ebene nach d'Hondt zugeteilt
Indien	rel. M in EWK	543	543	1		Individuell	Einzelst.	EWK	rel. M
Indonesien	VW in MPWK	425[d] neu 550	27	k.A.	15,7	starre L	Einzelst.	MPWK	einfache WZ; größter Durchschnitt

Irak	VW in MPWK	275: 230 45	1 1	230 45		starre L.	Einzelst. Einzelst.	MPWK MPWK	Sperrklausel: natürlicher Quotient; einfache WZ, größter Überrest; kompensatorischer Ausgleich nach Gouvernements
Iran	MW in EWK und MPWK	270	196	k.A.	k.A.	Individuell	Mehrfachst.	EWK/MPWK	Qualifizierte M: 1/3 der Stimmen in EWK, Stimmen von 1/3 der Wähler in MPWK (Stichwahl zwischen den stärksten Kandidaten: doppelte Zahl der Sitze, die zuzuteilen sind)
Jemen	rel. M in EWK	301	301	1		Individuel	Einzelst.	EWK	rel. M
Jordanien	single non-transferable vote (SNTV)	80[e] neu 110	20	2-9	4,0	Individuell	Einzelst.	MPWK	rel. M
Kambodscha	VW in MPWK (mit 8 EWK)	120 112 8	15 8	3-18 1	7,5	starre L individuell	Einzelst.	MPWK EWK	Einfache WZ, größter Überrest k.A.
Kazakchstan	abs. M in EWK mit Zusatzliste nach VW	77 67 10	67 1	1 10		individuell starre L	Personalst. Listenst.	EWK MPWK	rel. M k.A.
Kirgisien	abs. M in EWK	75	75	1		Individuell	Einzelst.	WK	abs. M (im 2. Wahlgang rel. M)
Korea-Nord	abs. M in EWK	687	687	1		Individuell	Einzelst.	EWK	abs. M[f]

Land	Typ Wahlsystem	Sitze	Wahlkreise			Kandidatur/ Listen	Stimmgebung	Ebenen der Stimmenverrechnung	Mandatszuteilung
			Zahl	Größe	Mittelwert				
Korea-Süd	Segmentiertes System	299: 243 56	243 1	1 56		individuell starre L	Personalst. Listenst.	EWK MPWK	rel. M Sperrklausel: 5% auf nat. Ebene oder 5 EWK-Sitze; einfache WZ, größter Überrest[g]
Kuweit	rel. M in ZWK	50:	25	2		individuell (keine Parteikandidaten)	zwei Stimmen	ZWK	rel. M
Laos	rel. M in MPWK	99 neu 115	18	3-14	5,5	starre L.	Einzelst.	MPWK	rel. M (die stärkste Liste bekommt alle Mandate)
Libanon	Rel. M in MPWK innerhalb fester konfessioneller VW[h]	128	5	k.A.	25,6	lose geb. L.	Mehrfachst.	MPWK	rel. M innerhalb konfessioneller Gruppen
Malaysia	rel.. M in EWK	219	219	1		individuell	Einzelst.	EWK	Rel. M
Mongolei	rel. M in EWK	76	76	1		Individuell	Einzelst.	EWK	rel. M
Nepal	rel. M in EWK	205	205	1		Individuell	Einzelst.	EWK	rel. M

Pakistan	rel. M in EWK plus Zusatzliste nach VW	342 272 70	272 1	1 70		individuell starre L.	Personalst. Listenst.	EWK MPWK	rel. M k.A.
Palestinensische Behörde	rel. M in EWK und MPWK	88 85 3	13 13	2-12 1	6,5	freie L. individuell.	Mehrfachst. Einzelst.	MPWK EWK	rel. M
Papua-Neuguinea	rel. M in EWK	109[l]	109	1		Individuell	zwei Stimmen	EWK	rel. M
Philippinen	segmentiertes System	260:[j] 208 52	208 1	1 52		individuell starre L.	Zwei Stimmen.	EWK Nat. MPWK	Rel. M Sperrklausel: 2% auf nat. Ebene; Wahlformel: k.A. Maximum von 3 Sitzen pro Partei[k]
Russland	Segmentiertes System Neu VW in einem nat. WK	450: 225 225	225 1	1 225		individuell starre L	zwei Stimmen Personalst. Listenst.	EWK Nat. MPWK	Rel. M Sperrklausel: 5% der nat. Stimmen, einfache WZ, größter Überrest
Singapur	rel. M in EWK und in kleinen und mittleren MPWK[l]	84	24	1-6	3,5	EWK: individuell; MPWK: starre L	Einzelst.	EWK/ MPWK	rel. M
Sri Lanka	VW in MPWK mit nat. Zusatzliste	225 196 29	22 1	4-20 29	9.4	Lose geb. L. Starre L.	1 Listenst. mit Präf. für 3 Kandidaten	reg. MPWK nat. MPWK	Sperrklausel 5% von WK-Stimmen, 1 Bonussitz für stärkste Partei, einfache WZ; größter Überrest

Land	Typ Wahlsystem	Sitze	Wahlkreise			Kandidatur/ Listen	Stimmgebung	Ebenen der Stimmenverrechnung	Mandatszuteilung
			Zahl	Größe	Mittelwert				
Syrien	rel. M in MPWK	250	15	k.A.	16,7	Lose geb. L.	Präferenzst..	MPWK	rel. M
Taiwan	SNTV mit nat. Zusatzliste	225 176 49	k.A. 1	k.A. 36		individuell starre L.	Einzelst.	MPWK Nat.	MPWK: rel. M (SNTV) Sperrklausel: 5% der nat. Stimmen; Hare-Niemeyer
Tadschikistan	abs. M in EWK	63 41 22	41 1	1 22		individuell starre L.	Personalst. Listenst.	EWK	abs. M k.A.
Thailand	Segmentiertes System	500: 400 100	400 1	1 100		Individuell starre L.	Personalst. Listenstimme	EWK MPWK	rel. M. Sperrklausel 5% der nat. Stimmen; einfache WZ, größter Überrest
Türkei	VW in kleinen, mittleren und großen MPWK	550	79	2-21	7,0	Starre L.	Einzelst.	EWK	Sperrklausel: 10% auf nat. Ebene; d'Hondt
Turkmenistan	abs. M in EWK	50	50	1		individuell	Einzelst.	EWK	abs. M (Stichwahl zwischen den zwei stärksten Kandidaten)
Uzbekistan	abs. M in EWK	250	250	1		individuell	Einzelst.	EWK	abs. M (Stichwahl zwischen den zwei stärksten Kandidaten)

Vietnam	abs. M System in kleinen MPWK	450	158	2-3-	2,8	Eine freie Liste	Mehrfachst.	EWK/MPWK	abs. M (rel. M unter allen Kandidaten)

Stand: um 2005

a In Bangladesh werden zu den direkt gewählten Abgeordneten zusätzlich zu den gewählten Mandatsträgern 30 Sondermandate für Frauen gewählt.

b 46 Abgeordnete werden von den ethnischen Gemeinschaften gewählt, deren Vertretung kontingentiert ist.

c In Abkhazia werden 12 Parlamentsmitglieder nach rel. M in EWK gewählt.

d Zusätzlich zu den 425 gewählten Mitgliedern werden 75 Parlamentarier ernannt.

e In Jordanien werden – von den 80 Sitzen – 18 den konfessionellen bzw. ethnischen Minderheiten zugeteilt (9 für Christen, jeweils 3 für die Circassian und Chechen sowie 6 für Beduinen).

f In Nordkorea besteht eine Mindestpartizipationsrate von 50% der registrieretn Wähler innerhalb eines Wahlkreises.

g In Südkorea wird Parteien, die mehr als 3%, jedoch weniger als 5% der nat. Stimmen und weniger als 5 EWK-Sitze erreicht haben, ein nat. Sitz zugeteilt.

h Im Libanon hat jede konfessionelle Gruppe eine feststehende Anzahl von Sitzen: Maroniten 34, Sunniten 27, Schiiten 27, Griechisch-Orthodoxe 14, Drusen 8, Griechische Katholiken 8, Amerikanische Orthodoxe 5, Alewiten 2, Protestanten 1, Amerikanische Katholiken 1, andere Minderheiten 1. Diese „konfessionelle VW" bestimmt insofern auch die Grundstruktur des Wahlsystems, als das Wahlgesetz vorschreibt, wie viele Vertreter jeder Konfession in jedem Wahlkreis zu wählen sind. Die Wähler haben so viele Stimmen, wie Mandate im Wahlkreis zu vergeben sind. Ihre Wahlfreiheit ist jedoch durch die vorgegebene konfessionelle Struktur der Wahlkreisvertretung begrenzt, denn sie müssen eine Stimme für jeden konfessionell festgelegten Sitz im Wahlkreis abgeben.

i Von den 109 Sitzen werden 89 auf lokaler und 20 auf föderaler Ebene zugeteilt. Da die Gesamtheit der Sitze nach rel. M in EWK vergeben wird, kann das Wahlsystem nicht als segmentiert, sondern als (zweistufig) der relativen Mehrheitswahl zugehörig klassifiziert werden.

j Zusätzlich zu den gewählten Parlamentariern werden 17 Parlamentsmitglieder vom Präsidenten der Republik ernannt.

k Für je 2% der Stimmen wird ein nat. Mandat zugeteilt. 1998 wurden aufgrund des kombinierten Effekts der Sperrklausel und der höchsten Zahl nat. Sitze pro Partei nur 9 der nat. Sitze vergeben.

l In jedem MPWK – die sog. Wahlkreise der Gruppenrepräsentation – muss einer der gewählten Vertreter den Malayan, Indian oder irgend einer anderen Minderheit oder Gemeinschaft angehören. Die Zahl der Parlamentsmitglieder kann bis auf 3 „Nicht-Wahlkreismitglieder" und bis auf 6 ernannte Mitglieder erhöht werden.

(*Quelle*: Nohlen/Grotz/Krennerich/Thibaut 2000, aktualisiert)

In den jungen Demokratien Südostasiens dagegen spiegelt sich der gegenwärtig weltweit zu beobachtende Trend, kombinierte Wahlsysteme einzuführen. Südkorea, die Philippinen und Taiwan sind in den 1990er Jahren von ihren traditionellen Mehrheitswahlsystemen zu segmentierten Systemen übergegangen. Auch in Thailand, wo seit 1933 nach relativer Mehrheitswahl in Mehrpersonenwahlkreisen (Blocksystem) gewählt worden war, wurde 1997 ein Grabensystem (400 Einerwahlkreise, 100 Listenmandate) eingeführt, das bei den Parlamentswahlen von Oktober 2000 erstmals zur Anwendung kam (s. Nelson 2001). Dagegen behielt Indonesien, das 1999 nach langer Zeit wieder freie Parlamentswahlen durchgeführt hat, trotz heftiger Debatten das seit der Unabhängigkeit bestehende Verhältniswahlsystem in subnationalen Mehrpersonenwahlkreisen bei (s. Rüland 2001).

Was die asiatischen Nachfolgestaaten der Sowjetunion anbelangt, so lassen sich hinsichtlich der Wahlsystemfrage zwei Ländergruppen unterscheiden. Die fünf zentralasiatischen Republiken, in denen sich nach dem Zerfall der UdSSR (mehr oder minder starke) autoritäre Regime etabliert haben (Kasachstan, Kirgisien, Tadschikistan, Turkmenistan, Usbekistan), wählten ihre Parlamente nach absoluter Mehrheitswahl in Einerwahlkreisen, also dem Entscheidungsmodus, der auch für die nicht-kompetitiven Wahlen in der Sowjetära typisch war. Kasachstan und Tadschikistan gingen erst nach 2000 zu einem Grabensystem über. Die drei kaukasischen Staaten hingegen, deren politische Systeme (begrenzt) pluralistisch sind (Armenien, Aserbaidschan, Georgien), hatten die absolute Mehrheitswahl bereits Mitte der 1990er Jahre durch Grabensysteme ersetzt. Relativ häufig hat in der Mongolei, wo ein ausgesprochen friedlicher Übergang zur pluralistischen Demokratie stattfand, das Wahlsystem gewechselt. Wurde zur verfassunggebenden Versammlung 1991 nach Verhältniswahl gewählt, so fand die erste Wahl zur „Großen Volksversammlung" 1992 nach relativer Mehrheitswahl in Mehrpersonenwahlkreisen statt, die zwischen zwei und vier Mandaten aufwiesen. Zwischen 1996 und 2004 wurde nach relativer Mehrheitswahl in Einerwahlkreisen gewählt. In der intensiven Wahlsystemreformdebatte von 2005 schien alles auf die Einführung eines kombinierten Systems hinauszulaufen. Machtpolitische Gesichtspunkte entschieden jedoch zur Wiedereinführung der relativen Mehrheitswahl in 26 Mehrpersonenwahlkreisen, ein Wahlsystem, an dem nach den Wahlen von 2008 erneut harsche Kritik geübt wurde.

Abschließend sei noch auf eine wahlsystematische Besonderheit hingewiesen, die man derzeit nur in Asien beobachten kann. Gemeint ist der Umstand, dass in einigen soziostrukturell heterogenen Staaten der Stimmenverrechnung eine feststehende Kontingentierung von Mandaten „vorgeschaltet“ ist, damit die jeweiligen gesellschaftlichen Gruppen auf jeden Fall adäquat repräsentiert werden. Dies gilt etwa für den Libanon, wo den einzelnen konfessionellen Gruppen ein proportionaler Anteil an den Parlamentsmandaten garantiert ist. Dass die Wähler durch den Entscheidungsmodus (Mehrheitswahl mit Mehrfachstimmgebung) gezwungen sind, auch Bewerber der jeweils anderen Konfessionen zu wählen, führt dazu, dass eher gemäßigte Kandidaten ins Parlament einziehen (s. Nohlen 1978: 351ff.). In Fidschi hat die ethnische Mandatskontingentierung dagegen lange Zeit die (Minderheits-)Herrschaft der Ureinwohner über die indischstämmigen Einwanderer gesichert; in den 1990er Jahren wurde diese Kontingentierung insofern aufgeweicht, als die Zahl der Ethnien übergreifenden Mandate deutlich erhöht wurde (s. Hartmann 2000).

8. Die Wahlsysteme einzelner Länder

Im Folgenden wollen wir nun die Wahlsysteme einiger Länder im Einzelnen darstellen. Es fügt sich gut, dass jene Länder, die für den deutschen Leser von besonderem Interesse sind, nach Wahlsystemen wählen, die auch wahlsystematisch hervorzuheben sind. Großbritannien wählt nach relativer Mehrheitswahl in Einerwahlkreisen. Das klassische Wahlsystem Frankreichs ist die absolute Mehrheitswahl. Deutschland hat Erfahrungen mit zwei Typen von Verhältniswahlsystemen: die Weimarer Republik mit der so genannten „reinen" Verhältniswahl, die Bundesrepublik Deutschland mit der (kleine Parteien per Sperrklausel ausschließenden) personalisierten Verhältniswahl.

Wir werden Beispiele für die wichtigsten Wahlsystemtypen bringen, in die die Welt der Wahlsysteme untergliedert werden kann. Bei den Mehrheitswahlsystemen sind dies die relative und die absolute Mehrheitswahl, bei den Verhältniswahlsystemen die reine Verhältniswahl, die unreine Verhältniswahl (oder Verhältniswahl in Wahlkreisen) und die personalisierte Verhältniswahl sowie das segmentierte Wahlsystem (Grabensystem) und die kompensatorische Verhältniswahl. Hinzu tritt schließlich noch das System der übertragbaren Einzelstimmgebung *(single transferable vote).*

8.1 Zur Bedeutung der Einzelanalyse von Wahlsystemen

Unsere bisherigen Befunde und Überlegungen verweisen auf die Notwendigkeit, die Wahlsystemdiskussion auf einer ziemlich technischen, vor allem empirischen Ebene anzusetzen und auf jener der Wahlsystemtypen, also ganz und gar nicht dort, wo sie traditionellerweise gepflegt wird, nämlich auf der Ebene der Prinzipien Mehrheitswahl und Verhältniswahl. Unsere nachfolgenden Ausführungen zur Stabilität der Repräsentationsprinzipien in den verschiedenen Ländern werden diese Position noch bestärken. Politische Reformalternativen in der Wahlsystemfrage bilden nicht die mit den Grundtypen verbundenen hehren Prinzipien, sondern die kleinen technischen Regelungen mitsamt den von ihnen ausgehenden Effekten.

Deshalb ist es mehr denn je nötig, im Einzelnen zu wissen, wie die verschiedenen Wahlsysteme funktionieren, zumal jene Wahlsysteme, die beispielhaft für Wahlsystemtypen sind. Die Aufgabe der Politikwissenschaft kann nicht darin bestehen, in dem hier behandelten Forschungsfeld eine Anzahl von Verallgemeinerungen auf einer relativ hohen Abstraktionsebene möglicherweise kontrovers zu diskutieren. Es sollte ihr vor allem darum gehen, die technischen Regelungen von Wahlsystemen mit deren politischen Implikationen zu analysieren, den manchmal offenen, manchmal auch verborgenen Mechanismus zu entdecken, wie Wählerstimmen mit welchen Folgen in Mandate übertragen werden. Dazu ist eine gute Kenntnis der rein technischen Elemente zur Gestaltung von Wahlsystemen erforderlich, die Kenntnis ihrer Kombinationsmöglichkeiten, der Bedeutung, die einzelne Elemente in verschiedenen Kombinationen haben, und der konkreten Auswirkungen, die das Wahlsystem insgesamt als eine Zusammensetzung verschiedener Teilelemente besitzt (s. Kapitel 4).

Wie wenig die internationale Wahlsystemforschung diesen Anforderungen genügt, möchte ich am Beispiel des Wahlsystems der Bundesrepublik Deutschland demonstrieren, das ja eine breite internationale Beachtung gefunden hat, nicht nur in der Wissenschaft, sondern auch in der Praxis im Zusammenhang von Wahlreformen in verschiedenen Ländern. Das Wahlsystem der Bundesrepublik gilt manchem heute als Vorbild, das es zu übernehmen oder an dem es sich zu orientieren gelte.

Bewunderer des Wahlsystems der Bundesrepublik weisen auf die Kombination von Erst- und Zweitstimme, die Verbindung von Einerwahlkreis und Listen, die Wahl von Abgeordneten nach Mehrheitswahl auf Wahlkreisebene und nach Verhältniswahl mit Blick auf die parteipolitische Zusammensetzung des Parlaments hin. Diese Kombination von Einerwahlkreis und Verhältniswahl, so heißt es, mache den Erfolg des bundesrepublikanischen Wahlsystems aus.

Im Gegensatz zum Bekanntheitsgrad und dem zugeschriebenen Modellcharakter steht die tatsächliche Kenntnis darüber, wie das bundesrepublikanische Wahlsystem funktioniert. In der Tat muss man in der englischsprachigen Literatur lange suchen, ehe man eine korrekte Darstellung des Wahlsystems findet. Selbst die anerkanntesten Spezialisten irren. So schrieb etwa Richard Rose 1982: „Germany has a unique system topping up representation, for half the Bundestag is elected by proportional representation and half by single-member districts ... The award of half of the seats by PR compensates effectively for the disproportionality of the plurality distribution" (1982: 23).

Rose geht wie viele andere (u.a.: Lakeman/Lambert 1955: 96; Mackenzie 1957: 93; Rae 1967: 45; Lakeman 1970: 103; Roberts in: Finer 1975: 208; Taylor/Johnston 1979: 431) von der irrigen Vorstellung aus, dass eine scharfe Trennung bestehe zwischen den nach relativer Mehrheit in Einerwahlkreisen und den nach Länderlisten der Parteien und Verhältniswahl gewählten Abgeordneten, wobei unterstellt wird, jedes Repräsentationsprinzip komme für die Hälfte der Abgeordneten getrennt zur Geltung. Er hebt deshalb auch hervor, dass die Verhältniswahl, angewandt für (damals) 248 Abgeordnete, in der Lage sei, die bei der Mehrheitswahl in Einerwahlkreisen entstandenen Disproportionalitäten wieder auszugleichen. Bereits die Bezeichnung des deutschen Wahlsystems als *additional member system* (AMS), die in der englischsprachigen Welt vorherrscht (s. etwa Lijphart/Grofman 1984: 9f. und 155ff.), behindert ein korrektes Verständnis der personalisierten Verhältniswahl. „The name derives from the fact that the system uses additional members to compensate for the distorsions inevitably deriving from a system of single member constituencies" (Irvine 1984: 167). Dem ist aber bei der personalisierten Verhältniswahl nicht so. Denn es werden keineswegs, wie bei der Mehrheitswahl mit proportionaler Zusatzliste, weitere Mandate den Einerwahlkreisen zu proportionalen oder kompensatorischen Zwecken hinzugefügt. Die Perspektive ist fehlerhaft. Deshalb führt auch die Definition des deutschen Wahlsystems als *compensatory system*, die Rein Taagepera/Matthew S. Shugart (1989) und Arend Lijphart (1994) wählen, nicht zu einem der Funktionsweise des Systems entsprechendem Verständnis.

Eine akkurate, ausführliche Beschreibung des Verfahrens der Übertragung von Stimmen in Mandate ist dafür unabdingbar. Sie wurde im englischsprachigen Raum zuerst von U. W. Kitzinger (1960) gegeben. Hingegen liegen die Anfänge der fehlerhaften Darstellung bei Lakeman/Lambert (1955) und William J.M. Mackenzie (1957), die in der weit verbreiteten Schrift von Enid Lakeman (1970) wiederholt wird. Kurzum, man kann feststellen, dass diejenigen Autoren, die U. W. Kitzinger als Quelle genommen haben, das Wahlsystem der Bundesrepublik richtig dargestellt haben, während andere Autoren, darunter so prominente Wissenschaftler wie Robert Dahl (1996), die fehlerhafte Darstellung immer wieder reproduziert haben.

Kernpunkt der richtigen Analyse ist – wie in Kapitel 8, Abschnitt 5 gezeigt wird –, dass alle Mandate proportional auf die Parteien entsprechend ihrem Anteil an Zweitstimmen zugeteilt werden. Das Mehrheitselement des Wahlsystems hat demnach nur Bedeutung für die personale Bestimmung der Mandatsträger. Die Kandidaten, die eine Mehrheit in den Wahlkreisen gewinnen, sind auf jeden Fall gewählt. Für die parteipolitischen Stärkeverhältnisse im Deutschen Bundestag ist dies bis auf die bis 2009 nicht ausgeglichenen Überhangmandate (s. Glossar) ohne jede Bedeutung. Sieht man von den möglichen Effekten der Sperrklausel ab, so kommen Disproportionalitäten von Beginn des Verfahrens an überhaupt nicht vor. In der Tat zeigen die Wahlergebnisse gegebenenfalls eine ausgesprochen exakte Entsprechung von Stimmen- und Mandatsanteilen der Parteien. Der Disproportionseffekt war beispielsweise 1983 so gering, dass die stärkste Partei, die CDU/ CSU, mit 48,8% der Stimmen, nicht die absolute Mehrheit der Parlamentsmandate erreichte.

Mangels einer genauen Beschreibung des Wahlsystems tut sich die wissenschaftliche Literatur mit der eindeutigen Klassifizierung der personalisierten Verhältniswahl ausgesprochen schwer. Maurice Duverger beispielsweise schwankte zwischen einer richtigen Betonung der Verhältniswahlelemente (1957) und der Bezeichnung des Wahlsystems als Mischwahlsystem (1968). Nachdem sich entgegen seinen Annahmen von 1957 (bzw. von 1951, berücksichtigt man den Erscheinungstermin der ersten Auflage seines großen Buches über die politischen Parteien) eine Konzentration im Parteiensystem vollzogen hatte, stempelte Duverger mit diesem Wandel in der Klassifikationsfrage das bundesrepublikanische Wahlsystem zu einem *deviant case*; ein abweichender Fall musste (und konnte) seine theoretischen Aussagen über die Auswirkungen von Verhältniswahlsystemen nicht mehr widerlegen. Er fügte später (1984: 37) noch die empirisch kaum tragfähige Aussage hinzu, dass die Erststimme nach Mehrheitswahl ein bipolares System bzw. die Parteienkonzentration fördere. Auch Leon D. Epstein meinte, dass „proportional representation ... in West Germany ... may not be the settled one“ (1972: 40). Douglas W. Rae fand, dass „the German case is ‚half Anglo-American... The use of P.R. formulae in a very large district ... forces me to classify it as a mixed system“ (1967: 45). Die nachfolgende Beschreibung des Verfahrens (s. Kapitel 7, Abschnitt 4) und die tatsächlich erzielte Proportionalität von Stimmen und Mandaten lassen jedoch keinen Zweifel zu, dass wir es beim bundesdeutschen Wahlsystem mit einem Verhältniswahlsystem zu tun haben. Dieser Zuordnung schließt sich inzwischen auch die meistbeachtete internationale Fachliteratur an (s. Lijphart 1994; Sartori 1994).

Andere Literatur (wie etwa International IDEA 1997 und 2005) hat immer noch Probleme, die Natur des deutschen Wahlsystems zu erkennen und es gegenüber ähnlichen, aber doch verschiedenen abzugrenzen. Hinzu kommt die neue Verwirrung durch den international seit der Übernahme des deutschen Wahlsystems durch Neuseeland 1994 erfolgten Begriffswandel. Seither wird die personalisierte Verhältniswahl in der englischsprachigen Literatur hauptsächlich unter dem Terminus Mixed Member Proportional System (MMP) geführt, der erneut und auch in der Rückübersetzung ins Deutsche die Vorstellung nährt, es handle sich um ein Mischsystem. Da MMP auch als Klasse für andere Formen der Kombination von Elementen der Mehrheits- und Verhältniswahl dient, sind wir in dieser Hinsicht wissenschaftlich, anders als S. Bowler und D.M. Farrell (2006) mit gewissem Stolz verkünden, nicht viel weiter gekommen. Wenn die beiden Autoren zudem auch noch meinen, das MMP-System sei möglicherweise deshalb so gut angesehen, weil es in seinen Auswirkungen noch zu wenig erforscht sei, und dabei geflissentlich die Arbeiten übersehen, die zu dem selben System in den anderen Bezeichnungsweisen, die vorher gebräuchlich waren und es teilweise noch sind, und auch in deutscher Sprache vorgelegt wurden, dann wird deutlich, woran es möglicherweise dem wissenschaftlichen Fortschritt gebricht.

Die Entscheidung in der Klassifikationsfrage hat natürlich Konsequenzen für die Interpretation der Wahlgeschichte der Bundesrepublik: Die Konzentration der Parteien hat sich unter Verhältniswahl vollzogen. Dies ist als deutsches Wahlwunder (Sternberger 1964) bezeichnet worden. Die Klassifikation hat Konsequenzen auch für verallgemeinernde Aussagen zu den Auswirkungen von Wahlsystemen: Die Bundesrepublik ist ein Beispiel dafür, dass sich Konzentrationsprozesse im Wählerverhalten und im Parteiensystem auch unter Verhältniswahl vollziehen können. Sie hat auch Konsequenzen in der Optionsfrage zwischen verschiedenen Wahlsystemen. Diese kann erst angemessen entschieden werden, wenn die technischen Details, die Funktionsweise und die Auswirkungen eines Wahlsystems richtig dargestellt werden, wodurch überhaupt erst Vor- und Nachteile eines Wahlsystems diskussionsfähig werden. Dies scheint besonders wichtig im Fall eines Wahlsystems, das – wie für das bundesdeutsche Wahlsystem festgestellt wurde – Modellcharakter hat. Die Kenntnis der technischen Details und des *modus operandi* von Wahlsystemen ist demnach für den historisch-empirischen Ansatz auf allen Ebenen der Debatte über Wahlsysteme unabdingbare Voraussetzung.

8.2 Großbritannien (Relative Mehrheitswahl)

Das klassische Beispiel für die relative Mehrheitswahl in Einerwahlkreisen ist Großbritannien. Wir finden dieses Wahlsystem jedoch in vielen Ländern angewandt, insbesondere in den USA und in Kanada, sowie in Ländern, die unter britischem Einfluss gestanden haben (Indien, Malaysia, Kenia, Jamaika etc.).

Die relative Mehrheitswahl ist in Großbritannien integrierender Bestandteil und funktionale Bedingung eines Regierungssystems, das zum Modell parlamentarischer Regierungsweise erhoben wurde. Wahlsystem, Zweiparteiensystem, parteiliche Mehrheitsbildung, Alternieren in der Regierungsausübung – das sind einige der Komponenten jener Modellvorstellung parlamentarischer Regierung (Westminster-Modell), die uns geläufig ist. Doch was ist daran Empirie, was Modell: Abstraktion der Wirklichkeit, die durch die Empirie nicht mehr abgedeckt wird? Unterliegen wir gar der Gefahr, die Modellvorstellung für die Wirklichkeit auszugeben?

Diese Frage muss hinsichtlich der funktionalen Demokratie- und Parlamentarismustheorie, die sich auf die Verfassungswirklichkeit Großbritanniens beruft, mehr oder weniger bejaht werden. Walter Bagehot beschrieb in seiner berühmten Schrift „The English Constitution" (1867) nicht eigentlich die Verfassungswirklichkeit des Landes der zurückliegenden Jahrzehnte (sie war von *factions* und Regierungsinstabilität gekennzeichnet), sondern zeichnete – wie Franz Nuscheler (1969) brillant analysiert hat – sehr scharfsichtig die britische Verfassungsentwicklung nach 1867 voraus: Funktionen des Parlaments, Zweiparteiensystem, Funktion des Wahlsystems. Auf Bagehot beruft sich die funktionale Parlamentarismustheorie; seine Argumente gegen den Proporz zur Verteidigung des Zweiparteiensystems bestimmen unverändert die Argumentation der Anhänger der relativen Mehrheitswahl in Einerwahlkreisen. Als Walter Bagehot freilich in der Debatte mit John Stuart Mill um das Wahlsystem und die politische Repräsentation nach dessen epochemachenden „Considerations on Representative Government" (1861) stand, war nicht nur das allgemeine und gleiche Wahlrecht in Großbritannien noch nicht erkämpft (Bagehot war übrigens in den gegnerischen Reihen zu finden), sondern auch die relative Mehrheitswahl in Einerwahlkreisen noch nicht ausgeprägt.

In der folgenden Analyse legen wir besonderen Wert auf die Herausbildung der relativen Mehrheitswahl in Einerwahlkreisen, die Entwicklung des Zweiparteiensystems, Krisenerscheinungen und Kritik am gültigen Wahlsystem – in den 1980er Jahren – und die Reformüberlegungen der 1990er Jahre.

8.2.1 Wahlkreiseinteilung

Vor 1832 waren Zweierwahlkreise die Regel. Nach der Großen Reform dieses Jahres, die eine partielle Neuverteilung der Unterhausmandate zugunsten der industriell-urbanen Regionen unter Aufhebung der territorialen Repräsentation vieler *rotten boroughs* und eine vorsichtige Ausweitung des Wahlrechts auf die kleinbürgerlichen Schichten brachte, wurden kleine Wahlkreise verschiedener Größe gebildet. Neben einer Reihe von Einerwahlkreisen bestand die Mehrheit von Zweierwahlkreisen fort. Es gab auch einige Dreierwahlkreise, und die Stadt London hatte einen Viererwahlkreis. In den Wahlkreisen mit mehr als zwei Mandaten besaß der

Wähler nach 1867 eine Stimme weniger, als Mandate zu vergeben waren (beschränkte Stimmgebung). Erst mit der Reform von 1884/85 – dritter *Reform Act* – wurden überwiegend Einerwahlkreise eingeführt: Es verblieben nur 25 Mehrpersonenwahlkreise. Die beschränkte Stimmgebung wurde wieder aufgehoben. Nach der Reform von 1918 – die das allgemeine Männerwahlrecht mit Pluralwahlrecht für Haus-, Land- und Geschäftsbesitzer und Universitätsgraduierte einführte – gab es nur noch 13 Zweierwahlkreise zuzüglich der Universitätswahlkreise, in denen mit dem *single transferable vote*-System experimentiert wurde. Erst 1950 wurden einheitlich für das ganze Land Einerwahlkreise geschaffen. Diese historischen Daten machen deutlich, dass der Einerwahlkreis nicht so traditionell mit dem Mehrheitsprinzip in Großbritannien verbunden ist, wie im „Modell Großbritannien" unterstellt wird.

In der Reform der Wahlkreiseinteilung kam der Wandel der Repräsentationsvorstellung von der territorialen zur Volksrepräsentation zum Ausdruck. Dieser Wandel war seinerseits auch die Grundlage für die Anpassung der Wahlkreise an die Bevölkerungsverschiebungen. In den verschiedenen Reformen hat sich das Prinzip der bevölkerungsgleichen Wahlkreise indes nur langsam, als Kriterium ausformuliert erst 1918 durchgesetzt. Nach der Reform von 1867 betrug das Verhältnis des größten und des kleinsten Wahlkreises noch 150 zu eins, 1885 konnte es bereits erheblich angeglichen werden. Es lautete nun acht zu eins. Indem bei der Reform von 1918 keine Rücksicht mehr auf die Übereinstimmung von Wahlkreis und Verwaltungsgrenzen genommen wurde, reduzierte sich die Relation auf fünf zu eins (s. Butler 1963: 213). Im Jahre 1917 setzte die von allen Parteien beschickte *Speakers*konferenz die erste ad hoc *Boundary Commission* ein. Erst in den 1940er Jahren, nachdem sich das Verhältnis von größtem und kleinstem Wahlkreis erneut verschlechtert hatte – es betrug 1939 zwölf zu eins –, gelangte das vom Innenministerium zur Erörterung von Wahlrechtsfragen eingesetzte *„Vivian Committee"* zu der Auffassung, dass es angebracht sei, „sich im Gegensatz zur bisher üblichen Praxis mit Änderungen der Wahlkreiseinteilung nicht immer erst aus Anlaß größerer Wahlrechtsreformen zu befassen, sondern darin einen vergleichsweise häufigen Vorgang zu sehen und alle Änderungen nur aufgrund von Vorschlägen einer permanenten Wahlkreiskommission vorzunehmen" (Ridder 1976: 182).

Die *Speakers*konferenz von 1944 nahm die Empfehlungen des *„Vivian Committee"* weitestgehend auf und schlug die Einrichtung von vier *Boundary Commissions* vor – je eine für England, Schottland, Wales und Nordirland. Die zeitliche Fixierung ihres Tätigwerdens, ihre Zusammensetzung und die Kriterien, nach denen sie die Einteilung der Wahlkreise zu prüfen haben, wurden 1944 exakt festgelegt und seither nur 1958 geändert. Ursprünglich sollten die Kommissionen zumindest alle sieben Jahre, aber nicht öfter als alle drei Jahre, in ihren jeweiligen Zuständigkeitsbereichen die Größe eines jeden Wahlkreises überprüfen, Bericht erstatten und gegebenenfalls Änderungsvorschläge unterbreiten. Seit 1958 sind die Berichte der Kommissionen nur mehr alle zehn bis fünfzehn Jahre vorzulegen.

Als Kriterium für die Wahlkreiseinteilung galt ursprünglich eine nationale Quota (Wahlzahl), und zwar nicht die Bevölkerung, sondern die Zahl der Wahlberechtigten im Wahlkreis. Alle Wahlkreise sollten etwa gleich viele Wahlberechtigte aufweisen, wobei Abweichungen von bis zu plus-minus 25% von der Quota, dem auf das ganze Land bezogenen Durchschnittswert der Wahlberechtigten, zulässig waren (s. Ridder 1976: 183). Zugleich war jedoch der Verteilungsspielraum durch die Bestimmung fester Mandatszahlen für die vier Gebiete beschränkt: Ausgehend vom Besitzstand 1944 wurden Schottland und Wales eine Mindestrepräsentation von 71 respektive 35 Abgeordneten zugestanden. Nordirland dagegen sollte auf zwölf Mandate beschränkt bleiben, da hier das Vorhandensein einer regionalen Repräsentation im *Stormont* in Rechnung gestellt wurde. Beide Richtlinien ließen sich nicht miteinander vereinen, so dass wachsende Abweichungen von der nationalen Quota in Kauf genommen wurden, um die Gebietsrepräsentation aufrechtzuerhalten. In der Reform von 1958 wurde in gewisser Weise die Konsequenz aus dem Vorgabendilemma gezogen und die Quota nun nur noch auf die Wahlkreiseinteilung innerhalb der vier Regionalbereiche bezogen. Die Reform der Quota-Anwendung legalisierte die Abweichung der Wahlkreiseinteilung vom Kopfzahlprinzip und damit von der Wahlgleichheit.

Was die Arbeit der *Boundary Commissions* anbelangt, so ist sie vielfach wegen der Überparteilichkeit ihrer Vorschläge und ihrer unbürokratischen Vorgehensweise gelobt worden. Auch ist herausgestellt worden, dass lokale Einwände gegen Reformen frühzeitig in die Kommissionsarbeit eingebracht werden können. Die Parteien haben jedoch die Entscheidungsmacht über Wahlkreisreformen zurückgewonnen und können verhindern, dass den Empfehlungen der Kommission entsprochen wird. Die These von der „wertfreien Wahlkreisgeometrie in Großbritannien„ ist sicherlich zu relativieren. Im Jahre 1970 war erst aufgrund veränderter Mehrheitsverhältnisse (die Konservativen hatten die Wahlen trotz der sie benachteiligenden Wahlkreiseinteilung gewonnen) die Reform der Wahlkreise entsprechend dem Vorschlag der *Boundary Commissions* möglich (s. Ridder 1976: 194ff.). Seither hatte sich erneut aufgrund demographischer Entwicklungen ein *bias* von etwa 40 Mandaten zugunsten der Labour Party ergeben, den die Partei durch die Verweigerung von Reformen aufrechtzuerhalten wußte (s. Johnston 1999). Vor den Wahlen von 2005 und 2010 wurden Wahlkreisreformen durchgeführt. Die letzte erhöhte die Zahl der Wahlkreise für England um vier auf 533, während die für Wales (180), Schottland (59) und Nordirland (18) unverändert blieb.

8.2.2 Die Wahlrechtsausbreitung und ihre politischen Folgen

Der dritte *Reform Act* von 1884/85 verschaffte vor allem den Industrie- und Landarbeitern das Wahlrecht, so dass nun 28,5% der erwachsenen Gesamtbevölkerung und ca. 88% der erwachsenen Männer wahlberechtigt waren. Dadurch wandelte sich die soziale Basis des britischen Parlamentarismus grundlegend. Die Wahlreform stand am Beginn der modernen Parteienentwicklung in Großbritannien, die wir in *Tabelle 31* synoptisch darzustellen und zu periodisieren versuchen.

Durch die Ausdehnung des Wahlrechts auf die Arbeiterschaft stellte sich erstens das Problem der Systemintegration der Arbeiterbewegung auch auf der politischen Systemebene; zweitens veränderten sich die Bedingungen von Repräsentation, Bedeutung und Funktionen von Wahl und Wahlsystem sowie die Struktur des Parteiensystems, die zunehmend vom gesellschaftlichen Antagonismus von Arbeiterklasse und Bürgertum als *dem* zentralen *cleavage* determiniert wurde. Drittens erhielt dadurch das Verhältnis der unterschiedlichen bürgerlichen Interessen zueinander und ihrer politischen Repräsentation eine wesentlich andere Dimension.

Erste, langfristig wirksame Konsequenzen im Verhältnis von Konservativen und Liberalen ergaben sich bereits bei der Wahl von 1886, die verschiedentlich zu Recht als „*critical election*„ interpretiert wurde, da sich infolge von Wahlrechtsausdehnung und Wahlkreisreform die Struktur der Wählerschaften von Konservativen und Liberalen und damit auch das Gewicht der gesellschaftlich-politischen Interessen in den beiden Parteien zu verändern begann. Um es an dem Indikator der Zusammensetzung der Parlamentsfraktionen zu verdeutlichen: Während im Unterhaus von 1880- 1885 noch 58% der konservativen Abgeordneten aus *county*-Wahlkreisen stammten, kamen von der liberalen Parlamentsfraktion nur 27% der Unterhausmitglieder aus *county-*, jedoch 72% aus *borough*-Wahlkreisen. Im 1886 gewählten Unterhaus hatten sich die Relationen deutlich verändert: In der konservativen Fraktion kamen jetzt fast gleichviel Abgeordnete (nämlich 48%) aus städtischen Wahlkreisen, während bei den Liberalen sogar nurmehr 47% der Abgeordneten in den Städten und die Mehrheit in ländlichen Wahlkreisen gewählt worden waren (s. Stephens/Brady 1976: 497). Bestimmte zuvor unter den Bedingungen des beschränkten Wahlrechts und folglich unter Ausschluß der Arbeiterklasse allein der Gegensatz von Aristokratie und ländlich-agrarischen Interessen einerseits und der städtisch-industriellen Bourgeoisie andererseits Parteiensystem und britische Politik, so veränderte sich die klare Scheidung zwischen Konservativen und Liberalen im Parteiensystem zunächst durch das Eindringen der Konservativen in städtische Wählerschichten und zwar sowohl in das liberale Bürgertum als auch in die Arbeiterschaft, von der von Beginn an eine beträchtliche Zahl gegen ihre Klasseninteressen für die Konservativen votierten.

Mit dem *cleavage*-System zerbrach auch das Zweiparteiensystem, an dessen Stelle ein aus fünf Parteien konstituiertes Mehrparteiensystem trat; nur bei zwei der nachfolgenden acht Unterhauswahlen kam es zur Mehrheitsbildung durch eine Partei. Die relative Mehrheitswahl in jetzt vorwiegend Einerwahlkreisen konnte weder die Herausbildung des Mehrparteiensystems verhindern, noch bewirkte der ihr immanente Disproportionseffekt Parteimehrheiten im Parlament, so dass sowohl Konservative als auch Liberale zur Mehrheitsbeschaffung auf die Unterstützung der kleineren Parlamentsgruppierungen angewiesen waren.

Tabelle 32: Synopse der Entwicklungsstadien des britischen Parteiensystems seit der Demokratisierung des Wahlrechts

Zeitraum[a]	Gesellschaftliche Rahmenbedingungen/ Gesellschaftsstruktur	Struktur des Regierungssystems/ Regierungsverhältnisse[b]	Systemfunktion des Parteiensystems
1885-1910	Anfänge organisierter kapitalistischer Produktionsverhältnisse;	Mehrparteiensystem (5 Parteien) mit Einparteiregierung;	Zerfall des zensitär begrenzten Parteiendualismus von Cons. und Lib.
I. Weltkrieg	beginnende Legalisierung der Klassenauseinandersetzung und einsetzende staatliche Interventionen	Cons. unterstützt von Lib. Unionists; Lib. Unterstützt von Irish Nat. und Lab.; 8 Wahlen/6 ohne parteiliche Mehrheitsbildung	Versuch der Systemintegration der Arbeiterbewegung in der Lib.P.
1918-1935	Durchsetzung des organisierten Kapitalismus; Anerkennung und Einbindung der Arbeiterbewegung und	Koalitionssystem (3 Parteien); Koalitionen von Cons./Lib./Lab.: 1915-1922 National Government	Systemintegration der Arbeiterbewegung durch Ablösung von Lib. durch Lab.
II. Weltkrieg	ihrer Organisationen; Verstaatlichung des Klassenkonflikts	1940-1945: 7 Wahlen/ 3 ohne parteiliche Mehrheitsbildung	Verschmelzen der bürgerlichen Interessen in der Cons.P.
1945-1970	Entfalteter organisierter Kapitalismus; „Homogenität" der Gesellschaft entlang des Klassenkonflikts/Abwesenheit von intervenierenden *cleavages*	Zweiparteiensystem mit alternierender Regierung Cons./Lab. Drittpartei: Lib. 8 Wahlen mit parteilicher Mehrheitsbildung	Parteienkonkurrenz im Zeichen von ordoliberal/konservativer und wohlfahrtstaatlich /dem.-sozialistischen Interessen
1974ff.	Partielle Fragmentierung des gesellschaftlichen Antagonismus durch wachsende regionalökonomische Heterogenitäten	(auf dem Weg zum) Mehrparteiensystem (6 Parteien) mit Einparteiregierung Lab./Cons./Lib./SDP/SNP/ Plaid Cymru[c]; Verstärkung regionaler Disparitäten	Interessenakkomodation des sozioökonomischen Grundwiderspruchs einerseits mit regionalökonomisch, nationalistisch-independentistisch vermittelten Interessen andererseits

a Vgl. Rose 1974, 481ff., der auf der Basis der Strukturentwicklung des Parteiensystems eine ähnliche Periodisierung vornimmt. b Angeführt werden nur Parteien, von denen auf Parteiensystem und politischen Prozess strukturierte Wirkungen ausgegangen sind, sei es auf der Ebene der Wählerschaft, z.B. durch eine ausreichende Zahl von stimmenmäßig relevanten Dritt- bzw. Viertkandidaturen in den Wahlkreisen, – sei es im Parlament zur Mehrheitsbeschaffung. c 1988 fusionierten Liberale und SDP zur SLPD.

Verursacht wurden die Strukturveränderungen im wesentlichen durch zwei Grundprobleme der britischen Innenpolitik vor dem I.

Weltkrieg. Zum einen führte die Irlandfrage, der Streit um die Gewährung von *Home-Rule,* zur Abspaltung der *Liberal Unionists* von der Liberalen Partei, die in der Folgezeit zusammen mit den Konservativen gegen die irische Selbstregierung eintraten, während sich die Liberalen aufgrund ihrer pro-irischen Haltung große Teile ihres eigentlichen Wählerpotentials im britischen Bürgertum entfremdeten und auf die parlamentarische Unterstützung durch die *Irish Nationalists* angewiesen waren. Desweiteren stellte sich nun vor allem das Problem der Integration der potentiell systemsprengenden Arbeiterbewegung: primär zwar eine Frage der Erhaltung des Gesamtsystems, mit der sich jedoch insbesondere die Liberale Partei infolge ihrer städtischen Wählerbasis konfrontiert sah.

Die von zwei Seiten ausgehende Bedrohung ihrer Existenz veranlasste die Liberalen vor dem I. Weltkrieg zu einer stürmischen Sozialgesetzgebung (Einführung von Unfall- und Arbeitslosenunterstützung, Alters- und Krankenversicherung, Mindestlöhne, Steuerreform, etc.) und damit zu dem Versuch, durch sozialpolitische Reform die Arbeiterwählerschaft an sich zu binden. Dem Ziel, der Systemintegration der Arbeiterschaft, aber ebenso der Absicherung der eigenen Position galt auch die Zusammenarbeit mit den politischen Organisationen der Arbeiterschaft, z.B. etwa durch Wahlabsprachen: Das *Labour Representation Committee* und später die *Labour Party* nominierten bei den Wahlen zwischen 1900 und dem I. Weltkrieg 1900: 15, 1906: 50, 1910/I: 76; 1910/II: 56 Kandidaten bei jeweils 670 Mandaten. Ab 1906 verzichteten die Liberalen dabei in den meisten *Labour*-Wahlkreisen auf die Nominierung eigener Kandidaten, so dass 1906: 24 von insgesamt 29, 1910/I: 39 von 40, 1910/II 41 von 42 *Labour*-Abgeordneten in Wahlkreisen ohne liberale Bewerber gewählt wurden (s. Setzer 1973: 189).

Der hier sichtbare Versuch, durch Kooperation und Kooptation in die Liberale Partei die politische Organisation der Arbeiterbewegung zu mediatisieren und auf diese Weise in das politische System zu integrieren, der in anderen Gesellschaften durchaus gelang und langfristig andersartige Strukturen des Parteiensystems zur Folge hatte, scheiterte allerdings in Großbritannien. Dennoch kam der Kooperation für den weiteren Prozess beträchtliche Bedeutung zu, da sie der aufstrebenden Arbeiterpartei – wenngleich dadurch zunächst in Abhängigkeit von den Liberalen – eine politische Repräsentation im Unterhaus ermöglichte, die ohne die Wahlabsprachen zum damaligen Zeitpunkt unter den Bedingungen der relativen Mehrheitswahl wohl kaum zu erreichen gewesen wäre.

8.2.3 Die Ablösung der Liberalen durch Labour und die Herausbildung eines Zweiparteiensystems

Die Zusammenarbeit mit den Liberalen vor dem I. Weltkrieg ist sicherlich eine wichtige Voraussetzung für den Aufstieg der *Labour Party* nach 1918 gewesen, ein Prozess, der keineswegs für derart selbstverständlich gelten kann, wie er vielfach dargestellt wird. Er war wesentlich vom nicht zuletzt selbstverschuldeten Niedergang der Liberalen begünstigt. Der Zerfall der Liberalen resultierte dabei u.a. aus der weitgehenden Desavouierung der Partei in der bürgerlichen Wählerschaft aufgrund ihrer Haltung in der Irland-Frage ebenso wie aufgrund ihrer den bürgerlichen Schichten zu reformfreundlichen Sozialpolitik vor dem I. Weltkrieg. Er war die Folge der neuerlichen Spaltung in die Anhänger von Lloyd George und Asquith während des I. Weltkrieges, die sich auf die gesamte Partei übertrug und insbesondere bei den Unterhauswahlen von 1918 und 1922 auch zu Konkurrenzkandidaturen führte. Erst jetzt avancierten die Konservativen als authentischere Vertreter zum Hauptrepräsentanten bürgerlicher Wählerschichten, erst jetzt kamen die unterschiedlichen Kapital- und Wirtschaftsinteressen z.B. von Stadt und Land, von Einzelhandel und Großindustrie in der Konservativen Partei zusammen. Nun erst kandidierte die *Labour Party* in mehr als der Hälfte (1922), zwei Drittel (1923), vier Fünftel (seither) der Wahlkreise, während die Zahl der Kandidaten der zudem gespaltenen *Liberals* in den 1920er Jahren abnahm. Doch dauerte es immerhin bis 1924, ehe *Labour* die Liberalen im Unterhaus klar in die dritte Position verdrängen konnte hatte. Auf der Ebene der Wählerschaft, zumal dann, wenn nur die Stimmenrelationen in solchen Wahlkreisen in Betracht gezogen werden, in denen sich alle drei Parteien bewarben, konnte *Labour* die Liberalen endgültig sogar erst bei den Wahlen der Jahre 1929 und 1931 hinter sich lassen.

Zu den Faktoren, die den Aufstieg der *Labour Party* beeinflussten, zählt zweifellos auch die relative Mehrheitswahl in Einerwahlkreisen. Ihr Gewicht sollte man indes nicht überbewerten. Als Beleg für das Argument, dass neue politische Kräfte sich auch unter den restriktiveren Bedingungen der relativen Mehrheitswahl gut und schnell politisch-parlamentarisch durchzusetzen vermögen, wenn sie auf ausreichende Resonanz in der Wählerschaft treffen, eignet sich der Aufstieg der *Labour Party* allerdings nur sehr bedingt und lediglich unter Berücksichtigung der vielschichtigen, zudem aufeinander bezogenen Einflussfaktoren. Zumindest ebenso wichtig wie das Wahlsystem waren als primär politische Entwicklungen die Wahlabsprachen und die Spaltung der Liberalen. Ob *Labour* die institutionelle Barriere der relativen Mehrheitswahl ohne die Wirkungen dieser Faktoren hätte überspringen können, ist und bleibt eine offene Frage. Vom Wahlsystem profitierte *Labour* jedenfalls erst von dem Zeitpunkt an, als sie sich fest als zweitstärkste politische Kraft etabliert hatte, da sie erst von da ab in den Genuß des Absicherungseffektes kam, durch den die relative Mehrheitswahl sowohl die zwei größten nationalen (= gesamtstaatlichen) Parteien als auch Parteien mit regionalen oder lokalen Hochburgen schützt.

War die Ablösung der Liberals durch die Labour Party kein geradliniger Prozess, so entstand ebenso wenig unter den außerordentlich komplexen gesellschaftlichen Veränderungen und ihren Wirkungen auf den politischen Prozess das theoretisch erwartete Zweiparteiensystem mit mehrheitlichen Parteiregierungen: Koalitionen, die über zwei Drittel (1918) oder gar vier Fünftel (1931) der Unterhausmandate verfügten, wechselten in der Zwischenkriegsperiode ab mit Mehrheits- (1922/1924/1935) und Minderheitskabinetten (1923/1929); 1940 schloss sich das Kriegskabinett unter Winston Churchill an, so dass die britische Politik seit den von der Demokratisierung des Wahlrechts im dritten *Reform Act* initiierten Veränderungen im Zeichen von Mehrparteiensystem und Koalitionsregierungen stand. Die gesellschaftlichen Transformationen hin zur vollen Entfaltung organisiert kapitalistischer Strukturen dauerten zudem – was hier nur zu konstatieren ist – ungewöhnlich lange, ihre Umsetzung in das politische System wurde durch die besondere Situation des II. Weltkrieges nochmals zeitlich hinausgeschoben. Als nur zeitlich begrenzte Abweichungen von der Praxis des britischen Parlamentarismus-Modells ohne allzu große Bedeutung, weder für die faktische Politik Großbritanniens noch für die Theoriebildung der funktionalen Parlamentarismustheorie, kann man indes die zwei sich immerhin über einen Zeitraum von rund 50 Jahren erstreckenden Entwicklungsstadien des britischen Parteiensystems wohl kaum interpretieren (so indes

Lipson 1953: 357). Vielmehr kann man auch und gerade an der britischen Entwicklung die zwei gesellschaftlichen Grundbedingungen aufzeigen, ohne die sich selbst in einem derart dichotom strukturierten politisch-institutionellen System wie dem britischen die politischen Einstellungen nur schwerlich in ein Zweiparteiensystem transformieren lassen; Voraussetzungen dafür sind:

1. entweder homogene gesellschaftliche Verhältnisse oder zumindest eine klare soziale Polarisierung mit einer ebenso klaren Scheidung der politischen Konfliktmuster;
2. das Fehlen intervenierender *cross-cutting cleavages,* die den Haupt*cleavage* überlagern oder fragmentieren.

Eine solche klar definierte gesellschaftliche *cleavage*-Struktur bestand in Großbritannien allein in der Periode des entfalteten organisierten Kapitalismus im gesellschaftlichen Antagonismus von Mittel- und Arbeiterklasse, der sich über Wählerverhalten und Parteipräferenzen zugleich in das Parteiensystem übertrug. Allein in diesem knapp 30 Jahre dauernden Stadium des Parteiensystems existierte – was u.a. auch Sartori (1976: 190f.) in Anlehnung an die Periodisierung von Rose (1974: 484f.) konstatiert – in Großbritannien ein im Sinne seiner demokratietheoretischen Verfechter funktionierendes Zweiparteiensystem mit alternierenden Regierungen zwischen den hauptsächlich ordo-liberale Interessen vertretenden Konservativen und der vor allem wohlfahrtsstaatlich und demokratisch-sozialistisch ausgerichteten *Labour Party.* Die Wählerbasis der beiden Parteien entsprach dabei weitgehend dem sozio-ökonomischen Antagonismus mit den Konservativen als Partei der Mittel- und Oberschicht und der *Labour Party* als Partei der Arbeiterschaft, obwohl auch in Großbritannien das Wählerverhalten von den zwei zugleich für andere westliche Demokratien charakteristischen Abweichungen von dieser Klassenpolarisierung der Parteipräferenzen bestimmt wurde, worauf Rose (1974) in seinem instruktiven Artikel zum britischen Wählerverhalten zu Recht verschiedentlich hinwies.

Erstens trifft auch für Großbritannien zu, dass sich die Mittel- und Oberschichten wesentlich klassenbewusster und klassenkonformer verhielten als die Arbeiterschaft, von der sich ein beträchtlicher Teil stets gegen seine Klasseninteressen entschied (s. Robertson 1983), d.h. aber auch, dass die Konservativen ihr eigentliches Wählerpotential weit besser ausschöpfen konnten, als es *La-*

bour hinsichtlich ihres Wählerreservoirs gelang. Der Anteil der Konservativen bei den Mittelklassewählern war stets höher als der von *Labour* an den Wählern der Arbeiterklasse. Zweitens ist der vergleichsweise bedeutende Stimmenanteil der Konservativen in der Arbeiterschaft, die Diskrepanz also zwischen politischen Präferenzen und Sozialstruktur zugunsten der Konservativen, in einer Gesellschaft, in welcher (nach Rose 1974: 500) ca. zwei Drittel der Arbeiterklasse zuzurechnen waren, als weitere wesentliche Bedingung anzusehen, die ein kompetitives Wahlsystem überhaupt erst möglich machte. Für Wahlentscheidungen unter relativer Mehrheitswahl in Einerwahlkreisen bedeutet dies drittens: „While parliamentary constituencies need not be ‚natural' social units, it would be rare for a safe Conservative or Labour seat to constitute anything other than a relatively homogeneous middle-class or working-class environment. Reciprocally, marginal seats will be socially mixed ..." (Rose 1974: 513).

Trotz des – allerdings bei den zwei Parteien unterschiedlich ausgeprägten – Volkspartei-Charakters von Konservativen und *Labour Party,* trotz der beachtlichen Asymmetrie zwischen Sozialstruktur und Parteipräferenzen, spiegelten die beiden Parteien mit ihrer jeweiligen spezifischen sozialstrukturellen Basis den sozialen Antagonismus wider. Aufgrund derartig eindeutiger gesellschaftlicher Bedingungen entsprachen während dieses Zeitraumes vom Ende des II. Weltkrieges bis einschließlich zur Unterhauswahl von 1970 die Strukturen des politischen Prozesses im allgemeinen wie die Wirkungen des Wahlsystems im besonderen in etwa den Modellvorstellungen, die Parteiendualismus und relative Mehrheitswahl in Einerwahlkreisen von ihren Verfechtern in aller Regel zugeschrieben werden. Wir brauchen diese modelltypischen Wirkungen hier nur stichwortartig zu erwähnen.

So erfüllte das britische Parteiensystem in dieser Zeit die drei Grundbedingungen, die kombiniert auftreten müssen, um sinnvollerweise von einem Zweiparteiensystem sprechen zu können:

1. Es bewarben sich durchschnittlich weniger als drei Kandidaten pro Wahlkreis: Zwischen 1945 und 1970 schwankte die Kandidatenzahl zwischen maximal 1868 (1950) und minimal 1376 (1951) Bewerbern für 625 bzw. 630 Mandate und lag damit im Durchschnitt pro Wahlkreis zwischen 2,2 (1951 und 1955) und

3,0 Kandidaten, was trotz der relativ geringen Durchschnittsgrößen dennoch bedeutete, dass es bei fünf der acht Unterhauswahlen bis 1970 in der Mehrheit der Wahlkreise mindestens zu Dreieckskandidaturen kam. 1970 gab es immerhin noch in 185 der 630 Wahlkreise eine Zweiparteienauseinandersetzung zwischen Konservativen und *Labour* ohne weitere Bewerber. Im Durchschnitt der Wahlen bis 1970 reichten in ca. einem Fünftel der Wahlkreise weniger als 50% der abgegebenen Stimmen zum Gewinn des Mandats aus (Craig 1971).

2. Die beiden großen Parteien erzielten einen Stimmenanteil von zusammen rund 90% und darüber: Der Anteil der Drittparteien variierte zwischen minimal 3,2% (1951) und maximal 12,5% (1964) der abgegebenen gültigen Stimmen, wobei die Konservativen zweimal mit 49,7% (1955) und 49,4% (1959) die absolute Mehrheit nur knapp verfehlten.
3. Eine Partei gewann die parlamentarische Mehrheit; auch in Situationen parlamentarischer Minderheit wurden Einparteiregierungen gebildet: Bei den acht Wahlen zwischen 1945 und 1970 kam es immer zur Mehrheitsbildung durch eine der beiden großen Parteien. Dabei reichte bereits ein verhältnismäßig geringer *swing* auf nationaler Ebene aus, um den politischen Machtwechsel herbeizuführen. Die Parlamentsmehrheiten der siegreichen Partei waren zudem mit Ausnahme der Wahlen von 1955 und 1959 recht knapp und nicht zuletzt eine Folge des Disproportionseffektes der relativen Mehrheitswahl in Einerwahlkreisen. Insgesamt gewannen Konservative und *Labour* im Durchschnitt der Wahlen von 1945 und 1970 zusammen 97,8% der Unterhausmandate.

8.2.4 Parteienwettbewerb im Zweiparteiensystem

Fragen wir nach dem Kompetitivitätsgrad der Wahlen in Großbritannien, so treffen wir auf einen gewissen Widerspruch von nationaler Kompetitivität und ausgeprägter Hochburgenbildung. Einerseits lag der Stimmenabstand zwischen Konservativen und *Labour* maximal bei 8,4%-Punkten; im Durchschnitt der Wahlen von 1945 bis 1970 betrug er nur 3,6%-Punkte, so dass die Chance des Regierungswechsels in Großbritannien in dieser Phase, insbesondere auch verglichen mit der Situation in anderen politischen Systemen zur selben Zeit, außergewöhnlich hoch war. Andererseits war die parteipolitische Landschaft von ausgeprägten Hochburgen bestimmt. So wurde u.a. ermittelt, dass im Zeitraum zwischen 1955 und 1970, bei also immerhin fünf Wahlen, in 470 der 630 oder drei Viertel der Wahlkreise kein Parteiwechsel stattgefunden hat, dass seit 1951 bei jeder Wahl im Durchschnitt nur in etwa 50 Wahlkreisen das Mandat auf eine andere Partei überging. Damit war in ca. 90% der Wahlkreise die Wiederwahl des Amtsinhabers oder aber die Wahl eines Bewerbers derselben Partei so gut wie sicher gewesen (Rose 1974).

Ähnlich wie in den USA bei den Wahlen zum Repräsentantenhaus sind die Wahlen damit auch in weiten Gebieten Großbritanniens wohl kaum als kompetitiv zu bezeichnen; es kommt dort zu politischer „Verödung“ und Entpolitisierung, der allein die Tatsache entgegenwirkt, dass das Parteiensystem national kompetitiv ist. Die außergewöhnliche Bedeutung der *marginal seats* (= umstrittene Wahlkreise) wird dabei tendenziell um so größer, je geringer ihre Anzahl ist. Hinzu kommt, dass die marginalen Wahlkreise – worauf wir bereits hingewiesen haben – in ihrem „gemischten“ Sozialgefüge besonders strukturiert sind, was sowohl mit Blick auf die verfestigte Asymmetrie, den Omnibus-Charakter der beiden großen Parteien als auch hinsichtlich der Möglichkeiten und Grenzen der Artikulation und Realisierung bzw. auch Tabuisierung bestimmter politischer Streitfragen von grundsätzlicher Bedeutung ist, da sich die Parteien in ihrer Politik den Bedürfnissen der gesamtgesellschaftlich sicherlich untypischen, wahlstrategisch aber ausschlaggebenden Wähler aus diesen Wahlkreisen in besonderer Weise unterordnen.

Auch die Stimmen-Mandate-Relation entsprach in der beobachteten Periode nicht durchweg den typischen Bedingungen im Zweiparteiensystem. So profitierte keineswegs bei allen Wahlen die siegreiche Partei am stärksten und auf Kosten der unterlegenen großen Partei vom Wahlsystem. Die Differenz zwischen Stimmen- und Mandatsanteil war nicht um so größer, je höher der Stimmenanteil der siegreichen Partei war. Vielmehr traten erhebliche Abweichungen von den hypothetischen Werten der Kubusregel auf. Zum Beispiel lag sowohl bei der Wahl von 1964 als auch von 1970 der Mandatsanteil von Konservativen und *Labour* über deren Stimmenanteilen. Damit profitierten beide großen Parteien auf Kosten der kleineren Drittparteien vom Disproportionseffekt der relativen Mehrheitswahl. Insbesondere die Liberalen waren als nationale, im ganzen Lande kandidierende Partei ohne regionale oder lokale Hochburgen stets sehr nachteilig vom Wahlsystem betroffen; bei der Wahl von 1970 benötigten die Liberalen beispielsweise im Durchschnitt 352.839 Stimmen für ein Mandat; hingegen brauchten die Konservativen im Durchschnitt nur 39.834, *Labour* nur 42.839 Stimmen, um ein Mandat zu gewinnen (Craig 1971).

Insgesamt dreimal kam es bei den Unterhauswahlen seit dem I. Weltkrieg zum *bias* (s. Glossar), zur Umkehrung der Stimmen-Mandate-Relation, wobei die nach Stimmen zweitstärkste Partei die meisten Mandate erhielt: 1929 gewann die *Labour Party* für 37,1% der Stimmen 46,8% der Mandate, während die Konservativen mit 38,2% der Stimmen nur 42,3% der Mandate erzielten; 1951 reichten den Konservativen 48,0% der Stimmen zur absoluten Mandatsmehrheit von 51,4% und blieben *Labour* bei 48,8% der Stimmen nur 47,2% der Mandate; bei der Wahl vom Februar 1974 schließlich entfielen auf die *Labour*-Partei 37,1% der Stimmen und 47,4% der Mandate; die Konservativen wurden trotz 37,9% der Stimmen mit 46,8% der Mandate knapp geschlagen.

8.2.5 Das Aufbrechen des Zweiparteiensystems und seine Folgen

Seit den Wahlen 1974 erfüllt das britische Parteiensystem streng genommen nicht mehr die Bedingungen, die es erlauben, von einem Zweiparteiensystem zu sprechen (s. Kapitel 8, Abschnitt 2.3). Die Kandidatenzahl pro Wahlkreis und Wahl stieg von durchschnittlich 2,6 (1945-1970) auf im Schnitt 3,7 (1974-1987) an. Selbst wenn man nicht von der Gesamtzahl der Kandidaten ausgeht und nur die Bewerber mit mehr als einem Achtel der gültigen Stimmen berücksichtigt, lässt sich 1974 eindeutig eine Zäsur ausmachen. Nur noch in 34 Wahlkreisen kam es im Februar 1974 zur Zweiparteienkonkurrenz von Konservativen und *Labour*. Seit 1983 konkurriert in allen britischen (d.h. den nordirischen ausgenommen) Wahlkreisen eine der Allianz-Parteien, *Liberals* und SDP, mit den Konservativen und *Labour*. Die *Scottish National Party* tritt seit Oktober 1974 in allen schottischen Wahlkreisen an, *Plaid Cymru* seit 1970 in allen Wahlkreisen von Wales.

Tabelle 33: Durchschnittliche Kandidatenzahl pro Wahlkreis in Großbritannien

1945	2,6	(2,3)
1950	3,0	(2,3)
1951	2,2	(2,1)
1955	2,2	(2,1)
1959	2,4	(2,3)
1964	2,8	(2,5)
1966	2,7	(2,3)
1970	2,9	(2,3)
Febr. 1974	3,4	(2,9)
Okt. 1974	3,5	(2,9)
1979	4,1	(2,5)
1983	4,0	(2,8)
1987	3,6	(k.A.)

Die nicht eingeklammerten Daten gehen von der Gesamtzahl der Kandidaten aus, die eingeklammerten von der Zahl der Kandidaten, die mindestens ein Achtel der gültigen Stimmen erhielten.

(*Quelle:* Butler, British Political Facts, London 1986: 226ff., 249, entnommen: Döring 1987: 17)

Tabelle 34: Gemeinsamer Stimmen- und Mandatsanteil von Konservativen und Labour in Großbritannien

	Gemeinsamer Stimmenanteil in %	Gemeinsamer Mandatsanteil in %
1945	88	95
1950	90	98
1951	97	99
1955	96	99
1959	93	99
1964	88	99
1966	90	98
1970	89	98
Feb. 1974	75	94
Okt. 1974	75	94
1979	81	96
1983	70	93
1987	73	93
1992	76	93
1997	73	88
2001	72	88
2005	68	86
2010	65	87

Anmerkung: Prozentzahlen sind gerundet.

(*Quelle*: Butler, D. 1986: British Political Facts, London, 226ff.; Mackie/Rose 1997, Rose/Munro 2010, ergänzt)

Weiterhin erhielten Konservative und *Labour* seit 1974 pro Wahl zusammen nur rund 75% der Stimmen, 2005 sogar nur 68%, wenngleich sie nie weniger als 86% der Parlamentsmandate auf sich vereinen konnten. 1945 bis 1970 lag der durchschnittliche Stimmenanteil beider Parteien zusammen noch bei rund 91%. Obwohl die Sitzverteilung im Unterhaus bis heute (2000) scheinbar einen Zweiparteienwettbewerb widerspiegelt, erodierte der gemeinsame Stimmenanteil von Konservativen und *Labour* erheblich (s. Tab. 34).

Die Fähigkeit des Wahlsystems, einer Partei die parlamentarische Mehrheit zu sichern, hängt mit davon ab, inwieweit das Wahlsystem die stimmstärkste Partei gegenüber der nach Stimmen zweitstärksten bevorteilt. Während für die Wahlen von 1931 bis 1970 die Kubusregel (s. Glossar) griff, nach dem im britischen Zweiparteiensystem bei einem Stimmenverhältnis der beiden stärksten Parteien von A : B die Mandate ungefähr im Verhältnis $A^3 : B^3$ vergeben werden, versagte die Regel für die Wahlen danach. Die Mandatsverteilung entsprach in den 1970er Jahren eher einem Verhältnis von $A^2 : B^2$, in den 1980er Jahren sank der relative Vorteil der stimmstärksten Partei gegenüber der zweitstärksten noch weiter gegen Null. Der Grund für diese Entwicklung wurde in wahlgeographischen Veränderungen Großbritanniens und damit einhergehend in der abnehmenden Anzahl der *marginal seats* gesehen (s. Curtice/Steed 1986; Butler 1988; Butler/Kavanagh 1988). Die stimmstärkste Partei benötigt damit seit 1974 für eine absolute Mehrheit der Sitze einen beachtlichen Stimmenvorsprung. In den Wahlen zwischen 1979 und 2001 war dies jedoch der Fall. Die siegreiche Partei erreichte stets zwischen 40,7 und 43,9% der Stimmen. Ihr Stimmenvorsprung schmolz nie unter sieben Prozentpunkte zusammen und erreichte 1983 mit 14,8, 1987 mit 11,3 und 1997 mit 12,5 Prozentpunkten außergewöhnlich hohe Werte. So konnte trotz abnehmender Stimmen- und Mandatskonzentration auf die großen Parteien die Regierungsstabilität gewahrt bleiben. Erst 2005 schmolz die Mehrheit der siegreichen Partei auf 35,3% und ihr Stimmenvorsprung auf drei Prozentpunkte zusammen. Der dritten überregionalen politischen Kraft in Großbritannien, den erstarkten Liberalen bzw. (seit 1983) dem Wahlbündnis aus Liberalen und SDP, der *Alliance*, gelang es bisher allerdings nicht, den Disproportionseffekt des Wahlsystems zuungunsten von Drittparteien mit geographisch zerstreuter Wählerschaft zu umgehen (s.

Tabelle 35). Nicht zuletzt deswegen fusionierten 1988 Liberale und SDP (unter Abspaltung eines kleinen Teils der SDP) zur SLDP, ohne damit einen grundlegenden Wandel in den Auswirkungen des Wahlsystems auf das britische Parteiensystem auszulösen.

Tabelle 35: Wahlen zum britischen Unterhaus 1945-2010

	Kons.		Lab.		Lib.(SDP)		SNP		Plaid Cymru		Andere	
	a	b	a	b	A	B	a	b	a	b	a	B
1945	39,8	33,3	47,8	61,4	9,0	1,9					2,8	3,4
1950	43,5	47,7	46,1	50,4	9,1	1,4					1,3	0,5
1951	48,0	51,4	48,8	47,2	2,5	1,0					0,7	0,5
1955	49,7	54,6	46,4	44,0	2,7	0,9					1,2	0,5
1959	49,4	57,9	43,8	40,9	5,9	0,9					0,8	0,2
1964	43,4	48,2	44,1	50,3	11,2	1,4					1,3	0,0
1966	41,9	40,2	47,9	57,6	8,5	1,9					1,2	0,3
1970	46,4	52,4	43,0	45,6	7,5	0,9					3,2	1,1
1974/I	37,9	46,8	37,1	47,4	19,3	2,2					5,7	3,6
1974/II	35,8	43,6	39,2	50,2	18,3	2,0	2,9	1,7	0,6	0,5	3,2	1,9
1979	43,9	53,4	36,9	42,4	13,8	1,7	1,6	0,3	0,4	0,3	3,4	1,9
1983	42,4	61,1	27,6	32,1	25,4[c]	3,5[c]	1,1	0,3	0,4	0,3	3,1	2,6
1987	42,0	58,3	30,7	34,8	22,4[c]	3,4[c]	1,4	0,5	0,4	0,5	3,1	2,6
1992	41,9	51,6	34,4	41,6	17,8	3,1[c]	1,8	0,5	0,4	0,6	3,7	2,6
1997	30,7	25,0	43,2	63,4	16,8	7,0	0,8	0,9	0,5	0,6	3,0	3,0
2001	31,7	25,2	40,7	62,5	18,3	7,9	1,8	0,8	0,7	0,6	3,0	2,6
2005	32,3	30,7	35,3	55,1	22,1	9,6	1,5	0,9	0,6	0,5	8,2	3,3
2010	36,1	47,1	29,0	39,7	23,0	8,8	1,7	0,9	0,6	0,5	9,6	3,0

a = Stimmen in %; b = Mandate in %; c = Stimmen bzw. Mandate für Lib. Und SDP, 1983 und 1987: Liberal-Social Democratic Alliance, ab 1988 Liberal Democrats

(*Quellen*: Norton 1984: 83f.; McLean 1988: 63; Mackie/Rose 1997; Rose//Munro 2010)

8.2.6 Reformdebatte und -perspektiven

Das Wahlsystem ist zu einer politischen Streitfrage geworden, getragen von Liberalen, Sozialdemokraten und auch von Gruppen innerhalb der beiden großen Parteien. Die Kritik an der relativen Mehrheitswahl in Einerwahlkreisen hat sich an folgenden Punkten festgemacht:

1. Über 25% der Wähler wählen nicht die beiden großen Parteien. Ihre Ausschaltung durch das Wahlsystem liegt über der Grenze „fairer“ Repräsentation, auch wenn dieses Kriterium nicht das wichtigste ist.

2. Andererseits muss ein demokratisches Wahlsystem die Mehrheit der Wähler davor bewahren, von der bestorganisierten Minderheit regiert zu werden. Wenn weniger als 40% der Wähler (29% der Wahlberechtigten) sich gegenüber den restlichen 60% und mehr durchsetzen kann, dann ist das nicht nur eine Verzerrung der Repräsentation, sondern eine Frage elementarer Bürgerrechte.
3. Das britische Wahlsystem begünstigt die regional konzentrierten Drittparteien. So erzielte beispielsweise *Plaid Cymru*, deren Wählerschaft innerhalb von Wales stark konzentriert ist, 1987 mit 0,4% der Stimmen 0,5% der Mandate, während die *Alliance,* deren Wählerschaft über ganz Großbritannien verstreut ist, trotz 22,4% der Stimmen nur 3,4% der Mandate erhielt. Das Wahlsystem hat demzufolge eine regionalistische Wirkung. Sie tritt verstärkt in regionalen Disparitäten auf, die Großbritannien in einen *Labour*-Norden und Nord-Westen und einen konservativen Süden und Südosten gespalten erscheinen lassen.
4. Die Regierungsstabilität ist mehr scheinbar als real. Seit 1945 mussten dreimal Neuwahlen innerhalb von 18 Monaten ausgeschrieben werden. Befürchtet wurde, dass die wahlgeographische Struktur Großbritanniens zunehmend den mehrheitsbildenden Effekt des Wahlsystems unterminiert. In dem Maße freilich, wie Dritt- und Viertparteien die Wettbewerbssituation verändern, können Disproportionen auch zugunsten der stimmenstärksten Partei zunehmen, sogar wenn ihr Stimmenanteil im Vergleich zu den vorhergehenden Wahlen rückläufig ist. Gekoppelt mit dem Erstarken der *Liberal*/SDP-Allianz (1988 SLDP, seit 1989 Liberal Democrats) steigt damit die Gefahr von „*hung parliaments*". Bei den Wahlen von 2010 stellte sie sich als real heraus.
5. Das Wahlsystem fördert die Formulierung einer alternativen Politik von Seiten der Opposition, die die Regierung wenn nicht auf allen, so auf den wichtigsten Gebieten bekämpft. Wenn sie an die Regierung kommt, wechselt die Politik des Landes. Diese Tradition hat zu einer beachtlichen Instabilität in der britischen *Policy*-Orientierung geführt. Sie hat zudem die Tendenz, die extremen Flügel der großen Parteien zu fördern. Allerdings schwächte die Tatsache, dass die Konservativen drei Legislaturperioden in Folge regierten, und der gelungene Versuch von *New Labour* unter Tony Blair, über ein gemäßigtes Programm

die Konservativen von der Macht zu verdrängen, diesen Kritikpunkt merklich ab.

6. Es existiert eine weit verbreitete Unzufriedenheit mit dem Wahlsystem. Einer von vier Wählern stimmt nicht für die vom Wahlsystem begünstigten Parteien. Survey-Daten zeichnen kein untrügliches Bild, da die Ergebnisse in hohem Maße von Fragestellungen und impliziten Erläuterungen abhängen. Betonen diese den Gesichtspunkt fairer Repräsentation, gerät die relative Mehrheitswahl in die Minderheit. Eine demoskopische Umfrage Anfang der 1990er Jahre ergab, dass sich über 60% der Befragten für ein Wahlergebnis nach Proporz aussprachen, nachdem ihnen das Mandatsergebnis erläutert worden war, das unter Verhältniswahl erzielt worden wäre. Wird hingegen der Gesichtspunkt stabiler (= effizienter) Regierung betont, so kann sich das *first-past-the-post*-System einer mehrheitlichen Zustimmung erfreuen (s. dazu Döring 1993: 128ff.).

Der Reformvorschlag der Liberalen Partei und der *Electoral Reform Society* der 1980er Jahre bestand im *single transferable vote* (s. unten, Kapitel 8, Abschnitt 7). Die *Hansard Society for Parliamentary Government* favorisierte seinerzeit die personalisierte Verhältniswahl, jedoch in einer Version, die dem propagierten Modell Bundesrepublik Deutschland keineswegs entsprach. Neben 480 Direktmandaten in Wahlkreisen sollten 160 zusätzliche Mandate nach Proporz vergeben werden. Einem ähnlichen System (*additional member system:* AMS) neigt auch ein Teil der *Labour Party* zu, die sich insgesamt einer Wahlreform gegenüber offener zeigt (s. Norris 1995: 74f.) als die Konservativen, die selbst nach ihrer eklatanten Wahlniederlage von 1997 rigoros an der relativen Mehrheitswahl festhalten. Grundproblem ist jedoch, dass jene Mehrheit, die gegen die relative Mehrheitswahl zustande kommen könnte, sich bislang nicht auf eine Reformalternative einigen kann. Etliche Reforminitiativen scheiterten folglich. Ein Wahlsystemwechsel widersprach bislang auch dem Selbstinteresse von Konservativen und *Labour,* deren Chancen, eine Einparteiregierung zu stellen, entscheidend vom Disproportionseffekt des Wahlsystems abhängen, was vor allem von der Partei in der Regierung hochgeschätzt wird und deren Reformeifer erlahmen ließ. Nach dem Wahlsieg von Labour 1997 bestätigte sich diese Erfahrung.

Inzwischen konnte die Verhältniswahl für die Europawahlen (erstmals angewandt 1999, s. Kapitel 9) sowie für die neu eingerichteten Regionalversammlungen in Schottland und Wales in Form von kombinierten Wahlsystemen durchgesetzt werden. In vier von fünf gegenwärtig im Vereinigten Königreich angewandten Wahlsystemen ist der Proporz ein entscheidendes Element. Es fragt sich, ob sich nun das „thin end of the wedge"-Argument bewahrheitet, das als Hemmschuh gegen die Einführung der Verhältniswahl wirkte und lautet: „If P.R. is accepted anywhere it will soon have to be accepted everywhere" (Butler 1988: 11). Die *Labour*-Regierung beauftragte Dezember 1997 eine fünfköpfige Kommission unter Leitung von Roy Jenkins, die „beste Alternative" zur bestehenden relativen Mehrheitswahl auszuarbeiten. Ihr wurden folgende Zielvorgaben mit auf den Weg gegeben: weitgehende Proportionalität, Sicherung der Regierungsstabilität, Erweiterung der Auswahlmöglichkeiten des Wählers, Aufrechterhaltung der Verbindung zwischen den Abgeordneten und ihren Wahlkreisen. Obwohl die Kommission die deutsche personalisierte Verhältniswahl hoch einschätzte, entfernte sie sich in ihrem Wahlsystemvorschlag von Oktober 1998 (s. Report of the Indepedent Commission, 1998) weit von der angeblichen Vorlage. Er sah vor, dass 15 bis 20% der Unterhausabgeordneten mit einer Zweitstimme nach freien Listen in Wahlkreisen gewählt werden, zu denen drei bis zehn Einerwahlkreise zusammengelegt werden und in denen ein oder zwei Mandate nach Proporz vergeben werden. Die Zahl der Zweitstimmen für jede Partei wird durch die Zahl der in den Einerwahlkreisen gewonnenen Mandate plus eins dividiert. Das beste Divisionsergebnis berechtigt zum Erhalt des Listenmandats. Sind zwei Listenmandate zu vergeben, wird die Prozedur unter Einschluss aller bereits vergebenen Mandate wiederholt. Für die Einerwahlkreise wurde vorgeschlagen, die Mehrheitsregel zugunsten der absoluten Mehrheit zu verändern, allerdings in Form der alternativen Stimmgebung. Neben der Erstpräferenz gibt der Wähler eine Zweitpräferenz an, die alternativ dann zum Zuge kommt, wenn kein Kandidat die absolute Mehrheit erreicht hat. In diesem Wahlsystemdesign manifestierte sich das für Großbritannien typische Missverständnis der personalisierten Verhältniswahl als *additional member system*. In der Tat wurde ein System der Mehrheitswahl mit Zusatzliste erdacht, das mit dem deutschen System wenig gemein hat. Der Auftrag, eine weitgehende Proportionalität herzustellen, wurde praktisch nicht erfüllt. Vielleicht lagen gerade darin die Chancen, mit der Mehrheitswahl in Einerwahlkreisen mit alternativer Stimmgebung (*alternative vote*) zum Zuge zu kommen. Diese einfache Alternative wurde von der Koalitionsregierung unter David Cameron im Referendum vom 5. Mai 2011 zur Abstimmung gestellt und bei einer Wahlbeteiligung von 42,2% mit 68% der Stimmen abgelehnt. Obwohl die relative Mehrheitswahl in Einerwahlkreisen die Funktionsbedingung parlamentarischer Regierung im britischen Verständnis, die parteiliche Mehrheitsbildung, nur noch schwerlich erfüllt, ist eine Reform in Richtung eines kombinierten Wahlsystems mit Verhältniswahlcharakter durch das Referendum eher erschwert worden.

8.3 Frankreich (Absolute Mehrheitswahl)

Frankreich ist das klassische Land der westlichen Demokratien, in welchem das Wahlsystem unbedenklich als Instrument in der politischen Auseinandersetzung eingesetzt wurde. Die Wechsel im Wahlsystem seit 1848 sind deshalb Legion (s. *Tabelle 35:* Frankreichs Wahlsysteme 1848-1993 im Überblick). Hervorzuheben sind nicht nur die Wechsel zwischen Systemen der Mehrheitswahl und Verhältniswahl, sondern auch die Veränderungen innerhalb der Wahlsystemgrundtypen.

8.3.1 Die absolute Mehrheitswahl unter der III. Republik

Im Rahmen der absoluten Mehrheitswahl war seit 1848 vor allem die Frage Einerwahl oder Listenwahl von hoher politischer Brisanz. Der Grundtyp selbst kam mit seinem zweiten, keinen Bedingungen unterworfenen Wahlgang nicht nur den Wünschen der noch wenig organisierten Parteien, sondern auch den Bedingungen der französischen Parteienstruktur entgegen. Die Aufsplitterung der einzelnen politischen Richtungen oft nur aus persönlichen Gründen, aus Antipathie oder Sympathie für den einen oder anderen Politiker, ließ ein Wahlsystem angebracht erscheinen, das im ersten Wahlgang zwar die Stärke der jeweiligen Gruppen deutlich machte, ohne jedoch dadurch bereits die Zusammensetzung des Parlaments festzulegen.

Tabelle 36: Frankreichs Wahlsysteme 1848-1993 im Überblick

Jahr	Wahlsystem	Wahlkreiseinteilung Wahlgänge (WG); E = Einwohner pro Mandat	Listenform, Wahlerfordernis (WE), Verrechnungsverfahren
1848	relative MW	Mehrmannwahlkreise verschiedener Größe; 40.000 E	Mehrstimmenrecht, freie Liste, WE: 2.000 Stimmen, 1849: ein Achtel, 1850: ein Viertel der gültigen Stimmen
1852	absol.(rom.) MW	Einerwahlkreise, 2 WG, 35.000 E	listenlos, Einzelstimgebung
1870/ 71	relative MW	Mehrmannwahlkreise verschiedener Größe; 40.000 E	Mehrstimmenrecht, freie Liste, WE: wie 1849
1873	absol.(rom.) MW	Mehrmannwahlkreise, 2 WG, 40.000 E	Mehrstimmenrecht, listenlos; WE: ein Viertel gültige Stimmen der eingeschriebenen Wahlberechtigten
1875	absol.(rom.) MW	Einerwahlkreise, 2 WG, 100.000 E	Einzelstimmgebung, listenlos; WE: wie 1973; Mehrfachkandidatur
1885	absolute MW	Mehrmannwahlkreise, 2 WG, 70.000 E	Mehrstimmenrecht, freie Liste, WE: wie 1873
1889	absol.(rom.) MW	wie 1875	wie 1875, Verbot von Mehrfachkandidaturen
1919	mehrheitsbildendes Wahlsystem	Mehrmannwahlkreise, 75.000 E	Mehrstimmenrecht, freie Liste, Stimmenverrechnung in 3 Stufen: 1. abs. Mehrheit, 2. Wahlzahl, 3. größter Durchschnitt
1927	absol.(rom.) MW	Einerwahlkreise, 2 WG	Einzelstimmgebung, listenlos, WE: wie 1873
1945	Verhältniswahl	Mehrmannwahlkreise, 100.000 E	Einzelstimmgebung, starre Liste, Wahlzahlverfahren, Restmandate, Methode des größten Durchschnitts
1946	Verhältniswahl	wie 1945	lose gebundene Liste, Methode des größten Durchschnitts
1951	zweigeteilt: VW in Pariser Region; Restfrankreich: absol. MW nach Listen, substitutiv: VW	Mehrmannwahlkreise	Einzelstimmgebung, freie Liste, Listenverbindung außerhalb Pariser Region, hier Wahlzahlverfahren; Restfrankreich (substitutiv) Methode des größten Durchschnitts, Sperrklausel hier von 5%
1958	absol.(rom.) MW	Einerwahlkreise, 2 WG	Einzelstimmgebung, WE: wie 1873, Teilnahme am 2.WG nur bei 5% gültiger Stimmen im 1.WG, 1966: 10% bezogen auf die Zahl der eingetragenen Wahlberechtigten
1985	Verhältniswahl	Mehrmannwahlkreise, 108.000 E	starre Liste, Wahlzahlverfahren, Restmandate, Methode des größten Durchschnitts, Sperrklausel 5% im Wahlkreis
seit 1986	absol.(rom.) MW	wie 1958 (neue Wahlkreiseinteilung)	wie 1958, Teilnahme am 2.WG nur bei einem Stimmenanteil von mind.12,5% der Wahlberechtigten im 1.WG

(*Quelle*: Sternberger/Vogel 1969/I: 516ff., ergänzt)

Einerwahl oder Listenwahl, diese Frage entschied die Mehrheit der Kammer nach der gegebenen politischen Situation. Da die Listenwahl engere Bündnisse zwischen den einzelnen Parteien erforderte als die Einerwahl, waren Republikaner und Monarchisten, Linke und Rechte Anhänger des einen oder anderen Systems, je nachdem, ob sie sich unter sich einigen konnten oder nicht. Auf die Dauer begünstigte jedoch die Einerwahl die Linke, da diese, abgesehen von der ersten Periode der III. Republik, meist erhebliche Schwierigkeiten hatte, gemeinsame Listen aufzustellen, ein Faktum, das bis heute seine Gültigkeit in Frankreich behalten hat. So zersplittert die Parteien auch im ersten Wahlgang auftreten mochten, im zweiten unterwarfen nicht nur sie, sondern auch die Wähler sich der Disziplin, den Kandidaten ihrer Richtung zu unterstützen, der die meisten Stimmen erhalten hatte. Diese vor allem bei den Linksparteien stark ausgeprägte Haltung, die *‚discipline républicaine'*, führte dazu, dass Wähler Kandidaten, für die sie im ersten Wahlgang gestimmt hatten, verließen, auch wenn diese ihre Kandidatur aufrechterhielten. Es zeigte sich sogar, dass die Wahlbeteiligung im zweiten Wahlgang häufig höher war als im ersten.

Der Republikaner Gambetta machte zu Beginn der 1880er Jahre die Einerwahl für das Abbröckeln der republikanischen Mehrheit im Abgeordnetenhaus und für das Übergewicht der extremen Linken über die gemäßigten Republikaner verantwortlich. Zugleich erwartete er von der Listenwahl eine Stärkung der Parteiorganisation und -disziplin und eine Einschränkung der allzu engen Bindung der Abgeordneten an ihre Wahlkreise. Taktisches Kalkül Gambettas war, in Wahlen nach Listenwahl in mehreren Departements zugleich zu kandidieren, um sich so zum Führer einer großen republikanischen Partei aufzuschwingen, die eine stabile Regierung unter seiner Führung gewährleistete. Der Senat durchkreuzte indes seine Wahlsystemreform. Als sich die gemäßigten Republikaner weniger Jahre später (und nach Gambettas Tod) mit der Listenwahl nach Departements auch im Senat durchsetzten, wurde nur einmal, 1885, nach diesem System gewählt. Mit Hilfe der Listenwahl, verbunden mit der Mehrfachkandidatur in verschiedenen Wahlkreisen, hatte der ehemalige republikanische Kriegsminister Boulanger 1888 und 1889 einige Nachwahlen in Plebiszite für seine Person verwandelt (s. Charnay 1964: 93f.). Um den antiparlamentarischen und antirepublikanischen Boulangismus abzuwehren, nahm die republikanische Kammermehrheit 1889 zur Einerwahl Zuflucht, die die Mehrfachkandidatur ausschloss.

8.3.2 Das Wahlsystem – Formel zur Macht

Auch im Rahmen der Verhältniswahl, mit der erstmals 1919 experimentiert wurde (s. *Tabelle 36*), wurde die politische Repräsentation mit wahlsystematischen Mitteln zu steuern versucht. Diese Tendenz kulminierte im Wahlgesetz von 1951, als zur Reduzierung der Mandatszahl von Kommunisten und Gaullisten wahlgesetzliche Sonderbestimmungen für die beiden Pariser Departements Seine und Seine-et-Oise erlassen wurden, wo die beiden systemfeindlichen Parteien der IV. Republik dominierten. Außer in diesen beiden Departements konnten die Parteien Wahlbündnisse schließen. Erhielt eine Liste oder Listenverbindung die absolute Mehrheit in einem Departement, so fielen ihr sämtliche Sitze zu. Innerhalb der Listenverbindung wurde dann die Mandatsverteilung nach Verhältniswahl mit Berechnung nach dem größten Durchschnitt vorgenommen. Erreichte keine Liste oder Listenverbindung die absolute Mehrheit, wurden die Mandate nach Verhältniswahl und der Methode des größten Durchschnitts vergeben. Dieses Verrechnungsverfahren begünstigt die großen Parteien bzw. Listenverbindungen. Zugleich sah das Gesetz eine Fünf-Prozent-Klausel vor. Der Wähler durfte nicht nur die Reihenfolge der Kandidaten auf einer Liste ändern, sondern auch panaschieren, doch sollten diese Veränderungen erst berücksichtigt werden, wenn mindestens die Hälfte der Wähler von diesem Recht Gebrauch gemacht hatten. In den beiden Pariser Departements war Verhältniswahl ohne Mehrheitsprämie und Listenverbindung vorgeschrieben. Panaschieren und die Abgabe von Vorzugsstimmen waren jedoch erlaubt. Die Verrechnung der Stimmen erfolgte nach dem Wahlzahlverfahren und der Methode des größten Überrestes, die die kleinen Parteien begünstigt.

Bei den Wahlen von 1951 erreichte dieses Wahlsystem den von seinen Urhebern gewünschten Erfolg. In 38 Wahlkreisen konnten die Listenverbindungen der Koalitionspartner die Mehrheitsprämie erringen. Aber auch das unterschiedliche Verrechnungsverfahren wirkte entsprechend den Vorausberechnungen. Im Gebiet Paris konnte, wie *Tabelle 37* zeigt, ein übergroßer Vorteil der beiden stärksten Parteien verhindert werden, wohingegen auf dem Lande die stimmstärkste Gruppe, die Listenverbindungen der Koalitionspartner, ihren Mandatsanteil wesentlich steigern konnten.

Insgesamt erreichten die Kommunisten zwar 25,9% und die Gaullisten 21,7% der Stimmen, aber nur 17,8 respektive 19,6% der Mandate. Besonders die Kommunisten waren durch das Wahlsystem benachteiligt: Sie benötigten 52.129 Wählerstimmen, um ein Mandat zu erhalten, die Gaullisten 38.556, wohingegen die anderen Parteien nur zwischen 24.500 und 30.500 Stimmen brauchten. Unter den Koalitionspartnern profitierten vor allem die Gemäßigten und die Radikalen vom Wahlsystem.

Tabelle 37: Die Wahlen zur französischen Nationalversammlung von 1951, getrennt nach den angewandten Wahlsystemen

	Gebiet Paris			Rest Frankreich		
	Stimmen in %	Mandate abs.	Mandate in %	Stimmen in %	Mandate abs.	Mandate in %
RPF	27,9	22	29,3	20,7	82	17,5
Gemäßigte	7,5	4	5,3	15,2	83	17,7
Radikale u.a.	11,1	8	10,7	9,7	69	14,7
MRP	7,6	8	10,7	13,4	74	15,8
Sozialisten	10,2	8	10,7	15,3	86	18,3
Kommunisten	32,1	25	33,3	24,8	75	16,0
Andere	3,8	0	0,0	1,0	0	0,0
Insgesamt	100,0	75	100,0	100,0	469	100,0

(*Quelle*: Campbell 1965: 121)

Die langsame Aufsplitterung der Sammlungsbewegung des französischen Volkes, die mehr und mehr von den Gemäßigten aufgesogen wurde, und die Abnahme der Bedrohung von rechts führten jedoch zum Auseinanderbrechen der Koalition der *troisième force.* Die Sozialisten zogen sich für eine Zeitlang in die Opposition zurück, während nun ein Teil der Gaullisten die Regierung unterstützte. Indes zeigte der Erfolg des Poujadismus, einer faschistisch-autoritären Bewegung vor allem des Kleinbürgertums, bei den Wahlen von 1956, dass die Unzufriedenheit der Bevölkerung mit dem Regierungssystem der IV. Republik und den politischen Parteien unvermindert groß war.

Nach Stimmen differierte das Wahlergebnis von 1956, sieht man von den Parteiveränderungen auf der Rechten ab, nur geringfügig von dem von 1951. Dagegen ergaben sich in den Mandaten, größere Verschiebungen. Mit dem gleichen Stimmenanteil wie 1951 erzielten die Kommunisten statt bisher 17,8 nun 26,7% der Mandate. Dieser Veränderung lag zugrunde, dass die Parteien der Mitte nicht in gleicher Weise wie 1951 in allen Wahlkreisen Listenverbindungen eingingen: Sie erreichten deshalb nur in zehn Wahlkreisen die absolute Mehrheit der Stimmen und damit die Mehrheitsprämie. Das Wahlergebnis von 1956 wies nach, welch großen Vorteil das Wahlsystem Wahlbündnissen bot und, dass die Mitte ihre Zersplitterung daher mit einer Einbuße an Mandaten bezahlen musste.

Dieser Gesichtspunkt der ideologischen und politischen Entfernungsbeziehungen und folglich der Bündnisfähigkeit der Parteien war tragend für die Stellungnahme der französischen Parteien in Wahlsystemfragen, die stets eine taktische und nie eine prinzipielle war, außer bei den Gaullisten (s. Le Monde, 19.12.1976).

Als sich Radikale, Radikalsozialisten und Sozialisten 1927 zusammenfanden und für die Wahlen im darauf folgenden Jahr erneut die absolute Mehrheitswahl in Einerwahlkreisen einführten, traten die Sozialisten nun für ein Wahlsystem ein, das sie ehemals heftig bekämpft hatten.

Seitdem sich die Kommunisten als extreme Linke etabliert hatten, war ihr Interesse an Wahlbündnissen mit der bürgerlichen Linken erheblich gewachsen, die im Zusammenhang mit einer Wahlsystemreform die Kommunisten, wenn schon nicht an Stimmen, so doch an Mandaten niederhalten konnte. Die Einerwahl ließ zudem Spielraum zu gegenseitigen persönlichen Absprachen der Kandidaten in den Wahlkreisen. Dass diese Rechnung aufging, offenbaren die Wahlergebnisse von 1928. Die Kommunisten erreichten zwar 11,4% der Stimmen, aber nur 2,4% der Mandate. Begünstigt wurden indes weniger die Linksparteien, die den Wahlsystemwechsel herbeigeführt hatten, als die Rechte und Rechte-Mitte.

Die Kommunisten zogen ihre Kandidaten in den zweiten Wahlgängen nicht zurück. Ebenso wichtig war, dass die radikale Wählerschaft in großer Zahl dort, wo ein radikaler Kandidat zugunsten eines Sozialisten im zweiten Wahlgang verzichtet hatte, nicht sozialistisch, sondern für Rechte und Rechte-Mitte stimmte. Diese Gruppen, die sich gegen den Wahlsystemwechsel ausgesprochen hatten, profitierten somit am meisten von der Einerwahl, da sie sich tatsächlich den Bedingungen des Wahlsystems anzupassen wussten und unter Einschaltung einer nationalen interparteilichen Kommission in aller Regel in den zweiten Wahlgängen nur einen Kandidaten nominierten. Mit zusammen 46% der Stimmen erhielten sie 55% der Mandate.

Wie sehr im bestehenden Wahlsystem der Ausgang der Wahlen von den Wahlbündnissen abhing, vor allem auch vom („disziplinierten“) Wahlverhalten in den zweiten Wahlgängen, zeigten die beiden letzten Wahlen unter der III. Republik von 1932 und 1936 (Sternberger/Vogel 1969/I: 522). Die Rechte verlor 1932 nur 0,5% der Stimmen, büßte aber 11,6% der Mandate ein. Vier Jahre später bildeten die Linksparteien eine Volksfront, die mit 57% der Stimmen 64% der Mandate gewann. Erstmals konnten die Sozialisten prozentual erheblich mehr Mandate als Stimmen erringen. Besonders deutlich wird der entscheidende Einfluss des wahltaktischen Verhaltens der Parteien im absoluten Mehrheitswahlsystem in der Stimm- und Mandatsentwicklung der kommunistischen Partei. Unter dem gleichen Wahlsystem erzielte sie aufgrund der unterschiedlichen Bündnispraxis höchst differente Stimmen-Mandate-Ergebnisse: 1928 mit 11,4% Stimmen 2,4% Mandate, 1932 mit 8,4% Stimmen 1,9% Mandate und 1936 mit 15,7% Stimmen 11,7% Mandate.

8.3.3 Die absolute Mehrheitswahl unter der V. Republik

Als 1958 nach der zweiten Episode Verhältniswahl in Frankreich die Wiedereinführung der absoluten Mehrheitswahl außer Frage stand (nur Volksrepublikaner und Kommunisten waren dagegen), standen drei Absichten im Vordergrund: die Vorherrschaft der Parteien brechen, klare Mehrheiten hervorbringen und die kommunistische Vertretung verringern. Umstritten war erneut die Frage Einerwahl oder Listenwahl. Die Mehrzahl der Gaullisten war für die Listenwahl, da die Wahlbündnisse des zweiten Wahlgangs in ihr festerer Natur sind als die individuellen Absprachen in den Einerwahlkreisen. Doch wurde bedacht, dass die Sozialisten, die de Gaulle 1958 noch unterstützten, ohne Möglichkeit von Wahlvereinbarungen nach rechts und links geblieben und damit zerrieben worden wären. Da Meinungsumfragen ergaben, dass die überwiegende Mehrheit der französischen Bevölkerung für die Einerwahl optierte, entschloss sich de Gaulle zur Einführung der absoluten Mehrheitswahl in Einerwahlkreisen, allerdings mit einer nicht unwichtigen Korrektur gegenüber dem traditionellen französischen Wahlsystem. Am zweiten Wahlgang konnten nur die Kandidaten teilnehmen, die mindestens fünf Prozent der abgegebenen gültigen Stimmen im ersten Wahlgang erhalten hatten. Diese Beschränkung der Kandidatur im zweiten Wahlgang wurde 1966 auf zehn Prozent erhöht, wobei im übrigen die Prozentwerte auf die Zahl der wahlberechtigten Bevölkerung im Wahlkreis bezogen wurden.

Ein wichtiges Element in den für Frankreich sprichwörtlichen *inégalités de représentation* bildet die Manipulation der Wahlkreiseinteilung, die im Gegensatz zu den verhaltensbedingten Ursachen wie etwa die Wahlbündnisfrage als strukturell bedingte Verzerrung der politischen Repräsentation anzusehen ist (s. Criddle 1975: 157). Als auf der Grundlage des Wahlgesetzes von 1927 die Wahlkreiseinteilung vorgenommen wurde, entstanden sichere Wahlkreise für die Abgeordneten der Koalition, die die Wahlreform durchgesetzt hatte. Folge dieses willkürlichen Maßstabes war, dass beträchtliche Differenzen in den Wahlkreisen auftraten: Der kleinste Wahlkreis besaß 22.338, der größte aber 137.718 Einwohner. Insgesamt waren die ländlichen Gebiete gegenüber den städtischen, besonders den Gebieten mit starker Arbeiterschaft, überrepräsentiert. Die Richtlinie der Wahlkreiseinteilung unter der III. Republik war die Hochburgenbildung.

Diese Konzeption wurde unter der V. Republik zugunsten der Mischung und Neutralisierung des oppositionellen Wählerpotentials aufgegeben. Die Wahlkreiseinteilung wurde vor allem zuungunsten der kommunistischen Partei vorgenommen, die sich als einzige resolut der Rückkehr de Gaulles an die Macht widersetzt hatte. Wo die Mischung städtischer und ruraler Gebiete nicht erfolgreich zu handhaben war, um die kommunistischen Stimmen zu neutralisieren, also in den großen Ballungsräumen, wurde die Hochburgenbildung als Methode der Eingrenzung aufrechterhalten. Die Überrepräsentation der ländlichen Gebiete wurde allein schon durch die Bestimmung herbeigeführt, dass jedes Departement zumindest zwei Mandate zu stellen habe. Die vier kleinsten Departements (Lozêre, Haute-Alpes, Basses Alpes und Belfort) erhielten auf diese Weise eine Überrepräsentation von etwa 100%. Die departementalen Differenzen in der Repräsentation vergrößerten sich bei den folgenden Wahlen aufgrund der Nichtanpassung des Verteilungsschlüssels an die demographische Entwicklung der

Departements. Bei den Wahlen von 1973 hatten 30 Wahlkreise eine eingeschriebene Wählerschaft von mehr als 90.000 und zwölf von mehr als 100.000 Wahlberechtigten. Hingegen wiesen 26 Wahlkreise weniger als 40.000 Wahlberechtigte auf. Alle Wahlkreise wurden jedoch nur durch einen Abgeordneten vertreten. In einem Wahlkreis konnte ein Kandidat mit 9.520 Stimmen das Mandat gewinnen, in einem anderen erhielt der siegreiche Kandidat über 60.000 Stimmen. Diese Ungleichheit, die hauptsächlich geographischer Natur war, beinhaltete auch einen politischen *bias* zugunsten der Gaullisten. Während die Kommunisten 53% der von ihnen gewonnenen Wahlkreise unter den Wahlkreisen rekrutierten, deren Wahlberechtigtenziffer über dem nationalen Mittelwert lag, und 1973 durchschnittlich 65.100 Stimmen zum Erwerb eines Mandats benötigten, lag der Anteil der großen Wahlkreise an den gewonnenen Wahlkreisen der Gaullisten bei 42%.

Tabelle 38: Die Auswirkungen der absoluten Mehrheitswahl in der V. Republik (Wahlen 1958-1981)[a]

	Stimmenzahl je Mandat		
Wahl	Gaullisten	Sozialisten	Kommunisten
1958	21.253	80.370	387.018
1962	25.421	35.957	100.262
1967	36.713	36.825	69.932
1968	29.461	64.635	134.388
1973	30.796	47.013	68.855
1978	43.665	62.633	68.260
1981	63.027	33.808	92.399

a für die Wahlen 1988-1997 s. *Tabelle 39*

(*Quelle*: entnommen aus: Menyesch, D./Uterwedde, H.: Frankreich, Opladen [2]1983: 178)

Die strukturell bedingten Verzerrrungen der politischen Repräsentation wurden durch bestimmte verhaltensspezifische Faktoren verstärkt, die wir teilweise bereits oben diskutierten und hier in ihrer Wirksamkeit für die Wahlen 1958 bis 1981 aufzeigen wollen. Lag der Anteil der Fälle, in denen bereits im ersten Wahlgang ein Kandidat die erforderliche Mehrheit der Stimmen erreichte, in der Epoche von 1877 bis 1914 bei durchschnittlich etwa 70% (s. Sternberger/Vogel 1969/I: 531), so betrug er unter der V. Republik gerade noch etwa 20%. Der zweite Wahlgang wurde also tatsächlich zu jenem Urnengang, in welchem nicht nur die erweiterte Stichwahl zwischen den verbliebenen Kandidaten des ersten Wahlganges stattfand, sondern sich der Wahlausgang auf nationaler Ebene entschied.

Im zweiten Wahlgang aber kam es, nachdem vorher die numerische Stärke der einzelnen Bewerber ergründet worden war, auf die Absprachen oder Bündnisse der Parteien und auf die Disziplin der Parteiwählerschaft an.

Während die Entscheidungssituation, vor die sich der Wähler im zweiten Wahlgang gestellt sah, bei den Wahlen von 1958 in der überwiegenden Zahl der Fälle noch mit multipolar gekennzeichnet werden kann (es bewarben sich noch mehr als zwei Kandidaten), sind hier in den 1960er Jahren wesentliche Veränderungen in der Strategie der Parteien festzustellen. Seither stehen sich im zweiten Wahlgang in über zwei Dritteln der Fälle jeweils nur zwei Kandidaten gegenüber, die Entscheidungssituation ist also bipolar. Diese Veränderung ist Ausdruck eines grundlegenden Wandels des französischen Parteiensystems, der vor allem die Chancen der Linksparteien verbessert hat, eine parlamentarische Repräsentation zu erreichen, die in etwa ihrem Anteil an den Wählerstimmen entspricht. Mit 18,9% der Stimmen hatten die Kommunisten 1958 nicht mehr als 2,1% der Mandate einnehmen können. Ihr bislang bestes Ergebnis in der Stimmen-Mandate-Relation erzielten sie 1973, als sie mit 21,2% der Stimmen auf 14,9% der Mandate kamen.

Die Linksparteien hatten sich immer schwerer getan als die Gaullisten und die Parteien der Rechten und rechten Mitte, sich im zweiten Wahlgang auf einen Kandidaten zu einigen. Die absolute Mehrheitswahl bestrafte diese Unfähigkeit der Linksparteien, die 1958 in 210 Wahlkreisen des zweiten Wahlgangs zu verzeichnen war. Allerdings lag seinerzeit eine Wahlabsprache zwischen Kommunisten und Sozialisten politisch fern. Vier Jahre später traten nur noch in 30 Wahlkreisen Linkskandidaturen im zweiten Wahlgang gegeneinander an, 1967 gab es nur noch acht solcher Fälle und 1968 und 1973 nicht einen einzigen mehr.

Eine zweite, ebenso wichtige Dimension in diesem Prozess der Anpassung der Linksparteien an die Erfolgsbedingungen des Wahlsystems bestand im Verhalten der Wählerschaft. Die Wählerschaft von Rechts-, Mitte- und Linksparteien ist in unterschiedlichem Maße bereit, sich im zweiten Wahlgang in der Polarisierung zwischen einem Links- und einem Rechtskandidaten für die noch kandidierende Position zu entscheiden. Anders ausgedrückt: Während es der Wählerschaft der Rechten und der rechten Mitte nicht schwer fiel, im zweiten Wahlgang einen Kandidaten der Gaullisten oder Unabhängigen Republikaner zu wählen, gelang es einem Kandidaten der Kommunistischen Partei in viel geringerem Maße, all die Stimmen auf sich zu vereinigen, die im ersten Wahlgang auf die linken Parteien entfielen. Unter diesen Voraussetzungen begünstigte der zweite Wahlgang die politisch gemäßigten Parteien, wozu auch die Sozialisten unter François Mitterrand zählten. Sie unterlagen nicht dem Entzugseffekt, der bei kommunistischen Kandidaten auftritt, weshalb sie denn auch 1967 und 1973 einen höheren Anteil an Mandaten als an Wählerstimmen im ersten Wahlgang einheimsen konnten. Besonders sichtbar wird die Bedeutung des Wählerverhaltens im zweiten Wahlgang, d.h. die Einhaltung oder Nichteinhaltung der Wahldisziplin, bei einer Analyse der Konkurrenz sozialistischer und kommunistischer Kandidaten mit Gaullisten in bipolaren Entscheidungssituationen. Während die sozialistischen Kandidaten durchschnittlich in 57,7% der Fälle das Mandat gegen den gaullistischen Kandidaten gewinnen konnten, gelang dies kommunistischen Kandidaten nur in durchschnittlich 33,4% der Fälle. In Kategorien parteipolitischer Repräsentation gedacht, gibt die Kommunistische Partei aufgrund der besseren Wahldisziplin ihrer Wählerschaft der Sozialistischen Partei mehr, als sie von dieser zurückerwarten kann.

Hinsichtlich der parlamentarischen Mehrheitsverhältnisse führte dieser verhaltensspezifische *bias* zuungunsten der Kommunisten zu der Schlussfolgerung, dass die Chancen der Linksparteien, die parlamentarische Mehrheit zu erlangen, in dem Maße wuchsen, wie es den Sozialisten gelang, innerhalb des Linksbündnisses die Kommunisten zu überflügeln. „Such a development, perhaps sufficient enough to encourage second or even first-ballot support for the Left by Centre voters could well introduce a distortion in the Left's favour; particularly if the vast bulk of second ballot Left candidates were to be Socialist rather than Communist" (Criddle 1975: 179).

8.3.4 Die Wahlreformen von 1985 und 1986: Aufweichung des bipolaren Parteiensystems?

Die Handhabung der absoluten Mehrheitswahl durch die rechte *majorité* zu ihrem Vorteil begründete die Forderung der Linksparteien nach Einführung der Verhältniswahl. Sie wurde unter anderem ins Gemeinsame Programm der Linksparteien von 1971 aufgenommen. Die Aussicht darauf, dass das Wahlsystem unter Veränderung der politischen Kräfteverhältnisse nach Wählerstimmen sich jedoch zugunsten der Linksparteien auswirken könnte, ließ auch konservative Politiker und Publizisten wieder Gefallen an der Verhältniswahl finden. U.a. plädierte auch Maurice Duverger in Le Monde (Dez. 1976) aus verfassungspolitischen Gründen für eine Wahlreform, da es eine Polarisierung zu verhindern gelte, deren Folge nun eine Konfrontation von Staatspräsident und Parlamentsmehrheit wäre, wenn das Linksbündnis die Parlamentswahlen gewinnen sollte. Demgegenüber erhoben orthodoxe Gaullisten die absolute Mehrheitswahl zu einem Grundprinzip des Gaullismus und der V. Republik.

Tabelle 39: Ergebnisse der Wahlen zur französischen Nationalversammlung nach absoluter Mehrheitswahl 1958-1981

	13./30.11. 1958		18./25.11. 1962		5.12.3. 1967		13./30.6. 1968		4./11.3. 1973		12./19.3. 1978		14./21.6. 1981	
Wahlberechtigte	27.245.202		27.539.638		28.539.608		28.177.914		29.723.551		35.204.152		36.342.827	
Enthaltungen (%)	22,8		31,3		18,9		20,0		18,8		17,2		29,5	
	Stimmen in %	Mandate in %	Stimmen in %	Mandate in %	Stimmen in %	Mandate in %	Stimmen in %	Mandate in %	Stimmen in %	Mandate in %	Stimmen in %	Mandate in %	Stimmen in %	Mandate in %
1. Extreme Linke	0,9	–	2,0	0,4	2,2	0,8	3,9	–	3,3	0,6	3,3	0,2	1,3	–
2. Kommunisten	18,9	2,1	21,9	8,6	22,5	15,3	20,0	7,0	21,3	15,0	20,6	17,5	16,2	9,0
3. Sozialisten	15,7	8,6	12,7	14,0	19,3	24,9	16,6	12,1	17,7	18,2	22,6	20,9	37,5	54,9
4. Linke Radikale									1,4	2,5	2,1	2,0		2,9
5. Radikale	8,2	8,0	5,8	8,4					12,6	6,4				
6. Zentrum	10,8	11,8	8,2	6,7	15,4	9,4	12,5	6,6	3,8	4,7	23,9	28,7	19,2	12,4
7. Republikaner			[4,4]			[8,9]		[13,0]	7,0	11,1				
8. Gaullisten	20,3	42,2	35,5	55,0	38,3	49,6	46,4	74,3	24,0	37,7	22,6	30,1	20,8	17,3
9. Extreme Rechte													0,4	–
10. Unabhängige	24,2	27,3	13,6	6,9								[1,8]		1,0
11. Sonstige	1,0	–	0,3	–	2,3	–	0,6	–	8,9	3,9	4,9	0,4	4,6	2,2

(*Quelle:* nach Menyesch D./Uterwedde H.: Frankreich, Grundwissen Länderkunden, 2. Aufl. 1983: 174f.)

Nach dem Wahlsieg der Sozialisten bei den Parlamentswahlen von 1981, bei denen sie mit 37,5% der Stimmen 54,9% der Mandate erreichten *(s. Tabelle 39),* schien die Frage einer Wahlreform in den Hintergrund gerückt. Doch als sich für die Wahlen von 1986 aufgrund zu erwartender Stimmeneinbußen der Sozialisten ankündigte, dass der mehrheitsbildende Effekt des Wahlsystems nun erneut den bürgerlichen Parteien zugute kommen würde, wurde 1985 die Einführung der Verhältniswahl beschlossen.

Im Zusammenhang mit dieser Reform standen neben den sich in „Nebenwahlen" (Kommunal-, Nach- und Europawahlen) gezeigten drastischen Stimmenverlusten für die Sozialisten auch Verlagerungen und Veränderungen innerhalb des französischen Parteiensystems, die sowohl das linke als auch das rechte Lager betrafen: Zum einen war die 1981 an die Macht gekommene *Union de Gauche* aus Sozialisten und Kommunisten 1984 endgültig auseinander gebrochen, eine Tatsache, die es den Sozialisten erlaubte, nun auch offen eher zentristisch orientierte Wählerschichten anzusprechen. Damit eröffneten sich Perspektiven, die strikte Bipolarität des Parteiensystems aufzuweichen. Sie wurden begünstigt durch den Niedergang des PCF, dessen Verluste sowohl geographisch als auch soziostrukturell und demographisch seit 1978 dramatische Ausmaße annahmen. Während also auf der linken Seite des Parteiensystems eine Homogenisierung zugunsten der Sozialisten ablief, erschien innerhalb der Rechten- erstmals deutlich sichtbar bei den 1984 nach Verhältniswahl abgehaltenen Wahlen zum Europaparlament – mit der rechtsextremen *Front National* (FN) eine dritte Kraft, die das Gleichgewicht innerhalb des rechten Spektrums zu verschieben begann. Die eingeführte Verhältniswahl sanktionierte nun zum einen den Bruch innerhalb der Linken, indem es den zweiten Wahlgang und die dort erforderliche „republikanische Disziplin" obsolet machte; zum anderen war vorauszusehen, dass die Wähler des FN nun nicht mehr gezwungen waren, im zweiten Wahlgang ihre Stimme den aussichtsreicheren Kandidaten der „traditionellen" Rechten zu geben *(vote utile).* Die Verhältniswahl würde dem Bündnis aus RPR und UDF wichtige Stimmen entziehen und damit eine mögliche absolute Mehrheit gefährden. Eine Regierung der Rechten wäre auf Duldung oder sogar Mitarbeit der Linken angewiesen.

Die Kritik, die von rechts und links gegen die Einführung der Verhältniswahl erhoben wurde, betraf sowohl das taktische Kalkül der Sozialisten und Mitterrands, die relativ schamlos die extreme Rechte als Faktor in ihre Rechnung miteinbezogen. Sie richtete sich aber auch gegen die eventuellen Folgen, welche die Verhältniswahl auf das Parteiensystem haben würde: So wurde das Gespenst der IV. Republik heraufbeschworen mit seiner Aufsplitterung des Parteiensystems und der Verhinderung von klaren Regierungsmehrheiten. Kleine zentristische Gruppen, bisher unter rigidem Allianzzwang, könnten nun ungehindert eigene Listen aufstellen, PS und UDF, bisher hauptsächlich Adressaten der Allianzsuche, könnten auseinander brechen und einer Reihe von Kleinstparteien Platz machen. Klare Programm- und Koalitionsaussagen vor der Wahl, bisher durch den Allianzzwang unvermeidlich, würden nun opportunistischen Koalitionsentscheidungen nach der Wahl weichen, kleine Parteien erhielten als „Zünglein an der Waage" nun ein *bargaining power*, das weit über ihre numerische Bedeutung hinausreichen würde.

Diese Kritik ist geprägt vom ideologischen und institutionellen Blockdenken der V. Republik. Sie übersieht, dass sich seit Beginn der 1970er Jahre auch in Frankreich neue Wählerschichten entwickelt haben, die mit ihren ideologisch kaum fest umrissenen, eher wechselhaften politischen Optionen im politischen Spektrum eine Position der Mitte einnehmen, die institutionell jedoch nicht existent ist (Leggewie 1986: 50ff.). Sie konnte bisher auch nicht durch Koalitionen formiert werden, da sich die Mitte-Wähler in das rigide bipolare Schema einfügen mussten. Der Sachverhalt wird jedoch wahlsoziologisch sichtbar im Niedergang der Klassenpartei PCF sowie im Sieg der Sozialisten 1981, die aus eben diesem Wählerreservoir schöpften, die Zugänge zu dieser Wählerschaft durch ihre Politik aber teilweise wieder verloren, da deren Votum keine Legitimation für Linksunion und sozialistische Politik beinhaltete. Letztendlich wurde die Kritik an der Verhältniswahl u.a. widerlegt durch die konkrete Ausgestaltung des Wahlsystems, die Anpassungsleistungen der Parteien und schließlich durch das Wahlergebnis vom 16. März 1986.

Das neue Verhältniswahlsystem besaß drei „mehrheitsbildende" Eigenschaften (Knapp 1986: 90ff.), an die sich Parteien und Wähler in der Tat nach der Art des alten Mehrheitswahlsystems anpassten: die insgesamt 577 Mandate (vorher 491) wurden ausschließlich in über 100 Wahlkreisen (100 Departements, die Stadt Paris, überseeische Territorien) unterschiedlicher Größe vergeben. Auf je 108.000 Einwohner entfiel ein Mandat, jedes Departement erhielt zumindest zwei Mandate. In der Praxis erhielten fast 2/3 aller Departements nur zwei bis fünf Mandate; sie stellten damit 36,8% der insgesamt zu vergebenden Mandate (bezogen auf Frankreich ohne die überseeischen Territorien mit 22 Abgeordneten). Auf der anderen Seite erhielten nur 14,6% der Departements zehn und mehr Mandate; sie stellten 34,6% der Abgeordneten. Dies hatte zur Folge, dass die ebenfalls eingeführte Sperrklausel von 5% – das zweite „mehrheitsbildende" Element – in nur wenigen Departements tatsächlich wirksam wurde, in allen anderen mussten Parteien 10% und mehr Stimmen erzielen, um ein Mandat zu erhalten.

Das dritte Element, das einen Disproportionseffekt des Wahlsystems bewirkte, war die Anwendung des einfachen Wahlzahlverfahrens zur Vergabe der Mandate, wobei Restmandate nach dem größten Mittel vergeben wurden. Dieses Verfahren begünstigt jeweils die stimmstärkste Partei zuungunsten der kleinen, wobei die Verzerrung nachlässt mit Ansteigen der Wahlkreisgröße, d.h. mit der Zahl der zu vergebenden Sitze. Insgesamt war die Benachteiligung der zweit- und drittstärksten Parteien sowie der weiteren kleineren Parteien weit geringer als bei der absoluten Mehrheitswahl.

Die Anpassung der Parteien bestand darin, in gemeinsamen und dadurch größeren Listen anzutreten. Besonders RPR und UDF nutzten die Möglichkeit gemeinsamer Kandidaturen und traten in 2/3 aller Departements und bezeichnenderweise in den kleineren gemeinsam an. In den 33 Departements (ohne überseeische Territorien), in denen beide jeweils eigene Listen aufstellten, wurden immerhin 283, d.h. mehr als 50% aller Mandate vergeben. In den Wahlkreisen, in denen der Disproportionseffekt erheblich war und zuungunsten kleiner Listen wirkte, konnte die Rechte die systemischen Nachteile gegenüber dem PS ausgleichen; in den größeren Wahlkreisen, wo das Proporzsystem voll zum Tragen kam, waren gemeinsame Listen wahlsystematisch nicht nötig.

Trotz Proliferation der Parteien und Kandidaten (807 Departementslisten, fast 700 Kandidaten, drei neue politische Kräfte auf nationaler Ebene) fanden am Ende nur fünf Parteien den Weg ins Parlament. Wahlsystem und Anpassungszwänge übten eindeutig „zentripetale" Wirkung aus. RPR/UDF und PS gewannen bei zusammen 72% der Stimmen 84% der Sitze und waren damit gegenüber FN und PCF überproportional begünstigt (s. *Tabelle 40)*. Eine Rückkehr zur IV. Republik fand also nicht statt: auch die zentristischen Parteien erfuhren keine Wiederbelebung.

Tabelle 40: Stimmen und Mandate bei den Wahlen zur französischen Nationalversammlung nach Verhältniswahl von 1986

	Stimmen in %		Sitze in %			Index (Stimmen = 100)
PCF	9,8		6,1		- 3,7	66
PS /MRG [a]	32,6		37,4		+ 4,8	115
UDF	8,3		22,5			
RPR-UDF	21,5	41,0		48,0	+ 7,0	117
RPF	11,2		25,5			
Diverse Droite	3,9		2,4		- 1,5	61
FN	9,6		6,1		- 3,5	63

a Die Daten umfassen die Stimmen und Sitze der anderen Liste der Linken (sozialistische Dissidenten und Radikale) und der UNION DE LA GAUCHE von Martinique, aus denen zwei sozialistische Abgeordnete hervorgingen.

(*Quelle:* Di Virgilio 1986: 136)

Das politische Kalkül, das Mitterrand und die Sozialisten mit der Einführung der Verhältniswahl verbunden hatten, ging zum größten Teil auf: die Verluste der Sozialisten hielten sich in Grenzen. Mit 31,04% der Stimmen, für die sie 35,88% der Sitze erzielten, konnten sie sich national als stärkste Partei behaupten. Dies hatte sich freilich schon in den letzten Umfragen vor der Wahl angedeutet. Die Mehrheit der Regierungskoalition war hauchdünn; sie war auf die Stimmen einiger zentristischer Abgeordneter angewiesen, wollte sie sich nicht auf eine Koalition mit der FN einlassen. Versuche, die Verhältniswahl von 1986 als Zäsur bzw. als Wende innerhalb des Parteiensystems der V. Republik zu charakterisieren, erwiesen sich bei einer Analyse der Parlamentszusammensetzung als fragwürdig. Die Bipolarität des französischen Parteiensystems wurde nicht aufgehoben. Der Bruch innerhalb der Linken war auch schon vorher vollzogen worden, die Verhältniswahl sorgte nun dafür, dass die Sozialisten ihren Wahlkampf ohne Rücksicht auf eine Allianz im zweiten Wahlgang führen konnten.

Tabelle 41: Mandatsergebnisse der Wahlen zur französischen Nationalversammlung 1986 und Simulation nach absoluter Mehrheitswahl

Partei	1981	1986	1986 Simulation [a]
PCF	44	35	9
PS	285	216[2]	203
Linke insgesamt [b]	329	251	212
UDF	63	129	
RPR	88	148	
andere Rechte	11	14	
Rechte insgesamt	162	291	358
FN	–	35	7
Abgeordnete insgesamt	491	577	577

a nach „Libération" vom 18. März 1986; b PS + Radikale + Diverse Gauche

(*Quelle:* Le Monde, Dossiers et Documents; Levy/Machin 1986: 284)

Die empirische Basis für Überlegungen zur Entwicklung des französischen Parteiensystems unter Verhältniswahl wurde bald hinfällig, denn schon im Herbst 1986 kehrte die Regierung Chirac zur traditionellen Mehrheitswahl zurück. Zugleich erfolgten einschneidende Veränderungen der Wahlkreiseinteilung, die allerdings seit 1958 keine Anpassung an geänderte demographische Bedingungen erhalten hatte und daher in höchstem Maße ungerecht war (Salmon 1986: 27). Der Wahlkreiseinteilung blieb der Vorwurf der „*pérversion démographique*" (Salmon ebda.) bzw. der „*arbitraire*" nicht erspart. Eine Gruppe sozialistischer Abgeordneter focht vor dem Verfassungsgericht die „*découpage*" von 47 Departements an (Le Monde 30.10.1986). Simulationen auf der Basis der Wahlergebnisse vom März 1986 – deren Aussagewert jedoch zu relativieren ist, da Wahlsysteme selbst Einfluss auf das Wahlverhalten haben – ließen eindeutige Vorteile der neuen Wahlkreiseinteilung für die Regierungskoalition – besonders des RPR – gegenüber den anderen Parteien im Vergleich zur Wahl von 1986 erkennen, so dass das leitende Interesse bei der „*découpage*" als eher politisch denn demographisch interpretiert wurde.

Die Wahlen von Juni 1988, März 1993 und Mai/Juni 1997 brachten die gewohnten Auswirkungen der absoluten Mehrheitswahl. Die kleinen Parteien auf den extremen Flügeln des Parteiensystems wurden dezimiert: Die Kommunisten erreichten 1988 mit

11,3% der Stimmen gerade noch 4,7% der Mandate, die extreme Rechte des FN mit 9,8% der Stimmen nur 0,2% der Mandate. 1997 war die Differenz im Stimmen (15,1%) und Mandatsanteil (0,02%) noch eklatanter. Während die Sozialisten 1988 bei 37,6% der Stimmen mit 48% der Mandate die absolute Parlamentsmehrheit verpassten, wurde sie 1993 von der Rechten mit Leichtigkeit erreicht. Der Wechsel der *majorité* vollzog sich in dramatischen Ausmaßen. Die Sozialisten sackten mit 17,6% der Stimmen auf 9,4% der Mandate ab. Zentrum und Gaullisten, deren Stimmenanteil jeweils nur knapp über dem der Sozialisten lag und im Vergleich zu 1988 keinen wesentlichen Stimmenzuwachs zu verzeichnen hatten, steigerten ihren Mandatsanteil um jeweils mehr als das Doppelte und erzielten mit zusammen 39,5% der Stimmen 79,7% der Mandate. Das Wahlsystem dezimierte jetzt nicht nur die extremen und andere kleine Parteien, auf die 1993 ein Drittel der Stimmen entfielen (1988: 10%), sondern auch die gemäßigte Opposition und katapultierte die klassischen Rechtsparteien in eine dominierende Stellung. 1997 wurde ein knapper Wahlausgang mit geringeren Disproportionseffekten verzeichnet. Die Mehrheit entfiel auf die Sozialisten und ihre Partner. 2002 und 2007 fuhr die Rechte deutlichere Wahlsiege ein (s. *Tabelle 42*).

Tabelle 42: Ergebnisse der Wahlen zur französischen Nationalversammlung nach absoluter Mehrheitswahl 1988-2012

	1988[a]		1993		1997		2002		2007		2012	
	S in %	M in %	S in %	M in %	S in %	M in %	S in %	M in %	S in %	M in %	S in %	M in %
Extreme Linke	0,4	–	1,7	–	2,2	–	2,8	–	3,4	1,2	1,0	0,0
Kommunisten	11,3	4,7	9,2	4,0	9,9	6,3	4,8	3,6	4,3	2,6	-6,9	1,7
Sozialisten und andere Linke	37,6	48,0	17,6	9,4	27,9	48,1	26,7	26,5	26,7	34,8	34,4	53,2
Grüne (diverse)	0,3	–	10,9	–	6,9	1,4	5,7	0,5	4,1	0,7	5,5	2,9
Gaullisten	19,2	22,3	20,4	42,8	15,7	22,9	33,7	61,9	39,5	54,2	27,1	33,6
Zentrums-konservative	18,5	22,6	19,9	36,9	14,4	19,5	4,9	5,0	7,6	4,3	2,2	2,1
Andere Rechte	–	–	–	–	6,1	1,6	12,6	1,9	2,5	1,6	3,5	1,8
Extreme Rechte	9,8	0,2	12,4	–	15,4	0,2	6,2	–	4,7	–	13,6	0,4
Sonstige	3,9	1,0	5,9	6,9	11,7	6,3	2,7	0,5	7,2	0,6	5,8	4,0

a und andere Linke.

(*Quellen:* Le Monde; Mackie/Rose 1997; Nohlen/2010b)

8.4 Weimarer Republik (Reine Verhältniswahl)

Der Typ „reine Verhältniswahl„ entsprach den Vorstellungen von proportionaler Repräsentation, die sich innerhalb der Verhältniswahlbewegung in den Jahrzehnten um die Jahrhundertwende entwickelt hatten. Der reine Proporz galt als das anzustrebende Ideal. In einigen Ländern wurde schrittweise das Verhältnis von Stimmen und Mandaten proportional(er) gestaltet, in anderen Ländern wurde mit einem großen Wurf das Wahlsystem nach den neuen Leitvorstellungen geformt. Zu diesen Ländern zählte Deutschland 1918.

Erst später, nach ersten Erfahrungen mit der reinen Verhältniswahl, und im Anschluss an Analysen des Zusammenbruchs von Demokratien verlor die Zielvorgabe eines möglichst exakten Proporzes für die institutionelle Ausgestaltung von Wahlsystemen an Bedeutung. Funktionalen Kriterien parlamentarischer Regierung folgend, wurden „Korrekturen" in die Verhältniswahlsysteme eingebaut. Nur in wenigen Ländern wurde weiter nach reiner Verhältniswahl gewählt. Im Gegensatz dazu blieb in der Wahlsystemdiskussion zwischen Mehrheitswahl und Verhältniswahl die Option Proporz von der reinen Verhältniswahl besetzt.

Über das Wahlsystem wurde in der Weimarer Nationalversammlung kaum diskutiert. Es bestand Übereinstimmung bei allen Parteien, dass nur die Proportionalwahl die weitgehende Verfälschung des Wählerwillens, die im Kaiserreich wesentlich als Folge der ungleichen Wahlkreiseinteilung aufgetreten war und die als der absoluten Mehrheitswahl immanent betrachtet wurde, beseitigen könne. In der Verhältniswahl wurde eine ganz natürliche Folgeerscheinung der parlamentarischen Demokratie gesehen (s. Schäfer 1967: 174ff.). Allein Friedrich Naumann (DDP) sprach sich für die relative Mehrheitswahl aus: Die Folge des Verhältniswahlsystems sei die Unmöglichkeit des parlamentarischen Regierungssystems; parlamentarisches System und Proporz schlössen sich gegenseitig aus. Die Verfassungsartikel 17 und 22 bestimmten jedoch sowohl für die Reichstags- als auch für die Landtags- und Gemeindewahlen die Verhältniswahl. Gegen die Methode d'Hondt in ihrer Anwendungsform zur Wahl der Nationalversammlung von 1919 sprach nach Ansicht der Verfassungsgeber, dass sie zu viele Reststimmen unverwertet ließ und zu große Abweichungen von Stimmen- und Mandatsanteil ergeben hatte. In der Tat hatte etwa die

USPD bei einem Stimmenanteil von 7,6% nur 5,2% der Mandate erhalten. Deshalb wurde mit der automatischen Methode in drei Ermittlungsverfahren eine Verrechnungsmethode eingeführt, die „dem Ideal der wirklichen ‚Verhältniswahl' bis zur äußersten Möglichkeit nahe kommt und (die) alle Reststimmen bis auf einen belanglosen Schlussbetrag verwertet" (Erdmannsdörfer 1931: 171).

8.4.1 Reine Verhältniswahl nach der automatischen Methode

Kennzeichnend für die automatische Methode ist, dass einer Partei bei Erreichen einer bestimmten Stimmenzahl ein Mandat zuerkannt wird. In Weimar erhielt jede Partei für 60.000 Stimmen ein Mandat. Reststimmen in den 35 Wahlkreisen wurden im Wahlkreisverband (2-3 Wahlkreise) aufgefangen und auf volle 60.000 Stimmen erneut ein Mandat vergeben. Im dritten Zuteilungsverfahren wurden auf Reichsebene noch einmal die Reststimmen aus den Wahlkreisverbänden addiert. An der Mandatsverteilung wurden hier allerdings nur die zentralen Reichswahlvorschläge der Parteien beteiligt, die bereits im ersten oder zweiten Zuteilungsverfahren ein Mandat erzielt hatten. Wiederum entfiel auf 60.000 Stimmen sowie auf einen Rest von mehr als 30.000 Stimmen ein Mandat. Die Anzahl der Parlamentsmitglieder variierte entsprechend den Schwankungen bei der Wahlberechtigung und Wahlbeteiligung zwischen 459 (1920) und 647 (1933).

8.4.2 Die Auswirkungen der reinen Verhältniswahl

Obwohl durch die automatische Methode die weitestgehende Kongruenz von Stimmen und Mandaten ermöglicht wurde, ergab sich bei den Reichstagswahlen eine relativ hohe Zahl nicht verwerteter Stimmen, die teilweise größer war als bei der nach der Methode d'Hondt durchgeführten Mandatsverteilung zur Nationalversammlung. Sie erreichte bei den Wahlen 1924/I und 1928 mit 1.171.186 bzw. 1.548.762 einen Höchststand. Dies war eine Folge der zunehmenden Parteienzersplitterung, der das Verhältniswahlsystem nicht entgegenwirkte. Da ein Zwang zur Konzentration nicht gegeben war und jede politische Richtung – selbst bei noch so geringer Anhängerschaft – mit Parlamentssitzen rechnen konnte, nahm sowohl die Zahl der Parteien, die sich an der Wahl beteiligten, als auch die Zahl der Parlamentsparteien ständig zu. Während zur Wahl der Nationalversammlung 19 Parteien Listen aufgestellt hatten, erhöhte sich die Zahl bei der Wahl zum ersten Reichstag von 1920 bereits auf 24; sie betrug im Mai 1924 29 und erreichte bei den Wahlen von 1928 und 1932/I mit 35 bzw. 42 Parteilisten den Höchststand.

An der März-Wahl von 1933, die bereits unter dem Druck der Nationalsozialisten durchgeführt wurde, beteiligten sich noch 15 Parteien. Trotz der reinen Verhältniswahl erreichte die Mehrzahl der Parteien, die Kandidatenlisten aufgestellt hatten, keine parlamentarische Repräsentation. So erreichten bei der Wahl von 1920 von den 24 Parteien zehn Mandate, 1924/I von 29 „nur" zwölf; 1924/II: von 27 – elf; 1928: von 35 – 15; 1930: von 32 – 15; 1932/I: von 42 – 14; 1932/II: von 36 Parteien „nur" 13. Diese Situation ist jedoch nicht so paradox, wie es den Anschein hat. Die „reine" Verhältniswahl ermuntert zur Bildung politischer Parteien, deren Scheitern rein quantitativ in stärkerem Maße vorprogrammiert ist als unter anderen Wahlsystemen, die bestimmte Hürden enthalten oder setzen.

Tabelle 43: Wahlergebnisse der Reichtagswahlen

Wahljahr	Wahlbeteiligung	KDP	USPD	SPD	DDP	Zentrum	BVP	DVP	DNVP	NSDAP	Sonst. Parteien
1919	83,0	–	7,6	37,9	18,5	19,7	–	4,4	10,3	–	1,6
1920	79,2	2,1	17,9	21,7	8,3	13,6	4,4	13,9	15,1	–	4,0
1924 (Mai)	77,4	12,6	0,8	20,5	5,7	13,4	3,2	9,2	19,5	6,5	8,6
1924 (Dez.)	78,8	9,0	0,3	26,0	6,3	13,6	3,7	10,1	20,5	3,0	7,5
1928	75,6	10,6	0,1	29,8	4,9	12,1	3,1	8,7	14,2	2,6	13,9
1930	82,0	13,1	–	24,5	3,8	11,8	3,0	4,5	7,0	18,3	14,0
1932 (Juli)	84,1	14,3	–	21,6	1,0	12,5	3,2	1,2	5,9	37,3	3,0
1932 (Nov.)	80,6	16,9	–	20,4	1,0	11,9	3,1	1,9	8,3	33,1	3,4
1933 (März)	88,8	12,3	–	18,3	0,9	11,2	2,7	1,1	8,0	43,9	1,6

(*Quelle*: Vogel/Nohlen/Schultze 1971: 296f.)

Da die reine Verhältniswahl mit der starren Liste verbunden wurde, gewannen die Parteiapparate erhöhte Bedeutung für die Wahlbewerbung – zumal die Kandidatenaufstellung zentral durchgeführt wurde und die Möglichkeit mehrmaliger Kandidatur auf verschiedenen Listen bestand – auf die Parlamentsfraktionen und auf den einzelnen Abgeordneten. Die Anforderungen, die an einen Bewerber gestellt wurden, änderten sich grundlegend (s. Bracher 1964: 64ff.). Entscheidend war jetzt vor allem die Bewährung in der Parteibürokratie, da meist am Ende eines stetigen Aufstiegs innerhalb der Parteiorganisation ein Listenplatz bei Reichstagswahlen stand. Eine weitere Folge der starren Listen bestand darin, dass die Parteien weitgehend die verschiedenen Interessengruppen, von denen sie unterstützt wurden, bei der Zusammenstellung der Listen berücksichtigten. Außer den Interessenparteien gehörten dem Reichstag auch innerhalb der politischen Parteien starke Gruppen der verschiedenen Wirtschaftsverbände an.

Durch das Wahlsystem, zumal die starre Liste, ergab sich für alle Parteien die Notwendigkeit, endgültig den Übergang von der Honoratioren- zur Mitgliederpartei zu vollziehen, ihre zentrale Führung zu straffen und einen wirksamen Parteiapparat aufzubauen. Als Vorbild diente den meisten Parteien das bereits vor dem I. Weltkrieg geschaffene Organisationsschema der SPD mit seiner ausgeprägten Parteihierarchie und fest gefügtem Parteiapparat sowie der Gliederung in Ortsgruppen, Ortsvereinen, Wahlkreisvereinen, Bezirks-, Provinzial- oder Landesverbänden und Reichsorganisation. Diese Struktur, die sich während der Revolution bewährt und die SPD bei der Wahl zur Nationalversammlung gegenüber den anderen Parteien erheblich begünstigt hatte, erwies sich – vor allem in den ersten Jahren der Weimarer Republik – als innerparteilicher Stabilisationsfaktor gegen die Abspaltung USPD und KPD. Allerdings schränkte der „bürokratisch-verlässliche ... Charakter“ (Bracher 1964: 73) ihre Manövrierfähigkeit erheblich ein, erschwerte die Anpassung der Partei an die veränderten Bedingungen und trug so entscheidend dazu bei, dass die Partei keine klare innere Einstellung zum parlamentarischen System fand. Der übergroße Einfluss der Parteiapparate veranlasste bereits in den zwanziger Jahren Überlegungen zur Reform der Verhältniswahl im Sinne der Verbindung von Einzelkandidatur und Proporz (s. etwa Bornemann 1931). Diese Konstruktion wurde später im Bonner Wahlgesetz verwirklicht (s. unten Abschnitt 5.1).

8.4.3 Zur These von der Schuld der Verhältniswahl am Zusammenbruch der Weimarer Republik

Die reine Verhältniswahl hat zweifellos zur Zersplitterung des Parteiensystems beigetragen; die These aber, dass die Radikalisierung der Wählerschaft sowie der Aufstieg des Nationalsozialismus primär eine Folge des Wahlsystems gewesen seien und dass die relative

Mehrheitswahl dies hätte verhindern können, überbetont die Rolle des Wahlsystems und vernachlässigt fast völlig die sozioökonomischen und historischen Grundgegebenheiten der Politik in der Weimarer Republik. Die von Ferdinand A. Hermens und seiner Schule propagierte These wird heute kaum noch vertreten. Wortmeldungen wie die von Günther Willms zum „völligen Verschweigen einer Tatsache, ... die für das Scheitern der parlamentarischen Regierung und dem damit verbundenen Aufstieg Hitlers schlechthin entscheidende Bedeutung hatte ... die Einführung der Verhältniswahl" (1986: 188), belegen einen in Wissenschaft und Politik erreichten Konsens. Gegen die Schuldthese ist nicht nur der Monokausalitätsvorwurf gerechtfertigt; gegen sie spricht auch, dass die heterogene Struktur des Parteiensystems durch eine Reihe von Faktoren vorgegeben war, denen die Proportionalwahl mehr Rechnung trug, als dass sie in ihr begründet waren. Vor allem durch die politische Entwicklung im Kaiserreich, die zu einem Parteienpartikularismus mit vornehmlich nach weltanschaulich sowie nach sozialen und wirtschaftlichen Interessen unterschiedenen Parteien geführt hatte, aber auch durch die wirtschaftliche Notlage, die die Radikalisierung des Wahlverhaltens bewirkte und das Entstehen der verschiedenen Interessenparteien entscheidend beeinflusste, konnte sich nur ein Vielparteiensystem ausbilden. Zudem haben auch die „fortdauernde soziale und konfessionelle Zerklüftung der deutschen Gesellschaft" (Bracher 1964: 35) sowie das republikfeindliche Verhalten weiter Kreise der Bevölkerung und der sie repräsentierenden radikalen Flügelparteien wesentlich zur Instabilität des Parteiensystems beigetragen.

8.5 Bundesrepublik Deutschland (Personalisierte Verhältniswahl)

Der deutsche Bundestag wird seit 1949 unverändert „nach den Grundsätzen einer mit der Personenwahl verbundenen Verhältniswahl" (WG §1) gewählt. Auch das Wahlsystem gehört damit in die Reihe der zahlreichen Kompromisse, zu denen sich der Parlamentarische Rat bei den Grundgesetzberatungen veranlasst sah, um zum einen eine gewisse wertmäßige Offenheit durchzusetzen und zum anderen mögliche Entscheidungen des künftigen Bundesgesetzgebers nicht zu präjudizieren (s. Lange 1975: 329ff.). Im Gegensatz zur Weimarer Nationalversammlung waren allerdings alle Parteien im Parlamentarischen Rat davon überzeugt, dass ein funktionsfähiges parlamentarisches Regierungssystem in entscheidendem Maße bereits durch das Wahlsystem bestimmt würde. An die Wiedereinführung der Proportionalwahl Weimarer Prägung dachte deshalb niemand. Die relative Mehrheitswahl, wie die CDU/CSU sie forderte, wurde von der Mehrheit des Wahlrechtsausschusses des Parlamentarischen Rates jedoch ebenfalls abgelehnt. Seine Aufgabe sah der Ausschuss schließlich darin, ein Wahlsystem zu schaffen, das (nach der vorherrschenden Terminologie) Elemente der Verhältnis- und Mehrheitswahl enthalten und so gestaltet sein sollte, dass es einer möglichen Parteienzersplitterung erfolgreich entgegenwirken könne. Für den auf dieser Basis von der SPD vorgelegten Kompromissvorschlag, nach welchem ein Teil der Abgeordneten nach relativer Mehrheitswahl in Einerwahlkreisen gewählt, der Mandatsanteil jedoch ausschließlich nach einer Methode der Verhältniswahl ermittelt werden sollte, stimmten im Parlamentarischen Rat neben der SPD auch die kleineren Parteien, denen die relative Mehrheitswahl als Repräsentationsprinzip zweifellos die Existenzgrundlage genommen hätte.

8.5.1 Die personalisierte Verhältniswahl und die Wahlreformen 1949-2013

Dieses System der „personalisierten" Verhältniswahl – in ähnlicher Form mit zahlreichen Varianten bei Landtagswahlen angewandt – versucht, die Entscheidungsregel der Mehrheitswahl mit dem Repräsentationsprinzip der Verhältniswahl zu kombinieren.

Die Zahl der Abgeordneten betrug ursprünglich 400 und belief sich nach 1961 auf 496 (plus 22 Berliner Abgeordnete). Es bestanden zunächst 242 Wahlkreise, nach 1961 waren es 248 (s. *Tabelle 44*). Nach der deutschen Vereinigung waren es zunächst 328. Im Zuge der Verringerung der Mitgliederzahl des Bundestages ab der 15. Wahlperiode auf 598 Abgeordnete wurden die Wahlkreise auf 299 reduziert. Diese Mandatszahl ist jedoch nur eine Ausgangsgröße. Überhangmandate (siehe unten) können sie erhöhen, ihr proportionaler Ausgleich seit 2013 kann die Größe des Bundestages erheblich anschwellen lassen. Während 1949 jeder Wähler nur eine Stimme hatte, verfügt er seit der Modifizierung des Wahlgesetzes von 1953 über zwei Stimmen: über eine Erststimme zur Wahl des Direktmandates in Einerwahlkreisen nach relativer Mehrheit sowie eine Zweitstimme für die Wahl einer starren Parteiliste auf Länderebene (Landesliste). Zur Berechnung der Mandatszahlen der einzelnen Parteien wird jedoch ausschließlich der Stimmenanteil der Parteien auf Bundesebene herangezogen. Eine Ausnahme bildete die erste Wahl (1949), als die Stimmen auf der Ebene der Bundesländer verrechnet wurden, und die erste Wahl nach der Vereinigung, als dies in zwei Wahlgebieten geschah. Die *district magnitude* ist demnach die größtmögliche, der nationale Wahlkreis. Man darf sich weder durch die Existenz der Einerwahlkreise noch durch jene der Landeslisten bzw. die Länderebene der Wahlbewerbung beirren lassen. Das entscheidende Element bleibt so der Proporz auf nationaler Ebene. Die Zweitstimmen entscheiden darüber, wie viele Abgeordnete jede Partei in den Bundestag entsendet.

Tabelle 44: Reformen des Wahlsystems zum Deutschen Bundestag

Jahr	Verhältnis Direkt-/ Listenmandate	Zahl der Stimmen	Anwendung 5% Klausel	Zahl geforderter Direktmandate	Verrechnungsebene Stimmen	Verrechnungsverfahren
1949	60 /40	1	Land	1	Land	d'Hondt
1953	**50 /50**	**2**	**Bund**	1	Land	D'Hondt
1956	50 /50	2	Bund	3	**Bund**	D'Hondt
1985	50 /50	2	Bund	3	Bund	**Hare/Niemeyer**
2008	50/50	2	Bund	3	Bund	**Sainte-Laguë/Schepers**
2013	50/**50plus**	2	Bund	3	Bund	Sainte-Laguë/Schepers

Lesart: Die fett gesetzten Angaben verdeutlichen, wann die gegenwärtig (2013) gültigen Bestandteile des Wahlsystems eingeführt worden sind; plus heißt: plus Ausgleichsmandate.

Berücksichtigt werden bei der Mandatszuteilung (Ausnahme: Parteien nationaler Minderheiten) nur die Parteien, die entweder 5% der Stimmen oder eine bestimmte Zahl der Wahlkreismandate erhalten haben. Die Sperrklausel – in das Wahlgesetz von den Ministerpräsidenten der Länder eingefügt (s. Lange 1975: 395ff.) – wurde 1953 und 1956 erheblich verschärft. Während bei der Bundestagswahl 1949 die Parteien nur in einem Bundesland 5% der Stimmen oder ein Direktmandat zu erzielen brauchten, um an der Mandatsvergabe teilhaben zu können, müssen sie seit 1953 im gesamten

Bundesgebiet (einmalige Ausnahme 1990) die Sperrklausel erreichen. 1956 wurde die erforderliche Zahl der Wahlkreismandate auf drei erhöht.

Die Anzahl der jeder Partei zustehenden Mandate wird in einer doppelten Anwendung eines speziellen Verrechnungsverfahrens (bis 1983: d'Hondt, danach bis 2005 Hare/Niemeyer), ab 2009 Sainte-Laguë/Schepers) ermittelt. Im zentralen Zuteilungsverfahren wird die Anzahl der jeder Partei zustehenden Mandate im Bundestag festgestellt. Bei diesem Verfahren werden die auf die Landeslisten (zunächst 10, seit 1990 16) der Parteien entfallenden Zweitstimmen auf Bundesebene addiert (bis 1956: nur auf Landesebene). Nach dieser Gesamtstimmenzahl werden unter Anwendung eines der obengenannten Verrechnungsverfahren die jeder Partei zustehenden Mandate ermittelt (sog. Oberverteilung). Im weiteren Zuteilungsverfahren werden wiederum nach einer der genannten Methoden die den Parteien auf Bundesebene zugesprochenen Mandate auf die Landeslisten der Parteien verteilt (sog. Unterverteilung). Mit der Reform vom 9. Mai 2013 wurde diesen beiden Zuteilungsverfahren eine proportionale Ausgangsverteilung der Mandate an die Parteien auf Länderebene und die Kalkulation der Gesamtzahl der Sitze im Bundestag vorgeschaltet, die aufgrund des vollständigen Ausgleichs von Überhangmandaten und zur Herstellung eines exakten nationalen Proporzes flexibel wurde. Unverändert blieb die Verteilung der Mandate auf die Länder anhand der Bevölkerungszahl und die Vergabe der einer Partei zustehenden Mandate an konkrete Personen.Vorrang haben die in den Wahlkreisen siegreichen Wahlkreiskandidaten, die das Direktmandat gewonnen haben. Diese Mandate werden von den Listenmandaten abgezogen, die verbliebenen Mandate werden auf die Kandidaten der starren Landesliste entsprechend ihrer Reihung verteilt. Hatte eine Partei mit den Erststimmen mehr Wahlkreismandate errungen, als ihr proportional nach den Zweitstimmen zustanden, so blieben ihr diese Überhangmandate erhalten, und die Gesamtzahl der Abgeordneten war vorübergehend erhöht (s. weiter unten Abschnitt 5.5). Ein proportionaler Ausgleich, wie er bei Überhangmandaten bei den Wahlen in den dreizehn Ländern der Bundesrepublik erfolgt, in denen nach personalisierter Verhältniswahl gewählt wird, fand bis 2009 nicht statt. Ein vollständiger proportionaler Ausgleich wurde mit der Reform von 2013 eingeführt. Seither kann die Zahl der Direktmandate einer Partei nicht mehr größer sein als die Zahl der Mandate, die ihr proportional zusteht (Pukelsheim/Rossi 2013). Überhangmandatsausgleich und proportionale Endverteilung können die Zahl der Bundestagsmandate gegebenenfalls erheblich erhöhen. Unverändert blieb, dass an der Mandatsverteilung nur die Parteien teilnehmen, welche die Sperrklausel von 5% der Stimmen im gesamten Bundesgebiet übersprungen haben oder drei Direktmandate haben erringen können.

Die 1985 vom Bundestag beschlossene Einführung des Verfahrens von Hare/Niemeyer zur Zuordnung der Mandate auf die Parteien brachte leichte Verschiebungen zugunsten der kleineren Parteien FDP und Grüne (s. Kapitel 4, Abschnitt 4.5). *Tabelle 45* zeigt für die Sitzverteilung im Bundestag nach der Wahl von 1983, dass bei Anwendung des Hare/Niemeyer-Verfahrens beide kleinen Parteien je einen Sitz mehr erreicht hätten als beim tatsächlich angewandten Modus. Das mit Gesetz vom 17. März 2008 eingeführte Verrechnungsverfahren Sainte-Laguë/Schepers hat etwa den gleichen Proporzeffekt, schließt aber paradoxe Ergebnisse aus, die beim Hare/Niemeyer Verfahren auftreten konnten. Beim Verfahren Sainte-Laguë/Schepers handelt es sich nach der Darstellung im Bundeswahlgesetz (§6 (2) um ein Divisorverfahren mit Standardabrundung: „Jede Landesliste erhält so viele Sitze, wie sich nach Teilung der Summe ihrer erhaltenen Zweitstimmen durch einen Zuteilungsdivisor ergeben. Zahlenbruchteile unter 0,5 werden auf die darunter liegende ganze Zahl abgerundet, solche über 0,5 werden auf die darüber liegende ganze Zahl aufgerundet. Zahlenbruchteile, die gleich 0,5 sind, werden so aufgerundet oder abgerundet, dass die Gesamtzahl der zu vergebenden Sitze eingehalten wird. (…) Der Zuteilungsdivisor ist so zu bestimmen, dass insgesamt so viele Sitze auf die Landeslisten entfallen, wie Sitze zu vergeben sind. (…) Entfallen (nach der ersten Zuteilung) mehr Sitze auf die Landeslisten als Sitze zu vergeben sind, ist der Zuteilungsdivisor so heraufzusetzen, dass sich bei der Berechnung die zu vergebende Sitzzahl ergibt; entfallen zu wenig Sitze auf die Landeslisten, ist der Zuteilungsdivisor entsprechend herunterzusetzen“ (vgl. auch Kapitel 4, Abschnitt 5.5).

Tabelle 45: Sitzverteilung im 10. Deutschen Bundestag bei Verwendung unterschiedlicher Verrechnungsverfahren

	Partei									
	SPD		CDU		CSU		FPD		Die Grünen	
	d'Hondt	Hare/ Niemeyer	d'Hondt	Hare/ Niemeyer	d'Hondt	Hare/ Niemeyer	d'Hondt	Hare/ Niemeyer	d'Hondt	Hare/ Niemeyer
Bundesgebiet (ohne Berlin)	191	190	191	190	53	53	34	35	37	28
Schleswig-Holstein	9	9	10	10	–	–	1	1	1	1
Hamburg	6[a]	7	5	5	–	–	0	1	1	1
Niedersachsen	26	26	29	29	–	–	4	4	4	4
Bremen	2[a]	3	2	2	–	–	0	0	0	1
Nordrhein-Westfalen		61	65	65	–	–	10	9	8	8
Hessen	20	19	21	21	–	–	4	4	3	3
Rheinland-Pfalz		12	16	16	–	–	2	2	1	1
Baden-Württemberg	23	23	39	39	–	–	7	7	5	5
Bayern	26	26	–	–	53	53	6	6	4	4
Saarland	4	4	4	4	–	–	0	1	0	0

a Da in Hamburg und Bremen sieben bzw. drei Kandidaten der SPD direkt gewählt wurden, führt die Verwendung von d'Hondt in diesen Fällen zu Überhangmandaten.

(*Quelle:* E. Bornsdorf, Ein neues Verfahren zur Umsetzung von Wahlstimmen in Mandate, in: Zeitschrift für Parlamentsfragen 18 (2), 1987: 225)

8.5.2 Die Entwicklung des Parteiensystems und der Faktor Wahlsystem

Zur Bewertung der Auswirkungen des Wahlsystems auf das Parteiensystem fragen wir nun nach der Wahlentwicklung in der Bundesrepublik seit 1949. Zunächst ergab die Bundestagswahl von 1949 im Vergleich zu den vorhergegangenen Landtagswahlen eine zunehmende Parteienzersplitterung, die sich bei den folgenden Landtagswahlen noch verstärkte. Es entstanden etwa 30 neue Parteien. 1949 erreichten von 15 Parteien, die Listen oder Einzelbewerber nominiert hatten, zehn Parteien Parlamentsmandate. Es bestand die Gefahr eines vornehmlich an weltanschaulichen sowie sozialen und wirtschaftlichen Interessen orientierten, heterogenen Vielparteiensystems. Die Bayern-Partei und die Deutsche Partei erzielten beachtliche, regional begrenzte Wahlerfolge.

Mit der Bundestagswahl von 1953 setzte jedoch eine Konzentration im Parteiensystem ein. 1953 erhielten von 17 kandidierenden Parteien nur mehr sechs, 1957 von 14 nur noch vier Parteien Mandate. Seit 1961 erreichten bei allen nachfolgenden Wahlen bis 1983 nur mehr drei Parteien Mandate, wobei CDU/CSU, SPD und FDP 1972 und 1976 99,0 bzw. 99,1% der gültigen Zweitstimmen auf sich vereinigten.

Die Konzentration zu einem wenn nicht Zweiparteien-, so doch zweipoligen Parteiensystem vollzog sich in zwei Phasen: Zunächst eine Konzentration im Wahlverhalten der bürgerlichen Bevölkerungsschichten auf die CDU/CSU, die diese beiden in Fraktionsgemeinschaft vereinten Parteien 1957 sogar die absolute Mehrheit der Stimmen gewinnen ließ. Die daraus erwachsende strukturelle Asymmetrie im Parteiensystem zugunsten der bürgerlichen Volkspartei hielt bis Mitte der 1960er Jahre an. Sodann, mit dem Wandel der SPD zur Volkspartei (eingeleitet durch den Bad Godesberger Parteitag von 1959), Stimmengewinne der Sozialdemokraten vor allem bei Wählern des „neuen Mittelstandes“. Sie führten zum Abbau der Ungleichgewichte im Parteiensystem und über die Regierungsbeteiligung der SPD in der Großen Koalition von 1966-1969 zum politischen Machtwechsel nach der Wahl von 1969. Diese Entwicklung erreichte ihren Höhepunkt in der Bundestagswahl von 1972, als die SPD erstmals die CDU/CSU als stimmstärkste Partei ablösen konnte. In den nachfolgenden Wahlen gewann die CDU/CSU freilich ihre Stellung als stimmstärkste Partei wieder zurück und baute sie auf Länderebene aus, so dass die 1970er Jahre durch eine politische Patt-Situation gekennzeichnet waren – einer sozial-liberalen Mehrheit auf Bundesebene und einer CDU/CSU-Mehrheit auf Länderebene – die durch den Koalitionswechsel der FDP 1982 aufgelöst wurde. Mit dem Wahlerfolg der Grünen bei der Wahl von 1983, welche die CDU/CSU/FDP-Koalition bestätigte, setzte ein Dekonzentrationsprozess ein, der sich nach der Vereinigung mit dem (1994 nur auf der Grundlage von Direktmandaten erzielten) Wahlerfolg der Partei des Demokratischen Sozialismus (PDS) noch verstärkte. So wurde allgemein davon ausgegangen, dass sich das Parteiensystem der Bundesrepublik mit Blick auf die Koalitionsoptionen zu einem bipolaren – wenn auch zunächst wiederum strukturell asymmetrischen – Vier-Parteien-System entwickeln würde, in dem sich zwei, wenn auch nachlassend ideologisch perzipierte Lager – CDU/CSU/FDP auf der einen, SPD und Bündnis 90/Die Grünen auf der anderen Seite –, gegenüber stehen. So stellten sich die koalitionsfähigen Parteien auch bei den Wahlen von 2005, 2009 und 2013 auf. Bei den Wahlen von 2005 räumten die Wähler jedoch keiner Koalitionsofferte eine parlamentarische Mehrheit ein mit der Folge, dass die Bildung einer Großen Koalition die einzig gangbare Form einer parlamentarischen Mehrheitsregierung war. 2009 gelang dem konservativ-liberalen Lager ein hauchdünner Wahlsieg, der parlamentarisch durch die Überhangmandate der CDU/CSU ausgebaut werden konnte. Bei den Wahlen von 2013 war der Wahlkampf von der Alternative der beiden Koalitionsofferten bestimmt, aber Parteien und Wählern war klar, dass, wenn es weder CDU/CSU und FDP einerseits noch SPD und Grüne andererseits zu einer parlamentarischen Mehrheit reichen würde, erneut eine Große Koalition auf die Bundesrepublik zukäme. Aufgrund von Umfragen verlagerte sich die Spannung über den Wahlausgang in den Medien jedoch auf die Alternative Schwarz-Gelb gegen alle Opposisionsparteien, d.h. Rot-Rot-Grün, obwohl letztere keine Koalitionsperspektive bot. Das Wahlergebnis überraschte in mehreren Hinsichten. Von den bisherigen Parlamentsparteien konnten nur die beiden großen Parteien Stimmen hinzugewinnen; die kleineren Parteien mussten teilweise erhebliche Stimmeneinbußen hinnehmen. Die FPD blieb sogar zum ersten Mal seit 1949 auf Bundesebene unter

5% der Stimmen und damit außerhalb des Parlaments. Während CDU/CSU zusammen 7,7 Prozentpunkte an Stimmen hinzugewannen und eine kaum für möglich gehaltene absolute Parlamentsmehrheit nur knapp verfehlten, fiel der Zugewinn der SPD mit 2,7 Prozentpunkten eher bescheiden aus. Der Abstand zwischen den beiden Volksparteien erhöhte sich damit auf beachtliche 15,8 Prozentpunkte. Gleichwohl verwies das Wahlergebnis auf die Notwendigkeit der Bildung einer Großen Koalition, die in Umfragen bereits im Vorhinein unter den Wählern als bevorzugte Koalition galt. Mit 4,7% der Stimmen erzielte die Neugründung „Alternative für Deutschland" einen politischen Achtungserfolg. Da sie ebenfalls wie die FDP an der Fünfprozentklausel scheiterte, erhöhte sich der Anteil nicht erfolgreicher Stimmen auf ungewohnte 15,7%, was zum Anlass genommen werden dürfte, die Sperrklausel erneut in Frage zu stellen – just in einem Moment, wo sie vollends die ihr zugeschriebene Funktion erfüllt (siehe oben S. 120ff.)

Die Konzentrationstendenz im Wählerverhalten und Parteiensystem in der Frühphase der Bundesrepublik wurde durch verschiedene Faktoren ausgelöst, unter denen das Wahlsystem nur eine geringe Rolle spielt. Sie ist in erster Linie die Folge des gesellschaftlichen Wandels, der nach dem II. Weltkrieg insbesondere durch das Wirtschaftswunder der 1950er Jahre eine vergleichsweise hohe gesellschaftliche Homogenität und eine klare Scheidung der soziopolitischen Konflikte hervorrief. Zu den politisch-institutionellen Ursachen des Konzentrationsprozesses gehört die herausgehobene Position des Regierungschefs im politischen System der Kanzlerdemokratie, welche Tendenzen förderte, Bundestagswahlen in ihrem Gehalt auf die Auseinandersetzung zwischen Kanzlerkandidaten zu reduzieren. Des Weiteren hatten zwei politische Entscheidungen Gewicht: die Gründung der CDU/CSU als interkonfessionelle Sammelpartei und die 1949 erfolgte Bildung einer bürgerlichen Regierung unter Führung der CDU/CSU – ohne die Sozialdemokratie und damit zugleich gegen sie gerichtet. Beide Entscheidungen halfen mit, die für die Regierung abgegebenen Stimmen auf die Partei Konrad Adenauers, die für die Opposition abgegebenen Stimmen auf die SPD zu zentrieren. Der Konzentrationsprozess vollzog sich folglich weitgehend unabhängig vom Wahlsystem. Nicht anders ist auch die seit 1982 zu beobachtende Dekonzentration zu bewerten: Die Grünen konnten das im Wahlsystem enthaltene Hindernis der 5%-

Tabelle 46: Ergebniss der Wahlen zum deutschen Bundestag (1949-1987)

Bundestag	1949-53	1953-57	1957-61	1961-65	1965-69	1969-72	1972-76	1976-80	1980-83	1983-87	1987-90
Zahl der sich bewerbenden Parteien	16	17	14	9	11	13	8	17	15	13	21
Wahlbeteiligung (in %)	78,5	86,0	87,8	87,7	86,8	86,7	91,1	90,7	88,6	89,1	84,3
Briefwähler (in %)	–	–	4,9	5,8	7,3	7,1	7,2	10,7	13,0	10,7	11,1
Ungültige Stimmen (in %)	3,1	3,4	3,0	2,6	2,9	2,4	1,2	1,2	1,3	1,1	1,3
Ungültige Zweitstimmen (in %)	–	3,3	3,8	4,0	2,4	1,7	0,8	0,9	0,9	0,9	0,9
Stimmenanteile (ab 2. WP: Zweitstimmen (in %) von:											
– CDU/CSU	31,0	45,2	50,2	45,3	47,6	46,1	44,9	48,6	44,5	45,8	44,3
– SPD	29,2	28,8	31,8	36,2	39,3	42,7	45,8	42,6	42,9	38,2	37,0
– FDP	11,9	9,5	7,7	12,8	9,5	5,8	8,4	7,9	10,6	7,0	9,1
– KPD	5,7	2,2	–	–	–	–	–	–	–	–	–
– BP	4,2	1,7	–	–	–	0,2	–	–	–	–	0,1
– DP	4,0	3,3	3,4	–	–	–	–	–	–	–	–
– Zentrum	3,1	0,8	–	–	–	0,0	–	–	–	–	0,1
– WAV	2,9	–	–	–	–	–	–	–	–	–	–
– GB/BHE	–	5,9	4,6	–	–	–	–	–	–	–	–
– Grüne	–	–	–	–	–	–	–	–	1,5	5,6	8,3
– Sonstige	5,1	2,6	2,3	5,7	3,6	5,4	0,9	0,9	0,5	0,4	1,1
Mandatsanteil (in %) von											
– CDU/CSU	34,6	49,9	54,3	48,4	49,4	48,8	45,4	49,0	45,5	49,0	44,9
– SPD	32,6	31,0	34,0	38,1	40,7	45,2	46,4	43,1	43,9	38,8	37,4
– FDP	12,9	9,8	8,2	13,4	9,9	6,0	8,3	7,9	10,7	6,8	9,3
– Sonstige	18,6	9,2	3,4	0,0	0,0	0,0	0,0	0,0	0,0	5,4	8,4
Wahlkreissitze (Direktmandate von)											
– CDU	115	172	194	156	154	121	96	134	121	180	169
– SPD	96	45	46	91	94	127	152	114	127	68	79
– FDP	12	14	1	0	0	0	0	0	0	0	0
– Sonstige	19	11	6	–	–	–	–	–	–	0	0
Sichere Wahlkreise[a] von											
– CDU	13	53	59	37	45	33	24	33	20	50	23
– CSU	0	15	32	33	28	26	25	32	32	35	32

– SPD	1	0	0	1	11	34	65	30	28	19	16
Eingegangene Wahleinsprüche	48	20	12	25	39	33	41	41	58	47	40
– davon im BT behandelt	22	14	6	17	39	31	40	38	57	43	*
Nachwahlen	14	–	–	–	–	–	–	–	–	–	–
Zahl der Abgeordneten (o.Berl. Abg.)	400[b]	487[c]	497	499	496	496	496	496	497	498	497
Berliner Abgeordnete	8[d]	22	22	22	22	22	22	22	22	22	
Zahl der Abgeordneten insgesamt	410[e]	509[f]	519	521	518	518	518	518	519	520	519
Zahl der Überhandmandate	2	3	3	5	0	0	0	0	1	2	1
Zahl der Abgeordneten nach Fraktionen und Gruppen (zu Beginn der WP)											
CDU/CSU	141	250	278	251	251	250	234	243	237	255	234
– davon Berliner Abg.	2	6	8	9	6	8	9	11	11	11	11
SPD	136	162	181	203	217[g]	237	242	214	228	202	193
– davon Berliner Abg.	5	11	12	13	15	13	12	10	10	9	7
FDP	53	53	43	67	49	31	42	39	53	35	48
– davon Berliner Abg.	1	5	2	0	1	1	1	1	1	1	2
Deutsche Partei	17	15	17	–	–	–	–	–	–	–	–
Zentrum	10	–	–	–	–	–	–	–	–	–	–
Bayernpartei	17	–	–	–	–	–	–	–	–	–	–
WAV	12	–	–	–	–	–	–	–	–	–	–
KPD	15	–	–	–	–	–	–	–	–	–	–
Nationale Rechte	5	–	–	–	–	–	–	–	–	–	–
GB/BHE	–	27	–	–	–	–	–	–	–	–	–
Die Grünen	–	–	–	–	–	–	–	–	–	28	44
– davon Berliner Abg.	–	–	–	–	–	–	–	–	–	1	2
Fraktionslose, Unabhängige	4[h]	22	–	–	–	–	–	–	–	–	–

(Quelle: Schindler, 1983: 460f.; Schindler 1987: 186f.)

a Hier definiert als Wahlkreise mit einem Zweitstimmenanteil von 55,0%; b ab 23.10.1952: 401 Abgeordnete infolge Aberkennung eines Mandats wegen Verbots der SPF; c ab. 1.1.1957: 497 Abgeordnete infolge Eintritts von 10 Abgeordneten des Saarlands; d ab 1.2.1952: 19 Abgeordnete durch Erhöhung der Zahl der Berliner Abgeordneten; e ab 1.2.1952: 421 Abgeordnete (s. Fußnote d), ab 23.10.1952: 420 Abgeordnete (s. Fußnote b); ab 4.1.1957: 519 Abgeordnete (s. Fußnote c); g davon 2 Gäste, h davon 3 Unabhängige und 1 Abgeordneter des Südschleswigschen Wählerverbandes: h zwei Abgeordnete der Zentrumspartei.

Tabelle 47a: Ergebnisse der Wahlen zum Deutschen Bundestag 1990-2005

Bundestag	1990	1994	1998	2002	2005
Wahlberechtigte	60.436.560	60.452.009	60.762.751	61.432.868	61.870.711
Wähler	46.995.15	47.737.999	49.947.087	48.582.761	48,044.134
Wahlbeteiligung (in %)	77, 8	79, 0	82, 2	80,6	77,7
Stimmen (in %)					
CDU/CSU	43,8	41,4	35,1	38,5	35,2
SPD	33,5	36,4	40,1	38,5	34,2
FDP	11,0	6,9	6,2	7,4	9,8
GRÜNE	3,8	–[b]	–[b]	–[b]	–[b]
B90/Grüne	1,2	7,3	6,7	8,6	8,1
PDS	2,4	4,4	5,1	4,0	8,7
Sonstige	4,2	3,6	5,9	2,8	3,9
Mandate (abs.)					
CDU/CSU	319	294	245	248	226
SPD	239	252	298	251	222
FDP	79	47	44	47	61
B90/Grüne	8	49	47	55	51
PDS	17	30	35	2	54[c]
Insgesamt	662[a]	672[a]	669[a]	603[a]	614
Mandatsanteil (in %)					
CDU/CSU	48,2	43,8	36,6	41,1	36,8
SPD	36,1	37,5	44,5	41,6	36,2
FDP	11,9	6,9	6,6	7,8	9,9
B90/Grüne	1,2	7,3	7,0	9,1	8,3
PDS	2,6	4,5	5,2	0,3	8,8[c]

a Unter Einschluss der Überhangmandate; s. *Tabelle 50*; b ab 1994 Bündnis 90/Die Grünen (*Quelle*: Statistisches Bundesamt)

Klausel überwinden, die PDS 1990 die Verrechnungen der Stimmen in zwei Wahlgebieten (alte BRD und ehemalige DDR) und 1994 die Substituierbarkeit der Sperrrklausel durch die Direktmandatsklausel nutzen. Strukturelle Wandlungsprozesse innerhalb der Gesellschaft, der Bedeutungsverlust der klassischen *cleavages* bzw. das Entstehen neuer ökologischer und regionaler (West-Ost-) Konfliktlinien sind hier in erster Linie als Erklärungsvariablen für den Wandel im Parteiensystem zu nennen. Da die Sperrklausel der Etablierung eines Fünfparteiensystems keinen Riegel vorgeschoben hat, war verständlich, dass erneut der Ruf nach mehr Konzentrationswirkung des Wahlsystems laut wurde, nach mehr Mehrheitselementen im Wahlsystem oder gar nach Mehrheitswahl. Wie steht es um die technischen Elemente der personalisierten Verhältniswahl und deren Wirkungen?

Tabelle 47b: Ergebnisse der Wahlen zum Deutschen Bundestag 2009 und 2013

Bundestag	2009			2013		
Wahlberechtigte	62.168.489			61.903.903		
Wähler	44.005.575			44.289.652		
Wahlbeteiligung in %	70,8			71,5		
	Stimmen	Mandate		Stimmen	Mandate	
	in %	abs.	in %	in %	abs.	in %
CDU	27,3	194	31,2	34,1	255	40,5
CSU	6,5	45	7,2	7,4	56	8,8
SPD	23,0	146	23,2	25,7	192	30,5
FDP	14,6	93	15,0	4,8	0	0,0
Die Linke	11,9	76	12,2	8,6	64	10,2
B90/Grüne	10,7	68	10,9	8,4	63	10,0
Piraten	2,0	0	0,0	2,2	0	0,0
AfD	–	0	0,0	4,7	0	0,0
Sonstige	2,6[a]	0	0,0	4,1	0	0,0

a darunter NPD 1,5.

(Quellen: Nohlen/Stöver 2010; Statistisches Bundesamt)

8.5.3 Sperrklausel

Innerhalb der personalisierten Verhältniswahl ist die Sperrklausel sicherlich *das* Element, von dem die stärksten konzentrierenden Wirkungen ausgehen. Sie hat zugleich den stärksten Widerstreit der Meinungen ausgelöst. Ohne Zweifel läuft eine Sperrklausel dem reinen Repräsentationsprinzip Verhältniswahl zuwider (zur Kritik dieses engen Verständisses siehe oben S. 181ff.). Das Bundesverfassungsgericht entschied, dass eine Sperrklausel von 5% noch mit dem Grundsatz der Verhältniswahl vereinbar sei. Das Urteil stützt sich auf funktionalistische Argumente. Die Funktionsfähigkeit des parlamentarischen Systems wurde höher bewertet als „gerechte" Repräsentation. Freilcih verlangt das Gericht, beide Gesichtspunkte entsprechend jeweiliger Entwicklungen immer wieder abzuwägen.

Wahlsystematisch ist zudem folgendes zu bedenken. Die Zuteilung sämtlicher Mandate erfolgt im Grunde in *einem* nationalen Wahlkreis. Nur bei den ersten Wahlen nach der Vereinigung erfolgte die proportionale Verteilung der Mandate in zwei „Wahlgebieten" (alte BRD und ehemalige DDR). Die Sperrklausel ersetzt andere Elemente, welche den Zugang zum Parlament erschweren, sie ist ein funktionales Äquivalent für eine Einteilung des Landes in Wahlkreise, innerhalb derer alle Mandate vergeben werden (zu Wahlkreisgröße und Proporzeffekt siehe oben S. 105ff.).

Im politischen Streit um das Wahlsystem, aber auch in wissenschaftlichen Analysen wird die Wirkung der 5%-Klausel häufig entweder überschätzt oder unterbewertet. Sicher ist, dass sie nicht nur Splitterparteien aus dem Parlament fernhält, sondern auch von der Wahl kleiner Parteien abhält, die möglicherweise keine 5% der Stimmen erreichen. Sie fördert auch strategisches Wahlverhalten, etwa zugunsten solcher kleiner Parteien, die als Koalitionspartner in Frage kommen. Von solchen sog. Koalitionswählern hat die FDP verschiedentlich profitiert. Wenn jedoch in der Kritik an der Sperrklausel angenommen wurde, dass sie das Parteiensystem total gegen neue Parteien abschirme, so hat dem bereits der Wahlerfolg der Grünen 1983 den Boden entzogen. Die Sperrklausel kann also nur unter bestimmten Bedingungen Konzentrationswirkung entfalten. Erinnert sei daran, dass die PDS bei den Wahlen von 2002 bundespolitisch ein Opfer der Sperrklausel wurde. Die Sperrklausel negiert aber nicht, dass es sich bei der personalisierten Verhältniswahl um Verhältniswahl handelt.

8.5.4 Die Zweistimmen-Konstruktion

Damit gehen wir zu einem politisch sehr bedeutungsvollen Element des Wahlsystems über, der Zweistimmen-Konstruktion. Da jeder Wähler zwei Stimmen hat, ermöglicht sie das Stimmen-Splitting, d.h. der Wähler kann seine Erststimme einem Wahlkreiskandidaten geben, für dessen Partei er sich nicht auch bei der Vergabe der Zweitstimme entscheidet. Zwar wählt der Großteil der Wähler mit der Erststimme den Wahlkreiskandidaten und mit der Zweitstimme die Landesliste ein und derselben Partei. Die Abweichler oder Stimmen-Splitter, die sich möglicherweise wahltaktisch verhalten, können jedoch großen Einfluss auf das Wahlergebnis nehmen, nicht nur im Wahlkreis, sondern und gerade auf Bundesebene. Nicht zu Unrecht ist behauptet worden, dass das Stimmen-Splitting die Mehrheitsbildung für Koalitionsregierungen entscheidend beeinflusst. Die koalitionspolitische Bedeutung des Stimmen-Splitting ergibt sich daraus, dass Wähler, die mit der Erststimme eine der beiden großen Parteien wählen und damit ihre eigentliche Parteipräferenz zum Ausdruck bringen, ihre Zweitstimme für den kleineren Koalitionspartner abgeben, wenn dieser droht, an der Fünfprozentklausel zu scheitern. Koalitionspolitisches Stimmen-Splitting ermöglicht somit die Mehrheitsbildung. Stimmen-Splitting und Fünfprozentklausel verknüpfen sich zu einem Bezugsrahmen, der das Wahlverhalten einer kleinen, aber politisch wichtigen Wählerschaft bestimmt.

Zunächst ist darauf zu verweisen, dass die Erwartungen der Verfassungsväter an die Personenwahl sich nicht bestätigten. In der modernen Demokratie, in der politische Willensbildung ohne die politischen Parteien nicht denkbar ist, sind Wahlen in Einerwahlkreisen zuallererst Parteiwahlen. Entscheidend ist also nicht die Person oder wer kandidiert, sondern die Partei oder für welche von ihnen kandidiert wird. Von dorther versteht sich, dass im Zweistimmensystem (1953 eingeführt) der Wähler auch mit der Erststimme überwiegend seiner Parteipräferenz folgt. Das Stimmensplitting kann zudem in zwei verschiedene Richtungen erfolgen. Der Wähler weicht entweder mit seiner Erststimme oder mit seiner Zweitstimme von seiner eigentlichen Parteipräferenz ab. (Den theoretisch möglichen Fall, dass er splittet und weder mit der Erst- noch mit der Zweitstimme seine eigentliche politische Option wählt, lassen wir hier beiseite.) Nur in dem Falle, dass der Wähler mit seiner Erststimme von seiner eigentlichen Parteipräferenz abweicht, trifft er eine Auswahl unter Kandidaten, in der Regel unter den Kandidaten, von denen er annimmt, dass sie um den Sieg im Wahlkreis ringen. Es sind meistens Politiker, die als Wahlbewerber der großen Parteien bereits Mitglieder des Bundestages sind, sei es als Wahlkreis- sei es als Listenabgeordnete. Sie pflegen ihren Wahlkreis, verfügen über einen gewissen Bekanntheitsgrad im Wahlkreis und verbuchen einen Bonus gegenüber Bewerbern, die *new comers* sind. Freilich, es ist selten, dass eine Partei einen Wahlkreis verliert, weil ihr Wahlkreisbewerber neu bzw. noch unbekannt ist. Für die Anzahl der Wahlkreise, die eine der beiden großen Parteien gewinnt, ist das Pendel der Zweitstimmen der beste Indikator. Dessen ungeachtet zählt die Zufriedenheit des Wählers, nicht nur eine Partei, sondern eine Person wählen zu können.

Was nun die Häufigkeit des Stimmen-Splitting anbelangt, so hat sie sich in den 1990er Jahren erhöht. Lag sie früher bei etwa 10%, bei den 1990er Wahlen bei 12%, so bei den 1998er Wahlen bei 18% (Forschungsgruppe Wahlen 1998). Das dürfte damit zu tun haben, dass beide großen Parteien inzwischen kleinere Parteien an ihrer Seite haben, deren Wähler zum Teil geneigt sind, in die Wahlentscheidung über den Wahlkreisvertreter einzugreifen. In der Tat ist die Häufigkeit des Stimmen-Splitting bei den großen Parteien wesentlich geringer als bei den kleinen Parteien. Dieser Tatbestand ist allzu natürlich, da die Wahlkreiskandidaten der kleinen Parteien – sieht man von der PDS als regionaler Hochburgenpartei ab – kaum eine Chance haben, direkt gewählt zu werden (s. *Tabelle 48*). Bei den Wahlen von 1998 wählte eine Mehrheit der Grünen-Wähler und nahezu zwei Drittel der Wähler der FDP mit ihrer Erststimme die jeweils benachbarte Volkspartei. Sieht man nun auf das Splitting von eigentlichen Zweistimmenwählern der großen Parteien, so spricht für koalitionspolitisch motiviertes Wahlverhalten bei der Abgabe der Zweitstimme, dass die Übereinstimmung von Erst- und Zweitstimme bei den großen Parteien dann ausgeprägter ist, wenn sie sich in der Opposition befinden (s. *Tabelle 49)*.

Tabelle 48: Direktmandate nach Parteien

Jahr	Insgesamt	CDU/CSU	SPD	FDP	Andere
1949	242	115	96	12	19[a]
1953	242	172	45	14	11[b]
1957	247	194	46	1	6[c]
1961	247	156	91	–	–
1965	248	154	94	–	–
1969	248	121	127	–	–
1972	248	96	152	–	–
1976	248	134	114	–	–
1980	248	121	127	–	–
2002	299	125	171	–	3[d]
2005	299	150	145	–	4[e]
2009	299	218	64	–	17[f]
2013	299	236	58	–	5[g]

a Darunter BP: 11; DP: 4; b DP: 10; Zentrum: 1; c DP. d PDS:2; Die Grünen:1; e PDS:3, Die Grünen:1; f Die Linke 16, Grüne 1; g Die Linke 4, Grüne 1.

(Quelle: Jesse 1987b: 441, Statistisches Bundesamt)

Die Koalitionsorientierung des Stimmen-Splitting wurde in den zurückliegenden Dekaden besonders deutlich bei der FDP. Je nachdem, mit welcher der großen Parteien sich die Liberalen in den 1970ern und 1980er Jahren in einer Koalition befanden, verhielten sich auch mehrheitlich die FDP-Zweitstimmenwähler hinsichtlich ihrer Erststimme. Beispielsweise betrug das Verhältnis der Stimmen-Splitter der Liberalen 1961 zu Zeiten einer CDU/CSU-FDP-Koalition 3:1 für die CDU/CSU, 1972 hingegen während der sozial-liberalen Koalition 6,7 : 1 für die SPD. Betrachtet man die Erststimmen der FDP als liberale Stammwählerschaft, was nicht ganz unproblematisch ist, so konnte sie in jenen Bundestagswahlen nur durch die sog. Leihstimmen von SPD oder CDU CDU überleben bzw. die 5%-Hürde überspringen. Koalitionswechsel der FDP zogen seinerzeit den Austausch der Leihwählerschaft nach sich. Ob Bündnis 90/Die Grünen in ein Verhältnis zur SPD geraten, das zur Aufrechterhaltung rot-grüner Mehrheiten den Austausch von Leihstimmen herbeiführt, steht dahin. Dies ist nicht nur abhängig von der Nähe zur Sperrklausel, in welche die Grünen geraten könnten, sondern von der koalitionspolitischen Offenheit des Parteienwettbewerbs. Dessen ungeachtet spielen Leihstimmen eine große Rolle für die Dynamik des Parteiensystems in der Bundesrepublik, für die Bildung von Regierungsmehrheiten und das Alternieren in der Regierungsausübung. Ihre Bedeutung ist im Prinzip vergleichbar mit den *marginal seats,* den „umstrittenen" Wahlkreisen (in denen die Mehrheitsverhältnisse wechseln können) im britischen Mehrheitswahlsystem, die den Ausschlag für die Mehrheitsbildung geben.

Tabelle 49: Verteilung der Erststimmen und Zweitstimmen auf die Parteien 1953-1987

	CDU/CSU		SPD		FDP		Andere	
	Erstst.	Zweitst.	Erstst.	Zweitst.	Erstst.	Zweitst.	Erstst.	Zweitst.
1953	34,7	45,2	29,5	28,8	10,8	9,5	16,0	16,5
1957	50,3	50,2	32,0	31,8	7,5	7,7	10,2	10,3
1961	46,0	45,4	36,5	36,2	12,1	12,8	5,4	5,7
1965	48,8	47,6	40,1	39,3	7,9	9,5	3,2	3,6
1969	46,6	46,1	44,0	42,7	4,8	5,8	4,7	5,5
1972	45,5	44,5	48,9	45,8	4,8	8,4	1,0	0,9
1976	48,9	48,6	43,7	42,6	6,4	7,9	1,0	0,9
1980	46,0	44,5	44,5	42,9	7,2	10,6	2,3	2,0
1983	52,1	48,8	40,4	38,2	2,8	7,0	4,5	6,0
1987	47,7	44,3	39,2	37,0	4,7	9,1	8,4	9,6
Mittlere Abweichung in %								
	+ 1,4		+ 1,35		-1,93		-0,44	

Tabelle 50: Kombination der Erst- und Zweitstimmen bei Bundestagswahlen 1963-2005

Partei		Von 100 Wählern, die mit ihrer Zweitstimme voranstehende Partei wählten, gaben ihre Erstimme im Jahre ... folgender Partei														
		1953	1957	1961	1965	1969	1972	1976	1980	1983	1987	1990	1994	1998	2002	2005
CDU/CSU	CDU/CSU	87,1	93,5	95,6	93,9	93,4	96,8	97,1	96,9	96,0	95,3	91,7	94,6	94	93	92
	SPD	1,1	1,0	1,0	2,3	3,1	1,5	1,1	1,3	2,0	1,9	2,7	2,5	4	3	4
	FDP	5,6	0,9	1,1	1,4	1,1	0,8	0,8	0,8	1,0	1,3	3,1	1,4	1	3	3
	Grüne									0,4	0,6	0,8	0,8	1	1	1
	L/PDS											0,1	0,2	0	0	0
SPD	SPD	97,0	95,0	95,5	94,7	93,4	94,1	95,0	92,4	95,2	92,7	90,5	90,9	90	89	89
	CDU/CSU	0,7	1,3	1,5	2,2	3,1	1,8	1,2	2,1	1,7	1,9	2,2	3,5	4	3	3
	FDP	0,5	0,5	0,6	0,6	1,4	3,0	2,5	3,5	0,4	0,7	1,3	0,7	1	1	1
	Grüne									0,2	3,5	4,0	3,3	3	5	5
	L/PDS											0,5	1,1	2	2	2
FDP	FDP	85,3	85,4	86,5	70,3	62,0	38,2	60,7	48,5	58,3	43,2	50,6	31,9	26	47	27
	CDU/CSU	9,7	7,3	8,1	20,8	10,6	7,9	8,0	13,3	10,1	13,1	29,4	54,6	61	35	61
	SPD	1,1	3,7	3,1	6,7	24,8	52,9	29,9	35,5	29,1	38,7	14,0	9,9	11	15	8
	Grüne									1,7	3,2	3,5	2,3	1	2	1
	L/PDS											0,3	0,5	0	1	1
Grüne	Grüne									52,1	58,2	60,7	56,4	37	28	30
	CDU/CSU									5,2	4,3	4,7	6,7	6	4	5
	SPD									39,8	31,5	29,3	33,2	54	65	61
	FDP									1,2	1,6	2,4	0,7	1	1	1
	PDS											0,1	1,6	1	2	2
PDS	SPD											9,8	16,7	23	23	20
	CDU/CSU											3,5	3,3	4	5	5
	FDP											1,8	0,6	1	1	2
	GRÜNE											6,1	4,4	5	3	2
	PDS											75,6	73,8	67	67	70

a 1990 nur CDU.

Leseart: 1953 wählten 87,1% der Wähler, die ihre Zweitstimme der CDU/CSU gaben, auch mit der Erststimme diese Partei; 1,1% dieser Wähler gaben ihre Erststimme der SPD und 5,6% der FDP. Die restlichen Erststimmen entfielen entweder auch kleinere Parteien oder waren ungültig.

Anmerkung: Diese Tabelle zeigt, dass die Wähler der großen Parteien nur in beschränktem Maße auf die Möglichkeit des Stimmensplittings zurückgreifen. Es ist vor allem ein Instrument der FDP-Wähler, das sich seit den 60er Jahren bei dieser Wählergruppe einer großen Beliebtheit erfreut und das die parteipolitische Präferenzen der FDP-Wähler zugunsten der beiden großen Parteien zumindest andeutet: 1965 zugunsten der CDU/CSU, 1969 bis 1980 – vor allem 1972 – zugunsten der SPD, 1983 wieder mehrheitlich zugunsten der CDU/CSU.

(Quelle: Hübner 1984: 189; Jesse 1987a: 237, Rudzio 2006: 165.)

Nun wird gelegentlich unterstellt, splitten sei entweder nutzen-maximierend – rational oder ignorant – irrational und damit Ausdruck der Tatsache, dass der Wähler das Wahlsystem nicht verstünde. Rational sei das Verhalten dann, wenn der Wähler situationsgerecht ein gesplittetes taktisches Votum treffe, dass nachvollziehbar hinsichtlich beider Stimmen die Aussicht habe, das Wahlergebnis entscheidend zu bestimmen (s. Schoen 1998: 223f.). Dies ist idealtypisch der Fall, wenn ein Wähler der kleinen Partei A den Wahlkreiskandidaten der großen Partei B wählt, um auf die Vergabe des Direktmandats Einfluss zu nehmen, ein Wähler der großen Partei B die Landesliste der kleinen Partei A wählt, die darum ringt, die Fünfprozentklausel zu überspringen, und wenn beide Parteien eine Koalitionsregierung zu bilden vorhaben. Die krude Anwendung der Dichotomie rational vs. irrational und die Kategorisierung der Wähler anhand objektiver Kriterien ist jedoch wenig geeignet, das Wählerverhalten im Zweistimmen-System angemessen zu erfassen. Bereits der Gesetzgeber ist ja von der Idee ausgegangen, dass der Wähler seine Präferenzen nach Erst- und Zweitstimmen verändert, und zwar aufgrund unterschiedlicher Präferenzordnungen und Entscheidungsregeln (Personen nach der Mehrheit vs. Parteien nach Proporz). Ein Stimmensplitter entscheidet sich also, wenn er objektiv rational wählt, nicht nur taktisch, sondern möglicherweise subjektiv aufrichtig *(sincere voting).* Überhaupt sind die Kategorien aufrichtig und strategisch zur Analyse der Mannigfaltigkeit des Stimmensplitting viel besser geeignet, denn es gibt nicht nur aufrichtige Stimmensplitter, sondern auch strategische Nonsplitter (s. Thurner 1999: 164). Im Gegensatz dazu wird die Beschränkung der rationalen Wähler auf jene Gruppe, die den Anforderungen des objektiven Kriteriums genügen, dergestalt zu einer Falle, angesichts der vielen vermeintlich irrationalen Wähler eine Vereinfachung des Wahlsystems zu fordern. Gelegentlich wird auch noch problematisiert, dass rationales Stimmensplitting bei Erfolg für beide Stimmen im Vergleich zum Nichtsplitter zu einer Verdoppelung des Stimmengewichts und zur Beeinträchtigung der Chancengleichheit führe (s. Pehle 1999: 242f.). Im Rahmen der personalisierten Verhältniswahl lassen solche theoretisch verkürzten und empirisch wenig triftigen Überlegungen, die letztendlich die Personalisierung der Verhältniswahl in Frage stellen und die Erfolgswertgleichheit der Stimmen absolut setzen, alle vergleichenden Maßstäbe vermissen.

8.5.5 Überhangmandate

Überhangmandate sind eine Besonderheit der personalisierten Verhältniswahl in der Ausprägung des Wahlsystems zum Deutschen Bundestag. Sie entstehen durch die spezifische Verbindung von Mehrheits- und Proporzregel, die im bundesrepublikanischen Wahlsystem vorliegt: Wenn eine Partei in einem Bundesland mehr Direktmandate (nach Erststimmen) erhält als ihr aufgrund der proportionalen Verrechnung der Zweitstimmen zustehen, so werden ihr diese „Überhänge" in Form von zusätzlichen Sitzen gutgeschrieben. Die vorher festgelegte Zahl der Bundestagssitze erhöht sich dann um die jeweils erzielten Überhangmandate, ohne dass die anderen Parteien einen entsprechenden Mandatsausgleich erhalten.

Die möglichen Entstehungsgründe für Überhangmandate sind ebenso vielfältig wie komplex. Grundsätzlich lassen sich zwei Typen von Ursachen unterscheiden, denen jeweils mehrere Erklärungsfaktoren zugeordnet werden können (s. Grotz 2000a; Behnke 2003). Zum einen resultieren Überhangmandate aus den Abweichungen zwischen den Einerwahlkreismandaten und den proportionalen Gesamtsitzen *innerhalb* eines Bundeslandes. Dieser direkte Überhangeffekt kann sich aus signifikanten Differenzen zwischen der Erst- und Zweitstimmenverteilung, also durch Stimmensplitting (s. Glossar) ergeben. Er kann jedoch auch durch die spezifische Wirkung der beiden Entscheidungsregeln verursacht werden, etwa wenn eine Partei alle Wahlkreissitze in einem Bundesland mit knappen Mehrheiten gewinnt und sie durch diesen Disproporzeffekt der relativen Mehrheitsregel mehr Direktmandate als proportionale Gesamtmandate erhält. Zum anderen lassen sich auch Faktoren ausmachen, die die Zuteilung der nationalen Gesamtsitze auf die Landeslisten beeinflussen und somit auf die Relation der Mandatskontingente *zwischen* den Bundesländern einwirken. Solche indirekten Überhangeffekte entstehen entweder durch Unterschiede hinsichtlich der Anzahl der registrierten Wähler pro Einerwahlkreis, durch Wahlbeteiligungsdifferenzen oder durch die Wirkung der Verrechnungsmethode, die bei der Verteilung auf die Landeslisten angewandt wird.

Tabelle 51: Überhangmandate 1949-2009 ohne Mandatsausgleich

Wahljahr	Überhangmandate	Begünstigte Partei	Begünstigte Landesliste
1949	2	CDU (1)	Baden-Württemberg (1)
		SPD (1)	Bremen (1)
1953	3	SPD (1)	Hamburg (1)
		CDU (2)	Schleswig-Holstein (2)
1957	3	CDU (3)	Schleswig-Holstein (3)
1961	5	CDU (5)	Saarland (1)
			Schleswig-Holstein (4)
1980	1	SPD (1)	Schleswig-Holstein (1)
1983	2	SPD (2)	Bremen (1)
			Hamburg (1)
1987	1	CDU (1)	Baden-Württemberg (1)
1990	6	CDU (6)	Mecklenburg-Vorpommern (2)
			Sachsen-Anhalt (3)
			Thüringen (1)
1994	16	CDU (12)	Baden-Württemberg (2)
			Mecklenburg-Vorpommern (2)
			Sachsen(3)
			Sachsen-Anhalt (2)
			Thüringen (3)
		SPD (4)	Brandenburg (3)
			Bremen (1)
1998	13	SPD (13)	Brandenburg (3)
			Hamburg (1)
			Mecklenburg-Vorpommern (2)
			Sachsen-Anhalt (4)
			Thüringen (3)
2002	5	SPD (4)	Hamburg (1)
			Sachsen-Anhalt (2)
			Thüringen (1)
		CDU (1)	Sachsen (1)
2005	5	SPD (9)	Hamburg (1)
			Brandenburg (3)
			Sachsen-Anhalt (4)
			Saarland (1)
		CDU (7)	Baden-Württemberg (3)
			Sachsen (4)
2009	24	CDU (21)	Schleswig-Holstein (1)
			Mecklenburg-Vorpommern (2)
			Sachsen (4)
			Thüringen (1)
			Rheinland-Pfalz (2)
			Baden-Württemberg (10)
			Saarland (1)
		CSU	Bayern (3)

Generell lässt sich sagen, dass die genannten Faktoren in der Regel nicht isoliert vorkommen, sondern sich in ihrer Wirkung wechselseitig verstärken oder aufheben. Für die Entstehung von Überhangmandaten bedarf es letztlich immer einer spezifischen Ausprägung des Parteiensystems auf Wählerebene, wobei hohe Stimmensplittingsraten oder starke Drittparteien besonders günstige Voraussetzungen bilden (s. Grotz 2000a).

Den Überhangmandaten wurde in den Jahrzehnten, als solche nur gelegentlich und in geringer Zahl auftraten (s. *Tabelle 50*), nur wenig Aufmerksamkeit zuteil. Das änderte sich schlagartig, als 1994 16 Überhangmandate zustande kamen und zwölf davon auf die CDU entfielen. Erst die Überhangmandate bescherten der siegreichen Koalition von CDU/CSU und FDP eine satte parlamentarische Mehrheit. Obwohl unter dem Gesichtspunkt der Sicherung parlamentarischer Regierung dieser Effekt der personalisierten Verhältniswahl positiv hätte konnotiert werden können, traten nun Zweifel an der Übereinstimmung der Überhangmandate mit dem Gleichheitsgrundsatz im Wahlrecht auf. Das Bundesverfassungsgericht entschied in seinem Urteil vom 10. April.1997, dass der Gesetzgeber einen Mandatsausgleich vorsehen kann, er aber für die personalisierte Verhältniswahl nicht zwingend sei. Vom Bundesverfassungsgericht wurde anerkannt, dass der Gesetzgeber mit der Einrichtung der Fünfprozentklausel Begrenzungen der Proportionalität gewollt hat. Das Proporzprinzip sei demnach keine absolute Richtschnur für die Bewertung einzelner Elemente der personalisierten Verhältniswahl, also auch nicht der Überhangmandate. Das Gericht hat es demnach bei der bisherigen Regelung belassen, wenn dafür Sorge getragen würde, dass sich die Zahl der Überhangmandate in Grenzen hielte. Die verfassungsgerichtliche Anerkennung des reinen Proporzprinzips im Falle der Überhangmandate, wie es immerhin die Hälfte der Richter forderte, hätte einer Neuinterpretation der Verhältniswahl insgesamt Vorschub geleistet und Folgerungen auch für die Sperrklausel nach sich ziehen können. Das Bundesverfassungsgericht sah sich jedoch gut zehn Jahre später in derselben Angelegenheit mit einer veränderten Argumentation konfrontiert. Zwar war bereits vordem bekannt (s. Meyer 1994; Behnke 2002), dass Überhangmandate dazu führen konnten, dass eine Partei bei einem höheren Zweitstimmenanteil eines Mandates verlustig gehen konnte – der Fall wurde aber erst bei einer

Nachwahl im Wahlkreis Dresden 2005 akut. Erhärtet wurde, dass es für eine Partei mit Überhangmandaten von Vorteil sein konnte, weniger Stimmen in einem Bundesland zu bekommen, wenn dadurch die Mandatszahl in der bundesweiten Verteilung der Mandate an die Parteien (Oberverteilung) nicht negativ betroffen war. Einfluss konnte die niedrigere Stimmenzahl auf die Verteilung der Mandate auf die einzelnen Landeslisten der Parteien (Unterverteilung) nehmen. Denn eine niedrigere Anzahl an Zweitstimmen konnte hier bewirken, dass eine andere Landesliste mit einem Mandat profitierte. Verlor die Partei in einem Bundesland an Zweistimmen, in welchem sie ein Überhangmandat erzielt hatte, so erlitt sie keinen Nachteil, weil ihre Liste ohnehin keinen Anspruch auf ein Mandat gehabt hätte, sie die ihr zustehenden Direktmandate aber nicht verlieren konnte. Eine andere Landesliste konnte aber ein Mandat hinzugewinnen. Damit erhöhte auch die betreffende Partei ihren Mandatsanteil auf Bundesebene. Der umgekehrte Effekt war ebenfalls denkbar. Eine Partei konnte durch ein Mehr an Zweistimmen in einem Bundesland ein Überhangmandat verlieren und damit auf der Bundesebene ebenfalls ein Mandat einbüßen. Dieses „negative Stimmgewicht" erklärte das höchste Gericht am 3. Juli 2008 für verfassungswidrig, da ein Verfahren, das dazu führt, dass die Stimme für eine Partei eine Wirkung gegen sie entfaltet, dem Sinn und Zweck einer demokratischen Wahl widerspreche. Es gab dem Gesetzgeber auf, das Wahlsystem bis Mitte 2011 zu reformieren. Dem kam der Bundestag zunächst in der Reform vom 25. November 2011 nach, die allein von CDU/CSU und FDP getragen war. Sie wurde vom Bundesverfassungsgericht im Urteil vom 25. Juli 2012 ebenfalls für verfassungswidrig erklärt, u.a. weil sie erwarten ließ, dass die Zahl der Überhangmandate aufgrund hauptsächlich der Entwicklung des Parteiensystems weiter ansteigen würde. 2009 waren sämtliche 24 Überhangmandate auf CDU und CSU entfallen. Im Urteil begrenzte das Gericht die zulässige Zahl von Überhangmandaten auf 15. Daraufhin setzten sich Regierungs- und Oppositionsparteien zusammen und beschlossen mit der Gesetzesnovelle vom 9. Mai 2013 eine Reform, die über die Auflagen des Bundesverfassungsgerichts hinausgeht und Überhangmandate vollständig ausgleicht.

8.5.6 Zur Rechtsprechung des Bundesverfassungsgerichts

Die Spruchtätigkeit des Bundesverfassungsgerichts in Wahlsystemfragen fußt auf dem Verständnis der Gleichheit im Wahlrecht als Anwendungsfall des allgemeinen Gleichheitssatzes nach Art. 3 des Grundgesetzes. Hinzu stoßen zwei weitere Grundannahmen: zum einen die Anwendbarkeit der Anforderungen an das individuelle Wahlrecht nach Art. 38 Abs. 1 des Grundgesetzes – es hat allgemein, gleich, direkt und geheim zu sein – auf Wahlsysteme, zum anderen die Vorstellung, das Prinzip der Verhältniswahl umfasse nicht nur die Zählwertgleichheit, sondern auch die Erfolgswertgleichheit der Stimmen. Jede Stimme müsse gleichen Einfluss auf die Zusammensetzung des Bundestages haben. Einschränkungen des Proporzprinzips (wie etwa die Fünfprozentklausel) seien nur dann mit dem Grundgesetz konform, wenn sie ausreichend funktional begründet werden könnten.

Natürlich muss das Bundesverfassungsgericht seine Rechtsprechung am deutschen Grundgesetz orientieren. Es gibt aber wohl kaum eine Verfassungsnorm, die in den Demokratien der Welt so identisch ist wie die Anforderung an ein demokratisches Wahlrecht. Überall hat das Wahlrecht allgemein, gleich, direkt und geheim zu sein. Gleichwohl fallen die Wahlsysteme in einzelnen Ländern höchst verschieden aus, auch und gerade im Bereich der Verhältniswahlsysteme, ohne dass die vom Bundesverfassungsgericht für diese Wahlsysteme geltend gemachten Normen zwecks verfassungsrechtlicher Überprüfung ins Spiel gebracht werden. Die vergleichende Wahlsystemforschung kann sich folglich die Sicht des Bundesverfassungsgerichts nicht zu Eigen machen. Sie kann nicht einen einzigen Fall zum allgemeinen Maß erheben. Sonst würde sie sich zu Recht des Vorwurfs aussetzen, provinziell zu sein (vgl. Sartori 1991; Sen 2010). Sie muss sich vielmehr an komparativen und praxisnahen Erfahrungen orientieren. Sie gelangt freilich auf diese Weise dazu, die Spruchpraxis des Bundesverfassungsgerichts zu hinterfragen.

Danach ist bereits fraglich, ob es ohne weiteres zulässig ist, unbestritten gültige Anforderungen an das individuelle Wahlrecht auf das Wahlsystem zu übertragen. Bedenklich muss stimmen, dass andernorts Verhältniswahlsysteme bestehen, die sich keineswegs am Gleichheitsgrundsatz orientieren und doch verfassungsrechtlich unangefochten sind. Sie wären nach Rechtsaufassung des Bundesverfassungsgerichts alle verfassungswidrig, zumal da in etlichen Verfassungen Verhältniswahl vorgeschrieben ist, was in Deutschland noch nicht einmal der Fall ist.

Weiterhin ist fraglich, ob das Proporzprinzip derart strikt im Sinne mathematischer Gleichheit ausgelegt und als zentraler Maßstab zur verfassungsrechtlichen Beurteilung eines Wahlsystems herangezogen werden kann, sieht man mal von der vom Bundesverfassungsgericht eingeräumten Zulässigkeit funktional begründeter Einschränkungen ab, die ihrerseits aufgrund der Orientierung am strikten Proporzprinzip keine wahlsystematische Eigenberechtigung haben, sondern einer triftigen Begründung bedürfen, um vor dem Bundesverfassungsgericht bestehen zu können. International wird Verhältniswahl eher als allgemeine Orientierung der Wahlgesetzgebung begriffen. Das schlägt sich in Verhältniswahlsystemen nieder, die empirisch höchst unterschiedliche Proporzergebnisse aufweisen (für Europa s. Nohlen/Stöver 2010), ohne dass die jeweiligen Disproportionen im Stimmen-Mandate-Verhältnis in anderen Ländern als verfassungsrechtlich bedenklich angesehen werden. Auch ist die Vorstellung fragwürdig, es gehe bei Verhältniswahl um die Durchsetzung eines einzigen Prinzips. Vielmehr gilt, dass auch bei Verhältniswahl verschiedene Zielsetzungen verfolgt werden können und zwischen diesen abzuwägen ist (s. dazu Kapitel 5, Abschnitt 7). Die personalisierte Verhältniswahl ist dafür ein gutes Beispiel, denn sie versucht in der Tat, verschiedene Zielfunktionen gleichzeitig zu verwirklichen, was nur gelingen kann, wenn keine von ihnen maximal auszuschöpfen angestrebt wird.

Schließlich ist auch die vom Bundesverfassungsgericht erhobene Forderung, bei Verhältniswahl habe nicht nur der Zählwert, sondern auch der Erfolgswert der Stimmen dem Gleichheitsgrundsatz zu entsprechen, in international vergleichender Perspektive in hohem Maße fragwürdig. Das Gros der Verhältniswahlsysteme weltweit operiert mit unterschiedlich großen Wahlkreisen ohne nationalen Proporz (qua nationaler Verrechnung der Stimmen oder national vergebener Ausgleichsmandate). Damit sind bereits Unterschiede im Erfolgswert der Stimmen automatisch gegeben, denn in kleinen und mittelgroßen Wahlkreisen ist der Erfolgswert der Stimmen durchweg geringer als in großen oder gar landesweiten

Wahlkreisen. Auch verweist die empirische Erfahrung darauf, dass sich Erfolgswertgleichheit nicht per Gesetz herstellen lässt. Das Maß an Erfolgswertgleichheit ist vom Parteiensystem und vom Wählerverhalten abhängig. Insbesondere der Rechtsvergleich verweist darauf, dass der Grundsatz des gleichen Wahlrechts keineswegs die Erfolgswertgleichheit impliziert. In der Schweiz beispielsweise, wo der Grundsatz der Proportionalität in der Verfassung verankert ist, hat jeder Kanton und Halbkanton unabhängig von der Bevölkerungsverteilung Anspruch auf zumindest ein Parlamentsmandat, was bereits den Zählwert der Stimmen verzerrt, von Erfolgswertgleichheit gar nicht zu reden, da die Mandate in Mehrpersonen- und Einerwahlkreisen vergeben werden, ohne dass ein nationaler Ausgleich stattfindet. Dies wird in der traditionell proportional orientierten Schweiz nicht im Geringsten problematisiert. Auch in Österreich finden laut Verfassung die Wahlen zum Nationalrat „nach den Grundsätzen der Verhältniswahl" statt. Gewählt wird nach Verhältniswahl in Wahlkreisen verschiedener Ebenen mit landesweitem proportionalem Ausgleich. Bei aller Unterschiedlichkeit im Detail ist das österreichische Wahlsystem im Merkmal der nationalen Verrechnung der Stimmen mit der vor und nach 2009 angewandten Version der personalisierten Verhältniswahl identisch. Insofern ist die Spruchpraxis des Österreichischen Verfassungsgerichtshofs zur Wahlrechtsgleichheit besonders einschlägig. Im Gegensatz zum Bundesverfassungsgericht engt dieses Gericht das Prinzip des gleichen Wahlrechts traditionell auf die Zählwertgleichheit ein: „Darüber hinaus aber noch zu verlangen, dass jeder Stimme die gleiche Kraft, der gleiche Nutz- oder Erfolgswert zukommen müsse, fällt außerhalb des Grundsatzes der Gleichheit des Wahlrechts, ja außerhalb des Bereichs der Möglichkeit", da er von wechselnden und zufälligen Umständen abhänge. Die Wirkung des gleichen Wahlrechts sei daher „mit der Zählung der abgegebenen Stimmen erschöpft" (s. Poier 2001).

Vor dem Hintergrund der international vergleichenden Wahlsystemforschung verengt und verzerrt die bundesrepublikanische Rechtsprechung zum Wahlsystem dessen Bewertungshorizont, was sich in folgenden Mängeln ausdrückt: Erstens in einem Mangel an empirischem Bezug. Er wird darin deutlich, dass Verhaltensvariablen, die die Auswirkungen von Wahlsystemen mitbestimmen, nicht ausreichend berücksichtigt werden. Institutionen gestalten Wählerverhalten mit. Wahlsysteme etablieren grundsätzlich unterschiedliche Bedingungen dafür, dass die Stimme eines Wählers für etwas zählt. Dass bestimmte Regelungen eines Wahlsystems Wähler in ihrer Stimmabgabe beeinflussen (s. Cox 1997, Pappi/Shikano 2007, Norris 2008), ist ein gewollter Effekt von Wahlsystemen. Verhältniswahlsysteme bilden da keine Ausnahme. Zweitens in einem Mangel an international komparativer Erfahrung, die Grundlage der konzeptionellen und anwendungsorientierten Weiterentwicklung der Wahlsystemlehre ist. Der Blick nur auf die deutschen Gegebenheiten und Erfahrungen engt die normativen Vorstellungen und funktionalen Gestaltungsmöglichkeiten von Wahlsystemen unnötig ein. Heute entscheidet der Gesetzgeber nicht mehr zwischen den klassischen Wahlsystemen von Mehrheitswahl und Verhältniswahl, sondern gestaltet Wahlsysteme entsprechend den funktionalen Anforderungen, die in spezifischen Kontexten an sie gestellt werden. Drittens in einem Mangel an umfassenderen Bewertungsmaßstäben für Wahlsysteme, deutlich in deren eindimensionaler Zuspitzung auf Proportionalität und deren disparater Anwendung, je nachdem, ob es sich um Verhältniswahl oder Mehrheitswahl handelt. Es geht bei Wahlsystemen nicht nur um unmittelbare Auswirkungen auf das Verhältnis von Stimmen und Mandaten, sondern um weiter reichende Wirkungen, auch um Nebenwirkungen und Folgekosten in anderen als etwa durch die Wahlrechtsgleichheit (bei Verhältniswahl in Zuspitzung auf die Erfolgswertgleichheit) thematisierten Bezügen. Und es empfehlen sich auch Maßstäbe, die zugleich auf Mehrheitswahl und auf Verhältniswahl angewandt werden können, um einen sinnvollen Vergleich zu ermöglichen, was ich an anderer Stelle betont habe (s. Kapitel 5, Abschnitt 7).

Angesichts dieses Befundes ist es bedenklich, dass das Bundesverfassungsgericht in der Begründung des Urteils vom 9. November 2011 über die Verfassungswidrigkeit der 5%-Klausel beim Europawahlrecht (s. Kapitel 9, Abschnitt 4) einen erweiterten Anspruch auf verfassungsrechtliche Überprüfung deutscher Wahlsysteme geltend gemacht hat. Es gab zu Protokoll, „dass die Vereinbarkeit einer Sperrklausel mit dem Grundsatz der Wahlgleichheit und der Chancengleichheit der politischen Parteien nicht ein für allemal abstrakt beurteilt werden kann. Eine Wahlrechtsbestimmung kann mit Blick auf eine Repräsentativkörperschaft zu einem bestimmten Zeitpunkt gerechtfertigt sein und mit Blick auf eine andere oder zu einem anderen Zeitpunkt jedoch nicht. Eine einmal als zulässig angesehene Sperrklausel darf daher nicht als für alle Zeiten verfassungsrechtlich unbedenklich eingeschätzt werden. Vielmehr kann sich eine abweichende verfassungsrechtliche Beurteilung ergeben, wenn sich die Verhältnisse wesentlich ändern. Findet der Wahlgesetzgeber in diesem Sinne veränderte Umstände vor, so muss er ihnen Rechnung tragen. Maßgeblich für die Frage der weiteren Beibehaltung der Sperrklausel sind allein die aktuellen Verhältnisse“. Das Gericht verkennt unverändert, dass es sich bei der Verhältniswahl mit Sperrklausel um einen legitimen Wahlsystemtyp handelt. Es schreibt sich das Recht zu, von der Vertretung des Souveräns demokratisch verabschiedete Wahlsysteme von Zeit zu Zeit nach eigenständiger Deutung der politischen Verhältnisse und nach eigenwilliger Konzeptualisierung des Gegenstandsbereichs verfassungsrechtlich zu überprüfen – gegebenenfalls mit der Implementierung eines neuen Wahlsystemtyps, wie im Falle des Wahlsystems zum Europäischen Parlaments geschehen (s. Kapitel 9, Abschnitt 4). In Deutschland ist die Wahlsystemfrage nicht mehr nur eine Frage nach dem geeignetsten Wahlsystem und eine Frage der Macht, der parlamentarischen Mehrheit, sondern eine Rechtsfrage. Damit hat die Bundesrepublik international einen Sonderweg beschritten (s. Nohlen 2013b). Es fragt sich, ob nicht durch die Mehrheitsentscheidungen eines kleinen, nicht demokratisch gewählten Organs das demokratische Prinzip der Gesetzgebung durch eine von den Bürgern gewählte und ihnen gegenüber verantwortliche Vertretung aufgehoben wird. Das Bundesverfassungsgericht entfernt in seiner Wahlsystemrechtsprechung das politische System der Bundesrepublik Deutschland vom Demokratieprinzip des *responsible government*.

8.5.7 Zur Bewährung und Bewertung der personalisierten Verhältniswahl

Dem Wahlsystem der Bundesrepublik wird man wohl bescheinigen dürfen, dass es sich bewährt hat – unbenommen aller Reformen, die es bis in die Gegenwart erlebt hat. Sie alle haben den Typ des Wahlsystems nicht tangiert. Die Befürchtungen, die sich mit der Verhältniswahl in Politik und Wissenschaft verbanden, haben sich nicht eingestellt. Argumente, Proporzsysteme führten zur Parteienzersplitterung, zu politischer Labilität und zur Innovationsunfähigkeit der Regierungen, ließen die Gefahr der Unregierbarkeit aufkommen, können angesichts der auf die frühe Konzentration im Parteiensystem zurückgehenden, vergleichsweise beachtlichen Regierungsstabilität in der Bundesrepublik kaum noch überzeugen.

Die meisten Beobachter sind überzeugt, dass die wesentlichen Funktionen eines Wahlsystems: Repräsentation, Konzentration und Partizipation (s. Kapitel 5, Abschnitt 7) einigermaßen ausgewogen erfüllt werden. Gelegentlich artikulierte Kritik an der personalisierten Verhältniswahl macht sich in der Regel unter Absolutsetzung einer einzigen Zielfunktion an deren nicht vollständiger Einhaltung fest. So wird gerne der Gleichheitsgrundsatz bemüht, um geringe Abweichungen vom exakten Proporz, die man rein statistisch dartun kann, als bedenklich herauszustellen. Indem der Gesetzgeber die Fünfprozentklausel einrichtete, hat er jedoch „der proportionalen Verteilung der Sitze nach dem Ergebnis der für die Parteien abgegebenen (Zweit-) Stimmen eine Grenze gesetzt“, wie das Bundesverfassungsgericht in seinem Urteil vom 10.4.1997 richtigerweise feststellte. Oder es werden sog. Ungereimtheiten im Zusammenspiel einzelner technischer Elemente des Wahlsystems aufgezeigt und einfachere Lösungen empfohlen, ohne dass berücksichtigt wird, dass es kein Wahlsystem ohne Ungereimtheiten gibt. Selbst die relative Mehrheitswahl in Einerwahlkreisen, gemeinhin als einfaches Wahlsystem gerühmt, kennt Ungereimtheiten (u.a. den *bias*, s. Glossar), ebenso wie jede mathematische Formel zur Umrechnung von Wählerstimmen in Mandate (s. Kopfermann 1991). Bestehende Ungereimtheiten beheben zu wollen, heißt im Grunde, sie durch andere zu ersetzen. Einfachere Wahlsysteme, die dem Wähler leichter verständlich sind, so dass er weiß, was er tut (s. Schmitt-Beck 1993), haben zudem den Nachteil, zu Lasten möglicher Zielfunktionen des bestehenden Wahlsystems zu gehen. Wer das Stimmensplitting in der personalisierten Verhältniswahl aufheben will, verzichtet zugleich auf die Wahl von Personen mit einer nominalen Stimme. Kurzum, die empiristischen Kritiker der personalisierten Verhältniswahl lassen in ihren Reformempfehlungen häufig komparative Maßstäbe und Urteilskraft vermissen. Die personalisierte Verhältniswahl hat sich bewährt, auch wenn als

Folge der Entwicklung eines Fünfparteiensystems die Stimmen wieder lauter werden, die einen Wahlsystemwechsel propagieren, um die in Frage gestellte Regierbarkeit der Bundesrepublik zu sichern. In der Regel wird dabei wieder wie in der klassischen Wahlsystemdebatte jeweils eine Zielfunktion verfolgt, gegenwärtig die Mehrheitsbildung, so als hätte es vergleichende Wahlsystemforschung nie gegeben. Wegen der ausgewogenen Berücksichtigung der genannten verschiedenen Zielfunktionen gilt das deutsche Wahlsystem (*german system*) in den Wahlreformprozessen anderer Länder – ähnlich wie in Deutschland vor Jahrzehnten die britische relative Mehrheitswahl (*first-past-the-post-system*) – als Modellwahlsystem. Vor allem die Verbindung von Einerwahlkreisen und Proporzprinzip ist es, die zu übernehmen versucht wird, freilich nicht immer nach dem Muster, wie es das deutsche System vorgibt.

8.5.8 Zur Klassifikation des Wahlsystems der Bundesrepublik

Die Frage der Zuordnung der personalisierten Verhältniswahl ist nicht nur international, sondern auch in der Bundesrepublik Vielen ein Problem. Beispielhaft dafür ist die Begründung der Minderheitsmeinung zum Urteil des Bundesverfassungsgerichts vom 10. April 1997, mit welchem damals die Überhangmandate ohne Ausgleich und Verrechnung für mit dem Grundgesetz vereinbar erklärt wurden. Die eine Gruppe von Verfassungsrichtern verwendet viele Beschreibungen darauf, wie die personalisierte Verhältniswahl zu verstehen sei, angefangen vom Bild der Kombination von Mehrheitswahl und Verhältniswahl, über dasjenige des Verhältnisausgleichs bis hin zu jenem einer der Verhältniswahl „vorgeschalteten Mehrheitswahl“, deren Ergebnisse erhalten bleiben sollen. Der Proporz nach Zweitstimmen sei vom Gesetzgeber nicht zum ausschließlichen Verteilungskriterium erhoben worden, auch wenn die Bundestagswahl den Grundcharakter einer Verhältniswahl trage. Im Urteil schält sich schließlich als Definition heraus: ein System der Verhältniswahl mit vorgeschalteter Mehrheitswahl. Demgegenüber begreift die unterlegene Gruppe von Verfassungsrichtern definitorisch in sich schlüssig das bundesrepublikanische Wahlsystem als Verhältniswahl, freilich unter Verkennung der Kombinationsproblematik und unter ausschließlicher Orientierung des Systems am Proporz, so als sei die verhältnismäßige Verteilung der

Mandate der einzige Maßstab. Die Intention des Wahlsystems ist jedoch eine andere. Gerade die Erfüllung verschiedener Funktionen ist das Charakteristikum der personalisierten Verhältniswahl. Der eindimensionale Maßstab des Gegenvotums ist jedoch wenig geeignet, um Wahlsysteme zu beurteilen, denen aufgegeben ist, mehr als eine Funktion zu erfüllen. Und just dies ist bei der personalisierten Verhältniswahl der Fall. Das hat dem deutschen Wahlsystem die internationale Beachtung eingebracht.

Das Wahlsystem der Bundesrepublik ist ein System der Verhältniswahl, sowohl von seiner Konstruktion als auch von seinen Ergebnissen her. Der Begriff „personalisierte" Verhältniswahl setzt den Akzent vollkommen richtig. Es liegt Verhältniswahl vor. Der Einbau von Personenwahl bezogenen Elementen ändert daran nicht das Geringste. Es sei daran erinnert, dass das geltende Bundestagswahlgesetz in §1 das deutsche Wahlsystem als „mit der Personenwahl verbundene Verhältniswahl" charakterisiert. Von Mehrheitswahl ist gar nicht die Rede; erst bei der Festlegung des Entscheidungsmaßstabes in den Einerwahlkreisen wird die Mehrheitswahl genannt. Verhältniswahl als Repräsentationsprinzip für die Wahl zum Deutschen Bundestag insgesamt wird mit dem Entscheidungsmaßstab der Mehrheitswahl zwecks Personenwahl im Falle der Hälfte der Mitglieder des Bundestags kombiniert. Mit dieser Verbindung können Einschränkungen des Proporzprinzips einhergehen, dessen uneingeschränkte Anwendung ohnehin durch die Einführung einer Sperrklausel vom Gesetzgeber nicht gewollt wurde. Ein Blick auf die Verhältniswahlsysteme der Welt zeigt im Übrigen, das unter ihnen kaum noch Systeme zu finden sind, die das Proporzprinzip bedingungslos zu verwirklichen suchen. Innerhalb der Gruppe der Verhältniswahlsysteme sticht das deutsche Wahlsystem jedoch durch die hohe Proportionalität der Wahlergebnisse hervor. Würde der Deutsche Bundestag – entsprechend der fehlerhaften Vorstellung vieler (s. oben Abschnitt 1) – zur Hälfte nach relativer Mehrheit in Einerwahlkreisen und zur Hälfte nach Proporz gewählt (sog. Grabensystem), würden die Wahlergebnisse – wie in *Tabelle 52* deutlich wird – gänzlich anders lauten. Die Anwendung der Sperrklausel von 5% erschwert den Zugang der Splitterparteien und kleinen Parteien zum Parlament oder schließt ihn gar aus. Aber im Gegensatz zu natürlichen Hürden, welche durch die Wahlkreiseinteilung in den meisten Verhältniswahlsystemen bestehen, werden die Mandate, nachdem die kleinen Parteien ausgeschieden sind, proportional verteilt, seit der Reform von 1985 sogar tendenziell zugunsten der kleinen verbliebenen Parteien. Der Disproportions- oder mehrheitsbildene Effekt des Wahlsystems ist deshalb gering, weshalb 48,5% der Stimmen für die Mehrheitspartei möglicherweise nicht ausreichen, um die absolute Mehrheit der Mandate zu erringen, wie die Wahlergebnisse von 1976 und 1983 belegen.

Tabelle 52: Hypothetisches Wahlergebnis nach dem segmentierten System für die Wahlen von 1980

	hypothetisches Wahlergebnis Mandate mit der Erststimme nach relativer Mehrheit	Mandate mit der Zweitstimme nach Proporz	beide Ergebnisse addiert	tatsächliches Wahlergebnis
SPD	128	109	237	218
CDU	80	97	167	174
CSU	40	26	66	66
FDP	–	26	26	53

Die Gleichzeitigkeit von Sperrklausel und proportionalen Wahlergebnissen haben die Klassifikationsfrage ebenfalls erschwert. Die Meinung von Giovanni Sartori, dass die Sperrklausel und damit das deutsche Wahlsystem „*highly disproportional*" sei, wie er 1984 äußerte, lässt sich sicherlich nicht aufrechterhalten und wurde inzwischen auch von ihm mit Blick auf die proportionalen Wahlergebnisse aufgegeben (1994: 19, wo es heißt: „the outcome is perfectly proportional"). Aber Zugänge zur Klassifikationsfrage, die in den tatsächlich erzielten proportionalen Wahlergebnissen ihr alleiniges Kriterium haben, wie im Fall des Proportionalitätsindexes von Richard Rose, sind ebenso problematisch. Beide Kriterien, das ursprüngliche von Sartori und das von Rose, sind wohl zugleich und in gleichem Maße für die wertende Zuordnung zu berücksichtigen.

8.5.9 Reformdebatte und Reforminitiativen

Es gibt in Deutschland noch eingefleischte Vertreter der relativen Mehrheitswahl. Sie melden sich immer mal wieder zu Wort, ohne ein großes Echo auszulösen. Im Grunde war es um eine Wahlreform still geworden, nachdem in den ersten Jahrzehnten der Bundesrepublik heftig darüber gestritten worden war. Zwei Schulen taten sich damals hervor: zum einen die Heidelberger Schule unter Führung von Dolf Sternberger, zum andern die Köln-Mannheimer Schule mit Ferdinand A. Hermens, Rudolf Wildenmann, Werner Kaltefleiter als exponiertesten Vertretern. Beiden Schulen gemeinsam war das demokratietheoretische Konzept alternierender Regierung, des Parteiendualismus, der klaren Scheidung von Regierungsmehrheit und oppositioneller Minderheit und die Forderung nach einer von der Wählerschaft durch den Wahlakt eingesetzten Einparteiregierung, kurz: das britische Modell des *responsible government* (von Alemann 1973). Beide Schulen gingen insbesondere auch von der kaum oder überhaupt nicht problematisierten Hypothese aus, relative Mehrheitswahl und Zweiparteiensystem bedingten sich wechselseitig. Unterschiede zeigten sich allerdings in Ansatz, Methode und auch Fragestellungen der beiden Schulen (s. Roth 2008). So waren die Heidelberger Forschungen primär historisch-deskriptiv orientiert oder auf Repräsentations-, Parlamentarismus-, zudem auch ideengeschichtliche Fragestellungen ausgerichtet, wobei einige aus der angelsächsischen politischen Theorie, insbesondere von Edmund Burke und Walter Bagehot gewonnene Kategorien stets eine besondere Rolle für die Untersuchungen spielten. Bei den Köln-Mannheimern traten demgegenüber bei gleichartigen metatheoretischen Prämissen von Beginn an die funktionalistischen, primär am politischen Machtwechsel ausgerichteten Problemstellungen in den Vordergrund der Überlegungen, wobei fast ausschließlich systematisch-empirisch vorgegangen wurde und im Mittelpunkt der Arbeiten stets der Versuch stand, die demokratietheoretische Option für den Parteiendualismus mit Hilfe der Methoden und Ergebnisse der empirischen Wahlsoziologie zu untermauern. Ein noch immer bemerkenswertes Beispiel hierfür sind die Computer-Simulationen in dem von Erwin K. Scheuch und Rudolf Wildenmann im Jahre 1965 herausgegebenen Sammelband „Zur Soziologie der Wahl".

Die Köln-Mannheimer Wahlstudien aus der Mitte der 1960er Jahre gewannen vor allem dadurch an Bedeutung, dass die politische Wirklichkeit in der Bundesrepublik aufgrund der offensichtlichen Abnutzungserscheinungen der CDU/CSU-geführten Regierungen im Bund und der komplementären Adaption der SPD durch und nach dem Godesberger Parteitag den demokratietheoretischen

Modellvorstellungen zunehmend zu entsprechen schien. Ein politischer Machtwechsel wurde auch in der Öffentlichkeit ernsthafter diskutiert und zusehends für notwendig erachtet. Zudem diagnostizierten die empirischen Wahlforscher in ihren Analysen zum Wechselwähler eine wachsende Wählerbewegung zwischen CDU/CSU und SPD. Damit schien sich auch auf der Ebene der Wählerschaft eine weitere wesentliche, wenn nicht überhaupt die entscheidende Voraussetzung einzustellen, ohne die sich (nach Meinung der Vertreter des Parteiendualismus) ein funktionsfähiges, die Chance des politischen Machtwechsels einräumendes Regierungssystem nicht herausbilden könne. Die Bildung der Großen Koalition von CDU/CSU und SPD im Dezember 1966, durch die die bisherige Oppositionspartei zwar an die Macht herangeführt, der Regierungswechsel aber politisch nochmals verschoben wurde, bedeutete für die Verfechter alternierender parlamentarischer Regierung nur noch einmal mehr eine Strukturkrise des Regierungssystems, die nur durch die von ihnen stets geforderte institutionelle Reform zu beheben sei. Diese Sicht machte sich die Große Koalition in ihrer Regierungserklärung vom Dezember 1966 zu eigen, als sie sich für eine Reform des Wahlsystems aussprach. Für die Bundestagswahl 1969 wurde ein Übergangswahlrecht in Erwägung gezogen; für die dann folgenden Wahlen sollte ein mehrheitsbildendes Wahlsystem grundgesetzlich verankert werden, das klare parlamentarische Mehrheiten ermögliche und damit zugleich eine institutionelle Barriere gegen Koalitionsregierungen bilde. Unter den verschiedenen Vorschlägen wurden die Wahl in Dreierwahlkreisen und die relative Mehrheitswahl mit Ergänzungsliste nach Proporz favorisiert.

Die Gründe für das Scheitern der Wahlreform sind vielschichtig (Bredthauer 1973); letztendlich dürfte es jedoch an der ablehnenden Haltung der SPD gelegen haben. Insbesondere die Stimmeneinbußen bei den Landtagswahlen zwischen 1966 und 1969 sowie Berechnungen vor allem des INFAS-Instituts ließen die SPD, in der die Befürworter mehrheitsbildender Wahlsysteme in der gesamten Parteigeschichte ohnehin stets nur eine Minderheit gestellt hatten (Misch 1974), befürchten, dass sie von einem anderen Wahlsystem als der personalisierten Verhältniswahl stark negativ betroffen sein würde und nicht einmal mehr die Chance einer Regierungsbeteiligung hätte.

Faktisch-politisch gaben damit parteipolitische Opportunitätserwägungen den Ausschlag. Allerdings haben seit Ende der 1960er Jahre auch die demokratietheoretischen Begründungen an Relevanz verloren. Der Standortwechsel der FDP im Parteiensystem und die Bildung der SPD-FDP-Koalition nach der Bundestagswahl von 1969 nahmen den Verfechtern alternierender Regierung das wesentlichste Argument, nämlich die Notwendigkeit des politischen Machtwechsels, das sie Mitte der 1960er Jahre mit einiger Berechtigung zu ihren Gunsten hatten verwenden können. Die erneuten Koalitionswechsel von 1982, 1998 und 2005 bekräftigten die Fähigkeit des Parteiensystems im Rahmen der personalisierten Verhältniswahl zu alternierender Regierung.

Mit der Dekonzentration im Parteiensystem und der vom Bundesverfassungsgericht verordneten Auflage, das Wahlsystem zu reformieren, gewann die Wahlreformdebatte wieder Fahrt, nachdem vorher nur weniger Forscher (Jesse 1987a; 1998, 2003; Pehle 1999) sie wach zu halten versucht hatten. Auch in der breiten Öffentlichkeit wuchs die Lust, mit Reformvorschlägen hervorzutreten. Fachorgane wie die Zeitschrift für Parlamentsfragen (Strohmeier 2007 mit Repliken; Franke/Grimmel 2007) warteten mit Schwerpunktheften auf. Daran ist wertvoll, dass sich Wissenschaft und Politik von Zeit zu Zeit der Funktions- und Legitimitätsgrundlagen der Demokratie vergewissern müssen – gleichviel, ob eine grundlegende Wahlreform zustande kommt oder nicht.

Im Urteilsspruch zum negativen Stimmgewicht deutete das Bundesverfassungsgericht Reformmöglichkeiten an: entweder auf Listenverbindungen zu verzichten oder die Überhangmandate auf der nationalen Ebene von den an die Parteien zugewiesenen Mandate abzuziehen oder den Bundestag zur einen Hälfte nach Mehrheitswahl, zur anderen nach Verhältniswahl, also nach einem Grabensystem wählen zu lassen. Die einfachste (minimal invasive) Lösung war sicherlich der Verzicht auf Listenverbindungen. Sie wurde von der Koalitionsregierung von CDU/CSU und FDP im Reformgesetz vom 25. November 2011 ergriffen, das vorsah, die Mandate auf Landesebene zu vergeben, es aber dabei beließ, Überhangmandate nicht auszugleichen. Erneut wurde das Bundesverfassungsgericht angerufen, das das reformierte Wahlsystem im Urteil vom 25. Juli 2012 ebenfalls für verfassungswidrig erklärte. In der Reform vom 21. Februar 2013 wurde das lange gehegte Ziel der Vertreter einer rigiden Anwendung des Proporzprinzips erreicht: die Überhangmandate werden nun ausgeglichen. Der Wahlsystemtyp personalisierte Verhältniswahl wird von der Reform nicht betroffen. Eher werden technische Elemente aufgrund empirischer Erfahrungen und der Entwicklung des Parteiensystems, die auf die Auswirkungen des Wahlsystems Einfluss nimmt, funktions- und legitimitätsfördernd angepasst.

8.6 Spanien (Verhältniswahl in Wahlkreisen unterschiedlicher Größe)

Die Verhältniswahl in Wahlkreisen ist die häufigste Form der Anwendung der Verhältniswahl. Da die politische oder Verwaltungsgliederung der Länder zur Festlegung der Wahlkreise dient, entstehen Wahlkreise unterschiedlicher Größe. Je nach der Größe der Wahlkreise treten unterschiedliche Barrieren für eine Vertretung im Parlament auf (s. Kapitel 4, Abschnitt 1.3). Insgesamt ergeben sich Disproportionen im Verhältnis von Stimmen und Mandaten, die beachtlich sein können.

Die Einführung der Verhältniswahl in Spanien durch das „Gesetz für die politische Reform“ im Jahre 1976 bedeutete eine wichtige Neuerung für die spanische Wahlgesetzgebung. In dem ständischen *Cortes* des Franco-Regimes wurde von der politischen Rechten um Manuel Fraga Iribarne die relative Mehrheitswahl in Einerwahlkreisen gefordert. Die Regierung Adolfo Suárez war allerdings bereit, auf die an den *Cortes*-Debatten selbst nicht beteiligte demokratische Opposition aus Sozialisten, Kommunisten und vor allem katalanischen und baskischen Regionalisten zuzugehen und deren Forderung nach Verhältniswahl zu erfüllen (s. Krohn 2003: 174ff.). Einer so genannten verbesserten Verhältniswahl stimmten die *Cortes* mit großer Mehrheit zu. Die Verfassung von 1978 bekräftigte diese Entscheidung für die Wahl des Abgeordnetenhauses. Es fällt jedoch auf, dass in der Verfassung nicht von der Verhältniswahl als Repräsentationsprinzip die Rede ist, sondern nur von der Anwendung der Verhältniswahl als Entscheidungsregel auf der Ebene der Wahlkreise. Der größte Teil der Mitglieder des Senats wird nach Mehrheitswahl (System beschränkter Stimmgebung in Vierwahlkreisen) gewählt.

8.6.1 Das Wahlsystem

Die Zahl der Abgeordneten beträgt 300, höchstens 400; bei den bisherigen Wahlen 1977-2000 betrug sie 350. Sie werden in 52 Wahlkreisen unterschiedlicher Größe gewählt. Ein Wahlkreis entspricht einer Provinz. Ceuta und Melilla wählen jeweils einen Abgeordneten. In den anderen Wahlkreisen besteht eine Mindestvertretung von zwei Abgeordneten. Die weiteren Mandate werden auf die Wahlkreise im Verhältnis zur Bevölkerung verteilt; ein Mandat für jeweils 144.500 Einwohner bzw. für einen Restanteil von über 70.000. Die Mandate werden nach der Methode d'Hondt verteilt. Nur diejenigen Kandidatenlisten werden an der Mandatsverteilung beteiligt, die mindestens drei Prozent der in einem Wahlkreis abgegebenen Stimmen erhalten haben. Die Listen sind starr. Jeder Wähler hat nur eine Stimme. Wahlbündnisse auf der Ebene der Wahlkreise sind erlaubt.

8.6.2 Die Auswirkungen der Verhältniswahl in Wahlkreisen unterschiedlicher Größe

Das wichtigste wahlsystematische Merkmal der Verhältniswahl besteht in der Wahlkreiseinteilung, d.h. in der Größe der Wahlkreise. Hierbei muss man einerseits den vergleichsweise niedrigen Durchschnittswert von 7,0 Abgeordneten pro Wahlkreis, andererseits die Existenz zweier sehr großer Wahlkreise (Madrid mit 32, Barcelona mit 33 Abgeordneten) bedenken. Die Bedeutung der Korrektivfunktion der Sperrklausel von drei Prozent, die in der Begründung für das Gesetz zur politischen Reform sehr betont wurde, ist folglich gemindert, da sie praktisch nur in den vier großen Wahlkreisen zur Anwendung kommen kann. In den übrigen Wahlkreisen verhindert allein schon die Wahlkreisgröße, dass kleinere Parteien ein Mandat erhalten. Das Gewicht der d'Hondt'schen Methode, die in der politischen und wissenschaftlichen Diskussion in Spanien so große Beachtung findet, ist wesentlich geringer als ihr zugemessen wird, und in keiner Weise stellt diese Methode das „mächtige, der exzessiven Zersplitterung in den Parlamenten entgegenwirkende Korrektiv" dar, wie im Gesetzesdekret von 1976 behauptet wird. Die Wirkung, welche die Methode d'Hondt hervorruft, beruht jedenfalls auf ihrer häufigen Anwendung, da diese

Verrechnungsmethode, die im Vergleich zu anderen Verfahren die größeren Parteien begünstigt, die Ergebnisse in einigen Wahlkreisen zu deren Gunsten beeinflussen kann und folglich einen größeren Effekt hat, wenn man diese Vorteile summiert. Das heißt jedoch, dass in letzter Instanz die Wahlkreiseinteilung für die Disproportionseffekte des Wahlsystems verantwortlich ist.

Dies gilt auch in einem weiteren Sinn: wenn erstens gemäß Wahlgesetz vorauszusetzen ist, dass jedem Wahlkreis zwei Mandate entsprechen, und wenn zweitens die Bevölkerungsverteilung in Rechnung gestellt wird, so ergibt sich eine Ungleichheit der Repräsentation zugunsten der kleineren Wahlkreise, d.h. zugunsten derjenigen Provinzen, deren Bevölkerungszahl relativ gering ist. Bei den Wahlen 1977 entfiel in der Provinz Soria ein Abgeordneter auf 33.500 Einwohner, während in der Provinz Madrid das Verhältnis eins zu 141.200 betrug. Diese Ungleichheit kann große Auswirkungen auf die Repräsentation haben, die sich in dem Maße verschärfen, wie erstens eine bestimmte geographische Verteilung der Wahlkreise unterschiedlicher Größe vorliegt und zweitens diese einer bestimmten geographischen Verteilung der Parteien entspricht. In den kleineren Wahlkreisen ist eine relativ proportionale Stimmen-Mandate-Relation, wie sie in den größeren Wahlkreisen existiert, nicht möglich. Auf diese Weise werden diejenigen Parteien, die in einer ausreichenden Anzahl kleinerer und mittlerer Wahlkreise dominieren, tendenziell begünstigt (s. oben Kapitel 4, Abschnitt 1.5).

Die Einschränkungen der Proportionalität spiegeln sich vollends in den Wahlergebnissen wider. Das Wahlsystem begünstigt die großen Parteien, und unter ihnen bei den Wahlen 1977 und 1979 die Unión de Centro Democrático (UCD) in höherem Maße als den Partido Socialista Obrero Español (PSOE), da sie ihre besten Wahlergebnisse meist in kleinen Wahlkreisen erzielte, während der PSOE in großen (urbanen) Wahlkreisen besser abschnitt. Die großen Parteien sehen sich im Verhältnis zu den kleinen Parteien nationaler Reichweite prinzipiell gestärkt, kaum jedoch im Verhältnis zu den regionalen Parteien, die aufgrund der Berechnung der Stimmen im Wahlkreis eine proportionale Repräsentation erreichen können. Der Disproportionseffekt des Wahlsystems ist derart ausgeprägt, dass unter bestimmten Bedingungen eine Partei mit annähernd 42% der Stimmen die absolute Mehrheit der Sitze erringen kann (s. Nohlen/Schultze 1985).

Bei den Wahlen 1982 war es gerade diese Begünstigung großer Parteien, die den erdrutschartigen Niedergang der UCD und den ebenso überdimensionalen Zuwachs des PSOE bei der Verteilung der Parlamentsmandate überproportional abbildete. Während auf der Rechten die UCD an internen Auseinandersetzungen auseinander gebrochen war und sich nun mindestens fünf Parteien des Mitte-Rechts-Spektrums zur Wahl stellten, war der PSOE – begünstigt auch durch die Polarisierung der politischen Auseinandersetzung – zu *der* Sammelpartei der Linken geworden, die sowohl einen großen Teil ehemaliger kommunistischer PCE-Wähler als auch die linker regionaler bzw. außerparlamentarischer Parteien an sich binden konnte. Obwohl stimmenmäßig höher in den traditionell linken Provinzen und Regionen, schlugen die Gewinne des PSOE in den eher konservativen ländlichen Räumen mit geringer Bevölkerung in Sitzen unverhältnismäßig höher zu Buche, da hier schon geringe Verschiebungen eine Umverteilung der Sitze zur Folge hatten. Auf der anderen Seite waren die Verluste der UCD gerade in ihren ehemaligen Schwerpunkten mandatsmäßig am gravierendsten (Caciagli 1983: 86). Der PSOE konnte durch den Disproportionseffekt des Wahlsystems mit 48,4% der Stimmen 57,7% der Sitze erreichen, wobei dieser Effekt der Partei selbst nach den Stimmenverlusten von 1986 mit 44,1% immer noch die absolute Mehrheit sicherte und zunächst angesichts der Schwäche der Mitte-Rechts-Partei die Position einer dominanten Partei innerhalb des Parteiensystems gewährleistete. Bei den Wahlen von 1989 langte es dem PSOE gerade noch zur absoluten Parlamentsmehrheit, die drei Jahre später mit einem Rückgang der Stimmen auf 38,8% verloren ging. In der schroffen Opposition zum PSOE erstarkte in den 1990er Jahren der Partido Popular (PP). Er konnte 1996 die Minderheitsregierungen des PSOE ablösen und sich dauerhaft als politische Alternative etablieren. Der PP regierte von 1996 bis 2004, der PSOE wieder von 2004 bis 2011, der PP erneut ab 2011, so dass Spanien im Wechselspiel der beiden großen Parteien an der Regierung ein hohes Maß an politischer Stabilität demonstrierte. Die Schulden- und Wirtschaftskrise ab etwa 2009, in der auch die allgegenwärtige Korruption sichtbar wurde, stellt das Land allerdings vor große politische Herausforderungen. Unter anderem wurde die Wahlsystemfrage wieder akut.

8.6.3 Bewertung des Wahlsystems und Reform

In der politischen und wissenschaftlichen Diskussion in Spanien herrschte zunächst Einigkeit weder über die Bewertung des Wahlsystems als solchem noch in der Analyse seiner Folgen. Die Meinungen waren vielmehr völlig entgegengesetzt. Diese Situation stand sicherlich mit dem Dogmatismus, der die Diskussion über das Wahlsystem in Spanien beherrschte, in engem Zusammenhang ebenso wie mit der mangelnden Bereitschaft, theoretische Konzeptionen und politische Wertungen im Lichte neuer Erfahrungen einer Überprüfung zu unterziehen und, falls nötig, zu korrigieren.

Die Verhältniswahl in Mehrpersonenwahlkreisen unterschiedlicher Größe hat weder zur Zersplitterung des Parteiensystems geführt (was die Angst der Befürworter eines Mehrheitswahlsystems war), noch zu einer phantastischen Tendenz zur Machtkonzentration in den Händen zweier großer politischer Kräfte (so die verzerrende Interpretation der Anhänger kleinerer Parteien). Was zweifelsohne Kritik verdient, ist die grobe Ungleichheit der Repräsentation aufgrund der Bevölkerungsverteilung, die in offenem Widerspruch zum Prinzip der Gleichheit des Wahlrechts in demokratischen Wahlen steht und Gegenstand einer Reform werden müsste.

Das Wahlsystem hatte politische Auswirkungen, indem es erstens die Zersplitterung des Parteiensystems vermied (auf die beiden größten Parteien entfielen 1979: 65,5%, 1982: 74,3%, 1986: 70,1%, 1989: 65,3%, 1993: 73,4%, 1996: 76,3%, 2000: 78,6%, 2004: 80,2%, 2007: 84,1% und 2011 73,3% der Stimmen), zweitens regionalen Parteien den Zugang zum Parlament ermöglichte, drittens die großen Parteien begünstigte, auf diese Weise die parlamentarische Mehrheitsbildung erleichterte (1982, 1986, 1989, 2000 und 2011 wurden relative Stimmenmehrheiten in absolute Mandatsmehrheiten verwandelt) und das Funktionieren des parlamentarischen Systems verbesserte. Wenn man den anfänglichen politisch-historischen Kontext Spaniens – Übergang zu und Konsolidierung der parlamentarischen Monarchie – in Rechnung stellt, so waren diese drei Wirkungen den genannten Prozessen dienlich, wobei Integrationsprozesse in Gang gesetzt wurden, die theoretisch entgegen gesetzten Konzepten folgten: Integration durch einen Pluralismus, der den zentrifugalen regional-nationalistischen politischen Kräften eine Vertretung gibt (proportionaler Effekt) und Integration über einen politischen Willensbildungsprozess hin zu einer Alternative zwischen großen politischen Parteien (Mehrheitseffekt). Diese doppelte Dimension der funktionalen Leistungsfähigkeit des Wahlsystems hat ohne Zweifel eine angemessene Einschätzung des Wahlsystems erschwert.

Tabelle 53: Wahlen zum spanischen Abgeordnetenhaus 1977-2011

	1977		1979		1982		1986		1989	
	S	M	S	M	S	M	S	M	S	M
	%	%	%	%	%	%	%	%	%	%
PSOE	30,3	33,7	30,5	34,5	48,4	57,7	44,0	52,6	39,5	50,5
AP (CD)-PDP-PP	8,4	4,6	6,5	2,0	25,9	30,3	26,0	30,0	25,8	30,2
UCD	34,8	47,1	35,0	48,0	6,8	3,4	–	–	–	–
PCE/PSUC-IU	9,3	5,7	10,8	6,6	4,0	1,1	4,6	2,0	9,1	5,1
CDS	–	–	–	–	2,9	0,6	9,2	5,4	7,9	4,0
CiU	2,8	3,1	2,7	2,3	3,7	3,4	5,0	5,1	5,0	5,1
PNV	1,7	2,3	1,7	2,0	1,9	2,3	1,5	1,7	1,9	1,4
CC	–	–	–	–	–	–	–	–	–	–
HB/EH	–	–	1,0	0,9	1,0	1,6	1,2	1,4	1,1	1,1
ERC	0,8	0,3	0,7	0,3	0,7	0,3	0,4	–	–	–
EE/EA	0,3	0,3	0,5	0,3	0,5	0,3	0,5	0,6	0,5	0,6
Andere	11,5	2,9	10,6	2,3	3,6	0,0	6,6	1,1	9,2	2,5

	1993		1996		2000[c]		2004		2008		2011	
	S	M	S	M	S	M	S	M	S	M	S	M
	%	%	%	%	%	%	%	%	%	%	%	%
PSOE	38,8	45,4	37,5	40,3	34,1	35,7	42,6	46,9	44,3	48.4	28,8	31,4
PP	34,7	40,3	38,9	44,6	44,5	52,3	37,6	42,3	39,3	43,4	44,6	53,1
UPyD	–	–	–	–	–	–	–		1,2	0,3	4,7	1,4
IU-PSUC	9,2	5,1	10,6	6,0	5,5	2,3	4,9	1,4	3,8	0,6	6,9	3,1
CiU	4,9	4,9	4,6	4,6	4,2	4,3	3,2	2,9	3,1	2,8	4,2	4,6
PNV	1,2	1,4	1,3	1,4	1,5	2,0	1,6	2,0	1,2	1,7	1,3	1,4
CC	0,9	1,1	0,9	1,1	1,1	1,1	0,9	0,9	0,7	0,5	0,6	0,6
HB/EH	0,9	0,6	0,7	0,6	–[b]	–	–	–	–	–	1,4	2,0
ERC	0,8	0,3	0,7	0,3	0,8	0,3	1,6	2,4	1,1	0,8	1,1	0,9
EE/EA	–[a]	–	0,5	0,3	0,4	0,3	0,3	0,3	–	–	–	–
Andere	6,8	0,9	4,8	0,9	6,3	1,7	6,7	1,1	4,5	1,4	1,5	5,1

a Baskische Linke 1993 zusammen mit PSOE; b EH beteiligte sich nicht und rief zur Wahlenthaltung auf; c 2012: Amaino.

(*Quellen*: Mackie/Rose [3]1991; Vallés/Nohlen 2010, ergänzt)

Nach dem Niedergang der UCD änderte sich jedoch der Typ des spanischen Parteiensystems (s. Arias-Salgado 1988). Das Mitte-Rechts-Lager war zunächst nicht in der Lage, sich parteipolitisch wieder so zu organisieren, dass dem PSOE eine ernsthafte Konkurrenz um die Regierungsausübung in Madrid erwuchs. Die kontinuierlichen Stimmenverluste, die der PSOE bei folgenden Wahlen hinnehmen musste, stellten die politischen Führungsrolle des PSOE in Spanien nicht in Frage. Eine parlamentarische Mehrheit für die Regierung Felipe González war freilich nur noch über die Stützung durch regionale Parteien, vor allem durch die am Ausbau der katalanischen Autonomie interessierte CiU gewährleistet. Die Schwäche der parlamentarischen Opposition blieb nicht ohne Rückwirkung auf den Stil der Regierungsausübung und der politischen Auseinandersetzung in Spanien. Die Oppositionsfunktion begann sich von den Oppositionsparteien und vom Parlament auf die Presse, die Verbände und die Straße zu verlagern. Zugleich nahmen die Anzeichen von Machtmissbrauch zu. Korruptionsskandale erschütterten das Vertrauen in die Regierung und das politische System. Im Zuge dieser durch die Presse gewiss aufgebauschten und politisch instrumentalisierten Entwicklungen gewann das spanische Parteiensystem die Fähigkeit zurück, ein Alternieren der Parteien in der Regierung zu ermöglichen. Bei den Wahlen von 1993 verringerte sich die Stimmendifferenz zwischen dem PSOE und dem Partido Popular (PP) auf vier Prozentpunkte. Weitere Vertrauensverluste der PSOE-Regierung führten 1996 zu vorgezogenen Neuwahlen, die der PP mit 38,9% der Stimmen gewann. Er blieb jedoch beträchtlich unter den demoskopisch vorausgesagten Ergebnis. Sein Stimmenanteil reichte auch nicht zur absoluten Parlamentsmehrheit, so dass der Wechsel in der Regierungsausübung unter nicht unproblematischen Bedingungen stattfand. Wie die aus dem Amt scheidende PSOE-Regierung, war auch die 1996 von José Maria Aznar gebildete PP-Regierung auf die parlamentarische Unterstützung durch die katalanische CiU angewiesen.

Bei den Wahlen von 2000 siegte der PP mit 44,5% der Stimmen und konnte damit eine absolute Mehrheit der Parlamentsmandate erringen. Er fuhr politisch die Ernte der seit der EU-Integration Spaniens rasanten wirtschaftlichen Aufwärtsentwicklung ein. Die Demoskopen hatten dem PP keinen historischen Wahlsieg vorausgesagt, so dass sie erneut unter Erklärungsdruck gerieten. Erstmals konnte auf nationaler Ebene die konservative Partei, deren politischer Diskurs immer stärker auf die politische Mitte zielte, mehr Stimmen auf sich vereinigen als die beiden Parteien der Linken, PSOE und IU, zusammengenommen, so dass offensichtlich Wähler die Lager wechselten. Das Denken in den Kategorien rechts und links, das die politische Analyse in Spanien beherrscht, schien durch die zunehmende Wechselwählerschaft in Frage gestellt. Die niedrigen Stimmenanteile von PSOE und IU (34,1 respektive 5,5%) waren teilweise auch der mit 70% relativ niedrigen Wahlbeteiligung geschuldet. Gegenüber den Vorwahlen büßte der PSOE 4,3, die IU 5,1 Prozentpunkte ein. Waren die 1980er Jahre von der Asymmetrie des Parteiensystems zugunsten des PSOE geprägt, so baute sich in den 1990er Jahren eine neue zugunsten des PP auf, was sich im Wahlergebnis des Jahres 2000 widerspiegelte. Die Verhältniswahl in Wahlkreisen verschiedener Größe hat in beiden Phasen absolute Parlamentsmehrheiten für eine Partei ermöglicht. Aznar hatte zwar angekündigt, auch bei absoluter Mehrheit die parlamentarischen Stützen seiner ehemaligen Minderheitsregierung, CIU und CC (Coalición Canaria), zu konsultieren und damit die kleinen Partner der politischen Mitte in PP-Nähe zu halten. Während der PP-Alleinregierung verstärkte der relativ autoritäre Politikstil Aznars die Rechts-links-Polarisierung des Parteiensystems wieder, erhöhte auch durch ihren wieder belebten Zentralismus die regionalistische Herausforderungen (des Baskenlandes und Kataloniens), schuf scharfe Gegensätze in der internationalen Politik (Aznars Schulterschluss mit George W. Bush, Beteiligung am Irak-Krieg, Spaltung der Europäischen Union in „altes und neues Europa“). All dies ließ die Zustimmungsrate zur PP sinken. Letztendlich spielten terroristische Attentate am Vorabend der Wahlen von 2004 und deren fahrlässige, wahlpolitisch motivierte Interpretation von Seiten der Aznar-Regierung in ein Wahlergebnis hinein, das den PSOE (unter José Luis Rodríguez Zapatero) wieder an die Macht brachte (s. Nohlen/Hildenbrand 2005), deren Inhabe er 2008 verteidigen konnte. Die Verschuldungs- und Wirtschaftskrise konnte die Linksregierung jedoch nicht überstehen. In den vorgezogenen Neuwahlen vom November 2011 errang der PP unter Mariano Rajoy mit 44,6% der Stimmen eine absolute Parlamentsmehrheit und machte sich daran, inmitten einer krisenhaften Demokratieentwicklung (Korruptionsskandale, Sezessionsbestrebungen Kataloniens) europäische Auflagen einer rigiden Sparpolitik zu erfüllen.

Das Wahlsystem wird immer mal wieder zur Debatte gestellt, recht häufig im Zusammenhang mit Wahlkämpfen. Politiker setzen eine Wahlreform gelegentlich auf die politische Agenda. Kernpunkt der Kritik sind nach wie vor die starren Listen. Besonderes Interesse gilt dem deutschen Wahlsystem bzw. einem kombinierten Wahlsystemtyp, der dem Wähler eine Auswahl unter Personen gestattet. Auch für die regionalen Parlamente werden dahingehende Reformen erwogen (für Katalonien s. Nohlen 1998 und 2013c). In der Politischen Wissenschaft, die das Thema hin und wieder aufgreift (s. Montero et al. 1996; Montabes 1998), ist die Meinung jedoch relativ einhellig, dass sich die Verhältniswahl in Mehrpersonenwahlkreisen in Spanien bewährt habe. Auch wird darauf verwiesen, dass dem Wahlsystem zugeschriebene Fehlentwicklungen der repräsentativen Demokratie eher durch ein Parteiengesetz behoben werden könnten, das den vor allem von zivilgesellschaftlichen Gruppen legitimer Weise erhobenen Forderungen nach innerparteilicher Demokratie und Rechenschaftslegung gerecht wird.

8.7 Irland (Single Transferable Vote)

Zu den ausgefeiltesten Wahlsystemen – die die ursprüngliche Idee der Verhältniswahltheoretiker, den Wählern die Kandidaten klassifizieren und alternative Präferenzen ausdrücken zu lassen für den Fall, dass die Erstpräferenz sich nicht durchsetzen kann – zählt die übertragbare Einzelstimmgebung (*single transferable vote,* STV). Sie ist in ihren Auswirkungen auf das Parteiensystem stark abhängig von anderen wahlsystematischen Faktoren, da es sich beim STV vor allem um ein spezielles Verfahren der Stimmgebung und Stimmenverwertung handelt. In der englischen Terminologie bildet STV jedoch ein eigenes Wahlsystem neben der relativen Mehrheitswahl in Einerwahlkreisen und der Verhältniswahl (PR).

Das System übertragbarer Einzelstimmgebung ist das traditionelle Wahlsystem Irlands. Weite Verbreitung hat es bislang nicht gefunden. Es wird für nationale Wahlen nur noch in Malta angewandt. Dieser Sachverhalt steht im Kontrast zu der umfänglichen

Diskussion, die das STV-System besonders in der englischsprachigen Welt ausgelöst hat.

8.7.1 Stimmgebung und Stimmenverwertung

Kurz beschrieben ist STV listenlose Wahl nach der Proporzregel mit übertragbarer Einzelstimmgebung. Auf dem Stimmzettel sind alle Bewerber (Partei- und Einzelbewerber) in alphabetischer Reihenfolge aufgeführt. Der Wähler kann auf dem Stimmzettel Präferenzen verteilen, indem er die Zahlen eins, zwei, drei usw. neben die Namen der Kandidaten schreibt. Die Mandate werden nach der Droop-Quota (= Gesamtzahl der gültigen Stimmen geteilt durch die Anzahl der im Wahlkreis zu vergebenden Mandate plus 1, und dieses Ergebnis mit 1 addiert [s. oben Kapitel 4, Abschnitt 5.4]) vergeben.

Erreicht ein Kandidat diese Wahlzahl aufgrund der Erstpräferenzen, ist er gewählt. Hat er mehr Stimmen erhalten, als die Wahlzahl ausmacht, so wird der Überschuss auf die Zweitpräferenzen verteilt, und zwar wie folgt: Wäre die Wahlzahl 10.000 und betrüge der Überschuss eines siegreichen Kandidaten 5.000, so wird die Zahl der Zweitpräferenzen, die auf den 15.000 Stimmzetteln angegeben sein können, für jeden Kandidaten mit 5.000 multipliziert und durch 5.000 dividiert und dann den Erstpräferenzen der jeweiligen Kandidaten zugezählt. Wer von den Kandidaten nun die Wahlzahl erreicht, ist gewählt. Überschussstimmen werden erneut entsprechend den nächstfolgenden Präferenzen auf allen Stimmzetteln anteilsmäßig verteilt. Weist schließlich kein Kandidat mehr einen Stimmenüberschuss auf und sind noch nicht alle Mandate im Wahlkreis vergeben, so werden die Stimmen der Kandidaten mit der niedrigsten Stimmenzahl entsprechend verteilt. Dieser Vorgang wiederholt sich so oft, bis die notwendige Anzahl von Kandidaten die Wahlzahl erreicht hat und für gewählt erklärt werden kann.*

* Eine ausführliche Beschreibung des Wahlsystems findet sich in Nohlen 1978.

Tabelle 54: Beispiel einer Stimmenauszählung und Stimmenverrechnung anhand eines amtlichen Wahlergebnisses in Irland*

Wahlkreis Cavan
Zahl der Wahlberechtigten: 34.709 — Zahl der Mandate im Wahlkreis: 3
Abgegebene gültige Stimmzettel: 27.411 — Wahlzahl (Quota): 6.853

Kandidaten	Erste Zählung	Zweite Zählung		Dritte Zählung		Vierte Zählung		Fünfte Zählung	
	Stimmen	Übertragung der Stimmen von O'Rourke	Ergebnis	Übertragung der Stimmen von O'Reilly	Ergebnis	Übertragung der Stimmen von Smith	Ergebnis	Übertragung der Stimmen von Fitzpatrick	Ergebnis
Dolan, Geamus (Fianna Fail)	5.145	+ 92	5.237	+ 145	5.382	+ 11	5.393	+ 248	5.641
Fitzpatrick, T.J. (Fine Gael)	5.408	+ 120	5.528	+ 3.835	9.363	–	9.363	- 2.510	6.853
O'Reilly, Patrick (Fine Gael)	4.643	+ 92	4.735	- 4.735	–	–	–	–	–
O'Rourke, John (Labour)	981	- 981	–	–	–	–	–	–	–
Smith, Patrick (Fianna Fail)	6.758	+ 117	6.875	–	6.875	- 22	6.853	–	6.853
Tully, John (Clann na Pobl.)	4.476	+ 530	5.006	+ 544	5.550	+ 11	5.561	+ 2.262	7.823
Nicht (mehr) übertragbare Stimmen	–	+ 30	30	+ 211	241	–	241	–	241
Insgesamt	–	27.411	27.411	–	27.411	–	27.411	–	27.411

Gewählt: Smith (Fianna Fail), Fitzpatrick (Fine Gael), Tully (Clann na Poblachta)

(*Quelle*: Election Results and Transfer of Votes in General Elections (April 1965): 16, entnommen aus Sternberger/Vogel 1969/I: 675)

8.7.2 Die Auswirkungen der Wahlkreiseinteilung

Für die Auswirkungen des Wahlsystems ist infolge der Stimmenverrechnung auf Wahlkreisebene die Wahlkreiseinteilung bzw. die durchschnittliche Zahl der Mandate im Wahlkreis von größter Bedeutung. Die historische Tendenz zur Verringerung der Mandatszahl in den

* Beim Beispiel in *Tabelle 54* sind das die 5.641 Stimmen des Kandidaten Dolan, die 241 unübertragbaren Stimmen und die 970 von dem Kandidaten Tully nicht benötigten Stimmen, insgesamt also 6.852 Stimmen.

Wahlkreisen, die nach der Verfassung nicht unter drei sinken darf, wurde erst mit der Reform von 1980 gebrochen. Zur gleichen Zeit wurde durch die Einrichtung einer unabhängigen Wahlkreiskommission die Möglichkeit des *gerrymandering* drastisch eingeschränkt. Die Vorgaben der Kommission lauten: keine Wahlkreise unter drei und über fünf Mandate; Berücksichtigung der *county*-Grenzen.

Tabelle 55: Entwicklung der irischen Wahlkreiseinteilung seit 1923

Wahlgesetz	Wahlkreiseinteilung (a und b)							Zahl der Wahlkreise insgesamt	Zahl der Mandate insgesamt*	Mittlere Wahlkreisgröße
	A	9	8	7	5	4	3			
1923	B	1	3	5	9	4	8	30	153	5,1
1935	B	–	–	3	8	8	15	34	138	4,1
1947	B	–	–	–	9	9	22	40	147	3,7
1961	B	–	–	–	9	12	17	38	144	3,4
1969	B	–	–	–	2	14	26	42	144	3,4
1974	B	–	–	–	6	10	26	42	148	3,5
1980	B	–	–	–	15	13	13	41	166	4,0
1995	B	–	–	–	14	15	12	41	166	4,0
2002	B	–	–	–	14	12	16	42	166	3,9
2007	B	–	–	–	12	13	18	43	166	3,8
2011	B	–	–	–	11	15	17	43	166	3,8

A) Zahl der Mandate in den Wahlkreisen = Wahlkreisgrößen; B) Zahl der Wahlkreise.
(*Quellen*: Chubb 1974: 149; McKee, 1983: 80; Gallagher/Weeks 2010, ergänzt)

Hinsichtlich des Repräsentationsprinzips liegt aufgrund der Wahlkreisgröße an sich Mehrheitswahl vor. Denn die von Douglas Rae (1967) aufgestellte These, kleinere Wahlkreise bewirken größere Disproportionalitäten, ist theoretisch vollkommen einsichtig: Die kleinen Wahlkreise in Irland stellen faktisch eine hohe Hürde dar; ein Kandidat benötigt zwischen rund 17 Prozent (Fünferwahlkreis) und rund 25 Prozent (Dreierwahlkreis) der Stimmen, um ein Mandat zu erhalten. Tendenziell werden dadurch stimmstarke Parteien auf Kosten stimmschwacher (ohne geographisch konzentrierter Wählerschaft) begünstigt. Weiterhin berücksichtigt zwar das Stimmenverrechnungsverfahren (falls nötig) die niedrigeren Präferenzen, die sich auf dem Stimmzettel der „eliminierten" Bewerber befinden, doch letztendlich wird stets eine beachtliche Stimmenzahl nicht in Mandate übertragen: Im Dreierwahlkreis müssen drei Bewerber eine Quote von rund 25 Prozent der Stimmen erreichen;

knapp ein Viertel der Stimmen schlägt sich damit nicht in Mandate nieder. Im Viererwahlkreis liegt dieser Anteil bei knapp einem Fünftel, im Fünferwahlkreis bei knapp einem Sechstel der Stimmen. Die tatsächliche Stimmen-Mandate-Disproportionalität irischer Wahlen ist jedoch geringer, als die kleinen Wahlkreisgrößen vermuten lassen. Einerseits lässt sich zwar eine Überrepräsentation der beiden stimmstärksten Parteien (in der Regel auf Kosten kleinerer Parteien und unabhängiger Bewerber) für nahezu alle Wahlen zwischen 1923 und 1987 ausmachen (Ausnahme: Fine Gael 1938, 1965 und 1977). Andererseits liegt aber die durchschnittliche Wahlverzerrung in Irland (trotz erheblicher Schwankungen) meist weit unter dem Disproportionseffekt der relativen Mehrheitswahl in Einerwahlkreisen. Die Ursache hierfür wurzelt darin, dass der Disproportionseffekt des irischen Wahlsystems von verschiedenen Variablen abhängt, die sich zwar gegenseitig verstärken, aber auch kompensieren können.

Michael Gallagher (1975) führte als wesentliche Variable die ungleichmäßige geographische Verteilung der Wählerschaft an; sie kompensiere die mit kleineren Wahlkreisen einhergehende stärkere Disproportion von Stimmen und Mandaten, die sich in den einzelnen Wahlkreisen (auch laut Gallagher) nachweisen lässt: Die Parteien seien in einigen Wahlkreisen über-, in anderen unterrepräsentiert, auf ganz Irland bezogen jedoch recht proportional vertreten. Gallagher ließ jedoch 1975 andere Variablen außer acht, die bei der Analyse der komplexen Auswirkungen des irischen Wahlsystems mit zu berücksichtigen sind.

So ist weiterhin von Belang, ob der jeweilige Stimmenanteil einer Partei in einem Wahlkreis in einem günstigen Verhältnis zu dessen Größe steht. Die nachstehende Tabelle verdeutlicht dies:

Tabelle 56: Mindeststimmenzahl pro Mandatszahl nach Wahlkreisgrößen

Wahlkreis-größe	Wahlzahl in %	Mindeststimmenzahl pro Mandatszahl in % 1	2	3	4	5
3	25	25	50	75		
4	20	20	40	60	80	
5	16,7	16,7	33,3	50	66,6	83,3

Anmerkung: Die Prozentzahlen sind nach der ersten Kommastelle gerundet.

Das mathematische Optimum (d.h. die effiziente Umsetzung von Stimmen in Mandate) erreicht eine Partei, wenn ihr Stimmenanteil nur knapp über der Mindeststimmenzahl liegt, mit der die jeweilige Mandatszahl erlangt wird.

Daneben interveniert die Zahl der Parteien und der unabhängigen Bewerber als weitere Variable. So korrelierten beispielsweise 1923 bis 1938 die hohe Zahl der unabhängigen Bewerber und die Disproportion von Stimmen und Mandaten zugunsten der stärksten Partei (s. Sternberger/Vogel 1969: 660) und glichen den geringeren Disproportionseffekt der früheren Wahlkreiseinteilung aus. (Erst seit 1947 wird ausschließlich in kleinen Wahlkreisen gewählt). Auch ist die Mischung von geradzahligen und ungeradzahligen Wahlkreisgrößen von Bedeutung. Die Viererwahlkreise können gegebenenfalls den Dreierwahlkreisen entgegenwirken.

Die im irischen Kontext wichtigste Variable ist freilich die der Präferenzstimmen, da bei der Proportionalitätsanalyse stets nur von Erstpräferenzen ausgegangen wird, die Mandatsverteilung aber in der überwiegenden Zahl der Fälle durch die Stimmenübertragung entschieden wird. Bei den Wahlen 1973 beispielsweise wurden nur 39 Kandidaten per Erstpräferenz gewählt, die übrigen benötigten zusätzlich niedrigere Präferenzen, um die Wahlzahl zu erreichen. Die Verteilung der Zweit-, Dritt- und Viertpräferenzen kann daher das Ergebnis nach Erstpräferenzen, das wir der Stimmen-Mandats-Relation zugrunde legen, erheblich verändern. So verlor zum Beispiel 1987 *Fianna Fail* durch den Stimmentransfer zwölf Sitze, die sie erhalten hätte, wenn die verrechneten Niedrig-Präferenzen nicht andere Parteien begünstigt hätten (s. Gallagher 1987: 83). Das Wahlverhalten hinsichtlich niedriger Präferenzen erweist sich somit als entscheidende Variable im irischen Kontext, die den Disproportionseffekt der kleinen Wahlkreisgrößen abschwächen kann. Zwischen 1922 und 1977 haben rund ein Viertel der Iren ihre Präferenzen über Parteischranken hinweg vergeben (s. Gallagher 1986: 257).

8.7.3 Die Auswirkungen des Stimmgebungsverfahrens infolge von Wahlabsprachen

Die Mehrheitsbildung durch eine Partei ist in Irland nicht gewährleistet; hierfür ist der Disproportionseffekt des Wahlsystems zu gering. Die 25 Wahlen zwischen 1923 und 1997 brachten lediglich fünf künstliche Parlamentsmehrheiten hervor – allesamt für *Fianna Fail* und nahezu alle auf der Basis hoher Stimmenanteile: 49,7% (1933), 48,9% (1944), 48,3% (1957), 47,7% (1965) und 45,7% (1969). *Fianna Fail* dominiert im irischen Parteiensystem seit 1932 als stimmstärkste Partei; ihr allein gelang es, absolute Stimmenmehrheiten zu erzielen (1938, 1977). Ansonsten waren die Parteien darauf angewiesen, Koalitionen einzugehen und/oder mit einer Parlamentsminderheit zu regieren. Die Koalitionsfähigkeit zwischen *Fine Gael* und *Labour* erwies sich bisher als Bedingung, um *Fianna Fail* in der Regierung abzulösen (1944, 1951, 1973, 1981, 1982/II, 1994 und 2011). Nicht nur die pure Addition der Mandate, sondern insbesondere Absprachen im Vorfeld der Wahl sind hierbei von Belang. Ähnlich dem *Fine Gael*-Wahlkampfslogan: „Vote *Fine Gael* and continue your preferences for *Labour*“ (s. McKee 1983: 175), können die beiden Parteien ihren Wählern empfehlen, niedrige Präferenzen dem Koalitionspartner zu geben. Diese Absprachen steuern erheblich den Disproportionseffekt des Wahlsystems und damit die Mehrheitsverhältnisse im *Dail*. Die Ergebnisse von 1969 und 1973 verdeutlichen dies: 1969 erhielten *Fine Gael* und *Labour* zusammen 51,1% der Stimmen, jedoch nur 47,6% der Mandate; beide Parteien hatten keine Wahlabsprachen getroffen. *Fianna Fail* dagegen erlangte mit 45,7% der Stimmen die absolute Mandatsmehrheit; das Wahlsystem hatte wie üblich die stimmstärkste Partei erheblich begünstigt. 1973 dagegen trafen *Fine Gael* und *Labour* Wahlabsprachen und gewannen mit zusammen 48,8 Prozent der Stimmen 51,1% der Mandate, während *Fianna Fail*, obwohl ihr Stimmenanteil leicht gestiegen war, die Mandatsmehrheit einbüßte; durch die Wahlabsprachen profitierte *Fine Gael* stärker vom Wahlsystem als *Fianna Fail, Labour* (1969 noch erheblich unterrepräsentiert) wurde diesmal nur noch geringfügig benachteiligt: Die Wahlabsprachen glichen zugunsten der koalierenden Parteien den im Wahlsystem begründeten Vorteil der stimmstärksten Partei aus (s. O’Leary 1979). Durch Wahlabsprachen vor der Novemberwahl 1982 profitierten sogar beide Koalitionsparteien stärker vom Wahlsystem als *Fianna Fail* (s. O’Leary 1983).

Tabelle 57: Wahlen zum irischen Dail 1973-2011

Parteien	1981		1982/I		1982/II		1987		1989	
	Stimmen in %	Mandate in %	Stimmen in %	Mandate in %	Stimmen in %	Mandate in %	Stimmen in %	Mandate in %	Stimmen in %	Mandate in %
Fianna Fail	45,3	47,0	47,3	48,8	45,2	45,2	44,1	49,1	44,1	46,7
Fine Gael	36,5	39,2	37,3	38,0	39,2	42,2	27,1	30,3	29,3	33,3
Labour	9,9	9,0	9,1	9,0	9,4	9,6	6,4	7,3	9,0	9,1
Sonstige	7,3	4,8	6,3	4,2	6,2	3,0	22,2	10,2	16,90	10,6

Parteien	1992		1997		2002		2007		2011	
	Stimmen in %	Mandate in %	Stimmen in %	Mandate in %	Stimmen in %	Mandate in %	Stimmen in %	Mandate in %	Stimmen in %	Mandate in %
Fianna Fail	39,1	41,0	39,3	46,4	41,5	48,8	41,6	47,0	17,4	12,0
Fine Gael	24,5	27,1	27,9	32,5	22,5	18,7	27,3	30,7	36,1	45,8
Labour	19,3	19,9	10,4	10,2	10,8	12,7	10,1	12,0	19,4	22,3
Progressive Dem	4,7	6,0	4,7	2,4	4,0	4,8	2,7	1,2	–	–
Sinn Fein	1,6	0,0	2,5	0,6	2,5	0,6	6,9	2,4	8,4	9,9
Worker/Soc. Party	0,7	0,0	2,5	2,4	0,8	0,6	13,2	0,0	1,2	1,2
Green Party	1,4	0,6	2,8	1,2	3,8	3,6	4,7	3,6	1,8	0,0
Independents	5,8	3,0	6,9	5,0	9,5	7,8	5,2	3,0	12,6	7,8
Sonstige	3,0	0,0	5,1	0,0	0,7	0,0	0,8	0,0	1,4	1,8

(*Quellen*: Gallagher/Weeks 2010; Official Election Return)

Hing bisher das Alternieren in der Regierungsausübung (wie gesehen) entscheidend davon ab, ob es *Fine Gael* und *Labour* gelang, Wahlabsprachen zu treffen, änderte sich die Situation mit den Wahlen 1987 grundlegend: Eine als Abspaltung von der *Fianna Fail* 14 Monate vor der Wahl gegründete Partei, die *Progressive Democrats*, erhielt auf Anhieb knapp 12% der Stimmen und 14 Sitze; der Stimmenanteil von *Labour* sank auf 6,3%, der von *Fine Gael* rutschte unter die 30-Prozent-Marke. Seit den Wahlen von 1989, als *Fianna Fail* die absolute Parlamentsmehrheit verfehlte und die anderen Parteien nicht bereit waren, eine Minderheitsregierung zu dulden, sind die Mehrheitsverhältnisse prekärer und die Koalitionsbildungen variantenreicher und schwieriger geworden. Zum einen wurden die neu entstandenen kleineren Parteien zur Koalitionsbildung herangezogen (*Progressive Democrats*; Koalition mit *Fianna Fail* 1990-1992), zum anderen koalierte *Fianna Fail* seit Jahrzehnten zum ersten Mal wieder mit der *Labour Party* (1992-1994). *Fine Gael* als Alternative benötigt zur Regierungsausübung wie vor 1957 mehr als einen Koalitionspartner (Koalition 1994 mit *Labour Party* und *Democratic Left* mitten in der Legislaturperiode). Im Mai 1997 setzte der *Fine Gael*-Premier John Bruton vorzeitige Wahlen an, da er von der ökonomisch prosperierenden Entwicklung und dem Stimmungshoch für seine Partei zu profitieren hoffte. Aus den Wahlen ging jedoch *Fianna Fail* als stärkste Partei hervor, die mit den Progressiven Demokraten eine Minderheitsregierung bildete, welche durch Unterstützung der insgesamt sieben Unabhängigen vom Parlament bestätigt wurde. Die nachfolgenden Wahlen von 2007 wurden erneut von der Fianna Fail gewonnen, ohne dass diese sich eine absolute Parlamentsmehrheit sichern konnte (s. Gallagher/Weeks 2010). Als Folge der Verschuldungs- und Wirtschaftskrise erlitt sie 2011 eine schwere Wahlniederlage, bei der sie die Hälfte ihrer (Präferenz-) Stimmen einbüßte (s. Tabelle 57). Hinsichtlich der Auswirkungen des Wahlsystems ergaben sich keine neuen Erkenntnisse.

8.7.4 Reforminitiativen

Als in den 1950er Jahren zum ersten Mal die Erfahrung gemacht wurde, dass es möglich sei, die bei weitem stimmstärkste Partei aus der Regierungsverantwortung zu verdrängen (Wahlen von 1951 und 1954), plante *Fianna Fail* unter ihrem großen Führer de Valera die Einführung der relativen Mehrheitswahl in Einerwahlkreisen nach britischem Vorbild. Nachdem der verfassungsändernde Gesetzentwurf 1959 vom *Dáil* angenommen und vom Senat abgelehnt worden war, wurde er vom Volk im Juni gleichen Jahres in einem Referendum zur Entscheidung vorgelegt und mit 543.322 (51,8%) gegen 486.989 (48,2%) Stimmen zurückgewiesen.

In der Auseinandersetzung um diesen Gesetzentwurf wurde das Für und Wider der beiden Wahlsysteme in den Mittelpunkt der öffentlichen Diskussion gerückt. Dabei wurde für das irische System ins Feld geführt, dass auch bei den kleinen Wahlkreisen und der damit verbundenen Annäherung der Wirkweise des Wahlsystems an die relative Mehrheitswahl in Einerwahlkreisen wesentliche politische Auswirkungen der Verhältniswahl erhalten bleiben.

Die „listenlose Verhältniswahl in kleinen Wahlkreisen„ gewähre dem Wähler ein hohes Maß an persönlicher Wahlfreiheit in der Auswahl zum einen unter einer größeren Zahl von Parteien, die tatsächlich Chancen haben, ein Parlamentsmandat zu erringen, zum anderen unter den Kandidaten einer freien Liste. Da die großen Parteien in der Regel mehr Kandidaten aufstellen, als sie an Mandaten zu erringen in der Lage sind, besitzt der Wähler in der Tat innerhalb der von ihm bevorzugten Partei personelle Entscheidungsmöglichkeiten. Bei den drei Wahlen zwischen 1948 und 1955 konnten die irischen Wähler im Durchschnitt jeweils zwischen acht Kandidaten wählen, die britischen nur zwischen zwei bis drei Kandidaten. 1987 bewarben sich in den 41 Drei- bis Fünfmannwahlkreisen durchschnittlich 11,4 Kandidaten für im Schnitt vier Mandate pro Wahlkreis. Ein hoher Anteil der Wähler ist zudem durch Abgeordnete repräsentiert, die er selbst gewählt hat. Beispielsweise hatten im Jahre 1957 etwa 70%, 1973 mehr als 67% der Wähler einem erfolgreichen Kandidaten ihre Erststimme erteilt. Der Anteil der sog. effektiven Stimmen, die zur Wahl eines Abgeordneten beigetragen haben und folglich auch die erfolgreichen Zweit-, Dritt- und höheren Präferenzen einschließen, liegt noch wesentlich höher: Im nationalen Durchschnitt erreichte er 1969: 78,3% und 1973: 79,8% (s. Knight/Baxter-Moore 1973: 50f.).

Trotz der komplizierten Stimmenverwertung bleibt die Präferenzstimmgebung für den Wähler übersichtlich und offenbar leicht zu handhaben: Im Schnitt (1948-2007) sind nur knapp 1% der abgegebenen Stimmen ungültig (s. Gallagher/Weeks 2010).

8.8 Russland (segmentiertes Wahlsystem)

Segmentierte Wahlsysteme, auch Grabensysteme oder Parallelsysteme genannt, sind kombinierte Wahlsysteme, deren Charakteristikum die Trennung der Bestellung des Parlaments in zwei strikt von einander geschiedene Teile besteht: in einen Teil, für welchen die Mehrheitsregel vorgeschrieben ist, und einen zweiten Teil, für welchen nach Proporz entschieden wird. Wie an anderer Stelle bereits ausgeführt wurde (s. Kapitel 8, Abschnitt 1), wurde das Wahlsystem der Bundesrepublik Deutschland häufig im Sinne eines Grabensystems missverstanden. Gegenwärtig erfreuen sich Grabensysteme wachsender Beliebtheit. Mexiko führte ein segmentiertes System 1979 ein, Japan 1993. Besonders in Osteuropa (s. Kapitel 7, Abschnitt 2.3) fassten segmentierte Wahlsysteme Fuß. Russland ist insofern ein besonders interessanter Fall, als hier etliche lieb gewonnene Annahmen über die Effekte von Mehrheitswahl und Verhältniswahl sich nicht bestätigten. Umso und deutlicher wird, wie sehr die Auswirkungen von Wahlsystemen von soziopolitischen Gegebenheiten abhängen.

8.8.1 Genese des Wahlsystems

Wie in allen Ländern des kommunistischen Herrschaftsbereichs wurde in der Sowjetunion nach absoluter Mehrheitswahl, hier in Einerwahlkreisen, gewählt. Dieses Wahlsystem wurde bei den Wahlen zum Kongress der Volksdeputierten, den ersten halbwegs kompetitiven Wahlen in Russland von März und April 1990, beibehalten. Der Prozess politischer Reformen, darunter auch die Verfassungs- und Wahlgesetzgebung, fand im dauerhaften Machtkonflikt zwischen dem Parlament und dem im Juni 1991 mit 57,3% der abgegebenen Stimmen gewählten Präsidenten Boris Jelzin statt.

Im Entwurf der Verfassungskommission vom Juni 1993 war ein Zweikammersystem, bestehend aus Staatsduma und Föderationsrat, vorgesehen. Die in allgemeinen Wahlen gewählte Duma sollte 400 Abgeordnete umfassen. Von ihnen sollten 270 in Einerwahlkreisen und 130 nach Verhältniswahl gewählt werden. Diese Relation wurde später zugunsten jener Mandate verändert, die nach Verhältniswahl vergeben wurden. Für den Prozess der Entscheidung über das Wahlsystem war somit kennzeichnend, dass das alte Mehrheitswahlsystem zum Ausgangspunkt genommen wurde; zunächst war an eine Ergänzung durch eine Liste nach Verhältniswahl gedacht gewesen, ehe dann ein Grabensystem auf der Basis eines gleichen Anteils von Einerwahlkreisabgeordneten und Listenabgeordneten etabliert wurde. Die Entscheidung zugunsten des segmentierten Wahlsystems fiel jedoch erst, als Jelzin den Konflikt mit dem Parlament zu seinen Gunsten zu beenden trachtete, am 21. September 1993 den Kongress der Volksdeputierten und den Obersten Sowjet auflöste und seine im Parlamentsgebäude verschanzten Gegner durch Erstürmung des Weißen Hauses besiegte.

8.8.2 Die Struktur des Wahlsystems

Das in den Dumawahlen vom 12. Dezember 1993 bzw. 17. Dezember 1995 zur Anwendung gekommene Grabenwahlsystem weist folgende Strukturmerkmale auf: Die eine Hälfte der Mandate (225) wird in Einerwahlkreisen nach relativer Mehrheit gewählt. Hierbei gilt als zusätzliche Bedingung, dass sich zumindest 25% der Wahlberechtigten an der Wahl beteiligen. Die Wahlkreiseinteilung sieht vor, dass jede der insgesamt 89 Gebietsteile der Föderation zumindest ein Wahlkreismandat erhält. Des Weiteren sollen die Wahlkreise etwa gleich viele Wahlberechtigte und untereinander eine Abweichung von höchstens 15% aufweisen. In der Praxis waren diese rechtlichen Vorgaben jedoch nicht einzuhalten, und so ergaben sich erhebliche Ungleichgewichte in der Repräsentation: Für die 1993er Wahlen entfielen beispielsweise in der Republik Buryatia auf den Einerwahlkreis 676.000 Wahlberechtigte, in Moskau etwa 400.000 bis 500.000 Wähler, hingegen in einigen autonomen Gebieten lediglich 20.000 Wahlberechtigte (s. Ganino 1995). Die restlichen 225 Mandate werden in einem landesweiten Wahlkreis über starre Listen nach dem einfachen Wahlzahlverfahren und der Methode des größten Überrestes vergeben. An diesen Mandaten können nur jene Parteien bzw. Wahlbündnisse teilhaben, welche über 5% der Stimmen im gesamten Wahlgebiet erhalten haben.

Angesichts des embryonalen Zustands der Parteien und des Parteiensystems in Russland scheinen die Kandidaturbedingungen von besonderer Bedeutung für das Wahlergebnis. Nach einem Erlass von Präsident Jelzin vom 1. Oktober 1993, der die rechtliche Grundlage für die ersten Dumawahlen darstellte, mussten für die Bewerbung um die Listenmandate 100.000 Unterschriften beigebracht werden, von denen höchstens 15.000 aus einem einzigen Territorium stammen durften; für eine Wahlkreiskandidatur mussten Unterschriften von mehr als einem Prozent der eingeschriebenen Wahlberechtigten in dem betreffenden Wahlkreis vorgelegt werden. Letztere Bedingung wurde per Dekret vom 6. November 1993 auf 25.000 Unterschriften im Wahlkreis mit zwischen 2,5 und 4,0 Millionen Wahlberechtigten und auf 35.000 Unterschriften in Wahlkreisen mit über 4,0 Millionen Wahlberechtigten gesenkt. Die Tatsache, dass sich bei diesen Wahlen letztendlich nur 13 politische Gruppierungen um die Listenmandate bewarben und somit schlimmste Auswüchse einer Atomisierung der Kandidaturlandschaft bereits im Vorfeld der Wahlen vermieden werden konnten, ist jedoch weniger auf die Zahl der erforderlichen Unterschriften zurückzuführen als vielmehr durch den Zeitdruck zu erklären, unter dem sich die Bewerbungsphase zwischen der Auflösung des *Obersten Sowjets* und der Abhaltung der Dumawahlen vollzog: Nach Art. 39 des Wahlgesetzes vom 21. Juni 1995, das für die zweiten Dumawahlen galt, wurde nämlich die Unterschriftenerfordernis für die Aufstellung einer Liste auf insgesamt 200.000 festgelegt*; trotz dieser Erhöhung konnten sich 1995 43 Parteien an der Listenwahl beteiligen.

Tabelle 58: Die Parlamentswahlen in Russland vom 12. Dezember 1993

	S % Listen	M abs. Listen	M % Listen	M abs. EWK	M % EWK	M abs. insg.	M % insg.
Liberaldemokratische Partei (LDPR)	22,9	59	26,2	5	2,2	64	14,2
Wahl Russlands	15,5	40	17,8	30	13,3	70	15,6
Kommunistische Partei der Russischen Föderation (KPRF)	12,4	32	14,2	16	7,1	48	10,7
Frauen Russlands	8,1	21	9,3	2	0,9	23	5,1
Agrarpartei	8,0	21	9,3	12	5,3	33	7,3
Jabloko	7,9	20	8,9	3	1,3	23	5,1
Partei Russischer Einheit und Eintracht	6,8	18	8,0	1	0,4	19	4,0
Demokratische Partei Russlands	5,5	14	6,2	1	0,4	15	3,3
Russische Bewegung für Demokratische Reform	4,1	–	–	4	1,7	4	0,9
Bürgerunion für Stabilität, Fortschritt und Gerechtigkeit	1,9	–	–	1	0,4	1	0,2
Russlands Zukunft	1,3	–	–	–	–	–	–
Cedar	0,8	–	–	–	–	–	–
Würde und Wohltätigkeit	0,7	–	–	2	0,9	2	0,4
Unabhängige	–	–	–	14,1	62,7	15,5	31,3
Negativstimmen (Gegen alle)	4,4	–	–	–	–	–	–
Unbesetzte Sitze	–	–	–	6	2,7	6	1,3
Insgesamt[a]	100,3	225	99,9	225	99,3	450	99,4

a Prozentuale Gesamtwerte über oder unter 100 sind auf Rundungsfehler zurückzuführen.

(*Quelle*: White/Rose/McAllister 1997: 123)

* Hiervon durften nicht mehr als 7% aus einem Gebietsteil der Föderation stammen. Im Gegensatz zu 1993 mussten nun auch Parteien bzw. Wahlblöcke Unterschriften für ihre Kandidaten in den Einerwahlkreisen sammeln; diese wurden allerdings auf die 200.000 Unterschriften, die für die Teilnahme an der Listenwahl erforderlich waren, angerechnet.

8.8.3 Die Auswirkungen des Wahlsystems

Betrachten wir das Ergebnis der Wahlen vom 12. Dezember 1993 zunächst als Gesamtwahlergebnis, d.h. ohne Aufschlüsselung der Ergebnisse nach Einerwahlkreisen und Listenmandaten. Auf Parlamentsebene entstand ein Vielparteiensystem von neun Gruppierungen; daneben zogen noch etwa ein Drittel der Abgeordneten als Unabhängige in die Staatsduma ein. Die *Liberaldemokratische Partei* erreichte mit 22,9% die meisten Listenstimmen und mit 14,2% auch die meisten Mandate. Die Disproportion springt sogleich ins Auge und ist ein unmittelbarer Effekt des Wahlsystems. Nur drei Gruppierungen erzielten über 10% der Listenstimmen, und nur diese drei erreichten auch mehr als 10% der Mandate (s. *Tabelle 58*). Es fand also keine Konzentration im Parteiensystem statt. Im Gegenteil: Die Auswirkungen des Wahlsystems waren hinsichtlich der Parteienzersplitterung nicht nur denen ähnlich, die der Verhältniswahl unterstellt werden, sondern es verstärkte sie noch. Dies macht ein Blick auf die beiden Teilergebnisse des Parallelsystems deutlich. Nach Verhältniswahl gelangten acht Parteien ins Parlament. Fünf Parteien, die insgesamt 8,8% der Stimmen auf sich vereinigten, scheiterten an der 5%-Klausel. 4,4% der Stimmen waren Negativstimmen, gegen alle Listen. Von der Sperrklausel und den Negativstimmen profitierten alle Parteien, welche die 5%-Hürde übersprungen hatten, und steigerten leicht ihren Mandatsanteil gegenüber ihrem Stimmenanteil. Insgesamt war das Ergebnis nach Verhältniswahl jedoch recht proportional. Demgegenüber ergab sich für die 225 Mandate nach der relativen Mehrheitswahl in Einerwahlkreisen ein völlig anderes Ergebnis. Zunächst einmal gelangten neben der enormen Zahl von 141 Unabhängigen (= 62,7% der Direktmandate) Vertreter von elf Gruppierungen ins Parlament, stets auch von denen, die über die Liste erfolgreich waren. Doch waren deren Anteile außerordentlich gering, bei den drei nach Verhältniswahl stärksten Parteien lag er immer unter 10%, und die Stärkeverhältnisse dieser Gruppierungen wurden auf den Kopf gestellt: Die zweitstärkste Partei war mit 13,3%, die stärkste Partei nur mit 2,2% an den Direktmandaten beteiligt. Aus den Wahlergebnissen nach Mehrheitswahl ergaben sich folglich die Unterrepräsentationen der stärksten Parteien gegenüber ihrem Stimmenanteil nach Verhältniswahl und die Vertretung von

Gruppierungen im Parlament, die weniger als 5% der Stimmen im ganzen Land erhalten hatten.

Die Auswirkungen des russischen Grabensystems wurden in der politischen Kommentierung der Wahlergebnisse natürlich auch daran festgemacht, welche Parteien aus dem Rechts-Links-Spektrum profitieren konnten. Dass die extremen Parteien, die nationalistische *Liberaldemokratische Partei* und die *Kommunistische Partei der Russischen Föderation*, unter Verhältniswahl besser abgeschnitten hatten als unter Mehrheitswahl, wurde in der Bundesrepublik Deutschland von Anhängern der Mehrheitswahl als Argument für die Mehrheitswahl und gegen die Verhältniswahl verwandt. In der Tat blieb der konservative Block aus *Liberaldemokraten, Kommunisten* und *Agrariern* mit 43,7% der Stimmen und nur 32,2% der Mandate aufgrund des Effekts der Mehrheitswahlergebnisse stark unterrepräsentiert. Die überwiegend nichtparteiliche Struktur der Repräsentation nach Mehrheitswahl, die im Parlament weitgehend aufrechterhalten blieb – etwa 100 Abgeordnete traten keiner Parlamentsgruppierung bei (s. Remington/Smith 1995) – verursachte ein hohes Maß an politischer Instabilität.

Die Parteienforschung zu Russland hat dementsprechend auch die Frage ins Zentrum gerückt, ob das russische Wahlsystem in der Lage sei, die Parteienentwicklung zu fördern. Ausgehend von der Analyse, dass „party organizations remained personalistic, organizationally amorphous, and ideologically ambiguos“, hat Robert G. Moser (1994: 379) die Frage gestellt, inwieweit die „shortcomings in party development (should) be attributed to poor electoral engineering“. Mit einer solchen Fragestellung gelangte er in der Bewertung von Mehrheitswahl und Verhältniswahl zu einem völlig anderem Ergebnis: „The crucial difference between PR and plurality systems lay in their permeability toward independent candidates“ (ebda.). Die Mehrheitswahl verzögert die Entwicklung eines strukturierten Parteiensystems; der geringe strukturierende Effekt des Wahlsystems auf das Parteiensystem ist von dem über Verhältniswahl gewählten Mandatsanteil ausgegangen und dürfte folglich für die langfristige Entwicklung des Parteiensystems von wesentlich größerer Bedeutung sein als die Wahlergebnisse nach Mehrheitswahl.

Tabelle 59: Die Parlamentswahlen in Russland vom 17. Dezember 1995

	S % Listen	M abs. Listen	M % Listen	M abs. EWK	M % EWK	M abs. insg.	M % insg.
Kommunist. Partei der Russischen Föderation (KPRF)	22,3	99	44,0	58	25,8	157	34,9
Liberaldemokratische Partei (LDPR)	11,2	50	22,2	1	0,4	51	11,3
Unser Haus Russland (NDR)	10,6	45	20,0	10	4,4	55	12,2
Jabloko	6,9	31	13,8	14	6,2	45	10,0
Russlands Frauen	4,6	–	–	3	1,3	3	0,7
Arbeitendes Russland -Für die Sowjetuion	4,5	–	–	1	0,4	1	0,2
Kongreß der Russ. Gemeinden [Lebed] (KRO)	4,3	–	–	5	2,2	5	1,1
Partei der Arbeiterselbstverwaltung	4,0	–	–	1	0,4	1	0,2
Demokratische Wahl Russlands	3,9	–	–	9	4,0	9	2,0
Agrarpartei	3,8	–	–	20	8,9	20	4,4
Die Macht dem Volk	1,6	–	–	9	4,0	9	2,0
Vorwärts, Russland!	1,9	–	–	3	1,3	3	0,7
Block Rybkins	1,1	–	–	3	1,3	3	0,7
Block Pamfilova/Gurov/Lysenko	1,6	–	–	2	0,9	2	0,4
Andere[a]	5,3	–	–	8	3,6	8	1,8
Unabhängige	–	–	–	78	34,7	78	17,3
Übrige Parteien	9,6	–	–	–	–	–	–
Negativstimmen (Gegen alle)	2,8	–	–	–	–	–	–
Insgesamt[c]	100,0	225	100,0	225	99,8	450	99,9

a Unter „Andere“ sind insgesamt acht Listenverbindungen subsumiert, die jeweils ein Direktmandat gewannen. b Summierter Stimmenanteil von insgesamt 21 Listenverbindungen, die kein Mandat erhielten. c Prozentuale Gesamtwerte unter 100 sind auf Rundungsfehler zurückzuführen.

(*Quelle*: White/Rose/McAllister 1996: 224f.)

Moser geißelte vornehmlich diesen Mangel der Mehrheitswahl, woraus er nicht nur den Schluss zog, dass Mehrheitswahlsysteme für hoch personalistisch-amorphe Parteien und Parteisysteme nicht geeignet seien, sondern er betonte auch den kumulierten Fragmentierungseffekt beider Entscheidungsregeln im Grabensystem, da beide aus je unterschiedlichen Gründen eine Proliferation der Parteien, Blöcke und Faktionen förderten. Die beiden Kritikpunkte führten Moser zur Option Verhältniswahl, wobei er den Mangel des kombinierten russischen Wahlsystems in der Nichtverbindung beider Elemente nach dem Muster der deutschen personalisierten Verhältniswahl sah. Implizit wurde damit – ähnlich wie von den Anhängern der Mehrheitswahl, aber aus ganz anderen Gründen – das bestehende Grabensystem als „*poorly designed*“ betrachtet. Nicht berücksichtigt wird dabei freilich, dass weder Verhältniswahl noch Mehrheitswahl jeweils für sich befriedigende Ergebnisse bringen und jeweils andere Gründe dafür verantwortlich waren. Es bleibt auch unberücksichtigt, dass es angesichts der amorphen Parteienverhältnisse und der hohen Volatilität der Wählerschaft ausgesprochen schwierig ist, ein Wahlsystem zu entwerfen, das den verschiedensten Funktionserwartungen gerecht wird (s. Remington/Smith 1995:483). Schließlich ist eine systematische Bewertung der Auswirkungen des segmentierten Wahlsystems unter den fluiden Bedingungen in Wählerschaft und Parteiensystem auf der Basis nur eines einzigen Wahlergebnisses kaum möglich.

Tabelle 60: Die Parlamentswahlen in Russland vom 19. Dezember 1999

	S % Listen	M abs. Listen	M % Listen	M abs. EWK	M % EWK	M abs. insg.	M % insg.
Kommunistische Partei der Russischen Föderation (KPRF)	24,8	67	29,8	46	21,3	113	25,6
Einheit („Medwed“)	23,7	64	28,4	9	4,2	73	16,6
„Vaterland-Ganz Russland“	13,4	37	16,4	31	14,4	68	15,4
Union Rechter Kräfte	8,8	24	10,7	5	2,3	29	6,6
Block Schirinowski	6,2	17	7,6	–		17	3,9
Jabloko	6,1	16	7,1	4	1,9	20	4,5
Kommunisten für die Sowjetunion	2,3	–	–	–		–	–
Frauen Russlands	2,1	–	–	–		–	–
Partei der Pensionäre	2,0	–	–	1	0,5	1	0,2
Unser Haus Russland	1,2	–	–	7	3,2	7	1,6
Andere	6,0	–	–	8	3,7	8	1,8
Unabhängige		–	–	105	48,6	105	23,8
Negativstimmen (Gegen alle)	3,4	–	–	–	–	–	–
Insgesamt[a]	100	225	100	216[a]	100	441	100

a In neun Einerwahlkreisen mussten die Wahlen wiederholt werden, da hier mehr Negativstimmen als Stimmen für die jeweiligen Kandidaten abgegeben wurden.

(*Quelle*: Schneider 2000, eigene Rechnung)

Bei den Wahlen vom 17. Dezember 1995 zeigten sich denn auch bereits veränderte Auswirkungen des Grabensystems. Es bewarben sich insgesamt 43 Parteien. Über die Verhältniswahlmandate gelangten nur noch vier von ihnen ins Parlament, die zusammen einen Anteil von etwas mehr als der Hälfte der Stimmen (51,0%) auf sich vereinigten (s. *Tabelle 59*). Fast die Hälfte der Stimmen fiel also bei Verhältniswahl mit Sperrklausel unter den Tisch, ein schier unglaubliches Ergebnis, wenn man Verhältniswahl mit gleichem Erfolgswert der Stimmen identifiziert. Die Kosten der Zersplitterung des Parteiensystems auf Kandidaturen- und Wählerebene wurden durch die Verhältniswahl mit Sperrklausel sehr hoch geschraubt. Sechs Parteien vereinigten jeweils zwischen 3,8% und 4,6% der Stimmen auf sich und blieben damit an der Sperrklausel hängen. Dieser Effekt hatte zur Folge, dass die vier Parteien mit Parlamentsmandaten ihren jeweiligen Anteil an den Verhältniswahlmandaten im Vergleich zu ihrem Stimmenanteil erheblich steigern konnten, die stärkste Partei, die Kommunisten, von 23,4% der Stimmen auf 44,0% der Mandate, also auf fast das Doppelte. Diese Auswirkung der Sperrklausel, deren Höhe bereits im Vorfeld der Wahlen von den kleineren Parteien heftigst kritisiert worden war, führte nach den Wahlen in der russischen Presse dazu, die Legitimität des Wahlsystems in Frage zu stellen. Vernachlässigt wurde in dieser Kritik hingegen, dass die Verhältniswahl mit Sperrklausel nicht mehr als nur das Unvermögen der russischen Parteiführer zu Bildung von Wahlallianzen und allgemein zu praktischer Kooperation pönalisierte. Bei den Mehrheitswahlmandaten gelang es der nach Listenstimmen stärksten Partei dieses Mal, an den Direktmandaten mit einem Anteil zu partizipieren, der dem Listenstimmenanteil entsprach. Demgegenüber büßten alle anderen Parteien, die über die Verhältniswahl in die Staatsduma kamen, bei den Mehrheitswahlmandaten erheblich ein. Über die Mehrheitswahl gelangten erneut weitere sieben Parteien ins Parlament und schließlich noch 94 Unabhängige (oder Andere). Die Zersplitterung wurde also 1995 durch die Mehrheitswahl aufrechterhalten. Sie baute die nach Verhältniswahl entstandene starke Disproportionalität von Stimmen und Mandaten so stark ab, das im Gesamtwahlergebnis sich zumindest bei den vier stimmstärksten Parteien das Stimmen-Mandate-Verhältnis in einer Weise anglich, dass man denken könnte, es wäre nach Verhältniswahl in einem gut strukturierten Parteiensystem gewählt worden, wäre da nicht die große Zahl Unabhängiger (oder Anderer). Selbst die Agrarpartei, mit 3,9% der Stimmen nicht an den Verhältniswahlmandaten beteiligt, erreichte mit ihren 20 Direktmandaten einen Anteil von 4,4% der Mandate.

Doch auch dieses Wahlergebnis ist hinsichtlich der Auswirkungen des russischen Grabensystems nicht unbedingt repräsentativ. Einige Belege für diese Einschätzung lieferten die jüngsten Dumawahlen vom Dezember 1999 (s. *Tabelle 60*). Zwar blieb die Mandatskonzentration im Vergleich zu 1995 relativ konstant: Auf die vier stärksten Parteien entfielen nun 64,2% statt 68,4% der Sitze. Zugleich jedoch erhielten die genannten Parteien insgesamt deutlich mehr Stimmen als vier Jahre zuvor (70,7%). Mit anderen Worten: Die Disproportionalität zwischen Stimmen und Mandaten hat merklich abgenommen.

Der Grund für diesen veränderten Effekt des Grabensystems lag ausschließlich an dem über Verhältniswahl vergebenen Mandatsanteil. Ausschlaggebend war in diesem Zusammenhang, dass diesmal nur 18% der Stimmen durch die Wirkung der 5%-Klausel „verloren" gingen. Die relative Mehrheitswahl in Einerwahlkreisen erbrachte dagegen erneut keinen Konzentrationseffekt, im Gegenteil: Die eine Hälfte (48,6%) der Direktmandate ging an formal parteilose Kandidaten (1995: 34,7%), der Rest verteilte sich auf insgesamt 13 Parteien. Die Fragmentierung des Mehrheitswahlanteils resultierte wiederum aus der Struktur des russischen Parteiensystems, das in formaler Hinsicht nach wie vor wenig institutionalisiert ist.

8.8.4 Reformdebatte

Im Zusammenhang mit der Schaffung eines Wahlgesetzes, das den Ukaz vom 1. Oktober 1993 als die rechtliche Grundlage für die 1995er Wahlen ersetzen sollte, war es bereits zu intensiven Debatten gekommen, die sich auch mit einer Reform des Wahlsystems befassten. Erneut waren Präsident und Parlament involviert, mit unterschiedlichen Positionen. Jelzin wollte das ausgeglichene Verhältnis von Einerwahlkreisen und Listenmandaten auf 300 zu 150 verändern. Er hatte dabei eine Schwächung der konservativen Parteien im Sinn und argumentierte, die Listenwahl bewerkstellige eine überproportionale Vertretung der Zentren Moskau und Sankt Petersburg zu Lasten der in der Weite Russlands entfernten Regionen. Die Staatsduma bestand jedoch auf dem bisherigen Verhältnis von 225 zu 225. Zudem versuchte Jelzin, die Sperrklausel von fünf auf sieben Prozent und die Mindestbeteiligung in den Einerwahlkreisen von 25% auf 50% zu erhöhen (s. Schneider 1996). In den Konflikt schaltete sich auch der Föderationsrat ein, der die Wahl sämtlicher Abgeordneter in Einerwahlkreisen favorisierte und zweimal die Annahme der von der Staatsduma verabschiedeten Gesetzesvorlage, die den Präsidentenentwurf abwandelte, verweigerte. Die Staatsduma argumentierte, dass nur durch die Verhältniswahl die Parteien Profil gewännen und allmählich ein strukturiertes Parteiensystem entstünde. Es standen sich demnach die beiden Argumentationsmuster der politikwissenschaftlichen Debatte über das Grabensystem und seine Auswirkungen in Russland gegenüber. Und in der Tat ist bemerkenswert und zugleich für die politische Entwicklung bedenklich, dass es bisher allein den konservativen Kräften gelang, sich parteipolitisch zu organisieren, während die Mitte des Parteienspektrums, und darin die demokratischen Reformer, in Bewegungen und Blöcke zersplittert sind. Das segmentierte Wahlsystem gewährleistet eine gewisse Balance. Im Mai 1995 entschied sich die Staatsduma in dritter Lesung mit 302 gegen 73 Stimmen für die Beibehaltung des Wahlsystems. Auch in dem neuen Dumawahlgesetz von 1999 blieb die Struktur des Wahlsystems unverändert. Erst 2006 gelang eine Reform zur Stärkung der Parteien, freilich bereits in einem mehr und mehr autoritären Kontext. Es wurde Verhältniswahl in einem nationalen Wahlkreis mit einer Sperrklausel von 7% eingeführt.

8.9 Ungarn (Kompensatorisches Wahlsystem)

Kompensatorische Wahlsysteme sind kombinierte Wahlsysteme, in denen versucht wird, die Mehrheitswahleffekte der Einerwahlkreise (oder kleinen Wahlkreise) durch Verhältniswahlelemente auszugleichen (s. Kapitel 6, Abschnitt 1). Charakteristisch ist, dass die Stimmen, die bereits erfolgreich waren, d.h. die den Wahlsieg eines Kandidaten bewirkten, bei der Vergabe der Mandate nach Verhältniswahl unberücksichtigt bleiben. Von den kombinierten Wahlsystemen wird fälschlicherweise häufig angenommen, sie seien alle kompensatorisch. Gegenwärtig trifft dies nur für die wenigsten von ihnen zu (nämlich 1999 weltweit nur für Albanien, Italien und Ungarn). Hinsichtlich der Auswirkungen dieser Wahlsysteme herrscht ebenso viel Unklarheit. So wird das italienische kompensatorische Wahlsystem als Mehrheitswahl geführt, obwohl es proportionale Effekte zeitigt. Das ungarische kompensatorische Wahlsystem, das vielen Beobachtern einfach zu kompliziert war, um es detailliert zu beschreiben und richtig zu klassifizieren, wies hingegen in den ersten Wahlen markante Mehrheitswahl-Auswirkungen auf. Es bestätigte sich erneut die Abhängigkeit der Effekte von Wahlsystemen von den soziopolitischen Bedingungen, hier vor allem von der Struktur des Parteienwettbewerbs und des (zunächst wenig wahlsystemkonformen bzw. wahlstrategischen) Verhaltens der Wählerschaft. Erst bei den Wahlen von 1998 stellten sich die eigentlich zu erwartenden Verhältniswahleffekte ein.

8.9.1 Genese des Wahlsystems

Im ungarischen Transitionsprozess wurden die Gespräche über die Wahlsystemfrage am *Nationalen Runden Tisch* zwischen Juni und September 1989 geführt. Hierbei bevorzugte die *Ungarische Sozialistische Arbeiterpartei* (MSZMP) die relative Mehrheitswahl. Die institutionellen Präferenzen der regimeoppositionellen Protoparteien, die sich seit 1987 herausgebildet und kurz vor den Verhandlungen mit der MSZMP zum *Oppositionellen Runden Tisch* (EKA) zusammengeschlossen hatten, waren zunächst äußerst heterogen: während sich das *Ungarische Demokratische Forum* (MDF) und der *Bund Freier Demokraten* (SZDSZ) ursprünglich von der absoluten Mehrheitswahl in Einerwahlkreisen den größten Vorteil versprachen, präferierte der *Bund Junger Demokraten* (FIDESZ) Verhältniswahl in einem nationalen Wahlkreis. Die historischen Parteien – die *Unabhängige Partei der kleinen Landwirte* (FKgP) und die *Christlich-Demokratische Volkspartei* (KDNP) – argumentierten in erster Linie für Listenwahl, da sie meinten, mit Hilfe dieser Stimmgebungsform ihr personelles Defizit an landesweit bekannten Politikern am besten ausgleichen zu können (s. Bozoki 1993). Deswegen sprachen sich letztere Parteien für Verhältniswahl in Wahlkreisen bzw. für die Wiederanknüpfung an die vorkommunistische Wahlsystemtradition (s. Sternberger/Vogel 1969:

1387ff.) aus. Im Verlauf der weiteren Verhandlungen konnten sich die neuen Parteien der Opposition dagegen auch mit kombinierten Wahlsystemen anfreunden:* Da ein Kompromiss notwendig und erwünscht war, entstand schließlich ein kombiniertes Wahlsystem, das beide Systemtypen einschloss. Aber innerhalb dieses Kompromisses versuchten wiederum beide Seiten, die eigenen politischen Optionen, d.h. Mehrheitswahl oder Verhältniswahl durchzusetzen. Die MSZMP befürwortete ein Wahlsystem mit dominantem Mehrheitswahlcharakter, in dem 75% der Abgeordneten durch Mehrheitswahl und nur 25% durch Verhältniswahl gewählt werden sollten; die oppositionellen Parteien verlangten hingegen das umgekehrte Verhältnis zwischen beiden Entscheidungsregeln, d.h. eine Dominanz des Proporzprinzips. Schließlich wurde der Vorschlag des MDF angenommen, der eine 50 : 50 Lösung vorsah. Das Parlament jedoch gab sich mit dem Gesetzesvorschlag nicht zufrieden und änderte das Verhältnis zugunsten der Einerwahlkreise. Zusätzlich wurden noch weitere 58 Mandate eingerichtet, die auf nationaler Ebene vergeben werden und kompensatorischen Charakter haben sollten. Diese Sitze wurden geschaffen, um einen höchstmöglichen Proportionalitätsgrad des Wahlsystems zu erreichen (s. Tóka 1995), aber auch deswegen, weil die Führer aller politischen Gruppen sich selbst Parlamentsmandate sichern wollten und dies über nationale Listen am einfachsten zu erreichen glaubten (s. Loewenberg 1993: 447; Grotz 2000: 11ff.).

Die Kompromissstrategie aller Parteien, deren Ergebnisse sich bis in die wahlsystematischen Feinheiten hinein feststellen lässt (s. Nohlen/Kasapovic 1996: 128ff.; Grotz 2000), war kennzeichnend dafür, dass nicht angelehnt an ein Modell oder auf der Basis eines *designs* entschieden wurde, sondern nach Gesichtspunkten politischer Opportunität. Dabei konnte nicht ausbleiben, dass widersprüchliche Lösungen vereinbart wurden, die zu der im internationalen Vergleich beispiellosen Komplexität des ungarischen Wahlsystems führten.

* Auch dabei ergaben sich historische Anknüpfungspunkte: 1938 war (freilich im Rahmen beschränkt demokratischer Verhältnisse) in 135 Einerwahlkreisen nach der Mehrheit (40% der Stimmen oder Stichwahl) gewählt. 125 Mandate standen in Mehrpersonenwahlkreisen nach Verhältniswahl zur Disposition. Der Wähler hatte zwei Stimmen.

So war es auch nicht verwunderlich, dass die mutmaßlichen Auswirkungen des Wahlsystems auf die Stimmen–Mandate–Relation kaum mehr vorausgesagt werden konnten. Gabor Tóka (1995: 47) zufolge waren die Teilnehmer des *Nationalen Runden Tisches* darin einig „that the electoral system should guarantee as high a degree of proportionality between votes and seats as possible", aber der wirkliche Effekt des Wahlsystems war bei den ersten freien Wahlen eine „heavy overrepresentation" (Tóka 1995: 65) der stimmenstärksten Partei. In der vergleichenden Literatur, die sich kaum die Mühe macht, das ungarische Wahlsystem in seinen technischen Elementen zu beschreiben, wurde es folglich vielfach als Mehrheitswahl geführt.

8.9.2 Die Struktur des kompensatorischen Wahlsystems

Nach dem Wahlgesetz vom 20. Oktober 1989 hatte der Wähler zwei Stimmen. Aufgrund der Erststimmen wurden 176 Sitze in Einerwahlkreisen nach der absoluten Mehrheitsregel vergeben. Im eventuell erforderlichen zweiten Wahlgang konnten sich die Kandidaten mit mehr als 15% der Stimmen, zumindest aber die drei stimmenstärksten Kandidaten zur Wahl stellen. Diese Regelung ließ Absprachen zwischen den Parteien darüber zu, welcher der an zweiter oder dritter Stelle im ersten Wahlgang platzierten Kandidaten sich im zweiten Wahlgang zurückziehen wird. Für eine Wahlkreiskandidatur waren mindestens 750 Unterschriften von dort berechtigten Wählern zu erbringen.

Der andere Teil der insgesamt 386 Sitze (210) wurde nach der Proporzregel vergeben. Hiervon wurden 152 Mandate in 20 regionalen Mehrpersonenwahlkreisen (Mittelwert: 7,2 Mandate) entsprechend den Zweitstimmen gewählt, die die Wähler für regionale Listen abgaben. Solche regionale Listen konnten nur diejenigen Parteien aufstellen, die in mindestens einem Viertel der Einerwahlkreise einer Region Einzelbewerber nominierten (in 14 Wahlregionen, in denen weniger als acht Einerwahlkreise gebildet wurden, genügte es, in zwei Einerwahlkreisen mit eigenen Kandidaten anzutreten). Gewählt wurde nach starren Listen. Für die Wahlen von 1990 galt eine Sperrklausel von 4%; 1994 wurde diese Hürde durch eine gestaffelte Sperrklausel ersetzt: 5% für eine Partei, für ein Wahlbündnis von zwei Parteien 10%, von drei und mehr Parteien 15%. Die Zuteilung der Mandate erfolgte nach Hagenbach-Bischoff. Die Restmandate werden nach dem größten Überrest vergeben; allerdings wurden daran nur diejenigen Parteien beteiligt, die zumindest Stimmen in Höhe von zwei Dritteln der Wahlzahl nach Hagenbach-Bischoff erhalten hatten. Blieben als Folge dieser Regel Mandate übrig, wurden sie auf die nationale Ebene übertragen.

Tabelle 61: Parlamentswahlen in Ungarn 1990-2002

Jahr	1990			1994			1998			2002		
Parteien/ Wahl-allianzen	S[a] %	M abs.	M %	S[a] %	M abs.	M %	S %	M abs.	M %	S %	M abs.	M %
MDF	24,7	164	42,5	11,7	38	9,8	2,8	17	4,4	–[b]	24	6,2
SZDSZ	21,4	93	24,0	19,7	69	17,9	7,6	24	6,2	7,0	20	5,2
FKGP	11,7	44	11,4	8,8	26	6,7	13,1	48	12,4	1,2	–	–
MSZP	10,9	33	8,5	33,0	209	54,1	32,9	134	34,7	41,5	178	46,1
Fidesz[c]	9,0	22	5,7	7,0	20	5,2	29,5	148	38,3	39,4	164	42,5
KDNP	6,5	21	5,4	7,0	22	5,7	2,3	–	–	–	–	–
Andere	24,6	7[d]	1,6	12,5	2[e]	0,6	11,8	15[f]	3,9	7,5	–	–
Insg.[g]	100,0	286	99,9	100,0	386	99,7	100,0	386	99,9	100,0	386	100,0

MDF=Ungarisches Demokratisches Forum; SZDSZ=Bund der Freien Demokraten; FKGP= Unabhängige Partei der Kleinen Landwirte; MSZP= Ungarische Sozialistische Partei; Fidesz= Bund Junger Demokraten; KDNP= Christlich–Demokratische Partei.

a Nationale Zweitstimmenanteile für die regionalen Parteilisten. b gemeinsam mit Fidesz. c Seit Mai 1995 führt der FIDESZ die Zusatzbezeichnung Ungarische Bürgerpartei (MPP). d Davon 2 Sitze für den Agrarbund und 7 Sitze für Unabhängige. e Davon 1 Sitz für den Agrarbund und 1 Sitz für den Liberal-Bürgerlichen Bund (LPSZ-VP). f Davon 14 Sitze für MIEP und 1 Sitz für einen unabhängigen Kandidaten. g Prozentuale Gesamtwerte unter oder über 100% sind auf Rundungsfehler zurückzuführen.

(*Quellen*: Tóka 1995; Grotz 1998; Grotz/Hubai 2010)

Für die nationalen Parteilisten standen grundsätzlich die restlichen 58 Sitze zur Verfügung. Auf dieser Ebene wurde das d'Hondtsche Verrechnungsverfahren angewandt. Da diese Mandate nach der Summe derjenigen Erst- und Zweistimmen vergeben wurden, die entweder nicht berücksichtigt worden waren oder Reststimmen darstellten, hatten sie kompensatorischen Charakter und begründeten somit die Zuordnung des ungarischen Wahlsystems zum Typus des kompensatorischen Wahlsystems (s. oben Kapitel 6.2).

8.9.3 Die Auswirkungen des ungarischen Wahlsystems

Man hätte eigentlich erwarten sollen, dass das Kontingent kompensatorischer Mandate, erweitert um die regionalen Restmandate, ausreichen würde, um im Gesamtergebnis einen gewissen Proporz zwischen Stimmen und Mandaten herbeizuführen. Dies war bei den ersten beiden Wahlen von 1990 und 1994 allerdings nicht der Fall. Schauen wir zunächst auf die Ergebnisse nach den Mandatsteilen (s. *Tabelle 62*). In den Einerwahlkreisen errang die Mehrheitspartei 1990 einen haushohen Wahlsieg: Dem MDF fielen 64,8% der Mandate zu. Der SZDSZ als zweitstärkste Partei kam nur auf 20,3% der Mandate. Ansonsten waren noch fünf Parteien an den Mandaten in den Einerwahlkreisen beteiligt, und es wurden sechs Unabhängige gewählt. Dabei erreichten im ersten Wahlgang nur fünf Kandidaten eine absolute Mehrheit der Stimmen. Im zweiten Wahlgang erwies sich das MDF als politische Präferenz zweiter Wahl und erzielte mit einem Stimmenanteil von nun 41% 111 der noch zu vergebenden 171 Mandate. Die sechs Parteien, die an den Verhältniswahlmandaten teilhatten, erzielten aufgrund der natürlichen Wahlkreishürden einen Mandatsanteil, der über ihrem Stimmenanteil lag. Bei den kompensatorischen Mandaten, deren Zahl sich als Folge der Übertragung von der regionalen Ebene auf 90 erhöhte, machten die fünf Parteien, die neben dem MDF in den regionalen Wahlkreisen Mandate gewonnen hatten, Boden gegenüber der Mehrheitspartei gut, aber auch diese war mit 11,1% an den kompensatorischen Mandaten beteiligt. Nicht alle Mandate wurden effektiv zu Kompensationszwecken vergeben. *Tabelle 61* zeigt, dass die kleineren Parteien den überwiegenden Teil ihrer Mandate nicht in den regionalen Wahlkreisen, sondern als Kompensationsmandate im landesweiten Wahlkreis errangen. Im Gesamtwahlergebnis von 1990 kam ein relativ hoher Disproportionseffekt von 17,8 Prozentpunkten für das MDF zustande, erstaunlich hoch für den Stimmenanteil von 24,7%. Bei den Wahlen von 1994 verzeichnete die siegreiche *Ungarische Sozialistische Partei* (MSZP) mit 33,0% der Stimmen einen Bonus von 24,1 Prozentpunkten.

Welches sind nun die Gründe für den hohen Disproportionseffekt eines Wahlsystems, dessen Intention eine andere gewesen ist und dessen doppeltes Verhältniswahlelement (regionale Verhältniswahlmandate und kompensatorische Mandate) eigentlich für mehr Proporz sprach? Eine Antwort auf diese Frage ist nur möglich, wenn die technischen Detailregelungen des Wahlsystems in Wechselbeziehung mit politisch-strukturellen und politisch-situativen Faktoren des Parteienwettbewerbs betrachtet werden.

Als erster und wichtigster Grund für die relativ hohen Disproportionalitätseffekte sind die Auswirkungen der absoluten Mehrheitsregel zu nennen, die aufgrund der jeweiligen politisch-situativen Kontextbedingungen bei den drei hier betrachteten Wahlen völlig unterschiedlich waren. 1990 profitierte das MDF von dem Stichwahlmodus in weit höherem Maße als dies bei relativer Mehrheitswahl der Fall gewesen wäre, weil es unmittelbar nach dem Systemwechsel für viele Wähler kleinerer Parteien als *second best preference* galt (s. Hibbing/Patterson 1992). 1994 war dagegen die post-kommunistische MSZP in beiden Wahlgängen die dominierende Partei auf Wählerebene; unter diesen Bedingungen lieferte die Stichwahl nur unwesentlich proportionalere Ergebnisse, als es der erste Wahlgang getan hätte. 1998 wurden dann die bisherigen Effekte des Mehrheitswahlanteils gleichsam auf den Kopf gestellt: Obwohl die MSZP auf Erststimmenebene mit 29,8% bzw. 43,0% stärkste Partei blieb, erhielt sie in der Stichwahl deutlich weniger Direktmandate als Fidesz-MPP. Dieser auf den ersten Blick überraschende Effekt erklärt sich dadurch, dass Fidesz-MPP mit der FKGP eine Absprache über den wechselseitigen Rückzug von parallelen Kandidaten in den Einerwahlkreisen getroffen hatte und diese Oppositionsallianz auch auf Wählerebene den entsprechenden Anklang fand.

Die wahlsystematischen Effekte des über Verhältniswahl vergebenen Mandatsanteils waren insgesamt moderat konzentrierend und im diachronen Vergleich konstanter: Durch die 4%- bzw. 5%-Klausel gingen zwischen 11,4% (1998) und 15,8% (1990) „verloren“, die den Sitzkontingenten der parlamentarischen Parteien „gutgeschrieben“ wurden. Die größeren Parteien profitierten darüber hinaus von der territorialen Unterteilung in mittelgroße Wahlkreise und der Zwei-Drittel-Regelung bei der Reststimmenvergabe (Grotz 1998).

Zusammengenommen ergaben sich dadurch vor allem 1990 und 1994 derart große Diskrepanzen zwischen Stimmen- und Mandatsanteilen, dass sie durch das kompensatorische Sitzkontingent nur unzureichend ausgeglichen werden konnten.

Tabelle 62: Mehrheitswahl-, Verhältniswahl- und kompensatorische Mandate bei den ungarischen Parlamentswahlen von 1990

	Einerwahlkreise		Regionale Wahlkreise		Kompensatorische Mandate		Insgesamt	
	abs.	in %	abs.	in %	abs.	in %	abs.	in %
MDF	114	64,8	40	33,0	10	11,1	164	42,5
SZDSZ	36	20,3	34	28,3	23	25,6	93	24,0
FKGP	11	6,2	16	13,3	17	18,9	44	11,4
MSZP	1	0,6	14	11,7	18	20,0	33	8,5
Fidesz	2	1,1	8	6,7	12	13,3	22	5,7
KDNP	3	1,7	8	6,7	10	11,1	21	5,4
ASZ	2	1,1	0	0	0	0	2	0,5
Unabhängige	7	4,0	–	–	–	–	7	1,6
Insgesamt	176	99,8	120	99,7	90	100,0	386	102,6

(*Quelle*: Tóka 1995: 64)

Tabelle 63: Mehrheitswahl-, Verhältniswahl- und kompensatorische Mandate bei den ungarischen Parlamentswahlen von 1994

	Einerwahlkreise		Regionale Wahlkreise		Kompensatorische Mandate		Insgesamt	
	abs.	in %	abs.	in %	Abs.	in %	abs.	in %
MSZP	149	84,6	53	42,4	7	8,2	209	54,1
SZDSZ	16	9,1	28	22,4	25	29,4	69	17,9
MDF	5	2,8	18	14,4	15	17,6	38	9,8
FKGP	1	0,6	14	11,2	11	12,9	26	6,7
KDNP	3	1,7	5	4,0	14	16,5	22	5,7
Fidesz	–	–	7	5,6	13	15,3	20	5,2
LPSZ-VP	1	0,6	–	–	–	–	1	0,3
ASZ	1	0,6	–	–	–	–	1	0,3
Insgesamt	176	100,0	125	100,0	85	99,9	386	100,0

(*Quelle*: Kurtán 1995: 346)

Tabelle 64: Mehrheitswahl-, Verhältniswahl- und kompensatorische Mandate bei den ungarischen Parlamentswahlen von 1998

	Einerwahlkreise		Regionale Wahlkreise		Kompensatorische Mandate		Insgesamt	
	abs.	in %	abs.	in %	abs.	in %	abs.	in %
Fidesz-MPP	90	51,1	48	37,5	10	12,2	148	38,3
MSZP	54	30,7	50	39,0	30	36,6	134	34,7
FKGP	12	6,8	22	17,1	14	17,1	48	12,4
SZDSZ	2	1,3	5	3,9	17	20,7	24	6,2
MDF	17	9,7	–	–	–	–	17	4,4
MIÉP	–	–	3	2,3	11	13,4	14	3,6
Unabhängige	1	0,6	–	–	–	–	1	0,3
Insgesamt	176	100,2	128	99,8	82	100,0	386	99,9

(*Quelle*: Grotz 1998)

Sehen wir nun auf die Auswirkungen des Wahlsystems auf das Parteiensystem, so trug das kombinierte Wahlsystem in den ersten beiden Wahlen zur Ausprägung der dreipoligen Struktur des ungarischen Parteienlebens in einem kompetitiven Mehrparteiensystem bei. Die drei Pole bildeten die national-populistische Gruppierung um das *Ungarische Demokratische Forum*, die urban-liberale Gruppierung um den *Bund der Freien Demokraten* und die postkommunistische Linke um die *Ungarische Sozialistische Partei* (s. Körösenyi 1991). Während der zweiten Legislaturperiode kam es jedoch zu einer gewissen Bipolarisierung des politischen Wettbewerbs, die dann 1998 zu einem bipolaren Wahlkampf und den bereits angesprochenen Wahlabsprachen führten. Die politischen Effekte des ungarischen Wahlsystems lassen sich also wie folgt zusammenfassen. Zum einen trug es zu der starken zahlenmäßigen Reduktion der parlamentarischen Parteien im Vergleich zum Parteiensystem auf Wählerebene bei: Während sich in den Wahlen von 1990 28 Parteien in den Einerwahlkreisen, 19 Parteien mit regionalen Listen und zwölf mit nationalen Listen bewarben und 1994 sich 35 Parteien in den Einerwahlkreisen sowie auch 19 Parteien mit regionalen Listen und 15 mit nationalen Listen an den Wahlen beteiligten, waren jeweils im Parlament im Grunde nur sechs Parteien vertreten. Zum anderen erzeugte das ungarische Wahlsystem bei den ersten beiden Wahlen hohe Disproportionseffekte und eine Überrepräsentation vor allem der stimmenstärksten Partei, 1994 sogar eine *manufactured majority*. Diese mehrheitsbildende Wirkung des Wahlsystems unter den spezifischen wahlsoziologischen und parteiensystemischen Bedingungen der ersten Wahlen trug zur Regierungsstabilität im postkommunistischen Ungarn bei, sowohl im Fall der ersten Koalitionsregierung und erst recht nach 1994, als an Stelle einer erneuten Koalitionsregierung auch eine Einparteiregierung möglich war. *De facto* wurde eine übergroße Koalition gebildet (zu den Gründen hierfür s. Körösenyi 1995). Das pragmatische Verhalten auf der Elitenebene, das die Regierungsstabilität verbürgte, entsprach den Erwartungen der Wählerschaft, bei der, wie der Wahlkampf von 1994 zeigte, polarisierende Strategien wenig Anklang fanden. Auf die Entwicklung des parteipolitischen Interaktionsmusters nach 1994 reagierten die Wähler bei den 1998er Wahlen in der Weise, dass die bisher vom Wahlsystem ausgehenden Disproportionseffekte ausblieben und das kompensatorische Wahlsystem seine proportionalen Tugenden entfaltete.

Aus diesen Parlamentswahlen im Mai 1998 ging erstmals nicht die stimmenstärkste Partei, wohl aber die breiteste Parteienallianz als Siegerin hervor: Fidesz-MPP, MDF und FKGP, die sich bereits mit ihren Kandidaturen in den Einerwahlkreisen vor bzw. zwischen den beiden Wahlgängen abgesprochen hatten, erhielten eine klare Parlamentsmehrheit (55,1% der Mandate). Diese taktische Zusammenarbeit bei den Wahlen erleichterte nicht zuletzt die Koalitionsbildung zwischen den drei Parteien unter Ministerpräsident Viktor Orban (Fidesz-MPP). Bei den nachfolgenden Wahlen von 2002 und 2006 konnte die Ungarische Sozialistische Partei zwar 42,0 bzw. 43,2 % der Stimmen auf sich vereinen. Mit diesen Stimmenanteilen war jetzt aber keine absolute Mandatsmehrheit mehr zu gewinnen.

8.9.4 Bewertung des Wahlsystems

Hinsichtlich der Bewertung des ungarischen Wahlsystems sollte nun nicht einfach von den stabilen politischen Verhältnissen auf die Qualität des Wahlsystems rückgeschlossen werden, wie dies zuweilen in Institutionen orientierten Analysen der Transitionsforschung getan wird. Vielmehr sollte zunächst bedacht werden, dass alternative Wahlsysteme angesichts des von Anfang an relativ hohen Institutionalisierungsgrad des Parteiensystems und pragmatischer Verhaltensweisen in den zwischenparteilichen Beziehungen zu ähnlichen Stabilisierungsleistungen in der Lage gewesen wären (Grotz 1998). Gábor Tóka unterstellte zurecht, dass ein weniger kompliziertes Wahlsystem eine ähnliche Wirkung gehabt hätte, ja er meint sogar, „a fully proportional system would have done it even better“ (1995: 64). Wenn wir als „fully proportional system“ nicht reine Verhältniswahl, sondern Verhältniswahl in Wahlkreisen im Gegensatz zu einem kombinierten Wahlsystem verstehen, dann dürfte Tóka auch mit dieser Einschätzung richtig liegen, denn der Vergleich der Wahlergebnisse nach den Einerwahlkreis-, Verhältniswahl- und Kompensationsanteilen deutet ein derartiges Ergebnis an (so Nohlen/Kasapovic 1996, bestätigt bei Grotz 1998). Allerdings vermag das kombinierte Wahlsystem Funktionen jenseits der Stimmen–Mandate–Relation zu erfüllen (s. dazu Kapitel 5, Abschnitt 7 über die Bewertungskriterien von Wahlsystemen), die das System als solches verteidigungswert machen. Freilich war im ungarischen Fall der Komplexitätsgrad des Wahlsystems zu hoch.

Die Reform des Wahlsystems von Dezember 2011 war allerdings nicht darin begründet, sondern in machtpolitischen Interessen. Zwar wurde die Mandatszuteilung auf zwei Ebenen reduziert, indem die regionale Ebene gestrichen wurde. Im Zentrum der Reform stand jedoch, den kompensatorischen Charakter des Wahlsystems aufzuheben, als dessen Folge das neue ungarische Wahlsystem hier nicht mehr interessieren müsste. Freilich ist bemerkenswert, wie sich die übergroße Parlamentsmehrheit ein Wahlsystem zurechtschusterte, um bei den nächsten Wahlen im Machtbesitz zu bleiben. Die Zahl der Parlamentsmandate wurde auf 199 verringert, mit 106 Einerwahlkreisen der Anteil der nun nach relativer Mehrheit vergebenen Direktmandate an der Gesamtzahl der Mandate entscheidend erhöht. 93 Mandate werden auf nationaler Ebene nach d’Hondt vergeben. Die Stimmen, die für die nationalen Parteilisten abgegeben werden, werden um die Stimmen aufgestockt, welche in den Wahlkreisen überschüssig waren; das sind die Stimmen, die den siegreichen Kandidaten vom Zweiplatzierten trennen. Es wird also nicht mehr kompensiert, sondern der Proporzverteilung auf nationaler Ebene eine Stimmenprämie zugunsten der in den Wahlkreisen siegreichen Parteien zugrunde gelegt. 2010 gewann Fidesz 99% aller Wahlkreismandate. Die bisherige abgestufte Sperrklausel wurde aufrechterhalten. Das neue Wahlsystem ist als Mehrheitswahl mit Minderheitenvertretung zu klassifizieren.

9. Das Wahlrecht zum Europäischen Parlament (Polymorphe Verhältniswahl)

Das Wahlrecht zum Europäischen Parlaments (EP) ist im Wesentlichen national geregelt und damit nach Ländern unterschiedlich. Nur einige Eckwerte wurden in den bisherigen Gemeinschaftsverträgen festgeschrieben, vor allem die Zahl der Mitglieder des EP und ihre Verteilung auf die Mitgliedsländer. Diese Mandatskontingentierung erfolgt nicht proportional dem Anteil, den die einzelnen Länder an der Gesamtbevölkerung der Europäischen Union (EU) stellen. In kritischer Sicht werden beide Sachverhalte gerne als Legitimitätsmangel des EP begriffen und unter das Demokratiedefizit der EU subsumiert. In vergleichender, Kontext orientierter Sicht nehmen sie sich weitaus weniger bedenklich aus. Um zu dieser relativierenden Bewertung zu gelangen, ist es notwendig, sich nicht nur darüber zu informieren, wie gewählt wird, sondern auch nach den Gründen der Uneinheitlichkeit und der Abweichungen vom Proporz zu fragen.

9.1 Die gemeinschaftlichen Rechtsgrundlagen

Die rechtlichen Grundlagen der Wahlen zum EP sind vielfältig. Zu berücksichtigen sind zum einen die Vorgaben aus den europäischen Verträgen, zum anderen die nationalen Bestimmungen der Mitgliedsländer. Hinsichtlich der gemeinschaftlichen Rechtsgrundlagen haben sich Reformdebatten und Reforminitiativen frühzeitig am Begriff des einheitlichen Verfahrens festgemacht. Unter Verfahren (*procedure*) kann verstanden werden, was in aller Regel mit Wahlrecht im umfassenden Sinne bezeichnet wird: einerseits Regelungen, die das Recht, zu wählen und gewählt zu werden, betreffen sowie die Wahlorganisation, die Wahlbewerbung und die

Wahlprüfung; andererseits das Wahlsystem. Ein solches EU-weit einheitliche Verfahren für die Wahl des EP konnte bislang von Seiten der Gemeinschaft nicht vereinbart werden. Ebenso wenig vollzog sich eine Rechtsangleichung, die von den Mitgliedsländern selbst hätte ausgehen können.

Das heutige EP geht auf die Gemeinsame Versammlung der im April 1951 gegründeten Europäischen Gemeinschaft für Kohle und Stahl (EGKS) zurück. Ihre 78 Mitglieder galten als „Vertreter der Völker der in der Gemeinschaft zusammen geschlossenen Staaten" (Art. 21 [3] EGKS) und wurden von den Parlamenten der damals sechs Mitgliedsländer ernannt. Im Gründungsvertrag der Europäischen Wirtschaftsgemeinschaft (EWG) von 1957 wurde die Versammlung damit beauftragt, „Entwürfe für allgemeine unmittelbare Wahlen nach einem einheitlichen Verfahren in allen Mitgliedstaaten" auszuarbeiten (Art. 138 [3]). Der Rat sollte „einstimmig die entsprechenden Bestimmungen erlassen und sie den Mitgliedstaaten zur Annahme gemäß ihren verfassungsrechtlichen Vorschriften empfehlen". Als Folge der dem EP zugewiesenen Initiativfunktion verabschiedete die Versammlung im Mai 1960 den „Entwurf eines Abkommens betreffend die Wahl des Europäischen Parlaments in allgemeiner unmittelbarer Wahl" und im Januar 1975 einen neuen Entwurf eines „Vertrages zur Einführung allgemeiner unmittelbarer Wahlen der Mitglieder des Europäischen Parlaments". Erst jetzt, 20 Jahre nach dem Gründungsvertrag, nahm sich der Rat der Materie an und erließ im September 1976 den Rechtsakt über die Einführung allgemeiner unmittelbarer Wahlen zum EP. In diesen Beschluss übernahm der Rat eine Reihe von Vorschlägen, die im Entwurf des EP enthalten waren, wie u.a. die Mandatsdauer von fünf Jahren (Art. 3), das freie Mandat (Art. 4), die Vereinbarkeit von europäischem Mandat und nationalem Mandat (Doppelmandat, Art. 5). Er schloss sich auch dem Entwurf darin an, die Einführung eines einheitlichen Verfahrens, die vertragsgemäß zugleich mit der Direktwahl erfolgen sollte, auf einen späteren Zeitpunkt zu verschieben: „Bis zum Inkrafttreten eines einheitlichen Wahlverfahrens (...) bestimmt sich das Wahlverfahren in jedem Mitgliedstaat nach den innerstaatlichen Vorschriften" (Art. 7 [2]). Die Zielsetzung eines einheitlichen Verfahrens blieb damit zwar aufrecht erhalten, zugleich wurde der faktische *status quo* legitimiert. Daran hat sich im Grunde bis heute nichts geändert. Trotz aller gegenteiligen Absichtserklärungen verringerte sich die Aussicht auf Vereinbarung eines einheitlichen Verfahrens im ursprünglichen Sinne noch, zum einen dadurch, dass im Maastrichter Vertrag von Februar 1992 die Hürde zur Verabschiedung eines einheitlichen Wahlrechts erhöht wurde, und zum anderen dadurch, dass der Amsterdamer Vertrag (in Art. 130 Abs. 4 EGV) eine alternative Lösung, nämlich ein Verfahren „im Einklang mit den allen Mitgliedstaaten gemeinsamen Grundsätzen" ermöglichte. Im Klartext bleiben damit die wahlrechtlichen nationalen Unterschiede außerhalb der Maxime der Vereinheitlichung. Die Option orientiert sich am faktischen Stand der Rechtsangleichung, von der freilich angenommen werden kann, dass sie im Zuge der Vertiefung der Integration weitere Fortschritte machen wird. Zu dieser Annahme berechtigt, dass im Amsterdamer Vertrag die Figur des Unionsbürgers geschaffen wurde. Ausländerinnen und Ausländern wird in allen Ländern der EU das Wahlrecht zum EP eingeräumt, wenn sie dort ihren Wohnsitz haben. Solche gemeinschaftsweiten Regelungen zwingen in gewisser Weise zur Vereinheitlichung des Wahlrechts im engeren Sinne. Eine richtungsähnliche Wirkung dürfte vom Inkrafttreten des Lissaboner Vertrags ausgehen, der in Art. 14 das EP als „von den europäischen Bürgerinnen und Bürgern" gewählt sieht und das EP nicht mehr als eine Versammlung der Völker der Mitgliedstaaten der Union begreift. In den Lissaboner Vertrag wurden im Übrigen auch vier der fünf Wahlrechtsgrundsätze aufgenommen, nämlich das allgemeine, freie, direkte und geheime Wahlrecht, nicht aber das gleiche Wahlrecht: Die europäischen Bürgerinnen und Bürger im EP werden „degressiv proportional" vertreten, „mindestens jedoch mit sechs Mitgliedern je Mitgliedstaat". Somit kann als allgemeine Tendenz begriffen werden, dass sich einerseits im Zuge der Vertiefung der Integration die Bedingungen für ein Mehr an Einheitlichkeit im Wahlrecht verbessern, andererseits jedoch die faktisch heterogenen Verhältnisse anerkannt bzw. festgeschrieben werden.

9.2 Vergebliche Versuche der Vereinheitlichung

Den Diplomaten, die die Gründungsverträge der EG aushandelten, ist möglicherweise nicht recht bewusst gewesen, welche höchst schwierige Aufgabe sie der Versammlung stellten, als sie ihr die Ausarbeitung eines einheitlichen Verfahrens vorschrieben. Am guten Willen des EP, ihr gerecht zu werden, hat es wahrlich nicht gefehlt. In sämtlichen Wahlperioden wurden Versuche unternommen, die vertraglichen Verpflichtungen zu erfüllen – ohne Erfolg. Besonders intensiv waren die Bemühungen, die sich im Kern stets auf das Wahlsystem bezogen, in den 1980er Jahren, als grob zwei Ansätze verfolgt wurden: erstens die Entwicklung von Leitvorstellungen, die ein einheitliches Verfahren verwirklichen sollten, und zweitens der Vorschlag konkreter einheitlicher Elemente eines EP-Wahlsystems. Die Leitvorstellungen, die der Politische Ausschuss des EP 1981 formulierte, lauteten: „(a) das Wahlsystem muss so beschaffen sein, dass es im Interesse eines möglichst gleichen Stimmengewichts ein Höchstmaß an Einheitlichkeit gewährleistet. Gleichzeitig muss jedoch Raum bleiben für die Berücksichtigung nationaler Besonderheiten; (b) das Wahlsystem muss soweit wie möglich an erprobte und den Bürgern der jeweiligen Staaten vertraute Modelle anknüpfen und darf zentrale Wertvorstellungen des politischen Lebens der Mitgliedstaaten nicht außer acht lassen; (c) das Wahlsystem muss dazu beitragen, eine unmittelbare Beziehung zwischen Wählern und Gewählten herzustellen“ (EP Sitzungsdokumente 1981/82, B+C: 4). Diese Leitvorstellungen waren mehr geeignet, die notwendige Unterschiedlichkeit der nationalen Wahlsysteme zum EP zu begründen, als dass sie Hoffnung auf eine Kompromisslösung erweckten. Die Einzelforderungen waren und sind in keinem institutionellen *design* unterzubringen. Wie sollte angesichts der Verschiedenheit der nationalen Wahlsysteme an den Bürgerinnen und Bürgern vertraute Modelle mit der Zielsetzung angeknüpft werden können, ein einheitliches Wahlsystem zu schaffen? Zu diesem Zwecke hätte gerade von den traditionellen Wahlsystemen abgerückt werden müssen. Das ganze Dilemma der dann jahrzehntelangen Debatte wurde gleich im ersten Entwurf offenbar.

Wesentlich konsistenter war der Seitlinger-Entwurf, den das EP im März 1982 verabschiedete und dem Rat zur Beschlussfassung zuleitete. Er nannte konkrete einheitliche Elemente und enthielt als wichtigste Aussage, dass das EP nach Verhältniswahl zu wählen sei. Es wurden Mehrpersonenwahlkreise vorgesehen, die drei bis 15 Mandate umfassen sollten. Damit zeichnete sich ein einheitliches Wahlsystem in Form der Verhältniswahl in Wahlkreisen unterschiedlicher Größe ab – ein Wahlsystem, das unverändert in der Mehrzahl der Mitgliedstaaten für die Wahlen zu den nationalen Vertretungskörperschaften angewandt wird. Als einheitliches Verrechnungsverfahren wurde die Methode d'Hondt vorgeschlagen. Alle weiteren technischen Regelungen sollten den Ausführungsbestimmungen der einzelnen Mitgliedstaaten überlassen bleiben. Der integrationspolitisch sinnvolle und wahlsystematisch schlüssige Seitlinger-Entwurf wurde jedoch vom Rat im Februar 1983 verworfen.

Spätere Entwürfe sind zwischen normativen Leitlinien und konkreten Vorschlägen hin und her gependelt. Auch wurde versucht, vom Wahlsystem der Bundesrepublik Deutschland ausgehend einen „fairen Kompromiss zwischen einem Verhältniswahlsystem mit Listen und einer Persönlichkeitswahl mit Wahlkreisen" (R. Bocklet: Europäische Zeitung, Nr. 4, 1987:2) zu finden. Der entsprechende Entwurf kam über das EP nicht hinaus. Post-Maastricht wurde seitens des EP in Entschließungen vom März 1993 und vom Juli 1998 versucht, zumindest das Repräsentationsprinzip der Verhältniswahl für die EP-Wahlen durchzusetzen. Mit diesem Vorschlag erreicht(e) die Diskussion allerdings nach 40 bzw. 45 Jahren wieder den Stand von 1953, als die *Ad-hoc*-Versammlung in kluger Bescheidenheit als Wahlsystem für die erstmalige Wahl der Versammlung in der E(W)G „Verhältniswahl nach nationalen Wahlgesetzen" vorgeschlagen hatte (Lenz 1995: 23). Den Vorschlag machte sich der Rat nach langen Beratungen im Beschluss vom 25. Juni und 23. September 2002 zu eigen.

Die Geschichte der Erfolglosigkeit des Bemühens, ein einheitliches Verfahren zur Wahl des EP zu etablieren, macht verständlich, warum in den Amsterdamer Vertrag die schon erwähnte Öffnung der vertraglichen Verpflichtungen zugunsten eines „Verfahrens im Einklang mit den allen Ländern gemeinsamen Grundsätzen" aufgenommen wurde. Wie wir später sehen werden, ist diese Alternative nahezu deckungsgleich mit dem erreichten Stand der Vereinheitlichung. Die institutionelle Unbeweglichkeit im Wahlrecht sollte auch davor warnen, allzu viel Integrationsentwicklung in Europa vom Wahlsystem und dessen Ausgestaltung abhängig zu machen. Den genialen Ideen (s. etwa Schmitter 2000) entsprechen nur geringe Realisierungschancen.

9.3 Das engere Wahlrecht

Eigentlich sollte man annehmen, dass im Bereich des engeren Wahlrechts, das im Gegensatz zum Wahlsystem mit seinen klassischen Grundsätzen allgemein, gleich, direkt und geheim eher universalistisch ist, sich leichter hätte Einheitlichkeit herstellen lassen. Weit gefehlt. Allgemein und direkt ist das Wahlrecht seit den ersten Direktwahlen 1979, geheim versteht sich von selbst, gleich ist es nicht und wird es auch nicht werden.

Das aktive Wahlrecht zum EP ist EU-weit relativ einheitlich geregelt. Es setzt mit 18 Jahren ein (in Österreich mit 16). Da es für die Unionsbürgerinnen und Bürger an die Wohnsitznahme gebunden ist, zählen jedoch auch die unterschiedlichen Residenzbestimmungen. Das passive Wahlrecht wird hingegen unterschiedlich gewährt. Das Wahlalter differiert zwischen 18 und 25 Jahren. Diese Unterschiede sind nicht groß problematisiert worden. Sie weisen aber darauf hin, dass selbst in rudimentären Fragen keine Einheitlichkeit erreicht wurde.

Größte Aufmerksamkeit ist stets dem Grundsatz der gleichen Wahl zuteil geworden. Er wurde und bleibt in den Verträgen durch die Mandatskontingentierung verletzt. Seit der ersten Versammlung besteht eine ungleiche Repräsentation der gemeinschaftsweiten Bevölkerung durch das nach Ländern unproportionale Verhältnis von Bevölkerungszahl und Mandatszahl zu Lasten der bevölkerungsreichsten Länder. Immer wieder ist aufgerechnet worden, wie ungleich sich die Stimmwirkung luxemburgischer zu der deutscher Wählerinnen und Wähler verhält. Bei den Wahlen von 1994 entfiel in Luxemburg ein Abgeordneter auf 37 338, in Deutschland auf 610 848 Wähler. Was die empirische Auswirkung dieser Ungleichheit anbelangt, so ist zu Recht festgestellt worden, dass sie für die parteipolitische Zusammensetzung des EP stärker ist als jene, die von den unterschiedlichen Wahlsystemen ausgeht (Lenz 1995: 38). Weitergehende demokratie- und integrationspolitische Folgen wurden vor allem nach Maastricht betont, als im Zuge fortschreitender Kompetenzübertragungen an die EU deren demokratische Qualität ins Blickfeld geriet. Winfried Steffani (1995: 41) hinterfragte rigoros die demokratische Legitimation der EU und ihrer Entscheidungsorgane: „Solange sich der demokratische Gleichheitssatz bisher nur im Nationalstaat, nicht jedoch bei der Sitzverteilung im Europäischen Parlament verwirklichen lässt, bleibt die Rückkoppelung der Entscheidungsorgane der Europäischen Union an den demokratischen Nationalstaat deren wesentliche Legitimationsbasis. Das demokratisch gewählte Parlament jedes Mitgliedstaates wird so zum Hauptvermittler einer demokratischen Legitimation der politischen Entscheidungsprozesse der Europäischen Union“. Er machte sich dabei die Auffassung des Bundesverfassungsgerichts in seiner Maastricht-Entscheidung vom 12. Oktober 1993 zu eigen, das als entscheidend gesehen hatte, „dass die demokratischen Grundlagen der Union Schritt haltend mit der Integration ausgebaut werden“, da sonst „der Ausdehnung der Aufgaben und Befugnisse der Europäischen Gemeinschaften vom demokratischen Prinzip her Grenzen gesetzt (seien)“ (BVerfGE 89, 155 (156)). Diesen Bedenken in der Weise Rechnung zu tragen, dass zur Wahl des EP ein gleiches Wahlrecht eingeführt würde, ist jedoch illusorisch. Den kleinen Ländern ist eine Mindestrepräsentation zuzusichern, welche deren Parteienpluralismus wiedergeben kann. Den großen Ländern eine dementsprechende proportionale Repräsentation einzuräumen, hieße, ein Parlament mit einer Mitgliederzahl zu schaffen, die alle vernünftigen Dimensionen sprengt. So sieht denn auch der Lissaboner Vertrag kein gleiches Wahlrecht, sondern eine Mindestrepräsentation pro Land und die Zusammensetzung des EP nach „degressiver Proportionalität“ vor – ein Begriff, der beschönigend die unvermeidliche Ungleichheit des Wahlrechts umschreibt. Im übrigen sollte berücksichtigt werden, dass selbst nationalstaatliche Demokratien wie Kanada, in denen die Bevölkerungsverteilung auf die Regionen asymmetrisch ist, das Konzept einer „meaningful representation (of provinces and territories)“ dem der nationalen Repräsentation nach dem Kopfzahlprinzip vorziehen, und dementsprechend ihre Wahlgesetzgebung reformiert haben. Der Vertrag von Lissabon legte die Höchstzahl der Mitglieder des EU-Parlaments auf 751 fest (zur Verteilung der Sitze auf die Nationen siehe Tabelle 65).

Weitere Aspekte des Wahlrechts, etwa die rechtlichen Voraussetzungen der Wahlbewerbung, der Wahlkampf, die Parteien- und Wahlkampffinanzierung, die Wahlprüfung, sind im Grunde in jeder Hinsicht nach Ländern unterschiedlich. Schauen wir nur mal auf die Wahlkampffinanzierung. Sämtliche Modelle sind vertreten: keine gesetzliche Regelung (Schweden), keine staatliche Finanzierung (Dänemark), Begrenzung der Wahlkampfausgaben (Belgien, Irland, Lettland, Malta etc.), Bereitstellung kostenloser Sendezeiten in den staatlichen Medien (Litauen, Österreich), laufende staatliche Finanzierung von Aufwendungen der Parteien (Estland), staatliche Wahlkampffinanzierung der EU-Wahlen (Deutschland, Frankreich, Italien, Luxemburg etc.). Die jeweiligen Regelungen, mal diesem, mal jenem Modell folgend, aber auch gemischte Bestimmungen verschiedener Modelle, sind eng angelehnt an diejenigen Vorschriften, die für die Wahlen zu den nationalen Parlamenten bestehen. Wie problematisch ist diese Vielfalt wahlrechtlicher Bestimmungen für ein supranationales Parlament? Tangiert sie die Legitimität des EP? Der Vergleich mit dem Bundesstaat USA vermag zur Beantwortung der Frage beizutragen. Bei den Wahlen zum US-amerikanischen Kongress gibt es kein bundeseinheitliches Wahlrecht. Die wahlrechtlichen Bestimmungen sind lokal, einzelstaatlich und bundesstaatlich normiert, wobei der Bund erst zu Beginn der 1960er Jahre im Zuge der Durchsetzung des allgemeinen Wahlrechts für Schwarze im Bereich des engeren Wahlrechts überhaupt erst dessen Grundsätze gesetzlich festschreiben konnte (Nohlen 1978: 110ff.). Wer die Vielfalt wahlrechtlicher Bestimmungen für die EP-Wahlen legitimationstheoretisch für problematisch hält, müsste konsequenterweise auch die Legitimität des US-Kongresses anzweifeln.

9.4 Die nationalen Wahlsysteme zum Europäischen Parlament

In den Mitgliedstaaten werden verschiedene Systeme der Verhältniswahl angewandt. In den meisten Ländern wird damit dem Repräsentationsprinzip entsprochen, das jeweils auch für die nationalen Parlamente gilt. Ausnahmen bilden Frankreich und Großbritannien. Frankreich wechselte bereits mit der ersten Direktwahl von der absoluten Mehrheitswahl in Einerwahlkreisen, die für die Wahl der Nationalversammlung gilt, zur Verhältniswahl über. Großbritannien hingegen hielt bei den ersten Wahlen zum EP an der relativen Mehrheitswahl in Einerwahlkreisen fest. Vor den Wahlen von 1999 ging das Land jedoch zur Verhältniswahl über, was insofern ein bedeutsamer Schritt war, als die relative Mehrheitswahl als kultureigen britisches Wahlsystem gilt und befürchtet wurde, dessen Aufgabe würde den Wechsel auch des Wahlsystems zum Unterhaus nach sich ziehen. Seit den 1999er EP-Wahlen besteht EU-weite Einheitlichkeit im Repräsentationsprinzip. Sie wurde auch nach der Erweiterung der EU auf 28 Mitglieder gewahrt, da alle Neumitglieder in Übereinstimmung mit den Wahlsystemen zu ihren nationalen Parlamenten ein System der Verhältniswahl einführten.

Die Unterschiede zwischen den Wahlsystemen liegen in der technischen Ausgestaltung der Verhältniswahlsysteme nach Wahlkreiseinteilung, Kandidaturform, Stimmgebung und Verrechnungsverfahren. Dabei wurde in den Ländern teils an jeweils nationale Traditionen angeknüpft (in Irland wurde praktisch das nationale Wahlsystem in kleinem Maßstab auf die EU-Wahlen übertragen), teils entsprechend den Bedingungen variiert, welche sich durch die im Vergleich zu den nationalen Parlamenten geringere Zahl von Mandaten ergaben, teils auch mit Alternativen experimentiert, die für die nationalen Parlamente zu gewagt erschienen. Die Wahlsysteme zum EP sind mit der Ausnahme Frankreichs und Deutschlands seit 1999 unverändert geblieben. In Frankreich wurden an die Stelle eines nationalen Wahlkreises acht regionale Wahlkreise eingeführt. In Deutschland wurde die Fünfprozentklausel 2011 durch Urteil des Bundesverfassungsgerichts aufgehoben. In 21 EU-Ländern bildet das ganze Land einen Wahlkreis. Davon unbenommen können in Deutschland und in Finnland einzelne Parteien auf subnationalen Ebenen (Ländern oder Wahldistrikten) Listen präsentieren. Genau besehen müsste man Italien noch zur Gruppe der Länder mit einem landesweiten Wahlkreis zählen, denn es ist zwar in fünf Wahlkreise untergliedert, aber nur für Zwecke der Stimmgebung, die Mandate werden auch hier den Parteien auf nationaler Ebene nach Proporz zugeteilt. Nur Belgien (vier Wahlkreise), Frankreich (acht Wahlkreise), Großbritannien (elf Wahlkreise), Irland (vier Wahlkreise) und Polen (13 Wahlkreise) sind in Mehrpersonenwahlkreise eingeteilt, in denen tatsächlich die

Mandatsverteilung stattfindet. Besonders in Belgien (mit Flandern, Wallonien, der deutschsprachigen Region und Brüssel), aber auch im Vereinigten Königreich (mit – neben England: neun Wahlkreise – Schottland, Wales und Nordirland) wurde bei der Wahlkreiseinteilung die regionale Differenzierung berücksichtigt.

Hinsichtlich der Wahlbewerbung und der Stimmgebung, die wir hier zusammenziehen, fällt für die EP-Wahlen die häufige Verwendung der lose gebundenen Liste auf, die in zwölf Ländern gilt. In 13 Ländern ist die Liste starr und sind die Wählerinnen und Wähler an die Vorgaben der Parteien gebunden. In drei Ländern (Irland, Luxemburg und Malta) und einer Region (Nordirland) sind die Listen sogar frei. In Luxemburg haben Wählerinnen und Wähler so viele Stimmen, wie Mandate zu vergeben sind, und sie können panaschieren. In Irland, Malta und Nordirland wird im System der übertragbaren Einzelstimmgebung (*single transferable vote*) von Wählerinnen und Wählern auf dem Stimmzettel per Nummerierung angegeben, in welcher Reihenfolge sie die Bewerberinnen und Bewerber gewählt sehen möchten.

Was nun das Verrechnungsverfahren anbelangt, so werden in 14 EU-Ländern die Mandate nach d'Hondt vergeben (s. Tabelle 65). Dieses Verfahren hat sich langsam weiter ausgebreitet. Schweden wendet ebenfalls ein Höchstzahlverfahren, das nach Sainte-Laguë, an; Irland, Italien und Malta ein Wahlzahlverfahren (Irland und Malta die Droop-STV-Quota und Italien das Verfahren Hare und den größten Mittelwert für die Restmandate), die Bundesrepublik Deutschland schließlich seit 2009 das Verfahren Sainte-Laguë/Schepers (s. Kapitel 4.5.5) nachdem vorher das Hare-Niemeyer Verfahren die d'Hondtsche Methode als das meist gebräuchliche Verfahren zur Wahl des EU-Parlaments abgelöst hatte – ein schönes Beispiel für einen Gegentrend zur Vereinheitlichung bzw. dafür, wie wenig Rücksicht in den Mitgliedstaaten auf die Homogenisierung des Wahlrechts zum EP gelegt wird.

Gesetzliche Sperrklauseln bestehen in elf Ländern: in Italien, Österreich und Schweden von jeweils 4%, in Bulgarien, Frankreich, Lettland, Litauen, Polen, der Slowakei, Rumänien, Tschechien und Ungarn von jeweils 5%. Das Bundesverfassungsgericht hat im Urteil vom 9. November 2011 die bislang gültige Fünfprozentklausel in Deutschland mit der Begründung für verfassungswidrig erklärt, funktionale Einschränkungen der Erfolgswertgleichheit hätten bei der Europawahl keine Berechtigung, da das Europäische Parlament keine Regierung zu wählen habe. Folglich entfalle die bei Verhältniswahl ohne Sperrklausel übliche Besorgnis um die Regierungsstabilität. Mit diesem kurzsichtigen Urteil hat Karlsruhe der Bundesrepublik sogar trotz des Konsenses der Parlamentsparteien in das bestehende Wahlsystem einen Wahlsystemwechsel aufgezwungen. Gegen alle historische Erfahrung mit der reinen Verhältniswahl wählt Deutschland nun seine EU-Parlamentarier nach diesem Wahlsystem – allein unter allen EU-Ländern. Die Richter Udo Di Fabio und Rudolf Mellinghoff stellten in ihrem Sondervotum treffend fest, dass die Bundesrepublik mit der isolierten Aufhebung der Fünfprozentklausel im europäischen Umfeld einen Sonderweg beschreite. Man könnte argumentieren, Verhältniswahl mit Verrechnung der Stimmen in einem großen landesweiten Wahlkreis wie in Portugal (22 Mandate), Griechenland (24 Mandate) oder in den Niederlanden (27 Mandate) sei doch reine Verhältniswahl. Weit gefehlt. Denn Wahlkreisgrößen um die 30 Mandate haben mathematisch und nach aller Erfahrung bei Parteienvielfalt die Wirkung einer faktischen Sperrklausel von 3,0 bis 3,5%. Spanien mit 54 Mandaten könnte man noch am ehesten reiner Verhältniswahl zurechnen. Aber auch hier dürfte die effektive Hürde bei 2,5% der Stimmen liegen

Trotz aller Variationsvielfalt in den technischen Details der Wahlsysteme lässt sich feststellen, dass Verhältniswahlsysteme angewandt werden, die durchaus ähnliche Auswirkungen im Bereich der Relation von Stimmen und Mandaten erzielen. Am ehesten lassen sich in dieser Hinsicht Länder mit kleinen und mittelgroßen Wahlkreisen (etwa Irland und Malta) von denen mit großen Wahlkreisen (etwa Deutschland und Frankreich) unterscheiden. Aber der unterschiedliche Grad an Proportionalität von Stimmen und Mandaten lässt bekanntlich keinen Schluss auf die Struktur des Parteiensystems zu (s. Kapitel 10, Abschnitt 2.3).

9.5 Perspektivenwechsel im Umgang mit Diversität

Wenn wir an das Wahlsystem zum EP die oben begründeten (s. Kapitel 5, Abschnitt 7) fünf Funktionserwartungen anlegen, die in einem gewissen *trade-off*-Verhältnis zueinander stehen, so hat die

Repräsentationsfunktion Vorrang. Als allgemeine Regel kann gelten: Je heterogener die Struktur der zu repräsentierenden Wählerschaft, desto eher kommt von den beiden Repräsentationsprinzipien Verhältniswahl in Betracht. Zudem hat für die im Auf- und Ausbau befindliche Union die Integration aller gesellschaftlichen und politischen Kräfte, die im Rahmen des Möglichen repräsentiert werden können, allererste Priorität. Deshalb ist es richtig, dass als Repräsentationsprinzip allgemein Verhältniswahl favorisiert wurde, und begrüßenswert, dass alle Mitgliedstaaten diese Option inzwischen verwirklicht haben.

Diese Entwicklung korrespondiert auch mit der Entlastung des Wahlsystems, die hinsichtlich der zweiten Funktion besteht. Das europäische politische System ist kein parlamentarisches System, auch wenn im Zuge der demokratietheoretisch eingeklagten Konstitutionalisierung des politischen Systems von Seiten des EP auf eine Parlamentarisierung gedrängt wird. Aus dem EP geht keine Regierung hervor. Die Konzentrationsfunktion, d.h. konkret die Mehrheitsbildung zwecks Bildung und Stabilisierung der Regierung, kann deshalb hintangestellt werden.

Die Partizipationsfunktion ist schwer zu erfüllen, da die Größe des Wahlkörpers und die in Grenzen zu haltende Mitgliederzahl des EP kein günstiges Verhältnis von Abgeordneten zur Zahl der Wahlberechtigten zulassen. Die Wahlsysteme der einzelnen Länder sehen freilich in überraschend großer Zahl lose gebundene Listen vor. Wählerinnen und Wähler wählen demnach nicht nur Parteien, sondern entscheiden auch über Kandidatinnen und Kandidaten.

Dem Kriterium der Einfachheit des Wahlsystems kann natürlich durch die Verschiedenheit der Wahlsysteme, mit denen jeweils die nationalen Vertreter zum EP gewählt werden, im Grunde nicht entsprochen werden. Jedoch ergeben sich für diesen Maßstab zwei Perspektiven: die *top-down* Perspektive des Gesamtbetrachters und die subjektive, *bottom-up* Perspektive der Wählerin und des Wählers. Der Gesamtbetrachter ist mit der fast unübersichtlichen Vielfalt der Verhältniswahl in den einzelnen Ländern konfrontiert. Er wird deshalb dazu neigen, das Wahlsystem zum EP als zu komplex anzusehen. Die Wählerinnen und Wähler in den einzelnen Ländern haben es jeweils nur mit dem Wahlsystem zu tun, das für die Wahl der EP-Mitglieder aus ihrem Land gilt. Aus dieser Perspektive stellt sich die Frage anders, nämlich im Vergleich mit anderen Wahlsystemen, und eventuell gar nicht, weil das vorherrschende Wahlsystem einfach und bereits eingeübt ist. Zwar wird nirgends ein klassisches Wahlsystem angewandt (relative Mehrheitswahl, absolute Mehrheitswahl, reine Verhältniswahl), die bekanntlich ganz einfach zu verstehen und zu handhaben sind, deren unmittelbare Auswirkungen man auch leicht voraussehen kann. Aber dort, wo die Wahlsysteme komplizierter scheinen (wie im Falle des *single transferable vote*), liegt die Schwierigkeit, das Wahlsystem zu verstehen, weniger bei denen, die danach wählen, als vielmehr bei denen, die danach noch nie gewählt haben. Für die Iren ist es das traditionelle Wahlsystem. In anderen Fällen wurden die Wahlsysteme zum EP gegenüber den Wahlsystemen, die zu den jeweiligen nationalen Vertretungen angewandt werden, eher vereinfacht, wie beispielsweise in der Bundesrepublik Deutschland, in Spanien und Portugal. Komplizierter wurden sie dort, wo den Wählerinnen und Wählern die Freiheit eingeräumt wurde, nicht nur zwischen Parteien, sondern auch unter Kandidatinnen und Kandidaten zu entscheiden. Am kompliziertesten erscheint das Wahlsystem freier Liste Luxemburgs, wenn man außer Acht lässt, dass hier nur sechs EP-Mitglieder zu wählen sind, also für die Wählerinnen und Wähler sich die Entscheidungssituation durchaus übersichtlich darstellt. Es lohnt sich also, die Perspektive der Bürgerinnen und Bürger einzunehmen und danach zu fragen, wofür die Unterschiedlichkeit der Wahlsysteme gut ist. Die Unterschiede ergeben sich aus dem Bemühen, den spezifischen Strukturen und Traditionen der Länder, d.h. der Diversität gerecht zu werden. Kann man es den Iren verdenken, wenn sie nicht auf ihr partizipationsfreundliches *single tranferable vote* System verzichten wollen, das jedoch kein Modell für Deutschland oder Frankreich ist, da grundsätzlich die Auswirkungen von Wahlsystemen kontextabhängig sind, was ihre Bewertung und Angemessenheit beeinflusst. Natürlich sind in Wahlsystemfragen immer auch machtpolitische Gesichtspunkte im Spiel. Sie dürfen bei Versuchen, ein einheitlicheres Wahlsystem zu erarbeiten, erst recht nicht unberücksichtigt bleiben. Denn die Parteien in den Mitgliedsländern müssen letztendlich über die Empfehlung des Rats beschließen. Wofür die Unterschiedlichkeit des Wahlverfahrens steht, ist für den Integrationsprozess wichtiger als die beobachterinduzierte formale Einheitlichkeit.

Was demnach die Legitimitätsfunktion des Wahlsystems anbelangt, so ist deren Erfüllung auf Seiten der Beobachterinnen und

Beobachter von der Einsicht in das Mögliche an Einheitlichkeit abhängig, und auf Seiten der nationalen Wählerinnen und Wähler von der Wertschätzung der nationalen Traditionen und der Rücksichtnahme auf landesspezifische Strukturen, die für das Wahlsystem zum EP insgesamt die bestehenden institutionellen Verschiedenheiten hervorrufen. Die Legitimität ist also beobachterabhängig. Die Infragestellung oder gar Verneinung der Legitimität eines nach verschiedenen Wahlsystemen bestellten EP ist nicht unbedingt ein Zeichen von intellektueller Brillanz, sondern von eher naiver Unbekümmertheit in Fragen des *design* von Institutionen in sehr heterogenen gesellschaftlichen Kontexten (s. Schwehm 2008).

Häufig wird zudem von der EU als politischem Gebilde *sui generis* gesprochen. Dieser Sonderstatus muss gar nicht bemüht werden, um manche Überforderung an das europäische politische System im Werden zurückzuweisen. In etlichen europäischen Ländern wird zu den jeweiligen nationalen Parlamenten nach Wahlsystemen gewählt, die uneinheitliche Bedingungen des Wählens kennen. Sie betreffen häufig das für das Wahlergebnis wichtigste technische Element von Wahlsystemen, die Wahlkreisgröße. Die Schwankungsbreite kann bei Verhältniswahl in Mehrpersonenwahlkreisen zwischen drei und 35 Mandaten liegen. Ist verfassungsrechtlich vorgegeben, dass jeder Wahlkreis über eine feste Mindestanzahl an Mandaten verfügt (in Spanien sind es beispielsweise drei), so kann sich eine erhebliche Differenz im Stimmgewicht der Bürger ergeben, so dass von einem gleichen Wahlrecht (im Sinne eines gleichen Zählwerts der Stimmen) keine Rede mehr sein kann. Für die Wählerinnen und Wähler bestehen des Weiteren je nach Wahlkreisgröße erhebliche Unterschiede in der Chance, eine nützliche Stimme (*voto útil*) abzugeben, d.h. eine Stimme, die bei der Vergabe der Mandate zählt. Die Wählerinnen und Wähler stehen also in einem als einheitlich begriffenen Wahlsystem aufgrund des nach Wahlkreisgrößen ungleichen Erfolgswerts der Stimmen vor höchst unterschiedlichen Entscheidungssituationen. Studien belegen, dass sie sich wahltaktisch verhalten und in kleinen Wahlkreisen eher größere Parteien wählen. Selbst dort, wo alle Wahlkreise klein sind (drei bis fünf Mandate), ergeben sich enorme Differenzen in der Entscheidungssituation, insofern als die gerade und ungerade Zahl von Mandaten in den Wahlkreisen das Wahlergebnis entscheidend mitbestimmt.

Die empirischen Erfahrungen mit Wahlsystemen belegen, dass für Wählerinnen und Wähler bei Wahlen zu nationalen Parlamenten große wahlsystembedingte Uneinheitlichkeiten auftreten können. Zwar wird dies mitunter moniert, meistens bleibt es jedoch bei der Erhebung des Befunds. Kaum je wird ernsthaft die Legitimität der Wahlen, des Wahlergebnisses oder des zustande gekommenen Parlaments angezweifelt. Gelegentlich ist der Gesetzgeber gefragt, Reformen zu prüfen. In Spanien und Irland haben Reformen bislang keine Chance gehabt.

Man sollte folglich die Idee eines einheitlichen Wahlsystems für Europa nicht auf die Spitze treiben bzw. teutonisch-grundsätzlich verfolgen. Auch bringt die Defizitorientierung der Analysen keinen Gewinn. Stattdessen sollte pragmatisch geprüft werden, wie viel Einheitlichkeit hinreichend, wie viel mehr an Einheitlichkeit erreichbar ist und – wie gesagt – wofür die bestehende Uneinheitlichkeit gut ist. Für diesen Ressourcen orientierten Weg ist einerseits ein induktives Vorgehen ratsam, das die positiven Erfahrungen mit unterschiedlichen Wahlsystemen in Europa Wert schätzt und mögliche weitere Vereinheitlichungen in den technischen Details heranreifen lässt, und andererseits ein Perspektivenwechsel zugunsten der Wählerinnen und Wähler, zugunsten deren historisch gewachsener Präferenzen für Einzelregelungen, die ihnen liegen bzw. ein mehr an Partizipation einräumen.

9.6 Polymorphe Verhältniswahl als supranationales Wahlsystem

Unter diesen Leitgesichtspunkten ist festzustellen, dass erstens unterschiedliche Traditionen politischer Repräsentation in den europäischen Ländern bestehen, die eng mit der jeweiligen Entwicklung der Demokratie zusammenhängen und die im europäischen Integrationsprozess nicht von oben unterbrochen, sondern für den Fortbestand eines pluralen Europas genutzt werden sollten. Zweitens ist festzustellen, dass die gesellschaftlichen und politischen Strukturen der europäischen Länder nicht unbedingt für vereinheitlichte institutionelle Strukturen, die man ihnen aufpfropft, empfänglich sind. U.a. müsste man gewärtigen, dass sie nicht überall gleiche Auswirkungen haben würden, positive in einem, negative in einem anderen Land. Es gilt deshalb, auf der Grundlage allgemein geteilter Prinzipien die nötige institutionelle Passform für die einzelnen Länder zu finden. Drittens hat sich in all den Versuchen, ein einheitliches Verfahren zu entwickeln, herausgestellt, dass die an ein solches Verfahren gestellten Anforderungen nicht unter einen Hut zu bringen sind und politisch auf der Ebene des Rats aus den genannten guten Gründen keinen Konsens finden, der nicht anders als in der Wahlgesetzgebung zu nationalen Parlamenten ein hohes Gut ist. Es ist deshalb an der Zeit, in der Unterschiedlichkeit der nationalen Wahlsysteme zum EP kein demokratisches Defizit mehr zu sehen, sondern eine Ressource zur Stärkung des Einvernehmens im Grundsätzlichen unter Wahrung der Differenz im Gestalterischen. Für das europäische Wahlsystem kann gelten: So viel Einheitlichkeit wie möglich, so viel Unterschiedlichkeit wie nötig.

Unter dieser Maßgabe wählen die Bürgerinnen und Bürger der EU das EP nach polymorpher Verhältniswahl: d.h. nach national verschieden gestalteter Verhältniswahl. Die wichtigsten Merkmale dieses Wahlsystems sind einheitlich, andere sind national unterschiedlich gestaltet.

Einheitlich ist vor allem das Repräsentationsprinzip: Es gilt Verhältniswahl. Die politische Vertretung der Einzelstaaten im EP soll in etwa die parteipolitischen Präferenzen der Wählerschaft widerspiegeln. Dafür sprechen viele Gründe. Auf Verhältniswahl haben sich auch die bisherigen Reformvorschläge hin orientiert. Die Einheitlichkeit im Repräsentationsprinzip ist bisher am weitesten vorangeschritten. Auch Länder, deren nationale Parlamente nach Mehrheitswahl gewählt werden, haben für die Europawahlen Verhältniswahl eingeführt. Besonders bemerkenswert ist, dass Großbritannien von der relativen Mehrheitswahl abgerückt ist. Als Großbritannien noch nach Mehrheitswahl wählte, hat sich auch gezeigt, wie dysfunktional die Mehrheitseffekte dieses Wahlsystems für das supranationale EP sind, wo es nicht nur um Repräsentation im Parlament, sondern auch in den Fraktionen der europäischen Parteien geht. Die zweitstärkste nationale Partei büßt bei Mehrheitswahl erheblich an Einfluss auf die Willensbildung in ihrer EP-Fraktion ein, die drittstärkste gänzlich. Das liegt weder im nationalen noch im europäischen Interesse.

Tabelle 65: Die polymorphe Verhältniswahl zum Europäischen Parlament

	Zahl der Mandate[a]		Wahl-kreise	Form der Liste	Verrechnungs-verfahren	Sperr-klausel
Belgien	22	21	4	lose geb. Liste	d'Hondt	Keine
Bulgarien	17	17	nat. WK	starre Liste	Hare-Niemeyer	Keine
Dänemark	13	13	nat. WK	lose geb. Liste	d'Hondt	Keine
Deutschland	99	96	nat. WK	starre Länder- oder Bundesliste	Sainte-Laguë/Schepers	3 %
Estland	6	6	nat. WK	starre Liste	d'Hondt	Keine
Finnland	13	13	nat. WK	lose geb. Liste	d'Hondt	Keine
Frankreich	72	74	8	starre Liste	Hare/d'Hondt	5 % (im WK)
Griechenland	22	21	nat. WK	starre Liste	Droop/größter Überrest	3 %
Irland	12	11	4	freie Liste/STV	Droop/STV	Keine
Italien	72	73	5/nat.WK	lose geb. Liste	Hare /größter Überrest	4 %
Kroatien	–	11	nat. WK	lose geb. Liste	d'Hondt	5 %
Lettland	8	8	nat. WK	lose geb. Liste	Sainte-Laguë	5 %
Litauen	12	11	nat. WK	lose geb. Liste	Hare-Niemeyer	5 %
Luxemburg	6	6	nat. WK	freie Liste	d'Hondt	Keine
Malta	5	6	nat. WK	freie Liste/STV	Droop/STV	Keine
Niederlande	25	26	nat. WK	lose geb. Liste	Hare/d'Hondt	Keine
Österreich	17	18	nat. WK	lose geb. Liste	d'Hondt	4 %
Polen	50	51	13/nat.WK	starre Liste	d'Hondt[b]	5 %
Portugal	22	21	nat. WK	starre Liste	d'Hondt	Keine
Rumänien	33	32	nat..WK	starre Liste	d'Hondt.	5 %
Schweden	18	20	nat. WK	lose geb. Liste	mod. Sainte-Laguë	4 %
Slowakei	13	13	nat. WK	lose geb. Liste	Droop	5 %
Slowenien	7	8	nat. WK	lose geb. Liste	d'Hondt	4 %
Spanien	50	54	nat. WK	starre Liste	d'Hondt	Keine
Tschechien	22	21	nat. WK	starre Liste	d'Hondt	5 %
Ungarn	22	21	nat. WK	starre Liste	d'Hondt	5 %
Vereinigtes Königreich	72	73	12[c]	starre Liste	d'Hondt	Keine
Zypern	6	6	nat. WK	starre Liste	Droop/größter Überrest	Keine

Hinweis: Da einzelne Regelungen der Wahlsysteme raschem Wechsel unterliegen und diesbezügliche Angaben aus verschiedenen Quellen stammen, die gelegentlich national unterschiedliche Bezeichnungen verwenden oder auch unverständlich sind, können Angaben fehlerhaft sein.

Anmerkungen: a erste Spalte: für Wahlen 2009 nach Vertrag von Nizza; zweite Spalte für Wahlen 2014 nach Vertrag von Lissabon und nach Beitritt Kroatiens; b Vergabe der auf die Parteien national vergebenen Mandate auf die Wahlkreise nach Hare/Niemeyer; c Nordirland wählt in einem Wahlkreis drei Abgeordnete nach listenloser Verhältniswahl (STV).

(Quellen: Forschungsgruppe Wahlen 2004; Wüst/Stöver 2005; Lehmann 2009, ergänzt.)

Einheitlich ist des Weiteren der Mehrpersonenwahlkreis unterschiedlicher Größe. Auch dieser Wahlkreistyp wurde stets in den EP-Reformentwürfen vorgeschlagen. Die Einheitlichkeit liegt in der Abgrenzung gegenüber Einerwahlkreisen, nicht jedoch in der Gestaltung der Mehrpersonenwahlkreise, d.h. ihrer Größe und der Möglichkeit, das nationale Wahlgebiet in mehrere Mehrpersonenwahlkreise aufzuteilen. Im Grunde geht es darum, den Proporzeffekt des Wahlsystems zu begrenzen und damit eine Parteienzersplitterung zu vermeiden, d.h. der Konzentrationsfunktion in gewisser Weise zu genügen. Da diesem Zweck auch die Sperrklauseln dienen, können diese künstlichen Hürden die Unterteilung eines nationalen Wahlgebiets in Wahlkreise in jenen Ländern ersetzen, in denen in einem einzigen landesweiten Wahlkreis die Mandate vergeben werden. Das ist in Deutschland, Griechenland und Schweden sowie in allen späteren Beitrittsländern der Fall, die mehr als zehn Parlamentarierinnen und Parlamentarier ins EP entsenden. Durch funktionale Äquivalenz entsteht mehr Einheitlichkeit, als es der Blick auf die institutionelle Gestaltung verrät. In Spanien allerdings wurde weder das Land in Wahlkreise eingeteilt noch eine Sperrklausel errichtet. Die gesamtspanischen Parteien befürchten, dass regionale Wahlkreise von den regionalen Parteien, deren nationalistischer (teilweise separatistischer) Impetus ungebrochen ist, im EP zur Vertretung ihrer „nacionalidades" missbraucht würden. Eine Sperrklausel ist in Spanien aber ebenso wenig angebracht, da die regionalen Parteien dann keine Chance hätten, ein Mandat zu erringen. Hier weist der Kontext nur einen geringen Anpassungsspielraum an europäische Vorgaben aus, die jüngst in die Richtung weisen, der regionalen Repräsentation durch die Unterteilung der nationalen Wahlgebiete in Mehrpersonenwahlkreise entgegenzukommen.

Unterschiedlich sind alle weiteren technischen Merkmale. Für sie besteht volle Gestaltungsfreiheit der Länder, wie der Beschluss des Rats von Juni und September 2002 bekräftigte, wobei sich angesichts der Vielzahl möglicher Alternativen die tatsächliche Varianz in Grenzen hält. Eine Richtgröße sind sicherlich die institutionellen Vorkehrungen zur Wahl der nationalen Parlamente. Wo den Wählerinnen und Wähler bereits viel Wahlfreiheit gewährt wurde, wird man für die EP-Wahlen nicht unter dieses erreichte Niveau abfallen können. So ist es verständlich, dass Irland und Malta ihr *single transferable vote* System nicht aufgeben wollen. In anderen Ländern, wo starre Listen bestehen, könnte befürchtet werden, dass eine Öffnung für die EP-Wahlen Druck auf das Wahlrecht zu den nationalen Parlamenten ausübt: Solange landesweite große Wahlkreise bestehen, wird man auch fragen können, ob nicht lose gebundene Listen zur Verwirrung der Wählerinnen und Wähler und zu vielen ungültigen Stimmen führen. Diese und andere Überlegungen verweisen darauf, dass das polymorphe Wahlsystem geeignet ist, den länderspezifischen Herausforderungen an das europäische Wahlsystem zu entsprechen. Es schließt zudem induktive Prozesse weiterer Angleichung des EP-Wahlrechts nicht aus.

In diesem Sinne könnte der nächste Schritt der Vereinheitlichung in der Europäisierung des Wahlrechts zum EP bestehen, indem die nationalen Gesetzgeber den von ihnen auszugestaltenden Teil des Wahlsystems mit dem EP und dem Rat abstimmen. Dieses Verfahren würde zu mehr Begründungstransparenz der nationalen Unterschiedlichkeit führen. Am Ende könnte der Rat den im induktiven Angleichungsprozess jeweils neuesten Stand der Wahlsystementwicklung in den Ländern im angemessenen zeitlichen Abstand zu den nächsten EP-Wahlen als gültiges Wahlsystem beschließen. Das polymorphe Wahlsystem ist seit der im Amsterdamer Vertrag vollzogenen Öffnung vertragskonform und bietet eine realistische Perspektive, die legitimationstheoretische Kontroverse um das einheitliche Verfahren zu beenden.

10. Wahlsysteme und Parteiensysteme

Im Schlusskapitel sollen nun die Auswirkungen von Wahlsystemen in verschiedenen Hinsichten untersucht und vor allem der Zusammenhang von Wahlsystem und Parteiensystem soweit als möglich geklärt werden. Dabei wird in den Darlegungen in der Regel angeknüpft an traditionelle Thesen in der Lehre von den Wahlsystemen, gelegentlich an Ansichten von Nichtspezialisten (die oftmals geradezu hartnäckig die Ergebnisse der Wahlsystemforschung negieren; s. Lijphart 1985: 5), und es wird versucht, sie durch Aussagen zu ersetzen, welche den empirischen Befunden entsprechen. Dabei werden die Erfahrungen in Ländern reflektiert, deren Zahl weit über die im Kapitel 8 einzeln behandelten Fälle hinausreicht. Gerade die geographische Ausdehnung des Untersuchungsfelds, die identisch ist mit der Hereinnahme verschiedenartiger gesellschaftlicher Verhältnisse in das Problemverständnis, hat ja zu erheblichen Konsequenzen in der Bewertung der Wahlsysteme als ursächlicher oder kontextabhängiger Faktor geführt. Diese Ergebnisse werden im Folgenden auch mit allgemeinen Ausführungen zu institutionellen Reformprozessen und zur Politikberatung verbunden.

Wissenschaftsgeschichtlich betrachtet vollzog sich der Erkenntnisprozess in der Wahlsystemforschung, welcher der vorliegenden Studie zugrunde liegt, in verschiedenen Etappen. Zunächst wurden Annahmen und Argumente der Mehrheitswahlverfechter hinterfragt, sowohl hinsichtlich ihrer demokratietheoretischen Prämissen, welche die empirischen Befunde ihrer Studien stark prägten, als auch hinsichtlich ihrer funktionalistischen Erwartungen an die Mehrheitswahl, etwa bezogen auf die Parteienkonzentration, die Mehrheitsbildung, das Alternieren in der Regierungsausübung und andere, von der relativen Mehrheitswahl abgeleitete, quasi automatische Folgeerscheinungen. Dabei konnte man sich der empirischen Befunde bedienen, auf welche die Protagonisten der Verhältniswahl zurecht verwiesen, die ihrerseits mit der Konkordanzdemokratie ein theoretisches Modell erhielten, das als der Konkurrenzdemokratie normativ ebenbürtig wenn nicht sogar überlegen angesehen werden konnte und zu dessen wesentlichem Element der Proporz erhoben worden war. Sodann wurden die institutionalistischen und eindimensionalen Annahmen beider wahlsystem- und demokratietheoretischen Schulen hinterfragt. Kritisch unter die Lupe genommen wurden die Versuche, den unterstellten linearen kausalen Zusammenhang von Wahlsystem und Parteiensystem in Gesetzesaussagen zu gießen. Ernst genommen wurden die gesellschaftlichen und politischen Kontextfaktoren, welche die Auswirkungen von Wahlsystemen mitbestimmen, so dass hinsichtlich der Auswirkungen von Wahlsystemen nur höchst relativierende Aussagen als empirisch tragfähig betrachtet werden können. Im weiteren Verlauf des Forschungsprozesses wurde die eindimensionale Betrachtungsweise des Verhältnisses von Wahlsystem und Parteiensystem als allzu verkürzt erkannt und die Forschungsperspektive auf die reziproken Auswirkungen der Parteiensysteme auf die Wahlsysteme ausgedehnt. Die Vorstellung, dass man den Status der Variablen auch austauschen und die bisher abhängige Variable als unabhängige und umgekehrt betrachten könne, war so neu nicht, hatte jedoch bis dato wenig Forschungsinteresse auf sich gezogen. So kam es einem *shift in research*, einer Neuorientierung der Forschung gleich, als nun genetische Aspekte von Wahlsystemen, angeregt durch die vielen Reformprozesse im Zuge der dritten Welle der Demokratisierung, in den Vordergrund gerückt wurden. Es konnte gezeigt werden, dass Konstellationen und Entwicklungen von Parteiensystemen der Entscheidung in Wahlsystemfragen vorgelagert sind, diese Entscheidungen Ergebnis von Prozessen sind, in denen politische Akteure im Rahmen struktureller Gegebenheiten Optionen treffen. Freilich blieb den Parteiensystemen das alte Schicksal nicht erspart, in kurzschlüssiger Manier erneut den zeitlich koinzidierenden Institutionenreformen kausal zugerechnet zu werden. Schließlich wurde die fruchtbarste Forschungsperspektive im multikausalen Wechselverhältnis von Wahlsystem und Parteiensystem erblickt und die analytische und die politikberatend-prognostische Konsequenz im kontextgebundenen Institutionalismus gezogen: Institutionen wie das Wahlsystem zählen, aber in welchem Maß und verbunden mit welcher Wirkungsrichtung sie dies tun, hängt vom jeweiligen Kontext ab und wird mit verursacht von den Parteiensystemen, auf deren Struktur sie einwirken.

In den folgenden Abschnitten wird der Begründungszusammenhang dieser wissenschaftlichen Theorieentwicklung im Detail dargelegt. Die Ordnung der einzelnen Abschnitte folgt in etwa dem aufgezeigten Erkenntnisprozess.

10.1 Demokratietheorie und Wahlsystemoption

Die den Wahlsystemen zugeschriebenen Auswirkungen auf das Parteiensystem sind zumeist demokratietheoretischen Positionen und/oder funktionalistischen Annahmen über das politische und soziale System geschuldet. Nicht die metatheoretische oder modelltheoretische, sondern nur eine realsoziologische Analyse klärt jedoch die Frage nach den Effekten verschiedener Wahlsysteme.

Es fehlt in der Politikwissenschaft nicht an Untersuchungen über die Auswirkungen von Wahlsystemen (entgegen Lijphart 1985: 3). Sie enden nicht selten in der Tradierung von Zuweisungen spezifischer Auswirkungen an die Grundtypen von Wahlsystemen. Herkömmlicherweise werden Mehrheitswahl und Verhältniswahl einander gegenübergestellt und hinsichtlich der Erfüllung bestimmter Systemfunktionen miteinander verglichen. Die Systemfunktionen selbst werden in aller Regel aus spezifischen Demokratiemodellen abgeleitet, die Wirklichkeit der Parteienlandschaft, Stellenwert und Funktionen der Wahlsysteme an ihnen bestimmt.

Der enge Zusammenhang von Demokratieverständnis und Wirkungsanalyse von Wahlsystemen wird beispielhaft an der Wahlsystemdiskussion in der Bundesrepublik Deutschland in den 1960er Jahren deutlich. Sie wurde beherrscht von der Fragestellung, welches Wahlsystem das der parlamentarischen Demokratie gemäße sei, d.h. welches Wahlsystem am ehesten geeignet sei, die Funktionen von Wahlen in der parlamentarischen Demokratie voll zur Geltung zu bringen. Die Funktionen von Wahlen wurden dabei im Wesentlichen an einem Demokratiemodell orientiert, das in der Vertrauensübertragung im Wahlakt und im Alternieren der Parteien in der Regierungsausübung den Kern eines funktionstüchtigen politischen Systems sah. Sowohl die postulierte Grundbedingung guter Regierung, die Stabilität der Regierungsverhältnisse, als auch die Kontrolle seien gewährleistet, wenn bei Wahlen, begünstigt durch das Wahlsystem, tatsächlich die Möglichkeit bestünde, einen Wechsel der Parteien in der Regierungsausübung herbeizuführen. Parlamentarische Demokratie wurde demnach in Anlehnung an elitentheoretische Demokratiekonzepte primär verstanden als eine Regierungsweise, in welcher der Wähler durch die periodisch ausgeübte Funktion des Wählens zwischen zwei im Wettbewerb um die politische Macht befindlichen Parteien zu entscheiden und einer von ihnen die Regierungsgewalt auf Zeit zuzuweisen habe. In Wissenschaft und Politik, wo die Wahlsystemfrage diskutiert wurde, ging es im Rahmen dieses reduzierten, vielfach kritisierten Demokratieverständnisses um die Verbesserung der institutionellen Voraussetzungen für das „Konkurrenzmodell der Demokratie“ (A. Schumpeter).

Die demokratietheoretischen Prämissen in der damaligen Wahlsystemdiskussion gingen einher mit Einschätzungen des sozialen Systems, die ebenfalls als strittig erkannt wurden. Entsprechend dem Wettbewerb auf der politischen Angebotsseite gingen die Funktionalisten von einem annäherungsweisen Marktmodell auf der politischen Nachfrageseite aus, das sich auf eine vergleichsweise nivellierte Mittelstandsgesellschaft stützt, „in der soziale Schichtung weitgehend abgebaut ist“. Frieder Naschold wies seinerzeit (1971: 81ff.) in einer brillanten Analyse nach, dass die prognostischen Differenzen in den Ergebnissen zweier Computersimulationen über die Auswirkungen einer Reform des Wahlsystems in der Bundesrepublik Deutschland sich primär aus den „subjektiven Schätzurteilen“ der Köln-Mannheimer Schule und des INFAS-Instituts über die sozialen Strukturen herleitete.

Bedurfte es in dem von Naschold untersuchten Fall einer sehr differenzierten Analyse, um die Abhängigkeit der Forschungsergebnisse von den demokratietheoretischen und sozialstrukturellen Prämissen aufzuzeigen, so reichen zur Überprüfung der Mehrzahl prognostischer Aussagen über die Auswirkungen von Wahlsystemen einfachere Kontrollüberlegungen aus. Dies trifft insbesondere für Aussagen zu, die auf dem Verfahren der Analogie fußen – etwa bei Aussagen über mutmaßliche Auswirkungen bestimmter Wahlsysteme in den Entwicklungsländern, Aussagen, die sich an Theorien anlehnen, welche im wesentlichen gesellschaftliche und politische Verhältnisse in den westlichen Industrieländern reflektieren und die Kontextabhängigkeit der Auswirkungen von Wahlsystemen unterschätzen.

In der internationalen Wahlsystemdiskussion brachte die Konkordanztheorie eine entscheidende Wende in den demokratietheoretischen Prämissen. Ausgehend von Analysen der Funktionsweise der Demokratie in soziokulturell gespaltenen Gesellschaften wie den Niederlanden (Lijphart 1968), Belgien, der Schweiz und Österreich (Lehmbruch 1967) wurde der Mehrheitsentscheidung das durch Verhandlung, Kompromiss und Proporz getragene Konfliktregelungsmuster der Konkordanz gegenübergestellt und nachgewiesen, dass Demokratie auch unter schwierigen gesellschaftlichen Bedingungen möglich ist. Arend Lijphart war es vornehmlich, der das ursprünglich auf das Analytische beschränkte Konzept der *consociational democracy* ins Normative erhob und als institutionelle Option verallgemeinerte (vgl. dazu die Kritik Sartoris 1994: 69ff.). Mit dieser Wende vollzog sich eine Neubewertung der Verhältniswahl: Sie wurde als unabdingbarer Bestandteil eines Demokratiemodells begriffen, das generell der Konkurrenzdemokratie überlegen und zumindest für alle Gesellschaften des Typs *segmented pluralism* zu empfehlen sei. Seither stehen sich beide, Mehrheitswahl und Verhältniswahl, nicht mehr nur als Wahlsystemgrundtypen, sondern verankert in normativen Demokratieentwürfen, der Konkurrenz- und der Konkordanzdemokratie, antithetisch gegenüber.

Die Verbindung von Mehrheitswahl und Verhältniswahl mit einem bestimmten Demokratiemodell ist theoretisch jedoch keineswegs so zwingend, wie dies (insbesondere in der Wahlsystemliteratur) vielfach behauptet wird. Ausgehend von einer dogmatischen Interpretation des britischen Modells parlamentarischer Regierung wurde die Verhältniswahl häufig mit parlamentarischer Regierungsweise für unvereinbar erklärt. Die klassische und viel zitierte Formulierung stammt von Friedrich Naumann, der in der Weimarer Nationalversammlung feststellte: „Die Folge der Verhältniswahl ist die Unmöglichkeit des parlamentarischen Regierungssystems: Parlamentarisches System und Proporz schließen sich gegenseitig aus“ (Drucksache NV, Aktenstück 391). Diese Argumentation hat sich sowohl als theoretisch blind gegenüber funktionalen Äquivalenten (d.h. dass eine Wirkung durch andere Elemente erzielt werden kann, so dass verschiedene Elemente untereinander austauschbar sind) als auch empirisch als mit Scheuklappen versehen herausgestellt: Weder erfüllt die relative Mehrheitswahl in Einerwahlkreisen in anderen parlamentarischen Systemen die ihr zugeschriebenen Funktionen in der gleichen Weise wie in Großbritannien, noch schließen Verhältniswahlsysteme Funktionsweisen des parlamentarischen Systems ähnlich dem britischen aus.

Nun gehen auch die Theoretiker der Konkordanzdemokratie von einer vitalen Verbindung von Wahlsystem und übergreifendem Konfliktschlichtungsmuster aus. Der Proporz bedeutet in ihren Theorien mehr als nur Methode der Übertragung von Wählerstimmen in Mandate, sondern wird als konstitutives Grundprinzip des sozialen und politischen Miteinanderauskommens in einem Staate begriffen. Die *consociational*-Theorie, welche die politischen Verhältnisse in den durch verschiedene und verschieden starke Konfliktlinien gespaltenen Gesellschaften erklären will, mündet jedoch ebenfalls dann in ein steriles Modelldenken, wenn aus ihr spezifische Systemfunktionen abgeleitet und diese bestimmten institutionellen Systemelementen zugewiesen werden. Unsere zentrale Frage betreffend ist – anders als insbesondere Arend Lijphart in seinen verschiedenen Untersuchungen (s. u.a. Lijphart 1971: 10) stets argumentiert – die Verhältniswahl keine zwingende Voraussetzung für konkordanzdemokratische Systeme. Im Libanon und in Kolumbien (zu Zeiten des *Frente Nacional*; s. Nohlen 1978: 345ff.), zwei Fälle, die gerne mit den europäischen als *comparable cases* begriffen werden, erfolgte die Wahl des Parlaments in einem Fall nach Mehrheitswahl, im anderen nach Verhältniswahl; in beiden Ländern war das bestimmende Element der Konfliktregelung nicht das Wahlsystem als solches, sondern die vor dem Urnengang vereinbarte Mandatskontingentierung. In ähnlicher Weise wird in Malaysia im Rahmen der relativen Mehrheitswahl in Einerwahlkreisen verfahren. Die für den Bestand bzw. inneren Frieden des Staates notwendige Interessenakkommodation der verschiedenen ethnisch-kulturell divergierenden Gemeinschaften wird am Wahlsystem vorbei in den Vorabsprachen der Parteien über die Wahlkreiskandidaturen erreicht (s. oben Kapitel 5, Abschnitt 6.2). Allerdings verhilft das etablierte Wahlsystem dem auf der Elitenebene erzielten Kompromiss nachfolgend zu einer hohen Zustimmung in Form übergroßer Parlamentsmehrheiten für die Vertreter des ausgehandelten Kompromisses.

Die Systemkonformität einzelner Elemente der alternativen Demokratiemodelle ist heuristisch interessant, wie es eben auch der Idealtyp ist, um Unterschiede aufzufinden und für diese Erklärungen zu suchen. Theoretisch zwingend ist die Verbindung der Wahlsystemgrundtypen mit bestimmten Demokratiemodellen jedoch nicht, und sie ist auch weit davon entfernt, empirisch haltbar zu sein.

Nun wird ja in der neueren institutionellen Debatte auf einer anderen Ebene durchaus von Mixturen ausgegangen und die spezifische Verknüpfung von politischem Systemtyp und Wahlsystemgrundtyp zu einer Vierermatrix vorgenommen. Präsidentialismus und Parlamentarismus werden jeweils mit Mehrheitswahl oder Verhältniswahl als typische Verbindungen gesehen und axiologisch eingestuft. Entgegen der am britischen Modell orientierten früheren Wertschätzung der Verbindung von Parlamentarismus und Mehrheitswahl wurde vom Konkordanztheoretiker Arend Lijphart (1991) die Verbindung von Parlamentarismus und Verhältniswahl favorisiert. Im Zuge der von Juan J. Linz u.a. (1994) betriebenen grundsätzlichen Kritik am Präsidentialismus wurde dieser politische Systemtyp als dem Parlamentarismus generell unterlegen bewertet, für ihn jedoch die Verbindung mit der Verhältniswahl als verheerend betrachtet. Diese Einschätzung bemaß sich an der Frage, welche Kombination am ehesten für die Funktionsfähigkeit und Konsolidierung der Demokratie geeignet sei, und sie richtete sich in Politik beratender Absicht vor allem an jene Länder, die sich historisch für Präsidentialismus und Verhältniswahl entschieden hatten und im Redemokratisierungsprozess von dieser Option nicht abzurücken bereit schienen.

Diese viel beachteten kritischen Überlegungen zu den wichtigsten *institutional choices* stoßen auf die gleichen politiktheoretischen und methodologischen Vorbehalte, die weiter oben zu demokratie- und modelltheoretischen Annahmen geäußert wurden, erweitert um eine ganze Reihe zusätzlicher Bedenken, auf die in den nachfolgenden Kapiteln noch zurückzukommen sein wird. Die Bedenken bestehen u.a. hinsichtlich der offensichtlichen Überbewertung der Institutionen, was treffend auch von Robert Dahl (1996) festgestellt wurde, indem er zwischen Ländergruppen unterschied, für welche die Institutionenfrage wichtig sein könnte und solchen, für die sie keinen Unterschied mache. Dieses Argument verweist auf die Existenz anderer als institutioneller Variablen, die für die Frage der Funktionsfähigkeit und Konsolidierung der Demokratie von gegebenenfalls größerer Bedeutung sind. Indem der gesellschaftliche Kontext ins analytische Blickfeld gerät, lässt es erahnen, dass auch die Bewertung der institutionellen Arrangements in den Fällen, in denen ihnen Bedeutung zugeschrieben werden kann, von den jeweiligen Kontexten (gesellschaftliche Struktur, ökonomischer Entwicklungsstand, politische Kultur, historische Erfahrung etc.) abhängig ist. Die genannten Variablen bestimmen in hohem Maße u.a. den Typ des politischen Pluralismus einer Gesellschaft, dessen Ausprägung, wie Giovanni Sartori richtig erkannt hat, für die Frage der Konsolidierung der Demokratie allemal wichtiger ist als das Institutionenarrangement selbst. *Moderate pluralism* ist eine günstige, *extreme or polarized pluralism* eine schwierige Bedingung für das Funktionieren jedweder Institutionenordnung. Des Weiteren bestehen Bedenken hinsichtlich der mangelnden internen Ausdifferenzierung der Systemtypen, da sich gerade die Varianten der Grundtypen historisch als besonders erfolgreich erwiesen haben (s. dazu Nohlen 1991). In den Varianten kommen Anpassungen an den Kontext zum Ausdruck, die ihrerseits bewerkstelligen, dass sie erfolgreich sind. Die Ausdifferenzierung der Wahlsystemgrundtypen in verschiedene Varianten oder Wahlsystemtypen ist dafür ein hervorragendes Beispiel.

10.1.1 Leistungsprofile von Wahlsystemen

Die Wahlsystemdiskussion wird zudem hinsichtlich der Auswirkungen von Mehrheitswahl und Verhältniswahl von spezifischen Begriffsfiguren getragen: Integration, Mäßigung, Stabilität, Chance des Machtwechsels etc., die auf Leistungsprofile der Wahlsysteme anspielen. Diese Begriffsfiguren, die axiologisch besetzt sind, rufen bereits bei ihrer Anwendung in Analysen eines politischen Systems, etwa der vergleichsweise nivellierten Mittelstandsgesellschaft der alten Bundesrepublik Deutschland, kontroverse Einschätzungen hervor (s. Alemann 1973: 89ff.). Denn die tradierte Einschätzung, die Mehrheitswahl (insbesondere des britischen

Typs) sei mit den positiven Bewertungen (also Integration, Mäßigung, Stabilität) verknüpft, die Verhältniswahl mit den negativen (also Desintegration, Radikalisierung, Instabilität), wird von immer weniger Forschern geteilt.

Die Fragwürdigkeit der analytischen Verwendung solcher dichotomisierter Kategorien wie Integration – Desintegration, Stabilität – Instabilität, politische Mäßigung – Radikalisierung, ungeteilte politische Verantwortung – diffuse Verantwortung etc. steigert sich natürlich noch bei ihrer Anwendung auf unterschiedliche Gesellschaftsstrukturen, politische Kulturen und Institutionenordnungen sowohl entwickelter Länder als auch und insbesondere unterentwickelter Länder, d.h. *per definitionem* Länder außerordentlich starker struktureller Heterogenität in Wirtschaft, Gesellschaft und Politik.

In ethnisch zerklüfteten Gesellschaften wirkt die relative Mehrheitswahl in Einerwahlkreisen tendenziell eher desintegrierend als integrierend. Sie kann die regionalen Gegensätze verschärfen. Wird höhere Fragmentierung mit Instabilität gleichgesetzt, so erweist sich die Mehrheitswahl schlechthin unter der Bedingung eines wenig strukturierten Parteiensystems als instablilitätsförderlich. Und was wird unter Stabilität problematisiert? Stabilität der Regierung ist eine Funktion, Stabilität des politischen Systems eine andere. Der Preis, den etliche Länder für das friedliche Zusammenleben verschiedener ethnischer oder konfessioneller Gemeinschaften, d.h. die Stabilität des politischen Systems, zu zahlen bereit sind, ist die angeblich durch die relative Mehrheitswahl gesicherte Stabilität der Regierung. Indem für den Proporz optiert wurde, gelang die Inklusion der Minderheiten nicht nur auf der Parlaments- sondern gegebenenfalls auch auf der Regierungsebene, und damit häufig die Zähmung des tief wurzelnden soziopolitischen Konflikts. Zwar lohnt es sich, bei Verhältniswahl um jede Stimme zu kämpfen, da Zählwert und Erfolgswert der Stimmen im Gegensatz zur Mehrheitswahl hier in etwa übereinstimmen, doch daraus lässt sich ebenso wenig wie aus den Weimarer Erfahrungen folgern, dass die Verhältniswahl zur Radikalisierung führe, „ein System des Krieges" sei – hingegen „das Prinzip der Mehrheit im Wahlverfahren ein Prinzip des Friedens" (Sternberger 1964: 31). Im Mutterland dieses Wahlsystem-Verständnisses wurde in den 1970er Jahren der Feind-Charakter der politischen Auseinandersetzung als Folge der relativen Mehrheitswahl diskutiert und problematisiert (s. Finer 1975). Bereits ein Jahrzehnt vorher warnten Dritte-Welt-Forscher vor allzu vereinfachten Thesen. Für Lateinamerika stellte McDonald schon 1967 (707) im Kontext noch wenig hinterfragter modernisierungstheoretischer Prämissen fest: „While it is often argued that PR produces emphasis on extremism which is conducive to deepening political cleavages and readiness to resort to violence, the most stable democratic countries in Latin America (Uruguay, Costa Rica, Chile) all employ forms of PR while those most often associated with violence employ either aberrations of PR (Paraguay, Nicaragua) or majority systems (Haiti, Dominican Republic, Guatemala). This indicates at the very least no direct correlation between PR and political instability or extremism.“ Für Afrika hat vor allem Arthur Lewis (1965: 71f.) frühzeitig auf stabilitäts- und friedensgefährdende Auswirkungen der Mehrheitswahl aufmerksam gemacht.

Kurzum, die Grundtypen der Wahlsysteme lassen sich vorab einer konkreten Wirkungsanalyse weder positiv noch negativ mit den Polen der Begriffsfiguren korrelieren und damit in ihren politischen Leistungsprofilen bestimmen. Es kommt auf die Begriffsverständnisse, auf das, was empirisch fokussiert wird und auf den soziopolitischen Kontext an. Gegen diese grundlegende Einsicht verstoßen kontinuierlich die Funktionalisten als Verfechter der Mehrheitswahl, indem sie die Beurteilungskriterien von Integration, Stabilität etc. nicht mehr an die realen Auswirkungen von Wahlsystemen, soweit sie in Erfahrung zu bringen sind, anlegen. Sie schreiben vielmehr den Wahlsystemen *a priori* bestimmte Auswirkungen zu oder unterstellen Auswirkungen einer Wahlreform. Stein Rokkan (1970: 166) meinte noch, dass die Verfechter der Verhältniswahl eher geneigt seien, gesellschaftliche Kontexte zu berücksichtigen. Seit der universellen Politikempfehlung der Vertreter der Konkordanzdemokratie kann davon aber nicht mehr die Rede sein. Auch sie hängen inzwischen dem *best-system-approach* an. Die Erfahrung lehrt hingegen, dass es kein bestes Wahlsystem gibt, sondern die Frage nach dem besten System zu ersetzen ist durch jene nach dem System, das am besten passt.

Besonders hartnäckig hält sich die Beurteilung der relativen Mehrheitswahl in Einerwahlkreisen als Persönlichkeits- oder Personenwahl – in Gegenüberstellung zur Verhältniswahl als Listenwahl. Diese Bewertung wird einerseits ideengeschichtlich der Proporzidee nicht gerecht, da die Klassiker der Verhältniswahl, de Borda, Hare, Hagenbach-Bischoff u.a., dem Wähler durch die Klassifikation der Kandidaten größere Auswahlmöglichkeiten unter den Bewerbern verschaffen wollten. Ihre Wahlsystemvorschläge enthielten die freie oder lose gebundene Form der Liste, die dem Wähler eine Auswahlmöglichkeit innerhalb seiner Parteipräferenz einräumt, im Gegensatz zur relativen Mehrheitswahl in Einerwahlkreisen, die im Wahlakt nur den zwischenparteilichen Wettbewerb kennt. Die Bewertung berücksichtigt andererseits den Strukturwandel des Parlamentarismus nicht und geht unverändert von der frühliberalen Vorstellung aus, dass es bei der Wahl wesentlich um die Auswahl des Wählers unter Persönlichkeiten (Honoratioren) gehe und weniger um die sich fortan im Zuge der Ausbreitung des Wahlrechts unabwendbar durchsetzende Wahl zwischen Bewerbern, die für Parteien, Parteiprogramme und Parteiführer (auch Kanzler- und Premierministerkandidaten bzw. politische Führungsmannschaften) stehen. Natürlich differieren Bedeutung und Funktion der personalen und programmatischen Bezüge im Wählerverhalten von Land zu Land und von Wahl zu Wahl, auch von Wähler zu Wähler, so dass wir hier nicht denjenigen, die normativ und/oder empirisch den personalen Vertrauensbezug im Wahlakt hervorheben, die Gegenthese von der ausschließlichen Partei- oder *issue*-Orientierung der Wähler entgegenhalten. Für die Wirkungsanalyse von Wahlsystemen bedeutet diese Relativierung, dass das jeweils konkrete Wahlsystem auf Förderung oder Abschwächung Personen orientierten Stimmverhaltens untersucht werden muss. Die nackte antithetische Gegenüberstellung von Personenwahl und Listenwahl freilich ist wahlsystematisch verfehlt.

10.1.2 Wahlsysteme und Wahlbeteiligung

Ergänzend sei hier ein Zusammenhang erörtert, der oftmals in der einen oder anderen Weise für die demokratische Legitimität des politischen Systems und der Parteiensysteme als wichtig angesehen wird. Es geht um die politische Partizipation bei Wahlen und die Annahme, dass Wahlsysteme darauf Einfluss nehmen könnten.

Von der Theorie her scheint eine solche Annahme berechtigt. Schließlich gestalten oder verändern Wahlsysteme die Entscheidungssituation, vor die Wähler gestellt werden. Und es sollte einen Unterschied machen, ob alle Stimmen zählen, wie im Prinzip in der Verhältniswahl angelegt, oder nur die im Wahlkreis siegreichen, wie bei relativer Mehrheitswahl in Einerwahlkreisen. Motivieren dann nicht unter Anderem übergroße Mehrheiten im Wahlkreis zugunsten einer Partei zur Wahlenthaltung?

In der Tat lassen sich in einigen Ländern bei Wahlsystemwechseln auffallende Veränderungen in der Wahlbeteiligung beobachten. So stieg etwa in der Schweiz die Wahlbeteiligung bei Einführung der Verhältniswahl in einigen (früher für eine Partei sicheren) Kantonen von 30 bis 40% auf das Doppelte. In anderen Ländern (etwa Deutschland 1912-1919, Frankreich) sind solche Beteiligungsschübe bei Wahlsystemwechseln jedoch nicht festzustellen. Bei den Wahlsystemwechseln der 1990er Jahre besteht ebenfalls keine eindeutige Tendenz. In Japan nahm die Wahlbeteiligung nach der Reform von 1993 ab, erhöhte sich bei den zweiten Wahlen nach dem neuen Wahlsystem, ohne jedoch das Vorreformniveau wieder zu erreichen. In Neuseeland hingegen stieg die Wahlbeteiligung nach der Reformen gegenüber den unmittelbaren Vorwahlen an. In Italien wiederum konnte die abnehmende Tendenz in der Wahlbeteiligung durch die Wahlsystemreform nicht gebrochen werden. Insgesamt scheint sich der Zusammenhang nur über längerfristige Zeitreihen zu erschließen, die mehr Daten umfassen als nur die historisch dem Wahlsystemwechsel unmittelbar vor- und nach gelagerten Wahlbeteiligungen.

International IDEA (1997a) untersuchte die Frage des Zusammenhangs von Wahlsystem und Wahlbeteiligung durch einen internationalen Vergleich der jeweils letzten Wahlen von 81 Ländern und gelangte zu dem Schluss, dass man Wahlsystemen einen Einfluss auf die Wahlbeteiligung unterstellen kann. Die Wahlbeteiligung falle bei Verhältniswahl höher aus, ein Ergebnis, das Arend Lijphart zwar in seiner grundsätzlichen Option für Verhältniswahlsysteme bestärken dürfte, ihn aber wohl nicht davon abgehalten hätte, zur Steigerung der Wahlbeteiligung die Einführung der Wahlpflicht zu empfehlen (Lijphart 1997, dazu kritisch Rose 1997). Denn sie ist diejenige unter den weiteren Variablen, die für die Höhe der Wahlbeteiligung von Bedeutung sind, die wirklich greift.

Aber auch hinsichtlich der Höhe des Alphabetismus und besonders des Kompetitivitätsgrades des politischen Wettbewerbs besteht eine statistisch nachweisbare Beziehung: „In the 542 elections where the largest party won less than half of the votes turnout was a full 10% higher than in the 263 elections where a single party won over 50% of the popular vote“ (International IDEA 1997a: 33). Die höhere Wahlbeteiligung bei Verhältniswahl könnte folglich ein Epiphänomen des höheren Kompetivitätsgrades des Parteienwettbewerbs sein, der seinerseits häufig die Entscheidung zugunsten der Verhältniswahl begründet. Aber es könnte sich genauso gut auch umgekehrt verhalten, dass das Wahlsystem die unabhängige Variable bildet; diese Hypothese kann freilich aufgrund der Zuordnungsprobleme von Wahlsystemen zu den Grundtypen weniger präzise untersucht werden als der Stimmenanteil der Parteien und damit der Kompetivitätsgrad des Parteienwettbewerbs.

Tabelle 66: Wahlsystem und Wahlbeteiligung[a]

Mehrheitswahlsysteme		Verhältniswahlsysteme	
Australien	94,5	Belgien	92,6
Neuseeland [b]	89,4	Österreich	92,0
Großbritannien	76,3	Italien	90,4
Frankreich	76,0	Luxemburg	90,0
Kanada	74,6	Island	89,8
USA	68,7	Niederlande	88,4
		Schweden	86,4
		Dänemark	85,7
		Bundesrepublik Deutschland	85,7
		Norwegen	81,0
		Portugal	78,7
		Finnland	76,7
		Spanien	74,4
		Irland	73,2
		Schweiz	57,6

a Mittelwerte der Wahlbeteiligung von 1945-1997; b bis 1993

(*Quelle*: International IDEA 1997a: 54)

Die vorstehende Tabelle 66 zu Wahlsystem und Wahlbeteiligung weist in den Mittelwerten der Wahlbeteiligung für 25 Länder unmissverständlich nach, dass es für Mehrheitswahl und Verhältniswahl sowohl Länder mit hoher als auch mit relativ niedriger Wahlbeteiligung gibt. Zusammenfassend lässt sich feststellen, dass die Erklärung für unterschiedliche Wahlbeteiligungen hauptsächlich in anderen als wahlsystematischen Ursachen zu suchen ist (s. Bingham Powell 1980: 12ff.).

10.2 Wahlsystem und Parteiensystem

Über den Zusammenhang von Wahlsystem und Parteiensystem, d.h. die Auswirkungen von Wahlsystemen auf die Zahl der Parteien (eine, zwei, viele), auf die Stärkeverhältnis der Parteien (groß, klein, dominierend, asymmetrisch), auf die ideologischen Entfernungsbeziehungen zwischen ihnen (moderater oder extremer Pluralismus) und die Interaktionsformen (Pole, Lager, Blöcke, Koalitionen) wurde bereits viel geforscht. Da die Untersuchungen ergaben, dass ein Zusammenhang letztendlich nicht negiert werden kann, lautet die eigentliche Frage – und an ihr scheiden sich die Geister –, wie intensiv der Zusammenhang ist (s. oben Kapitel 3, Abschnitt 2.1) und vor allem, welche Bedeutung er im Verhältnis zu anderen Faktoren für die Struktur eines Parteiensystems, für die Herausbildung bestimmter Typen von Parteiensystemen besitzt, und ob er sich gar zu einer Kausalrelation verdichten lässt.

Die Annahme, das Wahlsystem sei *prima causa*, die entscheidende Variable, liegt etlichen Untersuchungen politischer Systeme zugrunde, die Ferdinand A. Hermens inspirierte oder selbst anstellte. Dieser wissenschaftlich vielfach widerlegten extremen Position (s. Lavau 1953, von der Vring 1968) in der Debatte um den Stellenwert des Wahlsystems wird in der politischen Praxis immer wieder dann gehuldigt, wenn Krisenerscheinungen der Demokratie vorrangig am bestehenden Wahlsystem festgemacht werden und die grundlegende Erneuerung in einer Wahlreform gesucht wird. Den *mainstream* der Wahlsystemforschung bildeten lange Zeit auf Maurice Duverger fußende Forscher, der dem Wahlsystem trotz aller Relativierung letztendlich doch einen dominierenden Einfluss auf die Struktur des Parteiensystems beimaß. Nur auf dieser Grundannahme konnte er seine „soziologischen Gesetze" über die Auswirkungen von Wahlsystemen formulieren (s. unten, Abschnitt 3.1). Diese Richtung wird heute vor allem durch Giovanni Sartori repräsentiert, der den Versuch unternahm, der Kritik an den Gesetzen Duvergers und damit der Möglichkeit, die Auswirkungen von Wahlsystemen in gesetzmäßige Aussagen zu gießen, durch Erneuerung der Gesetze zu begegnen (s. Abschnitt 3.3).

Die neuere Wahlsystemforschung erkennt mehr und mehr die relative Bedeutung des Faktors Wahlsystem. Konzeptionelle Unterscheidungen haben wesentliche Präzisierungen in der Frage der Auswirkungen von Wahlsystemen ermöglicht. Die Unterscheidung zwischen mechanischen und psychologischen Effekten von Wahlsystemen ist zwar auf Maurice Duverger zurückzuführen, aber dass die mechanischen Effekte von Wahlsystemen relativ autonom und präzise zu bestimmen sind, hingegen die psychologischen Effekte in beachtlichem Maße kontext- bzw. erfahrungsabhängig und von dorther schwieriger *a priori* auszuloten sind, wurde erst später beachtet. Ebenso wurde zwischen Proporzeffekten und den Auswirkungen von Wahlsystemen auf die Formate der Parteiensysteme unterschieden und festgestellt, dass die Proportionalität, welche Wahlsysteme erreichen, selbst hinsichtlich einzelner technischer Details relativ gut vorherzusagen sind, aber dass der Grad der Proportionalität eines Wahlsystems kein eindeutiger Indikator für die (numerische) Struktur eines Parteiensystems ist, d.h. dass Wahlsysteme in ihren gut berechenbaren mechanischen Auswirkungen keineswegs Parteiensysteme determinieren (dazu mehr in Nohlen 2013a).

Wenn es gilt, den Ort und den funktionalen Stellenwert des Wahlsystems im Zusammenhang von gesellschaftlichen Strukturen und Parteiensystem auszumachen, dann müssen wir zunächst die Unterscheidung von Parteiensystemen nach Kandidaturen (A), Wählerstimmen (B) und Parlamentsmandaten (C) treffen.

Die herkömmliche Diskussion zur Struktur eines Parteiensystems thematisiert in aller Regel nur das Parteiensystem nach Parlamentsmandaten (C). Wenn wir etwa von Zweiparteiensystemen sprechen und dafür Großbritannien als klassisches Beispiel zitieren, so ist dies nur richtig, wenn wir die parlamentarische Repräsentation betrachten (s. Rose 1974: 487). Wie könnte anders der beachtliche Stimmenanteil der Liberalen völlig unbeachtet bleiben.

Zwischen den beiden Ebenen (A und B einerseits, C andererseits), auf denen das Strukturbild der Parteiensysteme Unterschiede aufweist, vermittelt das Wahlsystem. Anders ausgedrückt: Wahlsysteme transformieren Parteiensysteme der Ebene Kandidatur/Wählerstimmen auf die Ebene Parlamentsmandate, und sie tun dies – das ist ihre wesentliche Intention und Funktion – in unterschiedlicher Weise, wobei folgende Grundregel gilt: je mehr Proporz, desto größer die Annäherung von Parteiensystem C an Parteiensystem A/B, je mehr Majorz, desto größer die Abweichung von Parteiensystem C gegenüber Parteiensystem A/B.

Für sämtliche Wahlsysteme trifft zu, dass sie die Zahl der Parteien der Ebene A/B auf der Ebene C reduzieren (s. Rae 1967: 77ff.), es sei denn Listenverbindungen konterkarieren diesen Effekt, denn sie schränken auf der Ebene der Wahlbewerbung (Ebene A) die Optionen des Wählers ein, ohne weder auf dieser Ebene noch auf der Parlamentsebene (Ebene C) die Zahl der Parteien zu reduzieren (s. oben Kapitel 4, Abschnitt 2.2). Diese Reduktion ist im Wesentlichen ein Ergebnis des mechanischen Effekts der Wahlsysteme (s. Cox 1997: 27). Ebenfalls lässt sich beobachten, dass die stärksten Parteien zuungunsten der kleinen oder der Splitterparteien gefördert werden. Doch unterscheiden sich die Wahlsysteme – wie wir bereits feststellten – darin, in welchem Umfang sie die Zahl der Parteien reduzieren und die stärksten unter ihnen fördern; und sie unterscheiden sich auch darin, nach welchen Stärkeverhältnissen sie die Parlamentsfraktionen einander zuordnen. Dabei gilt es zu berücksichtigen, dass die Vorgaben der Ebene A/B nicht unabhängig von der Art der Transformation des Parteiensystems A/B zu C zustande kommen. Kandidaturen und Wählerschaft verhalten sich antizipatorisch zu den mechanischen Effekten des Wahlsystems. Anders ausgedrückt: Das Wahlsystem und das unter seiner Einwirkung strukturierte Parteiensystem formen die Wählerentscheidung mit.

Die unterschiedlichen Auswirkungen von Wahlsystemen, die theoretisch unschwer nachzuweisen sind – Computersimulationen haben umfängliche Quantifizierungen geliefert – und kategoriale Bedeutung für den Aufbau der Wahlsystematik besitzen, werden in der Empirie durch konkrete gesellschaftliche und politische Bedingungen durchkreuzt, verstärkt, aufgehoben oder umgebogen, so dass von einem bestimmten Wahlsystemtypus nicht mehr deterministisch gesagt werden kann, er habe in jedem Falle diese oder jene Folgen für die Struktur eines Parteiensystems beider angesprochenen Ebenen.

Diese Tatsache schließt bereits die Formulierung aus, dass ein Wahlsystem zu etwas führe, es sei denn, es werden die näheren Bedingungen angegeben, also wenn-dann-Sätze gebildet. In diesen Fällen kann bestimmt werden, ob Wahlsysteme bestimmte (Konzentrations- oder Fragmentierungs-)Prozesse, die von den gesellschaftlichen Kräften ausgehen, verstärken oder abschwächen. Dabei kommen dann auch die einzelnen Elemente eines Wahlsystems in ihren jeweils spezifischen Auswirkungen in das Blickfeld des Forschers.

Eine unverzichtbare Hilfestellung bei der Analyse und Prognose der Auswirkungen von Wahlsystemen bietet die Wahlsystematik (s. oben Kapitel 4) und speziell die Untergliederung der Wahlsysteme nach Wahlsystemtypen: Die Typenuntergliederung speziell der Verhältniswahl ist ein wichtiger Teil für des Rätsels Lösung, weshalb (einige) Verhältniswahlsysteme den Mehrheitswahlsystemen vergleichsweise ähnliche Auswirkungen haben können.

10.2.1 Wahlsysteme und Mehrheitsbildung

Ein Unteraspekt des Zusammenhangs von Wahlsystem und Parteiensystem ist die Frage nach der parlamentarischen Mehrheitsbildung durch eine Partei und die Bedeutung, die dem Wahlsystem dabei zukommt. Hiermit ist die Konzentrationsfunktion von Wahlsystemen angesprochen (s. Kapitel 5, Abschnitt 7). Wir haben dabei zwei Fälle parteilicher Mehrheitsbildung zu unterscheiden: Zum einen sind dies Mehrheitsbildungen einer Partei durch den Stimmzettel, d.h. eine Partei erzielt bereits nach Stimmen eine absolute Mehrheit, die sich unter Anwendung jedweden Wahlsystems in eine parlamentarische Mehrheit übertragen sollte (*earned majority*). Dies ist freilich bereits theoretisch nicht immer der Fall; das System mathematischer Proportionen kann zu einem anderen Ergebnis führen (s. Kapitel 4, Abschnitt 5.5). Zum anderen sind dies parteiliche Mehrheitsbildungen, denen nicht absolute Stimmenmehrheiten für eine Partei korrespondieren, sondern die durch das Wahlsystem, durch dessen mehr oder weniger starken Disproportionseffekt im Verhältnis von Stimmen und Mandaten herbeigeführt werden (*manufactured majority*). Douglas W. Rae, der die Terminologie geprägt hat, stellte 1967 fest, dass die meisten parteilichen Mehrheitsbildungen nicht Folge der absoluten Stimmenmehrheit einer Partei sind, sondern durch den Disproportionseffekt der Wahlsysteme hervorgerufen werden. Er errechnete für 20 Länder und 117 Wahlen zwischen 1945 und 1965 insgesamt 43 Ergebnisse, in denen eine Partei die absolute Mehrheit der Mandate errang: 16 oder 37,5% waren *earned majorities,* 27 oder 62,5% waren *manufactured majorities* (s. Rae 1967: 74f.). Hinsichtlich der Variable Wahlsystem stellte Rae fest, dass 17 oder 63% der 27 parteilichen Mehrheitsbildungen unter Mehrheitswahl in Einerwahlkreisen zustande gekommen waren, 10 oder 27% unter verschiedenen Verhältniswahlsystemen (wobei Rae die Wahl in kleinen Wahlkreisen als Verhältniswahl eingruppierte; nach unserer Systematik müsste ein Fall noch zur Mehrheitsbildung unter Mehrheitswahl gerechnet werden).

Seither sind verschiedene Überprüfungen und Fortschreibungen der Rae'schen Berechnung auf der Grundlage eines breiteren oder Wahlergebnisse späterer Jahrzehnte einschließenden Datensets erfolgt. Eine um zehn Jahre erweiterte eigene Berechnung ergab für die gleiche Ländergruppe von Rae eine wachsende Bedeutung des Faktors Wahlsystem für die parteiliche Mehrheitsbildung. Während insgesamt die Zahl der Mandatsmehrheiten für eine Partei abnahm (von 36,7 auf 27,5% der Fälle), erhöhte sich der Anteil der *manufactured majorities* von etwas über 60% auf annäherungsweise 80%. Auch nahm der Anteil der Mehrheitswahlsysteme an den durch das Wahlsystem bewirkten parteilichen Parlamentsmehrheiten zu. Ein weiterer Vergleich nahm Daten einer zweiten Gruppe von Ländern auf, die Rae nicht berücksichtigte (etwa Japan, Indien) oder nicht berücksichtigen konnte (Portugal). Er kam den Rae'schen Ergebnissen wesentlich näher als die um ein Jahrzehnt Wahlgeschichte erweiterten Daten zu den von Rae untersuchten Ländern. Arend Lijphart (1994: 142) fand auf der bislang breitesten Datenbasis heraus, dass zwei Drittel aller absoluten Parlamentsmehrheiten mechanischen Effekten der Wahlsysteme geschuldet sind. Seinen Berechnungen zufolge waren 93,2% der Fälle Ergebnis der Auswirkungen von Mehrheitswahlsystemen, so dass der reale Wirkungsunterschied zwischen Mehrheitswahl und Verhältniswahl (im Kontext an dieser Stelle nicht weiter betrachteter Faktoren) sich erheblich vergrößerte.

Eine weitere eigene Überprüfung der Rae'schen Befunde für den Zeitraum 1978-1998, welche die seinerzeitige Länderauswahl um Portugal und Spanien erweiterte und somit insgesamt 134 Wahlen in 22 Ländern umfasste, zählte insgesamt 37 absolute Mehrheiten, die sich auf 40,5% *earned* und 59,5% *manufactured majorities* verteilten. Die von Rae erzielten Ergebnisse wurden in dieser Hinsicht ziemlich exakt bestätigt. Allerdings sank der Anteil der Verhältniswahl an den *manufactured majorities* auf 9,1%, so dass ebenfalls die von Lijphart aufgezeigte Tendenz erhärtet wurde. Mit anderen Worten: Die Auswirkungen der Verhältniswahl näherten sich stärker den Erwartungen an diesen Grundtyp an.

Einige einzelne Fälle verdienen hervorgehoben zu werden. Im Zeitraum von 1945-1977 haben Wahlen in den USA (*Electoral College*) und Indien stets eine Mehrheit hervorgebracht, in Großbritannien und Neuseeland in neun von zehn Fällen, in der Republik Südafrika – es war die Zeit der Apartheid – in sechs von sieben Fällen, in Japan in acht von 13 Fällen. In allen diesen Ländern wurde seinerzeit nach Mehrheitswahl verschiedenen Typs gewählt. In Ländern mit Mehrheitswahl wechselten sich mit der Ausnahme Großbritanniens *earned* und *manufactured majorities* ab. In Großbritannien erreichte nicht ein einziges Mal eine Partei bereits durch den Stimmzettel eine absolute Mehrheit. Mit 39,2% der Stimmen gelangte hier die *Labour Party* 1974 an die unterste Grenze von Stimmen, für die das Wahlsystem in den genannten Ländern noch eine absolute Mehrheit der Mandate einräumte. Mit weniger als 50% der Stimmen ließen sich jedoch stattliche absolute Mandatsmehrheiten erzielen, die höchste mit 74,4% in Indien. Das Stimmenergebnis wurde in diesem Fall um 29,4 Prozentpunkte verbessert. Es sei darauf hingewiesen, dass die relative Mehrheitswahl in den kleinen Inselstaaten der Karibik gelegentlich sogar zu praktisch oppositionslosen Parlamenten führt (s. Nohlen 2005). In den anderen Ländern war der Disproportionseffekt der Mehrheitswahl geringer; wir geben für die genannten Länder jeweils den extremsten Wert der Abweichung des Stimmen- vom Mandatsanteil der Mehrheitspartei an: Kanada 1953: 23,6; Südafrika 1961: 20,9; Neuseeland 1977: 14,8; Großbritannien 1945: 13,4; Japan 1949: 12,8 und Australien 1954: 8,4 Prozentpunkte.

In den 1990er Jahren erreichte Neuseeland 1990 mit 21,9 Prozentpunkten Differenz zwischen Stimmen- und Mandatsanteil der siegreichen Partei den Spitzenwert unter den westlichen Industrieländern, gefolgt von Großbritannien 1997 mit 20,2, Kanada 1993 mit 18,7 und Japan 1990 mit 7,9 Prozentpunkten. Die drei Länder mit seinerzeit allesamt relativer Mehrheitswahl in Einerwahlkreisen führten also die Liste an. Extrem war der Ausschlag des Pendels von einer Wahl zur anderen in Kanada. Die Konservativen stürzten von 1988 57,3% der Mandate auf 1993 0,7% ab, nachdem ihr Stimmenanteil von 43,0% auf 16,0% abgerutscht war.

Zu den Bedingungen, die unter Mehrheitswahl übergroße Disproportionseffekte auftreten lassen, gehören unterschiedliche Wahlbeteiligungen in den Wahlkreisen, asymmetrische Parteiensysteme, regionale Streuung der Wählerschaft (Hochburgen), Dritt- und Viertparteien. Wo diese Faktoren (sozial-) strukturell verankert sind, überwiegt in der Beurteilung der Auswirkungen der Mehrheitswahlsysteme vielfach die Kritik an der extremen Begünstigung der Mehrheit die Einsicht in die Funktionsnotwendigkeit parlamentarischer Mehrheitsbildung.

Ein besonderes Problem stellt die Umkehr der Ergebnisse nach Stimmen in den Ergebnissen nach Mandaten dar, also der *bias*. Mehrheitswahlsysteme können eine parteiliche Minderheit der Wähler mit einer Mehrheit der Parlamentsmandate versehen. Man wird ohne weiteres feststellen dürfen, dass Mehrheitswahlsysteme – auch wenn sie den *bias* nicht direkt verursachen, der vielmehr auf andere akzidentielle Faktoren zurückzuführen ist – hier ihre politisch bedenklichsten *manufactured majorities* bewirken.

Auch in Verhältniswahlsystemen werden Mandatsmehrheiten erzeugt, freilich seltener als in Mehrheitswahlsystemen. *Earned majorities* wie in Portugal 1987 und 1991 sind in den westlichen Industrieländern absolut rar. In Mittel- und Osteuropa ergaben sie sich weniger selten: Bulgarien 1997, Moldawien 2001, Montenegro 2009, Ungarn 2010. Auch in Übersee trifft man häufiger auf das Phänomen. Für Lateinamerika kann auf die Dominikanische Republik, El Salvador, Kolumbien, Paraguay, Venezuela und jüngst auf Bolivien, Ecuador, Honduras und Uruguay verwiesen werden. Namibia nach der Unabhängigkeit und die Republik Afrika nach der Überwindung der Apartheid sind Fälle, die einer besonderen Interpretation bedürfen, da hier die siegreichen Befreiungsbewegungen vollends die parteipolitische Szene beherrschen. Es wäre jedoch falsch, innerhalb der Kategorie Verhältniswahl von einer ziemlichen Einheitlichkeit in der Stimmen-Mandate-Relation auszugehen. Im Gegenteil: Die Disproportionalitätsdifferenzen zwischen den Wahlsystemen sind enorm groß. In Norwegen, wo in vier Wahlen hintereinander (1945-1957) *manufactured majorities* zustandekamen, reichten 1945 bereits 41% der Stimmen zur absoluten Parlamentsmehrheit. In der Türkei trat der Fall, dass sich eine nur relative Stimmenmehrheit in eine absolute Mandatsmehrheit verwandelt, erstmals 1969 auf, wiederholte sich dann in drei aufeinander folgenden Wahlen: 2002 reichten dazu 34,3% der Stimmen, 2007 und 2011 wurden mit 47,0% bzw. 49,8% Ergebnisse näher an der absoluten Stimmenmehrheit erzielt. In Malta sind bislang vier Fälle von *manufactured majorities* zu verzeichnen: 1962, 1966, 2003 und 2008. Die Gründe liegen in allen drei Fällen in der Struktur der Parteiensysteme; für die Türkei und Malta kommen relativ hohe Hürden hinzu, in der Türkei eine legale Sperrklausel von 10%, in Malta die natürliche Hürde, die in den Fünferwahlkreisen besteht. Die weiteren Fälle von *manufactured majorities* unter Verhältniswahl sind überwiegend verstreut: Belgien 1950, Frankreich 1986, Italien 1953, Luxemburg 1954, Österreich 1966, Portugal 2005, Spanien 1982, 1986, 2000 und 2011. Die Fälle sind in den letzten Jahrzehnten eher rückläufig, wenn wir unsere Betrachtung auf die westlichen Industrieländer beschränken und legitimerweise Griechenland unberücksichtigt lassen, wo mit der Wiederherstellung der sog. „verbesserten" Verhältniswahl 1990 in Wahrheit ein Bonuswahlsystems eingeführt wurde und sich bis zur Verschuldungs- und Vertrauenskrise (Wahlen von 2012) stets *manufactured majorities* ergaben. Hier verwandelte sich bei den Wahlen von April 2000 eine dünne Stimmenmehrheit der stärksten gegenüber der zweitstärksten Partei von 1,02 Prozentpunkten in eine Mandatsdifferenz von 11,0 Prozentpunkten. Gelegentlich stellten sich auch in Mittel- und Osteuropa *manufactured maorities* ein: Kroatien 1992 und 1995, Ungarn 1994, Montenegro 2002 und 2006, Moldawien 2009. Hingegen haben *manufactured majorities* in Lateinamerika (bei Parlamentswahlen in präsidentiellen Systemen) nach wie vor Konjunktur: Chile 1965, Dominikanische Republik 1982 und 2006, Venezuela 1958, 1973, 1999 (unterbrochen durch umstrittene *earned majorities*) und 2010, Costa Rica 1986 und 1990, Guatemala 1999, Honduras 1997 und 2012, Panama 1984 und 2004, Uruguay 2009. (s. Nohlen 2005; Alcántara/Tagina 2012).

Manufactured majorities unter Verhältniswahl sind weder abweichende Fälle (*deviant cases*) der „normalen" Auswirkungen von Verhältniswahlsystemen, noch widersprechen sie einer Wahlsystematik, die zwar auf den Repräsentationsprinzipen von Mehrheitswahl und Verhältniswahl fußt, die Auswirkungen von Wahlsystemen typologisch aber nicht unberücksichtigt lässt. Mehrheitsbildung ist zwar nicht unbedingt intendiert, aber die Typen von Verhältniswahlsystemen variieren in dem ihnen eigenen Disproportionseffekt. Umkehrungen in den Stärkeverhältnissen von Parteien nach Stimmen und Mandaten sind auch hier möglich, wie das frühe Beispiel Österreichs 1953 und 1959 belegt, als jeweils die ÖVP mit etwas weniger Stimmenanteil als die SPÖ ein Mandat mehr als diese erhielt und zur stärksten Partei wurde, wenn sie auch keine absolute Parlamentsmehrheit (wie im Falle des *bias* bei relativer Mehrheitswahl) gewann. Dass die Disproportionalität in Wahlsystemen problematisiert wird, die Konzentration und Proporz zugleich anstreben, zeigen neuere Tendenzen, sie durch besondere Vorkehrungen in ihrem Ausmaß zu begrenzen. In Mexiko wurde 1996 eine Mindestprozentzahl an Stimmen (42%) eingeführt, die eine Partei erreichen muss, ehe sich ihre relative Mehrheit an Stimmen in eine absolute Mehrheit an Mandaten verwandeln kann. Den mehrheitsbildenden Effekt des Wahlsystems kann man auch durch Begrenzung der proportionalen Benachteiligung kleiner Parteien einschränken. In Griechenland wurde 1990 allen Parteien, die die Sperrklausel von 3% überspringen, ein Mandatsanteil von zumindest 70% des Stimmenanteils zugesichert (s. Pantelis et al. 2010). Richtig ist deshalb die relativierende Feststellung, dass *manufactured majorities* und mit der Disproportion von Stimmen und Mandaten zusammenhängende Anomalien infolge des geringeren Disproportionseffektes von Proporzsystemen unter Verhältniswahl weniger häufig sind als unter Mehrheitswahl.

10.2.2 Wahlsysteme und Regierungswechsel

Die Frage des Zusammenhangs von Wahlsystem und Wechsel in der Regierungsausübung ist in der liberalen Demokratietheorie von hoher Bedeutung. Ideengeschichtlich hing die Anerkennung des Majoritätsprinzips in der modernen Demokratie mit von der Überlegung ab, dass Mehrheiten wechseln können. Das Konkurrenzmodell der Demokratie lebt gewissermaßen von diesem Axiom. Bei Wahlen ringen die politischen Parteien um das periodisch zu erneuernde Mandat zur Führung der Regierungsgeschäfte. Der Wähler verteilt die Funktionen: eine Partei, die Mehrheitspartei, übernimmt die Regierungsverantwortung, die andere Partei, die Minderheitspartei, übernimmt die Oppositionsrolle. Im Konzept der *His Majesty's Opposition* wurde die Minderheitsrolle mit der Funktion, die Alternativregierung von morgen darzustellen, verknüpft. Im Übrigen wurde die Erfüllung verschiedener Systemfunktionen der Opposition von der realen Chance der Minderheit abhängig gemacht, bei den nachfolgenden Wahlen eine parlamentarische Mehrheit erreichen zu können. Dieses funktionale Demokratieverständnis bewertet das Wahlsystem danach, ob es Regierungswechsel zu fördern in der Lage ist oder nicht.

Innerhalb dieses Demokratiemodells und seiner sozialen Prämissen ist die These anzusiedeln, dass Systeme der Mehrheitswahl und insbesondere die relative Mehrheitswahl in Einerwahlkreisen die Chance des Regierungswechsels erhöhen. In Großbritannien, dem Modell dieser Theoreme, reichte während der Jahrzehnte mit einem klar definierten Zweiparteiensystem ein nationaler *Swing* von durchschnittlich 2,3% aus (s. Rasmussen 1965; Rose 1974: 489), um einen Wechsel in den parlamentarischen Stärkeverhältnissen herbeizuführen. Wähler, die nicht eindeutig auf eine Partei festgelegt sind und ihre Präferenz von Wahl zu Wahl neu bestimmen, entscheiden über Sieg und Niederlage. So kam Erwin K. Scheuch zu dem Ergebnis: „das ... Mehrheitswahlrecht vergrößert meist die Chance, dass Wechselwähler eine Änderung der Regierung erzwingen“ (1967: 67).

Die entscheidende Voraussetzung für die Gültigkeit dieses Theorems wird jedoch in der Regel zu wenig oder gar nicht expliziert: dass nämlich zwei Parteien annähernd gleich stark sein müssen bzw. die Wechselwählerschaft umfangreich genug sein muss, um dieses Wechselspiel in der Mehrheitsrolle bzw. in der Regierungsausübung per Wahlentscheid zulassen zu können. Wo wir hingegen asymmetrische Parteiensysteme vorfinden, oder wo das Wechselwählerreservoir aufgrund konfessioneller, ethnischer, sprachlicher und/oder sozialstruktureller Faktoren, die feste Bindungen der Wähler an ihre Parteien verursachen, allzu gering ist, entbehrt das Theorem nicht nur jeglicher Valenz (eine gewisse Einschränkung seiner Gültigkeit enthält ja auch das Scheuch-Zitat), sondern widerspricht den empirischen Auswirkungen von Mehrheitswahlsystemen.

Dies zeigt selbst das Beispiel Großbritannien. Durch das Absinken des Stimmen- und Mandatsanteils von *Labour* und dem Erstarken einer dritten politischen Kraft (Liberale bzw. Liberal/SDP-Allianz) in den Wahlen nach 1974 war diese Bedingung annähernd gleich starker Parteien (Konservative und *Labour*) lange Zeit nicht mehr gegeben. *Labour* benötigte etwa nach der Wahl 1987 einen *Swing* von über 8% und 97 zusätzliche Sitze, um bei der nächsten Wahl eine Mehrheit zu erhalten (s. Butler/Kavanagh 1988: 271). Es dauerte 16 Jahre, ehe *Labour* wieder eine Unterhauswahl gewinnen konnte. Ohnehin war Großbritannien unter den wenigen Ländern mit zugeschriebenen Zweiparteiensystemen ein tatsächlicher (wenn auch ein sporadischer) Sonderfall. Nur im Mutterland der parlamentarischen Demokratie funktionierte während einiger Jahrzehnte der Wechsel der Partei in der Regierungsausübung mit gewisser Regelmäßigkeit.

In Neuseeland hingegen, das Großbritannien noch am nächsten kam, als es nach relativer Mehrheit wählte, musste die *Labour Party* seinerzeit 15 Jahre warten, ehe sie 1972 wieder die Wahlen gegen die *National Party* gewinnen konnte. Insgesamt setzte sie sich in zehn Wahlen nur zweimal gegen die Nationalen durch, ehe sie 1978, 1981, 1984 und 1987 vier Wahlen nach Stimmen, aber nur zwei auch mit absoluter Mandatsmehrheit gewinnen konnte. 1990 und 1993 war wieder die *National Party* erfolgreich; bei den letzten Wahlen unter relativer Mehrheitswahl erzielte sie mit 35% der Stimmen 50,5% der Mandate.

In Mehrparteiensystemen und in Parteiensystemen mit dominierenden Parteien verfestigen Mehrheitswahlsysteme und insbesondere die relative Mehrheitswahl in Einerwahlkreisen die Quasi-Monopolstellung der stimmstärksten Partei in der Machtausübung. In Kanada, Indien und auch Japan (mit SNTV) war der Regierungswechsel nahezu ausgeschlossen oder sehr stark eingeschränkt. Oppositionsparteien konnten nur hoffen, dass die Mehrheitspartei zerbricht, was dann auch den Machtwechsel in Indien 1977 ermöglichte, fürderhin aber mit einer Zersplitterung des Parteiensystems verbunden war. Sie mussten also auf das spekulieren, was die Funktionalisten mit der relativen Mehrheitswahl in Einerwahlkreisen gerade verhindern wollen und als eine Folge der Verhältniswahl ansehen.

Es ist nicht unerheblich, daran zu erinnern, dass sich in einer Reihe von Ländern die Verhältniswahl gerade deshalb hat durchsetzen können, weil die Mehrheitswahl aufgrund der ethnischen und sozialen Struktur nur in die dauernde Vorherrschaft einer Partei hätte münden können. Das Majoritätsprinzip wurde also just dort als Repräsentationsprinzip vom Proporz abgelöst, wo es an den politischen Voraussetzungen seiner Anerkennung zwangsläufig fehlen musste, wie etwa in der Schweiz, in Belgien, in den Niederlanden. Für andere Länder, wie insbesondere einige skandinavische Länder, war über Jahrzehnte nicht zu sehen, wie unter einer Mehrheitswahl die Mehrheitsposition einer Partei hätte erschüttert werden und ein Regierungswechsel hätte stattfinden können. Der Proporz, ja die kontinuierliche Verbesserung des Proporzes innerhalb der Verhältniswahlsysteme, ist in Norwegen und Schweden geradezu die Bedingung für einen Wechsel in der Regierungsausübung gewesen. Hier haben sich die Mehrparteiensysteme im übrigen derart strukturiert, dass der Wähler zwischen einer Partei und einer Koalition von Parteien entscheiden kann, zwischen der Sozialdemokratie und dem bürgerlichen Block. Die Zwei-Blöcke-Struktur hat sich für den Regierungswechsel als förderlich erwiesen.

Es ist also keine allgemeingültige Aussage darüber möglich, welche Wahlsysteme den Wechsel in der Regierungsausübung fördern oder erschweren. Es müssen stets die Bedingungen genannt werden, unter denen eine Aussage Gültigkeit beanspruchen kann. Ohne Zurkenntnisnahme der konkreten gesellschaftlichen und politischen Strukturen können die tatsächlichen und die mutmaßlichen Auswirkungen von Wahlsystemen auch hinsichtlich der Frage nach Förderung oder Erschwerung des Machtwechsels nicht hinreichend empirisch haltbar aufgezeigt werden.

Zwei Beispiele überwiegend asymmetrischer Parteiensysteme untermauern unsere These und widerlegen beiläufig Ableitungen des falsifizierten Theorems innerhalb der funktionalistischen Argumentationskette. In Kanada regierten bis auf eine Unterbrechung von 1957-1963 jahrzehntelang die Liberalen. Als Folge der nicht ohne Zutun der relativen Mehrheitswahl in Einerwahlkreisen verschärften gesellschaftlichen Heterogenität fand, auch wenn die Liberalen nicht die absolute Mehrheit der Parlamentsmandate erreichen konnten, kein Wechsel in der Regierung statt. Es alternierten nur Mehrheits- und Minderheitskabinette der Liberalen. Das Ausbleiben des Wechsels (bis 1984) und Minderheitsregierungen (nach vier Wahlen von 2000 bis 2011) riefen nicht notwendigerweise Instabilität, Ineffizienz und Immobilität hervor. Rainer-Olaf Schultze (1977) fand heraus, dass die Innovationen und Leistungen in der kanadischen Nachkriegspolitik jedoch weniger von den Regierungen mit stabilen Mehrheiten, sondern von der Abfolge von Mehrheits- und Minderheitsregierungen, von der katalytischen Funktion der Drittparteien ausgegangen sind.

Für unser zweites Beispiel, die Bundesrepublik Deutschland, wurden Mitte der 1960er Jahre umfangreiche Untersuchungen darüber angestellt, welches Wahlsystem die Chance des Machtwechsels vergrößern würde. Die Köln-Mannheimer Studie (Scheuch/ Wildenmann 1965) kam zu dem umstrittenen Ergebnis, dass unter relativer Mehrheitswahl in Einerwahlkreisen (und in geringerem Maße unter Varianten mehrheitsbildender Wahlsysteme) die Chance des Machtwechsels damals gegeben gewesen sei (s. u.a. Wildenmann 1965: 80). Dagegen stellten Hartmut Jäckel (1966) und das INFAS-Institut (1967) die Prämissen der Computer-Simulation in Frage und betonten die sozialstrukturellen Barrieren, die es der SPD zum damaligen Zeitpunkt nicht ermöglichten, trotz eines (unterschiedlich hoch berechneten) *bias* zu ihren Gunsten mit der CDU/CSU gleichzuziehen und unter Mehrheitswahl die Mehrheit der Mandate zu erringen. Der tatsächliche Verlauf der Wahlauseinandersetzungen dürfte nachdrücklich bestätigt haben, dass es unter Verhältniswahl leichter fallen konnte, den Regierungswechsel zu vollziehen.

Macht man sich nicht die dogmatische Position zu eigen, die nur im Wechsel zweier (Volks-)Parteien die demokratieadäquate Einlösung alternierender Regierungsweise sieht, so zeigt sich in den westlichen Industrieländern seit den 1960er Jahren auch unter Verhältniswahl eine wachsende Tendenz zum Wechsel in der Regierungsausübung. Dabei treten unterschiedliche Modelle alternierender Regierungen auf. Der für ein Vielparteiensystem unter Verhältniswahl herkömmliche Wechsel besteht entweder im Austausch von Koalitionspartnern, der dann als Alternieren begriffen werden sollte, wenn die Regierungsführung an eine andere Partei übergeht, oder im Wechsel von Koalitionsregierungen, d.h. Blöcken von Parteien. Dass in Vielparteiensystemen kein Alternieren nach Maßstäben des Zweiparteiensystems erwartet werden kann, versteht sich eigentlich von selbst.

Reger Wechsel der Regierungen konnte in Osteuropa beobachtet werden. Lassen wir Länder unberücksichtigt, die entweder autoritär (Weißrussland, zunächst auch das spätere Serbien) oder präsidial regiert werden (Russland, Ukraine), und ebenso solche, deren Parteiensysteme zunächst derart wenig strukturiert waren, dass sie für die parlamentarische Mehrheitsbildung kaum relevant waren (Estland, Lettland), so wurde in den verbliebenen elf Ländern in den 1990er Jahren zumindest ein Regierungswechsel herbeigeführt (Albanien, Kroatien, Mazedonien, Rumänien, Slowenien, Tschechien), in einigen Ländern deren zwei (Bulgarien, Litauen, Polen, Slowakei, Ungarn). Verantwortlich für das hohe Maß an Alternieren, das seither nicht nachgelassen hat (s. Nohlen/Stöver 2010), waren in den 1990er Jahren in erster Linie die hohe *volatility*, also die starken Umschwünge der Parteien in der Gunst der Wählerschaft, in zweiter Linie die wahlstrategischen Anpassungen der Parteien an die Erfolgsbedingungen des Wahlsystems. Besonders drastisch schlug diese Anpassung in der Slowakei zu Buche, die Folge einer maliziösen Wahlreform war. Um die eingeführte Benachteiligung für Parteienbündnisse zu umgehen, die darin bestand, nur jene Wahlbündnisse an der Mandatsvergabe zu beteiligen, deren einzelne Parteien jeweils 5% der Stimmen erhalten hatten, sahen sich die Oppositionsparteien gezwungen, sich zu einer Partei zusammenzuschließen. So kam eine geschlossene Oppositionspartei zustande, die gestützt auf das Wählervotum die bisherige Regierungspartei von der Macht vertreiben konnte (s. Grotz 2000).

In Lateinamerika sollte die oben aufgezeigte bipolare Entwicklung der Parteiensysteme an sich für den häufigeren Wechsel in der Machtausübung sprechen. Doch sind zwei Richtungen in der Strukturentwicklung der Parteiensysteme denkbar: entweder die Überwindung der bisherigen Asymmetrie zugunsten einer Partei durch die Bildung einer Wahlallianz bzw. Koalition von Oppositionsparteien (der Fall Argentinien 1999), oder die Bildung einer neuen Asymmetrie (der Fall Chile nach 1990). Nur im ersteren Fall nimmt die Wechselwahrscheinlichkeit zu. In Chile konnte die *Concertación* aus Christdemokraten und Sozialistischen Parteien 1990, 1994, 2000 und 2006 die Parlamentswahlen gewinnen, ehe sie 2009 trotz einer Mehrheit an Stimmen mit einem Mandat der rechtsgerichteten „Allianz für den Wechsel“ unterlag. In diesem Fall ist auch der Faktor Wahlsystem im Spiel. Das binominale System zwingt die Parteien zu Koalitionen. Einen ähnlichen Einfluss nimmt in Uruguay die Einführung der absoluten Mehrheitswahl für die Präsidentschaftswahlen und deren gleichzeitige Trennung von den Parlamentswahlen. Wahlallianzen kämpfen um die Mehrheit. Der Wechsel im Präsidentenamt von 1999 brachte infolge der institutionellen Reform noch keinen Machtwechsel, aber vier Jahre später gelang es der politischen Linken (Frente Amplio) dann doch, das Bündnis der traditionellen Parteien (Colorados und Blancos) in der Machtausübung abzulösen. Es bleibt abzuwarten, ob sich eine neue Asymmetrie zugunsten der Linken herausbildet.

Zusammenfassend lässt sich feststellen, dass die Frage des Wechsels in der Regierungsausübung primär von den Strukturen des Parteiensystems und prozesshaften Veränderungen des Wählerverhaltens abhängig ist. Es gibt folglich keine empirische Evidenz für die These, dass ein spezifisches Wahlsystem generell das Alternieren politischer Parteien in der Regierungsausübung erleichtert. Die Frage unterliegt den konkreten gesellschaftlichen und politischen Bedingungen. Nach ihnen richtet sich, ob im konkreten Fall das bestehende Wahlsystem das Alternieren gefördert hat bzw. eher dieses oder jenes Wahlsystem das Alternieren fördern könnte. Es kann sich freilich ein Zusammenspiel von spezifischer parteilicher Wettbewerbssituation und Wahlsystem ergeben, so dass der Einfluss der institutionellen Variable dann nicht mehr geleugnet werden kann.

10.2.3 Wahlsysteme und Proportionalität

Proportionalität in der Stimmen-Mandate-Relation, also „gerechte" Repräsentation, ist eine der Hauptfunktionen, deren Erfüllung von Wahlsystemen erwartet wird (s. Kapitel 5, Abschnitt 7). Es wird angenommen, dass der Grad der Proportionalität eines Wahlergebnisses durch die Wahl des Wahlsystems, insbesondere durch die Auswahl einzelner technischer Elemente, präzise gesteuert werden kann. Das setzt die Berechenbarkeit und Prognostizierbarkeit der proportionalen Effekte von Wahlsystemen voraus. Der Proportionalitätsindex wurde zu einem wichtigen Maßstab im Vergleich erzielter Wahlergebnisse und der sie hervorrufenden institutionellen Faktoren. Dabei wurden sowohl Wahlsysteme als auch bereits Parteiensysteme als Variablen betrachtet. Rein Taagepera und andere haben sich darum verdient gemacht, den Proportionalitätsgrad zu bestimmen, den Wahlsysteme unter Bedingungen unterschiedlich strukturierter Parteiensysteme erreichen.

Ausgehend vom empirischen Proportionalitätsindex von Richard Rose (s. oben Kapitel 6, Abschnitt 2) und begrenzt auf 25 westliche Industrieländer, die eine für unsere Zwecke ausreichende Varianz bereitstellen, lassen sich einige Beobachtungen machen, die oben in *Tabelle 17* dokumentiert sind. Hier wurden die entsprechenden Daten des International Almanac of Electoral History für die Wahlen im Zeitraum zwischen 1992 und 1996 angegeben (Mackie/Rose 1997). Eine erste Beobachtung ist, dass die Daten für einzelne Länder, zieht man Angaben in früheren Editionen des Almanac heran, im Zeitverlauf schwanken. Ein und dasselbe Wahlsystem produziert also nicht immer denselben proportionalen Indexwert, was nachhaltig auf die Bedeutung des Parteiensystems bzw. von Veränderungen der Wählerpräferenzen für die Auswirkungen des Wahlsystems verweist. Die eigentliche Frage, die hinsichtlich des Proportionalitätsgrades von Wahlsystemen zu stellen ist, lautet demnach nicht ganz allgemein nach dem diesbezüglichen Effekt, sondern präzise nach den spezifischen Bedingungen, denen er mitgeschuldet ist.

Zweitens jedoch werden im Großen und Ganzen die Annahmen über die proportionalen Effekte der verschiedenen Wahlsysteme bestätigt, die sich durch ihre Zuordnung zu Wahlsystemtypen aufgrund ihrer Intention und Funktionsweise erwarten ließen (s. auch Kapitel 6, Abschnitt 2). Die Abweichungen vom Mittelwert nach oben und unten korrespondieren in der Regel mit Verhältniswahl respektive Mehrheitswahl. Nicht zu verkennen sind freilich markante Ausbrecher. Am Auffallendsten ist der hohe Index für die relative Mehrheitswahl in den USA (99), der in scharfen Kontrast zu den Werten für Neuseeland (74), Kanada (77) und Großbritannien (83) steht. Ein hoher Proportionalitätsindex bedeutet also keineswegs stets Verhältniswahl als dessen Voraussetzung.

Drittens sollte man meinen, dass Proportionalität und Fragmentierung in positiver Korrelation miteinander verbunden sind. Schließlich ist ja die Repräsentation der vielfältigen Interessen eine wesentliche Funktion der Verhältniswahl. Und technische Elemente wie etwa große Wahlkreise eröffnen auch kleinen Parteien die Chance, Parlamentsmandate zu gewinnen. Hohe Fragmentierung steht jedoch eher in einem Spannungsverhältnis zur hoher Proportionalität (Schweiz 91, Spanien 92). Sie lässt sich auch theoretisch begründen. Denn bei hoher Fragmentierung wirken psychologische Momente gegen hohe Proportionalität. Viele Wähler unterliegen einem strategischen Fehlkalkül. Sie vergeuden ihre Stimme für kleine Parteien, die entgegen ihren Erwartungen der Wähler doch keine Chance haben, ein Mandat zu erreichen.

Viertens schließlich könnte man annehmen, dass Zweiparteiensysteme eher mit hoher Disproportion von Stimmen und Mandaten verbunden sind. Dem ist jedoch nicht so, wie die Fälle USA (99) und Malta (98) zeigen. Dies lässt sich ebenfalls theoretisch begründen, auch wenn die beiden genannten Länder keine geeigneten Beispiele dafür sind: Wähler vergeuden wenig Stimmen, wenn sie diese auf Parteien konzentrieren, die auf jeden Fall an der Mandatsvergabe beteiligt sind.

Wahlsysteme und Proportionalität bilden also keinen Zusammenhang, der sich von selbst versteht. Wie sollte er das auch, ist doch bereits bei rein mechanischen Prozessen, beim Vorgang der Übertragung von Stimmen in Mandate, nicht davon auszugehen, dass eine Partei bei Anwendung ein und derselben Formel für einen bestimmten Prozentanteil an Stimmen bei gleich bleibender Gesamtmandatszahl einen festen Anteil an Mandaten erhält. Vielmehr hängt die Mandatszahl davon ab, wie die weiteren Parteien einlaufen. Die Disproportionalität von Wahlergebnissen hängt in gleicher Weise von der Zahl der weiteren Parteien ab, die aufgrund gesetzlicher oder natürlicher Hürden (Sperrklauseln oder geringe Wahlkreisgrößen) nicht an der Mandatsvergabe teilhaben.

Nichtsdestoweniger wird man sagen dürfen, dass die Wahlsystemforschung relativ gute Prognosen über die Proportionalitätseffekte von Wahlsystemen machen kann, wobei die empirisch-statistische Richtung meint, das auch ohne Kontextwissen leisten zu können, während die historisch-empirische Richtung auf dieses nicht verzichten kann. Das größte Problem in der Beschäftigung mit den Proportionalitätseffekten von Wahlsystemen besteht freilich darin, dass sie über die Struktur der Parteiensysteme wenig aussagen: „disproportionality is only a weak predictor of the number of parties“ (Lijphart 1990: 493).

10.3 Gesetzmäßige Auswirkungen von Wahlsystemen

In der politikwissenschaftlichen Literatur und in der politischen Debatte über Wahlsysteme wird häufig von der (mehr impliziten als expliziten) Vorstellung ausgegangen, dass die Beziehungen zwischen Wahlsystemen und Parteiensystemen sich in Form von sozialwissenschaftlichen Gesetzen beschreiben oder erklären lassen. Ohne hier auf die Problematik des Gesetzesbegriffs in den Sozialwissenschaften näher eingehen zu wollen (dazu Nohlen/Schultze 1989: 292f.), sei gleichwohl bemerkt, dass sozialwissenschaftliche Gesetze, die ja im wesentlichen empirische Regelmäßigkeiten enthalten, der empirischen Überprüfung und Bewährung in der Weise ausgesetzt sind und auch bleiben müssen, dass festgestellt wird, ob die angesprochenen Zusammenhänge sich regelmäßig so gestalten, wie es die Gesetze formulieren.

Auch in dieser weichen Form der Gesetzesbegriffe halten die gesetzmäßigen Generalisierungen für den Zusammenhang von Wahlsystemen und Parteiensystemen nicht das, was sie in ihrer so eingängigen antithetischen Form versprechen. Im folgenden wird dies an drei prominenten Autoren wie Maurice Duverger, Douglas W. Rae und Giovanni Sartori aufgezeigt.

10.3.1 Duvergers „soziologische Gesetze“

Der Versuch, die Auswirkungen von Wahlsystemen in Form von „soziologischen Gesetzen“ auszudrücken, ist mit dem Namen Maurice Duverger verbunden. Er formulierte seinerzeit als Hypothese (Duverger 1951, am prägnantesten 1959: 219), was seither im allgemeinen Kenntnisstand zum Zusammenhang von Wahlsystem und Parteiensystem tief verankert blieb:

„1. Die Verhältniswahl führt zu einem Vielparteiensystem mit starren, unabhängigen und stabilen Parteien (außer im Falle von plötzlich aufflammenden Bewegungen).
2. Die Mehrheitswahl mit Stichwahl führt zu einem Vielparteiensystem mit elastischen, abhängigen und verhältnismäßig stabilen Parteien (in allen Fällen).
3. Die einfache Mehrheitswahl führt zu einem Zweiparteiensystem mit sich abwechselnden großen und unabhängigen Parteien.“

Wie sehr Duverger den allgemeinen Kenntnisstand geprägt hat, wird am ehesten bei Forschern sichtbar, die grundsätzlich betonten, dass ein Faktor allein für die Struktur des Parteiensystems nicht ausschlaggebend sein könne, sondern von einer „Interdependenz aller Teile eines Gesellschaftssystems" auszugehen sei, und doch feststellten: „Wo immer es ein funktionierendes Zweiparteiensystem gibt, d.h. wo immer in der Regel eine von zwei Parteien abwechselnd die Regierung bildet, finden wir auch ein Wahlsystem, dass alle Parteien, die in keinem Wahlkreis die Mehrheit erreicht haben, von einer Repräsentation ausschließt. Andererseits sind überall dort, wo es ein Verhältniswahlsystem gibt, vier und mehr Parteien im Parlament vertreten, wobei ... absolute parlamentarische Mehrheiten einer Partei äußerst selten sind" (Lipset 1969: 442). Noch auffälliger ist die Orientierung an Duverger, wenn die Bestätigung der „Gesetze" ausschließlich von der Zahl der Fälle abhängig gemacht wird. So fährt Seymour Martin Lipset fort: „Hätten wir genügend auswertbare Fälle, so ließen sich höchstwahrscheinlich die folgenden Rangordnungskorrelationen zwischen Wahlsystemen und Anzahl der Parteien aufstellen: Präsidentielle Systeme mit Einerwahlkreisen und einfacher Mehrheitswahl – Zweiparteien; parlamentarisches System mit Einmannwahlkreisen und einfacher Mehrheit – Tendenz zu Zweiparteien; parlamentarisches System mit Einerwahlkreisen und Alternativlisten oder Stichwahl – Tendenz zu mehreren Parteien; Verhältniswahl – viele Parteien" (ebenda.).

Die Duverger'schen Gesetze – beiläufig sei erwähnt, dass sie als sozialwissenschaftliche Gesetze nicht deterministisch sind (niemals auch wird die Wirkung aufgrund des Gesetzes, sondern immer nur entsprechend einem Gesetz erzielt) – lassen sich jedoch wissenschaftlich nicht halten. Die Defizite liegen in den drei Bereichen der Empirie, Theorie und Methode.

1. Empirisch: Zu viele Fälle widerlegen die den Wahlsystemgrundtypen zugeschriebenen gesetzmäßigen Auswirkungen. Es gibt Mehrparteiensysteme bei relativer Mehrheitswahl und Zweiparteiensysteme bei Verhältniswahl.
2. Theoretisch: Angesichts etlicher Ausnahmen von der unterstellten Kausalbeziehung wäre notwendig anzugeben, unter welchen individuellen, den Kontext einbeziehenden Bedingungen die

Gesetze Gültigkeit haben. In der klassischen Formulierung der Gesetze werden die abweichenden Fälle nicht zur Kenntnis genommen und nicht dazu genutzt, ihren theoretischen Gehalt zu verfeinern (so bereits Widlavski 1969).

3. Methodisch: Es wird nicht ein Wahlsystem mit einem anderen verglichen, sondern die relative Mehrheitswahl in Einerwahlkreisen mit einem Repräsentationsprinzip, der Verhältniswahl. Das Prinzip kann jedoch in mannigfacher Form in Wahlsysteme umgesetzt werden, die dann sehr verschiedene Auswirkungen haben können (s. oben Kapitel 6, Abschnitt 1).

Es entbehrt nicht der Ironie, dass Maurice Duverger der landläufigen Interpretation seiner Forschungsergebnisse im Sinne strikter deterministischer Gesetze 30 Jahre später (1986) den Boden entzogen und sie zu „Arbeitshypothesen“ (1984: 39) heruntergestuft hat. Er betont „the relationship between electoral rules and party systems is not mechanical and automatic: A particular electoral regime does not necessarily produce a particular party system; it merely exerts pressures in the direction of this system; it is a force which acts among several other forces, some of which tend in the opposite direction“ (1986: 71, zuerst 1960). Diese späte Anmerkung Duvergers zu Inhalt und Rezeptionsgeschichte seiner Gesetze wird die Praxis kaum verändern, ihm die erste gesetzmäßige Erfassung des Zusammenhangs von Wahlsystem und Parteiensystem zuzuschreiben (mehr dazu in Nohlen 2013a).

10.3.2 Raes statistisch-empirische Bestätigung von Duverger

Douglas W. Rae hat in seiner statistisch-empirischen Untersuchung die Gesetzesthese von Maurice Duverger vermeintlich im Wesentlichen bestätigt, dass die relative Mehrheitswahl in Einerwahlkreisen das Zweiparteiensystem begünstige, und gemeint, dass von allen Hypothesen, die er überprüft habe, diese am ehesten einem „true sociological law“ gleichkomme (s. Rae 1967: 92). Angesichts des *deviant case* Kanada und der Existenz eines Zweiparteiensystems auch ohne das britische Wahlsystem (seinerzeit Österreich) hat er jedoch eine Differenzierung der These vorgenommen: „Plurality formulae are always associated with two-party competition except where strong local minority parties exist, and other formulae are associated with two-party competition only where minority elective parties are very weak" (ebenda: 95).

Nun hat Rae im Grunde nur statistische Korrelationen angestellt und nicht eigentlich die Frage kausaler Beziehungen zwischen Wahlsystem und Parteiensystem zu prüfen versucht, was die notwendige Voraussetzung für eine Validierung des Duvergerschen Theorems gewesen wäre. Er beobachtet: „Dualist countries use the simple-majority vote and simple-majority vote countries are dualistic" (ebenda: 92) und unterbewertet im Folgenden die Vielzahl von historischen und seinerzeitigen Ausnahmen, wobei insbesondere die historischen Fälle gegen die wissenschaftliche Relevanz dieser Beobachtung sprechen. Die überwiegende Zahl nicht oder (infolge der Wahlrechtsausbreitung) nicht mehr dualistisch strukturierter Länder ging von der relativen Mehrheitswahl zur Verhältniswahl über, als zufrieden stellende technische Verfahren der Anwendung dieses Repräsentationsprinzips vorlagen. Andererseits wählen neben Kanada noch andere ethnisch fragmentierte Gesellschaften mit *strong local minority parties* unverändert nach relativer Mehrheitswahl (Kenia, Malaysia u.a.).

Welchen Erklärungswert bergen die von Rae beobachteten Sachverhalte? Die auf sie begründete These ist tautologisch, worauf Gerhard Lehmbruch bereits hingewiesen hat (1971: 179, Anm. 31). Im Klartext besagt die obige These eigentlich nichts anderes, als dass dort, wo die Bedingungen für die Herausbildung eines Zweiparteiensystems existieren (Fehlen von entweder lokalen oder nationalen Minderheitsparteien), sowohl Mehrheitswahl als auch Verhältniswahl mit Zweiparteiensystemen einhergehen können. Die These ist also weit davon entfernt, eine Kausalrelation anzudeuten bzw. eine Erklärung für den Zusammenhang von Wahlsystem und Parteiensystem anzubieten. Sie ist folglich auch nicht geeignet, Maurice Duvergers Theorem zu untermauern – im Gegensatz zu der Ansicht ihres Verfassers. Im Übrigen sei hier schon darauf verwiesen, dass Rae im weniger beachteten Teil seiner Schrift die Wechselwirkung zwischen Wahlsystem und Parteiensystem betont (s. dazu in diesem Kapitel, Abschnitt 5).

Arend Lijphart (1990) hat das für die Wahlsystemlehre grundlegende Werk von Rae einer gründlichen Kritik unterzogen. Uns interessiert hier weniger, dass Lijphart Rae fehlerhafte Klassifizierungen, schwache Hypothesen und geringes Datenmaterial vorhält.

Hingegen ist von Bedeutung, dass Lijphart bei der Überprüfung der Kausalbeziehungen zwischen einzelnen Elementen von Wahlsystemen (Entscheidungsregel, Wahlkreisgröße) und Struktur des Parteiensystems zu dem Ergebnis gelangt, dass diese Beziehungen „much weaker than Rae suggests“ (1990: 493) seien. Lijpharts statistisch-empirische Untersuchung von 1994 hat diese Aussage bestätigt (zur Kontroverse mit Rae und Lijphart siehe Nohlen 2013a).

10.3.3 Sartoris Neuformulierung der Duverger'schen Gesetze

In den 1980er Jahren hat Giovanni Sartori (1986; s. auch 1994) den an sich begrüßenswerten Versuch unternommen, die konkreten Bedingungen anzugeben, unter denen Aussagen zu den Auswirkungen von Wahlsystemen in Form von sozialwissenschaftlichen Gesetzen aufrecht erhalten werden können, so dass Punkt zwei der Kritik an Duverger nunmehr als hinfällig betrachtet werden könnte. Sartoris Wahlsystemtheorie ist an sich breiter angelegt (s. dazu Nohlen 2013a). Wir beschränken uns hier auf seine Neuformulierung der Duverger'schen Gesetze, von denen er hauptsächlich zwei thematisiert: jene zu den Auswirkungen der relativen Mehrheitswahl und der Verhältniswahl. Er stellt nun deren vier auf:

1. Gesetz: Bei einem strukturierten Parteiensystem und einer gleichmäßigen Verteilung der Stimmen über die Wahlkreise (als zusammengehörige notwendige Bedingungen) führen relative Mehrheitswahlsysteme (d.h. sie sind eine hinreichende Bedingung) zu einem Zweiparteiensystem. Entsprechend stellt ein besonders stark strukturiertes Parteiensystem für sich allein bereits eine notwendige und hinreichende Bedingung für die Herbeiführung eines Zweiparteienwettbewerbs dar.
2. Gesetz: Bei einem strukturierten Parteiensystem, jedoch ohne gleichmäßige Verteilung der Stimmen über die Wahlkreise, bewirken relative Mehrheitswahlsysteme (d.h. sie sind hinreichende Bedingung für) die Beseitigung der Parteien, welche die Mehrheit nicht erreicht haben. Solche Parteien können jedoch nicht beseitigt werden, die über starke Hochburgen mit einem Anteil an Stimmen, welcher der relativen Mehrheit entspricht, verfügen, so dass relative Mehrheitswahlsysteme folglich hier

so viele Parteien mehr als zwei erlauben, wie es solche Hochburgensituationen dritter oder vierter Parteien gibt.

3. Gesetz: Ist ein strukturiertes Parteiensystem gegeben, übt die Verhältniswahl einen Konzentrationseffekt aus, der auf ihre Unproportionalität (als hinreichende Bedingung) zurückzuführen ist. Je größer die „Unreinheit“ der Verhältniswahl, desto höher ist der Konzentrationseffekt; je geringer, umgekehrt, die „Unreinheit“ ist, desto schwächer wird sich der Konzentrationseffekt auswirken. Andererseits ist ein besonders stark strukturiertes Parteiensystem für sich schon eine notwendige und hinreichende Bedingung für die Beibehaltung jedes Parteiensystems, das vor der Einführung der Verhältniswahl bestanden hat.
4. Gesetz: Wenn kein strukturiertes Parteiensystem vorliegt und von einem reinen Verhältniswahlsystem ausgegangen wird, d.h. eine für alle gleiche Zugangschance existiert, besteht keine Diskriminierung und die Zahl der Parteien kann die laut Quote erlaubte Höhe erreichen.

Zwei Bedingungen werden eingeführt, von denen eine oder beide in den Gesetzen genannt werden. Die erste Bedingung ist die Existenz strukturierter Parteien im Kontext von *mass politics.* Gibt es einigermaßen gut organisierte und in der Wählerschaft gut verankerte Parteien, sind die Parteiensysteme stabil und weniger anfällig gegenüber Wirkungen, die vom Wahlsystem ausgehen können. Die zweite Bedingung ist die gleichmäßige geographische Streuung der Wählerschaft der Parteien, die speziell für die Auswirkungen der relativen Mehrheitswahl große Bedeutung hat. Ist die Verteilung der Stimmen über die Wahlkreise einigermaßen gleichmäßig und sind damit beide Bedingungen erfüllt, dann ist die spezifische Auswirkung der relativen Mehrheitswahl auf das Parteiensystem nicht nur vorhersehbar, sondern zwingend.

Die beiden Bedingungen sind als Variablen gut gewählt. In der Tat hängen im Wesentlichen von ihrer historisch konkreten Ausprägung und Dynamik die Auswirkungen von Wahlsystemen auf Parteiensysteme ab. Mit ihnen haben wir es in der empirischen Analyse der Auswirkungen von Wahlsystemen zu tun. Aufgabe ist, den jeweiligen Effekt dieser Variablen in dem uns interessierenden Wirkungszusammenhang von Wahlsystem und Parteiensystem ausfindig zu machen.

Wie geht nun Sartori mit diesen Bedingungen um? Werden sie in den Dienst einer besseren Erkenntnis der kausalen Zusammenhänge gestellt? Zunächst ist festzustellen, dass die vier Gesetze auf unterschiedlichen konzeptuellen Ebenen angesiedelt sind. Dies trifft vor allem für Gesetz Nr. 4 im Vergleich zu den anderen drei Gesetzen zu. Nicht von ungefähr hat auch Sartori selbst Zweifel, ob es sich beim vierten Gesetz um ein Gesetz handelt oder nur um eine Explikation, d.h. um die logisch-empirische Festigung eines vorhandenen Begriffs. Die Aussage, die hier gemacht wird, ist im wesentlichen wahlsystematisch und entspricht im Grunde einer Realdefinition: Im Prinzip können so viele Parteien (im Vielparteiensystem) Mandate erhalten, wie Parteien die Wahlquote erreichen – das ist eine Definition der reinen Verhältniswahl. Der Informationsgehalt dieses Gesetzes ist nicht höher als der, dass bei relativer Mehrheitswahl in Einerwahlkreisen nur derjenige Kandidat gewählt ist, der die relative Mehrheit der Stimmen (bzw. mehr Stimmen als jeder andere Kandidat) erreicht. Wenn keine strukturierten (großen) Parteien existieren und Parteienzersplitterung vorliegt, dann wird diese von der reinen Verhältniswahl getreu wiedergegeben. Etwas, was bereits ist (Parteienzersplitterung) oder nicht ist (gut organisierte (große) Parteien), wird vom Wahlsystem reflektiert. Entsprechend seiner Definition der Verhältniswahl als „*no-effect system*" spricht Sartori nicht mehr von Auswirkungen dieses Wahlsystems, etwa in dem Sinne, dass es die Parteienzersplitterung fördert, sondern nur mehr davon, dass es diese widerspiegelt.

Des Weiteren sind die Gesetze Sartoris so formuliert, dass es gar nicht mehr um die Erkenntnis tatsächlicher Zusammenhänge geht, sondern die dazu dienlichen hypothetischen „Gesetze" werden vielmehr zugunsten eines naturwissenschaftlichen Gesetzesbegriffs aufgegeben. Duvergers Gesetze enthielten Tendenzaussagen, waren „Arbeitshypothesen". Sartoris Gesetze sind deterministisch und können nicht mehr scheitern. Sie erfassen deskriptiv in der Angabe von konkreten Randbedingungen Konfigurationen, aus denen wahlsystematisch nichts anderes hervorgehen kann als das vorausgesagte Ergebnis. Dies wird deutlich, wenn wir die Gesetze in anderen Worten ausdrücken:

Gesetz 1:
Erreicht keine Drittpartei (neben zwei großen) in einem der Wahlkreise die relative Mehrheit der Stimmen, besteht ein Zweiparteiensystem.

Gesetz 2:
Erreichen Drittparteien (d.h. neben den beiden großen Parteien weitere Parteien) in Einerwahlkreisen relative Stimmenmehrheiten, gibt es so viele Parteien mehr als zwei, wie weitere Parteien solche Stimmenkonzentrationen aufweisen.

Gesetz 3:
Je stärker der Disproportionseffekt des Wahlsystems (hier der Verhältniswahl), desto stärker der Reduzierungseffekt auf die Zahl der Parteien, oder: krasser formuliert: Je weniger Parteien die natürliche Wahlkreishürde (kleine Wahlkreise) oder die künstliche Hürde (Sperrklausel) passieren, desto weniger Parteien kommen ins Parlament.

Gesetz 4:
So viele Parteien können (im Vielparteiensystem) Mandate erhalten, wie Parteien die Wahlzahl erreichen.

Wohlgemerkt: Diese Aussagen sind alle richtig. Allenfalls bezüglich des dritten Gesetzes muss davor gewarnt werden, die Fragmentierung eines Parteiensystems schematisch vom Disproportionseffekt eines Wahlsystems abhängig zu machen (s. dazu oben Kapitel 10, Abschnitt 2.3). Entscheidend ist jedoch, dass der Informationsgehalt der Gesetze gering ist: Die Gesetze Sartoris sind im Grunde trivial.

Prüfen wir nun, ob es Sartori gelingt, den gesetzmäßigen Aussagen von Duverger wieder Geltung zu verschaffen. Entgegen den Erwartungen wird dieser Versuch im Grunde nicht unternommen. Seine Gesetze sind anderer Natur und anderen Inhalts. In Sartoris Gesetzen werden keine theoretischen Aussagen mehr formuliert, die empirisch überprüfbar sind. Just darum ging es aber Duverger in dem von ihm etablierten kausalen Zusammenhang von Wahlsystemtypus einerseits und Parteiensystemtypus andererseits. Über die Beobachtung empirischer Regelmäßigkeiten gelangte er zur Hypothesenbildung in Form seiner drei „soziologischen Gesetze“, die er zeitlebens zu verifizieren trachtete, während andere Forscher sich um ihre Falsifizierung bemühten. Sartoris Gesetze entbehren theoretischen Erklärungswertes, indem sie die Bedingungen festschreiben, unter denen logisch die Gesetzmäßigkeit des spezifischen Beziehungsmusters von Wahlsystem und Parteiensystem nicht mehr in Frage gestellt werden kann. Sartori erhebt die Duverger'schen Gesetze aus dem Reich der empirischen Regelmäßigkeiten ins Reich der logischen Notwendigkeit. Max Webers (1956: 222) Diktum, das die Reduktion des Empirischen auf Gesetze des naturwissenschaftlichen Typs in den Sozialwissenschaften keinen Sinn macht, erweist sich hier als treffend.

Bei Sartori erfolgt des Weiteren eine Neubewertung der Auswirkungen von Wahlsystemen. Die Trennungslinie zwischen Wahlsystemen, die Auswirkungen auf das Parteiensystem zeigen, wird im Vergleich zu Duverger entscheidend verschoben. Sie verläuft nicht mehr zwischen relativer Mehrheitswahl und Verhältniswahl, sondern zwischen dem *no-effect*-Typ der Verhältniswahl auf der einen Seite und dem *effect*-Typ der Verhältniswahl und der relativen Mehrheitswahl auf der anderen Seite. In seinem dritten Gesetz schreibt Sartori der Verhältniswahl ebenfalls reduzierende Wirkung auf die Zahl der Parteien zu, je nachdem, wie stark der nicht reine proportionale Charakter oder Gehalt der Verhältniswahl ist.

Während Sartori meint, mit seinen Gesetzen an Duverger anzuknüpfen und ihn gegen überzogene Kritik in Schutz zu nehmen, gibt er ihn in Wahrheit inhaltlich auf. Er bestimmt die Wirkungen einer der beiden untersuchten Ursachen, der Verhältniswahl, in einer Weise, wie sie gerade von den Kritikern Duvergers formuliert werden: Auch Verhältniswahlsysteme führen gegebenenfalls zur Konzentration des Parteiensystems. Da die meisten Verhältniswahlsysteme keine reine Verhältnismäßigkeit von Stimmen und Mandaten herbeiführen, wäre damit (im Rahmen der Konzeptualisierung des Mehrheitswahl-Verhältniswahl-Verhältnisses von Sartori) der Aussagetypus der Duvergerschen Gesetze vollkommen verändert: Zwei dichotom gedachte Ursachen führen nicht mehr zu zwei unterschiedlichen und konträren Ergebnissen (A führt zu x, B führt zu y), sondern unterschiedliche, auf dem *no-effect/effect*-Kontinuum angesiedelte Ursachen (A, B, C) führen zu einer Mehr- oder Weniger-Wirkung (zu mehr oder weniger z).

10.4 Kontextbezogene Thesen zu den Auswirkungen von Wahlsystemen

Die Thesen zu gesetzmäßigen Auswirkungen von Wahlsystemen auf Parteiensysteme halten einer differenzierten theoretischen Betrachtung und einer empirischen Überprüfung in vielerlei Hinsicht nicht stand. Solche gesetzmäßigen Aussagen sind entweder so allgemein gehalten, dass sie trivial sind (Sartoris Gesetze) oder abstrahieren so stark von den konkreten gesellschaftlichen und politischen Bedingungen in den verschiedenen Ländern, dass sie sich unweigerlich an der Empirie stoßen, die andere Ergebnisse aufzeigt, als es die Theorien vorsehen.

Im Vorgriff auf die detaillierteren Ausführungen zur Kontextabhängigkeit der Auswirkungen von Wahlsystemen in den anschließenden Abschnitten wollen wir hier aufzeigen, welche Art, wie viel und was an Verallgemeinerungen im Lichte der vielfältigen empirischen Befunde möglich ist.

Für sämtliche Wahlsysteme trifft zu, dass sie die Zahl der Parteien, für die Kandidaten auftraten und für die Stimmen abgegeben wurden, auf Parlamentsebene verringern. Ebenfalls lässt sich beobachten, dass die stärksten Parteien in aller Regel bevorzugt werden. Doch unterscheiden sich Wahlsysteme darin, in welchem Umfang sie die Zahl der Parteien reduzieren und die stärksten unter ihnen fördern, und auch darin, nach welchen Stärkeverhältnissen sie die Parlamentsfraktionen einander zuordnen. Wahlsysteme sind jedoch nur ein Faktor unter etlichen, die auf die Struktur eines Parteiensystems einwirken. Es kann folglich kein eindeutiges Kausalverhältnis zwischen Wahlsystem und Parteiensystem angenommen werden.

Der allgemeinen Tendenz nach wirken die Wahlsysteme in Richtung ihrer Repräsentationsziele. Ganz allgemein kann, wenn die Kontexte sich neutral verhalten, der Mehrheitswahl eine mehr konzentrierende, die Zahl der Parteien stärker verringernde Wirkung zugeschrieben werden als der Verhältniswahl. Entsprechend der Definition selbst der Mehrheitswahl fördert sie stärker als die Verhältniswahl die Mehrheitsbildung durch eine Partei. Auch in Verhältniswahlsystemen wird oftmals die größte Partei begünstigt, aber darauf zielt das Repräsentationsprinzip eigentlich nicht ab. Kleine Parteien haben in den meisten Mehrheitswahlsystemen nur Erfolgschancen, wenn ihre Wählerschaften regional konzentriert sind oder wenn sie Wahlbündnisse mit großen Parteien schließen können und ihnen einige Wahlkreise abgetreten werden. Aber auch in der Mehrzahl von Verhältniswahlsystemen haben es die kleinen Parteien schwer, ins Parlament zu kommen. Das liegt entweder an Sperrklauseln oder an der Wahlkreiseinteilung, die ein systemimmanentes Hindernis für eine proportionale Repräsentation bilden kann. Auch in Verhältniswahlsystemen kann die wahlgeographische Streuung der Wählerschaft der Parteien von großer Bedeutung sein. Wahlkreiseinteilung (d.h. die Größe der Wahlkreise) und Streuung der Wählerschaft nach parteipolitischen Kriterien sind in der Tat die wichtigsten Variablen, deren nach Ländern unterschiedliche Ausformung nur relativ vage allgemeine Tendenzaussagen über die Auswirkungen von Wahlsystemen ermöglicht.

Mit der Erwähnung der wahlgeographischen Variablen ist freilich den nicht wahlsystemimmanenten Faktoren im Wirkungszusammenhang von Wahlsystemen keineswegs bereits genüge getan. Es gibt keine wissenschaftlich haltbare Aussage eines hohen Informationsgehalts zu den Auswirkungen von Wahlsystemen, die von den jeweiligen gesellschaftlichen und politischen Kontexten vollkommen absehen kann. Die soziale, ethnische, religiöse Homogenität oder Heterogenität einer Gesellschaft ist viel zu bedeutend für die Struktur eines Parteiensystems, als dass wissenschaftlich ahistorisch verfahren werden könnte. Diese Strukturfrage ist zudem höchst relevant für die Wahl des Wahlsystems. Indem fragmentierte Gesellschaften sich eher für Verhältniswahl als für Mehrheitswahl entscheiden, werden Ursache und Wirkung zirkulär verknüpft. Nicht minder bedeutend für die Auswirkungen eines Wahlsystems ist also der Grad der Fragmentierung und der Grad der Institutionalisierung eines Parteiensystems. Als weitere Variablen hinzuzufügen sind schließlich noch die Verhaltensweisen politischer Akteure und die durch Lernprozesse angewöhnten bzw. ausgelösten strategischen und/oder faktischen Verhaltensänderungen von Parteien und Wählern.

Diese Überlegungen kulminieren in der folgenden relativierenden Aussage: Je mehr verfestigte gesellschaftliche Fragmentierung, desto wahrscheinlicher ist die Einführung eines Verhältniswahlsystems und desto wahrscheinlicher ist auch die Herausbildung eines Vielparteiensystems. Wenn allerdings gesellschaftliche Fragmentierung vorherrscht, dann führt auch die relative Mehrheitswahl in Einerwahlkreisen wahrscheinlich nicht zu einem Zweiparteiensystem. Je mehr gesellschaftliche Homogenität gegeben ist, desto eher wird (noch) für die relative Mehrheitswahl optiert, was dann zu dem bekannten Sachverhalt führt, dass zugleich mit einem Zweiparteiensystem relative Mehrheitswahl existiert. Bei gesellschaftlicher Homogenität ist aber auch unter Verhältniswahl wahrscheinlich, dass ein Zweiparteiensystem oder ein zahlenmäßig begrenzter Parteienpluralismus zustande kommt.

Wer die früheren Kapitel dieser Schrift gelesen hat, wird anders als Sartori (1994) den hier vertretenen wissenschaftlichen Relativismus kaum als Eingeständnis mangelnder Leistungsfähigkeit der Politischen Wissenschaft bzw. der Wahlforschung missverstehen. Ich wende mich vielmehr gegen reduktionistische Wissenschaftsverständnisse. Ich plädiere für die Kontextualisierung sozialwissenschaftlicher Untersuchungsgegenstände zwecks Erkenntnis jener gesellschaftlichen und politischen Zusammenhänge, mit denen sie in Wechselwirkung stehen. Gerade in der Intention, Politik beratend agieren zu wollen, geht es meines Erachtens weniger um Reduktion der Komplexität in Form unilinearer Kausalitätsannahmen als um Annäherung an die Komplexität, idealiter für Sozialwissenschaftler um eine Kombination der wünschbaren Reduktion von Komplexität mit dem notwendigen Maß an Komplexität, das es zu empirisch-analytischen und normativen Zwecken zu berücksichtigen gilt. Der Vorstellung gesetzmäßiger Ursache-Wirkung-Beziehungen zwischen Wahlsystemen und Parteiensystemen ist aus dieser Perspektive entschieden zu widersprechen. Erneut sei an Max Weber (1956: 220) erinnert: „Die Kausalfrage ist ... nicht eine Frage nach Gesetzen, sondern nach konkreten kausalen Zusammenhängen, nicht eine Frage, welcher Formel die Erscheinung als Exemplar unterzuordnen, sondern die Frage, welcher individuellen Konstellation sie als Ergebnis zuzurechnen ist". Diese Einsicht ist identisch mit der Aufgabe des privilegierten Standpunkts des Sozialwissenschaftlers, von dem aus laufend Eindeutigkeiten produziert werden, die freilich den komplexen Erklärungszusammenhängen nicht gerecht werden. Die Beziehung zwischen Wahlsystem und Parteiensystem ist ein geradezu mustergültiger Erkenntnisgegenstand zur Klärung allgemeiner theoretischer und methodologischer Fragen der Sozialwissenschaften.

10.5 Wahlsysteme und Kontext

Die Wahlsystemforschung ist überwiegend daraufhin angelegt, die Auswirkungen des Faktors Wahlsystem zu ergründen, nicht aber andere Faktoren zu untersuchen, die das Wahlsystem in seiner Wirkungsrichtung beeinflussen können. Sie fragt also nach den Wirkungen eines Faktors. Diese monokausale Beschränkung ist in der Regel die Folge unzulänglicher Theorien, die seit Duverger die Wahlsystemforschung beherrschen, die ihrerseits Abstraktionen eines räumlich und zeitlich äußerst begrenzten empirischen Erfahrungshorizontes (Europa und die USA in der ersten Hälfte des 20. Jahrhunderts) waren. Geradezu klassisch ist in dieser Hinsicht die Untersuchung von Douglas W. Rae (1967) zu nennen. Es geht ihm nur um die Effekte des Wahlsystems auf das Parteiensystem, wobei er zwischen den unmittelbaren *(proximal)* und langfristigen *(distal)* Effekten unterscheidet. Er verweist zwar darauf: „...party systems are influenced by many variables – social, economic, legal and political. (Proximal) effect of electoral law upon the legislative representation of parties is to be counted only one of many determining forces“ (1967: 141), doch wahlsystemfremde Faktoren bleiben außerhalb seiner Betrachtung.

Demgegenüber vertrete ich den Standpunkt, dass die Wirkungen von Wahlsystemen nicht nur in hohem Maße kontextabhängig sind, was durch unterschiedliche, ja konträre Auswirkungen ein- und desselben Wahlsystemtypus in verschiedenen Ländern mannigfach belegt werden kann, sondern dass die Kontextfaktoren auch in die Analyse mit einbezogen werden müssen. Nehmen wir den Fall der relativen Mehrheitswahl in Einerwahlkreisen: Wir wissen, dass dieses Wahlsystem seiner Intention nach konzentrierend und mehrheitsbildend wirkt. Doch ob es diese Wirkung in der Praxis erzielt, hängt von anderen Faktoren ab, u.a. dem Institutionalisierungsgrad des Parteiensystems. Es zeigt sich, dass dieses Wahlsystem in institutionalisierten Parteiensystemen, wie sie in den gestandenen Demokratien bestehen, konzentrierende Wirkung ausüben kann. In nicht institutionalisierten Parteiensystemen, wie sie häufig in jungen Demokratien anzutreffen sind, kann das gleiche Wahlsystem (im Vergleich mit anderen Wahlsystemen) fragmentierende bis atomisierende Wirkung haben. Folglich benötigt der Faktor Wahlsystem einen spezifischen Kontextfaktor, institutionalisiertes Parteiensystem, um die ihm in der herkömmlichen Theorie zugeschriebene Wirkung zu entfalten.

Es ist zwar richtig, dass das Wahlsystem ein bedeutender Faktor zur Strukturierung von Parteiensystemen ist. Man sollte sein Gewicht jedoch nicht überzeichnen, zumal die Wahl des Wahlsystems jenen Akteuren obliegt, die sich im Wandel sozialstruktureller und politischer Machtverhältnisse von der Gestaltung des Wahlsystems Vorteile bzw. die Verhinderung von Nachteilen versprechen. Wahlsysteme sind Ausdruck dieser tiefer liegenden gesellschaftlichen und politischen Grundstrukturen und ihres Wandels in der Zeit.

Die Zeit des Umbruchs in den ersten Jahrzehnten des 20 Jahrhunderts, in welcher viele Länder zu Verhältniswahlsystemen übergingen, wurde in dieser Hinsicht von der Fundamentaldemokratisierung der politischen Systeme gekennzeichnet. Vielfach koinzidierte die erste Anwendung der Verhältniswahl mit der ersten Wahl nach allgemeinem Wahlrecht. Seither sind Wahlsystemwechsel selten (s. Kapitel 7, Abschnitt 1) und die Bedingungen andere. Maurice Duverger hat seine Thesen zu den gesetzmäßigen Auswirkungen von Wahlsystemen jedoch just an den Wahlsystemwechseln in der Phase der Fundamentaldemokratisierung des Wahlrechts entwickelt anhand der kontrafaktischen Frage, wie sich das Parteiensystem entwickelt hätte, wenn weiter nach Mehrheitswahl gewählt worden wäre. Durch das allgemeine Wahlrecht, selbst Ergebnis veränderter gesellschaftlicher Strukturen und des Kampfes des vierten Standes um politische Partizipation, veränderte sich jedoch die Funktion von Wahlen und Repräsentativorganen.

Den größten Nachdruck auf die Berücksichtigung gesellschaftlicher Entwicklungen im allgemeinen und der Tatsache im besonderen, dass durch das allgemeine Wahlrecht die ins politische System übertragenen gesellschaftlichen Widersprüche und Konflikte zunahmen, hat Stein Rokkan gelegt (u.a. in: Lipset/Rokkan 1967; Rokkan 1970). Mit der Ausdehnung und Ausschöpfung des politischen Mobilisierungsmarktes entstanden erste nationale, das ganze Territorium und die verschiedenen sozialen Schichten umfassende

Parteiensysteme, wobei die Wahlsysteme in diesem Prozess weniger gestaltend eingriffen als dass sie selbst die Veränderungen an der Wählerbasis reflektierten. Diese Überlegung trifft auch und insbesondere für Großbritannien zu, dessen Wahlsystem sich ja erst im Zuge sozioökonomischer und politischer Entwicklungen, vor allem der Wahlrechtsausbreitung, in seiner heutigen Form ausprägte. In anderen Ländern freilich, wo das tradierte Wahlsystem aufgrund seines Strukturierungseffektes auf den politischen Wettbewerb und die parlamentarische Repräsentation den soziopolitischen Gruppen Zwang anzudrohen schien, wurde zur grundlegenden Wahlreform gegriffen.

Die Auswirkungen verschiedener Wahlsysteme auf das Parteiensystem sind zweifellos dort am besten zu studieren, wo entweder zu gleicher Zeit nach unterschiedlichen Wahlsystemen gewählt wird (etwa in Ländern mit Zweikammersystemen) oder effektive Wahlsystemwechsel stattgefunden haben, wie jüngst in Bolivien, Italien, Japan, Neuseeland, um nur einige Länder zu nennen. Aber Zurückführungen von Veränderungen im Parteiensystem ausschließlich auf wahlsystematische Faktoren verbieten sich auch hier. Für die Untersuchung von Wahlsystemwechseln gilt die zirkuläre Verknüpfung von Entwicklungen von Parteiensystem und Wahlsystemen. Eine Tendenz zur Fragmentierung oder zur Konzentration bricht sich in Wahlsystemreformen Bahn und wird durch die Institutionenreform bestärkt oder auch nur widergespiegelt.

Neuerdings lassen sich die Auswirkungen unterschiedlicher Wahlsysteme auf das Parteiensystem besonders gut in kombinierten Wahlsystemen des Typs Grabensystem beobachten, da hier – obwohl von einem einzigen Wahlsystem die Rede ist – Teile ein und desselben Parlaments gleichzeitig eigentlich nach zwei unterschiedlichen Wahlsystemen gewählt werden. Die bisherigen Ergebnisse stellen unsere geläufigen Theorien über die Auswirkungen von Mehrheitswahl und Verhältniswahl in Frage, denn häufig fiel der Fragmentierungsgrad des Parteiensystems im Bereich der Verhältniswahl geringer aus als in dem der Mehrheitswahl. Diese Ergebnisse besagen aber vor allem, dass diese Theorien raum- und zeitgebunden sind, worauf im Laufe dieser Schrift immer wieder hingewiesen worden ist.

Aufgrund der Annahme, dass sich der Faktor Wahlsystem in einem komplexen Wirkungszusammenhang mit anderen Faktoren befindet, ergibt sich dadurch analytisch die Notwendigkeit, diese Ko-Faktoren ebenfalls wissenschaftlich zu untersuchen. Ja, es geht in der Wahlsystemforschung meiner Überzeugung nach heute vor allem darum, die Kontexte näher zu bestimmen, unter denen Wahlsysteme spezifische Auswirkungen haben. Hinsichtlich des Theorietyps hat dies zur Folge, von den universalen und eindimensionalen Theorien Abschied zu nehmen und kontextbezogene, mehrdimensionale Theorien zu erarbeiten.

Einen hervorragenden politiktheoretischen Anknüpfungspunkt bildet Alexis de Tocqueville, der etwa die erfolgreiche Anwendung des Mehrheitsprinzips von gesellschaftlichen Voraussetzungen (relative homogene Gesellschaft, Abwesenheit einer Konfliktdimension, welche verhindert, dass die Minderheit auch Mehrheit werden kann) und politischen Bedingungen (Grundkonsens in die Mehrheitsregel) abhängig machte. Gerade bezogen auf junge Demokratien reicht unser kontextloses monokausales Wirkungswissen über Wahlsysteme nicht aus. Was wir brauchen, ist mehr Einsicht in den Wirkungszusammenhang von Wahlsystemen und Kontextfaktoren bzw. mehr Wissen über die möglichen Kontexteffekte auf die Auswirkungen von Wahlsystemen.

Kontextvariablen sind im Gegensatz zu den hauptsächlich untersuchten Variablen, die als unabhängige und abhängige gekennzeichnet werden (in unserem Untersuchungsfeld Wahlsystem und Parteiensystem), nicht durch den Forscher gesetzt, sondern entsprechen Faktoren, die im Umfeld der untersuchten Variablen lagern und deren Verhalten mehr oder weniger beeinflussen. Untersucht man einen Fall, stößt man auf ein bestimmtes *set* von Kontextfaktoren. Zieht man weitere Fälle hinzu, ist damit zu rechnen, dass sich Kontextfaktoren hinzugesellen, von denen man bislang nichts wusste oder die man glaubte ignorieren zu können. Im *design* eines Forschungsvorhabens wird deshalb der Auswahl der Fälle große Bedeutung beigemessen (s. Nohlen 2005: 1082ff.). Denn durch sie lässt sich der Kontext hinsichtlich der Zahl der zu berücksichtigenden Kontextvariablen und hinsichtlich deren Homogenität bzw. Heterogenität steuern. Umgekehrt sind Aussagen zu den untersuchten Variablen daraufhin zu prüfen, in wieweit sie durch die Auswahl der Fälle, d.h. die Merkmale des Kontextes, vorbestimmt sind. Ganz offensichtlich trifft als Folge der Auswahl der Fälle ein gewisser Grad an Vorbestimmtheit für die geläufigen

Annahmen über die Auswirkungen von Wahlsystemen zu, ohne dass sich etliche Wahlforscher dieser Tatsache recht bewusst waren. In den Anfängen der Wahlsystemforschung in der Bundesrepublik etwa wurde auf wenige Länder geschaut, um den Wirkungsgegensatz von Mehrheitswahl und Verhältniswahl herauszustellen, ohne gebührend zur Kenntnis zu nehmen, dass die Kontextbedingungen gänzlich verschieden waren. Folglich wurde auch deren Einfluss auf die untersuchten Variablen kaum thematisiert.

Welche Phänomene können wir zu den Kontextfaktoren zählen? Als erstes möchte ich die gesellschaftliche Struktur nennen, in den Hinsichten, auf die bereits Alexis de Tocqueville aufmerksam gemacht hat. Sie ist nicht nur häufig ausschlaggebend für die Wahl des Wahlsystems in der Alternative zwischen Mehrheitswahl und Verhältniswahl, was Seymour M. Lipset und Stein Rokkan (1967: 32) mit Verweis auf die ethnisch heterogenen Länder, in denen zunächst Verhältniswahl eingeführt wurde (Dänemark 1855, Schweiz 1891, Belgien 1899, Finnland 1906) hervorgehoben haben, sondern auch für die Wirkungsrichtung der Wahlsysteme. Mit der Verhältniswahl wurde versucht, die bestehende Fragmentierung im Parlament abzubilden: Sie war die Voraussetzung und zugleich die intendierte Folge der Verhältniswahl.

Als zweiten Kontextfaktor greife ich die Zahl und Tiefe der Konfliktlinien auf. Darunter mögen auch die ethnischen, sprachlichen, religiösen Spaltungen der Gesellschaft fallen, sie füllen sie jedoch nicht aus. Zu denken ist an Differenzierungen nach Klasse oder Schicht, Region, Milieu, Generation, Geschlecht sowie historischen und politischen Streitfragen, die eine Konfliktstruktur hervorrufen, welche die Auswirkungen von Wahlsystemen mitbestimmt. Ist die Konfliktstruktur dualistisch und tief, ist es wenig wahrscheinlich, dass Mehrheitswahl und Verhältniswahl einen Unterschied im Fragmentierungsgrad des respektiven Parteiensystems machen. Ist die Konfliktstruktur vielfältig und diffus, haben Wahlsysteme kaum strukturierenden Effekt auf das Parteiensystem. Es herrscht hohe Kontingenz im untersuchten Wirkungszusammenhang.

Tabelle 67: Die Verhältniswahl als *no-effect-system*

Wahlsystem	Wirkungstyp	Format des Parteiensystems	unterstellte Ursache
Verhältniswahl	no-effect-system	Fragmentiert	segmented pluralism
Mehrheitswahl	Effect-system	Konzentriert	Wahlsystem

Unter den Kontextfaktoren wird im Falle von *segmented pluralism* die Gesellschaftstruktur als konkurrierende Ursache für die Fragmentierung von Parteiensystemen zu berücksichtigen sein. In *Tabelle 67* wird der Zusammenhang nach den unterschiedlichen Wahlsystemtypen in der Konzeptualisierung Giovanni Sartoris (1994) erfaßt, in der nach den Ursachen für unterschiedliche Parteiensystemformate gefragt wird. Sie mündet darin, die Bedeutung der Faktoren Wahlsystem und Gesellschaftsstruktur nach Verhältniswahl und Mehrheitswahl unterschiedlich zu bewerten. Dabei hat Sartori mit seiner These vom *no-effect-system* der Verhältniswahl einen interessanten Einwurf gelandet. In der Wahlsystemtheorie wird ja der Verhältniswahl eine Tendenz zur Fragmentierung der Parteiensysteme zugeschrieben. Sartori meinte, dass dies eine optische Täuschung sei, hervorgerufen durch die auf die Mehrheitswahl folgende Einführung der Verhältniswahl. In der Tat bildet die Verhältniswahl das ab, was sich an Konfliktlinien politisch artikuliert. Die Ursache fragmentierter Parteiensysteme liegt Sartori zufolge nicht im Spiegel, der die politische Fragmentierung innerhalb der Gesellschaft auf Parlamentsebene sichtbar macht, sondern in der Gesellschaft selbst.

Als dritten Kontextfaktor nenne ich den Grad der Fragmentierung des Parteiensystems. Ohne Frage: Wahlsysteme sind mitverantwortlich für Ausmaß der Fragmentierung eines Parteiensystems. Umgekehrt nimmt der Fragmentierungsgrad Einfluss auf das, was gemeinhin allein dem Wahlsystem zugeschrieben wird, etwa das Ergebnis der Umwandlung von Stimmen in Mandate, auf den Grad der Proportionalität des Wahlergebnisses. Je mehr Parteien sich bewerben, desto mehr driften Stimmen- und Mandatsanteil auseinander. Ob die stärkste Partei eine relative Stimmenmehrheit gegebenenfalls in eine absolute Mandatsmehrheit verwandeln kann, hängt somit womöglich vom Fragmentierungsgrad des Parteiensystems im Zusammenwirken mit dem Wahlsystem ab. Zu denken ist an natürliche oder künstliche Hürden, die Parteien zu überspringen verfehlen. Die Nichtberücksichtigung der auf diese Parteien abgegebenen Stimmen bei der Mandatsvergabe kann erhebliche Disproportionseffekte zugunsten der verbliebenen Parteien auslösen. Umgekehrt kann die Antizipation von Hürden durch den Wähler und ein Meiden der Stimmabgabe für Splitterparteien zu einer höheren Proportionalität der Wahlergebnisse führen. (s. Taagepera/Shugart 1989: 123). Bei Fragmentierung ist die strukturelle Ausprägung der Parteiensysteme von großer Bedeutung. Gibt es etliche mittelgroße und kleine Parteien, oder eine dominante Partei und viele kleine Parteien. Im ersteren Fall gestattet kaum ein Wahlsystem die parlamentarische Mehrheitsbildung durch eine Partei, im zweiten Fall vielleicht ein jedes.

An vierter Stelle führe ich den Institutionalisierungsgrad des Parteiensystems an, von dem eben schon die Rede war. Beispielhaft sei hier noch einmal auf die relative Mehrheitswahl verwiesen, deren allgemein behaupteter Konzentrationseffekt in der Tat davon abhängt, ob sie in einem gut strukturierten Parteiensystem zur Anwendung kommt. Das hat Giovanni Sartori in seiner Regel zu den Auswirkungen dieses Wahlsystems sehr gut zum Ausdruck gebracht, denn er band den als gesetzlich begriffenen Effekt, die Hervorbringung eines Zweiparteiensystems, an die Existenz eines gut strukturierten Parteiensystems. Bei Fehlen einer nationalen Struktur der Parteiorganisation und hoher *volatility* ist keine konzentrierende Wirkung des Systems zu erwarten, geschweige denn ein Zweiparteiensystem. Der zusätzliche Punkt ist nun, dass unter Mehrheitswahl die Anregung zur Bildung gut strukturierter Parteien im Vergleich zur Verhältniswahl eher gering ist, die Mehrheitswahl also die Bedingungen mit aufrechterhält, unter denen sie keine konzentrierende Wirkung entfalten kann. Erneut besteht ein Wirkungszusammenhang, von dem das alte eindimensionale Denken nichts wusste.

Als fünften Kontextfaktor erwähne ich das Interaktionsmuster der Parteien, also ein weiteres Charakteristikum des Parteiensystems. Gewiß, das Interagieren der Parteien hängt auch vom Wahlsystem ab, ob beispielsweise Listenverbindungen zugelassen sind und ob diese begünstigt werden oder ob für sie höhere Sperrklauseln für die Beteiligung an den Parlamentsmandaten gelten. Doch die unterschiedlichen ideologischen Entfernungen zwischen den einzelnen Parteien und die speziellen (durchaus wechselnden)

Wettbewerbsstrukturen, die sich aus unterschiedlichen (dem Wandel unterworfenen) Größenverhältnissen in Parteiensystemen ergeben, nehmen Einfluss auf die Auswirkungen des Wahlsystems. Parteien können sich den Erfolgsbedingungen eines Wahlsystems anpassen, oder eben auch nicht. Indem sie sich so oder so verhalten, bestimmen sie die Auswirkungen des Wahlsystems mit. Denken wir nur an das Verhältnis, das Parteien innerhalb des Verfassungsbogen zu solchen an ihrem Rande oder jenseits davon, im extremistischen Lager aufbauen. Würde die politische Rechte in Frankreich mit der extremen Rechten kooperieren, wären mit einem anderen Wahlergebnis auch die Auswirkungen des Wahlsystems andere (in der Struktur des Parteiensystems, im Proportionalitätsgrad der Wahlergebnisse etc.).

Ein sechster Kontextfaktor liegt in der regionalen Streuung der Wählerschaften der Parteien in Mehrparteiensystemen vor. Hier sind zwei Beobachtungen zu machen. Erstens sind im Falle unterschiedlicher Muster regionaler Streuung der Wählerpräferenzen die zu erwartenden Effekte bei Anwendung ein und desselben Wahlsystems grundverschieden. Bei gleichmäßiger Verteilung herrscht eine Tendenz zu Konzentration und zu Disproportionalität vor, bei ungleichmäßiger Verteilung (Hochburgen für einzelne Parteien in Mehrparteiensystemen) zu Fragmentierung und Proportionalität. Bei gleichmäßiger Verteilung hat die relative Mehrheitswahl konzentrierende Wirkung (Beispiel Großbritannien), bei Hochburgenbildung verliert sie dieses Merkmal (Beispiele Kanada oder Pakistan). Bei gleichmäßiger Verteilung ihrer Wählerschaft schneidet eine Partei bei Wahlsystemen, die konzentrierende Wirkung haben, wie beispielsweise auch die Verhältniswahl in Wahlkreisen kleiner und mittlerer Größe, im Stimmen-Mandate Verhältnis schlecht ab, bei Hochburgenbildung in etwa proportional (Fall Spanien). Zweitens sind die zu erwartenden Effekte auf das Parteiensystem vom Kontextfaktor wahlgeographische Streuung derart determiniert, dass bei Anwendung unterschiedlicher Wahlsysteme möglicherweise keine oder nur geringe Unterschiede im Proportionalitätsgrad der Wahlergebnisse auftreten (man vergleiche Großbritannien und Spanien), ja selbst Unterschiede im Fragmentierungsgrad der Parteiensysteme nicht ins Auge stechen, zumal solche, die auf die unterschiedlichen Wahlsysteme zurückgeführt werden können.

Als siebten Kontextfaktor führe ich schließlich das Wählerverhalten an. Ähnlich dem Interaktionsmuster der Parteien sind es verhaltensspezifische Phänomene, freilich nun auf der Mikroebene angesiedelt, hier aber in ihren Auswirkungen (zumindest theoretisch) besonders gut zu erfassen. Wähler können auf Wahlsysteme so oder so reagieren, sich ihrer so oder so bedienen, sie entweder so oder so wirken lassen. Dabei ist vor allem zu berücksichtigen, dass Wähler die mutmaßlichen Effekte des Wahlsystems antizipieren können, oder eben auch nicht. Sie können sich verleiten lassen, kleine Parteien zu wählen in der Annahme, das Wahlsystem gebe diesen eine Chance, ins Parlament zu kommen. Das ist vor allem bei reiner Verhältniswahl der Fall. Die Wähler können aber auch auf Hürden reagieren, deren Wirkung antizipieren und dadurch die Zahl der Parteien gering halten, dass sie ihre Stimmen auf die Parteien konzentrieren, die ihnen die Gewissheit geben, dass ihre Stimme auf jeden Fall zählt. Besonders auffällige Hürden sind künstliche Sperrklauseln. Auch wenn diese selbst einen Wahlsystemfaktor darstellen, die Reaktion auf sie ist verhaltensspezifischer oder strategischer Natur. Neuere Studien über strategisches Wahlverhalten erhärten die Bedeutung dieses Kontextfaktors (s. Taagepera/Shugart 1989; Cox 1997).

Nachzuhalten ist die Relevanz verhaltensspezifischer Faktoren vor allem im Längsschnittvergleich der Auswirkungen ein und desselben Wahlsystems. Die Wahl dieser Vergleichsdimension weist darauf hin, dass Kontextvariablen nicht nur nach dem Raum, sondern auch nach der Zeit variieren. Das trifft besonders für die verhaltensspezifischen zu. Dafür bildet jetzt Ungarn ein instruktives Beispiel. Hier haben sich die politischen Akteure und die Wählerschaft erst bei den dritten Wahlen auf die Erfolgsbedingungen des Wahlsystems eingestellt (s. Kapitel 8, Abschnitt 9). Eine statische Betrachtung des Verhältnisses von Gesellschaft, Wahlsystem und Parteiensystem (das etwa allein auf die Entstehungszeit des Wahlsystems und die seinerzeitigen soziopolitischen Bedingungen fixiert ist) führt demnach in die Irre. Es ist nicht nur in Anwendung auf verschiedene Länder, sondern auch in nationaler historischer Dimension ziemlich abwegig, mit einem konkreten Wahlsystem ein fixes Muster von Auswirkungen zu verbinden.

Veränderte soziale und politische Konfliktsituationen und Verhaltensmuster ziehen bei Überschreiten eines gewissen Schwellenwertes (der nach Wahlsystemen variiert) unterschiedliche Auswirkungen ein und desselben Wahlsystems nach sich. Wahlsysteme, die in einer bestimmten Epoche der nationalen Geschichte nachgewiesenermaßen integrierend und mehrheitsbildend gewirkt haben, büßen diese Wirkungsrichtung unter den veränderten Bedingungen partiell ein (Kanada, Indien, Neuseeland). Wahlsysteme, mit denen historisch eine Parteienvielfalt einhergegangen ist, lassen gegebenenfalls die Konzentration der politischen Kräfte auf einige wenige politische Parteien oder Parteienblöcke zu (zeitweise Italien, Israel). Wahlsysteme unterscheiden sich allerdings im Grad der Sensibilität gegenüber Veränderungen der Kontextvariablen. Für die Auswirkungen der absoluten Mehrheitswahl mit Stichwahl nehmen verhaltensspezifische Variablen einen hohen Stellenwert ein (Frankreich). Sicherlich regt dieses Wahlsystem selbst ein am Wahlerfolg orientiertes Verhalten der politischen Parteien und der Wählerschaft an. Auch unterscheiden sich Wahlsysteme hinsichtlich der Intensität des Lerndrucks, den sie ausüben. Sich eventuell nicht nach den Erfolgsbedingungen des Wahlsystems zu richten, kann hier Mandatseinbußen, dort den vollständigen Verlust parlamentarischer Präsenz nach sich ziehen. Der Komplexitätsgrad des Wahlsystems ist seinerseits dafür verantwortlich, ob und wie rasch der Wähler das Wahlsystem im Sinne einer subjektiv rationalen Wahl zu handhaben weiß, was wiederum dessen Auswirkungen beeinflusst.

Wo sozialstrukturelle Faktoren nicht oder nicht mehr erwarten lassen, dass die einem Wahlsystem zugeschriebenen Funktionen erfüllt werden, kann möglicherweise durch eine Änderung des Wahlsystems den Funktionserwartungen besser entsprochen werden. In Australien war nach der Bildung der *Country Party*, die spezifische Wirtschaftsinteressen einer Region vertrat, die parlamentarische Mehrheitsbildung bei relativer Mehrheitswahl in Einerwahlkreisen nicht mehr sichergestellt. Der Wahlsystemwechsel begünstigte hier die Fortsetzung einer Regierungsweise nach dem britischen Modell, ohne dessen institutionellen Voraussetzungen verpflichtet zu bleiben. Aus den genannten und anderen Fällen ist folgender Schluss zu ziehen: Unter historisch sich wandelnden gesellschaftlichen und politischen Kontexten können tradierte Wahlsysteme veränderte Auswirkungen haben und einen anderen funktionalen Stellenwert im politischen Prozess einnehmen. Reformierte Wahlsysteme können hingegen bei unterschiedlichen soziopolitischen Verhältnissen ähnliche Auswirkungen hervorrufen und partiell vergleichbare Funktionen erfüllen.

Fassen wir zusammen: Wahlsysteme bilden nur einen Faktor unter anderen, die auf die Gestalt eines Parteiensystems einwirken. Wahlsysteme zählen, aber ihre reale Bedeutung schwankt. Sie ist von Kontextfaktoren abhängig. Es bedarf jeweils der konkreten historisch-empirischen Analyse, um herauszufinden, ob das Wahlsystem eine stärkere oder eine geringere Rolle unter den konstitutiven Faktoren eines Parteiensystems, seiner Konstanz oder seines Wandels in der Zeit, spielt. Dabei ist von einem komplexen Wirkungszusammenhang von gesellschaftlichen und institutionellen Faktoren auszugehen. Was Gary Cox (1997: 220f.) für die Mikroebene der strategischen Wahlentscheidung des Wählers herausgefunden hat, „an interaction between social and electoral structures" in der Hervorbringung eines Parteiensystems, gilt erst recht für die Makroebene, d.h. für den nationalen Zusammmenhang: „The effective number of parties appears to depend on the product of social heterogeneity and electoral *permissivness* rather than being an additive function of these two factors". Des Weiteren lässt sich keine eindeutige Tendenz in der Wirkungsrichtung ausmachen, die unabhängig vom konkreten sozialen und politischen Kontext des einzelnen Falles behauptet werden kann, es sei denn jene, die terminologisch die Grundlage für die Differenzierung von Mehrheitswahl und Verhältniswahl bildet (s. Kapitel 5, Abschnitt 3). Ihr zufolge intendiert Mehrheitswahl die Disproportion, Verhältniswahl die Proportionalität von Stimmen und Mandaten. Diese Grundaussage wurde durch die empirisch-statistische Untersuchung von Arend Lijphart (1994) bestätigt.

Wir relativieren folglich nicht nur den Faktor Wahlsystem – was auch Duverger tat, als er schließlich konstatierte, dass „das Wahlverfahren nie die eigentliche Ursache" ist (1959: 219; s. auch Duverger 1984) –, sondern wir ziehen auch hinsichtlich der Theoriebildung die notwendigen Konsequenzen, indem wir die Erforschung der Kontextfaktoren für erforderlich halten, unter deren Berücksichtigung allein bestimmte Auswirkungen von Wahlsystemen prognostizierbar sind.

10.6 Wahlsysteme als abhängige Variable

Kontextvariablen, das wurde deutlich, sind Variablen des wirtschaftlichen, sozialen, politischen Umfelds, in welchem eine Untersuchung angesiedelt wird, und die auf den untersuchten Zusammenhang einwirken. Abhängige und unabhängige Variable sind hingegen gesetzt und für eine wissenschaftliche Untersuchung unverzichtbar.

Die Frage, die sich nun stellt, ist, welchen Status die in einen Untersuchungszusammenhang gebrachten Erscheinungen erhalten. Es ist gute Tradition, das Wahlsystem zur unabhängigen Variable zu erklären und das Parteiensystem als von ihr abhängig zu betrachten. Douglas W. Rae (1967) hat diese Fragerichtung strikt eingehalten, obwohl er einräumte, dass nicht nur Kontextfaktoren Bedeutung haben, sondern „worse yet, electoral laws are themselves shaped by party systems“ (1967: 141). Er sah durchaus die Abhängigkeit der Wahlsysteme von den Parteiensystemen und die Möglichkeit, letztere als unabhängige Variable zu betrachten. In seinen Forschungsausblicken formulierte er die Hypothese einer wechselseitigen Abhängigkeit zwischen Wahlsystem und Parteiensystem. Auch wenn Rae selbst bei seinem monokausalen Forschungsprogramm verblieb, ich denke, an seine Erwägungen gilt es wieder anzuknüpfen. Die eindimensionale Fragerichtung, von Giovanni Sartori (1994: 27ff.) entschieden bekräftigt, kann den Zusammenhang von Gesellschaft, Wahlsystem und Parteiensystem nicht in den Griff bekommen. Stein Rokkan (1970: 168) hatte bereits betont, dass Wahlsysteme nicht *„in vacuo“* entstehen, vielmehr immer ein Produkt der jeweiligen historischen Umstände sind. Das Wahlsystem sei Ausdruck der realen Machtverhältnisse und lasse Rückschlüsse auf diese zu (1970: 156f.). In der Tat: Wenn der genetische Aspekt nicht berücksichtigt wird, bleiben Stellenwert und Funktion des Wahlsystems zwangsläufig unklar. Es muss zunächst danach gefragt werden, welches denn die gesellschaftlichen und politischen Entstehungsbedingungen von Wahlsystemen sind. Jene Faktoren, die konstitutiv waren für die Einführung, die Aufrechterhaltung oder die Reform eines bestimmten Wahlsystems, bilden vielfach entscheidende Voraussetzungen für das spezifische Wirken von Wahlsystemen. Wo beispielsweise ethnische Fragmentierung einer Gesellschaft sich in der Entscheidung für ein proportionales Wahlsystem niederschlägt, wird die politische Repräsentation der Vielfalt der ethnischen Gemeinschaften entsprechend zersplittert sein. Wo starke gesellschaftliche Antagonismen bestehen, die jedoch dualistisch strukturiert sind, könnte die gegenseitige Furcht vor einer Dominierung durch den anderen Bevölkerungsteil die Entscheidung für das Repräsentationsmodell der Verhältniswahl herbeiführen. Vieles spricht dafür, dass dann unter Verhältniswahl ein Parteiendualismus aufrechterhalten bliebe. Beispiele dafür finden sich in der Geschichte Österreichs und Kolumbiens (s. Nohlen 1978: 270ff. und 347ff.; Nohlen 2004: 413ff.). Wahlsysteme und Wahlergebnisse bzw. Parteiensysteme sind in diesen Fällen Reflex der gesellschaftlichen und politischen Strukturen, beide sind abhängige Variablen. Wahlsysteme werden gegebenenfalls reformiert, „um dem veränderten Charakter des Parteiensystems Rechnung zu tragen. (In diesen Fällen) determiniert das Parteiensystem das Wahlsystem und nicht umgekehrt" (Lipson 1969: 513).

Wir haben also zu gewärtigen, dass die Sequenz historisch betrachtet eine andere ist, als es die klassische Wahlsystemforschung zu denken nahe legt: Zunächst Fragmentierung, dann Verhältniswahl; zunächst Konzentrationserscheinungen, dann mehr mehrheitsbildende Elemente im Wahlsystem (s. Vallés/Bosch 1997: 158). Der genetische Aspekt wird jedoch häufig missachtet, mit problematischen Folgen für die Forschungsergebnisse, nämlich die Vertauschung von Ursache und Wirkung. Die Verhältniswahl wird für Fragmentierung verantwortlich gemacht, obwohl sie deren Produkt ist, diese dann freilich mit aufrechterhält. Wird beispielsweise die gesellschaftliche Konfliktträchtigkeit gemessen und in Beziehung zu institutionellen Arrangements gesetzt, dann sollte nicht vergessen werden, dass Verhältniswahl die institutionelle Option bei hoher Konfliktträchtigkeit ist. Aus der zeitlichen Koinzidenz beider Phänomene lässt sich (entgegen Norris 1999) nicht folgern, Verhältniswahl leiste (bei hoher Konfliktträchtigkeit) nicht mehr als Mehrheitswahl (in anderen Fällen). Wird vergleichend nach den Ursachen geforscht, muss die unabhängige Variable gemessen werden, nicht die abhängige.

In der Regel wird man im komplexen Beziehungsgeflecht von Gesellschaft, Wahlsystem und Parteiensystem nicht davon ausgehen können, diesen Faktoren sei eindeutig die Rolle von unabhängigen oder abhängigen Variablen zuzuweisen möglich. Man wird jedoch behaupten können, dass die Konstitutionsbedingungen von Wahlsystemen ihre Auswirkungen mitbestimmen, oder anders gewendet, dass die spezifischen soziopolitischen Strukturen nicht nur die Entscheidung in der Wahlsystemfrage mit verantworten, sondern dass auch die Auswirkungen von Wahlsystemen von ihnen partiell abhängen.

10.7 Genese und Reform von Wahlsystemen

Nie zuvor in der Geschichte konnten in einem gegebenen historischen Moment derart viele Entstehungs- und Reformprozesse von Wahlsystemen beobachtet werden wie in der dritten Welle der Demokratisierung. Zunächst: Was lässt sich Generalisierendes über die Entstehungsprozesse der neuen Wahlsysteme sagen?

Die Genese der osteuropäischen Wahlsysteme belegt vor allem die Erklärungskraft des prozess- und akteurzentrierten Ansatzes (s. Merkel 1999: 474 ff.). Die Wahlsysteme sind derart offensichtlich aus den Machtinteressen und -kalkülen der politischen Akteure im Transitionsprozess hervorgegangen, dass es geradezu töricht wäre, von anderen Ansätzen wie dem historisch-konstitutionellen, der die Wiederanknüpfung an alte Verfassungstraditionen thematisiert, oder dem des Institutionenimports anzunehmen, ihnen käme der gleiche Rang zu. Arend Lijphart (1992:208) hat an Stein Rokkans These zur Einführung der Verhältniswahl in den europäischen Ländern zu Beginn des 20. Jahrhunderts angeknüpft und betont: „the logic of the democratization process itself is a critical explanatory factor". Stein Rokkan hatte seinerzeit (1970: 157) festgestellt, dass der Übergang zur Verhältniswahl bedingt war „through a convergence of pressures from below and from above. The rising working class wanted to lower the thresholds of representation in order to gain access to the legislatures, and the most threatened of the old-established parties demanded PR to protect their position against the new waves of mobilized voters created by universal suffrage". Für Osteuropa kann behauptet werden, je größer die Ungewissheit über die tatsächliche Verteilung der politischen Präferenzen der Wählerschaft, desto eher war Verhältniswahl die allgemeine Option.

Lijphart ersetzte „old-established parties“ durch „communist parties“ und „rising working class“ durch „new democratic forces“, um die im Transitionsprozess in den drei von ihm untersuchten Ländern (Polen, Ungarn, Tschechoslowakei) aufgetretene politische Lage von 1990 Rokkan-ähnlich zu erfassen: Die Machtverhältnisse im Transitionsprozess sind jedoch nach Ländern unterschiedlich gelagert gewesen. Mit Samuel P. Huntington (1991) wird zwischen drei Modellen unterschieden, der Transition, die von den alten Eliten in Szene gesetzt wurde, dem ausgehandelten Übergang und Elitenkompromiss sowie der von unten, von den demokratischen Kräften dominierten Transition, in welcher die alten Eliten ersetzt wurden erfolgten. Wie ich zusammen mit Mirjana Kasapović habe zeigen können (Nohlen/Kasapović 1996), korrespondierten die Wahlsystemtypen in etwa mit den Transitionsmodellen. Eine erste allgemeine Feststellung lautet demnach: Die alten Eliten hielten an der Mehrheitswahl fest. In ausgehandelten Übergängen wurden kombinierte Wahlsysteme vereinbart. Lag die Entscheidung über das Wahlsystem in den Händen der demokratischen Opposition, lautete die Option Verhältniswahl.

Eine zweite Feststellung bezieht sich darauf, dass in Osteuropa überwiegend Wahlsysteme entstanden, die in ihrer technischen Ausgestaltung höchst unterschiedlich sind. Relativ selten sind klassische Wahlsysteme eingeführt worden. Wie an anderer Stelle ausgeführt, bezeichne ich als solche die von Maurice Duverger thematisierten und in ihren Auswirkungen auf die Parteiensysteme bestimmten Wahlsysteme: die relative Mehrheitswahl in Einerwahlkreisen, die absolute Mehrheitswahl in Einerwahlkreisen und die (reine) Verhältniswahl. In der großen Mehrzahl wurden zum einen Verhältniswahlsysteme in variablen Mehrpersonenwahlkreisen mit Sperrklausel und zum andern kombinierte Wahlsysteme eingeführt. Als letztere bezeichne ich solche Wahlsysteme, die den Einerwahlkreis mit dem Entscheidungsmaßstab nach absoluter oder relativer Mehrheit mit nach Proporz vergebenen Mandaten oder dem Repräsentationsprinzip der Verhältniswahl verbinden.

Eine dritte Feststellung hebt noch einmal hervor, dass die entstandenen Wahlsysteme das Ergebnis des Konflikts, der Verhandlung und des Kompromisses zwischen politischen Gruppierungen waren. Alle drei Feststellungen bestärken das Verständnis der Genese von Wahlsystemen als das eines Prozesses, in welchem die

Wahlsysteme als abhängige Variable zu begreifen sind. Ehe sie sich auf die Parteiensysteme auswirken, sind sie das Ergebnis der Machtkonstellation und Machtkalküle politischer Akteure.

Dieser Befund nun steht in scharfen Kontrast zu der Vorstellung, die sich in der internationalen Wahlforschung in den 1980er Jahren breit machte, die Vorstellung nämlich, in der Wahlsystemfrage sei zwischen verschiedenen (mehr oder weniger bekannten Optionen) zu wählen. *Choosing an Electoral System* war der symptomatische Titel eines einflussreichen Sammelbandes (s. Lijphart/Grofman 1984). In den 1990er Jahren wurde diese Vorstellung von jener des *institutional design* abgelöst. Dieser Terminus wurde zum Schlüsselbegriff aller Ambitionen und politikwissenschaftlichen Bemühungen, für die jungen Demokratien Wahlsysteme zu entwerfen (s. Lijphart/Waisman 1994, International IDEA 1997, Constitutional Design 2000). Im Konzept des *institutional design* erscheinen das Wahlsystem als das Ergebnis logisch-rationaler Entscheidungen über einzelne Elemente, die – theoretisch orientiert am *best system model* – gemeinsam ein Wahlsystem konstituieren, das in den jungen Demokratien implementiert wird.

Die Prozesserfahrung lehrt, dass neue Wahlsysteme nicht am Reißbrett des Politikwissenschaftlers entstehen (s. Krennerich/Lauga 1996), sondern das Ergebnis der Entscheidungen politischer Akteure sind, abhängig von deren jeweiliger Perzeption der Machtkonstellation, ihrer Machtinteressen und der diesen dienlichen institutionellen Elemente und Gesamtarrangements. In Kompromissen erfolgen die Festlegungen der Wahlkreiseinteilung, der Stimmgebungsverfahren, der Verrechnungsverfahren, der Sperrklauseln, etc. Nicht in einem einzigen Fall fanden in Osteuropa Übernahmen von Wahlsystemen alter Demokratien statt (s. Nohlen/Kasapovic 1996). „All these (East-European) states produced electoral systems different from each other, and none of them is a straight imitation of any Western democratic polity“ (Kuusela 1994: 129). Die Typen von Wahlsystemen, die sich durchsetzten, spiegeln in gewisser Weise die Prozesshaftigkeit der Entstehung der Institutionen wider. Im Falle der Verhältniswahlsysteme in variablen Mehrpersonenwahlkreisen mit nationalen Ergänzungslisten nach Proporz und Sperrklauseln sowie der kombinierten Wahlsystemen konnten in der Tat über die einzelnen Elemente der Wahlsysteme verhandelt und Kompromisse erzielt werden. Die Lösung wurde häufig im Mittelwert der ursprünglich vertretenen Positionen gefunden. Von der *design*-orientierten Wahlsystemforschung ist dieser empirische Befund jedoch nicht in der Weise zur Kenntnis genommen worden, den *design*-Ansatz zugunsten des Prozess-Ansatzes aufzugeben. Vielmehr fand die These vom *poorly design* der osteuropäischen Wahlsysteme große Verbreitung.

Zusammenfassend lässt sich feststellen, dass die Entscheidung darüber, nach welchem Wahlsystem die Übertragung der politischen Präferenzen der Wählerschaft in Parlamentsmandate erfolgen soll, im konkreten sozialen und politischen Kräftefeld eines Landes von den politischen Akteuren gefällt wird. Da die sozialen Gruppen und politischen Parteien in ihren Chancen, ihre Interessen zu verfolgen und ihre politischen Zielvorstellungen durchzusetzen, zentral vom Wahlsystem betroffen werden können, ist die Entscheidung der Wahlsystemfrage eine eminent politische Frage. Sie unterliegt dem Kalkül der politischen Kräftegruppen. Maßstab sind für sie die jeweils zu erwartenden Vor- und/oder Nachteile, in bedeutend geringerem Maße allgemeine demokratietheoretische Überlegungen, die freilich bemüht werden, um die politischen Machtinteressen, welche letztendlich die Präferenzen begründen, zu bemänteln. Jedoch schränken die gesellschaftlichen Faktoren struktureller Natur wie die soziale Heterogenität den Spielraum der politischen Akteure ein. Manches, was ihnen institutionell unter machtpolitischen Gesichtspunkten frommen würde, lässt sich nicht durchsetzen. Besonders auffällig wird dieser Zusammenhang, wenn nicht etwa klassische Wahlsysteme eingeführt werden, sondern die Wahlsysteme das Ergebnis mühsam erzielter Kompromisse zwischen den politischen Parteien sind, wie dies in der Wahlgesetzgebung der jungen mittel- und osteuropäischen Demokratien zu beobachten war.

Dessen ungeachtet werden Wahlsysteme, da sie machtpolitisch nicht neutral sind, von den politischen Akteuren als Mittel in der Machtauseinandersetzung begriffen. Das Wahlsystem mit all seinen technischen Elementen gilt nur in wenigen Ländern als geheiligte Spielregel der Demokratie. Während die Repräsentationsprinzipien nach wie vor relativ stabil sind, erfolgen häufig Reformen auf der Ebene der technischen Details, die politisch keineswegs folgenlos sind. Hier gilt es zunächst erneut, einer These zu widersprechen, der zufolge ein einmal etabliertes Wahlsystem nicht so leicht zu ändern sei. Diese These begründete ihrerseits die hohe Bedeutung, welche der Entscheidung über das Wahlsystem im Transitionsprozess zugewiesen wurde. Erinnert sei nur an die personalisierte Verhältniswahl in der Bundesrepublik. Sie wurde 1949 eingeführt, für die nachfolgenden Wahlen in den Reformen von 1953 und 1956 weiterentwickelt. Ist die Grundentscheidung für ein Repräsentationsprinzip gefallen, können staatspolitische Begründungen hinzu stoßen und inkrementalistisch das Wahlsystem an die Notwendigkeiten der Regierbarkeit anpassen. Ähnliches hat sich in etlichen Ländern Osteuropas abgespielt. In Mazedonien wurde 1994, in der Ukraine 1998 von der absoluten Mehrheitswahl zum Grabensystem übergegangen, in Kroatien 1999 von diesem System zur Verhältniswahl in Wahlkreisen, in Ungarn 2011 von einem kompensatorischen Wahlsystem zur Mehrheitswahl mit Minderheitenvertretung. Hier haben sogar Wechsel im Wahlsystemtyp stattgefunden.

Am deutlichsten tritt der politisch-instrumentale Charakter des Wahlsystems in der politischen Auseinandersetzung – zur Gewichtung der politischen Gruppen und zur Durchsetzung spezifischer politischer Inhalte – in der Geschichte der Wahlsysteme in Frankreich hervor. Westlich des Rheins ist es eine Frage der politischen Macht und der parteipolitischen Opportunität, das Wahlsystem beizubehalten oder zu ersetzen. Der Fall ist aber insofern untypisch für die gestandenen Demokratien, als dezisionistisch verfahren und sogar zwischen Wahlsystemgrundtypen hin- und hergewechselt werden konnte. Im politischen Prozessgeschehen, unter Beteiligung auch der mit verfassungsrechtlicher Vetomacht ausgestatteten Opposition, scheitern jedoch wesentlich mehr Initiativen und Versuche, bestehende Wahlsysteme zu ändern, als dass sie von Erfolg gekrönt sind, eben weil die jeweiligen Wahlsysteme vielfach die realen gesellschaftlichen und politischen Interessen und Strukturen reflektieren, wie dies Stein Rokkan (1970: 156f.) gesehen hat. Erst wenn dem nicht mehr so ist, ergibt sich ein möglicher Grund und eine gewisse Chance für eine Wahlsystemreform. Andere Gründe liegen in veränderten Repräsentationsvorstellungen und Funktionserwartungen einer Gesellschaft an Wahlsysteme, etwa wenn, wie in Neuseeland vor der Wahlreform von 1993, die Repräsentation der ethnischen und politischen Minderheiten neu bewertet wird, sowie in allgemeinen Krisen der Demokratie, die entweder als durch die bestehenden Institutionen mitverantwortet betrachtet oder als durch institutionelle Reformen behebbar angesehen werden. Die Wahlreformen in Italien und Japan fügen sich hier ein. Sie belegen auch, dass es sich bei Reformen des Wahlsystems ebenfalls um politische Prozesse und nicht um dezisionistische Implementationen von Modellen handelt.

10.8 Wahlsystemfrage und Politikberatung

Das, was für die Analyse der Auswirkungen von Wahlsystemen gilt, nämlich die Kontextberücksichtigung, gilt für die Optionen bzw. die Politikberatung in noch viel höherem Maße. Denn die Analyse mag sich ausschnitthaft auf einen oder zwei Faktoren beschränken, wie es in der statistischen multivariaten Untersuchungsmethode üblich ist, wo gewöhnlich die Feststellung von Korrelationen und Zusammenhängen reicht. Die politische Wirklichkeit stellt jedoch einen komplexen multidimensionalen Wirkungszusammenhang dar, in den durch die Änderung eines Faktors, des Wahlsystems, steuernd zu intervenieren bedeutet, systemisch andere Faktoren zu tangieren. Die ausschnitthafte Betrachtung greift dann zu kurz. Es gilt, den gesamten Variablenkontext zu berücksichtigen und einen zirkulären Kausalitätszusammenhang mitzudenken, auch wenn nur über die Beibehaltung oder Reform eines Faktors, nämlich des Wahlsystems, zu befinden ist. Denn, wie gesagt, die Auswirkungen von Wahlsystemen sind kontextabhängig.

Es versteht sich geradezu von selbst, dass Optionen, die im Inhalt spezifisch (etwa relative Mehrheitswahl in Einerwahlkreisen) und in der Anwendungsbreite (junge Demokratien) allgemein sind, wenig problemadäquate Lösungen darstellen. Ein Therapeut käme auch nicht auf die Idee, für alle möglichen Fälle ein und dieselbe Therapie zu verschreiben. Diese Überlegung bezieht sich nicht nur auf die Wahlsysteme, sondern auch auf einzelne technische Elemente von Wahlsystemen, deren Funktion sich in unterschiedlichen systemischen Zusammenhängen völlig verändern kann. Weder kann die Politikempfehlung allgemein Verhältniswahl lauten, noch im Blick auf die Höhe der Sperrklausel eine 3%-Hürde das Maß aller Dinge sein. Es ist jeweils zu prüfen, welche Auswirkungen von Wahlsystemen und einzelnen ihrer möglichen Elemente in spezifischen Kontexten ausgehen können. Im Prinzip ist meine Option also fall- oder fallgruppenorientiert. Das impliziert auch, die Politikempfehlung an dem Punkt anzusetzen, an dem sich ein Land institutionell (gültiges Institutionensystem) und im historischen Prozess der Vertiefung und Konsolidierung der Demokratie im Kontext seiner allgemeinen soziokulturellen Entwicklung befindet. So empfehle ich für dieses Land eine Verbesserung der Repräsentationsfunktion, für jenes die Stärkung der Konzentrationsfunktion und für wieder ein anderes den Ausbau der Partizipationsfunktion jeweils mit Hilfe technischer Regelungen, die erstens tatsächlich dem Zweck dienlich sind (das ist bei etlichen Vorschlägen in der Wahlreformdebatte nicht der Fall), zweitens die geringsten *trade-off*-Effekte und unbeabsichtigten Nebenwirkungen haben und drittens politisch gangbar sind. In der allgemeinen *Design*-Debatte wird auf das letzte Argument kaum Rücksicht genommen. Der Konsens der politischen Parteien und der gesellschaftlichen Kräfte insgesamt in das Wahlsystem ist aber von höherem Stellenwert für die Entwicklung der Demokratie als dessen technische Perfektion.

Rein Taagepera (1999) vertritt in diesem Zusammenhang den Standpunkt, dass Wahlsysteme möglichst einfach sein sollten. Er favorisiert dieses Kriterium freilich als Politikwissenschaftler, der an präzisen Analysen der Auswirkungen eines Wahlsystems und deren Prognosefähigkeit interessiert ist. In der Tat unterscheiden sich Wahlsysteme auch nach dem Grad ihrer Kontextsensibilität. Vor allem die psychologischen Effekte, die komplexere Wahlsysteme auslösen, sind breiter gestreut, variabler, ja gegebenenfalls widersprüchlicher und verzögern sich stärker in der Zeit, da die Akteure, Parteien und Wähler, sich schwerer tun, die mechanischen Effekte zu erkennen und Nutzen orientiert ihr Verhalten auf sie einzustellen. Trotzdem kann Einfachheit gewiss nicht die ausschlaggebende Messlatte sein. Einfache Wahlsysteme sind in der Regel weniger in der Lage, gleichzeitig verschiedene Funktionen zu erfüllen. Meistens zielen sie auf eine Hauptfunktion und deren möglichst volle Verwirklichung ab. Einfache Wahlsysteme reduzieren die Probleme der Analyse, unter Umständen erhöhen sie die politischen Probleme, die freilich vorrangig zu lösen sind. Die Option Einfachheit entspricht auch einer Konzeptualisierung, die Beherrschbarkeit suggerieren will. Die Einfachheit des Entweder-

Oder, in der Alternative Mehrheitswahl *versus* Verhältniswahl im *grand-design*-Ansatz wieder belebt, erreicht auch einen höheren Grad des Engagements, so dass Wahlsysteme Gegenstand leidenschaftlicher Debatte werden. Die Unversöhnlichkeit des Gegensatzpaares kann jedoch durch ein funktionales Nebeneinander der mit den grundlegenden Alternativen verfolgten Zielsetzungen aufgelöst und damit der Reduktionismus überwunden werden.

An diese allgemeinen Überlegungen kann eine weitere Leitlinie für das konkrete *designing* in Reformprozessen von Wahlsystemen angeschlossen werden. Im Gegensatz zu der oft anzutreffenden Meinung, dass Prinzipien möglichst vollends gefolgt und Funktionen möglichst umfassend erfüllt werden sollen, ist bei den Wahlsystemen ein geringerer Grad der Umsetzung empfehlenswert, da andernfalls starke *trade-off*-Effekte, erhöhte nicht gewollte Nebenwirkungen und sogar gegenläufige Wirkungen aufzutreten pflegen. Ein Beispiel bietet der Versuch, dem Prinzip der proportionalen Repräsentation strikt Geltung zu verschaffen. Es kommt zu dem Paradoxon, dass mit mehr Proportionalität in der technischen Gestaltung eines Wahlsystems aufgrund des psychologischen Effekts, den Wahlsysteme ausüben, weniger Proportionalität im Wahlergebnis erzielt wird. In *Tabelle 68* wird der Zusammenhang schematisch erfasst. Bei der reinen Verhältniswahl ist der mechanische und der psychologische Effekt des Wahlsystems auf das Parteiensystem fragmentierend mit dem Ergebnis einer relativ hohen Proportionalität bei einem gegebenenfalls erheblichen Umfang von Stimmen, die vergeudet werden, weil die Wähler unterstellen, auch Stimmen für Splitterparteien, deren Zahl bei reiner Verhältniswahl zunimmt, könnten unter den Bedingungen dieses Wahlsystems erfolgreich sein. Bei der Verhältniswahl mit Sperrklausel hingegen ergibt sich ein mechanischer Konzentrationseffekt, der bei der Wahlbewerbung und im Wahlverhalten einen Konzentrationsprozess nach sich zieht, da die Wähler gewärtigen, dass sie ihre Stimme möglicherweise vergeuden, wenn sie Parteien wählen, welche die Sperrklausel nicht überspringen. Eher aussichtslose Kandidaturen werden entmutigt. Die Proportionalität von Stimmen und Mandaten ist folglich hoch und ebenso die Erfolgswertgleichheit der Stimmen, während bei reiner Verhältniswahl die Differenz zwischen Zählwert und Erfolgswert der Stimmen wächst, die im Vergleich mit Mehrheitswahlsystemen zu verringern historisch just eine Funktion der Verhältniswahl gewesen ist. Die Quintessenz ist, dass mit disproportional anmutenden technischen Mitteln im Repräsentationsergebnis der Idee der Verhältniswahl mehr entsprochen werden kann als mit strikt proportional angelegten einzelnen technischen Elementen.

Tabelle 68: Das Proporzparadox

Parteien-system	Wahlsystem	Mechani-scher Effekt	Psychologi-scher Effekt	Proportio-nalität	Erfolgswert-Gleichheit
Fragmentiert	reine VW	fragmentie-rend	fragmentie-rend	relativ hoch	Niedrig
Fragmentiert	VW mit Sperr-klausel	konzentrie-rend	konzentrie-rend	Hoch	Hoch

Ein ähnliches Paradoxon ergibt sich bei dem Versuch, die Partizipationsfunktion maximal zu erhöhen. Die Chance des Wählers, zwischen Kandidaten auszuwählen, kann derart gesteigert werden (etwa durch Personalstimmgebung in Mehrpersonenwahlkreisen), dass nicht nur andere Funktionen des Wahlsystems (insbesondere die Konzentrationsfunktion) stark darunter leiden, sondern auch der Wähler selbst infolge der Komplexität des Wahlsystems am Ende überfordert ist und seine Chance nicht mehr wahrnimmt. Verzagt er jedoch nicht, kann die technische Gestaltung des Wahlsystems gegebenenfalls die Partizipationsfreude abstrafen, indem die extreme Differenzierung der Kandidatenpräferenz der Wähler durch das System gar nicht verarbeitet werden kann. Viele Stimmen gehen verloren, unter Umständen gelangen Kandidaten mit äußerst geringer Stimmenzahl ins Parlament.

Diese Zusammenhänge führen mich zur Betonung jener allgemeinen Kriterien für Reformen des Wahlsystems, die ich bereits häufiger in die allgemeine Debatte eingebracht habe. Es sind dies erstens die drei Funktionserwartungen an Wahlsysteme: Repräsentation im Sinne einer gewissen prozentualen Übereinstimmung von Stimmen und Mandaten, Konzentration im Sinne einer gewissen Begünstigung der Mehrheitsbildung durch eine Partei oder Parteienallianz und Förderung der Herausbildung eines strukturierten Parteiensystems, sowie schließlich Partizipation im Sinne der Auswahlchance des Wählers nicht nur unter Parteien, sondern auch unter Kandidaten. Hinzu kommen Einfachheit bzw. Transparenz des Wahlsystems und allgemein die Legitimität des Wahlsystems im Sinne nicht nur seiner technischen Qualitäten, sondern seiner Anerkennung in der breiten Öffentlichkeit. Dieses letzte Kriterium berücksichtigt, dass theoretisch *best-design*-Wahlsysteme oder auch in der Praxis durchaus bewährte Wahlsysteme die allgemeine Anerkennung verlieren können. Zweitens die Balancenotwendigkeit. Beiträge zur Wahlsystemdebatte zentrieren sich häufig auf die Erfüllung einer der genannten Funktionen. Es kommt aber auf eine gewisse Balance zwischen ihnen im Rahmen eines multidimensionalen Wirkungszusammenhangs an.

Diese Überlegungen wiederum führen unmittelbar zu Optionen, allerdings nicht in der Weise eines *best-system*, worauf immer noch gerne hingezielt wird (s. Shugart/Wattenberg 2000; Bowler/Farrell/Petitt 2005), sondern in der Herausstellung der Typen von Wahlsystemen, die den Funktionskriterien am besten entsprechen können. Dies sind die kombinierten Wahlsysteme, etwa die personalisierte Verhältniswahl, oder das kompensatorische Wahlsystem, oder das Grabensystem. Diese Wahlsysteme sind jeweils nicht starr, sondern sie lassen sich an die jeweiligen Kontextbedingungen anpassen. Ihre technischen Details, die eine politische Feinabstimmung ermöglichen, sind in hohem Maße verhandlungs- und kompromissfähig. Diese Eigenschaften geben eine Antwort auf die Frage, warum internationale Wahlsystemexperten in einer Umfrage kombinierte Wahlsysteme gegenüber anderen Wahlsystemtypen bevorzugten, der Shaun Bowler und David M. Farrell (2006) ratlos gegenüberstehen. Die überwiegende Zahl der neuen Wahlsysteme entspricht diesen neuen kombinierten Wahlsystemen. Diese Tendenz begrüße ich nicht nur; ich halte sie auch für eine große Herausforderung an die Politische Wissenschaft, denn es geht nicht mehr um das *grand design* von Wahlsystemen, sondern um die technischen Details in kombinierten Wahlsystemen in Verbindung mit den spezifischen Kontextvariablen des Falles oder der Fallgruppe. Die Analyse der Kontexte steht jener der Funktionsweise der Wahlsysteme an Bedeutung nicht nach, innerhalb derer sie ihre Wirkungen erzielen. Als Reisender in Sachen Wahlsystemreform bringt man folglich die Reformempfehlung nicht im Gepäck gleich mit ins Land. Neben der Wahlsystemtheorie ist die Länderexpertise gefragt. Es ist die gelungene Verbindung von Theorie und Kontext, die gute, aufnahmefähige und womöglich unter den politischen Akteuren konsensfähige Lösungen hervorbringt.

Literaturverzeichnis

Achard, D./González, L.E. (Hrsg.) 2004: A Challenge for Democracy. Political Parties in Central America, Panama and the Dominican Republic, Washington, D.C.

Acker, D./Acker, C. 2010: Finland, in: Nohlen, D./Stöver, Ph. (Hrsg.): Elections in Europe, Baden-Baden, 593-638.

Afonso da Silva, L.V. 1999: Sistemas eleitorais, Sao Paulo.

Agnoli, J. 1968: Die Transformation der Demokratie, in: Ders./Brückner, P.: Die Transformation der Demokratie, Frankfurt/Main, 7ff.

Ahmad, K. 1983: Proportional Representation and the Revival of Democratic Process in Pakistan, Islamabad.

Aixelà, Y. 2009: Las elecciones marroquíes de 2007: Partidos políticos y discursos de género, en: Álvarez-Ossorio, I./Zaccara, L. (Hrsg.): Elecciones sin elección. Procesos electorales en Oriente Medio y el Magreb, Guadarrama (Madrid), 301-325.

Alcántara, M. Elecciones en América Latina. Un análisis comparativo, en:Alcántara, M./Tagina, M.L. (Hrsg.) 2013: Elecciones y política en América Latina 2009-2011, Mexiko-Stadt, 9-70.

Alemann, U. von 1973: Parteiensysteme im Parlamentarismus, Düsseldorf.

Alexy, R. 1994: Theorie der Grundrechte, 4. Aufl., Frankfurt.

Al-Marayati, A.A. 1967: Middle Eastern Constitutions and Electoral Laws, New York.

Álvarez-Ossorio, I./Zaccara, L. (Hrsg.) 2009: Elecciones sin elección. Procesos electorales en Medio Oriente y el Magreb, Guadarrama (Madrid).

Anderson, J. 1997: Elections and Political Development in Central Asia, in: Journal of Communist Studies and Transition Politics 13/4, 28-53.

Arias, C./Ramacciotti, B. (Hrsg.) 2005: Hacia el fortalecimiento de la gobernabilidad democrática, Washington, D.C.

Arias-Salgado, R. 1988: Entstehung und Struktur des spanischen Parteiensystems, in: Zeitschrift für Parlamentsfragen 19, 377-391.

Andeweg, R.B./Den Ridder, J./Irwin, G.A. 2010: Netherlands, in: Nohlen, D./Stöver, Ph. (Hrsg.): Elections in Europe, Baden-Baden, 1379-1420.

Asociación Civil Transparencia et al. 2002: Democracia en América Latina y el Caribe. Análisis y evaluación, Lima.
Auth, P. 2006: El sistema electoral chileno y los cambios necesarios, in: Huneeus, C. (Hrsg.): La reforma del sistema binominal en Chile, Santiago, 155-184.
Axtmann, D. 2007: Reform autoritärer Herrschaft in Nordafrika. Verfassungs- und Wahlrechtsreformen in Algerien, Tunesien und Marokko zwischen 1988 und 2004, Wiesbaden.
Bagehot, W. 1961: The English Constitution, London (zuerst 1867).
Balinski, M.L./Young, H.P. 1982: Fair Representation in the European Parliament, in: Journal of Common Market Studies 20 (4), 361-373.
Baras, M./Botella, J. 1996: El sistema electoral, Madrid.
Barber, B. R. et al. 2003: Strong Democracy. Participatory Politics for a New Age, Berkeley.
Bardi, L./Young, H.P. 1982: Fair Representation, New Haven.
– 1985: Il voto di preferenza in Italia e la legge elettorale europea, in: Rivista Italiana di Scienza Politica XV, 293-313.
Barkan, J.D. 1995: Elections in Agrarian Societies, in: Journal of Democracy 6 (4), 106-116.
Barnes, S./Kaase, M. (Hrsg.) 1979: Political Action. Mass Participation in Five Western Democracies, Beverly Hills/London.
Barrios, H./Suter, J. (Hrsg.) 1996: Politische Repräsentation und Partizipation in der Karibik, Opladen.
Barthélemy, J. 1912: L'organisation du suffrage et l'expérience belge, Paris.
– 1920: Le vote des femmes, Paris.
Bartolini, S. 2002: The Political Consequences of the Italian Mixed Electoral System (1994-2001), European University Institute, Florenz.
Bartolini, S./D'Alimonte (Hrsg.) 1995: Maggioritario ma non troppo, Bologna.
Bartolini, S./Mair, P. 1985: Party Competition in Contemporary Western Europe, London.
Basedau, M. 2003: Erfolgsbedingungen von Demokratie im subsaharischen Africa, Opladen.
– 2003a: Zum Zusammenhang von Wahlsystem, Parteiensystem und Demokratiestabilität in Afrika. Kritische Anmerkungen zum Potenzial von Electoral Engineering, in: Afrika Spektrum 37 (3): 311-333.
Basedau, M./Erdmann, G./Mehler, A. (Hrsg.) 2007: Votes, Money and Violence. Political Parties and Elections in Sub-Saharan Africa, Uppsala/ Scottsville.
Behnke, J. 2003: Ein integrales Modell der Ursachen von Überhangmandaten, in: Politische Vierteljahresschrift 44 (1), 41-65.
– 2003a: Von Überhangmandaten und Gesetzeslücken, in: Aus Politik und Zeitgeschichte, B 52, 21-28.
– 2008: Das Wahlsystem der Bundesrepublik Deutschland. Logik, Technik und Praxis der Verhältniswahl. Baden-Baden.
Behnke, J./Grotz, F. 2011: Das Wahlsystem zwischen normativer Begründung, empirischer Evidenz und politischen Interessen, in: Zeitschrift für Parlamentsfragen 42 (2), 426-432.

Beichelt, T. 1998: Die Wirkung von Wahlsystemen in Mittel- und Osteuropa, in: Zeitschrift für Parlamentsfragen 29, 605-623.
– 2000: Demokratische Konsolidierung und politische Institutionen im postsozialistischen Europa, Opladen.
Bendel, P. 1993: Partidos políticos y sistemas de partidos en Centroamérica, in: Nohlen, D. (Hrsg.): Elecciones y sistemas de partidos en América Latina, San José/Costa Rica, 315-354.
– 1996: Parteiensysteme in Zentralamerika. Typologien und Erklärungsfaktoren, Opladen.
Bendix, R. 1964: Nation-Building and Citizenship, New York.
Berger, S. (Hrsg.) 1981: Organizing Interests in Western Europe: Pluralism, Corporatism and the Transformation of Politics, New York.
Bertelsmann Stiftung (Hrsg.) 2005: Bertelsmann Transformation Index 2006, Gütersloh.
Beyme, K. von ²1984: Parteien in westlichen Demokratien, München.
– 2000: Die politischen Theorien der Gegenwart, 8. Aufl., Wiesbaden.
– 2000a: Parteien im Wandel Wiesbaden.
– 2004: Das politische System der Bundesrepublik Deutschland., 10. Aufl., Wiesbaden.
Bingham Powell, G. Jr. 1980: Voting Turnout in Thirty Democracies, in: Rose, R. (Hrsg.): Electoral Participation. A Comparative Analysis, Beverly Hills/London, 5-34.
– 1986: American Voter Turnout in Comparative Perspective, in: American Political Science Review 80, 17-43.
– 2000: Elections as Instruments of Democracy. Majoritarian and Proportional Visions, New Haven/London.
Birch, S. et al. 2002: Embodying Democracy. Electoral System Design in Post Communist Europe, Basingstoke.
Birch, S. 2010: Ukraine, in: Nohlen, D./Stöver, Ph. (Hrsg.): Elections in Europe, Baden-Baden, 1967-2000.
Blais, A. 1988: The Classification of Electoral Systems, in: European Journal of Political Research 16, 99-110.
Blais, A./Massicotte, L. 1996: Electoral Systems, in: Le Duc, L./Niemi, R. G./ Norris, P. (Hrsg.): Comparing Democracies. Elections and Voting in Global Perspective, Thousanad Oaks/London.
Blancher, J.-M./Quanquin, H./Sonnleitner, W./Zumello, Ch. (Hrsg.) 2005: Voter dans les Amériques, Bayeux.
Blondel, J. 1969: Introduction to Comparative Government, New York.
– 1987: Political Parties. A Genuine Case for Discontent?, London.
Bobbio, N. 1984: Die Mehrheitsregel: Grenzen und Aporien, in: Guggenberger, B./Offe, C (Hrsg.): An den Grenzen der Mehrheitsdemokratie, Politik und Soziologie der Mehrheitsregel, Opladen, 108-131.
– 1985: Liberalismo e democrazia, Mailand.
– 1994: Rechts und links. Gründe und Bedeutungen einer politischen Unterscheidung, Berlin.

Bock, G. 1999: Frauenwahlrecht. Deutschland in vergleichender Perspektive, in: Grüttner, M. (Hrsg): Geschichte und Emanzipation, Frankfurt/Main, 95-136.
Bogdanor, V. 1984: What is Proportional Representation? A Guide to the Issues, Oxford.
– 1985: Representatives of the People? Parliamentarians and Constituents in Western Democracies, Gower.
– 1987: Electoral Reform and British Politics, in: Electoral Studies 6, 115-121.
Bogdanor, V./Butler, D. (Hrsg.) 1983: Democracy and Elections: Electoral Systems and Their Political Consequences, Cambridge.
Boogards, M. 2000: Crafting Competitive Party Systems: Electoral Laws and the Opposition in Africa, in: Democratization 7 (4), 163-190.
Bornemann, C.H. 1931: Einzelwahlkreis und Proporz. Ein Vorschlag zur Reichswahlreform, in: Zeitschrift für Politik 20, 43-49.
Boston, J. et al. 1996: New Zealand under MMP. A New Politics?, Wellington.
Bowler, S./Farrell, D.M. 2006 We Know Which One We Prefer but We Don't Really Know Why: The Curious Case of Mixed Member Electoral Systems, in: British Journal of Politics and Internationale Relations 8, 445-460.
Bowler, S./Farrell, D.M./Petitt, R. 2005: Expert Opinion on Electoral Systems: So Which Electoral System Is "best"? In: Journal of Elections, Public Opinions and Parties 15, 3-20.
Bozóki, A. 1993: Hungary's Road to Systemic Change. The Opposition Round Table, in: East European Politics and Society 7, 276-308.
Bracher, K.D. 1964: Deutschland zwischen Demokratie und Diktatur, Bern u.a.
– 1980: Demokratie und Machtvakuum: Zum Problem des Parteienstaates in der Auflösung der Weimarer Republik, in: Erdmann, K.D./Schulze, H. (Hrsg.): Weimar, Selbstpreisgabe einer Demokratie. Eine Bilanz heute, Düsseldorf.
Braga da Cruz, M. (Hrsg.) 1998: Sistemas eleitorais. O debate científico, Lissabon.
Braunias, K. 1932: Das parlamentarische Wahlrecht. Ein Handbuch über die Bildung der gesetzgebenden Körperschaften in Europa, 2 Bde., Berlin/Leipzig.
Bredthauer, R. 1973: Das Wahlsystem als Objekt von Politik und Wissenschaft, Meisenheim am Glan.
Brewer-Carías, A. 2002: Golpe de Estado y proceso constituyente en Venezuela, Mexiko-Stadt.
Brighouse, H./Fleurbaey, M. 2010: Democracy and Proportionality, in: Journal of Political Philosophie, 18 (2), 137-155.
Brownlee, J. 2007: Authoritarianism in the Age of Democratization, Cambridge.
Brunner, G. 1996: Nationalitätenprobleme und Minderheitenkonflikte in Osteuropa, Gütersloh.
Buchanan, J.M./Tullock, G. 1985: The Calculus of Consent, Ann Arbor.
Budge, I. u.a. (Hrsg.) 1976: Party Identification and Beyond, London.

Budge, I./Farlie, D. 1977: Voting and Party Competition. A Theoretical Critique and Synthesis Applied to Surveys from Ten Democracies, London.
Büsch, O. (Hrsg.) 1980: Wählerbewegung in der europäischen Geschichte, Berlin.
Büsch, O./Steinbach, P. (Hrsg.) 1983: Vergleichende europäische Wahlgeschichte, Berlin.
Butler, D.E. [2]1963: The Electoral System in Britain since 1918, Oxford.
– (Hrsg.) 1981: Democracy at the Polls. A Comparative Study of Competitive National Elections, Washington.
– 1984: Reflections on the Electoral Debate in Britain, in: Lijphart, A./ Grofman, B.:(Hrsg.): Choosing an Electoral System, New York, 225-229
– 1988: Electoral Reform and Political Strategy in Britain, DOC/IUE 49/88, L'étude comparée des reformes electorales en Europe. XIXeme et XXeme siècles, une approche interdisciplinaire, Badia/Fiesolana/Florenz.
Butler, D./Kavanagh, D. 1985: The British General Election of 1983, London und Basingstoke.
–/– 1988: The British General Election of 1987, Houndmills und Basingstoke.
Butler, D.E./Stokes, D. 1976: Political Change in Great Britain, New York.
Butler, D./Ranney, A. (Hrsg.) 1978: Referendums. A Comparative Study of Practice and Theory, Washington D.C.
Caciagli, M. 1983: Spagna 1982: Le elezioni del „cambio", in: Quaderni dell' Osservatorio Elettorale, Heft 11, 57-93.
– 1986: Elecciones y partidos en la transición española, Madrid.
– 2010: Italy, in: Nohlen, D./Stöver, Ph. (Hrsg.): Elections in Europe, Baden-Baden, 1027-1100.
Caciagli, M./Corbetta, P. (Hrsg.) 1987: Elezioni regionali e sistema politico nazionale, Bologna.
Caciagli, M./Uleri, P.V. (Hrsg.) 1994: Democrazie e referendum, Roma-Bari.
Cadart, J. 1948: Régime électoral et régime parlementaire en Grande Bretagne, Paris.
Campbell, A. u.a. 1960: The American Voter, New York.
– [2]1967: Elections and the Political Order, New York (zuerst 1966).
– [2]1965: French Electoral Systems and Elections, 1789-1957, London.
Caramani, D. 2000: Elections in Western Europe since 1815: Electoral Results by Constituencies, London.
Carreras, F. de/Vallès, J.M. 1977: Las elecciones, Barcelona.
Carstairs, A.M. 1980: A Short History of Electoral Systems in Western Europe, London.
Carter Center 2011: National Constituent Assembly Elections in Tunisia, Atlanta.
Carty, R.K. 1981: Electoral Politics in Ireland: Party and Parish Pumb, Ontaria.
Cazorla, J. 1995: El clientelismo de partido en la España de hoy. Una disfunción de la democracia, in: Revista de Estudios Políticos 87, 35-52.

Cazorla Prieto, U.M. (Hrsg.) 1986: Comentarios a la Ley Orgánica del Régimen Electoral General, Madrid.
Centro Latinoamericano de Economía Humana (CLAEH) 1984: Partidos y elecciones, Cuadernos de CLAEH, Sonderheft, Montevideo.
Chamberlain, J.R./Featherton, F. 1986: Selecting a Voting System, in: The Journal of Politics 48, 347-369.
Chang Mota, R. 1985: El sistema electoral venezolano. Su diseño, implantación y resultados, Caracas.
Chaples, E./Nelson, H./Turner, K. (Hrsg.) 1986: The Wran Modell: Electoral Politics in New South Wales, 1981 and 1984, Melbourne.
Charnay, J.-P. 1964: Le suffrage politique en France, Paris/Den Haag.
Chiaramonte, A. 1995: Il nuovo sistema elettorale italiano: Le oppotunitá e le scelte, in: Bartolini, S./D'Alimonte, R. (Hrsg.): Maggioritario ma non troppo, Bologna, 37-81.
– 1998: I sistemi elettorali misti. Una classificacione, in: Rivista Italiana di Scienza Politica, 28/2, 229-270.
Chubb, B. 1961: The Government. An Introduction to the Cabinet System in Ireland, Dublin.
Clark, J.D./Jakniūnalė, D. 2010: Lithuania, in: Nohlen, D./Stöver, Ph. (Hrsg.): Elections in Europe, Baden-Baden, 1187-1226.
Coakley, J./Gallagher, M. 1999: Politics in the Republic of Ireland, 3. Aufl., London.
Cocchi, A. 1987: Reforma electoral y voluntad política, Montevideo.
Cohen, J. 1989: Deliberative Democracy and Democratic Legitimacy, in: Hamlin, A./Pettit, Ph. (Hrsg.), The Good Polity, Oxford, 17-34.
Collier, D./Adcock, R. 1999: Democracies and Dichotomies, in: Annual Review of Political Science 2, 537-565.
Collier; D./Levitsky, St. 1997: Democracy with Adjectives. Conceptual Innovation in Comparative Research, in: World Politics 30, 477-493.
Collier, R. 1974: Electoral Politics and Authoritarian Rule: Institutional Transfer and Political Change in Tropical Africa, Diss., Univ. of Chicago.
Colomer, J.M. (Hrsg.) 2004: Handbook of Electoral System Choice, London.
Condorcet, N. Marquis de 1785: Essai sur l'application de l'analyse de la probabilité des décisions rendues à la pluralité de voix, Paris.
Consejo Supremo Electoral 1987: Los partidos políticos y sus estadísticas electorales, 2 Bde., Caracas.
Constitutional Design 2000, Conference 9.-11. 12. 1999, University of Notre Dame, Notre Dame, in: http://www.nd.edu/kellogg/CD.html
Cook, C./Ramsden, J. 1997: By-elections in Britain, London.
Corbacho, A. 1987: Desempeño de sistemas electorales en la Argentina: 1973-1985, Paper Universidad del Salvador, Buenos Aires.
Cotteret, J.-M./Emeri, C. ^{2}1973: Les systêmes electoraux, Paris.
Council of Europe 1998: Electoral Systems and Voting Procedures at Local Level, Straßburg

Cox, G.W. 1997: Making Votes Count. Strategic Coordination in the World`s Electoral Systems, Cambridge.
Craig, F.W. S. 1971: British Parliamentary Election Statistics 1918-1970, Chichester.
Crespo Martínez, I./Garrido Rubia, A. 2008: Elecciones y sistemas electorales presidenciales en América Latina, Mexiko-Stadt.
Crewe, J. u.a. 1977: Partisan Dealignment in Britain 1964-74, in: British Journal of Political Science 7, 129-190.
Crewe, I./Denver, D. (Hrsg.) 1985: Electoral Change in Western Democracies, New York.
Criddle, B. 1975: Distorted Representation in France, in: Parliamentary Affairs 28, 154-179.
Croissant, A. 2008: Die Parteiensysteme neuer Demokratien in Ostasien. Merkmale, Typen und Institutionalisierungsgrad, in: Zeitschrift für Vergleichende Politikwissenschaft 2 (1), 70-98.
Croissant, A./Burns, G./John, M. (Hrsg.) 2002: Electoral Politics in Southeast & East Asia, Singapore.
Crouch, H. 1996: Malaysia: Do Elections Make a Difference, in Taylor, R.H. (Hrsg.): The Politics of Elections in Southeast Asia, Cambridge, 114-135.
Curtice, J./Steed, M. 1982: Electoral Choice and the Production of Government: The Changing Operation of the Electoral System in the United Kingdom since 1955, in: British Journal of Political Science 12, 249-289.
– 1986: Proportionality and Exaggeration in the British Electoral System, in: Electoral Studies 5, 209-228.
Daalder, H./Mair, P. (Hrsg.) 1983: Western European Party Systems. Continuity and Change, Beverly Hills.
Dahl, R.A. 1971: Polyarchy. Participation and Opposition. New Haven.
– 1974 (Hrsg.): Regimes and Oppositions, New Haven.
– 1989: Democracy and Its Critics, New Haven/London.
– 1996: Thinking about Democratic Constitutions: Conclusions from Democratic Experience, in: Saphiro, J./Hardin, R.: Political Order, New York, 175-206.
Dahrendorf, R. 1965: Gesellschaft und Demokratie in Deutschland, München.
D'Alimonte, R. 2001: Mixed Electoral Rules, Partisan Realignment, and Party System Change in Italy, in: Shugart, M.S./Wattenberg, M. (Hrsg.): Mixed-Member Electoral Systems: The Best of Both Worlds? Oxford, 323-350.
D'Alimonte, R./Bartolino, S. 1997: ‚Electoral Transition' and Party System Change in Italy, in: Western European Politics 20 (1), 110-134.
Dalton, R.J. u.a. (Hrsg.) 1984: Electoral Change in Advanced Industrial Democracies. Realignment or Dealignment?, Princeton.
D'Amico, R. 1987: Voto di preferenza, movimento dell'elettorato e modelli di partito. L'andamento delle preferenze nelle elezioni politiche italiane del quindicennio 1968-1983, in: Quaderni dell' Osservatorio Elettorale, Heft 18, 89-147.

De Borda, J.-Ch. 1784: Mémoire sur les élections au scrutin, in: Mémoires de l'Académie Royale des Sciences, Année 1781, Paris, 657-665.
Derichs, C./Heberer, Th. (Hrsg.) 2006: Wahlsysteme und Wahltypen, Wiesbaden.
De Wale, J.-M. 1999: L´émergence des partis politique en Europe Centrale, Brüssel.
de Nève, D. 2002: Sozialdemokratische und sozialistische Parteien in Südosteuropa, Opladen.
– 2010: Albania, in: Nohlen, D./Stöver, Ph. (Hrsg.): Elections in Europe, Baden-Baden, 125-148.
– 2010: Romania, in: Nohlen, D./Stöver, Ph. (Hrsg.): Elections in Europe, Baden-Baden, 1579-1620.
d'Hondt, V. 1878: La représentation proportionelle, Gent.
– 1882: Système pratique et raisonné de représentation proportionnelle, Brüssel.
Diamond, L. 2002: Thinking about Hybrid Regimes, in: Journal of Democracy 14 (2), 21-35.
Diederich, N. 1965: Empirische Wahlforschung. Konzeptionen und Methoden im internationalen Vergleich, Köln/Opladen.
Dieterich, R. 2001: Jordan, in: Nohlen, D./Grotz, F./Hartmann,Ch. (Hrsg.): Elections in Asia and the Pacific, , Bd. 1, Oxford, 141-155.
Di Virgilio, A. 1986: Francia '86: Le elezioni della coabitazione, in: Quaderni dell' osservatorio elettorale 17, 101-161.
– 1987: Riforma elettorale e collegio uninominale, in: Quaderni dell' Osservatorio Elettorale 19, 87-120.
Döring, H. 1987: Parteiensystem, Sozialstruktur und Parlament in Großbritannien. Wandlungen des „Westminster Modells", in: Aus Politik und Zeitgeschichte 38 (B38), 15-29.
– 1993: Großbritannien. Regierung, Gesellschaft und Politische Kultur, Opladen.
Donovan, M. 1987: The 1987 Election in Italy: Prelude to Reform, in: West European Politics 10, 126-132.
Downs, A. 1968: Ökonomische Theorie der Demokratie, Tübingen (engl. 1957).
Drake, P.W./Silva, E. 1986: Elections and Democratization in Latin America 1980-1985, San Diego.
Droop, H.R. 1868: On Methods of Electing Representatives, London.
Dummett, M.A. 1997: Principles of Electoral Reform, Oxford.
Dunleavy, P./Margetts, H. 1995: Understanding the Dynamics of Electoral Reform, in: International Political Science Review 16, 9-29.
–/– 1999: Mixed Electoral Systems in Britain and the Jenkins Commission on Electoral Reform, in: British Journal of Politics and International Relations 1 (1), 12-38.
Dunn, J. 2005: Democracy. A History, New York.
Duverger, M. [3] 1958: Les partis politiques, Paris (zuerst 1951 und 1957).

– 1959: Die politischen Parteien, Tübingen.
– 1968: Institutions politiques et droit constitutionnel, Paris.
– 1982: La république des citoyens, Paris.
– 1984: Which is the Best Electoral System?, in: Lijphart, A./Grofman, B. (Hrsg.): Choosing an Electoral System. Issues and Alternatives, New York 31-39.
– 1986: Duverger's Law: Fourty Years Later, in: Grofman, B./Lijphart, A. (Hrsg.): Electoral Laws and Their Political Consequences, New York 69-84.
Eckstein, H. 1963: The Impact of Electoral Systems on Representative Government, in: Eckstein, H./Apter, D. (Hrsg): Comparative Politics. A Reader, New York.
Eisenstadt, S.N./Rokkan, S. (Hrsg.) 1973 und 1974: Building States and Nations, 2 Bde., Beverly Hills.
Elklit, J. 1993: Simpler than its Reputation. The Electoral System in Denmark since 1920, in: Electoral Studies 12, 41-57.
– (Hrsg.) 1997: Electoral Systems for Emerging Democracies. Experiences and Suggestions, Kopenhagen.
– 2010: Denmark, in: Nohlen, D./Stöver, Ph. (Hrsg.): Elections in Europe, Baden-Baden,501-564.
Elklit, J./Reynolds, A. 2005: A Framework for the Systematic Study of Election Quality, in: Democratization 12 (2), 147-162.
Elklit, J./Roberts, N.S. 1996: A Category of its Own? Four PR Two-Tier Compensatory Member Electoral Systems in 1994, in: European Journal of Political Research 30, 217-240.
Elklit, J./Svensson, P. 1997: What Makes Elections Free and Fair? In: Journal of Democracy 8 (3), 32-46.
Elster, J. (Hrsg.) 1998: Deliberative Democracy, Cambridge.
Epstein, L.D. [3]1972: Political Parties in Western Democracies, New York usw.
Erdmann, G./Basedau, M. 2007: Problems of Categorizing and Explaining Party Systems in Africa, GIGA Working Paper 40, Hamburg.
Erdmannsdörfer, H. G. 1931: Das automatische System, in: Zeitschrift für Politik 20, 170ff.
European Commission for Democracy Through Law (Venice Commission) 2006: Report on Electoral Law and Electoral Administration in Europe, Straßburg.
Falter, J.W. u.a. (Hrsg.) 1984: Politische Willensbildung und Interessenvermittlung, Opladen.
– 2009: Mehrheitswahl und Regierbarkeit. Mehr Transparenz und höhere Legitimität durch Mehrheitswahl? In: Strohmeier, G. (Hrsg.): Wahlsystemreform, Baden-Baden, 133-154.
Falter, J.W./Lindenberger, Th./Schumann, S. 1986: Wahlen und Abstimmungen in der Weimarer Republik. Materialien zum Wahlverhalten 1919-1933, München.
Falter, J./Schoen, H. (Hrsg.) 2005: Handbuch Wahlforschung, Wiesbaden.

Farrell, D.M. 1997: Comparing Electoral Systems, London.
Farrell, D.M./Allister, I. 2006: The Australian Electoral System: Origins, Variations and Consequences, Sydney.
Farrell, D.M./Gallagher, M. 1999: British Voters and Their Criteria for Evaluating Electoral Systems, in: British Journal of Politics and International Relations 1 (3), 293-316.
Faure, M. 1999: The Electoral Systems Issue in South African Politics, Konrad – Adenauer-Stiftung (Occasional Papers) Johannesburg.
Fayt, C.S. 1963: Sufragio y representación política, Buenos Aires.
Feld, S.L./Grofman, B. 1986: On the Possibility of Faithfully Representative Commitees, in: The American Political Science Review 80, 863-879.
Fenske, H. 1972: Wahlrecht und Parteiensystem, Frankfurt/Main.
Fernández, M. 1989: El proyecto de ley electoral chilena de agosto de 1988. Análisis de algunos de sus fundamentos y alcances, in: Estudios Sociales 59, 45-61.
– 2000: El sistema electoral chileno. Dilucidando equivocaciones y adaptando formulas, in: Squella, A./Sunkel, O. (Hrsg.): Democratizar la democracia. Reformas pendientes, Santiago, 105-119.
Ferrer, C./Russo, J. 1984: Sistemas electorales parlamentarios alternativos: Un análisis para Chile, in: Estudios Públicos 13, 141-152.
Finer, S.E. (Hrsg.) 1975: Adversary Politics and Electoral Reform, London.
Fishburn, P.C. 1983: Dimensions of Electoral Procedures: Analysis and Comparisons, in: Theory and Decision 15, 371-397.
Fisher, S.L. 1973: The Wasted Vote Thesis: West German Evidence, in: Comparative Politics 5, 295-299.
Fisicella, D. 1984: Doppio turno e „democrazie difficili“, in: Rivista Italiana di Scienza Politica 14, 309-329.
Fleischhacker, H. 2010: Parteiensystem und Verfassung in Afrika. Strukturen, Funktionen, Typen, Wiesbaden.
Fitzmaurice, J. 1993: The Estonian Elections of 1992, in: Electoral Studies 12, 168-173.
Flores Jubérias, C. 1995: The Transformation of Electoral Systems in Eastern Europe and Its Political Consequences, in: Journal of Constitutional Law in Eastern and Central Europe 2 (1), 1-61.
– 1998: Electoral Legislation and Ethnic Minorities in Eastern Europe: For or Against? in: Longley, L.D./Zajc, D. (Hrsg.): Working Papers on Comparative Legislative Studies III: The New Democratic Parliaments – The First Years, Appleton/Wi, 297-317.
Follesdal, A./Hix, S. 2005: Why there is a Democratic Deficit in the EU?, EUROGOV Paper 2, Oslo.
Forner, S. (Hrsg.): 1997: Democracia, elecciones y modernización en Europa, Madrid.
Forschungsgruppe Wahlen 2004: Europawahl, Berichte 115, Mannheim.
Franco, R. 1987: Los sistemas electorales y su impacto político, Cuadernos de CAPEL, Heft 20, San José.

– (Hrsg.) 1986: El sistema electoral uruguayo: Peculiaridades y perspectivas, 2 Bde., Montevideo.
Franco Quijano, J.F. 1968: Sistemática electoral, Caracas.
Franke, H./Grimmel, A. 2007: Wahlen mit System? Reformüberlegungen zur personalisierten Verhältniswahl, in: Zeitschrift für Parlamentsfragen 38 (3), 591-602.
Frears, J. 1986: The French Electoral System in 1986: Proportional Representation by List and Highest Average, in: Parliamentary Affairs 39, 489-495.
Freidenberg, F.2007: La tentación populista. Una vía al poder en América Latina, Madrid.
Freund, N. 1995: Wahlrechtsreform in Italien, in: Jahrbuch für Politik 5, 1, 43-65.
Fulford, R. 1957: Votes for Women. The Story of a Struggle, London.
Frowein, J. Abr. 1974: Die Rechtsprechung des Bundesverfassungsgerichts zum Wahlrecht, in: Archiv des öffentlichen Rechts 99, 72-110.
Fundación Friedrich Ebert (Hrsg.) 1986: Sistemas electorales y representación política en Latinoamérica, 2 Bde., Madrid.
Furlani, S. 1953: Un nuovo sistema elettorale misto tedesco, in: Rivista trimestrale di diritto pubblico 3, 180-203.
Gagel, W. 1959: Die Wahlrechtsfrage in der Geschichte der deutschen liberalen Parteien, Düsseldorf.
Gallagher, M. 1975: Disproportionality in a Proportional Representation System: the Irish Experience, in: Political Studies 23, 501-513.
– 1978: Party Solidarity, Exclusivity and Inter-Party Relationship in Ireland: 1922-1977. The Evidence of Transfers, in: Economic and Social Review 10, 1-22.
– 1980: Candidate Selection in Ireland. The Impact of Localism and the Electoral System, in: British Journal of Political Science 10, 489-503.
– 1986: The Political Consequences of the Electoral System in the Republic of Ireland, in: Electoral Studies 5, 253-275.
– 1987: The Outcome, in: Laver, M./Mair, P./Sinnott, R. (Hrsg.): How Ireland Voted: The Irish General Election 1987, 63-98.
– 1991: Proportionality, Disproportionality and Electoral Systems, in: Electoral Studies 10, 33-51.
Gallagher, M./Mitchell, P. (Hrsg.) 2008: The Politics of Electoral Systems, 2. Aufl. Oxford.
Gallagher, M./Weeks, L 2010: Ireland, in: Nohlen, D./Stöver, P. (Hrsg.): Elections in Europe, Oxford, 978-1026
Gallenkamp, M./Kassner, St. 2010: Slovenia, in: Nohlen, D./Stöver, Ph. (Hrsg.): Elections in Europe, Baden-Baden, 1761-1802.
Ganino, M. 1995: La dinamica della legislazione elettorale in alcune repubbliche ex-sovietique, in: F. Lanchester (Hrsg.): La legislatione elettorale degli stati dell'Europa Centro-Orientale, Mailand, 187-228.
Gantert, T. 2012: E-Democracy – Chancen und Risiken, Saarbrücken.
Gaspar, J. 1984: As eleicões para a Assembleia da República 1979-1983, Lissabon.

– 1985: Le elezioni nel Portogallo democrático (1975-1983), in: Quaderni dell'Osservatorio Elettorale 14, 89-127.
Garrone, P. 1991: L'élection populaire en Suisse, Basel/Frankfurt/Main.
Geddes, B. 2003: Paradigms and Castles. Theory Building and Research Design in Comparative Politics, Ann Arbor.
Gehrlein, W.V. 2006: Condorcet's Paradox, Berlin/Heidelberg
Gérard, Ph. 1993: Volonté générale, délibération et principe de majorité, in: Schreckenberger, W. (Hrsg.): Praktische Vernunft, Gesetzgebung und Rechtswissenschaft, Stuttgart, Band 3, ARSP-Beiheft, 33-37.
Geyerhahn, S. 1902: Das Problem der verhältnismäßigen Vertretung, Tübingen/Leipzig.
Gierke, O. 1913: Über die Geschichte des Majoritätsprinzips, in: Vinogradoff, P. (Hrsg.): Essays on Legal History, London, 312-335.
Gilissen, J. 1958: Le régime représentatif en Belgique depuis 1790, Brüssel.
Girvin, B./Sturm, R. (Hrsg.) 1986: Politics and Society in Contemporary Ireland, Aldershot/Gower.
Goldby, D.B./Johnson, R.W. 1986: The French General Election of 1986, in: Electoral Studies 5, 229-252.
Gonzalez Encinar, J.J. (Hrsg.) 1992: Derecho de partidos, Madrid.
González Roura, F. et al. 1997: Analisis del sistema electoral mexicano, Mexico-Stadt.
Goodin, R.E. 1996: The Theory of Institutional Design, Cambridge.
Goodin, R.E./Tilly, Ch. (Hrsg.) 2006: The Oxford Handbook of Contextual Analysis, Oxford.
Granados Roldán, O. 2006: Pistas sobre la incertidumbre electoral mexicana, in: Molina Piñero, L.J. u.a. (Hrsg.): Vicisitudes de la normalidad democrática electoral, Mexiko-Stadt, 209-220.
Gould, R./Jackson, C. 1995: A Guide for Election Observers, Dartmouth/Aldershot.
Grofman, B. 1983: The Measures of Bias and Proportionality in Seats-Votes Relationships, in: Political Methodology 9, 295-327.
Grofman, B./Lijphart, A. (Hrsg.) 1986: Electoral Laws and Their Political Consequences, New York.
Grotz, F. 1998: „Dauerhafte Strukturprägung" oder „akrobatische Wahlarithmetik"? Die Auswirkungen des ungarischen Wahlsystems in den 90er Jahren, in: Zeitschrift für Parlamentsfragen 29, 624-647.
– 2000: Politische Institutionen und postsozialistische Parteiensysteme in Ostmitteleuropa. Polen, Ungarn, Tschechien und Slowakei im Vergleich, Opladen.
– 2000a: Die personalisierte Verhältniswahl unter den Bedingungen des gesamtdeutschen Parteiensystems. Eine Analyse der Entstehungsursachen von Überhangmandaten seit der Wiedervereinigung, in: Politische Vierteljahresschrift 41 (4), 707-729.
– 2005: Die Entwicklung kompetitiver Wahlsysteme in Mittel- und Osteuropa, in: Österreichische Zeitschrift für Politikwissenschaft 34 (1), 23-38.

– 2009: Verhältniswahl und Regierbarkeit: Das deutsche Wahlsystem auf dem Prüfstand, in: Strohmeier, G. (Hrsg.): Wahlsystemreform, Baden-Baden, 155-181.
– 2013: Wahlsysteme und direkte Demokratie in Mittel- und Osteuropa: Lehren für Demokratie? In von Armin, H.H. (Hrsg.): Volkssouveränität, Wahlrecht und Demokratie, Berlin, i.E.
Grotz, F./Hubai, L. 2010: Hungary, in: Nohlen, D./ Stöver, Ph. (Hrsg.): Elections in Europe, Baden-Baden, 873-946.
Grotz, F./Müller-Rommel, F. (Hrsg.) 2013: Regierungssysteme in Mittel- und Osteuropa. Die neuen EU-Staaten im Vergleich, Wiesbaden.
Grotz, F./Hubai, L. 2010: Hungary, in: Nohlen, D./Stöver, Ph. (Hrsg.): Elections in Europe, Baden-Baden, 873-946.
Gudgin, G./Taylor, P.J. 1979: Seats, Votes, and the Spatial Organisation of Elections, London.
Gueniffrey, P. 1993: Le nombre et la raison. La Révolution Française et les élections, Paris.
Guggenberger, B. [2]1984: Krise der repräsentativen Demokratie, in: Ders./ Kempf, U. (Hrsg.): Bürgerinitiativen und repräsentatives System, Opladen, 23-56.
– 2010: Demokratietheorien, in: Nohlen, D./Schultze, R.-O. (Hrsg.): Lexikon der Politikwissenschaft, 4. Aufl., München, 143-152.
– 2012: Verflüssigung der Demnokratie – was dann? In: Aus Politik und Zeitgeschichte, 38-39,10-17.
Guggenberger, B./Offe, C. 1984: An den Grenzen der Mehrheitsdemokratie, Politik und Soziologie der Mehrheitsregel, Opladen.
Gutmann, A./Thomson, D. 2004: Why Deliberative Democracy, Princeton.
Häberle, P.1982: Verfassungslehre als Kulturwissenschaft, Berlin.
Habermas, J. 1999: Drei normative Modelle der Demokratie, in: Ders.: Die Einbeziehung des Anderen, Frankfurt, 277-292.
Hagenbach-Bischoff, E. 1882: Die proportionale Vertretung bei den Basler Grossratswahlen, Basel.
– 1888: La majorité absolue remplacée par la représentation proportionelle, Basel.
Hain, P. 1986: Proportional Misrepresentation. The Case against PR in Britain, Wildwood House.
Hand, G./Georgel, G./Sasse, C. 1979: European Electoral Systems, Handbook, London.
Hansard Society, The 1976: The Report of the Commission on Electoral Reform, London.
Hardarson, O.T./Kristinsson, G.H. 2010: Iceland, in Nohlen, D./Stöver, Ph. (Hrsg.): Elections in Europe, Baden-Baden, 947-986.
Hare, Th. 1857: The Machinery of Representation, London.
– 1873: The Election of Representatives, 4. Aufl., London (zuerst 1859).
Harfst, P. 2007: Wahlsystemwandel in Mittelosteuropa, Wiesbaden.
Harris, P./Reilly, B. (Hrsg.) 1998: Democracy and Deep-Rooted Conflict. Options for Negotiations, Stockholm.

Hartmann, Ch. 1999: Ethnizität, Präsidentschaftswahlen und Demokratisierung in Afrika, (Institut für Afrikakunde) Hamburg.
– 1999a: Externe Faktoren im Demokratisierungsprozess, Opladen.
– 2001: Fiji Islands, in: Nohlen, D./Grotz, F./Hartmann, Ch. (Hrsg.) 2001: Elections in Asia, Oxford.
– 2007: Wandel durch Wahlen? Wahlen, Demokratie und politischer Wandel in der arabischen Welt, Wiesbaden.
– 2007a: Paths of Electoral Reform in Africa, in: Basedau, M./Erdmann, G./Mehler, A. (Hrsg.): Votes, Money and Violence, Uppsala/Scottsville, 144-167.
Hassall, G./Saunders, Ch. (Hrsg.) 1997: The People's Representatives: Electoral Systems in the Asia-Pacific Region, St. Leonard.
Heberle, R. ²1978: Die Wahlökologie, in: König, R. (Hrsg.): Handbuch der empirischen Sozialforschung, Bd. 12, Stuttgart, 73-101.
Heimann, E. 1971: Das Pluralwahlrecht in Deutschland, Berlin.
Heinberg, J.G. 1926: History of the Majority Principle, in: The American Political Science Review 20, 52-68.
Held, D. 1997: Models of Democracy, 2. Aufl., Cambridge.
Heller, H. 1971: Die Gleichheit in der Verhältniswahl nach der Weimarer Verfassung. Ein Rechtsgutachten (1929), in: Gesammelte Schriften, Bd. 2, Tübingen, 319-369.
Hermens, F.A. 1941: Democracy or Anarchy?, Univ. of Notre Dame, Indiana.
– ²1968: Demokratie oder Anarchie. Untersuchungen über die Verhältniswahl, Köln/Opladen.
Hermet, G. 1989: El pueblo contra la democracia, Madrid.
Hermet, G./Rose, R./Rouquié, A. (Hrsg.) 1978: Elections Without Choice, New York.
Herzog, H. 1986: Minor Parties. The Relevance Perspective, in: Comparative Politics 18, 317-329.
Herzog, R. 1968: Rechtsgutachten über die Verfassungsmäßigkeit eines Verhältniswahlsystems in (kleinen) Mehrmandatswahlkreisen (...), in: Bundesministerium des Innern: Rechtsgutachten zu der Vereinbarkeit der Verhältniswahl in kleinen Wahlkreisen (Dreierwahlkreisen) mit dem Grundgesetz, Bonn, 33-93.
Heyl, A. von 1975: Wahlfreiheit und Wahlprüfung, Berlin.
Hibbing, J.R./Patterson, S.C. 1986: Representing a Territority. Constituency Boundaries for the British House of Commons of the 1980's, in: Journal of Politics 48, 992-1005.
–/– 1992: A Democratic Legislature in the Making. The Historic Hungarian Election of 1990, in: Comparative Political Studies 24 (4), 430-454.
Hix, S. 2003: Parteien, Wahlen und Demokratie in der EU, in: Jachtenfuchs, M./Kohler-Koch (Hrsg.): Europäische Integration, Opladen:, 151-180.
Hoag, C.G./Hallett, G. jr. 1926: Proportional Representation, New York.
Hofmann-Göttig, F. 1986: Emanzipation mit dem Stimmzettel. 70 Jahre Frauenwahlrecht in Deutschland, Bonn.
Hogan, J. 1945: Elections and Representation, Oxford.

Honnen, U. 1988: Vom Frauenwahlrecht zur Quotierung, Münster/New York.
Horowitz, D.L. 1991: A Democratic South Africa? Constitutional Engineering in a Divided Society, Berkeley/Cal.
Hoskin, G./García Sánchez, M. (Hrsg.) 2006: La reforma política de 2003, Bogotá.
Hübner, E. [6]1984: Wahlsysteme und ihre möglichen Wirkungen unter spezieller Berücksichtigung der Bundesrepublik Deutschland, München.
Humphreys, J.H. 1911: Proportional Representation: A Study in Methods of Election, London.
Huntington, S.P. 1991: The Third Wave. Democratization in the Late Twentieth Century, London.
Husain, A. 1972: Politics and People's Representation in Pakistan, Lahore.
Independent Commission on the Voting System 1998: Report of the Independent Commission on the Voting System (Jenkins Report), London.
Inglehart, R. 1977: The Silent Revolution. Changing Values and Political Styles Among Western Publics, Princeton.
Institute of Electoral Research 1962: Parliaments and Electoral Systems: A World Handbook, London.
Instituto Interamericano de Derechos Humanos/Centro Interamericano de Asesoría y Promoción Electoral (CAPEL) 2000: Diccionario Electoral, 2 Halbbde, San José./Costa Rica.
Instituto Interuniversitario de Iberoámerica 2005: Procesos contemporáneos de reforma electoral en América Central y Caribe, Salamanca.
International IDEA 1997: The International IDEA Handbook of Electoral System Design, Stockholm.
– 1997a: Voter Turnout from 1945 to 1997. A Global Report on Political Participation, Stockholm.
– 2002: Voter Turnout since 1945. A Global Report, Stockholm.
– 2002a: International Electoral Standards. Guidelines for Reviewing the Legal Framework of Elections, Stockholm.
– 2005: Electoral System Design. The New International IDEA Handbook, Stockholm.
Irvine, W.P. 1984: "Additional-Member" Electoral Systems, in: Grofman, B./ Lijphart, A. (Hrsg.): Choosing an Electoral System, New York, 165 -177.
Israel Diaspore Institute 1989: Electoral Reform in Israel, Tel Aviv.
Jackman, R.W. 1987: The Political Institutions and Voter Turnout in the Industrial Democracies, in: American Political Science Review 81, 405-423.
Jäckel, H. 1966: Die Auswirkungen einer Wahlrechtsreform. Methodische Bemerkungen zur Analyse von Wahlsystemen und Wahlergebnissen, in: Politische Vierteljahresschrift 7, 537-555.
– 1968: Swing und Bias als Mittel der Analyse und Prognose von Mehrheitswahlergebnissen, in: Politische Vierteljahresschrift 9, 197-211.
Jacquette, J.S./Wolchik, S.L. (Hrsg.) 1998: Women and Democracy. Latin America and Central and Eastern Europe, Baltimore/London.
Jaramillo, J. 1994: Wahlbehörden in Lateinamerika, Opladen.

Jellinek, W. 1926: Verhältniswahl und Führerauslese, in: Archiv des Öffentlichen Rechts 11/1926, 71ff.

Jesse, E. 1985: Wahlrecht zwischen Kontinuität und Reform. Eine Analyse der Wahlsystemdiskussion und der Wahlrechtsänderungen in der Bundesrepublik Deutschland 1949-1983, Düsseldorf.

– 1987: Die Bundestagswahlen von 1972 bis 1987 im Spiegel der repräsentativen Wahlstatistik, in: Zeitschrift für Parlamentsfragen 18, 232-242.

– 1987a: The West German Electoral System: The Case for Reform, in: West European Politics 10, 434-448.

– 1988: Electoral Reform in West Germany. Historical, Political and Judical Aspects, DOC.IUE 56/58. L'étude comparée des reformes electorales en Europe. XIXeme et XXeme siècles, une approche interdisciplinaire, Badia/Fiesolana/Florenz.

– 1988a: Wahlen. Bundesrepublik Deutschland im Vergleich, Berlin.

– [2]1994: Wahlsysteme und Wahlrecht, in: Gabriel, O. W./Brettschneider, F.: Die EU-Staaten im Vergleich, Opladen, 174-193.

– 1994a: Grundmandatsklausel und Überhangmandate. Zwei wahlrechtliche Eigentümlichkeiten in der Kritik, in: Kaase, M./Klingemann, H.-D. (Hrsg.): Wahlen und Wähler. Analysen aus Anlaß der Bundestagswahl, Opladen, 15-41.

– 2000: The Electoral System: More Continuity than Change, in: Helms, L. (Hrsg.): Institutions and Institutional Change in the Federal Republic of Germany, New York, 124-142.

– 2003: Reformvorschläge zur Änderung des Wahlrechts, in: Aus Politik und Zeitgeschichte B52, 3-11.

– 2009: Verhältniswahl und Gerechtigkeit, in: Strohmeier, G. (Hrsg.): Wahlsystemreform. Sonderheft der Zeitschrift für Politikwissenschaft, Baden-Baden, 105-131.

Jesse, E./Löw, K. (Hrsg.) 1998: Wahlen in Deutschland, Berlin.

Johnston, R.J. 1979: Political, Electoral and Special Systems, Oxford.

Johnston, R.J. 1999: The Boundary Commissions: Redrawing the UK's Map of Parliamentary Constituencies, Manchester.

Jones, M.P. 1995: Electoral Laws and the Survival of Presidential Democracies, Notre Dame.

Kaase, M. (Hrsg.) 1977: Wahlsoziologie heute. Analysen aus Anlaß der Bundestagswahl 1976, in: Politische Vierteljahresschrift 18, 139-704.

Kaase, M./Klingemann, H.-D. (Hrsg.) 1983: Wahlen und politisches System. Analysen aus Anlaß der Bundestagswahl 1980, Opladen.

Kaiser, A. 2002: Mehrheitsdemokratie und Institutionnreform, Frankfurt/Main.

– 2002a: Gemischte Wahlsysteme. Ein Vorschlag zur typologischen Einordnung, in: Zeitschrift für Poltikwissenschaft 12 (4), 1545-1571.

Kaltefleiter, W. 1967: Zur Wirkungsweise von Wahlsystemen, in: Zilleßen, H.(Hrsg.): Mehrheitswahlrecht? Stuttgart-Berlin, 29-43.

Kasapović. M. 2010: Bosnia, in: Nohlen, D./Stöver, Ph. (Hrsg.): Elections in Europe, Baden-Baden, 319-300.

– 2010: Croatia, in: Nohlen, D./Stöver, Ph. (Hrsg.): Elections in Europe, Baden-Baden, 399-426.
– 2010: Macedonia, in: Nohlen, D./Stöver, Ph. (Hrsg.): Elections in Europe, Baden-Baden, 1271-1294
– 2010: Serbia, in: Nohlen, D./Stöver, Ph. (Hrsg.): Elections in Europe, Baden-Baden, 1699.1732.
Katz, R.S. 1974: Parties and Electoral Systems: A Theory and the Case of Britain, Eire and Italy, Yale University.
– 1980: A Theory of Parties and Electoral Systems, Baltimore.
– 1981: But How Many Candidates Should We Have in Donegal? Numbers of Nominees and Electoral Efficiency in Ireland, in: British Journal of Political Science 11, 117-122.
– 1984: The Single Transferable Vote and Proportional Representation, in: Lijphart, A./Grofman, B. (Hrsg.): Choosing an Electoral System. Issues and Alternatives, 83-89.
– 1997: Democracy and Elections, New York.
– 2008: Why are There so Many (or so Few) Electoral Reforms? In: Gallagher, M./ Mitchell, P. (Hrsg.): The Politics of Electoral Systems. 2. Aufl., Oxford, 57-76.
Kavanagh, D. 1983: Political Science and Political Behaviour, London.
– 1986: How We Vote Now, in: Electoral Studies 5, 19-28.
Kempf, U. 1997: Von de Gaulle bis Chirac. Das politische System Frankreichs, Opladen.
Kirchenbauer, J. 2008: Wahlen als Sackgasse? Islamistische Ambitionen und autoritäre Eindämmung in Marokko und Jordanien, in: Albrecht, H./ Köhler, K. (Hrsg.): Politischer Islam im Vorderen Orient, Baden-Baden, 121-141.
Kitzinger, U.W. 1960: German Electoral Politics. A Study of the 1957 Campaign, Oxford.
Klingmann, H.-D./Weßels, B. 1999: Political Consequences of Germanys Mixed-Member System: Personalization at the Grass-Roots?, WZB, Berlin.
Klein, A. 1998: Das Wahlsystem als Reformobjekt, Bonn.
Knapp, A. 1985: Orderly Retreat: Mitterrand Chooses PR, in: Electoral Studies 4, 255-260.
– 1987: Proportional But Bipolar: France's Electoral System in 1986, in: West European Politics 10, 89-114.
Knight, J./Baxter-Moore, N. 1973: The Republic of Ireland. The General Elections of 1969 and 1973, London.
Kocher, E. 1999: Geschlechterdifferenz und Staat, in: Kritische Justiz 32 (2), 182-204.
Kohl, J. 1982: Zur langfristigen Entwicklung der politischen Partizipation in Westeuropa, in: Steinbach, P. (Hrsg.): Probleme politischer Partizipation im Modernisierungsprozeß, Stuttgart, 473-503.
Kopfermann, K 1991: Mathematische Aspekte der Wahlverfahren, Mannheim u.a.
Kornblith, M. 2006: Las elecciones presidenciales en Venezuela: de una democracia representativa a un régimen autoritario electoral, in: Desafíos (Bogotá) 14, 115-152.

Köllner, P./Basedau, M./Erdmann, G. (Hrsg.) 2006: Innerparteiliche Machtgruppen. Faktionalismus im internationalen Vergleich, Frankfurt/Main.
Körösenyi, A. 1991: Revival of the Past or New Beginning? The Nature of Post-Communist Politics, in: Political Quarterly 62, 337-345.
– 1995: Forced Coalition or Natural Allience? The Socialist-Liberal Democrat Coalition 1994, in: Centre of Political Research (Hrsg.): Question Marks: The Hungarian Government 1994-1995, Budapest, 256-277.
Krennerich, M. 1996: Wahlen und Antiregimekriege in Zentralamerika, Opladen.
– 2009: !Mujeres al parlamento! Sistemas electorales y cuotas de género en la mirilla, en: Reynoso Núñez, J./Sánchez de la Barquera y Arroyo, H. (Coord.): La democracia en su contexto. Estudios en homenaje a Dieter Nohlen en su septuagésimo aniversario, Mexiko-Stadt, 173-205.
Krennerich, M./Lauga, M. 1996: Reißbrett versus Politik. Anmerkungen zur internationalen Debatte um Wahlsysteme und Wahlsystemreformen, in: Hanisch, R. (Hrsg.): Demokratieexport in die Länder des Südens?, Hamburg, 515-539.
Krennerich, M./Ville, de J. 1997: A Systematic View on the Electoral Reform Debate in South Africa, in: Verfassung und Recht in Übersee 30 (1), 26-41.
Krohn, T. 2003: Die Genese von Wahlsystemen in Transitionsprozessen. Portugal, Spanien, Polen und Tschechien im Vergleich, Opladen.
Kupper, G. 1995: Proportionalitätsprobleme bei Nationalratswahlen, Basel.
Kurtán, S. 1995: Wahlen in Ungarn. Fakten und Folgen seit Mai 1994, in: Steffani, W./Thaysen, U. (Hrsg.): Demokratie in Europa, Opladen, 340-351.
Kuusela, K. 1994: The Founding Electoral Systems in Eastern Europe, 1989-1991, in: Pridham, G./Vanhanen, T. (Hrsg.): Democratization in Eastern Europe, London/New York, 128-150.
Laakso, M. 1979: The Maximum Distortion and the Problem of the First Divisor of Different Proportional Representation Systems, in: Scandinavian Political Studies 2, 161-169.
– 1979: Should a Two-and-a-Half Replace the Cube Law in British Elections?, in: British Journal of Political Science 9, 355-384.
Laakso, M./Taagepara, R. 1978: Proportional Representation in Scandinavia: Implications for Finland, in: Scandinavian Political Studies 1, 43-60.
–/– 1979: "Effective" Number of Parties: A Measure with Application to West Europe, in: Comparative Political Studies 12, 3-27.
Lagoni, R. 1973: Die politischen Parteien im Verfassungssystem der Republik Irland, Frankfurt/Main.
Lakeman, E. 1970: How Democracies Vote. A Study of Majority and Proportional Electoral Systems, London.
Lakeman, E./Lambert, J. 1955: Voting in Democracies: A Study of Majority and Proportional Electoral Systems, London.
Lancelot, A.1998: Les élections nationales sous la Cinquième République, 3. Aufl., Paris.

Lancelot, A./Lancelot, M.T. 1987: The Evolution of the French Electorate 1981-1986, in: Ross, G./Hoffmann, St./Malzacker, S. (Hrsg.): The Mitterrand Experiment. Continuity and Change in Modern France, 77-99.
Lanchaster, F. 1980: L'incidenca dei sistemi e dei modi di votazione nelle assemblee parlamentari, in: Rivista trimestrale di diritto pubblico 4, 1235-1253.
– 1981: Sistemi elettorali e forma di governo, Bologna.
– 1985: Introduzione: Sistema elettorale e strategie di riforme del sistema politico italiano, in: Ders. (Hrsg.): Seminario su: Quale riforma delle representanca politica? Rom.
Lange, H.M. 1975: Wahlrecht und Innenpolitik. Entstehungsgeschichte und Analyse der Wahlgesetzgebung und Wahlrechtsdiskussion im westlichen Nachkriegsdeutschland 1945-1956, Meisenheim.
La Palombara, J. 1987: Democracy. Italian Style, Yale Univ. Press.
La Palombara, J./Weiner, M. (Hrsg.) 1966: Political Parties and Political Development, Princeton.
Lardeyret, G. 1991: The Problem with PR, in: Journal of Democracy 2/3, 30-35.
Larsen-Cadoret, Ch. 2010: Norway, in: Nohlen, D./Stöver, Ph. (Hrsg.): Elections in Europe, Baden-Baden,1421-1470.
Lauga, M. 1998: La reforma constitucional uruguaya de 1996, in: Nohlen, D./Fernández, M. (Hrsg.): El Presidencialismo renovado. Instituciones y cambio político en América Latina, Caracas, 308-324.
– 1999: Demokratietheorie in Lateinamerika. Die Debatte in den Sozialwissenschaften, Opladen.
Lauth, H.-J. (Hrsg.) 2010: Vergleichende Regierungslehre, 3. Aufl., Wiesbaden.
Lavau, G.E. 1953: Une panacée politique: Le scrutin a la pluralité des voix ou l' idée fixe de M. Hermens, in: Revue Francaise de Science Politique 3, 167-178.
– 1963: Partis politiques et realités sociales. Contributions à une étude réaliste des parties politique. Cahiers de la Fondation des Science Politique, Paris.
Lazarsfeld, P.F. u.a. 1969: Wahlen und Wähler, Neuwied (engl. 1944).
Lebeda, T. 2010: Czech Republic, in: Nohlen, D./Stöver, Ph. (Hrsg.): Elections in Europe, Baden-Baden, 453-500.
Leclercq, C. 1971: Le principe de la majorité, Paris.
Le Duc, I./Niemi, R.G./Norris, P. (Hrsg.) 1996: Comparing Democracies. Elections and Voting in Global Perspective, Thousand Oaks/London.
Leggewie, C. 1986: Der König ist nackt. Ein Versuch, die Ära Mitterrand zu verstehen, Hamburg.
Lehmann, W. 2009: The European Elections. EU Legisltion, National Provisions, and Civic Participation, European Parliament, Brüssel.
Lehmbruch, G. 1967: Proporzdemokratie: Politisches System und politische Kultur in der Schweiz und in Österreich, Tübingen.
– 1971: Die Wahlreform als sozialtechnologisches Problem in: Lehmbruch, G./Beyme K. von/Fetscher, I. (Hrsg.): Demokratisches System und politische Praxis in der Bundesrepublik Deutschland, München, 174-201.

– 1998: Parteienwettbewerb im Bundesstaat, Opladen.
Leininger, J. 2007: Demokratieförderung, in: Nohlen, D./Grotz, F. (Hrsg.): Kleines Lexikon der Politik, München, 67-71.
– 2009: Religión, democratización y promoción internacional de la democracia, en: Reynoso Núñez, J./Sánchez de la Barquera y Arroyo, H. (Coord.): La democracia en su contexto. Estudios en homenaje a Dieter Nohlen en su septuagésimo aniversario, México-Stadt, 709-737.
Lenz, Ch. 1995: Ein einheitliches Verfahren für die Wahl des Europäischen Parlaments, Baden-Baden.
– 1996: Die Wahlrechtsgleichheit und das Bundesverfassungsgericht, in: Archiv des öffentlichen Rechts 121, 3, 337-358.
Lepsius, R.M. 1980: Parteiensystem, Wählerbewegung und sozialer Wandel in Westeuropa, in: Büsch, O. (Hrsg.): Wählerbewegung in der europäischen Geschichte, Berlin, 539-547.
– 1990: Interessen, Ideen und Institutionen, Opladen.
Levitzky, St./Way, L.A. 2002: The Rise of Competitive Authoritarianism, in: Journal of Democracy 13 (2), 51-64.
Levy, D.A./Machin, H. 1986: How Fabious Lost: The French Elections 1986, in: Government and Opposition 21, 269-285.
Lewis, W.A. 1965: Politics in West Africa, London.
Lijphart, A. 1968: The Politics of Accommodation. Pluralism and Democracy in the Netherlands, Berkeley/Los Angeles.
– 1971: Cultural Diversity and Theories of Political Integration, in: Canadian Journal of Political Science 4, 11ff.
– 1984: Advances in the Comparative Study of Electoral Systems, in: World Politics 36, 424-436.
– 1984a: Democracies. Democratic Patterns of Majoritarian and Consensus Government in Twenty-One Countries, New Haven.
– 1985: The Field of Electoral Systems Research: A Critical Survey, in: Electoral Studies 4, 3-14.
– 1986: Degrees of Proportionality of Proportional Representation Formulas, in: Grofman, B./Lijphart, A. (Hrsg.): Electoral Laws and Their Political Consequences, New York, 113-123.
– 1987: The Demise of the Last Westminster System? Comments on the Report of New Zealand's Royal Commission on the Electoral System, in: Electoral Studies 6, 97-103.
– 1990: The Political Consequences of Electoral Laws, 1945-85, in: The American Political Science Review 84 (2), 481-496.
– 1991: Constitutional Choices for New Democracies, in: Journal of Democracy 3(1), 72-84.
– 1992: Democratization and Constitutional Choices in Czecho-Slovakia, Hungary and Poland, 1989-91, in: Journal of Theoretical Politics 4, 207-223.
– 1994: Electoral Systems and Party Systems, Oxford.
– 1997: Unequal Participation. Democracy's Unresolved Dilemma, in: The American Political Science Review 91, 1-14.

– 2012: Patterns of Democracy. Government Forms and Performance in Thirty-Six Countries, 2. Aufl., New Haven & London.

Lijphart, A./Gibberd, R.W. 1977: Thresholds and Payoffs in List Systems of Proportional Representation, in: European Journal of Political Research 5, 219-244.

Lijphart, A./Grofman B. (Hrsg.) 1984: Choosing an Electoral System. Issues and Alternatives, New York.

Lijphart, A./Irwin, G.A. 1979: Nomination Strategies in the Irish STV System: The Dail Elections of 1969, 1973 and 1977, in: British Journal of Political Science 9, 362-369.

Lijphart, A./Waisman, C.H. (Hrsg.) 1996: Institutional Design in New Democracies, Boulder/Colorado.

Lim, H.H. 2002: Electoral Politics in Malaysia. 'Managing' Elections in a Plural Society, in: Croissant, A./Bruns, G./John, M. (Hrsg.): Electoral Politics in Southeast & East Asia, Singapore, 101-148.

Linder, W./Lutz, G./Bolliger, Ch./Hänny, S. 2010: Switzerland, in: Nohlen, D./Stöver, Ph. (Hrsg.): Elections in Europe, Baden-Baden, 1879-1968.

Lindner, R./Schultze, R.O. 2005: Canada, in: Nohlen, D. (Hrsg.): Elections in the Americas, 2 Bde., Oxford, Bd. 1, 109-146.

–/– 2005a: United States of America, in: Nohlen, D. (Hrsg.): Elections in the Americas, 2 Bde., Oxford, Bd.1, 647-729.

–/–. 2010: Germany, in: Nohlen, D./Stöver, Ph. (Hrsg.): Elections in Europe, Baden-Baden, 723-806.

Linz, J.J. 1987: Democracy, Presidential or Parliamentary. Does it Makes a Difference. Paper presented at the 83rd Annual Meeting of the American Political Science Association, Chicago.

– 2000: Totalitäre und autoritäre Regime, Berlin

Linz, J.J./Montero, J. (Hrsg.) 1986: Crisis y cambio: Electores y partidos en la España de los años 80, Madrid.

Linz, J.J./Stepan, A. (Hrsg.) 1978: The Breakdown of Democratic Regimes, 2 Bde., Baltimore/London.

Linz, J.J./Valenzuela, A. (Hrsg.) 1994: The Failure of Presidential Democracy, Baltimore/London.

Lipset, S.M. 1969: Parteiensysteme und Repräsentation sozialer Gruppen, in: Ziebura, G. (Hrsg.): Beiträge zur allgemeinen Parteienlehre. Zur Theorie, Typologie und Vergleichung politischer Parteien, Darmstadt, 431-476.

– 1983: Radicalism or Reformism: The Sources of Working Class Politics, in: The American Political Science Review 77, 1-18.

Lipset, S.M./Nohlen, D./Sartori, G. 1996: Apuntes para una reflexión sobre la democracia. Tres ensayos, Cuadernos de CAPEL 41, San José/Costa Rica.

Lipset, S.M./Rokkan, S. (Hrsg.) 1967: Party Systems and Voter Alignments, New York.

Lipson, L. 1953: The Two-Party System in British Politics, in: The American Political Science Review 47, 337-358.

– 1969: Parteiensysteme im Vereinigten Königreich und im älteren Commonwealth – Ursachen, Ähnlichkeiten und Verschiedenheiten, in: Ziebura, G. (Hrsg.): Beiträge zur allgemeinen Parteienlehre. Zur Theorie, Typologie und Vergleichung politischer Parteien, Darmstadt, 499-526.
Lösche, P. 2004: Do Electoral Systems Matter? Überlegungen am Beispiel Neuseelands, in: Zeitschrift für Parlamentsfragen 35 (2), 340-358.
Loewenberg, G. 1993: Die neuen politischen Eliten Mitteleuropas. Das Beispiel der ungarischen Nationalversammlung, in: Zeitschrift für Parlamentsfragen 24, 438-457.
Loosemore, J./Hanby, V.J. 1971: The Theoretical Limits of Maximum Distortion: Some Analytic Expressions for Electoral Systems, in: British Journal of Political Science 1, 467-477.
López-Pintor, R. 2000: Electoral Management Bodies as Institutions of Governance, UNDP, New York.
Lübbert, D. 2009: Sitzzuteilungsverfahren – wahlmathematische Systematik und Stand der Diskussion, Berlin.
Lust-Okar, E./Jamal, A.A. 2002: Rulers and Rules. Reassessing the Influence of Regime Type on Electoral Law Formation, in: Comparative Political Studies 35 (3), 337-366.
Mackenzie, W.J.M. 1957: The Export of Electoral Systems, in: Political Studies 5, 241-257.
– ²1964: Free Elections. An Elementary Textbook, London (zuerst 1958).
Mackie, T.T./Rose, R. 1991: The International Almanac of Electoral History, 3. Aufl., London (zuerst 1974, 2. Aufl. 1982).
– 1997: A Decade of Election Results: Updating the International Almanac, Strathclyde.
Macpherson, C.B. 1977: The Life and Times of Liberal Democracy, Ox-ford.
Mair, P. 1986: Districting Choice under the Single Transferable Vote, in: Grofman, B./Lijphart, A. (Hrsg.): Electoral Laws and Their Political Consequences, New York, 289-307.
– 1987: The Changing Irish Party System, London.
Marsh, M. 1981: Electoral Preferences in Irish Recruitment: The 1977 Election, in: European Journal of Political Research 9, 61-74.
– 1985: The Voters Decide? Preferential Voting in European List Systems, in: European Journal of Political Research 13, 365-378.
Martello, M. 1987: El sistema electoral venezolano. Resultados de la aplicación del sistema de representación proporcional en la composición de las Cámaras del Congreso, in: Consejo Supremo Electoral: Propaganda política, partidos y sistema electoral, Caracas.
Marxer, W. 2010: Liechtenstein, in: Nohlen, D./Stöver, Ph. (Hrsg.): Elections in Europe, Baden-Baden, 1155-1186.
Materska-Sosnowska, A. 2010: Polen, in: Nohlen, D./Stöver, Ph. (Hrsg.): Elections in Europe, Baden-Baden, 1471-1524

Mavrogordatos, G.T. 1985: The Greek Party System: A Case of "Limited but Polarized" Pluralism? in: Bartolini, S./Mair, P. (Hrsg.): Maggioritario ma non troppo, Bologna, 156-169.

McDonald, R. 1967: Electoral Systems, Party Representation and Political Change in Latin America, in: The Western Political Quarterly 20, 694ff.

McGregor, J. 1993: How Electoral Laws Shape Eastern Europe's Parliaments, in: Radio Free Europe/Radio Liberty (Hrsg.), Research Report 2/4, 11-18.

McKee, P. 1983: The Republic of Ireland, in: Bogdanor, V./Butler, D. (Hrsg.): Democracy and Elections: Electoral Systems and Their Political Consequences, Cambridge, 107-189.

McLean, I. 1976: Elections, London.

– 1988: Ships that Pass in the Night: Electoral Reform and Social Choice Theory, in: Political Quarterly 59, 63-71.

– 1999: The Jenkins Commission and the Implications of Electoral Reform for the UK, in: Government and Opposition 34 (2), 143-160.

Merkel, W. (Hrsg.) 1994: Systemwechsel 1. Theorien, Ansätze und Konzeptionen, Opladen.

– 1996: Institutionalisierung und Konsolidierung der Demokratien in Osteuropa, in: Ders./Sandschneider, E./Segert, D. (Hrsg.) Systemwechsel 2. Die Institutionalisierung der Demokratie, Opladen, 73-118.

– 1999: Systemtransformation, Opladen (2. Aufl. Wiesbaden 2006).

– 2003: Demokratie in Asien, Bonn.

Merill, S. 1984: A Comparison of Efficiency of Multicandidate Electoral Systems, in: American Journal of Political Science 28, 23-48.

Meyer, G. 1901: Das parlamentarische Wahlrecht, Berlin.

Meyer, H. 1973: Wahlsystem und Verfassungsordnung. Bedeutung und Grenzen wahlsystematischer Gestaltung nach dem Grundgesetz, Frankfurt/Main.

– 1987: Demokratische Wahl und Wahlsystem, in: Isensee, J./Kirchhof, P. (Hrsg.): Handbuch des Staatsrechts der Bundesrepublik Deutschland, Bd. 2, Heidelberg, 249-267.

– 1994: Der Überhang und anderes Unterhaltsame aus Anlass der Bundestagswahl 1994, in: Kritische Vierteljahresschrift für Gesetzgebung und Rechtswissenschaft 77, 312-362.

– 1998: Wahlgrundsätze und Wahlverfahren, in: Isensee, J./Kirchhof, P. (Hrsg.)): Handbuch des Staatsrechts der Bundesrepublik Deutschland, Bd. 2, Heidelberg, 269-311.

Milbrath, L.W. [6]1972: Political Participation, Chicago.

Mill, J.S. 1971: Betrachtungen über die repräsentative Demokratie, Paderborn.

Mirabeau, Comte de 1834: Sur la représentation illégale de la nation provençale dans ces états actuels et sur la nécessité de convoquer une assemblée générale des trois ordres, in: Oeuvres de Mirabeau, Paris, 8 Bde., Bd. 1, 3-21.

Misch, A. 1974: Das Wahlsystem zwischen Theorie und Taktik. Zur Frage von Mehrheitswahl und Verhältniswahl in der Programmatik der Sozialdemokratie bis 1933, Berlin.

Mitra, S.K./Chiriyankandath, J. (Hrsg.) 1992: Electoral Politics in India, New Delhi.
Möckli, S. 1994: Direkte Demokratie. Ein internationaler Vergleich, Bern usw.
– 1998: Direktdemokratische Einrichtungen und Verfahren in den Mitgliederstaaten des Europarates, in: Zeitschrift für Parlamentsfragen 29 (1), 90-107.
Molina, J.E. 2005: Las „morochas“ defraudan la ley y la Constitución, in: La Nación, 13 de Abril, Caracas.
Molinar Horcasitas, J. 1991: El tiempo de la legitimidad. Elecciones, autoritarismo y democracia en México, Mexiko-Stadt.
Monsalve, S./Sottoli, S. 1999: El enfoque histórico-empírico en comparación, in: Nohlen, D.: Sistemas de gobierno, sistema electoral y sistema de partidos políticos, Mexiko-Stadt, 137-164.
Montabes, J. (Hrsg.) 1998: El sistema electoral a debate, Madrid.
Montero, J.R. et al. 1994: La reforma del régimen electoral, Madrid.
Moser, R.G. 1995: The Impact of the Electoral System on Post-Communist Party Development: the Case of the 1993 Russian Parliamentary Elections, in: Electoral Studies 14, 377-398.
Mozaffar, S. 1995: The Institutional Logic of Ethnic Politics. A Prolegomenon, in: Glickman, H. (Hrsg.): Ethnic Conflict and Democratization in Africa, Atlanta/Ge., 33-69.
– 1997: Electoral Systems and Their Political Effects in Africa: A Preliminary Analysis, Boston/Mas. (Boston University African Studies Center)
Narr, W.D./Naschold, F. 1971: Theorie der Demokratie, Stuttgart u. a.
Naschold, F. 1971: Wahlprognosen und Wählerverhalten in der BRD, Stuttgart u.a.
Nelson, M.C. 2001: Thailand, in: Nohlen, D./Grotz, F./Hartmann, Ch. (Hrsg.) 2001: Elections in Asia, 2 Bde., Oxford, Bd.2, 261-320.
Neukirch, K. 2010: Moldavia, in: Nohlen, D./Stöver, Ph. (Hrsg.): Elections in Europe, Baden-Baden, 1373-1348.
Newell, J.L./Bull, M. 1997: Party Organization and Alliances in Italy in the 1990s: A Revolution of Sorts, in: West European Politics 20 (1), Special Issue on Crises and Transitions in Italian Politics.
Nie, N.H./Verba, S./Patrocik, J.R. 1976: The Changing American Voter, Cambridge.
Niemeyer, H.F. 1998: Verhältniswahlverfahren, in: Mathematik lehren, 88, 59-65.
Niemeyer, H.F./Wolf G. 1984: Über einige mathematische Aspekte bei Wahlverfahren, in: Zeitschrift für Angewandte Mathematik und Mechanik 64 (5), 340-343.
Nohlen, D. 1969: Begriffliche Einführung in die Wahlsystematik, in: Sternberger, D./Vogel, B.: Die Wahl der Parlamente, Bd. 1: Europa, Berlin, 1-54.
– 1978: Wahlsysteme der Welt. Daten und Analysen. Ein Handbuch, unter Mitarbeit von R.-O. Schultze, München/Zürich.
– 1981: Sistemas electorales del mundo, Madrid.

– 1983: Wahlsysteme, in: Schmidt, M.G. (Hrsg.): Westliche Industriegesellschaften (= Pipers Wörterbuch zur Politik, Bd. 2, hrsg. von D. Nohlen), 487-495.
– 1983a: Elections and Electoral Systems, Bonn-Bad Godesberg.
– (Hrsg.) 1984: Wahlen und Wahlpolitik in Lateinamerika, Heidelberg.
– 1984a: Un análisis del sistema electoral nicaragüense, Managua, hrsg. v. Fundación Manolo Morales.
– 1984b: Changes and Choices in Electoral Systems, in: Lijphart, A./Grofman, B. (Hrsg.): Choosing an Electoral System, New York, 217-224.
– 1985: Panorama des proportionnelles, in: Pouvoirs, Revue Francaise d'Etudes Constitutionnelles et Politiques 32, 31-42.
– 1985a: El análisis comparativo de sistemas electorales, con especial consideración del caso chileno, in: Estudios Públicos 18, 69-86.
– 1987: Wahlsystem: Bedeutung von Sperrklausel und Zweitstimme, in: Haungs, P./Jesse, E. (Hrsg.): Parteien in der Krise, Köln, 148-155.
– 1987a: La reforma electoral en América Latina. Seis contribuciones al debate, San José.
– 1987b: Wahlsystemreform: Ein wirkungsvoller Weg zur Steigerung des Frauenanteils in Parlamenten?, in: Zeitschrift für Parlamentsfragen 18, 228-233.
– 1988: Mehr Demokratie in der Dritten Welt? Über Demokratisierung und Konsolidierung der Demokratie in vergleichender Perspektive, in: Aus Politik und Zeitgeschichte B 25-26, 3-18.
– 1991: Presidencialismo versus parlamentarismo en América Latina, in: Revista de Estudios Políticos 74, 43-54.
– (Hrsg.) 1993: Handbuch der Wahldaten Lateinamerikas und der Karibik, Opladen.
– 1995: Electoral System: Options for Pakistan, Islamabad: Friedrich Ebert Stiftung.
– 1996: Elections and Electoral Systems, New Delhi.
– 1998: Els sistemes electorals i opcions per a Catalunya i Espanya, in: Diàlegs 1, 1 und 2, 63-95 und 87-111.
– 2000: Additional Member System in: Rose, R. (Hrsg.): International Encyclopedia of Elections, 4-6.
– 2003: El contexto hace la diferencia. Reformas institucionales y el enfoque histórico-empírico, Mexiko-Stadt.
– [3]2004:Sistemas electorales y partidos políticos, Mexiko-Stadt.
– (Hrsg.) 2005: Elections in the Americas, 2 Bde., Oxford.
– 2005: Vergleichende Methode, in: Nohlen, D./Schultze, R.O. (Hrsg.) Lexikon der Politikwissenschaft, München, 1080-1090.
– 2006:El institucionalismo contextualizado. La relevancia del contexto en el análisis y diseño institucionales, hrsg. und eingeleitet von R. Ortiz Ortiz, Mexiko-Stadt.
– 2006a: La reforma del sistema binominal desde una perspectiva comparada, in: Revista de Ciencia Política 26 (1), 191-202.
– 2008: Sistemas electorales en su contexto, Mexiko-Stadt.

– 2009: La democracia. Instituciones, conceptos y contexto, Bogotá.
– 2009a: Erfolgswertgleichheit als fixe Idee oder: Zurück zu Weimar? Zum Urteil des Bundesverfassungsgerichts über das Bundeswahlgesetz vom 3. Juli 2008, in: ZParl 40 (1), 179-195.
– 2010a: Elections and Electoral Systems, in: Nohlen, D./Stöver, Ph. (Hrsg.). Elections in Europe, Baden-Baden, 1-68.
– 2010b: France, in: Nohlen, D./Stöver, Ph. (Hrsg.). Elections in Europe, Baden-Baden, 639-722.
– 2012: Gramática de los sistemas electorales, Quito.
– 20013a: Wahlsystemkontroversen, in: Gallus, A./Schubert, Th./Thieme, T. (Hrsg.) Deutsche Kontroversen. Festschrift für Eckhard Jesse, Baden-Baden, 267-283.
– 2013b: Die Politik des Sonderweges. Wahlsysteme als Rechtsfrage, in: Armingeon, K. (Hrsg.) Staatstätigkeiten, Parteien, Demokratie, Wiesbaden, 525-544.
– 2013c: La reforma del sistema electoral. España, Cataluña y el modelo alemán, Barcelona, i.E.
Nohlen, D./Fernández, M. 1991: Presidencialismo versus parlamentarismo. América Latina, Caracas.
–/– (Hrsg.) 1998: El Presidencialismo renovado. Instituciones y cambio político en América Latina, Caracas.
Nohlen, D./Grotz, F. 2007: External Voting, in: Voting from Abroad. The International IDEA Handbook, Stockholm, 63-76.
–/– 2007a (Hrsg.): Kleines Lexikon der Politik, 4. Aufl., München
Nohlen, D./Grotz, F./Hartmann, Ch. (Hrsg.) 2001: Elections in Asia and the Pacific, 2 Bde., Oxford.
Nohlen, D./Grotz, F./Krennerich, M./Thibaut, B. 2000: Appendix Electoral Systems in Independent Countries, in: Rose, R. (Hrsg.): The International Encyclopedia of Elections, Washington D.C., 353-379.
Nohlen, D./Hildenbrand, A. 2005: Spanien. Wirtschaft, Gesellschaft, Politik, 2. Aufl., Wiesbaden.
Nohlen, D./Jaramillo, J./León-Roesch, M. 1989: Poder electoral y consolidación democrática en América Latina, Cuadernos de CAPEL 30, San José/Costa Rica.
Nohlen, D./Kasapovic, M. 1996: Wahlsysteme und Systemwechsel in Osteuropa, Opladen.
Nohlen, D./Krennerich, M./Thibaut, B. (Hrsg.) 1999: Elections in Africa, Oxford.
Nohlen, D./Nohlen, N. 2007: El sistema electoral alemán y el Tribunal Constitucional Federal, La igualdad electoral a debate- con una mirada a Venezuela, Revista de Derecho Público 109 (Caracas), 7-26.
Nohlen, D./Nuscheler, F. (Hrsg.) ^{3}1992-95: Handbuch der Dritten Welt, Bonn.
Nohlen, D./Picado, S./Zovatto, D. (Hrsg.) 1998: Tratado de derecho electoral comparado de América Latina, Mexiko-Stadt.
Nohlen, D./Rial, J. (Hrsg.) 1987: Reforma electoral. Posible, deseable?, Montevideo.

Nohlen, D./Schultze, R.-O. 1985: Los efectos del sistema electoral español sobre la relación entre sufragios y escaños. Un estudio con motivo de las elecciones a Cortes de 1982, in: Revista Española de Investigaciones Sociológicas 30, 179-200.

–/– (Hrsg.) [3]1989: Politikwissenschaft. Theorien, Methoden, Begriffe, 2 Halbbde., München.

–/– (Hrsg.) [3]2005: Lexikon der Politikwissenschaft, 2 Halbbde., München.

Nohlen, D./Solari, A. (Hrsg.) 1988: Reforma política y consolidación democrática. Europa, América Latina, Caracas.

Nohlen, D./Stöver, Ph. (Hrsg.) 2010: Elections in Europe, Baden-Baden.

Nohlen, D./Stöver, Ph. 2010a: Elections in Europe, in Nohlen, D./Stöver, Ph. (Hrsg.) 2010: Elections in Europe, Baden-Baden, 69-124.

Nohlen, D./Sturm, R. 1982: Über das Konzept der strukturellen Heterogenität, in: Nohlen, D./Nuscheler, F. (Hrsg.): Handbuch der Dritten Welt, 2. Aufl., Hamburg, Band 1, 92-116.

Nohlen, D./Zovatto, D./Orozco, J./Thompson, J. (Hrsg.) 2007: Tratado de derecho electoral comparado de América Latina, Mexiko-Stadt.

Noiret, S. (Hrsg.) 1990: Political Strategies and Electoral Reforms. Origins of Voting Systems in Europe in the 19th and 20th Centuries, Baden-Baden.

Norris, P. 1995: The Politics of Electoral Reform in Britain, in: International Political Science Review 16, (1), 65-78.

– 1999: Ballots not Bullets. Testing Consociational Theories of Ethnic Conflict, Electoral Systems and Democratization, Constitutional Design 2000, Notre Dame.

– 2008: Electoral Engineering: Voting Rules and Political Behavior, 2. Aufl. Cambridge.

Norton, P. 1984: The British Polity, New York.

Nuscheler, F. 1969: Walter Bagehots Modell parlamentarischer Regierung in der englischen Verfassungstheorie, Meisenheim am Glan.

Nuscheler, F./Ziemer, K. u.a. 1978: Politische Organisation und Repräsentation in Afrika (= Wahl der Parlamente und anderer Staatsorgane, Bd. 2, hrsg. v. Sternberger, D./Vogel, B./Nohlen, D./Landfried, K.), 2 Halbbände., Berlin.

Nwankwo, B.O 2003: Institutional Design and Functionality of African Democracy, Berlin.

Offe, C. 1972: Strukturprobleme des kapitalistischen Staates, Frankfurt/Main.

O'Leary, C. [2]1962: The Elimination of Corrupt Practices in British Elections 1868-1911, Oxford (zuerst 1961).

– 1979: Irish Elections 1918-1977, Parties, Voters and Proportional Representation, Dublin.

– 1982: The Irish General Elections of 1981 and 1982, in: Electoral Studies 1, 363-374.

– 1983: The Irish General Election (November 1982), in: Electoral Studies 2, 171-175.

Ordeshook, P./Shvetsova, O. 1994: Ethnic Heterogeneity, District Magnitude and the Number of Parties, in: American Journal of Political Science 38, 100-123.
Ortega, C. 2004: Los sistemas de voto preferencial: Un estudio de 16 democracias, Madrid.
Ortiz Ortiz, R. 2004: Institutionelle Ansätze und die Präsidentialismusdebatte in Lateinamerika. Die Heidelberger Schule und der historisch-empirische Ansatz, in: Lateinamerikaanalysen 7, 89-120.
Ortiz Palenques, M. 2001: Personalización y sistema electoral en Venezuela, in: Revista Politeia 27, 25-59.
Orttung, R.W./Parrish, S. 1996: Russia after the Elections: Duma Votes Reflect North-South Divide, in: Transition 2 (4), 12-14.
Pabriks, A./Valtenbergs, V. 2010: Latvia, in: Nohlen, D./Stöver, Ph. (Hrsg.): Elections in Europe, Baden-Baden, 1101-1154.
Pachano, S. 1998: La representación caótica. Análisis del sistema electoral ecuatoriano, Quito.
Padgelt, St. 1999: The Boundaries of Stability: The Party System Before and After the 1998 Bundestagswahl, in: German Politics 8 (2), 88-107.
Palmer, N.D. 1975: Elections and Political Development. The South Asian Experience, Duke University Press.
Pantelis, A./Koutsoubinas, S. 1998; Les régimes électoraux des pays de l'Union Européenne, London.
Pantelis, A./Koutsoubinas, St./Gerapetritis, G. 2010: Greece, in: Nohlen, D./Stöver, Ph. (Hrsg.): Elections in Europe, Baden-Baden, 807-872.
Pappi, F.U. 1973: Parteiensystem und Sozialstruktur in der Bundesrepublik, in: Politische Vierteljahresschrift 14, 181-213.
– 1976: Sozialstruktur und politische Konflikte in der Bundesrepublik, Köln (hekt.).
– 1977: Sozialstruktur, gesellschaftliche Wertorientierung und Wahlabsicht, in: Kaase, M. (Hrsg.): Wahlsoziologie heute. Analysen aus Anlaß der Bundestagswahl 1976, 195-229.
Pappi, F.U./Shikano, S. 2007: Wahl- und Wählerforschung, Baden-Baden.
Parejo, M.A. (Hrsg.) 2010: Entre el autoritarismo y la democracia. Los procesos electorales en el Magreb, Barcelona.
Parlamento Latinoamericano/Instituto de Relaciones Europeo-Latinoamericanas 1997: Manual de los partidos políticos de América Latina, Madrid.
Patemann, R. 1964: Der Kampf um die preußische Wahlreform im Ersten Weltkrieg, Düsseldorf.
Payne, J.M./Zovatto, D./Carrillo, F./Allamand, A. 2002: Democracies in Development: Politics and Reform in Latin America, Washington, D.C.
Pease García, H. 1999: Electores, partidos y representantes. Sistema electoral, sistema de partidos y sistema de gobierno en el Perú, Lima.
Pedersen, M.N. 1983: Changing Patterns of Electoral Volatility in European Party Systems, 1948-1977: Explorations in Explanations, in: Daalder, H./Mair, D. (Hrsg.): Western European Party Systems. Continuity and Change, Beverly Hills, 29-66.

Pehle, H. 1999: Ist das Wahlrecht in Bund und Ländern refrombedürftig? Eine Bilanz seiner Mängel und Ungereimtheiten nach 50 Jahren, in: Gegenwartskunde 2, 233-256.

Peixoto, J.P.M./Porto,W. (Hrsg.) 1987: Sistemas eleitorais no Brasil, Brasilia.

Penniman, H.R. (Hrsg.) 1981: Greece at the Polls: The National Election of 1974 and 1977, Washington, D.C.

Penniman, H.R./Elazar, D.J. 1986: Israel at the Polls, 1981: A Study of the Knesset Elections, Bloomington.

Perez Perez, A. 1970: La ley de lemas, Montevideo.

Philips, A. 1995: Geschlecht und Demokratie, Hamburg.

Piatti-Crocker, A. (Hrsg.) 2011: Diffusion of Gender Quotas in Latin America and Beyond. Advances and Setbacks in the Last Two Decades, New York etc.

Poier, K. 2001: Minderheitenfreundliches Mehrheitswahlrecht, Wien/Köln/Graz.

– 2009: Wahlsysteme im internationalen Vergleich, Ein Überblick, in: Ders. (Hrsg.): Demokratie im Umbruch. Perspektiven einer Wahlrechtsreform, Wien/Köln/Graz, 169-232.

– 2010: Austria, in: Nohlen, D./Stöver, Ph. (Hrsg.): Elections in Europe, Baden-Baden, 169-232.

Poledna, T. 1988: Wahlrechtsgrundsätze und kantonale Parlamentswahlen, Zürich.

Popper, K.R. 1987: Zur Theorie der Demokratie, in: DER SPIEGEL, 41. Jg., Nr. 32, 54f.

Prieto, J.J. 1988: El estatuto electoral cuestionado. Análisis de la ley paraguaya, Asunción.

Pripstein Posusney, M. 2002; Multi-Party Elections in the Arab World: Institutional Engineering and Oppositional Strategies; in: Studies in Comparative International Development 36 (4), 34-62.

Pripstein Posusney, M./Penner Angrist, M. (Hrsg.) 2005: Authoritarianism in the Middle East. Regimes and Resistance, Boulder, 91-118.

Prittwitz, V. v. 2003: Vollständig personalisierte Verhältniswahl, in: Aus Politik und Zeitgeschichte B52, 12-20.

Pukelsheim, F. 1998: Mandatszuteilungen bei Verhältniswahlen: Erfolgswertgleichheit der Wählerstimmen, hekt., Universität Augsburg (Institut für Mathematik).

– 2000: Mandatszuteilungen bei Verhältniswahlen: Vertretungswertgleichheit der Mandate, in: Kritische Vierteljahresschrift für Gesetzgebung und Rechtswissenschaft 83 (1), 76-103.

– /Rossi, M. 2013: Imperfektes Wahlrecht, in: Zeitschrift für Gesetzgebung, 3, 209-226.

Pulzer, P.G.J. 3 1975: Political Representation and Elections in Britain, London.

Rae, D.W. 1967: The Political Consequences of Electoral Laws, New Haven/ London.

Rasmussen, J. 1965: The Disutility of the Swing Concept in British Psephology, in: Parliamentary Affairs 18, 442ff.

Ratnam, K.J. 1965: Communalism and the Political Process in Malaysia, Kuala Lumpur.
Rauseo, N. 1988: Los efectos políticos de un nuevo sistema electoral, Caracas.
Remington, Th.F./Smith, St.S. 1995: The Development of Parliamentary Parties in Russia, in: Legislative Studies Quarterly 20 (4), 457-489.
Reilly, B./Reynolds, A. 1999: Electoral Systems and Conflict in Divided Societies, Washington D.C.
Report of the Royal Commission on the Electoral System 1986: Towards a Better Democracy, Wellington.
Report of the Electoral Law Committee 1988: Inquiry into the Report of the Royal Commission on the Electoral System, Wellington.
Report of the Independent Commission 1998, London
Rey, J.C. 1987: El futuro d la democracia en Venezuela, in: Silva Michelena, J.A. (Hrsg.): Venezuela hacia el 2000, Caracas, 183-246.
Reynolds, A./Reilly, B. et al. 1997: The International IDEA Handbook of Electoral System Design, Stockholm.
Reynoso, D. 2002: Es tan malo el malapportionment? Sobrerepresentación distrital, bicameralismo y heterogeneidad, in: Republicana. Política y Sociedad 1 (1), 55-64.
Rial, J. 1985: Uruguay: Elecciones de 1984. Un triunfo del centro, Montevideo.
Richter, S. 1999: Modell Aotearoa. Der Prozeß der Wahlsystemreform in Neuseeland, Glienicke, u.a.
Ridder, W. 1976: Die Einteilung der Parlamentswahlkreise und ihre Bedeutung für das Wahlrecht in rechtsvergleichender Sicht (Deutschland, Großbritannien, USA), Göttingen.
Riggs, F.W. 1987: A Neo-Institutional Typology of Third World Politics, Draft Paper, University of Hawaii.
Riker, W.H. 1982: The Two-Party System and Duverger's Law: An Essay on the History of Political Science, in: The American Political Science Review 76, 753-766.
Robertson, D. 1983: Class and the British Electorate, Oxford.
Robertson, D. 2010: The Judge as a Political Theorist, Princeton.
Rogaly, J. 1976: Parliament for the People. A Handbook of Electoral Reform, London.
Rokkan, S. 1967: Geography, Religion and Social Class: Crosscutting Cleavages in Norwegian Politics, in: Lipset, S.M./Rokkan, S. (Hrsg.): Party Systems and Voter Alignments, New York, 367-444.
– 1968: Electoral Systems, in: International Encyclopedia of the Social Sciences 5, 6-21.
– 1970: Citizens, Elections, Parties: Approaches to the Comparative Study of the Processes of Development, Oslo.
Rokkan, S./Meyriat, J. 1969: International Guide to Electoral Statistics, Paris.
Rokkan, S./Svasand, L. [2]1978: Zur Soziologie der Wahlen und der Massenpolitik, in: König, R. (Hrsg.): Handbuch der empirischen Sozialforschung, Stuttgart, Bd. 12, 1-72.

Roncagliolo, R. 1980: Quièn ganó. Elecciones 1931-80, Lima.
Rosanvallon, P. 1992: Le sacre du citoyen, Paris.
Rosanvallon, P. 2010: Demokratische Legitimität. Unparteilichkeit, Reflexivität, Nähe, Hamburg.
Rose, R. (Hrsg.) 1974: Electoral Behavior. A Comparative Handbook, New York/London.
– (Hrsg.) 1980: Electoral Participation. A Comparative Analysis, Beverly Hills/London.
– 1982: Choice in Electoral Systems. The Political and Technical Alternatives, Studies in Public Policies 108, Strathclyde/Glasgow.
– 1997: Evaluating Election Turnout, in: International IDEA: Voter Turnout from 1945 to 1997, 35-47.
– (Hrsg.) 2000: The International Encyclopedia of Elections, Washington D.C.
Rose, R./McAllister, I. 1986: Voters Begin to Choose. From Closed-Shop to Open Elections in Britain, Beverly Hills.
Rose, R./Munro, L. 2010: United Kingdom, in: Nohlen, D./Stöver, Ph. (Hrsg.): Elections in Europe, Baden-Baden, 2001-2034.
Rose, R./Urwin, D.W. 1970: Persistence and Change in Western Party Systems since 1945, in: Political Studies 18, 287-319.
Ross, J.F.S. 1955: Elections and Electors. Studies in Democratic Representation, London.
Roth, D. 1998: Empirische Wahlforschung, Opladen.
Roth, D. 2008: Wahlforschung. Von einfachen zu gehobenen Ansprüchen, in: Mohr, A./Nohlen, D. (Hrsg.): Politikwissenschaft in Heidelberg, Heidelberg, 286-290.
Rousseau, J.J. 1826: Du contrat social, in: Oeuvres Complètes de J.J. Rousseau, 2. Aufl., Band 6, Paris (orig. 1762).
Rudzio, W. 2006: Das politische System der Bundesrepublik Deutschland, 7. Aufl., Wiesbaden.
Rueschemeyer, D./Huber-Stephens, E./Stephens, J.D. 1992: Capitalist Development and Democracy, Chicago.
Rüland, J. 1998: Politische Systeme in Südostasien. Eine Einführung, München.
– 2001: Indonesia, in: Nohlen, D./Grotz, F./Hartmann, Ch. (Hrsg.) 2001: Elections in Asia, Oxford, Bd.2, 83-128.
Rüland, J./Jürgenmeyer, C./Nelson, M./Ziegenhain, P. 2005: Parliaments and Political Change in Asia, Singapore
Rule, W. 1987: Electoral Systems. Contextual Factors and Women's Opportunities for Election to Parliament in 23 Democracies, in: The Western Political Quarterly 40, 477-498.
Rule, W./Zimmermann, J. F. 1994: Electoral Systems in Comparative Perspective. Their Impact on Women and Minorities, Westport.
Rybář, M. 2010: Slovakia, in: Nohlen, D./Stöver, Ph. (Hrsg.): Elections in Europe, Baden-Baden, 1733-1760.
Sahm, A. 2010: Belarus in: Nohlen, D./Stöver, Ph. (Hrsg.): Elections in Europe, Baden-Baden, 233-268.

Sainte-Laguë, A. 1910: La représentation proportionelle et la méthode des moindres carrés, in: Academies des Sciences. Comtes Rondues 151, 846-852.
Särlvik, B./Crewe, I. 1983: Decade of Dealignment: The Conservative Victory of 1979 and Electoral Trends in the 1970s. Cambridge.
Salmon, F. 1986: Découpage électoral: La perversion démographique, in: Revue Politique et Parlamentaire 5, 27-32.
Samuels, D./Snyder, R. 1999: The Value of a Vote: Malopportionment in Comparative Perspective, University of Illinois at Urbana.
Sani, G./Sartori, G. 1983: Polarization, Fragmentation and Competition in Western Democracies, in: Daalder, H./Mair, P.: Western European Party Systems. Continuity and Change, 307-340.
Santamaria, J. 1994: Listas cerradas, abiertas y entreabriertas, in: Montero, J.R. et al.: La reforma del régimen electoral, Madrid., 113-124.
Sartori, G. 1966: European Political Parties: The Case of Polarized Pluralism, in: J. La Palombara, J./Weiner (Hrsg.): Political Parties and Political Development, Princeton, 137-176
– 1968: Political Development and Political Engineering, in: Montgomery, J.D./Hirschman, A.O. (Hrsg.): Public Policy, Bd. 17, Cambridge, 261-298.
– 1976: Parties and Party Systems. A Framework for Analysis, Bd. 1, Cambridge.
– 1984: The Influence of Electoral Systems. Faulty Laws or Faulty Method?, hekt. paper, 1986 überarbeitet publiziert in: Grofman B./Lijphart, A. (Hrsg.): Electoral Laws and Their Political Consequences, 43-68.
– 1987: The Theory of Democracy Revisited, 2 Bde., Chatham/New Jersey.
– 1991: Comparing and Miscomparing, in: Journal of Theoretical Politics 3 (3), 243-257.
– 1994: Comparative Constitutional Engineering. An Inquiry into Structures, Incentives and Outcomes, Houndmills etc.
– 2001: The Party-Effects of Electoral Systems, in: Diamond, l./Gunther, R. (Hrsg.): Political Parties and Democracy, Baltimore and London, 90-108.
Scarrow, H.A. 1986: Duverger's Law. Fusion and the Decline of American "Third" Parties, in: Western Political Quarterly 39, 634-647.
Schäfer, F. 1967: Sozialdemokratie und Wahlrecht, in: Verfassung und Verfassungswirklichkeit 2, 157ff.
Schäfer, M. 1998: Referenden, Wahlrechtsreform und politische Akteure im Strukturwandel des italienischen Parteiensystems, Münster.
Scharpf, F.W. 1970: Demokratietheorie zwischen Utopie und Anpassung, Konstanz.
Scharpf, F.W. u.a. 1976: Politikverflechtung, Kronberg.
Scharpf, F.W./Mayntz, R. 1975: Policy-making in the German Federal Bureaucracy, London.
Schedler, A. (Hrsg.) 2006: Electoral Authoritarianism. The Dynamics of Unfree Competition, Boulder/Col.
Schepis, G. 1955: I sistemi elettorali. Teoria-tecnica-legislazioni positive, Empali.

Scheuch, E.K. 1967: Die Bedeutung sozialer Faktoren für die Wirkung von Wahlsystemen, in: Zillessen, H. (Hrsg.): Mehrheitswahlrecht? Beiträge zur Diskussion um die Änderung des Wahlrechts, 66ff.
Scheuch, E.K./Wildenmann, R. (Hrsg.) 1965: Zur Soziologie der Wahl, Köln/ Opladen.
Scheuner, U. 1973: Das Mehrheitsprinzip in der Demokratie, Opladen.
Schindler, P. 1983: Deutscher Bundestag 1949-1983: Parlaments- und Wahlstatistik, in: Zeitschrift für Parlamentsfragen 14, 459-475.
– 1987: Deutscher Bundestag 1949-1987: Parlaments- und Wahlstatistik, in: Zeitschrift für Parlamentsfragen 18, 185-202.
– 1999: Datenhandbuch zur Geschichte des Deutschen Bundestages 1983-1991, Baden-Baden.
Schlumberger, O. 2008: Autoritarismus in der arabischen Welt. Ursachen, Trends und internationale Demokratieförderung, Baden-Baden.
Schmidt, M.G. 2008: Demokratietheorien, 4. Aufl., Opladen.
Schmitt-Beck, R. 1993: Denn sie wissen nicht was sie tun...Zum Verständnis des Verfahrens der Bundestagswahl bei westdeutschen und ostdeutschen Wählern, in: Zeitschrift für Parlamentsfragen 24 (3), 393-415.
Schmitter, Ph.C. 1974: Still the Century of Corporatism, in: Review of Politics 36, 85-131.
– 2000: How to Democratize the European Union… and Why Bother? Lanham.
Schneider, E. 1996: Die russischen Dumawahlen 1995, in: Berichte des Institutes für ostwissenschaftliche und internationale Studien 20, Köln.
– 2000: Ergebnisse der russischen Staatsdumawahl 1999. Bundesinstitut für Ostwissenschaftliche und internationale Studien, Aktuelle Analysen Nr. 7, Köln.
Schober, H. 2010: Cyprus, in: Nohlen, D./Stöver, Ph. (Hrsg.): Elections in Europe, Baden-Baden, 427-452..,
Schoen, H. 1998: Stimmensplitting bei Bundestagswahlen: eine Form taktischer Wahlentscheidung?, in: Zeitschrift für Parlamentsfragen 29 (2), 223-244.
Schreiber, W. 1998: Handbuch des Wahlrechts zum Deutschen Bundestag, 6. neubearb. Aufl. (Bundeswahlgesetz (BWahlG): Kommentar, 8. Aufl. 2009), Köln usw.
Schrodt, P.A. 1981: A Statistical Study of the Cube Law in Five Electoral Systems, in: Political Methodology 7, 35-54.
Schroen, M. 1986: Das Großherzogtum Luxemburg. Portrait einer kleinen Demokratie, Bochum.
Schultze, R.-O. 1977: Politik und Gesellschaft in Kanada, Meisenheim.
– 1980: Funktion von Wahlen und Konstitutionsbedingungen von Wahlverhalten im Deutschen Kaiserreich, in: Büsch, O. (Hrsg.): Wählerbewegung in der europäischen Geschichte, Berlin, 125-158.
– 1980a: Wahlanalyse im historisch-politischen Kontext, in: Büsch, O. (Hrsg.): Wählerbewegung in der europäischen Geschichte, Berlin, 60-96.
Schumpeter, J.A. [10]1994: Capitalism, Socialism and Democracy, London.

Schwehm, J. 2008: Theorie und Kontext, Baden-Baden.
– 2010: Malta, in: Nohlen, D./Stöver, Ph. (Hrsg.): Elections in Europe, Baden-Baden, 1295-1312.
Secretariado Internacional de Juristas para la Amnistía y la Democracia en Paraguay (Hrsg.) 1987: Sistema electoral y democracia, Asunción.
Seferiades, S. 1986: Polarization and Nonproportionality. The Greek Party System in the Post War Era, in: Comparative Politics 18, 69-93.
Seifert, K.H.[3] 1976: Bundeswahlrecht, München.
Sen, A. 2010:Die Idee der Gerechtigkeit, München.
Setzer, H. 1973: Wahlsystem und Parteienentwicklung in England: Wege zur Demokratisierung der Institutionen 1832-1948, Frankfurt/Main.
– 1987: Das britische Parteiensystem und die Krise in Großbritannien, in: Rohe, K./Schmidt, G. (Hrsg.) 1987: Krise in Großbritannien? Bochum, 171-188.
Shamir, M. 1985: Changes in Electoral Systems as "Interventions": Another Test of Duverger's Hypothesis, in: European Journal of Political Research 13, 1-10.
Shiratori, R. 1995: The Politics of Electoral Reform in Japan, in: International Political Science Review 16, 1, 95-116.
Shugart, M.S. 1985: The Two Effects of District Magnitude: Venezuela as a Crucial Experiment, in: European Journal of Political Research 13, 353-364.
– 1992: Electoral Reform in Systems of Proportional Representation, in: European Journal of Political Research 21 (3), 207-224.
– 2008: Comparative Electoral Systems Research. The Maturation of a Field and New Challenges Ahead, in: Gallagher, M./Mitchell, P. (Hrsg.) The Politics of Electoral Systems, Oxford, 25-56.
Shugart, M.S./Carey, J. M. 1992: Presidents and Assemblies. Constitutional Design and Electoral Dynamics, Cambridge.
Shugart, M.S./Wattenberg, M. (Hrsg.) 2001: Mixed-Member Electoral Systems: The Best of Both Worlds? Oxford.
Sikk, A. 2010: Estonia, in: Nohlen,D./Stöver, Ph. (Hrsg.): Elections in Europe, Baden-Baden, 565-592.
Smend, R. 1912: Maßstäbe des parlamentarischen Wahlrechts in der deutschen Staatstheorie des 19. Jahrhunderts, Stuttgart.
Snyder, R./Samuels, D. 2001: Devaluing the Vote in Latin America, in: Journal of Democracy 12 (1), 146-159.
Sociètè pour l'Étude de la Représentation Proportionelle (Hrsg.) 1888: La représentation proportionelle, Paris.
Soudriette, R.W./Ellis, A. 2006: Electoral Systems Today. A Global Snapshot, in: Journal of Democracy 17 (2), 78-88.
Steed, M. 1983: The European Parliament, in: Bogdanor, V./Butler, D.E. (Hrsg.): Democracy and Elections: Electoral Systems and Their Political Consequences, Cambridge, 228-246.
– 1984: Failure or Long-Haul? European Elections and European Integration, in: Electoral Studies 3, 225-234.

Steffani, W. 1995: Das Demokratie-Dilemma der Europäischen Union, in: Ders./Thaysen, U. (Hrsg.): Demokratie in Europa, Zeitschrift für Parlamentsfragen Sonderband, Opladen, 35-49.
Steinbach, P. 1978: Stand und Methode der historischen Wahlforschung, in: Kaelble, H. u.a.: Probleme der Modernisierung in Deutschland, Opladen, 171-234.
Steiner, J. 1970: Majorz und Proporz, in: Politische Vierteljahresschrift 11, 139-146.
Stephens, H.W./Brady, D.W. 1976: The Parliamentary Parties and the Electoral Reforms of 1884-85 in Britain, in: Legislative Studies Quarterly 1, 491ff.
Sternberger, D. 1962: Grund und Abgrund der Macht. Kritik der Rechtmäßigkeit heutiger Regierungen, Frankfurt/Main.
– 1964: Die große Wahlreform, Opladen.
Sternberger, D./Vogel, B. (Hrsg.) 1969: Die Wahl der Parlamente und anderer Staatsorgane, 2 Halbbde., Bd. 1: Europa, Berlin.
Stone Sweet, A. 2000: Governing with Judges. Constitutional Politics in Europe, Oxford.
Stöver, Ph./Gallenkamp, M. 2010: Montenegro, in: Nohlen, D./Stöver, Ph. (Hrsg.): Elections in Europe, Baden-Baden, 1365-1378.
Strohmeier, G. 2007: Ein Plädoyer für die „gemäßigte Mehrheitswahl“: optimale Lösung für Deutschland, Vorbild für Österreich und andere Demokratien, in: Zeitschrift für Parlamentsfragen 38 (3), 578-590.
– (Hrsg.) 2009: Wahlsystemreform, Baden-Baden.
Sturm, R. 1981: Nationalismus in Schottland und Wales 1966-1980. Eine Analyse seiner Ursachen und Konsequenzen, Bochum.
– 1986: Elections and the Electoral System, in: Girvin, B./Sturm, R. (Hrsg.): Politics and Society in Contemporary Ireland, Aldershot, 55-69.
Taagepera, R. 1986: Reformulating the Cube Law for Proportional Representation Elections, in: The American Political Science Review 80, 489-504.
– 1990: A Note on the March Elections in Estonia, in: Soviet Studies 42 (2), 329-333.
– 1995: Estonian Parliamentary Elections, in: Electoral Studies 14 (3), 328-331.
– 1997: The Tailor of Marrakesh: Western Electoral Systems Advice to Emerging Democracies, in: Elklit J. (Hrsg.): Electoral Systems for Emerging Democracies, Kopenhagen, 49-62.
– 2002: Designing Electoral Rules and Waiting for an Electoral System to Evolve, in: Reynolds, A. (Hrsg.): The Architecture of Democracy: Constitutional Design, Conflict Management, and Democracy, Oxford, 248-264.
Taagepera, R./Grofman, B. 1985: Rethinking Duverger’s Law: Predicting the Effective Number of Parties in Plurality and Proportional Representation-Systems, in: European Journal of Political Research 13, 341-352.
Taagepera, R./Laakso, M. 1980: Proportionality Profiles of West European Electoral Systems, in: European Journal of Political Research 8, 423-446.
Taagepera, R./Shugart, M.S. 1989: Seats and Votes: The Effects and Determinants of Electoral Systems, New Haven.

Tan, K.Y. 2001: Malaysia, in: Nohlen, D./Grotz, F./Hartmann, Ch. (Hrsg.): Elections in Asia and the Pacific, Oxford, Bd. 2, 143-183.
Tavares de Almeida, P. 1991: Eleições e caciquismo no Portugal Oitocentista (1868-1890), Lissabon.
– 2010: Portugal, in: Nohlen, D./Stöver, Ph. (Hrsg.): Elections in Europe, Baden-Baden, 1525-1578.
Taylor, P.J./Johnston, R.J. 1979: Geography of Elections, New York etc.
Taylor, R.H. (Hrsg.) 1996: The Politics of Elections in Southeast Asia, Cambridge.
Tecklenburg, A. 1911: Die Entwicklung des Wahlrechts in Frankreich, Tübingen.
Therborn, G. 1977: The Rule of Capital and the Rise of Democracy, in: New Left Review 103, 3-58.
Thibaut, B. 1996: Präsidentialismus und Demokratie in Lateinamerika, Opladen.
– 1998: Institutionen direkter Demokratie in Lateinamerika, in: Zeitschrift für Parlamentsfragen 29 (1), 107-127.
Thiltgen, M. 2010: Luxembourg, in: Nohlen, D./Stöver, Ph. (Hrsg.). Elections in Europe, Baden-Baden, 1227-1270.
Tocqueville, A. de 1951 (1835): De la démocratie en Amérique, Oeuvres complêtes, Bd. 1. (deutsch 1959: Über die Demokratie in Amerika, Stuttgart).
Todorov, A. 2010: Bulgaria, in: Nohlen, D./Stöver, Ph. (Hrsg.). Elections in Europe, Baden-Baden, 351-398.
Tóka, G. (Hrsg.) 1995: The 1990 Election to the Hungarian National Assembly. Analyses, Documents and Data, Berlin.
Törnudd, K. 1968: The Electoral System of Finland, London.
Torres, A. 1984: Venezuela, in: Consejo Supremo Electoral (Hrsg.): Simposio sistemas electorales comparados, Caracas, 49-67.
Torres Soriano, M.R. 2010: Terrorismo yihadista y procesos electorales en el mundo musulmán. Repercusiones en el Magreb, in: Parejo, M.A. (Hrsg.): Entre el autoritarismo y la democracia. Los procesos electorales en el Magreb, Barcelon, 39-62.
Trefs, M. 2007: Faktionen in westeuropäischen Parteien, Baden-Baden.
– 2010: Belgium, in: Nohlen, D./Stöver, Ph. (Hrsg.): Elections in Europe, Baden-Baden, 269-318.
Trindade, H. (Hrsg.) 1992: Reforma eleitoral e representação política, Porto Alegre.
Tuesta Soldevilla, F. 1987: Perú político en cifras. Elite política y elecciones, Lima.
– 2005: Representación política: las reglas también cuentan. Sistemas electorales y partidos políticos, Lima.
– (Hrsg.) 1996: Simposio sobre reforma electoral, Lima.
Tufte, E.R. 1973: The Relationship Between Seats and Votes in Two-Party-Systems, in: The American Political Science Review 67, 540ff.
Thurner, P.W. 1998: Wählen als rationale Entscheidung, München.
– 1999: Taktisch oder aufrichtig? Zur Untersuchung des Stimmensplitting bei Bundestagswahlen, in: Zeitschrift für Parlamentsfragen 30 (1), 163-165.

Ucakar, K. 1985: Demokratie und Wahlrecht in Österreich: Zur Entwicklung von politischer Partizipation und staatlicher Legitimationspolitik, Wien.

UNDP 2004: Informe sobre la democracia en América Latina. Hacia una democracia de ciudadanas y ciudadanos, New York.

Vallès, J.M. 1983: Las elecciones legislativas del 28 de octobre de 1982: Una aproximación de urgencia, in: Revista de Estudios Políticos 33, 221-239.

– 1986: Sistema electoral y democracia representativa: Nota sobre la ley orgánica del régimen electoral general de 1985 y su función política, in: Revista de Estudios Políticos 35, 15-22.

Vallés, J.M./Bosch, A. 1997: Sistemas electorales y gobierno representativo, Barcelona.

Vallés, J.M/Nohlen, D. 2010: Spain, in: Nohlen, D./Stöver, Ph.(Hrsg.): Elections in Europe, Baden-Baden, 1803-1840.

Van der Bergh, G. 1955: Unity in Diversity: A Systematic Critical Analysis of All Electoral Systems, London.

van de Walle, N. 2003: Presidentialism and Clientelism in Africa's Emerging Party Systems, in: Journal of Modern African Studies 41 (2), 297-321.

Vanhanen, T. 1976: Political and Social Structures, 2 Teile, Tampere.

Vanossi, J.R. et al. 1988: Legislación electoral comparada, San José/Costa Rica.

Verba, S./Nie, N.H./Kim, J. 1978: Participation and Political Equality, Cambridge u.a.

Vidal Prado, C. 1995: El sistema electoral español. Una propuesta de reforma, Granada.

Vogel, B./Nohlen, D./Schultze, R.-O. 1971: Wahlen in Deutschland, Berlin, New York.

von der Vring, T. 1968: Reform oder Manipulation? Zur Diskussion eines neuen Wahlrechts, Frankfurt/Main.

Wagner, Ch. 2001: Sri Lanka, in: Nohlen, D./Grotz, F./Hartmann, Ch. (Hrsg.): Elections in Asia and the Pacidfic, Oxford, Bd. 1, 697-742.

Walker, I. 1996: Presidencialismo, multipartidismo y sistema binominal. Una reflexión y una propuesta, in: Política 34, 209-218, Santiago de Chile.

Warner, St./Gambetta, D. 1994: La retorica della riforma.. Fine del sistema proporzionale in Italia, Turin.

Waseem, M. 2002: Electoral Reform in Pakistan, Islamabad.

Weber, M. 1956: Soziologie, weltgeschichtliche Analysen, Politik, Stuttgart.

Weber, P. 1995: Italiens demokratische Erneuerung, in: Steffani, W./Thaysen, U. (Hrsg.): Demokratie in Europa, Opladen, 178-203.

Weissenbach, K./Korte, K.-R. 2006: Wahlsysteme und Wahltypen: Wahlen als Qualitätskennzeichen einer Demokratie, in: Derichs, C./Heberer, Th. (Hrsg.): Wahlsysteme und Wahltypen, Wiesbaden, 26-48.

Wenner, U. 1986: Sperrklausel im Wahlrecht der Bundesrepublik Deutschland, Frankfurt/Main.

White, S. 2010: Russia, in: Nohlen, D./Stöver, Ph. (Hrsg.): Elections in Europe, Baden-Baden, 1623-1668.

White, S./Rose, R./McAllister, I. 1997: How Russia Votes, Chatham, New Jersey.

Widfeldt, A. 2010: Sweden, in: Nohlen, D./Stöver, Ph. (Hrsg.): Elections in Europe, Baden-Baden,1841-1878.
Widlavski, A.B. 1969: Maurice Duverger: Les partis politiques. Eine methodologische Kritik, in: Ziebura, G. (Hrsg.): Beiträge zur allgemeinen Parteienlehre, Darmstadt, 527-547.
Wiesendahl, E. 1998: Parteien in Perspektive. Theoretische Ansichten der Organisationswirklichkeit politischer Parteien, Wiesbaden.
Wild, M. 2003: Die Gleichheit der Wahl. Dogmengeschichte und systematische Darstellung, Berlin.
Wildenmann, R./Kaltefleiter, W./Schleth, U. 1965: Auswirkungen von Wahlsystemen auf das Parteien- und Regierungssystem der Bundesrepublik, in: Scheuch, E./Wildenmann, R. (Hrsg.): Zur Soziologie der Wahl, Köln, Opladen, 74-112.
Williamsen, C. 1960: American Suffrage from Property to Democracy, 1760-1860, Princeton.
Willms, G. 1986: Ein deutsches Tabu, in: Zeitschrift für Politik 33, 188-189.
Wüst, A./Stöver, Ph. 2005: Die Wahlsysteme einzelner Länder zur Wahl des Europäischen Parlaments, in: Niedermayer, O./Schmitt, H. (Hrsg.): Europa Wahl 2004, Wiesbaden, 167-169.
Ziebura, G. (Hrsg.). 1969: Beiträge zur allgemeinen Parteienlehre. Zur Theorie, Typologie und Vergleichung politischer Parteien, Darmstadt.
Ziemer, K. (Hrsg.) 2003: Wahlen in postsozialistischen Staaten, Opladen.
– 2013: Das politische System Polens, Wiesbaden.
Zilla, C. 2006: Die faktionalistische Struktur des uruguayischen Parteiensystems, in: Köllner, P./Basedau, M./Erdmann, G. (Hrsg.): Innerparteiliche Machtgruppen, Frankfurt/Main, 303-331.
Zilla, C. 2007: Los conceptos en el enfoque politológico de Dieter Nohlen, en: López Rubí Calderón, J.M. (Hrsg.): Política y ciencia política en Dieter Nohlen, Puebla, 59-74.
Zilleßen, H. (Hrsg.) 1967: Mehrheitswahlrecht? Beiträge zur Diskussion um die Änderung des Wahlrechts, Berlin.
Zovatto, D. (Hrsg.) 2006: Regulación jurídica de los partidos políticos en América Latina, Mexiko-Stadt.
Zovatto, D./Orozco Henríquez, J. (Hrsg.) 2008: Reforma política y electoral en América Latina 1998-2007, Mexiko-Stadt.
Zuckerman, A. 1979: The Politics of Faction. Christian Democratic Rule in Italy, New Haven.

Personen- und Sachregister

Glossar

Alternativstimmgebung. Stimmgebungsverfahren, auch Eventualstimmgebung genannt, bei dem der Wähler nicht nur seine Kandidatenpräferenz, sondern auch seine Zweit-, Dritt- oder weitere Präferenz ausdrückt. Er gibt damit zu verstehen, welchen Kandidaten er gewählt sehen möchte, wenn sein Erstkandidat die geforderte Stimmenzahl nicht erreicht. Gegebenenfalls können auch die Überschussstimmnen eines bereits gewählten Kandidaten auf die Zweit-, Dritt- oder weiteren Präferenzen übertragen werden (so beim → *single transferable vote).*

Bias, engl. für schiefe Ebene, Neigung, Geneigtheit, Begriff aus der Wahlforschung britischen Ursprungs, bezeichnet die Begünstigung einer Partei gegenüber einer anderen, etwa in der Weise, dass die Partei A zum Erwerb derselben Mandatszahl eines höheren Stimmenanteils bedarf als die Partei B, oder gar, dass die Partei A, die mehr Stimmen als jede andere (also die relative → Mehrheit) erreicht, nach Mandaten einer Partei B unterliegt, die möglicherweise sogar die absolute Mehrheit der Parlamentssitze erringt.

Hinsichtlich der den *bias* auslösenden Faktoren gibt es zwei Grundpositionen: Die erste betont, dass die Faktoren nicht im Wahlsystem begründet liegen, aber durch das Wahlsystem reflektiert werden. Die zweite erklärt, dass der *bias* die Begünstigung einer Partei durch das Wahlsystem ausschließlich aufgrund spezieller Bedingungen des Wahlsystems darstelle. Zwar ist der wahlsystematische Zusammenhang nicht gänzlich zu leugnen, da der *bias in* seinen beiden Erscheinungsformen nur in bestimmten ahlsystemen auftritt, vor allem bei relativer Mehrheitswahl, kaum in Verhältniswahlsystemen. Der Vorteil, den eine Partei besitzen mag, ist jedoch nicht strukturell im Wahlsystem angelegt, sondern zufällig (von daher *accidental bias* genannt), periodisch (mal tritt er auf, mal nicht) und wechselhaft (zwischen den Parteien). Wichtigste Entstehungsursachen sind: die wahlgeographische Streuung der Parteiwählerschaft (Hochburgen), die Höhe der Überschussstimmen der Parteien in Wahlkreisen, die zum Gewinn weiterer Mandate nicht beitragen; Dreieckswahlen, d.h. das Auftreten von Dritt- und Viertparteien in verschiedenen Wahlkreisen; regional unterschiedliche Wahlbeteiligungen.

Liegt der *bias* in der Weise vor, dass eine Partei mit weniger Stimmen als eine andere die meisten Parlamentsmandate erringt, lässt er sich unter Zuhilfenahme der Kubusregel mathematisch definieren (Nohlen 1978: 88ff.): Der *bias* ist dann eine Abweichung von der Kubusregel im Sinne der Umkehrung der Größenordnung der Parteien hinsichtlich der Stimmen-Mandate-Relation.

d'Hondt → Verrechnungsverfahren

Droop-Quota → Verrechnungsverfahren

Erfolgswertgleichheit → Zählwertgleichheit

Gallagher Index → Proportionalitätsindex

Gerrymandering, aus dem Amerikanischen übernommener Fachterminus für die nach parteipolitischen Gesichtspunkten vorgenommene → Wahlkreiseinteilung (→ Wahlkreisgeometrie). Ausgenutzt wird die unterschiedliche Streuung der Wählerschaft der politischen Parteien zugunsten einer von ihnen bzw. eines Kandidaten dieser Partei. Die Manipulation wird benannt nach einem Mr. Gerry, der aus der Stadt Boston einen für sich sicheren Wahlkreis herausschnitt, der einem Salamander glich.

Grabensystem → Segmentiertes Wahlsystem

Grundmandatsklausel, gesetzliche Bestimmung, welche die Beteiligung an der Mandatsvergabe nach Proporz von der Erreichung einer bestimmten Zahl von Direktmandaten (nach Mehrheitswahl) abhängig macht. In Verbindung mit einer Sperrklausel erhöht sie die Hürde nicht, sondern ist geeignet, die Sperrklausel zu unterlaufen.

Hagenbach-Bischoff → Verrechnungsverfahren

Hare-Quota → Verrechnungsverfahren

Kubusregel, Regel, die besagt, dass das Verhältnis der Mandate zweier Parteien bei relativer Mehrheitswahl in etwa den dritten Potenzen (Kubikwerten) der Stimmenzahlen der Parteien entspricht.

Kumulieren → Stimmgebungsverfahren

Lijphart-Index → Proportionalitätsindex

Listenformen → Wahlbewerbung

Loosemore-Hanby-Index → Proportionalitätsindex

Lose gebundene Listen → Wahlbewerbung

Manufactured majority, bezeichnet jene künstlichen absoluten Parlamentsmehrheiten für eine Partei, die erzielt werden, ohne dass die entsprechende Partei eine absolute Mehrheit der Stimmen hinter sich weiß. *Manufactured majorities* sind wesentlich häufiger (etwa 60 zu 40) als *earned majorities*, absolute Parlamentsmehrheiten aufgrund von absoluten Stimmenmehrheiten. Die Umwandlung einer relativen Stimmenmehrheit in eine absolute Mandatsmehrheit erfolgt durch das Wahlsystem.

Mehrheit/Mehrheitsprinzip, zweifach verwendetes Konzept. [1] Entscheidungsregel bei Wahlen und Abstimmungen, der zufolge jene Alternative siegt, welche die Mehrheit der Stimmen auf sich vereinigt. Es ist das ausschließliche Entscheidungsprinzip bei unipersonalen Wahlen und Sachentscheidungen (Volksabstimmung, Referendum). Die geforderte Mehrheit kann entweder die relative Mehrheit sein (mehr Stimmen als jede einzelne Alternative) oder die absolute Mehrheit (mehr Stimmen als alle anderen Alternativen zusammen bzw. mehr als 50% der Stimmen) oder eine qualifizierte Mehrheit (meistens zwei Drittel der Stimmen). Gelegentlich (insbesondere bei Wahlen zu unipersonalen Organen wie dem Staatspräsidenten) wird bei Anwendung der relativen Mehrheit das Erreichen eines Mindestquorums (etwa 40% der Stimmen) gefordert. Im Falle der absoluten Mehrheit muss, wenn kein Kandidat die erforderliche Mehrheit erreicht, die Entscheidung in einem weiteren Wahlgang gesucht werden, für den die Kandidatur i.d.R. auf die zwei stimmenstärksten Kandidaten des ersten Wahlgangs beschränkt bleibt (Stichwahl). Qualifizierte Mehrheit wird i.d.R. nur bei Abstimmungen in Gremien (z.B. Parlament) gefordert (etwa bei Verfassungsänderung). [2] Repräsentationsprinzip, dem zufolge in der Wahl von repräsentativen Körperschaften ein Willensbildungsprozess stattfindet (im Gegensatz zu Abbild- oder Spiegelbildfunktion des → Proporzprinzips) und mittels des Entscheidungsprinzips der Mehrheit (→ Wahlsystem) sich zum einen die Wählerstimmen auf die großen Parteien konzentrieren, welche allein die Chance haben, die geforderte Mehrheit zu erringen, zum anderen relative Stimmenmehrheiten in absolute Mandatsmehrheiten verwandeln.

Panaschieren → Stimmgebungsverfahren

Parallelsystem → Segmentiertes Wahlsystem

Personalisierte Verhältniswahl, kombiniertes → Wahlsystem, das den Entscheidungsmaßstab der → Mehrheit mit dem Repräsentationsprinzip der Verhältniswahl verbindet. Die personalisierte Verhältniswahl ist demnach ein Verhältniswahlsystem, kein Mischsystem. Personalisiert ist sie insofern, als sie dem Wähler in Einerwahlkreisen die Auswahl zwischen Personen, die nach der Mehrheit gewählt werden, gestattet. In der BRD, in der dieser Wahlsystemtypus zuerst angewandt wurde, hat der Wähler zwei Stimmen. Mit der

Erststimme wählt er in Wahlkreisen, deren Zahl der Hälfte der Parlamentsmandate entspricht, einen Wahlkreiskandidaten, mit der Zweitstimme die (starre) Landesliste einer Partei. Die Verteilung der Gesamtzahl der Mandate erfolgt auf Bundesebene entsprechend dem Gesamtstimmenanteil der Parteien. Nachdem feststeht, wie viele Mandate eine Partei erhält, werden diese Mandate parteiintern proportional den Landeslisten der Parteien zugeteilt. Von dieser Zahl werden die jeweils errungenen Direktmandate abgezogen; die restlichen Mandate fallen den Bewerbern auf den jeweiligen Landeslisten zu. Haben Parteien in den Wahlkreisen mehr Direktmandate erhalten als ihnen proportional zusteht (sog. Überhangmandate), so bleiben ihnen diese im Wahlrecht zum Deutschen Bundestag erhalten und werden nicht ausgeglichen. Demnach bestimmt der Wähler durch seine Erststimme die individuelle Zusammensetzung der Hälfte des Bundestages, jedoch ohne dadurch im Prinzip (sieht man von den Überhangmandaten ab) die parteipolitische Zusammensetzung des Parlaments zu beeinflussen. Darin liegt das Typische der personalisierten Verhältniswahl begründet, während in Details Variationen möglich sind, wie sie in der BRD in einigen Landtagswahlsystemen und international bei Einführungen der p.V. auftreten (etwa betreffend das Verhältnis von Direkt- und Listenmandaten, die Verteilung der Mandate auf nationaler Ebene oder auf Mehrpersonenwahlkreise, Verrechnung oder Ausgleich von Überhangmandaten). Ein weiterer wichtiger (verfassungsrechtlicher) Gesichtspunkt ist, dass die personalisierte Verhältniswahl als kombiniertes Wahlsystem weder reine Verhältniswahl ist noch als solche historisch intendiert war, dass die strikte, dogmatische Anwendung des Proporzgebots fehl geht. Die personalisierte Verhältniswahl versucht, unterschiedlichen Funktionsanforderungen an Wahlsysteme einigermaßen ausgewogen gerecht zu werden und kann diese Funktionsleistung nur erbringen, wenn eine einzige Zielsetzung nicht zum alleinigen Prinzip ihrer Funktionsweise erhoben wird.

Proportionalitätsindex, Maßzahl, die den Proportionalitätsgrad eines Wahlsystems angibt. Es sind mehrere Indices gebräuchlich, die zu durchaus unterschiedlichen Ergebnissen gelangen. Sie werden nach ihren Erfindern benannt und errechnen sich wie folgt:

– *Rae-Index:* Die Disproportionalität wird am Unterschied zwischen dem Stimmenanteil und dem Mandatsanteil einer jeden Partei festgemacht. Die Differenzen werden addiert, unter Ausschluss der Parteien, die weniger als 0,5% der Stimmen erhalten haben. Die Summe wird durch die Zahl der Parteien dividiert (s. Rae 1967). Der Rae-Index neigt zur Überbewertung der Proportionalität von Vielparteiensystemen.

– *Loosemore-Hanby-Index:* Geht ebenfalls vom Unterschied zwischen Stimmen- und Mandatsanteil einer jeden Partei aus. Die Summe der Differenzen wird durch zwei geteilt (s. Loosemore-Hanby 1971). Varianten dieses Index sind jene nach Rose (s. Mackie/Rose 1991) und Shugart/Taagepera (1989).

– *Gallagher-Index* oder Index der kleinsten Quadrate: Die Summe der quadrierten Differenzen zwischen Stimmen- und Mandatsanteil der Parteien wird durch zwei dividiert und daraus die Wurzel gezogen (s. Gallagher 1991).

– *Lijphart-Index* oder Index der größten Abweichung: Ausgangspunkt ist die größte Abweichung im Stimmen- und Mandatsanteil der größten Partei (oder der Mittelwert der Abweichung der beiden größten Parteien; s. Lijphart 1994). Dieser Index ist am leichtesten zu handhaben.

Proporz/Proporzprinzip, [1] Entscheidungsregel bei Wahlen, der zufolge – im Gegensatz zum Erfordernis der → Mehrheit – ein Anteil an Stimmen genügen kann, um an der Mandatsvergabe beteiligt zu sein. Mathematische Verfahren legen fest, welcher Stimmenanteil (welche Wahlzahl, Höchstzahl, Quota etc.) den Anspruch auf ein Mandat begründet. [2] Repräsentationsprinzip, dem zufolge die gewählte Repräsentativversammlung das im Volke vertretene politische Meinungsbild und parteipolitische Spektrum möglichst spiegelbildlich entsprechen soll. Diese Idee liegt mehr oder weniger den Verhältniswahlsystemen zugrunde, in Konkurrenz zum Kriterium der Funktionsfähigkeit der Repräsentativorgane, welches legitimer Weise auch in Verhältniswahlsystemen Einschränkungen des Proporzprinzips ermöglicht. [3] Vergabeprinzip öffentlicher Ämter oder anderer Positionen in Politik (Parteien), Wirtschaft und Gesellschaft, das in den zu besetzenden Führungspositionen die (gegebenenfalls) anteilsmäßige Beteiligung verschiedener Gruppen gewährleistet, in die eine Population untergliedert werden kann (Parteien, innerparteiliche Gruppierungen, Ethnien, Konfessionen, Regionen, Geschlechter, Altersgruppen, Berufsgruppen, Interessenverbände, etc.).

Rae-Index → siehe Proportionalitätsindex

Sainte-Laguë/Schepers → siehe Verrechnungsverfahren

Segmentiertes Wahlsystem, im deutschen Sprachgebrauch Grabensystem, international auch Parallelsystem, → Wahlsystem, in welchem das Wahlergebnis sich zusammensetzt aus der Anwendung eigentlich zweier Wahlsysteme, die von einander völlig getrennt erfolgt. Ein Teil der Abgeordneten wird in Einerwahlkreisen nach Mehrheitswahl, der andere Teil in einem nationalen oder wenigen Mehrpersonenwahlkreisen nach Verhältniswahl gewählt.

Single Non-Transferable Vote (engl, für ein System nichtübertragbarer Einzelstimmgenung, Abk. SNTV), ein → Wahlsystem, in welchem der Wähler in Mehrpersonenwahlkreisen nur über ein einzige Stimme verfügt.

Single Transferable Vote (engl. für System übertragbarer Einzelstimmgebung, Abk. STV), ein → Wahlsystem, das dem Wähler gestattet, die Wahlbewerber nach seinen politischen Präferenzen zu reihen, in dem er angibt, in welcher

Reihenfolge er sie gewählt sehen möchte. Die Stimmen der Gewählten, welche die erforderliche Wahlzahl (STV-Droop-Quota: Stimmen geteilt durch Mandate+1, +1) überschreiten, werden ebenso bei der weiteren Mandatsvergabe berücksichtigt, wie die Stimmen derjenigen Kandidaten, die nacheinander aus dem Übertragungsprozess von Stimmen in Mandaten ausscheiden, weil sie die geringsten Chancen haben, die Wahlzahl noch zu erreichen. STV ist die im englisch sprachigen Raum meist angewandte Form der Verhältniswahl als Entscheidungsprinzip (→ Proporz/Proporzprinzip).

Sperrklausel, im → Wahlsystem eine (gesetzliche) Bestimmung, welche die Beteiligung einer Partei an der Mandatsvergabe vom Erreichen eines bestimmten prozentualen Anteils an den insgesamt gültig abgegebenen Stimmen abhängig macht. Sperrklauseln gehören zu den wirksamsten Instrumenten zur Steuerung der politischen Repräsentation und der Struktur des Parteiensystems. Sie wirken der Parteienzersplitterung entgegen. Wähler antizipieren ihre Wirkung bereits in ihrem Wahlverhalten, indem sie nützliche Stimmen abgeben, d.h. Parteien wählen, die aller Voraussicht nach die Sperrklausel überspringen können. Als gesetzlich fixierte (künstliche) Hürden stehen Sperrklauseln im Gegensatz zu (natürlichen) Hürden, die sich als Folge der Wahlkreiseinteilung ergeben und ebenso wirksam sein können. D.h.: die beiden Hürden sind funktional äquivalent und können sich gegenseitig substituieren, weshalb sie gelegentlich zu einem einzigen Konzept von Sperrklausel zusammengefügt werden (*effective threshold*). Dies ist insofern nicht ganz unproblematisch, als die Wirkungen beider Hürden recht unterschiedlich sind: Natürliche Hürden vergrößern die Disproportion zwischen Stimmen und Mandaten unter allem Parteien zugunsten der größten; künstliche Hürden verteilen die Mandate unter den Parteien, welche die Sperrklausel überspringen konnten, einigermaßen proportional. Häufig werden Wahlkreisgrößen und Sperrklausel einander ergänzend begriffen, etwa wenn innerhalb der Wahlkreise Sperrklauseln errichtet werden (die freilich oft nicht wirksam werden, da die Wahlkreise bereits zu klein sind). Zu unterscheiden sind neben der Anwendungsebene (Staatsebene, regionale Ebene, Wahlkreisebene) die Anwendungsphase (erstes, zweites oder weiteres Zuteilungsverfahren), die Höhe (Variationsbreite gegenwärtig zwischen 1,5% und 12%) und deren Staffelung nach Wahlbündnissen (etwa 5% für Parteien, 8% für Bündnisse von zwei, 10% für solche von drei Parteien, etc.).

split ticket → Stimmen-Splitting

Starre Listen → Wahlbewerbung

Stimmen-Splitting. Begriff, der (1.) den Wechsel der Parteipräferenz bei der Wahl ein- und desselben Organs bezeichnet. Im Wahlsystem zum Deutschen Bundestag etwa erhält die Erststimme der Kandidat einer Partei, die nicht identisch ist mit der Partei, für dessen Landesliste der Wähler stimmt. Der Begriff ist der US-amerikanischen Wahlpraxis entlehnt, bedeutet dort allerdings (2.) das unterschiedliche Wahlverhalten bei Wahlen zu unterschiedlichen Organen (des Bundes: Präsident, Senat, Kongress; der Staaten etc.), die an einem Tag und mittels eines einzigen Stimmzettels stattfinden (*split ticket* im Gegensatz zum *straight ticket*, der unveränderten Parteipräferenz).

Stimmgebungsverfahren, die Art und Weise, wie der Wähler seine politische Präferenzen zum Ausdruck bringen kann. Bei Einzelstimmgebung verfügt er über (nur) eine einzige Stimme, bei Mehrstimmgebung über zwei oder mehr Stimmen, gegebenenfalls über so viele, wie Mandate im → Wahlkreis zu vergeben sind. Bei der Präferenzstimmgebung kreuzt er einen Kandidaten auf einer Parteiliste an, die als Vorzugsstimme gilt und darüber entscheidet, welcher Kandidat einer Liste gewählt ist. Bei der Alternativstimmgebung gibt der Wähler an, welche Partei/welchen Kandidaten er für den Fall bevorzugt, dass seine Erstpräferenz nicht genug Stimmen erhält, um gewählt werden zu können. Das Kumulieren gestattet dem Wähler, mehrere Stimmen auf einen Kandidaten einer Parteiliste zu häufen, das Panaschieren die Auswahl unter den Kandidaten mehreren Parteien. Die Stimmgebungsverfahren sind mit den Regelungen der → Wahlbewerbung eng verbunden: die Einzelstimmgebung mit Einzelkandidatur und der starren Liste, die Mehrstimmgebung mit der lose gebundenen Liste, und das Kumulieren mit der freien Liste. Beim Zweistimmensystem (der personalisierten Verhältniswahl) kann der Wähler eine Personalstimme und eine Listenstimme abgeben mit der Besonderheit, dass er sein Votum splitten kann (→ Stimmen-Splitting).

straight ticket → Stimmen-Splitting

STV – Quota → Single Transferable Vote

Swing, in der → Wahlforschung die durchschnittliche Veränderung der Differenz an prozentualen Stimmenanteilen zwischen Parteien, in Großbritannien zwischen den zwei großen Parteien. Der Swing gibt den Mittelwert der Summe aus der prozentualen Stimmabnahme der einen und des (dieser mehr oder weniger entsprechenden) Zuwachses der anderen Partei an. Zu unterscheiden ist zwischen dem nationalen und dem Wahlkreis-Swing. Der Swing ist ein sehr grober Begriff sowie vornehmlich am (britischen) Zweiparteiensystem orientiert. Er macht im Saldo Richtung und Größe der Veränderungen im Wahlergebnis deutlich, vermag aber weder die Stimmenrelationen der Parteien noch den tatsächlichen Fluss der Wählerbewegung anzugeben.

Die britische Wahlforschung arbeitet etwa seit Beginn der 1950er Jahre mit dem *swing*-Konzept (vgl. Diederich 1965: 117ff.). Nach Deutschland wurde das Instrument in den 1960er Jahren im Kontext von Studien zu den möglichen Auswirkungen der Einführung der relativen Mehrheitswahl in Einerwahlkreisen zu übertragen versucht (Wildenmann/Kaltefleiter/Schleth 1965). Vorher bereits hatte sich freilich erhebliche Kritik an der Tauglichkeit des *swing*-Begriffs zur Analyse und Prognose von Wahlergebnissen erhoben (Rasmussen 1965/65), die H. Jäckel (1968) erneuerte. Ein *swing* von 3% zugunsten einer Partei sagt nichts darüber aus, welche Partei die Wahl gewonnen hat. Als Saldo der Stimmenbewegung erfasst der nationale *swing* nicht die Unregelmäßigkeiten auf Wahlkreisebene. Orientiert am (britischen) Modell eines Zweiparteiensystems, unterstellt er einen direkten Präferenzwechsel der Wähler zwischen zwei Parteien. Bereits auf Wahlkreisebene kann die prozentuale Zu- und Abnahme der Parteien von einer Wahl zur anderen auf Wahlbeteiligungsdifferenzen oder auf das plötzliche, vielleicht erneute Auftreten von Drittparteien zurückzuführen sein.

Überhangmandate, Mandate, die eine Partei im → Wahlsystem der personalisierten Verhältniswahl in den Einerwahlkreisen (nach Erststimmen) gewonnen hat und welche die Zahl der Mandate übersteigen, die derselben Partei in der Verrechnung nach Proporz (nach Zweitstimmen) zustehen. Nach dem Bundeswahlgesetz blieben diese Mandate den sie begünstigenden Parteien ohne Mandatsausgleich erhalten. Auf Länderebene ist in den Fällen personalisierter Verhältniswahl ein Mandatsausgleich vorgesehen. Beide Verfahrensweisen sind legitim und unterliegen politischen Maßstäben. Folgerichtig hat das Bundesverfassungsgericht 1997 die Klage der seinerzeit durch die Überhangmandate benachteiligten Opposition, als 1994 zwölf von 16 Überhangmandaten an die CDU fielen und diese erstmals für die Regierungsführung von Bedeutung wurden, zurückgewiesen. Die Zahl der Mitglieder des Deutschen Bundestages erhöht sich um die Zahl der Überhangmandate (s. Kapitel 8.5.5). Wegen des möglichen negativen Stimmgewichts hat das Bundesverfassungsgericht die bisherige Verrechnung der Überhangmandate 2008 für verfassungswidrig erklärt und den Gesetzgeber zu einer Reform verpflichtet, die 2013 erfolgte. Überhangmandate werden seither proportional ausgeglichen.

Verrechnungsverfahren, in → Wahlsystemen die Methoden der Umsetzung von Wählerstimmen in Mandate. Grob unterschieden werden kann zwischen Wahlzahlverfahren und Divisoren- oder Höchstzahlverfahren. (1) Bei den Wahlzahlverfahren wird eine Wahlzahl errechnet. Eine Partei erhält so viele Mandate, wie die Wahlzahl in der von ihr erreichten Stimmenzahl enthalten ist. Zur Erreichung der Wahlzahl gibt es verschiedene Formeln: (a) Wahlzahl nach *Hare (Hare-Quota)* oder einfaches Wahlzahlverfahren: Zahl der für eine Partei abgegebenen Stimmen geteilt durch die Zahl der zu vergebenden Mandate; (b) *Droop-Quota* oder *Verfahren Hagenbach-Bischoff:* Erhöhung des Divisors um den Wert 1; (c) *Droop-STV-Quota:* Droop-Quota + 1; (d) Erhöhung des Divisors um den Wert 2 (Imperiali-Verfahren). In der Regel können mit diesen Verrechnungsverfahren nicht alle Mandate vergeben werden. Je höher der Divisor, desto geringer die Zahl der Mandate, die nicht vergeben werden können. Diese werden anschließend meistens nach dem größten Überrest oder nach dem größten Mittelwert verteilt. (2) Bei Divisoren- oder Höchstzahlverfahren werden die für die Parteien abgegebenen Stimmen mittels Divisorenreihen geteilt. Die Mandate werden den entstandenen Quotienten der Größe nach (= Höchstzahlen) zugewiesen. Es gibt verschiedene Divisorenreihen. Die bekannteste ist (a) diejenige nach *d'Hondt* bzw. das *d'Hondtsche Verfahren;* Divisorenreihe 1, 2, 3, 4, 5, etc.; (b) *Sainte-Laguë:* Divisorenreihe 1, 3, 5, 7, 9, etc.; (c) *Ausgeglichene Methode:* 1.4, 3, 5, 7, 9, etc. Alle Mandate können mit diesen Verrechnungsverfahren vergeben werden. Dies ist ebenso beim System mathematischer Proportionen, auch Verfahren *Hare-Niemayer* genannt, der Fall, bei dem der Quotient angibt, wie viele Mandate eine Partei erhält, und die möglichen Restmandate nach der Größe der Ziffern nach dem Komma vergeben werden. Der Rechenvorgang lautet hier: Zahl der Stimmen für eine Partei multipliziert mit der Zahl der zu vergebenden Mandate, dividiert durch die Gesamtzahl der abgegebenen Stimmen. (3) Beim Verfahren Sainte-Laguë/Schepers handelt es sich nach der Darstellung im Bundeswahlgesetz (§6 (2) um ein Divisorverfahren mit Standardabrundung: „Jede Landesliste erhält so viele Sitze, wie sich nach Teilung der Summe ihrer erhaltenen Zweitstimmen durch einen Zuteilungsdivisor ergeben. Zahlenbruchteile unter 0,5 werden auf die darunter liegende ganze Zahl abgerundet, solche über 0,5 werden auf die darüber liegende ganze Zahl aufgerundet. Zahlenbruchteile, die gleich 0,5 sind, werden so aufgerundet oder abgerundet, dass die Gesamtzahl der zu vergebenden Sitze eingehalten wird. (…) Der Zuteilungsdivisor ist so zu bestimmen, dass insgesamt so viele Sitze auf die Landeslisten entfallen, wie Sitze zu vergeben sind. (…) Entfallen (nach der ersten Zuteilung) mehr Sitze auf die Landeslisten als Sitze zu vergeben sind, ist der Zuteilungsdivisor so heraufzusetzen, dass sich bei der Berechnung die zu vergebende Sitzzahl ergibt; entfallen zu wenig Sitze auf die Landeslisten, ist der Zuteilungsdivisor entsprechend herunterzusetzen".

Die Verrechnungsverfahren unterscheiden sich im erreichten Proportionalitätsgrad von Stimmen und Mandaten. Er ist im Falle von Hare und Hare-Niemayer und Sainte-*Laguë/Schepers* besonders hoch, im Falle von d´Hondt geringer. Mehr als durch die Verrechnungsverfahren wird die Proportionalität der Wahlergebnisse durch andere Elemente von Wahlsystemen, am meisten durch die → Wahlkreiseinteilung gesteuert.

Volatility, Begriff, der nur schwer ins Deutsche zu übersetzen ist. Er heißt soviel wie „verändertes Wahlverhalten"; gemeint ist der Wechsel an Wählerstimmen in den Gesamtsummen innerhalb eines Parteiensystems als Ergebnis individuellen Wahlverhaltens. Es wird gemessen die Summe aller Zugewinne von Parteien eines Parteiensystems gegenüber der vorhergehenden Wahl (gleich Summe aller Verluste von Parteien bei derselben Wahl) in Prozentpunkten auf der Aggregatebene. Beobachtet wird somit der Umfang der Veränderung in den Parteistärken im Laufe der Zeit. Ist er gering und gleich bleibend, wird ein Überwiegen von Konstanz gegenüber dem Wandel im Parteiensystem festgestellt. Entsprechend diesem Konzept lassen sich dann weitere Aussagen ableiten oder Einzelbefunde auf ihre Übereinstimmung mit der allgemeinen Aussage hin überprüfen.

Die mit dem *volatility*-Konzept arbeitenden Studien zur Wahlentwicklung in den westlichen Demokratien haben die These von Seymour M. Lipset und Stein Rokkan (1967: 50) untersucht, der zufolge sich die Struktur der Parteiensysteme zu Beginn unseres Jahrhunderts im Zusammenhang mit der Einführung des allgemeinen Wahlrechts herausgebildet habe und seither verhältnismäßig stabil geblieben, ja „eingefroren" sei. Die Konstanz-These wurde wenige Jahre später von Richard Rose und Derek W. Urwin (1970: 295) bestätigt, die herausfanden, dass „die Stimmstärke der meisten Parteien in den westlichen Demokratien sich seit dem (II. Welt-)Krieg von Wahl zu Wahl, von Jahrzehnt zu Jahrzehnt oder innerhalb des Lebenszeitraums einer Generation wenig geändert hat". Spätere Untersuchungen ergaben demgegenüber, daß Wandlungstendenzen in den Parteiensystemen zugenommen haben. Zum einen wurde zunächst einmal zwischen Parteiensystemen unterschiedlicher *volatility* differenziert: die Schweiz, Schweden, Österreich wiesen danach eine niedrigere, Frankreich, Belgien, die Niederlande und auch die Bundesrepublik Deutschland eine höhere *volatility* auf (Pedersen 1983). Zum anderen wurde zwischen verschiedenen Zeiten unterschieden und für die Jahre von 1948- 1959 wenig Wandel, für den Ausschnitt von 1960- 1979 jedoch ein höheres Maß an Wandel festgestellt.

Die Schwächen des *volatility*-Konzepts liegen jedoch darin, dass es nicht erkennen lässt: (1.) Umfang und Richtung der Veränderung des Wahlverhaltens in politischer Hinsicht: welche Partei wie viel hinzugewinnt, welche wie viel verliert; (2.) Strukturveränderungen im Parteiensystem: ob eine Konzentration auf wenige Parteien stattfindet oder im Gegenteil parteipolitische Zersplitterung; (3.) Veränderungen in den politischen Kräfteverhältnissen im Parlament mit Folgen für die Regierungsbildung; (4.) mögliche Ursachen von Veränderungen in den Wahlergebnissen: etwa durch Veränderung in der Wahlbeteiligung oder durch generationsbedingten Wandel in der Wählerschaft. Allgemein gewendet folgt aus dieser Kritik, dass sich das, was sich bei einer Wahl an Konstanz und Wandel im Wahlverhalten ergibt, im Grunde nicht in einer einzigen Zahl einfangen lässt. Kerndaten bleiben: die Wahlbeteiligung, die absoluten Stimmen der Parteien und die prozentualen Stimmenanteile, die Verteilung der Mandate auf die Parteien und deren jeweiliger Anteil daran in Prozent. Das *volatility*-Konzept ist auch zu grob, um mit ihm einen Beitrag zur Erforschung des Zusammenhangs von Wahlsystem und Parteiensystem leisten zu können, wenn diese Parteiensysteme wie in den Demokratien der Industrieländer in hohem Maße institutionalisiert sind. Liegt diese Voraussetzung nicht vor, dann zeigt sich das Konzept jedoch von hohem Nutzen. Es macht nämlich den theoretischen Begriff der Institutionalisierung empirisch beobachtbar und messbar. Dabei zeigt sich, dass bei hoher *volatility*, wie wir ihr in vielen Entwicklungsländern begegnen, die Auswirkungen der Wahlsysteme sich wandeln und unser an den institutionalisierten Parteiensystemen der Industrieländer gewonnenes theoretisches Wissen über Wahlsysteme zu kurz greift, um die Effekte von Wahlsystemen unter den veränderten gesellschaftlichen und politischen Kontexten antizipieren zu können.

Wahlbewerbung, die Kandidatur von Personen und Parteien, unverzichtbarer Teil von Wahlen zu Repräsentativversammlungen. Die Wahlbewerbung ist einer der Bereiche, die durch das → Wahlsystem geregelt werden. Grundlegende Unterscheidungen sind die zwischen Einzelkandidatur und Liste einerseits und verschiedenen Listenformen andererseits (→ Stimmgebungsverfahren): Bei der *starren Liste* obliegt ausschließlich den Parteien die Reihung der Bewerber; der Wähler ist an den Vorschlag gebunden. Bei der *lose gebundenen Liste* kann der Wähler selbst die Reihung vornehmen bzw. einen oder mehrere Kandidaten vorziehen, er bleibt aber an die Parteiliste gebunden. Nur im Falle der *freien Liste* kann er über die Listengrenzen hinweg Präferenzen vornehmen. Der Wähler verfügt dann gegebenenfalls über so viele Stimmen, wie Mandate (im Wahlkreis) zu besetzen sind. Im Hinblick auf die Alternative Personen oder Listenwahl stehen sich folglich nur die Einzelkandidatur und die starre Liste antithetisch gegenüber. In der → personalisierten Verhältniswahl werden diese beiden Formen der W. miteinander kombiniert.

Wahlen, Technik zur Bildung von Körperschaften oder zur Bestellung einer Person in ein Amt. Wahlen sind die Methode politischer Herrschaftsbestellung, welche die der Herrschaft unterworfenen Bürger in einem auf Vereinbarung beruhenden, formalisierten Verfahren (nach Spielregeln) periodisch an der Erneuerung der politischen Führung (durch Auswahl und Wahlfreiheit zwischen konkurrierenden Sach- und Personalalternativen) beteiligt; sie sind als solche abgegrenzt gegenüber gewaltsamen Methoden wie die Besetzung von Ämtern durch Kampf, Putsch und Krieg oder möglicherweise ebenfalls auf Übereinkunft beruhende Methoden wie die Bestellung nach Geburtsrecht, Anciennität, aufgrund Aufstellung (*ex officio*), durch Losentscheid, durch Ernennung oder durch Akklamation. Wahlen lassen sich analog zu den Merkmalen des → Wahlrechts unterscheiden in allgemeine und nicht allgemeine, gleiche und nicht gleiche, direkte und indirekte, geheime und nicht geheime (offene) Wahlen. Des Weiteren lassen sich Wahlen nach dem Wettbewerbsgrad unterscheiden und mit politischen Systemen in Verbindung bringen: kompetitive Wahlen mit Demokratien, semikompetitive Wahlen (begrenzte Artikulationsmöglichkeiten für Opposition und Dissens) mit autoritäten Regimen, nicht kompetitive Wahlen (keine Auswahl, keine Wahlfreiheit) mit totalitären Regimen. Kompetitive Wahlen folgen bestimmten Verfahrensprinzipien, die aufs Engste mit den normativen Maßstäben, an denen liberal pluralistische Demokratien orientiert sind und gemessen werden, verknüpft sind: Wahlvorschlag (Freiheit der Wahlbewerbung), Sach- und Personalkonkurrenz, Chancengleichheit (in der Wahlbewerbung), (Aus-)Wahlfreiheit der Wähler, rechtsstaatliche Wahlorganisation, funktionstüchtiges → Wahlsystem, Entscheidung auf Zeit (Auswahl- und Wahlfreiheit der Bürger sind bei künftigen Wahlen durch frühe getroffene Personalentscheidungen nicht eingeschränkt). Innerhalb der repräsentativen Demokratie bilden Wahlen die allgemeinste Form politischer Beteiligung, auf die sich andere beziehen (wie die Parteimitgliedschaft oder die Beteiligung an Wahlkämpfen). Als konventionelle Beteiligungsform grenzen sich Wahlen gegenüber unkonventionellen ab (Streiks, Demonstrationen, Bürgerinitiativen). Im Vergleich erfordern sie den geringsten Aufwand für die Bürger, weshalb sie am ehesten die politische Ungleichheit unter den Bürgern niedrig halten können.

Wahlkreis/Wahlkreiseinteilung, die Unterteilung eines Wahlgebiets zunächst in räumliche Einheiten, in der Lehre von den → Wahlsystemen jedoch vor allem in Einheiten, innerhalb derer die Übertragung der Stimmen in Mandate erfolgt. Durch dieses Definitionsmerkmal gewinnt der Wahlkreis bzw. die Wahlkreiseinteilung allergrößte Bedeutung für die Auswirkungen eines Wahlsystems. Infolgedessen werden Wahlkreise unterschieden in Einerwahlkreise, kleine Wahlkreise (2-5 Mandate) mittelgroße Wahlkreise (6-9 Mandate) und große Wahlkreise (10 und mehr Mandate). Die Wahlkreisgröße bestimmt den Proporzeffekt eines Wahlsystems. Im Falle kleiner Wahlkreise spielen auch gerade und ungerade Zahlen eine Rolle: Einer- und Dreierwahlkreise begünstigen die stimmstärkste, Zweier- und Viererwahlkreise die zweitstärkste Partei. Für kleine Parteien bilden Wahlkreise gegebenenfalls effektive natürliche (im Gegensatz zu den künstlichen → Sperrklauseln) Repräsentationshürden, die sie nicht überspringen können. Die Wahlkreiseinteilung eignet sich für Manipulationen der Repräsentation und ist in Geschichte und Gegenwart häufig aktiv dazu benutzt worden (→ Wahlkreisgeometrie, → Gerrymandering). Insbesondere in Mehrheitswahlsystemen müssen Wahlkreise periodisch an die Bevölkerungsverschiebungen angepaßt werden, um passive Manipulationen der Wahlergebnisse zu verhindern.

Wahlkreisgeometrie, Bezeichnung für die nach (partei-)politischen Gesichtspunkten vorgenommene → Wahlkreiseinteilung, durch die eine oder eine Gruppe von Parteien begünstigt, andere Parteien hingegen benachteiligt werden. Die Wahlkreisgeometrie kann bestehen in der räumlichen Zurechtschneidung von Wahlkreisen (bekannteste Form: das → Gerrymandering), in der Festlegung bestimmter Wahlkreisgrößen und insbesondere in ihrer räumlichen Verteilung, so daß ein- und dieselbe Partei bzw. Gruppe von Parteien jeweils von den Effekten der Wahlkreisgrößen begünstigt ist.

Wahlperiode, die Zeit, für die ein Amtsträger bzw. Repräsentativorgan gewählt wird, oder einfach die Zeit zwischen zwei Wahlen. Im ersteren Fall ist die Wahlperiode gewissermaßen mit Amtsperiode bzw. Legislaturperiode identisch. In der Regel wird in der Verfassung angegeben, wie lange die Wahlperiode der gewählten Organe dauert. Davon unbenommen kann es zu Rücktritten der Amtsträger bzw. Auflösungen der Vertretungskörperschaften kommen, so dass die Wahlperiode dann mit der tatsächlichen Dauer der ausgeübten Amts- bzw. Vertretungstätigkeit zusammenfällt. Die Wahlperioden gewählter Organe auf nationaler Ebene schwanken international zwischen vier und sechs Jahren: Für Parlamente sind eher vier, für Präsidenten eher fünf oder gar sechs Jahre üblich.

Wahlrecht, in umfassendem Verständnis [1] alle rechtlich in Verfassung, Wahlgesetzen und Wahlordnungen fixierten Normen, welche die → Wahlen von Körperschaften oder von Amtsträgern regeln. In diesem Sinne umfasst das Wahlrecht den gesamten Wahlprozess von der Einrichtung der Wahlbehörden (Wahlorgane), der Anlage der Wählerverzeichnisse, etc. bis hin zur Wahlprüfung, also der letztinstanzlichen Feststellung der Gültigkeit eines Wahlergebnisses. Im engeren Sinne [2] das Recht zu Wählen (aktives Wahlrecht) und gewählt zu werden (passives Wahlrecht). Als Grundsätze des engeren (aktiven) Wahlrechts gelten in den modernen Verfassungsstaaten die Prädikate allgemein, gleich, direkt und geheim. Der Grundsatz allgemein bedeutet, dass das Wahlrecht allen Staatsbürgern unabhängig von Geschlecht, Rasse, Sprache, Einkommen oder Besitz, Beruf, Stand oder Klasse, Bildung, Konfession oder politischer Überzeugung zusteht, wenn sie einige unerlässliche Voraussetzungen (bestimmtes Alter, Wohnsitznahme, Besitz der geistigen Kräfte, etc.) erfüllen. Der Grundsatz gleich besagt, das jeder Wahlberechtigte das gleiche Stimmgewicht hat, d.h. der Zählwert der Stimme muss gleich sein. (Davon unterschieden ist der Erfolgswert der Stimmen, der nach Wahlsystemen und Wählerverhalten variieren kann.) Der Grundsatz direkt meint, dass der Wähler unmittelbar für den Kandidaten oder die Partei seiner Wahl stimmt ohne Zwischenschaltung von Gremien (Wahlmänner). Der Grundsatz geheim schließlich bedeutet, dass rechtlich und organisatorisch gewährleistet sei muss, dass der Wähler eine nicht von anderen erkennbare Wahlentscheidung treffen kann. (3) Synonym mit Wahlsystem.

Wahlsysteme, regeln, wie der Wähler seine politische Präferenz in Stimmen ausdrücken kann und dieses Votum in Entscheidungen über die (personelle) Besetzung von Ämtern/Mandaten und die (parteipolitische) Zusammensetzung von Repräsentativversammlungen übertragen wird. Die Vielzahl von einzelnen Regelungen lassen sich ordnen nach den Bereichen → Wahlkreiseinteilung, → Wahlbewerbung, → Stimmgebungsverfahren und → Verrechnungsverfahren. Die Grobuntergliederung der Wahlsysteme erfolgt (nach wie vor) nach Mehrheitswahl (→ Mehrheit/Mehrheitsprinzip) und Verhältniswahl (→ Proporz/Proporzprinzip). Beide Konzepte haben eine doppelte Bedeutung. Sie sind einerseits Entscheidungsmaßstäbe: Die Entscheidung darüber, wer (welcher Kandidat/welche Partei) das Mandat/die Mandate erhält, wird entweder nach der Mehrheit (relativer oder absoluter) getroffen oder (proportional) nach dem Anteil der von den Kandidaten/Parteien erreichten Stimmen. Sie sind andererseits Repräsentationsprinzipien, d.h., sie geben eine Zielvorstellung hinsichtlich der Zusammensetzung der Repräsentativversammlung an, die entweder auf Mehrheitsbildung durch eine Partei (bzw. Parteienallianz) mittels eines (stimmenkonzentrierenden) Willensbildungsprozesses und (mandatskonzentrierender) Auswirkungen des Wahlsystems orientiert ist, oder auf eine mehr oder weniger spiegelbildliche Reproduktion der politischen Präferenzen der Wählerschaft. In den klassischen Wahlsystemen stimmen Entscheidungsmaßstab und Repräsentationsprinzip überein (bestes Beispiel: die relative Mehrheitswahl in Einerwahlkreisen). In den kombinierten Wahlsystemen werden Verbindungen „über Kreuz" hergestellt, also etwa der Entscheidungsmaßstab der Mehrheit mit dem Repräsentationsprinzip der Verhältniswahl verbunden (bestes Beispiel: die → Personalisierte Verhältniswahl).

Während die ausschließliche Alternative Mehrheitswahl oder Verhältniswahl auf der Ebene der Repräsentationsprinzipien gültig bleibt, wird sie auf der Ebene der konkreten Wahlsysteme analytischen Zwecken nicht mehr gerecht. Aufgrund der mannigfachen Kombinationsmöglichkeiten einzelner Elemente von Wahlsystemen und insbesondere jener „Über-Kreuz-Kombinationen" wird eine fruchtbare Debatte über die Auswirkungen von Wahlsystemen nur geführt werden können, wenn zwischen verschiedenen Wahlsystemtypen unterschieden wird (s. Kapitel 6, Abschnitt 1).

Zählwertgleichheit, im → Wahlrecht das Erfordernis an ein demokratisches Wahlrecht, dass alle Stimmen gleich sind, d.h. gleich viel zählen. Der Gleichheitsgrundsatz kann insbesondere durch die → Wahlkreiseinteilung verletzt werden, wenn die Relation Abgeordnete pro Bevölkerung oder Wahlberechtigte nach Wahlkreisen stark differiert. Der Begriff Zählwertgleichheit steht im Gegensatz zum Erfolgswert bzw. zur Erfolgswertgleichheit, die im demokratischen Wahlrecht nicht gegeben sein muss. Vielmehr schwankt der Erfolgswert der Stimmen, die auf verschiedene Parteien abgegeben werden, nach → Wahlsystemen. So ist etwa der Erfolgswert von Stimmen in Wahlsystemen, die künstliche → Sperrklauseln kennen, für jene Wähler gleich null, die Parteien wählen, welche die Sperrklausel nicht überspringen. Man sollte meinen, dass Zählwert und Erfolgswert sich in reinen Verhältniswahlsystemen gleichen – weit gefehlt. Die Annahme der Wähler, bei reiner Verhältniswahl sei die Chance für kleine Parteien groß, ins Parlament einzurücken, lässt sie tatsächlich viele Stimmen vergeuden.

Zweierwahlkreissystem, engl. *binomial system*, Wahlsystem, in welchem der Wähler mit einer Stimme eine Liste (Listenverbindung) wählt bzw. einen Kandidaten einer Zweierliste. Die relative Mehrheit entscheidet. Erhält die stärkste Liste mehr als doppelt so viele Stimmen wie die zweitstärkste Liste, so fallen beide Mandate an die siegreiche Liste. Die Regel ist jedoch eher eine eins zu eins Verteilung, weshalb die zweitstärkste Partei oder Listenverbindung durch das Wahlsystem begünstigt wird.

Zweistimmen-System, darunter wird die dem Wähler (beispielsweise in der personalisierten Verhältniswahl der Bundesrepublik seit 1953) eingeräumte Möglichkeit verstanden, zwei Stimmen zu vergeben: eine Stimme auf den Kandidaten einer Partei im Wahlkreis und – unabhängig davon – eine Zweitstimme auf der Landesliste einer Partei. Die Zweistimmen-Konstruktion gestattet das → Stimmen-Splitting und taktisches Wahlverhalten; sie kann beim Wähler Verwirrung stiften und missbraucht werden. Die eindeutig wichtigere Stimme im Wahlsystem zum Deutschen Bundestag ist nicht die Erststimme, sondern die Zweitstimme. Sie entscheidet über die Stärkeverhältnisse der Parteien im Parlament.